贺兰年鉴

HELAN NIANJIAN

2024

贺兰县档案馆 编

方志出版社
Publishing House of Local Records

图书在版编目（CIP）数据

贺兰年鉴. 2024 / 贺兰县档案馆编. -- 北京 : 方志出版社，2024. 10. -- ISBN 978-7-5144-6291-3

Ⅰ. Z524.34

中国国家版本馆 CIP 数据核字第 202444EH13 号

责任编辑：王海荣
责任校对：张玉霞
责任印制：梅中英
出 版 者：方志出版社
地　　址：北京市朝阳区潘家园东里 9 号（国家方志馆 4 层）
邮　　编：100021
网　　址：http://www.zgfzcb.cn
发　　行：方志出版社图书营销中心（010-67110500）
印　　刷：宁夏凤鸣彩印广告有限公司
开　　本：889 毫米×1194 毫米　1/16
印　　张：23.75
字　　数：712 千字
版　　次：2024 年 10 月第 1 版
印　　次：2024 年 10 月第 1 次印刷
定　　价：268.00 元

《贺兰年鉴（2024）》编纂委员会

主　任：丁　炜

副主任：田晓波　刘炳炳　陆　斌　马小平

成　员：白景晶　段建宏　李世赟　傅　龙
周　勇　马立中　李　妍　苏益亨
张占林　王彩宁　史学科　刘君泽
李正忠　陈晓伟　彭　虎　吴士忠
邢　冰　徐晓庆　邓　晴　王海峰
徐彦宁　丁书涛　哈霜莹　许亚伟
王　娟　马小梅　桂韶华　夏巧燕
汪　洋　梁宇鲲　郭亚东　陈　锋
陈　瑛　许　晖　李　菲　王国兵
马小龙　辛利华　钱忠军　李海升
吕　宁　胡　洁　谢庆福　闻国涛
邱国磊　窦建立　李鹏飞　强玉梅
朱燕华　岳建平　宋　瑞　哈晓康
白文贤　张　鑫

《贺兰年鉴（2024）》编辑人员

主　编：彭　虎

执行主编：杨雪华

编　辑：王琪川　杨雪华

审　读：吴学良

编　务：李金明　朱玉洁　倪嘉君

编 辑 说 明

一、《贺兰年鉴（2024）》是由中共贺兰县委、贺兰县人民政府主办，贺兰县档案馆编纂出版的年度资料性文献。

二、《贺兰年鉴（2024）》以马克思列宁主义、毛泽东思想、邓小平理论、“三个代表”重要思想、科学发展观、习近平新时代中国特色社会主义思想为指导，坚持辩证唯物主义和历史唯物主义的立场、观点和方法，主要记述和反映2023年贺兰县自然、政治、经济、文化、社会和生态文明建设等方面的基本情况和发展变化。

三、《贺兰年鉴（2024）》记述范围以2023年贺兰县行政区划为界。记述时间为2023年1月1日至2023年12月31日。为保持内容资料的完整性和连续性，根据记述需要，部分文字和图片适当上溯或下延。

四、《贺兰年鉴（2024）采用分类编辑法。主体内容分为类目、分目、条目3个层次。条目为年鉴内容的基本单位。

五、《贺兰年鉴（2024）》卷首编排反映贺兰县政治、经济、文化、社会和生态文明建设等方面基本情况和发展成就的专题图片。全书设专记、大事记、贺兰综览、中国共产党贺兰县委员会、贺兰县人民代表大会、贺兰县人民政府、中国人民政治协商会议贺兰县委员会、中国共产党贺兰县纪律检查委员会、贺兰县监察委员会、群众团体、法治、军事、经济 综合管理、社会事务管理、工业园区建设、农业农村工作、住房与城乡建设、生态文明建设、交通运输、邮政、财政、税务、金融、商贸、流通、教育、体育、气象服务、医疗卫生与健康、文化、旅游、乡镇(场)与街道、荣誉、附录等。

六、《贺兰年鉴（2024）》所载资料由贺兰县各有关单位和部门提供,部分资料由编辑人员收集。为保持文献原貌，遵从行业习惯，“附录”类目所刊文献的文字、数据、计量单位均未作变动。反映贺兰县国民经济和社会发展的数据来源于《贺兰县2023年国民经济和社会发展统计公报》。因个别单位统计口径不同等原因，部分数据在不同条目中不尽一致，使用时请注意出处。

七、《贺兰年鉴（2024）》数字用法、标点符号用法分别采用国家标准《出版物上数字用法》(GB/T15835—2011)、《标点符号用法》(GB/T15834—2011),记录；计量单位采用国家技术监督局1993年12月发布的《量和单位》系列国家标准。

2023年12月29日，中国共产党贺兰县第十五届委员会第六次全体会议召开（图片来源：贺兰县融媒体中心）

2024年1月4日，贺兰县第十九届人民代表大会第三次会议召开（图片来源：贺兰县融媒体中心）

2024年1月3日，中国人民政治协商会议贺兰县第十一届委员会第三次会议召开（图片来源：贺兰县融媒体中心）

2024年2月5日，中国共产党贺兰县第十五届纪律检查委员会第四次全体会议召开（图片来源：贺兰县融媒体中心）

2023年3月17日，贺兰县召开传达学习全国“两会”精神会议（图片来源：贺兰县融媒体中心）

2023年3月17日，贺兰县富兴街街道如意湖社区组织开展“严守廉洁家训 领会‘四强’精神 强化领跑意识”主题党日活动（图片来源：“贺兰发布”微信公众号）

2023年9月6日，贺兰县科学技术协会第七次代表大会召开（图片来源：贺兰县融媒体中心）

2023年12月4日， 贺兰县妇女第十五次代表大会第一次全体代表会议召开（图片来源：贺兰县融媒体中心）

2023年4月3日，贺兰县工业强县战略推进会召开（图片来源：贺兰县融媒体中心）

2023年4月23日，贺兰县立岗镇银星村菜心迎来丰收，图为村民采收菜心（图片来源：贺兰县融媒体中心）

2023年，贺兰县立岗镇星光村不断完善乡村基础设施，利用村里闲置的老房子打造民宿院落，发展乡村旅游。图为2023年5月2日游客在星光村的民宿内玩耍（图片来源：贺兰县融媒体中心）

2023年5月12日，贺兰县“万企兴万村”助力乡村振兴推进会召开（图片来源：贺兰县融媒体中心）

2023年5月17日，贺兰县金贵堡老街改造后正式开街（图片来源：“贺兰发布”微信公众号）

2023年6月15日，工人在位于贺兰县境内的百瑞源枸杞贺兰山种植基地里采摘枸杞（图片来源：贺兰县融媒体中心）

位于贺兰县工业园区的百瑞源枸杞股份有限公司枸杞原浆生产车间（摄于2023年）（图片来源：贺兰县融媒体中心）

2023年6月16日，银川市2023年第二季度重大产业项目集中开工现场推进会在贺兰县召开（图片来源：贺兰县融媒体中心）

2023年7月13日，贺兰县首家整体迁移的国家高新技术企业鲜控科技(宁夏)有限公司与天津商业大学签订校企合作协议，就宁夏“六特”农产品长效保鲜技术及制冷设备研发开展深度合作（图片来源：“贺兰发布”微信公众号）

位于贺兰县德胜工业园区的宁夏厚生记食品有限公司全数字化智能生产车间（摄于2023年9月）（图片来源：“贺兰发布”微信公众号）

金贵镇高标准农田建设项目现场（摄于2023年10月）（图片来源：贺兰县融媒体中心）

2023年11月28日，位于宁夏贺兰山东麓的宁夏图兰朵葡萄酒小镇（一期）举行试运营启动仪式，正式向公众开放（图片来源：“贺兰发布”微信公众号）

2023年11月，贺兰县审批服务管理局靠前服务，上门为入驻新华百货贺兰中心的商户提供办证服务（图片来源：“贺兰发布”微信公众号）

2023年12月22日，新百贺兰中心开业（图片来源：贺兰县融媒体中心）

2023年，贺兰县积极响应中央一号文件提出的“培育发展预制菜产业”，立足县域特色农产品和资源禀赋，大力发展预制菜产业，加快推动了农产品向食品化发展，为乡村振兴增添了一道“特色菜”，加速了贺兰县产业转型升级，也为百姓生活“添香”。图为2023年12月11日工作人员通过网络直播销售牛羊肉深加工预制菜（图片来源：“贺兰发布”微信公众号）

2023年12月25日，金贵镇联星村召开乡村振兴土地返还分红大会，为全村369户村民喜分红利6万元（图片来源：贺兰县融媒体中心）

位于贺兰县金贵镇的宁夏玄瓷新材料科技有限公司玄瓷生产车间的流延工艺生产线（摄于2023年）（图片来源：“贺兰发布”微信公众号）

位于宁夏贺兰工业园区的宁夏北瓷新材料科技有限公司北瓷生产车间（摄于2023年）（图片来源：“贺兰发布”微信公众号）

2023年3月3日，由贺兰县人力资源和社会保障局、就业创业和人才服务中心主办的“春风行动”暨就业援助月活动在贺兰县人力资源市场举办（图片来源：贺兰县融媒体中心）

2023年4月20日，贺兰县举办“奔跑吧 少年”中小学生田径运动会（图片来源：贺兰县融媒体中心）

2023年4月23日，贺兰县举行全县职工拔河比赛（图片来源：“贺兰发布”微信公众号）

2023年5月13日，第37届宁夏青少年科技创新大赛在贺兰县体育馆举办（图片来源：“贺兰发布”微信公众号）

2023年7月，贺兰县就业创业和人才服务中心开展免费育婴员专业技能培训，邀请专业讲师为90余名幼师进行“线上线下”授课，提升广大幼师的育婴技能（图片来源：“贺兰发布”微信公众号

2023年9月5—8日，贺兰县人大常委会组织常委会组成人员、部分县乡人大代表、有关部门负责人及安全专家，分四组对贺兰人民政府贯彻实施安全生产“一法两条例”情况开展执法检查（图片来源：贺兰县融媒体中心）

2023年9月7日，贺兰县庆祝第39个教师节文艺汇演举行（图片来源：贺兰县融媒体中心）

2023年9月26日，贺兰县朔方社区举办迎中秋活动（图片来源：“贺兰发布”微信公众号）

2023年9月30日，贺兰县城市排水防涝体系建设工程（一期银河路）项目顺利通车（图片来源：贺兰县融媒体中心）

2023年11—12月，贺兰县总工会筹集资金51.165万元，分批、分时段为全县1137名环卫工人进行免费健康体检（图片来源：“贺兰发布”微信公众号）

2023年12月24日，全国基层医疗高质量发展援建工程贺兰县启动仪式举行（图片来源：“贺兰发布”微信公众号）

2023年12月28日，宁夏回族自治区最大劳动主题公园——贺兰县滨河路劳动公园正式开园（图片来源：“贺兰发布”微信公众号）

2023年11月10日，宁夏回族自治区文化和旅游厅（文物局）召开会议，发布“宁夏十大考古发现”，主要包括水洞沟遗址、鸽子山遗址、西夏佛塔（宏佛塔、拜寺沟方塔）、西夏瓷窑址（苏峪口瓷窑址、磁窑堡窑址）等，其中，西夏佛塔和苏峪口瓷窑址属贺兰县内。

位于贺兰县金贵镇红星村境内的宏佛塔（图片来源：“文旅贺兰”微信公众号）

苏峪口瓷窑址内出土的西夏白瓷（图片来源：“文旅贺兰”微信公众号）

2023年1月29日至2月13日，贺兰县图书馆开展“我们的中国梦·文化进万家”红色电影展映活动（图片来源：“文旅贺兰”微信公众号）

2023年4月28日，首届农旅融合嘉年华在贺兰县农旅产业园举办（图片来源：“贺兰发布”微信公众号）

2023年5月18日，“一石通古今　一馆览万年”贺兰山岩画奇妙之旅系列活动在贺兰山岩画景区启动。图为活动现场非物质文化遗产展台（图片来源：“文旅贺兰”微信公众号）

宁夏引黄古灌区世界灌溉工程遗产展示中心项目现场（摄于2023年5月）（图片来源：贺兰县融媒体中心）

2023年，贺兰县投资200余万元，建设了公园华府城市书房，配备了数字化设备以及各类图书1万余册。图为6月7日群众在城市书房借阅书籍（图片来源：“文旅贺兰”微信公众号）

2023年8月28日，贺兰县非遗代表性传承人在第九届世界传统武术锦标赛上赢得金牌（图片来源：“文旅贺兰”微信公众号）

2023年11月21日，贺兰县在第二高级中学举办2023年“文化大篷车·送戏下乡惠民文艺演出（图片来源：“文旅贺兰”微信公众号）

贺兰县立岗镇星光村节气民宿（摄于2023年）（图片来源：贺兰县融媒体中心）

2023年4月1日至7月31日，黄河贺兰段进入禁渔期，图为禁渔期的黄河贺兰段水域（图片来源：贺兰县融媒体中心）

2023年5月16日，宁夏儿童生态科普园揭牌仪式在贺兰县习岗镇举行（图片来源："贺兰发布"微信公众号）

2023年9月7日，“珍惜每一滴水 践行零水浪费”西夏嘉酿中水外送项目在贺兰县正式启动，通过向外部供给中水，实现水资源的绿色循环发展（图片来源：“贺兰发布”微信公众号）

2023年12月28日，贺兰县首家生活垃圾分类碳积分兑换超市在黄河商场亲水嘉苑店揭牌（图片来源：“贺兰发布”微信公众号）

贺兰县城鸟瞰图（摄于2023年）（图片来源：贺兰县融媒体中心）

贺兰县如意湖公园一角（摄于2023年）（图片来源：贺兰县融媒体中心）

目　录

特　载

专　记

大事记

贺兰综览

县情概览

中国共产党贺兰县委员会

综　述

重要会议

县委办公室工作

组织工作

办公室工作

重要会议

重要活动

重大事项决定

监督工作

代表工作

工作委员会活动

法制工作委员会

教科文卫委员会

代表联络工作委员会

财经工作委员会

贺兰县人民政府

综　述

机关事务管理

中国人民政治协商会议贺兰县委员会

综　述

重要会议

重要活动

专门委员会

中国共产党贺兰县纪律检查委员会
贺兰县监察委员会

群众团体

法 治

市场监督管理

审　计

统　计

自然资源管理

社会经济调查

工 业

工业经济

宁夏贺兰工业园区

农业农村工作

农业农村

农业技术推广

乡村振兴

水 务

住房与城乡建设

城乡规划与建设

住房保障与公积金管理

生态文明建设

环境保护

金山自然保护区

交通运输

交通建设

运输管理

科学技术

科技创新

气象服务

社会事务管理

人力资源管理

就业创业与人才服务

社会保险

民政工作

疾病预防控制

卫生监督

医疗保障

乡镇（场）与街道

习岗镇

荣　誉

附　录

特　载

中共贺兰县委员会常委会 2023 年工作报告

（2023 年 12 月 28 日）

贺兰县委书记　丁　炜

各位委员、同志们：

现在，我受县委常委会委托，向全会报告工作。

今年以来，在区市党委的正确领导下，县委常委会坚持以习近平新时代中国特色社会主义思想为指导，认真学习贯彻党的二十大精神和习近平总书记来宁视察重要讲话指示批示精神，扎实开展主题教育，全面贯彻自治区第十三次党代会、市第十五次党代会部署，认真落实自治区党委十三届四次、五次、六次全会和市委十五届八次、九次、十次全会部署，统筹推进经济建设、政治建设、文化建设、社会建设、生态文明建设和党的建设各项工作，“五个示范县”建设有力推进，“七新”任务有效落实，新时代贺兰现代化建设迈出坚实步伐。

一、持续加强党的政治建设，忠诚拥护“两个确立”，坚决做到“两个维护”

县委常委会始终坚持以党的政治建设为统领，坚决做到“第一议题”抓学习、“第一遵循”抓贯彻、“第一政治要件”抓落实，牢牢把握全县工作的正确方向。

一是理论武装持续强化。坚持把学习宣传贯彻习近平新时代中国特色社会主义思想和党的二十大精神作为首要政治任务，围绕习近平生态文明思想、高质量发展、“四下基层”等主题，建立“双随机”学习交流机制，举行县委理论学习中心组学习 17 次，邀请中国人民大学、区市党校教授专题辅导，县委常委会班子成员下基层讲党课和理论宣讲 36 场，线上“同上一堂课”3.1 万人，党员轮训 1.4 万余人次，有效推动全县 584 个党组织 14801 名党员理论学习全覆盖。扎实开展党的创新理论“七进”活动，宣传宣讲 1800 余场、受众 5 万余人，推动党的创新理论“飞入寻常百姓家”。

二是党的领导坚强有力。始终坚持把学习贯彻习近平总书记视察宁夏重要讲话指示批示精神作为首要政治责任、长期政治任务，开展贯彻落实情况大起底、“回头看”，117 项任务有序推进，全县党员、干部“政治三力”得到进一步锤炼。稻渔空间“水循环技术示范推广项目”荣获全区首个全国母亲河“绿色项目奖”，宁浙电商创业园获评自治区级电子商务示范基地。加强党对改革、财经、安全、生态、统战、网信、审计、外事、依法治县和乡村振兴等各项工作的领导，确保党的全面领导贯穿于经济社会发展各领域、全过程。

三是主题教育成效明显。坚持把理论学习、调查研究、推动发展、检视整改、建章立制贯通起来、有机融合、一体推进。赴宁东化工基地、稻渔空间开展党性教育，沿着总书记足迹感悟思想伟力、接受政治淬炼。举办3期集中读书班，分专题分领域开展研讨交流，从党的创新理论中汲取智慧力量。坚持察实情与出实招整体融合，县处级领导“四不两直”点对点调研137次，完成调研课题30个，现场协调解决问题55个，建立成果转化运用问题清单95个、整改措施124条。把“当下改”和“长久立”结合起来，建立完善制度机制21项，办成校园周边交通隐患整改、滨河大道交通安全隐患治理、群众“办证难”等117件惠民实事好事，梳理化解信访案件104件，广大群众切身感受到了主题教育带来的新成效、新变化。“十大民生实事办到群众心坎上”“社区治理合伙人机制”等经验做法被《人民日报》等媒体报道。

二、实施工业强县战略，高质量发展新引擎更加强劲

县委常委会深入学习贯彻习近平总书记关于推进新型工业化的重要指示和全国、全区新型工业化推进大会精神，深刻把握新时代新征程推进新型工业化的丰富内涵、基本规律和形势任务，加快推动工业高端化、绿色化、智能化、融合化发展。

一是三新产业集聚成群。建立“链长 + 链主”包抓机制，推动北方高科碳化硅管等16个产业项目投产，爱至礼烘焙产业园、塞尚乳业炼乳车间等项目加快推进，北瓷氮化铝粉体产能达到全国第一。培育壮大恒康二甲双胍、塞尚纳滤浓缩膜等行业“全国单打冠军”，厚生记、裕凌丰与“世界五百强”广药集团签约，王老吉·杞视力产品上市。“三新”产业产值达到65亿元。推进“三新”产业增品种、提品质、创品牌，成功入选全国消费品工业“三品”战略示范城市。

二是企业发展质效双增。完善中小企业梯度培育体系，新增万通新材料等规模以上企业10家，培育恒康科技等专精特新中小企业7家。塞尚乳业成功牵手瑞幸“酱香拿铁”、百瑞源枸杞入选亚运会官方指定产品，凯晨电气智控设备荣获“国家级服务型制造示范平台”称号，大北农入选全国第三届反刍料大会“十大创新企业”。荣光LED显示屏、玄瓷氧化铝陶瓷基片项目投产，填补全区产业空白。新培育数字化车间3家，天翼机器人4S店投入运营，自治区数字经济示范园区建设稳步推进。泰益欣、西夏嘉酿等5家企业入选全区民营企业百强榜。

三是服务企业有力有效。落实“千名干部包千企”行动，解决企业生产经营各类问题310余项，为北伏科技、大北农引进2名编制入企硕士研究生，补齐用工缺口11200余人。全面落实助企纾困各类政策，兑现企业扶持、产业引导等资金2.2亿元，减税降费及退税缓税缓费超4.7亿元。强化政银企协作，帮助113家企业申请贷款、融资补贴11.13亿元。抓实中小企业账款清欠工作，化解中小民营企业账款2.38亿元。组织52名国内外陶瓷非氧化物专家开展贺兰行活动，助力银川建设中国“新硅都”。

三、推动乡村全面振兴，高质量发展新支撑更加有力

县委常委会深入学习贯彻习近平总书记关于“三农”工作的重要论述，加快推进国家乡村振兴示范县和全国农业现代化示范区创建，促进农业高质高效、乡村宜居宜业、农民富裕富足。

一是脱贫攻坚成果持续巩固。严格落实“四个不摘”要求，健全防止返贫动态监测和帮扶机制，排查整改“三保障”及饮水安全基础设施等“四查四补”问题536个。深入开展“万企兴万村行动”。实施乡村振兴项目55个，探索建立“优化订单合作”“托管收益联结”等联农带农模式，带动3780余名农户就近务工。脱贫户人均纯收入达16823元，同比增长14.2%。强化衔接资金管用经验做法在农业农村部座谈会上作交流发言，补

齐暖泉农场社区村庄道路、人居环境等基础设施短板做法在全区交流推广。

二是农业特色产业稳步发展。坚决守牢耕地保护红线，扎实推进高标准农田建设，粮食生产实现“二十连丰”。加快创建预制菜产业高质量发展示范县，培育绿色世纪、安创蓓康等预制菜企业27家，承办全区预制菜产业发展推进会，预制菜产业发展势头良好。大力创建适水产业高质量发展西北第一县，与东海水产研究所等科研院所签订合作协议，启动大黄鱼盐碱水养殖技术试验示范，建设鲈鱼苗种繁育与养殖科技成果转化基地。科海黄河经济鱼类水产种质资源场、西夏种业西北科研育种基地建成投运，全区首家“亿元级”种业集团落户贺兰。全区第一家国家级奶牛核心育种场顺利通过复验，为我区打造“高端奶之乡”提供有力支撑。广银米业被评为“全国绿色食品一二三产业融合发展园区”。成功创建国家农产品质量安全县、全国平安渔业示范县。

三是和美乡村建设扎实推进。深入开展农村人居环境整治五年提升行动，荣获全市农村人居环境整治示范样板村考核一等奖。四十里店村成功创建国家级美丽宜居村庄。实施乡村建设行动，办好“一村一年一事”，金贵镇小城镇建设特色显现、常信乡小城镇加快建设。实施城乡融合发展示范创建行动，习岗镇和星光村等6个村成功创建全市城乡融合示范镇（村）。获评首批自治区级乡村治理示范县，洪广镇荣获自治区乡村治理示范镇、欣荣村被评为自治区乡村治理示范村。

四、持续恢复扩大消费，高质量发展新活力更加彰显

县委常委会深入落实扩大内需战略，充分发挥消费对经济发展的基础性作用，不断增强高质量发展的新活力和持久动力。

一是三条产业带初具雏形。打造先行区生态文明产业带，承办宁夏“二十一景”自驾游、世界葡萄酒之都露营大会等重大活动，岩画景区成功创建自治区级文化产业示范基地。引黄古灌世界灌溉工程遗产展示中心成为全区唯一世界遗产“金名片”，填补宁夏申遗空白。《黄河泥塑·山里娃》荣获中国旅游商品大赛银奖。打造产城融合产业带，百瑞源枸杞博物馆、麦尔乐枸杞食品文化馆等工业旅游基地快速发展，德胜商住区成为银川“夜经济”新兴地。打造康养文化体育休闲产业带，建成金贵九禾庄园、银光村健康养老中心等一批康养休闲基地。

二是产业小镇建设有序推进。打造稻渔产业小镇融合示范区，建成科海渔业智慧展厅、天荣产业融合示范园、草莓立体种植温室，承办中国农民丰收节全国分会场、自治区主会场活动。图兰朵葡萄酒小镇一期投入运营，再添宁夏文旅新名片，葡萄酒荣获国际大金奖、金奖31枚。加快枸杞产业小镇建设，支持百瑞源、厚生记等企业组建院士工作站、专家服务基地，制定锁鲜枸杞团体标准，百瑞源枸杞庄园投入运营。推动体育产业小镇建设，承办全国登山大赛、宁夏青少年网球锦标赛等区级以上赛事7场次，在全国第十一届残运会、自治区第十六届全运会等赛事中斩获奖牌175枚。康养产业小镇建设有序推进，桃李春风康养中心一期建成。花卉产业小镇建设迈出坚实步伐，盛唐花卉产业园成为全区最大的花卉资材销售基地。

三是消费潜力得到有效激发。加快推进西北现代物流快递枢纽港建设，银川电商物流园发展水平持续提升，极兔速递宁夏总部落地贺兰，全县日均快递进出港量突破140万票。升限入库汽车销售企业8家，汽车销售额达92亿元，预计同比增长20%以上。积极修复三年疫情对消费的冲击，开展“消费需求促进年”系列活动，成功举办美好生活节等促销展会，“十一”车展汽车交易额刷新历史纪录。新百贺兰中心建成投入运营，成为拉动全县消费新的增长极。

五、坚持改革创新引领，高质量发展新动能更加充沛

县委常委会把全面深化改革作为稳大局、应变局、开新局的重要抓手，锚定科技创新示范县

建设目标，用改革的思维和手段破除瓶颈，用创新的理念和方法积势蓄能。

一是深化改革多点突破。认真落实国家宅基地改革试点县任务，统筹推进“六权”改革，入选国家集体经营性建设用地试点县，在全区率先建立县级综合性公共资源交易平台。完成全市首笔工业用水权、排污权交易和抵押贷款。聚焦“多权融合”，打造蓝湾、泰益欣等改革试点。在全区率先完成融媒体深度融合二轮改革。工业园区“管委会 + 公司”改革持续深化。深化“放管服”改革，“四个秉持”机制入选全国优化营商环境典型经验，设立营商环境投诉督办室的做法在全区推广。创新推出涉企事项集成化、一站式服务，开辟优秀企业家“绿色通道”。新增市场经营主体 6915 户，总量达到 38200 户。成功入选西部地区综合竞争力百强县。

二是创新活力充分释放。全力支持企业科技创新，新培育北伏科技等国家高新技术企业 3 家、德圣亚等科技型中小企业 21 家，杞蕴等自治区创新型中小企业 15 家，有研发活动的规模以上企业净增 14 家，高新技术企业增加值占比达 40%以上。强化创新平台建设，新增自治区技术创新中心 9 个，凯晨电气、科丰种业在广东、海南建设飞地研发中心，大北农科创中心投入运营。实施“揭榜挂帅”项目 3 个，助力企业突破关键技术瓶颈。“科普中国”推广位居区市第一，全区首个儿童生态科普园落户贺兰。成功入选国家创新型县建设名单，获评全国科普示范县。

三是开放合作提质增效。主动服务和融入新发展格局，积极参与中阿博览会等活动，包银高铁贺兰段完工，沙湖站建设有序推进。强化产业链招商、以商招商，促成一批招商引资项目成功签约落地，全年招商引资到位资金预计 64.7 亿元。持续扩大线上开放，电子商务交易额突破百亿元大关，网络零售额同比增长 16.3%，占比位居全市第一，跨境电商交易额同比增长 160%。《一带一路·零距离“塞上江南”》在约旦国家电视台播出，稻渔空间良好生态系统得到充分展现。

六、加强生态文明建设，高质量发展新底色更加厚实

县委常委会深入学习贯彻习近平生态文明思想，牢固践行绿水青山就是金山银山理念，聚焦自治区党委十三届五次全会和市委十五届九次全会精神及“1+4”系列文件落实，坚持生态优先、绿色发展，生态环境显著改善、绿色发展水平不断提升。

一是污染防治成效显著。中央生态环保督察反馈问题、黄河流域生态环境警示片披露突出问题有效整改，自治区党委“四防”常态化督查和市生态环境违法专项行动反馈问题整改率均达到 95%以上。深入打好蓝天保卫战，实施无集中供暖区域清洁取暖、北方冬季清洁取暖等项目，狠抓污染物源头治理，空气质量优良天数比例达到 80%，排名全市第一。深入打好碧水保卫战，创新建立跨区域水污染联防联控机制，地表水国控、区控断面水质达标率 100%，黄河贺兰段水质保持Ⅱ类进出。深入打好净土保卫战，城市建筑垃圾固废循环利用项目建成投运，全县建设用地安全利用率和危废安全处置率均达到 100%。近期，2022 年度全区污染防治攻坚战考核获优秀等次，污染防治攻坚战考核年年上台阶。

二是生态修复持续加强。开展大规模国土绿化行动，新增林木面积 1740 亩。巩固贺兰山生态环境综合整治成果，完成宰牛沟历史遗留废弃矿山修复，植被破坏、扬尘污染等现象得到有效治理。开展以贺兰山为主体的自然保护地体系和国家公园建设，增强贺兰山区域水源涵养功能。大力开展黄河滩地整治，河湖“四乱”问题实现动态清零。完成湿地保护修复 1.05 万亩。全面落实河（湖）长制、林长制，切实当好绿水青山的“守护者”。

三是绿色发展步伐加快。深入落实碳达峰碳中和战略，完成能耗“双控”任务。推进屋顶分布式光伏试点县建设，装机容量达到 16.23 兆瓦。实施塞尚乳业等 15 个节能技改项目，万元 GDP 能耗同比下降 4.6%。领航岩棉等 4 家企业获评国家级“绿色工厂”。农业面源污染防治成效凸显，农残膜、农药包装废弃物回收利用率均保持在90%以上。提升绿色建筑发展质量，打造北郡府等19个绿色施工示范工程。大力倡导绿色生活方式，新建慢行绿道12.5公里，86辆新能源公交车投入使用，成功创建一批绿色机关、校园和社区，绿色低碳生活成为社会新风尚。

七、扎实推动共同富裕，高质量发展新成果更加丰硕

县委常委会始终把保障和改善民生作为高质量发展的出发点和落脚点，统筹实施“六大提升行动”，办好民生实事，切实增强人民群众获得感、幸福感、安全感。

一是民生福祉持续增进。坚持就业优先，城镇新增就业5139人，农村劳动力转移就业24780人，均超额完成任务。“零工之家”荣获全国人力资源服务业发展大会三等奖，为全区唯一入选项目。持续推动义务教育优质均衡发展，学前教育普及普惠县创建通过区级评估，新增学位3240个。教育投入不断加大，教育支出同比增长15.7%。教育教学质量不断提升，城乡一体化和“双减”工作经验在全国推广。强化食药安全监管，通过国家食品安全示范城市验收。紧密型县域医共体建设迈出坚实步伐，组建洪广镇区域医疗健康中心，通过自治区健康县验收，成为全区唯一的“全国基层医疗高质量发展援建工程”试点县。县医院救治能力提升项目获评全国“民生示范工程”，新增县级公立医院编制床位133张。花园社区卫生服务中心建成投运。社会保险参保覆盖面不断扩大，城乡低保户、孤寡老人、困境儿童、残疾人等特殊困难群体得到充分关爱。县法院荣获“全区青少年普法教育工作突出集体”称号，检察院、民政局获“全区未成年人保护先进集体”称号。持续擦亮双拥模范县名片，“四色服务法”入选全国典型案例，退役军人服务中心、街道办服务站等6个中心（站）获评“全国标杆型退役军人服务中心（站）”。县妇联荣获“全国维护妇女儿童权益先进集体”称号，总工会打造的滨河路劳动公园成为全区最大的劳模主题公园，税务局“法律援助站”、交通执法大队“司机之家”获全国“最美工会户外劳动者服务站点”。

二是民族宗教工作持续加强。统战工作始终沿着正确的方向前进，建成全市首个“统战之家”，新的社会阶层实践创新基地建设经验在全区交流推广，全区统战系统宣传工作会议在贺兰召开。跨区域开展“宁闽滇三地云队课”，推出“石榴籽之旅”精品旅游路线，“三项计划”实践活动精彩纷呈。深入开展民族团结进步创建，培育示范单位20个，2个集体、3名个人获得全区民族团结进步模范荣誉称号。全面贯彻党的宗教工作基本方针，纵深推进“五进”宗教场所活动，依法加强宗教事务管理，全县上下呈现宗教和顺、社会和谐、民族和睦的良好局面。

三是城市建设扩容提质。加快推进以县城为重要载体的城镇化建设，入选“全国新型城镇化质量百强县”。实施市政基础设施更新改造工程，新建“四类管网”51.8公里，建设道路安全生命防护工程129公里，改造老旧小区2.68万平方米，完成燃气安全改造12万户，银河路排水防涝工程建成通车，城市承载力进一步提升。实施小区物业服务提升三年行动，老旧小区物业覆盖率达90%以上。建成滨河路生态运动公园，提升唐徕渠东岸绿化水平，城市面貌持续焕新。搭建“城市大脑”智能中枢数据应用平台，建成智慧城市运营中心，城乡双千兆网络和县域5G网络全覆盖。切实缩小美好生活服务半径，实现15分钟“购物圈、阅读圈、健身圈”全覆盖，“书香贺兰”被评为全国基层公共文化服务高质量发展典型案例。

四是社会大局和谐稳定。深入贯彻落实总体国家安全观，全力确保政权安全、制度安全、意识形态安全。六中成功创建国家安全教育基地。开展维护政治安全“十大专项行动”，全县未发生影响政治安全重大案件、漏管失控和涉恐涉暴事件。坚持和发展新时代“枫桥经验”，洪鑫苑、金竹柳等历史遗留问题顺利化解，“保交楼”“办证难”等问题妥善解决，社会矛盾纠纷调解成功率达99.5%。全面推进反诈人民战争，严格落实

"以房管人"打传治理模式，发案量、警情实现"双下降"。常态化开展扫黑除恶，严厉打击违法犯罪活动，刑事立案率下降21.2%，破案率上升6.1%。县公安局被银川市授予集体三等功。

五是安全生产平稳向好。深入贯彻习近平总书记对"6·21"事故作出的重要指示精神，认真落实自治区党委十三届四次全会、市委十五届八次全会精神和"1+37+8"系列文件，守护人民群众生命财产安全。扎实开展"两大行动"，建立"9+2+1"排查整治机制，综合运用"四不两直"等方式，及时排查整改各类隐患。全年生产安全事故起数、死亡人数、受伤人数实现"三下降"。强化应急救援能力建设，新建县应急指挥中心，建成物资储备库3座，拦洪库加固工程顺利完工，组建应急救援队伍15支1171人，指挥调度和救援保障能力显著提升。

八、坚持自我革命，党的建设质量实现新提升

县委常委会深入贯彻新时代党的建设总要求，坚决扛起管党治党政治责任，以高质量党建引领高质量发展、保障高水平安全。

一是全面从严治党责任不断压实。坚持"四责协同"，把管党治党作为政治责任、本职责任、共同责任。健全完善全面从严治党"三个清单"，梳理县委44项责任清单和班子成员153项任务清单，推动形成各负其责、统一协调的责任格局。坚持"四三三"和"三督六责九法"政治监督工作机制，督改问题498个，围绕"一把手"履职尽责约谈领导干部76人次。全年处置问题线索312件，立案61人，党纪政务处分63人，留置3人，移送司法5人，不断把全面从严治党从严治理引向深入。

二是宣传思想文化工作全面加强。严格落实意识形态工作责任制。巩固壮大主流思想阵地，在市级以上主流媒体发布稿件1400余篇，央视报道我县粮食秋收、枸杞、葡萄酒、"南美白对虾"等产业发展和文旅融合14次、黄河九省份联播3次。着力培育和践行社会主义核心价值观，深入推进移风易俗和文明创建工作，积极选树并大力宣传"中国好人""道德模范"等先进典型，城市文明程度和市民文明素养持续提升。广泛开展"四送六进"等文化惠民，打造"乡村文化旅游节"等品牌活动，受益群众超10万人。

三是基层党组织建设坚强有力。坚持大抓基层鲜明导向，深入实施基层党组织建设提质增效和"两抓两增"工程，创建五星级党组织6个，三星级以上村党组织达到93.8%。村集体经济提质增效，经营性收入突破5900万元、25个村超过百万元。机关、企事业单位等各领域党建全面进步、全面过硬，"两新"党组织覆盖率达到92%以上，党建工作指导站经验做法在全区推广。花园社区党建引领基层治理做法入选"全国先进典型社区"案例。

四是干部队伍建设有序有力。坚持新时代好干部标准，进一步树牢正确选人用人导向。研究调整使用干部8批206人次。调优12个部门班子，配强3个乡镇（街道）班子，选派挂职乡镇党委副书记5名，干部队伍干劲更足、精神状态更佳。稳步推进"强基育苗"工作，"85后""90后"干部占新提拔干部的85%以上，干部梯队结构更优、作用发挥更好。深入实施"3331工程"，政法机关班子"90后"副职达到30%以上，提前1年完成自治区交办任务。坚持严管和厚爱相结合，鼓励领导干部在推动"四个示范引领"中实干担当。严格落实"两榜四机制"，进一步激发各年龄段干部干事创业热情。

五是人才队伍建设质效更优。推动"才聚宁夏1134"行动和"十万大学生留银川"行动落实落地，引进急需紧缺和高层次人才471名，3名青年人才入选自治区"基层之星"人才培养计划，新增高精尖缺人才8名，培养科技创新领军人才和团队5个，培育高素质农民12人。实施"导师帮带""人才小高地"项目16个，以优质"小环境"吸引6500余名大学生来贺工作，人才留贺创新创业的氛围更加浓厚。

六是作风建设持续深化。坚持纠"四风"、树新风，开展"四强"能力作风建设年活动，查处违反中央八项规定及其实施细则精神问题23起、处理30人。坚决纠治形式主义、官僚主义顽瘴痼疾为基层减负，发文、会议持续缩减。聚焦教育医疗、乡村振兴等领域，开展11项专项整治，持续治理群众身边腐败和不正之风。高标准开展十五届县委3轮巡察工作，巡察利剑作用进一步彰显。开展“廉政警示教育月（周）”活动，持续擦亮“县、乡廉政警示教育基地”和“廉政宣讲团”两个品牌，切实以优良党风带动社风民风向上向善，推动全县政治生态持续向好。

一年来，县委常委会高度重视自身建设，坚持把政治建设摆在首位，把忠诚拥护“两个确立”、做到“两个维护”贯穿始终。带头严守党的政治纪律。严格执行新形势下党内政治生活若干准则、重大事项请示报告等有关规定，坚持民主集中制原则和集体领导制度，实现决策的民主化和科学化，确保政令畅通。带头守好廉洁自律底线。坚持以更高标准、更严要求当好廉洁从政的表率，树牢正确价值观、权力观、政绩观，推动形成亲清统一的新型政商关系，营造风清气正的良好政治生态。带头齐心协力真抓实干。大力支持和保证人大、政府、政协、法院、检察院、人民团体等依法依章程独立负责、协调一致地开展工作，支持县人大设立3个专门委员会、1个工作委员会，给政协增加2个事业编制。县四套班子思想统一、同心共向，共同谱写贺兰发展新篇章。

这些成绩的取得，根本在于习近平总书记的掌舵领航，根本在于习近平新时代中国特色社会主义思想的科学指引，是区市党委坚强领导、大力支持的结果，是全县各级党组织和党员干部群众踔厉奋发、拼搏奉献的结果。这一年，让我们非常感动和欣慰的是：各位委员、候补委员履职尽责、担当作为，县四套班子凝心聚力、带头前行，各级各部门锐意进取、攻坚克难，向党和人民交出了一份合格答卷。在此，我代表县委常委会，向大家表示衷心感谢！

县委常委会在推进工作中还存在一些困难和问题。主要是：推动经济社会高质量发展的能力和水平还有待进一步提高，民生保障还有一些短板差距，管党治党责任还需进一步压实，反腐败斗争形势依然严峻，作风建设还需进一步加强，干部创新实干、破解难题的本领还需进一步提升，等等。对于这些问题和短板，我们会高度重视，狠下功夫推动解决。

名词解释

1.“五个示范县”：县第十五次党代会提出的建设黄河流域生态保护和高质量发展先行区示范县、铸牢中华民族共同体意识示范县、乡村振兴示范县、生态宜居示范县、科技创新示范县奋斗目标。

2.“七新”任务：县第十五次党代会提出的五年的七项重点工作任务，即坚定不移推进工业强县战略，强化高质量发展新引擎；坚定不移推进乡村全面振兴，打造高质量发展新支撑；坚定不移推进服务业提档升级，激发高质量发展新活力；坚定不移推进生态文明建设，擦亮高质量发展新底色；坚定不移推进城市扩容提质，展示高质量发展新形象；坚定不移推进民生保障改善，共享高质量发展新成果；坚定不移推进科技创新引领，培育高质量发展新动能。

3. 线上“同上一堂课”：贺兰县分领域组织1.4万名党员参加冬季轮训，拓展分设教学点，3.1万名党员群众相约“云端课堂”。

4. 党的创新理论“七进”活动：推进党的创新理论进企业、进农村、进机关、进社区、进学校、进军营、进网络等传播活动。

5.“四下基层”：宣传党的路线、方针、政策下基层，调查研究下基层，信访接待下基层，现场办公下基层。

6.“四不两直”：不发通知、不打招呼、不听汇报、不用陪同接待，直奔基层、直插现场。

7.“三新”产业：新材料、新能源、新食品产业。

8. 四个不摘：贫困县党政正职要保持稳定，做到摘帽不摘责任；脱贫攻坚主要政策要继续执行，做到摘帽不摘政策；扶贫工作队不能撤，做到摘帽不摘帮扶；把防止返贫放在重要位置，做到摘帽不摘监管。

9."六权"改革：土地权、排污权、用水权、山林权、用能权、碳排放权改革。

10."四个秉持"机制：贺兰县优化营商环境的秉持数字化理念"减时间"，以数智赋能跑出商事改革"新速度"；秉持协同化理念"减成本"，以资源整合开创市场发展"新局面"；秉承便民化理念"减材料"，以证照分离再造惠企服务"新机制"；秉持集约化理念"减环节"，以流程重塑生成政企互动"新模式"做法。

11. 揭榜挂帅：也被称为科技悬赏制，是一种以科研成果来兑现的科研经费投入体制，由政府组织面向全社会开放征集科技创新成果的一种非周期性科研资助安排。

12."宁闽滇三地云队课"：宁夏贺兰、福建宁德、云南麻栗坡三地青少年网络连线，同上一堂云队课。

13."三项计划"实践活动：各族青少年交流计划、各族群众互嵌式发展计划、旅游促进各民族交往交流交融计划。

14."五进"宗教场所活动：习近平新时代中国特色社会主义思想、国旗、宪法和法律法规、社会主义核心价值观、中华优秀传统文化进宗教场所活动。

15."双减"：减轻义务教育阶段学生作业负担和校外培训负担。

16."四色服务法"：我县退役军人工作做法，即党旗飘"红"，引导争当建功先锋；帮扶香"橙"，引导帮扶需紧密衔接；志愿金"黄"，引导激励本色担当；就业新"绿"，引导促进双向选择。

17."9+2+1"排查整治机制：我县在安全隐患排查中设立 9 个排查整治组，2 个"四防"常态化督导组，1 个夜查工作组。

18."四责协同"：全面从严治党"四责协同"机制，把党委主体责任、纪委监督责任、党委书记第一责任和班子成员"一岗双责"的横向协同协作与纵向压力传导结合起来，努力构建主体明晰、有机协同、层层传导、问责有力的管党治党责任落实机制。

19."四三三"政治监督：聚焦"四个围绕"（围绕"两个维护"抓监督、围绕"国之大者"抓监督、围绕"区市要事"抓监督、围绕"民生之要"抓监督）、用好"三项制度"（增强政治监督的精准性、增强政治监督的针对性、增强政治监督的协同性）、推动"三个贯通"（贯通"两个责任"、贯通"四项监督"、贯通各类监督）。

20."三督六责九法"工作机制："三督"（督导、督办、督查）"六责"（清单明责、常态履责、考核督责、研判评责、定期述责、精准问责）"九法"（开展党内谈话、开展实地调研、参加重要会议、开展专项检查、把好廉洁关口、规范处置线索、督促巡察整改、督促以案促改、用好用足建议）。

21."四送六进"：送演出、送图书、送培训、送电影进农村、进社区、进校园、进军营、进工地、进特殊教育场所。

22."两抓两增"工程：银川市提出的抓提升、抓引领，全面增强基层党组织政治功能和组织功能。

23."两新"党组织：新经济组织、新社会组织。

24."3331 工程"：自治区党委提出用三年时间，县、市、自治区三级政法机关领导岗位年轻干部达到 30%的配备目标。

25."四个示范引领"：银川市提出的加快推进"强首府"战略，以领跑意识、抢跑姿态大抓发展、抓大发展、抓高质量发展，奋力在先行区建设中实现"创新发展、生态建设、基层治理、城乡融合"示范引领。

26."四强"能力作风建设：市委 2023 年全市开展的"强素质强服务强担当强斗志"能力作风建设年活动。

27."两榜四机制"：银川市出台《激励干部实干担当"两榜四机制"实施意见》，通过红榜、黄榜奖优罚劣，并配套识别干部、提醒改进、能上能下、跟踪管理四项机制。

政府工作报告

——在贺兰县第十九届人民代表大会第三次会议上

（2024 年 1 月 4 日）

贺兰县人民政府县长　刘炳炳

各位代表：

现在，我代表县人民政府，向大会报告工作，请予审议，并请各位政协委员和列席人员提出意见。

一、2023 年工作回顾

刚刚过去的 2023 年，是全面贯彻党的二十大精神的开局之年，也是我县发展历程中接续奋斗、砥砺前行的一年。在区市党委、政府和县委的坚强领导下，全县上下坚持以习近平新时代中国特色社会主义思想为指导，认真学习贯彻党的二十大和习近平总书记视察宁夏重要讲话指示批示精神，扎实开展学习贯彻习近平新时代中国特色社会主义思想主题教育，坚持稳中求进工作总基调，完整、准确、全面贯彻新发展理念，锚定“五个示范县”建设目标，高效统筹发展和安全、发展和环保、发展和民生，全力做好稳增长、促改革、调结构、惠民生、防风险、保稳定各项工作，为加快推进新征程贺兰现代化建设奠定了坚实基础。预计全年地区生产总值增长 3%左右，地方一般公共预算收入增长 7%左右，城镇和农村居民人均可支配收入分别增长 5.5%、7.5%左右，社会消费品零售总额基本持平。

——产业发展提质增效。聚焦“六新六特六优”产业，扎实开展项目“五比”活动，2 万吨再生石墨新材料、精恒冷链物流仓储等 168 个项目开工建设。“工业强县”战略扎实推进，玄瓷电子陶瓷基板等 14 个产业项目建成投产，花园观光式烘焙产业园等项目带动新食品产业集群发展，全国规模最大的氮化铝封装材料生产线领跑新材料产业发展，新增规模以上工业企业 10 家，“三新”产业产值同比增长 2.5%，晶兰特、大北农、恒康科技等成功创建自治区级数字化车间，入选国家消费品工业“三品”战略示范城市名单，“一园三区”产业布局集聚效应持续放大。国家农业现代化示范区创建加快推进，全区首家“亿元级”种业集团落户贺兰，图兰朵葡萄酒小镇一期建成试运营，入围中国西兰花产业地图宁夏唯一主产区，百瑞源枸杞入选杭州亚运会官方指定产品，成功创建第三批国家农产品质量安全县和全国平安渔业示范县。现代服务业扩容提质，中通快递宁夏分拣中心建成投运，全县日均快递进出港量突破 140 万票。旅游消费市场持续回暖，累计接待游客和带动消费收入同比增长 176%、230%，极氪、智己等 5 家新能源汽车品牌落户贺兰，新能源汽车销售额同比增长 111%。新百贺兰中心成为商业新地标，宁浙电商创业园获评自治区级电子商务示范基地。

——创新活力充分迸发。深入实施科技创新“四大工程”，全社会 R&D 经费投入 1.43 亿元，有研发活动的规模以上工业企业占比超 57%。靶向引进“高精尖缺”人才 8 名，建成百瑞源院士工作站等人才基地 6 个。持续深化校地校企合作，大北农科技创新中心投入运营，凯晨电气在广东佛山建立飞地研发中心。建成国家级服务型制造示范平台 1 家，认定自治区技术创新中心 9 个，新增国家高新技术企业 11 家、自治区级专精特新中小企业 7 家。北伏碳化硅导电陶瓷填补国内穿戴设备领域空白，塞尚乳业“酱香拿铁”火爆出圈。获评全国科普示范县，成功入选第二批国家创新型县创建行列。

——改革开放纵深推进。持续深化“放管服”改革，政务服务事项“一网通办”达 85%，“一件事一次办”事项拓展至 13 类 58 件，累计录入电子证照 82 类 31.3 万个，排名全区第一。开辟重大项目审批绿色通道，制定 16 类主题式审批流程，全县企业注册量首次突破 1 万户。“四个秉持”先进做法入选全国优化营商环境典型经验。重点改革纵深推进，新增“六权”类抵押贷款 23 笔 6400 万元，完成全区首笔 40 万立方米工业用水权有偿收储交易，农村综合产权流转交易额达到 3260 万元。成功入选国家集体经营性建设用地试点县。开放步伐不断加快，包银高铁贺兰段完成建设，积极组织企业参加中阿博览会、宁夏品质中国行等展会活动，跨境电商交易额同比增长 159.5%。

——生态环境不断改善。全面完成中央生态环保督察反馈问题整改。大力实施 VOCs 废气治理系统改造等项目，完成农村居民“煤改电”“煤改气”1.4 万户，全年空气优良天数比例达到 80%。建立水污染联防联控机制，黄河贺兰段水质稳定保持Ⅱ类进出，重点河沟水质稳定达到Ⅳ类及以上。实施城市建筑垃圾固废循环利用等项目，全县建设用地安全利用率和危废安全处置率均达到 100%。实施宰牛沟历史遗留矿坑生态修复工程，修复湿地 1.05 万亩，绿化覆盖率达 41.6%。规模以上工业综合能源消费量同比下降 5.5%，单位地区生产总值能耗下降 3%，万元 GDP 能耗同比下降 4.5%。自治区污染防治攻坚战考核荣获优秀等次，艾尼科技等 5 家企业获得国家“绿色工厂”荣誉称号，“稻渔空间水循环技术示范推广”项目荣获全国母亲河“绿色项目奖”。

——城乡面貌焕然一新。编制完成《贺兰县国土空间总体规划（2021—2035）》，实施银河路排水防涝体系建设等 17 个基础设施项目，改造老旧小区 4 个，新建“四类管网”51.8 公里。完成唐徕渠贺兰段生态绿化改造提升工程等 3 个城市园林项目建设，新增城市绿地面积 558 亩。“智慧城管”系统投入运行，“城市大脑”智能中枢系统平台功能持续完善，开展住宅小区管理服务能力提升三年行动，老旧小区物业覆盖率达 90%。国家乡村振兴示范县创建扎实推进，实施高标准农田建设 3.1 万亩。粮食生产实现“二十连丰”。欣荣村现代农业示范园温棚等 26 个乡村振兴产业项目建成投产，脱贫人口人均纯收入增长 14.1%。新增村集体经济收入超百万元村 7 个。实施长河新村污水管网工程，新建改造农村道路 97.2 公里，全面开展农村人居环境整治五年提升行动，农村卫生厕所普及率达 92%，生活垃圾绿色化处理实现全覆盖，宜居宜业和美乡村建设步伐不断加快，四十里店村成功创建国家级美丽宜居村庄。

——民生福祉更加殷实。高质量办结十件民生实事，民生支出达 28.53 亿元。就业社保服务水平持续提升，发放各类就业补贴、创业小额担保贷款 2.09 亿元，城镇新增就业 5100 余人，农村劳动力转移就业 2.48 万人。美林睿府等 7 个老年人助餐点投入使用，县中心敬老院成功创建第六批国家级社会管理和公共服务综合标准化试点。深入实施教育质量提升行动，顺利通过全国学前教育普及普惠县创建区级评估验收，县第二中学入选第二批全国急救教育试点学校名单，德胜实验小学等 5 所学校被命名为自治区级体育传统特色学校。医疗健康水平不断提高，县中医院顺利通过二级甲等中医医院评审，“5+−”全要素社区戒烟干预模式被全国推广，我县成为“全国基层医疗高质量发展援建工程”全区唯一试点县，成功通过自治区全民健康水平提升行动健康县验收。文体事业繁荣发展，非遗文创展示研学中心建成使用，开展“送戏下乡”等群众性文化活动 500 余场次，县图书馆获评国家一级图书馆称号。建成多功能运动场 5 个，成功举办全国登山大赛等系列赛事活动。

——社会大局和谐稳定。加快建设铸牢中华民族共同体意识示范县，擦亮“贺兰石榴云”全媒体宣传品牌，打造“红石榴”街区、主题公园

23处。高效统筹发展和安全，全面落实自治区党委十三届四次全会和“1+37+8”系列文件精神，分行业、分领域、分区域设置11个排查整治组，扎实开展燃气领域安全和重大事故隐患大排查、大起底、大整治专项行动，全年安全生产事故起数、死亡人数、受伤人数实现“三下降”。严格落实地方政府债务限额管理和预算管理要求，有效化解政府债务16.21亿元，清偿民营企业欠款9736万元。扎实开展“塞上枫桥”调解品牌提升行动，有效解决亲水嘉苑等小区“办证难”问题，有力化解金竹柳、美洁纸业等信访积案。顺利通过“八五”普法中期验收，电诈、刑事案件数量持续下降。退役军人“四色服务法”入选全国典型案例。

——政府效能持续提升。全面加强政府系统党的建设，强化意识形态工作责任制落实，严格执行重大事项请示报告制度，全年提请县委审议重大事项76件。自觉接受人大法律监督、政协民主监督和社会监督，办理人大代表议案建议16件、政协委员提案20件，办复率100%。深化法治政府建设，坚持政府常务会会前学法和法律顾问列席制度，行政负责人出庭应诉率100%。严格落实政府系统全面从严治党主体责任，扎实开展“四强”能力作风建设年活动，驰而不息纠治“四风”，持续加强11个重点领域监督，公开政务服务事项1400余项。全面倡导厉行节俭的思想和行动自觉，“三公”经费同比下降11.44%。

与此同时，国防动员、双拥优抚、地震气象、应急救援、档案史志等工作得到了新加强，工会、慈善、文联、残联、工商联、红十字、外事侨务、妇女儿童、青年老龄等事业有了新发展，税务、金融、供水、供电、供气、通信、盐业、石油、烟草、公积金等工作为全县经济社会发展作出了新贡献！

各位代表！过去一年的成绩来之不易。这是以习近平同志为核心的党中央领航掌舵、正确指引的结果，是区市党委、政府和县委坚强领导、科学决策的结果，是县人大、政协有效监督、鼎力支持的结果，也是全县上下团结拼搏、共同奋斗的结果。在此，我代表县人民政府，向全县人民，向人大代表、政协委员，向各民主党派、工商联、无党派人士，各人民团体及社会各界人士，向驻县部队、武警官兵、政法干警，向离退休老同志，向所有关心、支持和参与贺兰建设发展的同志们、朋友们，致以崇高敬意和衷心感谢！

在总结成绩的同时，我们必须要清醒地认识到，政务服务效能距离群众和企业期盼还有差距，促投资、稳增长的压力持续加大，高质量发展转型升级还需加快，教育医疗、养老托育等优质公共服务供给水平还需提高，等等。我们要直面这些问题挑战，以更有效的举措，尽心竭力改进工作。

二、2024年目标要求和重点工作

今年是新中国成立75周年，是实现“十四五”规划目标任务的关键一年。政府工作的总体要求是：坚持以习近平新时代中国特色社会主义思想为指导，深入学习贯彻党的二十大、二十届二中全会、中央经济工作会议和习近平总书记视察宁夏重要讲话指示批示精神，坚持以铸牢中华民族共同体意识为主线，坚持稳中求进工作总基调，完整、准确、全面贯彻新发展理念，主动服务和融入新发展格局，着力推动高质量发展，全面深化改革开放，统筹扩大内需和深化供给侧结构性改革，统筹新型城镇化和乡村全面振兴，统筹高质量发展和高水平安全，统筹高质量发展和高颜值生态，统筹高质量发展和高品质生活，对标市委“五八”强首府战略、“五个示范引领”“九九攻坚突破”，聚焦“九个坚持”，持续用力大抓发展、抓大发展、抓高质量发展，不断开辟发展新赛道，厚植发展新优势，加快建设“五个示范县”，团结带领全县广大干部群众努力在全面建设社会主义现代化美丽新宁夏中作出贺兰贡献。

经济社会发展主要预期目标是：地区生产总值增长6.5%左右，规模以上工业增加值增长8%左右，固定资产投资增长8%左右，一般公共预算收入增长3.5%左右，社会消费品零售总额增长5%左右，城镇和农村居民人均可支配收入分别增长6.5%、7.5%左右。完成高质量发展各项监测指标和区市下达的约束性指标。

落实总体要求，实现任务目标，我们必须牢记习近平总书记视察宁夏亲临贺兰时的殷切嘱托，必须坚持党对经济工作的全面领导，必须全力推进“五八”强首府战略和“九九攻坚突破”安排部署。坚定不移扭住发展第一要务，纵深推进“工业强县”战略，持续优化产业结构，全面提升项目质效，稳中求进、以进促稳、先立后破，推动经济实现质的有效提升和量的合理增长；坚定不移推动高质量发展，加快改革开放步伐，加速释放创新驱动效能，全面优化营商环境，更好统筹发展和安全，为高质量发展蓄能增势；坚定不移增进民生福祉，树牢以人民为中心的发展理念，在生态文明建设中营造良好人居环境，在城乡融合发展中提高人民生活水平，在社会治理效能提升中增强人民群众的获得感、幸福感、安全感。只要我们坚持目标任务一以贯之，紧盯发展方向、紧抓发展机遇、紧跟发展步伐，就一定能够推动全县经济社会高质量发展创造新的优势、实现新的跨越、重塑新的辉煌。

政府工作重点抓好以下八个方面：

（一）聚焦项目建设，在强化后劲支撑上积蓄新动能。坚持“项目为王”理念，扎实开展项目“五比”活动，以项目扩投资，以投资促项目，筑牢县域经济高质量发展底盘。

高质高效抓项目。实施“项目投资攻坚年”行动，突出抓好151个年度靠实项目建设，着力扩大有效投资。建立重点项目全生命周期管理协调机制，落实领导包抓、专班推进、全程调度、闭环管理、督查问效等工作措施，全面提速项目评审把关、手续办理、要素支撑、投资进度等全过程效能。充分发挥企业服务中心作用，开通重点项目服务热线，破解项目推进难题。确保靠实项目开复工率一季度达到70%以上，续建项目全部开工建设，全力打好固定资产投资“翻身仗”。

精准谋划争项目。围绕西部大开发战略、先行区建设等重大政策机遇，积极争取黄河“几字弯”攻坚战、“三北”防护林工程等示范试点，建立中央、自治区、银川市、专项债四个项目库，形成“谋划一批、储备一批、开工一批”的项目梯次循环推进格局。抢抓国家增发1万亿国债、地方政府专项债及扩大中央预算内投资等机遇，加快推进已经确定的3个国债项目建设，力争谋划一批城市排水防涝能力提升等领域项目进入国债项目清单。紧盯国家、区市政策导向和投资动向，主动“跑厅进局”“跑部进京”，健全“四争”工作考核机制，确保上争资金增长10%以上。

凝聚合力招项目。把招商引资作为“头号工程”。强化产业链招商，围绕新食品、陶瓷材料、装备制造等重点产业，建立产业“现状图”“全景图”和企业“客商库”“项目库”，在产业关联度高、补链强链企业密集地区进行常态化招商，引进关键环节、核心企业上下游配套项目，助力产业体系完善、产业链条延伸。推进以商招商，选聘招商引资顾问，借助地区商会、行业协会等平台资源，点对点精准招商，举办项目集中签约活动3场次以上。保障招商项目实施，建立招商项目快速落地综合协调机制，全面落实重点招商引资项目领导干部包抓责任制，切实提高项目履约率、开工率、达产率，确保全年招商引资落地建设亿元以上项目达20个，到位资金60亿元以上。

（二）聚焦转型升级，在优化产业结构上迈出新步伐。坚持产业为要，以新发展理念引领高质量发展，加快“两新两特两区六镇”特色主导产业发展，全力推动“西部百强县”进位争先。

加快新型工业化进程。围绕“三都五基地”，坚定不移推进“工业强县”战略，加速“一园三区”产业集聚成势。打造德胜片区新食品产业集群，推动“互联网＋枸杞”饮料绿色制造等项目建设，培育安创蓓康等3家企业升规入库，加快“全区预制菜产业高质量发展示范县”建设，力争新食品产业产值突破40亿元。推动暖泉片区新型陶瓷、生物医药产业链式发展，实施北方高科重结晶碳化硅管等项目，全力推进北瓷氮化铝封装陶瓷材料扩产项目投产，依托北瓷、北伏创新优势，加速拓展下游产业链，打造全国前列的电子陶瓷材料生产基地。加快推进沃滴滴年产100万吨液体肥料项目，推动恒康科技年产2万吨胍基乙酸项目建成投产，力争生物医药产值突破 40 亿元。激发金贵片区新能源、核心企业上下游配套项目，助力产业体系完善、产业链条延伸。推进以商招商，选聘招商引资顾问，借助地区商会、行业协会等平台资源，点对点精准招商，举办项目集中签约活动 3 场次以上。保障招商项目实施，建立招商项目快速落地综合协调机制，全面落实重点招商引资项目领导干部包抓责任制，切实提高项目履约率、开工率、达产率，确保全年招商引资落地建设亿元以上项目达 20 个，到位资金 60 亿元以上。

（三）*聚焦转型升级，在优化产业结构上迈出新步伐*。坚持产业为要，以新发展理念引领高质量发展，加快“两新两特两区六镇”特色主导产业发展，全力推动“西部百强县”进位争先。

加快新型工业化进程。围绕“三都五基地”，坚定不移推进“工业强县”战略，加速“一园三区”产业集聚成势。打造德胜片区新食品产业集群，推动“互联网 + 枸杞”饮料绿色制造等项目建设，培育安创蓓康等 3 家企业升规入库，加快“全区预制菜产业高质量发展示范县”建设，力争新食品产业产值突破 40 亿元。推动暖泉片区新型陶瓷、生物医药产业链式发展，实施北方高科重结晶碳化硅管等项目，全力推进北瓷氮化铝封装陶瓷材料扩产项目投产，依托北瓷、北伏创新优势，加速拓展下游产业链，打造全国前列的电子陶瓷材料生产基地。加快推进沃滴滴年产 100 万吨液体肥料项目，推动恒康科技年产 2 万吨胍基乙酸项目建成投产，力争生物医药产值突破 40 亿元。激发金贵片区新能源、核心企业上下游配套项目，助力产业体系完善、产业链条延伸。推进以商招商，选聘招商引资顾问，借助地区商会、行业协会等平台资源，点对点精准招商，举办项目集中签约活动 3 场次以上。保障招商项目实施，建立招商项目快速落地综合协调机制，全面落实重点招商引资项目领导干部包抓责任制，切实提高项目履约率、开工率、达产率，确保全年招商引资落地建设亿元以上项目达 20 个，到位资金 60 亿元以上。

（四）*聚焦转型升级，在优化产业结构上迈出新步伐*。坚持产业为要，以新发展理念引领高质量发展，加快“两新两特两区六镇”特色主导产业发展，全力推动“西部百强县”进位争先。

加快新型工业化进程。围绕“三都五基地”，坚定不移推进“工业强县”战略，加速“一园三区”产业集聚成势。打造德胜片区新食品产业集群，推动“互联网 + 枸杞”饮料绿色制造等项目建设，培育安创蓓康等 3 家企业升规入库，加快“全区预制菜产业高质量发展示范县”建设，力争新食品产业产值突破 40 亿元。推动暖泉片区新型陶瓷、生物医药产业链式发展，实施北方高科重结晶碳化硅管等项目，全力推进北瓷氮化铝封装陶瓷材料扩产项目投产，依托北瓷、北伏创新优势，加速拓展下游产业链，打造全国前列的电子陶瓷材料生产基地。加快推进沃滴滴年产 100 万吨液体肥料项目，推动恒康科技年产 2 万吨胍基乙酸项目建成投产，力争生物医药产值突破 40 亿元。激发金贵片区新能源、算力应用、装备制造产业发展活力，积极引导轻工纺织、装备制造等企业技改创新，推动产业提档升级。打造绿电园区，加快推进吉利聚能光伏全产业链项目，抓好中核储能电站等 9 个新能源项目实施，打造“源网荷储”一体化绿色光伏产业链。加快工业领域新基建布局，混合应用主体企业引导模式和工业地产商模式，大力开发工业地产，打造新材料、装备制造产业孵化基地。

提升农业特色化水平。全面完成国家农业现代化示范区创建任务。实施汉佐村蔬菜分拣中心等 51 个农业产业项目，推进 6.07 万亩高标准农田建设，改造升级老旧日光温棚 500 栋，着力夯实农业产业发展基础。做大适水产业，推动优质淡水鱼种质资源场等项目建设，新增名特优新养殖面积 3000 亩，打造“适水产业高质量发展西北第一县”。做精牛奶产业，实施塞尚乳业生产车间改扩建等项目，支持建设 12 家“智慧牧场”，推进奶业生产能力整县提升。做优葡萄酒产业，改造生态有机酿酒葡萄种植基地 2.2 万亩，打造图兰朵葡萄酒小镇“产学研用”集群。做强枸杞产业，推动PET瓶装枸杞饮料、枸杞原浆精深加工等项目建成投产，支持百瑞源、厚生记等龙头企业拓展旅游板块，不断提升枸杞产业影响力和知名度。

促进服务业优质高效发展。深化拓展“消费需求促进年”活动，加速融入“两地五中心”建设。发挥快递物流规模优势，加快推进极兔速递宁夏总部智慧供应链产业园等项目落地建设，培育限上商贸流通、A级以上物流企业5家，力争快递进出港量增长20%以上，打造电商快递物流聚集区。放大“买好车到贺兰”品牌效应，推动大世界汽车4S店建成运营，支持吉利银河等5家品牌车企升限纳统，继续实施好阶段性购车补贴政策，引导企业全面提升汽车售后市场和服务领域竞争力，打造汽车销售与服务聚集区。推动文旅融合发展，支持贺兰山岩画创建国家AAAAA级旅游景区，加快建设山地观星民宿等项目，打造星级乡村旅游示范点3个以上，办好农民丰收节等活动，擦亮“贺兰·不止于山”文旅品牌，实现全年接待游客人数和旅游收入均增长20%以上。全力优化消费环境，发挥新百贺兰中心辐射带动作用，加速“新百—六六大集”等特色街区联动式发展，打造“吃住行游购娱”一体化消费体验新场景，丰富和完善夜经济消费业态。

强化园区主战场作用。深入开展园区培育行动，纵深推进园区“管委会+公司”改革，积极对接引进主导产业关联项目，构建主导产业明确、链式集群发展的产业体系，推动园区提档升级、争先进位。开展低效土地和停产待转企业盘活“两大攻坚”行动，对闲置土地和停产待转企业分批分类、逐企盘活，全面提升园区资源要素利用效率。完善园区基础设施，推进德胜战勤保障消防站建设，加快暖泉片区研发服务中心投入使用，进一步提升园区承载力。

*（五）聚焦创新驱动，在蓄足发展动能上取得新突破。*坚持创新为魂，大力推动科技创新与经济社会发展深度融合，加快国家创新型县建设。

提升科技创新能力水平。持续加强科技创新投入，力争全社会R&D经费投入增长10%。强化企业科技创新主体地位，高水平建设碳化硅陶瓷工程技术研究中心等8个自治区级创新平台，加快实施枸杞原浆自动化生产线等7个技改项目，力争2个优势集群入围自治区中小企业特色产业集群。持续开展强链补链专项行动，深化企业与高校产学研合作，围绕“双百科技支撑行动”实施重大科技成果转化示范项目10个，技术合同成交额增长10%以上，培育专精特新“小巨人”和科技型中小企业40家以上，增强产业链稳定性和韧性。深入实施制造业数字化转型行动，培育自治区智能工厂和数字化车间3家。

高层次引育创新人才。大力推进“才聚宁夏1134行动”和“十万大学生留银川专项行动”，紧盯重点项目、核心技术攻关开展“揭榜挂帅”，精准招引人才300名以上，选派科技特派员10名。健全高层次人才培养机制，分层分类实施高精尖缺人才、学术技术带头人、青年大学生培养工程，力争入选区、市人才工程人员30名以上。实时更新人才政策，全方位做好各类人才落户安居、子女入学、医疗保障等各项服务措施，解决人才创新创业后顾之忧。

办好人民满意教育。落实立德树人根本任务，培育1所区级、2所市级德育示范学校，构建“三全”育人格局。力促二十二幼、二十三幼投入使用，新增幼儿学位900个，争创全国学前教育普及普惠县。加快义务教育优质均衡发展，全面完成贺兰七中、十一小建设，新增学位2880个。坚持高中多样化发展，深入推进“三新”改革，扩大普通高中招生规模，增加学位供给300人。深化职业教育产教融合，推动宁夏轨道交通高级技工学校等项目建设。优化教育资源配置，推进“互联网+教育”发展，深化与华中师范大学教学合作，实施名校长、名师培养工程，做好城乡教师“轮岗交流”工作，促进教育公平和质量提升。

*（六）聚焦改革开放，在激发动力活力上拓展新路径。*坚持改革开放，推进政务服务不断优化，重点改革突破攻坚，开放水平不断提升。

持续深化改革提效力。纵深推进“六权”改革。稳慎开展集体经营性建设用地入市，持续盘活农村闲置存量建设用地，力争完成交易6笔以上。稳步开展国有林地经营权确权登记，推动山林资源有偿使用和流转交易，发展林下经济经营主体2家以上。健全完善“水银行”收储＋交易机制，推进用水权抵押融资业务增量扩面。建立“六权”基础数据库，打造“多权”改革融合示范点3个以上，力争“六权”类抵押贷款突破7亿元。全面完成新一轮党政机构改革和事业单位改革任务。全面落实新一轮财税体制改革和金融体制改革。实施国企改革深化提升行动，增强县属国企核心功能，提高核心竞争力。圆满完成第五次全国经济普查工作。

持续扩大开放聚合力。加快现代交通物流体系建设，实施好包银高铁沙湖站连接线工程和市政配套设施项目，拓展对外开放通道。加快推动京宁数字商业产业中心项目建设，依托京东等线上平台，畅通对外贸易渠道。大力发展外向型经济，落实外贸企业“一企一策”服务机制，支持外资外贸企业做大做强。充分利用物流产业优势，加速跨境电商等新业态发展，力争跨境电商交易额增长20%以上。强化对外经贸合作，组织企业积极参与中国（宁夏）·德国友好交流周、宁夏品质中国行等对外平台和重要展会，全力帮助企业抢订单、拓市场、扩产能。

持续优化环境激活力。坚持“两个毫不动摇”，进一步放宽民营经济市场准入，落实好结构性减税降费等政策，发挥政银企合作机制作用，运用确权赋能、融资担保等措施，着力解决企业融资难等问题，依法保护民营企业家合法权益。纵深推进“放管服”改革，全面实行行政许可事项清单管理，梳理“四减一优”事项，申请材料再压减10%以上，政务服务事项“网办率”达到90%以上，覆盖率达到75%，电子证照入库累计达到85类33万个。持续推进政务服务中心标准化建设，实现综合窗口设置全覆盖，打造办事便捷、服务周到、重诺守信的营商环境。

（七）聚焦生态优先，在厚植绿色底色上开创新局面。坚持绿色发展，全面落实自治区“1+4”系列文件精神，把生态文明建设融入经济社会发展全过程，切实保护好“父亲山”“母亲河”。

加大环境污染防治。实施高浓废水深度治理回用技改等项目，加快各类生态环境保护督察检查反馈问题整改销号。推进“四尘”同治，建成大气污染防治监控平台，推动空气质量全时段动态监测和精准高效防控，确保全县空气质量优良天数比例达到80%以上。强化“五水”共治，全面落实河（湖）长制，实施重点入黄排水沟水环境综合治理工程，推广“三池两坝”渔业尾水生态治理技术，开展农村生活污水处理设施专项整治，确保黄河贺兰段水质稳定Ⅱ类进出。坚持“六废”联治，扎实推进“无废城市”创建，强化农业面源污染防治，实施农残膜回收利用等项目，农残膜回收率达到91%以上。加大危险化学品和新污染物环境风险管控力度，坚决遏制土壤污染事故发生。

加强生态保护修复。扎实推进山水林田湖草沙一体化保护和系统治理。巩固国家园林县城创建成果，全面落实“林长制”，持续抓好禁牧封育工作，新增林地500亩，森林覆盖率提高至11.55%。加快苏峪口沟等4条泄洪沟砌护治理和水毁修复项目建设，配合实施贺兰山东麓水源涵养和生态治理项目，不断提升贺兰山林草资源总量和林草质量。坚持“四水四定”，加快推进金山中型灌区续建配套与节水改造，高标准实施洪广镇土地整理和生态修复等项目，力争灌溉水利用系数达到0.57。全面落实湿地分级管理和总量管控制度，扎实开展“网盾行动”“清风行动”，加强生物多样性系统保护。

加快绿色低碳发展。推动新能源开发应用，巩固整县屋顶分布式光伏试点县创建成果，力促兴霖新能源4.8兆瓦屋顶光伏等9个项目建成达效。大力推动节能减排，坚决遏制“两高一低”项目盲目发展，着力构建绿色制造体系，培育绿色工厂2家。加速冬季清洁取暖项目建设，力争农村清洁取暖率100%。大力提升绿色建筑发展水平，确保新建住宅和公共建筑节能达标率100%。深入践行绿色生活方式，积极创建绿色机关，实施低压业扩配套工程，减少新能源汽车用户办电成本，投放新能源公交车10辆，实现清洁能源公交全覆盖。完成区、市下达能耗“双控”任务。

（八）聚焦城乡建设，在打造国家样板上创造新成绩。坚持城乡融合，加快城市更新，建设和美乡村，形成城市有力支撑、乡村全面振兴的协调发展格局。

提升县域城市品质。完善“三类”国土空间规划体系，谋划推动水电热气等公共设施智能化改造，实施贺兰县—兴庆区交界区域积水点改造项目，推进永泰花园等19个老旧小区外墙保温项目建设，完善商业网点和便民服务驿站布局，打造“15分钟便民生活圈”。提升城市数字化精细化管理水平，推进完整社区、未来社区建设，升级城市大脑应用平台和智慧城市运营中心，加快构建数字城市治理体系。巩固文明城市创建成果，扎实推进物业行业专项整治“135”行动，突出做好城乡接合等重点区域卫生专项治理，打造整洁有序的市容市貌。

推进乡村全面振兴。学习运用“千万工程”经验，高标准完成国家乡村振兴示范县创建任务。统筹做好巩固拓展脱贫攻坚成果同乡村振兴有效衔接，夯实“三保障”和饮水安全成果，坚决守住不发生规模性返贫底线。毫不动摇抓好粮食安全，加快推动宁夏粮食作物种质资源库等项目建设，确保粮食生产面积稳定在31万亩以上，粮食总产量达16.7万吨以上。严格落实耕地保护硬措施，纵深推进盐碱地综合利用，严守66.5万亩耕地保护红线。提升乡村产业发展水平，推动实施民乐村辣椒精深加工等23个乡村振兴项目，吸纳脱贫人口、移民群众就业人数增加10%以上。开展村集体经济组织职业经理人试点，新增村集体经济收入百万元村4个。持续深化移风易俗，繁荣乡村文化发展，加快培育文明乡风、良好家风、淳朴民风。

推动城乡融合发展。加速基础设施一体建设，完成通昌村、江南新村供水工程建设，实施农村公路修复养护等项目，建成覆盖各乡镇镇区5G网络体系。推进基本公共服务普惠共享，统筹优化全县教育资源配置，完善基层医疗服务体系，推进城乡体育场地设施均衡发展，让更多优质公共服务资源下沉基层。加快宜居宜业和美乡村建设，深化农村垃圾、污水、厕所整治“三大革命”，推动农村生活垃圾处理率、生活污水治理率、卫生厕所普及率分别达到96%、70%、92%以上。加快常信乡重点小城镇建设，新建高质量美丽宜居村庄1个、农村人居环境示范标杆村2个。

（九）聚焦民生改善，在增进民生福祉上实现新提升。坚持民生为本，树牢以人民为中心的发展理念，尽力而为、量力而行，兜住、兜准、兜牢民生底线。

稳步提升就业社保水平。大力推广以工代赈模式，培育“预制菜技工”等特色劳务品牌，推动农村劳动力转移就业2万人，实现劳务收入2.5亿元以上。深化产业工人队伍建设改革，支持和规范发展新就业形态，抓好高校毕业生、退役军人、残疾人等重点群体就业，全年城镇新增就业人员4000人以上。稳步扩大社会保险参保覆盖面，实现全县群众基本医疗、养老、失业等保险应保尽保。加快完善“一老一小”服务保障体系，扩大养老托育服务供给，力争每千名婴幼儿托位数超4.3个，每千名老人养老床位超35张。全力维护妇女儿童权益，加大特困人员、低保对象等救助力度，让社会救助兜底保障更加精准、更有温度。大力支持国防动员建设，扎实开展拥军优属活动，做好退役军人事务工作。

加快推进健康贺兰建设。持续深化医药卫生体制改革，实体化运行医疗健康总院，纵深推进乡村卫生服务一体化管理，推动立岗、常信、南梁卫生院专科特长“三院合一”。实施立岗镇中心卫生院基层服务能力提升项目，推动天鹅湖社区等3个卫生服务站投入使用。加强医疗卫生人才队伍建设，开展优质服务基层行创建活动，努力提高优质化医疗服务质量。统筹县域优质中医医疗资源，全力争创全国基层中医药工作示范县。主动承办全区青少年网球锦标赛等特色赛事，举办丰富多彩的群众健身活动，让全民健身理念更加深入人心。

大力促进文化繁荣发展。培育和践行社会主义核心价值观，实施文明素养提升行动，扎实开展文明城市、文明村镇创建活动，让文明之风浸润万家。持续推进“城市书房”“阅读岛”等项目建设，广泛开展“四送六进”等文化惠民活动300场次，不断满足群众高品质文化需求。加强文物保护和非遗传承，开展贺兰山岩画本体保护前期勘查研究，支持王氏泥塑、五奎陶瓷申报国家级非遗项目。深入挖掘贺兰特色文化资源，创作一批优秀文艺作品，扩大“文旅贺兰”等传播平台品牌影响力，多渠道讲好贺兰故事、传播贺兰声音。

（十）聚焦社会稳定，在建设平安贺兰上展现新形象。坚持平稳为基、安全为先，深入践行总体国家安全观，加快推进社会治理体系和治理能力现代化，全力守护社会和谐稳定。

促进民族团结进步。坚持以铸牢中华民族共同体意识为主线，深入实施“四大工程”“三项计划”，持续巩固全国民族团结进步示范县创建成果，全力办好“民族团结进步月”系列活动，培育民族团结进步示范单位20个，争创第十四批全区民族团结进步示范单位3个。坚持我国宗教中国化方向，依法管理宗教事务，提升打造宗教中国化展示基地，推进民族事务网格化管理，持续巩固民族和睦、宗教和顺、社会和谐良好局面。

筑牢安全生产防线。全面落实自治区安全生产“1+37+8”系列文件精神，抓好“四个专项行动”。开展本质安全提升专项行动，实施“本质安全示范创建三年行动”。深入开展企业主体责任落实专项行动，重点做好企业主要负责人和一线员工教育培训。持续开展隐患排查整治专项行动，深化城乡燃气、危化、道路交通等重点领域风险隐患排查整治，确保“六个逐年下降”，实现“三个不发生”。广泛开展全民安全意识提升专项行动，在全社会养成“人人讲安全、个个会应急”的良好习惯。建强实战型应急指挥中心，建立重要应急物资储备体系，开展实战化应急演练，不断提高重大灾害应对能力。

防范化解重大风险。妥善化解政府债务存量，坚决遏制债务增量，确保政府债务总量只减不增、风险可控。加强财政资金审计监督和绩效管理，坚持把有限的资金用在“三保”上。加强金融机构风险监管，严厉打击非法集资行为及金融乱象，营造安全健康的金融生态。全力保障煤炭、电力、天然气、石油供应稳定，切实满足企业生产和民生用能需求。扎实做好“保交楼”“办证难”各项工作，妥善解决房地产领域突出问题，促进房地产市场平稳健康发展。

加强平安贺兰建设。加快推进市域社会治理现代化，提高市域社会治理能力。坚持和发展新时代“枫桥经验”“浦江经验”，深入推进信访工作法治化，推动县乡两级综治中心规范化建设、实体化运行，全力推进信访积案化解，创建自治区级乡村治理示范乡镇2个、示范村4个。纵深推进“八五”普法，争创全国守法普法示范县。强化社会治安整体防控，常态化开展扫黑除恶，纵深推进反诈人民战争，严厉打击各类违法犯罪活动。严格落实“四个最严”要求，全力保障群众食品药品安全。

三、加强政府自身建设

各位代表！新征程、新使命对政府工作提出新的更高要求，我们将始终坚持党对政府工作的全面领导，坚定不移抓发展，以更高标准、更严要求、更实作风提升履职能力和工作水平，不断开拓各项工作新局面。

旗帜鲜明讲政治。始终把政治建设摆在首位，坚持以习近平新时代中国特色社会主义思想为指导，深入学习贯彻党的二十大和习近平总书记视察宁夏重要讲话指示批示精神，巩固拓展主题教育成果，深刻领悟“两个确立”的决定性意义，增强“四个意识”、坚定“四个自信”、做到“两个维护”。严守政治纪律和政治规矩，严格落实重大事项请示报告制度，坚决落实党中央、国务院和自治区、市党委、政府及县委决策部署，确保政令畅通、令行禁止。

依法行政履职责。深入学习宣传贯彻习近平法治思想，自觉接受人大法律监督、政协民主监督和社会舆论监督，高质量办好人大代表建议、政协委员提案。扎实开展法治政府建设“八大提升行动”，深化行政执法体制机制改革，全面落实行政执法“三项制度”。严格落实“三重一大”决策制度，加强行政规范性文件合法性审核，推进政务公开和政府信息公开，做到依法、科学、民主决策，不断提升政府依法行政水平。

勇于担当善作为。坚持把抓落实作为政府工作的生命线。不折不扣抓落实，全面完成国务院高质量发展综合督查和各级各类巡视巡察督察反馈问题整改。雷厉风行抓落实，持续深化“一提醒二警示三通报”督办落实机制，大力提升政府工作效能。求真务实抓落实，积极践行“四下基层”，大兴调查研究之风，坚决破除形式主义、官僚主义，让干部集中精力抓落实、一门心思求发展。敢作善为抓落实，坚持问需于民、问计于民，尽心尽力办好十件民生实事和一批民生项目。

廉洁从政树形象。扛牢政府系统全面从严治党主体责任，纵深推进党风廉政建设和反腐败斗争，充分运用巡视巡察、审计监督成果，强化重点领域、重点岗位廉政风险防控，营造风清气正的政治生态。全面落实意识形态工作责任制。严格落实中央八项规定及其实施细则精神，厉行勤俭节约，严控“三公”经费和一般性支出，坚决落实“过紧日子”的要求。

各位代表！习近平总书记在2024年新年贺词中指出：

我们的目标很宏伟，也很朴素，归根到底就是让老百姓过上更好的日子。让我们更加紧密地团结在以习近平同志为核心的党中央周围，在区市党委、政府和县委的坚强领导下，踔厉奋发、勇毅前行，为奋进中国式现代化新征程、谱写贺兰新时代高质量发展新篇章而努力奋斗！

附：有关情况说明

1. 五个示范县：黄河流域生态保护和高质量发展先行区示范县、铸牢中华民族共同体意识示范县、乡村振兴示范县、绿色宜居示范县、科技创新示范县。

2.“六新六特六优”产业：“六新”是新型材料、清洁能源、装备制造、数字信息、现代化工、轻工纺织；“六特”是葡萄酒、枸杞、牛奶、肉牛、滩羊、冷凉蔬菜；“六优”是文化旅游、现代物流、现代金融、健康养老、电子商务、会展博览。

3. 项目“五比”：春比开工、夏比建设、秋比成果、冬比储备、全年比质效。

4.“三新”产业：新食品、新材料、新能源产业。

5. 三品：增品种、提品质、创品牌。

6. 一园三区：胜片区、暖泉片区、金贵片区。“一园”即宁夏贺兰工业园区；“三区”即德。

7. 科技创新“四大工程”：创新力量厚植工程、创新主体培育工程、创新协同联动工程、创新生态涵养工程。

8.“放管服”改革：简政放权、放管结合、优化服务。

9. 四个秉持：秉持数字化理念“减时间”、秉持协同化理念“减成本”、秉持便民化理念“减材料”、秉持集约化理念“减环节”。

10.“六权”改革：土地权、排污权、用水权、山林权、用能权、碳排放权改革。

11. 四类管网：燃气、供热、供水、排水管网。

12.“5+–”全要素社区戒烟干预模式：聚焦戒烟服务多元性，全团队结对联合“+–”干预；聚焦吸烟对象多龄性，全周期生命质量“+–”干预；聚焦识别烟盲区危害性，全方位教育体验“+–”干预；聚焦控烟自律阶段性，全过程双向引导“+–”干预；聚焦无烟环境可塑性，全情境文化认同“+–”干预。

13. 四强：强素质、强服务、强担当、强斗志。

14.“四风”：形式主义、官僚主义、享乐主义、奢靡之风。

15.“三公”经费：因公出国（境）费用、公务接待费、公务用车购置和运行维护费。

16.“五八”强首府战略：建设更具竞争力的实力之城、更具创新性的活力之城、更具吸引力的开放之城、更具高颜值的品质之城、更具幸福感的和美之城，大力建设产业强市、创新强市、开放强市、生态强市、品质强市、医教强市、法治强市、组织强市。

17. 九九攻坚突破：聚力高能级产业形态，在抢占新赛道上攻坚突破；聚力高层次创新要素，在构筑新质生产力上攻坚突破；聚力高水平改革开放，在厚植新优势上攻坚突破；聚力高质量生态安全，在构建新体系上攻坚突破；聚力高品质文明城市，在重植新底座上攻坚突破；聚力高颜值和美乡村，在打造新样板上攻坚突破；聚力高成色民生保障，在增进新福祉上攻坚突破；聚力高标准示范铸牢，在创造新经验上攻坚突破；聚力高效能基层治理，在拓展新模式上攻坚突破。

18. 九个坚持：坚持产业为要，厚植高质量发展根基；坚持项目为王，强化高质量发展支撑；坚持创新为魂，聚集高质量发展动能；坚持改革开放，提振高质量发展活力；坚持绿色发展，铸牢生态安全屏障；坚持城乡融合，推进乡村全面振兴；坚持民生为本，增进群众生活福祉；坚持平稳为基，铸牢中华民族共同体意识；坚持安全为先，全面加强基层治理。

19. 四争：争项目、争资金、争政策、争示范。

20. 两新两特两区六镇：“两新”是指新食品、新材料两个工业主导产业；“两特”是指预制菜、适水产业两个农业特色产业；“两区”是指汽车销售服务、电商快递物流两个现代服务业聚集区；“六镇”是指稻渔、枸杞、葡萄酒、花卉、康养、体育六个特色产业小镇。

21. 三都五基地：世界葡萄酒之都、中国新硅都、算力之都，新型电池制造基地、智能终端材料和半导体材料生产基地、高端奶产业基地、枸杞精深加工基地、能源示范基地。

22. “源网荷储”一体化：以“电源、电网、负荷、储能”为整体规划的新型电力运行模式。

23. 两地五中心：全国旅游度假目的地、区域创新创业高地，区域商贸物流中心、科技和金融中心、文化教育中心、医疗健康中心、总部会展中心。

24. 双百科技支撑行动：百项重大关键技术攻关行动、百项重大科技成果转化应用行动。

25. 才聚宁夏 1134 行动：一面旗帜引领，一个目标定向，构建三个战略平台，实施四大人才工程。

26. 十万大学生留银川专项行动：3 年时间为银川市留下 10 万名青年人才。

27. 揭榜挂帅：通过征集需求、发布榜单，坚持不论资历、不设门槛，调动全社会力量开展关键核心技术攻关的一种新型科研组织管理方式。

28. “三全”育人：全员育人、全程育人、全方位育人。

29. “两个毫不动摇”：毫不动摇地巩固和发展公有制经济，毫不动摇地鼓励、支持、引导非公有制经济发展。

30. 四减一优：减环节、减材料、减时限、减收费、优服务。

31. 四尘：煤尘、烟尘、汽尘、扬尘。

32. 五水：治污水、防洪水、排涝水、保供水、抓节水。

33. 六废：建筑垃圾、生活垃圾、危险废物、畜禽粪污、工业固废和电子废弃物。

34. 山水林田湖草沙一体化：把山的自然资源、水的自然资源、林的森林资源、田的农业资源、湖的水资源、草的草原资源、沙的生态资源进行整合，统筹规划，实行全面保护管理、优化配置利用的一种生态文明建设方式。

35. 四水四定：以水定城、以水定地、以水定人、以水定产。

36. 网盾行动：开展打击整治网络非法野生动植物交易的行动。

37. 清风行动：开展全面禁止野生动植物非法交易，打击破坏野生动植物资源违法犯罪的行动。

38. 两高一低：高能耗、高污染、低水平。

39. 能耗“双控”：能源消耗总量和强度双控。

40. 物业专项行动“135”：1 是指坚持党的领导，总体部署一体推进；3 是指开展小区环境“治脏”、狠抓行业行为“治乱”加强从业人员素质“治差”；5 是示范引领一批、规范运营一批、整治提升一批、健全完善一批、覆盖增加一批。

41. 千万工程：千村示范、万村整治。

42. 三保障：义务教育、基本医疗、住房安全有保障。

43. 四送六进：送文艺演出、送图书阅览、送文艺培训、送文化志愿服务，进社区、进农村、进学校、进景区、进工地、进军营。

44. 四个专项行动：启动开展本质安全提升专项行动、深入开展企业主体责任落实专项行动、持续开展隐患排查整治专项行动、广泛开展全民安全意识提升专项行动。

45. 四个最严：最严谨的标准、最严格的监管、最严厉的处罚、最严肃的问责。

46. 四大工程：党员干部培元固本工程、青少年学生夯基育苗工程、各族群众凝心聚魂工程、社科理论正本清源工程。

47. 三项计划：各族青少年交流计划、各族群众互嵌式发展计划、旅游促进各民族交往交流交融计划。

48. 八大提升行动：法治政府建设示范创建提升行动、政府立法质量提升行动、法治化营商环境提升行动、合法性审查能力提升行动、行政执法能力提升行动、行政争议化解质效提升行动、乡镇（街道）法治政府建设提升行动、行政机关工作人员法治素养提升行动。

49. 三项制度：行政执法的公示制度、行政执法全过程的记录制度、重大执法决定的法制审核制度。

附：2024 年十件民生实事

1. 公路安全生命防护提升项目；
2. 农村耕地恢复提升项目；
3. 农村垃圾处理中心建设项目；
4. 农村生活污水收集处理项目；
5. 义务教育学位扩容增位项目；
6. 中考信息化提升项目；
7. 重点群体创业扶持项目；
8. 老年人健康提升项目；
9. 关爱精神障碍群体社区康复服务项目；
10. 德胜消防战勤保障提升项目。

专　记

贺兰县学习贯彻习近平新时代中国特色社会主义思想主题教育工作综述

学之愈深，知之愈明，行之愈笃。主题教育开展以来，贺兰县牢牢把握“学思想、强党性、重实践、建新功”总要求，聚焦学习贯彻习近平新时代中国特色社会主义思想，五项重点措施有机融合、一体推进，全县主题教育主线鲜明、扎实开展、成效明显。

我们坚持学深悟透，理论学习入脑入心。采取“323+1”方式开办县处级干部读书班3期、补课班1期，“双随机”发言46人次。认真开展“感恩总书记，奋进新征程”等理论宣讲，县处级领导班子深入村、社区、企业讲授党课和开展理论宣讲200余场次。组建宣讲小分队深入基层党组织开展理论宣讲552场，覆盖4.9万人次。充分发挥基层党校作用，通过“书记讲给书记听”、专题培训等方式，多渠道分领域培训党组织书记486名。拓展分设教学点，3.1万名党员群众相约“云端课堂”。持续深化开展“千场党课下基层”“党课开讲啦”“党员进党校”活动，各级领导干部、党组织书记、驻村第一书记下基层讲授专题党课899次，参与学习讨论2813人次。县处级领导到稻渔空间、宁东等地沿着总书记足迹实地践学，示范带动全县基层党组织和党员、干部以各种形式开展践学。针对不同行业不同类型党员，运用好乡村党校、党群服务中心、“红色车间”、“暖‘新’驿站”等平台，为多地外出流动党员、年老体弱和生活困难党员开展送关怀上门和送学上门687人次，确保584个党组织和14801名党员实现有效覆盖。

我们坚持深入一线，调查研究靶向施策。紧紧围绕“四个紧扣”，聚焦制约全县高质量发展的短板弱项和群众反映强烈的热点难点问题，县委主要负责人按照“小切口”要求3次审定调整全县调研课题，确保选题准、标准高、能落地。县级干部紧扣职责领题，开展蹲点式、体验式、解剖式调研，深入一线听民意、察实情，“四不两直”点对点调研137次，深入农村、社区、企业、学校等发现问题95个，提出对策措施124个，现场协调解决农民土地流转费拖欠等问题55个，着力破解“天鹅湖等大型社区公共服务供给不足”“化解历史遗留城镇住宅办证难”等30多个实际问题，其中正反面典型案例6个。高质量召开县处级领导班子调查研究成果交流会，着力做好调查研究“后半篇文章”，运用调研问题、责任、任务、成果转化运用“四张清单”，定期督导切实推动调研成果转化。

我们坚持实干担当，推动发展破解难题。始终牢记总书记“坚持不懈推动高质量发展”重要指示要求，研究确立2226现代产业体系，聚焦

“六新六特六优”产业，围绕“三都五基地”建设，坚持项目为王、产业为要，全国规模最大的氮化铝封装材料生产线持续领跑，全区首家“亿元级”种业集团和东海水产研究所实验基地落户贺兰，图兰朵葡萄酒小镇一期项目建成运营，全国首家机器人4S店、百瑞源枸杞庄园、新百贺兰中心相继建成投入运营。“四个秉持”机制入选全国优化营商环境典型经验，设立营商环境投诉督办室的做法在全区推广，成功入选西部地区综合竞争力百强县。深入开展“进企业、送服务、解难题”活动，县处级干部带头包抓工业企业、重点产业，深入现场办公147次，助企纾困解决问题310余项。持续厚植新质生产力，全社会R&D经费投入1.43亿元，大北农科技创新中心投入运营，新增国家高新技术企业11家、自治区级专精特新中小企业7家，产业发展不断迸发创新活力。园区改革加速推进，完成全区首笔40万立方米工业用水权有偿收储交易。学习运用“千万工程”经验，有力有效推进乡村全面振兴，2023年全县村级集体经济经营性收入突破5900万元，百万元村达到25个。始终牢记总书记“把造福人民作为最重要的政绩”重要指示要求，组织全县开展“政绩观”大讨论200余次，清单式、动态化推进59件“为民办实事”事项高质量办结。认真贯彻落实自治区生态环保“1+4”文件精神，生态环境不断改善，全年空气优良天数比例达到80.1%，排名全市第一，地表水国控、自治区控断面水质达标率100%。深入落实就业优先战略，城镇新增就业5139人，农村劳动力转移就业24780人，均超额完成任务。教育医疗领域服务水平不断提升，顺利通过全国学前教育普及普惠县创建区级评估验收，城乡一体化和“双减”工作经验在全国推广，贺兰二中教育数字化试点学校等项目成功推进，洪广镇区域医疗健康中心通过自治区健康县验收，成为全区唯一“全国基层医疗高质量发展援建工程”试点县。始终牢记总书记“统筹发展和安全”重要论述，全面落实自治区党委十三届四次、五次、六次全会、市委十五届八次、九次、十次全会和安全生产“1+37+8”系列文件精神，排查整改隐患14848处，整改率99.9%。深入践行“枫桥经验”“浦江经验”，梳理化解信访案件104件，亲水嘉苑、塞上名居等小区“办证难”问题有效解决，洪鑫苑、金竹柳多年信访积案化解基本到位。深入开展“立足岗位作贡献”“办实事、解民忧、暖民心”和“学习身边榜样”活动，设立党员示范岗、党员责任区、党员突击队2234个，承诺践诺9244人次，组织“千名医师下基层”“千名教师访万家”等志愿服务活动5235人次，为群众办实事办好事1778件，选树先进典型666人。软弱涣散村党组织整顿、“办证难”问题化解等4项工作被自治区党委主题教育领导小组办公室充分肯定。“十大民生实事办到群众心坎上”“社区治理合伙人机制”做法被《人民日报》等中央媒体深度报道。

我们坚持聚焦问题，检视整改动真碰硬。始终将整改整治作为检验主题教育成效的“试金石”“磨刀石”，以抓铁有痕的韧劲确保整改整治工作落到实处，切实为民办实事解难题。坚决抓好中央交办问题整改整治。毫不动摇整治“关于树立和践行正确政绩观深入开展违反客观规律大干快上举债搞‘半拉子工程’‘形象工程’‘面子工程’”问题，主动梳理自查政府投资项目714个，未发现相关问题。牢固树立风险意识、底线思维，坚持化存量、控增量，有效化解政府债务17.32亿元。坚决整治统计造假屡禁难绝问题，全面贯彻落实习近平总书记关于统计工作的重要讲话和重要指示批示精神，实施统计数据质量全流程监管，坚决遏制统计造假问题。坚决整治基层治理不良现象，规范明确全县“督检考”内容30项，县委、县政府发文开会均实现下降，清理、摘除村（社区）不规范、不合理挂牌418块，上墙制度607块、展板13块。抓好区、市交办问题整改整治。自治区部署的五项专项整治扎实推进。乡村振兴方面，纳入监测对象95户282人，消除风险33户92人，落实产业、就业、教育等帮扶523人，排查发现问题140个，完成整改138个。教育方面，全力推进办学条件改善，规划教学班36个，新增学位1800个。检查校外培训机构91家，督促整改问题140个。医疗方面，开设县级医院晚间及周末门诊服务病患34861人次，实行群众看病停车费减免，累计减免停车费用4万余元。住建方面，督促中城·国际城、奥莱小镇等按时完成交工交付。信访方面，领导干部定期接访、重点走访、带案下访，美洁纸业等23件信访积案成功化解，化解率达96%。自治区交办的两项上下联动问题、卫健委需要联动解决的8个问题已全部整改完成；贺兰山东麓葡萄酒产业园区需联动解决的问题待执行政策明确后整改到位。市委部署的两项专项整治有力推进，燃气问题方面，检查餐饮场所438家，197处安全隐患全部完成整改，商业用户“三件套”安装率100%，居民“三件套”安装率位居全市前列。长期未结执行积案问题方面，落实“包案”“督办”双重责任制，34件长期未结执行积案已全部结案，结案率达100%。抓好县级自查问题整改整治。19个县级层面问题、39个基层党组织问题全部整改到位，推动“办证难”问题、残疾人康复中心问题、农村小学取暖等民生问题得到有效解决。县级学校周边交通安全问题专项整治有序推进，第二高级中学西侧恒安街路段修建450米“护学平安路”，为30所学校安装减速带、更换限速牌、警示牌、爆闪灯等交通安全设施，完成1859辆电动车挂牌，2297名学生实现周五放学校车集中接送。

我们坚持标本兼治，建章立制巩固成果。坚持把建章立制作为治本之策，着力在常抓长治上下足功夫，在以学促干中谋发展，切实把主题教育成果转化为推动高质量发展的强大动力。制定用水权市场交易规则及收储交易、抵（质）押贷款等4个管理办法，规范用水权收储、交易、质押行为。成功申报国家集体经营性建设用地入市试点，印发《贺兰县农村集体经营性建设用地入市试点工作方案》，修订《贺兰县农村集体经营性建设用地入市管理办法（试行）》等3项制度，建立农村453宗、5422亩集体经营性建设用地入市数据库，推进新胜村158.7亩集体经营性建设用地入市。印发贺兰县建设黄河流域生态保护和高质量发展先行区示范县评价核心指标体系，制定《招商引资项目全过程管理办法》《贺兰工业园区“管委会+公司”工作方案》等政策制度，助推贺兰县优势特色产业高质量发展。制定《贺兰县“十四五”学前教育发展提升行动计划实施方案》《关于支持劳务移民加快发展实施方案》《公立医疗机构药品医用耗材采购“双色信封”管理制度》等惠民利民政策，真正让老百姓得实惠。

（贺兰县委宣传部供稿）

宁夏贺兰：“六权”改革显成效

近年来，宁夏银川市贺兰县以建设黄河流域生态保护和高质量发展先行区建设为引领，坚持用水权、土地权、排污权、山林权、用能权、碳排放权“六权”改革，大胆探索、协同创新，资源盘活、优化配置效益逐步显现。

围绕“入市交易”，做好转化增值文章。紧紧抓住资源要素市场化这个“牛鼻子”，做好盘活流通增值文章，率先在宁夏成立“六权”改革服务中心，创新政府主导、市场化运作方式，搭建集各项功能于一体的综合服务平台，实行“宣传、交易、监管、服务”闭环管理和交易全过程“一站式”服务，引导各类产权公开、公平、有序交易，实现资源效益最大化。目前平台已累计完成“六权”及农村产权等交易 116 笔，成交金额 8857 万元。

金融赋能，做活市场。开发“富农贷”“农地贷”“小微通”等金融产品，将过去分散的农村土地经营权、山林权、用水权、排污权等进行整合，全部纳入农村产权抵押融资范围，探索“交易鉴证 + 产权评估 + 抵押登记 + 融信担保 + 银行贷款 + 资产处置”为一体的金融惠农新模式。完成银川市首笔工业用水权和排污权抵押融资贷款，创新“政府 + 银行 + 担保 + 保险”的林业金融服务模式，完成山林权抵押融资贷款 4.9 亿元，为葡萄酒、休闲农业等新产业新业态发展提供融资支持。完成首笔“土地存贷”业务，协调贺兰农商行为宁夏新阿里生态农业发展有限公司办理土地流转经营权抵押贷款 100 万元。

围绕“节水增效”，创新管水用水机制。以节水增效为目标，全面落实“四水四定”原则，推行“源头严控、过程严管、结果严查”全过程管理，坚决抑制不合理用水需求，推动水资源高效集约利用。建立水权分配机制，实行“总量控制 + 定额管理”制度，合理测算核定工农业及城市、生态用水量并全面确权，将水权分配到村镇、重点用水户、用水企业，严格按定额供水，有效控制用水总量。2022 年，全县节水 3300 万立方米，万元国内生产总值用水量较 2021 年下降 7.2%，农业用水亩均水费下降 10 元。

建立资金保障机制，探索“合同节水 + 水权交易”模式，整合涉水、涉农项目，引进社会资本方参与农田水利和高效节水设施建设，先后投入约 2.4 亿元，砌护支、斗、农渠 337.94 公里，安装测控一体化闸门 1100 套，实现田间灌水自动计量、精准控制、精细调度和自动化管理。建立节水奖补机制，全面落实精准补贴和节水奖励制度，兑现 2021 年精准补贴和节水奖励资金 84 万元，核算 2022 年精准补贴和节水奖励资金 80.63 万元。建立水权交易机制，出台《贺兰县水权交易及收益分配办法》，明确交易规则、交易价格、收益分配等，用制度为水权交易保驾护航。完成水权交易 10 笔 2141.1 万立方米 1.458 亿元。

围绕“盘活增值”，探索土地利用路径。用活土地政策、盘活闲置低效土地资源，加快土地价值发现和效益增值。探索农村宅基地“三权”分置有效实现途径，出台《贺兰县农村宅基地资格权认定办法（试行）》等 14 项配套政策。在 8 个试点村颁发农村宅基地资格权证书，颁证率 91.42%；完成农户自愿有偿退出宅基地 178 户，增加农民财产性收入 801 余万元；采取“企业 + 合作社 + 农户”运行模式，有效盘活利用闲置宅基地 52 宗。

强化土地要素保障，分类推进批而未供、低效工业用地、闲置土地消化处置，全面推行弹性年期、“标准地”、混合用地等多元化供地模式。编制招商地图，推行“以地招商”模式，超额完成闲置土地年度处置任务。2023 年处置闲置土地 1557.76 亩，处置批而未供土地 1800.2 亩，成功入选国家级集体经营性建设用地入市试点。

围绕“多权融合”，系统集成提升实效。准确把握“六权”改革的阶段性任务和着力点，在改革系统集成、协同高效上下功夫、求实效，推动改革与发展深度融合、高效联动。常信乡谭渠村蓝湾生态农业示范园将植绿增绿、发展经果林、林下经济与沙化土地治理相结合，年实现林下产值 150 余万元，现有林地年均碳汇能力 500 吨，基本实现“碳中和”；通过滴灌、水肥一体化、建设“三池两坝”尾水治理系统，将内外水循环系统有机结合，实现了节水增效与降污减排“双丰收”，2022 年用水量较 2020 年减少 40 万立方米，水资源利用率提高 50%以上，水费开支减少 45%，实现“碱滩变蓝海、污水不外排、荒山变银山”的巨变，探索出了一条生态效益、经济效益、社会效益共赢发展的新路子。

宁夏恒康科技有限公司通过宁夏公共资源交易平台完成银川市首笔排污权交易，成功购买氮氧化物排污权指标 4.092 吨，破解了企业发展空间受限的难题；完成银川市首笔排污权抵押贷款，融资 2600 万元，极大释放改革红利，促进了企业的可持续发展；建成中水回用及废渣综合处置项目，投运以来实现节水8万立方米，减少废水排放15万方，年节约水资源税及排污费约150万元，探索出了水污同治、循环利用、系统集成的绿色转型发展之路，实现了“节水增效”“降污增益”双赢。

（文章来源：经济日报新闻客户端 拓兆兵 2023-7-29）

“菜篮子”变“菜盘子” 宁夏抢占预制菜产业发展“风口”

本网讯 8月12日，宁夏预制菜产业发展推进会暨首届宁夏重点预制菜推介展销会在银川市贺兰县开幕。本次大会以“宁夏预制菜 知遇新期待”为主题，向全国展示宁夏预制菜产业发展成果，搭建交流合作和展示展销平台，进一步推动宁夏农业特色产业高质量发展。

本次活动聚焦优化宁夏预制菜产业布局、建设预制菜原料基地、建立预制菜安全生产标准体系、培育预制菜龙头企业、推出并打造“宁字号”预制菜品品牌等内容，充分发挥宁夏产业特色鲜明、农产品品质优良的优势，突出经济性、营养性、适口性、品牌性、安全性，着力打造一批预制菜产业高地和产业集群，为加快建设乡村全面振兴样板区提供有力支撑。

近年来，宁夏把发展农产品加工业作为推进乡村产业振兴的重要抓手，以打造全国重要的农产品加工优势区为目标，推进政策集成、要素集聚、资金集中，重点在主体培育、技术指导、精深加工、品牌宣传等方面精准发力、务求突破，推动农产品加工业发展取得了显著成效。而拥有众多地域商标、绿色食品标识的宁夏，也正在快速地将这盘“预制菜”越炒越热。

当天，150余家预制菜、农产品、冷链物流企业携即烹肉制品、自热米饭（火锅）、米面制品、酱类制品在活动现场进行展示展销。宁夏五个地市和宁夏农垦集团还围绕地域特色，展示了不同的一桌菜，其中：银川市推出“鱼”你共享特色鱼肉系列预制菜产品，涉及清蒸、红烧、酱焖、糖醋等多个烹饪品系；石嘴山市讲好黄渠桥羊羔肉的品牌故事，推出黄渠桥爆炒羊羔肉、黄渠桥爆炒羊肉片等特色菜品；吴忠市充分挖掘“中国滩羊之乡”的品牌价值，主推“盐池滩羊”系列菜品；固原市主打六盘山黄牛肉系列产品，推出红烧牛肉饭、酱牛肉、萝卜炖牛腩、牛肉酱等地方特色菜；中卫市主打中宁枸杞系列菜品，推出枸杞窝窝头、枸杞玉米饼、枸杞养生粥等特色菜品。

同时，宁夏5个地市根据自身资源禀赋，发布首批100道具有宁夏特色的优质预制菜品，通过“曲水流觞”特色预制菜品鉴装置，利用轨道使得100道菜品宛如随水流动，每道菜品循环往复，以此营造现场悠然古意、典雅大气的氛围。

据介绍，宁夏还将依托“六特”产业发展优势，加快培育一批“宁字号”预制菜品牌，全面展示新时代宁夏预制菜品牌发展成就，为加快建设乡村全面振兴样板区、全面推进乡村振兴、加快建设农业强国提供有力支撑。

（文章来源：《中国食品报》宁夏记者站）

大事记

1月

13日　以“我们的中国梦·文化进万家”为主题的贺兰县2023年文化科技卫生“三下乡”暨“美丽乡村”文化大集活动在洪广镇文化广场启动。

2月

3日　贺兰县获评2021—2025年度第二批全国科普示范县。

5日　贺兰县举办2023年“我们的节日·元宵节”系列文化活动。

28日　宁夏纪念毛泽东等老一辈革命家为雷锋同志题词六十周年暨学雷锋志愿服务月集中展示活动在贺兰县正式启动。

3月

6日　贺兰县委统战工作领导小组会议召开。

17日　贺兰县召开县委工作会议，传达学习中央及自治区、市组织、宣传、统战、政法工作会议精神；印发《2023年贺兰县组织工作要点》《2023年贺兰县宣传思想工作要点》《2023年贺兰县统战工作要点》《2023年贺兰县政法工作要点》，安排部署相关工作。

20日　贺兰县响应自治区、市“六权”改革目标要求，在全自治区率先建立了县级综合性公共资源交易平台。

23日　贺兰县举行“银川市2023年重大基础设施及民生项目开工现场推进会（贺兰分会场）”暨“贺兰县2023年重大基础设施及民生项目集中开工现场推进会”。

4月

19日　贺兰县召开2023年大豆玉米带状复合种植现场培训会，邀请镇村农业生产负责人、技术人员、粮食种植经营主体和大户现场观摩学习，通过现场理论知识讲解、农机实操作业，为广大种植户普及推广最新的种植技术和农业政策。

21日　2023年“4·23”世界读书日暨“书香贺兰”贺兰县第七届全民阅读系列活动在贺兰县欣兰广场启动。

24日　由贺兰县总工会、县教育体育局、县体育中心联合承办的“宁夏·奔跑”贺兰站暨2023年贺兰县职工运动会健步走活动在如意湖广场开启，标志着贺兰县2023年职工运动会正式开幕。

28日　宁夏种业集团有限公司成立揭牌仪式暨种业发展研讨会在贺兰县习岗镇朔方北街科丰种业公司举办。宁夏科丰种业有限公司联合宁夏供销集团有限公司、宁夏红禾种子有限公司、宁夏金灵州种业有限公司共同发起并联合注册成立宁夏种业集团有限公司，这也是宁夏第一家亿元级种业集团。

5月

12日 贺兰县举办2023年民营企业服务月大型招聘会暨“直播带岗”网络招聘会，以“服务民企促发展，扩大就业惠民生”为主题，为企业和求职者搭建面对面交流平台，实现人尽其才，促进民营经济高质量发展。

13日 第37届宁夏青少年科技创新大赛在贺兰县体育馆正式开赛。1081件作品和263支机器人竞赛参赛队伍入围决赛。

13日 以“创新·体验·成长”为主题的第37届宁夏青少年科技创新大赛在贺兰县体育馆开幕，全区2000余名参赛师生来到决赛现场一展风采。前期经过自治区五市近万名师生的层层选拔，最终有1081件作品和263支机器人竞赛参赛队伍入围决赛。其中，银川市380余件作品和45支队伍入围。

15日 贺兰县注册民营企业达到10083户，整体数量首次突破了1万户，每千人拥有企业29家，标志着全县民营企业发展步入新征程。

17日 贺兰县入选科技部第二批创新型县（市）建设名单。

6月

2日 贺兰县兑现科技创新奖励资金1220万元助力企业发展。

3日 宁夏稻渔空间“津津乐稻”农耕文化节暨夏季开园主题活动启动。

5日 贺兰县人民政府表彰了宁夏公路管理中心银川分中心四十里店养护站职工张红、张永发、赵海波，三人获评“见义勇为先进个人”，贺兰县颁发了荣誉证书并各奖励现金10000元，以此表彰他们奋不顾身勇救落水群众的英勇事迹。

26日 厚生记获评国家林业重点龙头企业。

7月

11日 贺兰县5.6万亩小麦陆续收割夏收工作全面展开。

18日 贺兰县以“文明礼让·平安出行”为主题，在全县范围内开展文明出行专项行动，纠治机动车不礼让斑马线、车辆和行人闯红灯、机动车和非机动车逆行，以及乱停放、驾乘摩托车（电动车）不戴安全头盔等违法和不文明行为。

8月

14日 2023宁夏第三届农耕健身大赛在贺兰县稻渔空间生态观光园落幕。

30日 第九届世界传统武术锦标赛上，贺兰县体育馆的何富堂带领两个徒弟出征，为宁夏摘得3枚金牌、1枚银牌、2枚铜牌。

9月

1日 2023年银川市第25个“民族团结进步月”启动仪式在贺兰县欣兰广场举行。

8日 贺兰县“工会服务在身边·退役军医送健康”2023新中医“五进六送”义诊年活动启动仪式在贺兰县总工会举行。

12日 贺兰县学习贯彻习近平新时代中国特色社会主义思想主题教育工作会议召开。

15日 贺兰县2023年“美好生活节”在贺兰县恺阳广场正式启动，其间发放了价值150万元的消费券。

23日 贺兰县“美好生活节”系列活动之“2023年亦浓新酒生活节”在贺兰山东麓亦浓酒庄举办，活动以“金山风土·亦浓情”为主题，共邀请30余名全国各地经销商共同参与。

10月

17日　贺兰县以整顿集体经济发展滞后村党组织为突破口，在习岗镇和金贵镇实施党建共同体试点，采取多村联合、村企联姻、自主经营、飞地经济、以强带弱、政府投资、折股分红六大模式发展壮大村级集体经济。

18日　宁夏首单国有企业参与工业用水权指标收储交易在贺兰县成交。

11月

2日　贺兰县公安局“银（赢）企安”服务平台正式上线运行，该平台共设置办事指南、一网通办、警企110、企业警管家、风险预警、执法检查、警企互动、“办不成事”反映窗口等8个功能模块，采用微信小程序和网页平台管理系统，对接“我的宁夏”相关数据，实现企业线上行政事项申请、互动咨询、检查预约、视频远程检查等业务一网通办，让“互联网+警企共建”工作格局不断完善。

8日　宁夏稻渔空间乡村生态观光园“稻渔水循环技术示范推广”项目获得母亲河奖“绿色项目奖”。

23日　宁夏荣光电节能科技实业有限公司、宁夏饮和食品发展有限公司企业科协正式挂牌成立。

25日　贺兰县洪广镇金鑫村以西，金山拦洪坝完工。

30日　第二届全国人力资源服务业发展大会在深圳市举办。由贺兰县就业创业和人才服务中心推荐的宁夏国众人力资源服务有限公司作为宁夏代表团企业“零工之家”项目，在此次大赛中荣获初创组三等奖。

12月

21日　贺兰县税费争议人民调解委员会在国家税务总局贺兰县税务局揭牌成立，这是全区首个税费争议人民调解委员会。贺兰县司法局、国家税务总局贺兰县税务局等部门参加了揭牌仪式。

22日　贺兰县体量最大、业态最全、配套功能最多的城市商业综合体新百贺兰中心正式开业。

24日　全国基层医疗高质量发展援建工程贺兰县签约暨启动仪式在贺兰县人民医院举行。

26日　自治区科技厅公布了自治区农业科技园区建设名单，“自治区水稻立体种养（贺兰县）农业科技园区”顺利通过评审，成为第一批五个自治区农业科技园区之一。

29日　中国共产党贺兰县第十五届委员会第六次全体会议暨县委经济工作会议举行。出席这次全会的县委委员29人、候补委员3人。县纪委常委、监委委员和有关方面负责人，部分企业家代表和村党组织主要负责人列席会议。全会由县委常委会主持。银川市人大常委会副主任、贺兰县委书记丁炜受常委会委托报告了一年来的工作，就《中共贺兰县委员会2024年工作要点（讨论稿）》向全会作了说明。县委副书记、县长刘炳炳就2024年经济工作作了具体安排。

贺兰综览

县情概览

【地理位置】贺兰县位于银川市北面，南与银川市兴庆区毗邻，东邻黄河与石嘴山市平罗县陶乐镇隔河相望，西邻贺兰山风水岭与内蒙古自治区阿拉善左旗接壤，北接石嘴山市平罗县，介于北纬38°26′~38°48′、东经105°57′~106°36′，县境东西长49.75公里，南北宽31.2公里，县城距银川市中心10公里，县人民政府驻地习岗镇，全县土地总面积1204.715平方公里。

【建置沿革】贺兰县历史悠久，原始社会时期，就有人类在此居住、生活、繁衍。自夏商周至春秋战国时期，今贺兰县地为羌族、荤粥、畎夷、犬戎等游牧民族和戎狄部落放牧之地。秦初，今贺兰县地为匈奴牧地。秦昭襄王三十六年（前271年）灭义渠后置北地郡，秦中央王朝势力延伸至今贺兰县地。秦始皇统一中国（前221年）后，派大将蒙恬北逐匈奴，收复河套以南广袤土地，今贺兰县地正式纳入秦朝版图。秦始皇三十三年（前214年）置富平县，今贺兰县地属其管辖。西汉时，设北地郡廉县（今贺兰县暖泉农场西北），今贺兰县地为其辖地。东汉初沿袭西汉地方行政设置，今贺兰县地仍为北地郡富平县辖地。东汉中后期至三国两晋，多为羌、匈奴、鲜卑族牧地。三国时，属魏安定郡，为羌、匈奴、鲜卑等族游牧之地。西晋时，为匈奴、鲜卑贺兰部游牧之地。东晋时先属匈奴铁弗部，后属赫连夏国饮汗城以及后赵、前秦、后秦等国。南北朝时，属北魏怀远郡，北周灵州怀远镇怀远县。隋时，属灵州怀远县。唐朝时，怀远县初属关内道灵州灵武郡，后改属警州。五代时期，先后属后梁、后唐、后晋。北宋初，属陕西路定州怀远镇。西夏立国后，属兴州，后因兴州升为中兴府改为兴庆府而隶属兴庆府。元时，属甘肃行中书省宁夏府路定州怀远县。明时，宁夏为“九镇”之一，实行卫所制，宁夏左屯卫（治今银川市兴庆区）为宁夏县前身。清雍正二年（1724年），改卫所制为府县制，将宁夏左屯卫的大部分堡寨建宁夏县，属甘肃省宁夏府。1913年，裁撤宁夏府，宁夏县改属朔方道，仍隶甘肃省。1929年设宁夏省，宁夏县改隶宁夏省。1941年，宁夏、宁朔、平罗三县改五县时，宁夏县依贺兰山名改名贺兰县。1949年9月23日，贺兰县解放，同年10月1日，贺兰县人民政府成立，隶宁夏省人民政府领导。1954年9月，宁夏省与甘肃省合并，贺兰县改隶甘肃省银川专区。1958年，宁夏回族自治区成立，贺兰县改隶宁夏回族自治区。1972年划归银北地区。1976年1月，改隶银川市。

【行政区划】2023年，贺兰县辖习岗镇、立岗镇、金贵镇、洪广镇、常信乡5个乡镇，京星农牧场、南梁台子农牧场2个农牧场，富兴街街道办事处1个办事处，65个行政村，15个社区居民委员会。

【地质地貌】贺兰县地势西高东低，总趋势由西南向东北倾斜。自西向东大致分为贺兰山地，山前洪积平原，黄河冲积平原及其他风沙地和黄河水面。西部贺兰山峰峦叠嶂，海拔 2500~3000 米，主峰海拔3556.1 米。习惯上将贺兰山前洪积平原称为山区，其余称为灌区。贺兰山主脉由西南向东北走向，纵贯县境西部，境内长 22.3 公里，宽 19.8 公里。黄河从县境东部流过，自贺兰县东南金贵镇流入，自贺兰县东北角立岗镇出境，流经长度 20.5 公里。唐徕渠、第二农场渠、惠农渠、汉廷渠、西干渠五大干渠纵贯南北，有第二、第三、第五排水沟，排灌体系齐备，利于耕种。

【气候特征】贺兰县西靠贺兰山，地处内陆，属中温带大陆性气候，四季分明，气候干燥，光照长，热量多，温差大，四季晴天。贺兰县居内陆、受北方和西北方、西方侵入的干冷空气影响较大，时间较长，形成降水少、气温干燥、降水年际变化大、季节降水分配不均的特点。降水少，且分布不均，年平均降水量为 193 毫米。7 月、8 月降水量相对集中而且降水量大、一般多以大雨暴雨出现，因而造成降水强、流量大，而其他月份的降水量较少，对农作物的生长不利，满足不了农业生产用水需要，需黄河水补水灌溉。

【人口】2023 年末，贺兰县常住人口 35.04 万人，常住户数 13.48 万户，平均家庭人口数 2.60 人 / 户。按性别分，男性 17.70 万人，女性 17.34 万人；按居住地分，城镇人口 23.60 万人，乡村人口 11.44 万人，城镇化率为 67.35%；按民族分，汉族 26.32 万人，占总人口的 75.11%，回族 8.49 万人，占总人口的 24.23%，其他少数民族 0.23 万人，占总人口的 0.66%。出生人口 0.38 万人，出生率为 10.91‰，死亡人口 0.18 万人，死亡率为 5.17‰，自然增长人口 0.20 万人，自然增长率为 5.74‰。

中国共产党贺兰县委员会

综　述

【概况】2023年，中共贺兰县委坚持以习近平新时代中国特色社会主义思想为指导，认真学习贯彻党的二十大精神和习近平总书记视察宁夏重要讲话和重要指示批示精神，扎实开展主题教育，全面贯彻自治区第十三次党代会、市第十五次党代会部署，认真落实自治区党委十三届四次、五次、六次全会和市委十五届八次、九次、十次全会部署，统筹推进经济建设、政治建设、文化建设、社会建设、生态文明建设和党的建设各项工作，"五个示范县"建设有力推进，"七新"任务有效落实，新时代贺兰现代化建设迈出坚实步伐。

【理论学习】2023年，中共贺兰县委坚持把学习宣传贯彻习近平新时代中国特色社会主义思想和党的二十大精神作为首要政治任务，围绕习近平生态文明思想、高质量发展、"四下基层"等主题，建立"双随机"学习交流机制，举行县委理论学习中心组学习17次，邀请中国人民大学、自治区、市党校教授专题辅导，县委常委会班子成员下基层讲党课和理论宣讲36场，线上"同上一堂课"覆盖3.1万人，党员轮训1.4万余人次，有效推动全县584个党组织14801名党员理论学习全覆盖。扎实开展党的创新理论"七进"活动，宣传宣讲1800余场，受众5万余人，推动党的创新理论"飞入寻常百姓家"。

【党的领导】2023年，中共贺兰县委始终坚持把学习贯彻习近平总书记视察宁夏重要讲话和重要指示批示精神作为首要政治责任、长期政治任务，开展贯彻落实情况大起底、"回头看"，117项任务有序推进，全县党员、干部"政治三力"得到进一步锤炼。稻渔空间"水循环技术示范推广项目"获全区首个全国母亲河"绿色项目奖"，宁浙电商创业园获评自治区级电子商务示范基地。加强党对改革、财经、安全、生态、统战、网信、审计、外事、依法治县和乡村振兴等各项工作的领导，确保党的全面领导贯穿于经济社会发展各领域、全过程。

【学习贯彻习近平新时代中国特色社会主义思想主题教育】2023年，中共贺兰县委坚持把理论学习、调查研究、推动发展、检视整改、建章立制贯通起来、有机融合、一体推进。赴宁东化工基地、稻渔空间开展党性教育，沿着总书记足迹感悟思想伟力、接受政治淬炼。举办3期集中读书班，分专题分领域开展研讨交流，从党的创新理论中汲取智慧力量。坚持察实情与出实招整体融合，县处级领导"四不两直"点对点调研137次，完成调研课题30个，现场协调解决问题55个，建立成果转化运用问题清单95个，整改措施124条。把"当下改"和"长久立"结合起来，建立完善制度机制21项，办成校园周边交通隐患整改、滨河大道交通安全隐患治理、群众"办证难"等117件惠民实事好事，梳理化解信访案件104件，广大群众切身感受到了主题教育带来的新成效、新变化。“十大民生实事办到群众心坎上”“社区治理合伙人机制”等经验做法被《人民日报》等媒体报道。

【三新产业】2023 年，中共贺兰县委建立“链长+链主”包抓机制，推动北方高科碳化硅管等 16 个产业项目投产，爱至礼烘焙产业园、塞尚乳业炼乳车间等项目加快推进，北瓷氮化铝粉体产能达到全国第一。培育壮大恒康二甲双胍、塞尚纳滤浓缩膜等行业“全国单打冠军”，厚生记、裕凌丰与“世界五百强”广药集团签约，王老吉·杞视力产品上市。“三新”产业产值达到 65 亿元。推进“三新”产业增品种、提品质、创品牌，成功入选全国消费品工业“三品”战略示范城市。

【企业发展】2023 年，中共贺兰县委完善中小企业梯度培育体系，新增万通新材料等规模以上企业 10 家，培育恒康科技等专精特新中小企业 7 家。塞尚乳业成功牵手瑞幸“酱香拿铁”、百瑞源枸杞入选亚运会官方指定产品，凯晨电气智控设备获“国家级服务型制造示范平台”称号，大北农入选全国第三届反刍料大会“十大创新企业”。荣光 LED 显示屏、玄瓷氧化铝陶瓷基片项目投产，填补自治区产业空白。新培育数字化车间 3 家，天翼机器人 4S 店投入运营，自治区数字经济示范园区建设稳步推进。泰益欣、西夏嘉酿等 5 家企业入选全区民营企业百强榜。

【服务企业】2023 年，中共贺兰县委落实“千名干部包千企”行动，解决企业生产经营各类问题 310 余项，为北伏科技、大北农引进 2 名编制入企硕士研究生，补齐用工缺口 11200 余人。全面落实助企纾困各类政策，兑现企业扶持、产业引导等资金 2.2 亿元，减税降费及退税缓税缓费超 4.7 亿元。强化政银企协作，帮助 113 家企业申请贷款、融资补贴 11.13 亿元。抓实中小企业账款清欠工作，化解中小民营企业账款 2.38 亿元。组织 52 名国内外陶瓷非氧化物专家开展贺兰行活动，助力银川建设中国“新硅都”。

【脱贫攻坚成果巩固】2023 年，中共贺兰县委严格落实“四个不摘”要求，健全防止返贫动态监测和帮扶机制，排查整改“三保障”及饮水安全基础设施等“四查四补”问题 536 个。深入开展“万企兴万村行动”。实施乡村振兴项目 55 个，探索建立“优化订单合作”“托管收益联结”等联农带农模式，带动 3780 余名农户就近务工。脱贫户人均纯收入达 16823 元，同比增长 14.2%。强化衔接资金管用经验做法在农业农村部座谈会上作交流发言，补齐暖泉农场社区村庄道路、人居环境等基础设施短板做法在全区交流推广。

【农业特色产业】2023 年，中共贺兰县委坚决守牢耕地保护红线，扎实推进高标准农田建设，粮食生产实现“二十连丰”。加快创建预制菜产业高质量发展示范县，培育绿色世纪、安创蓓康等预制菜企业 27 家，承办自治区预制菜产业发展推进会，预制菜产业发展势头良好。大力创建适水产业高质量发展西北第一县，与东海水产研究所等科研院所签订合作协议，启动大黄鱼盐碱水养殖技术试验示范，建设鲈鱼苗种繁育与养殖科技成果转化基地。科海黄河经济鱼类水产种质资源场、西夏种业西北科研育种基地建成投运，全区首家“亿元级”种业集团落户贺兰。全区第一家国家级奶牛核心育种场顺利通过复验，为自治区打造“高端奶之乡”提供有力支撑。广银米业被评为“全国绿色食品一二三产业融合发展园区”。成功创建国家农产品质量安全县、全国平安渔业示范县。

【美丽乡村建设】2023 年，中共贺兰县委深入开展农村人居环境整治五年提升行动，获全市农村人居环境整治示范样板村考核一等奖。四十里店村成功创建国家级美丽宜居村庄。实施乡村建设行动，办好“一村一年一事”，金贵镇小城镇建设特色显现、常信乡小城镇加快建设。实施城乡融合发展示范创建行动，习岗镇和星光村等 6 个村成功创建全市城乡融合示范镇（村）。贺兰县获评首批自治区级乡村治理示范县，洪广镇获评自治区乡村治理示范镇，欣荣村被评为自治区乡村治理示范村。

【三条产业带】2023年，中共贺兰县委打造先行区生态文明产业带，承办宁夏“二十一景”自驾游、世界葡萄酒之都露营大会等重大活动，岩画景区成功创建自治区级文化产业示范基地。引黄古灌世界灌溉工程遗产展示中心成为全区唯一世界遗产“金名片”，填补宁夏申遗空白。《黄河泥塑·山里娃》荣获中国旅游商品大赛银奖。打造产城融合产业带，百瑞源枸杞博物馆、麦尔乐枸杞食品文化馆等工业旅游基地快速发展，德胜商住区成为银川“夜经济”新兴地。打造康养文化体育休闲产业带，建成金贵九禾庄园、银光村健康养老中心等一批康养休闲基地。

【产业小镇建设】2023年，中共贺兰县委打造稻渔产业小镇融合示范区，建成科海渔业智慧展厅、天荣产业融合示范园、草莓立体种植温室，承办中国农民丰收节全国分会场、自治区主会场活动。图兰朵葡萄酒小镇一期投入运营，再添宁夏文旅新名片，葡萄酒荣获国际大金奖、金奖31枚。加快枸杞产业小镇建设，支持百瑞源、厚生记等企业组建院士工作站、专家服务基地，制定锁鲜枸杞团体标准，百瑞源枸杞庄园投入运营。推动体育产业小镇建设，承办全国登山大赛、宁夏青少年网球锦标赛等区级以上赛事7场次，在全国第十一届残运会、自治区第十六届全运会等赛事中斩获奖牌175枚。康养产业小镇建设有序推进，桃李春风康养中心一期建成。花卉产业小镇建设迈出坚实步伐，盛唐花卉产业园成为全区最大的花卉资材销售基地。

【消费潜力】2023年，中共贺兰县委加快推进西北现代物流快递枢纽港建设，银川电商物流园发展水平持续提升，极兔速递宁夏总部落地贺兰，全县日均快递进出港量突破140万票。升限入库汽车销售企业8家，汽车销售额达92亿元，预计同比增长20%以上。积极修复三年疫情对消费的冲击，开展“消费需求促进年”系列活动，成功举办美好生活节等促销展会，十一车展汽车交易额刷新历史纪录。新百贺兰中心建成投入运营，成为拉动全县消费新的增长极。

【深化改革】2023年，中共贺兰县委认真落实国家宅基地改革试点县任务，统筹推进“六权”改革，入选国家集体经营性建设用地试点县，在全区率先建立县级综合性公共资源交易平台。完成全市首笔工业用水权、排污权交易和抵押贷款。聚焦“多权融合”，打造蓝湾、泰益欣等改革试点。在全区率先完成融媒体深度融合二轮改革。工业园区“管委会+公司”改革持续深化。深化“放管服”改革，“四个秉持”机制入选全国优化营商环境典型经验，设立营商环境投诉督办室的做法在全区推广。创新推出涉企事项集成化、一站式服务，开辟优秀企业家“绿色通道”。新增市场经营主体6915户，总量达到38200户。成功入选西部地区综合竞争力百强县。

【创新活力释放】2023年，中共贺兰县委全力支持企业科技创新，新培育北伏科技等国家高新技术企业3家、德圣亚等科技型中小企业21家，杞蕴等自治区创新型中小企业15家，有研发活动的规模以上企业净增14家，高新技术企业增加值占比达40%以上。强化创新平台建设，新增自治区技术创新中心9个，凯晨电气、科丰种业在广东、海南建设飞地研发中心，大北农科创中心投入运营。实施“揭榜挂帅”项目3个，助力企业突破关键技术瓶颈。“科普中国”推广位居区市第一，全区首个儿童生态科普园落户贺兰。成功入选国家创新型县建设名单，获评全国科普示范县。

【开放合作】2023年，中共贺兰县委主动服务和融入新发展格局，积极参与中阿博览会等活动，包银高铁贺兰段完工，沙湖站建设有序推进。强化产业链招商、以商招商，促成一批招商引资项目成功签约落地，全年招商引资到位资金预计64.7亿元。持续扩大线上开放，电子商务交易额突破百亿元大关，网络零售额同比增长16.3%，占比位居全市第一，跨境电商交易额同比增长 1.6 倍。《一带一路·零距离“塞上江南”》在约旦国家电视台播出，稻渔空间良好生态系统得到充分展现。

【污染防治】2023 年，中共贺兰县委中央生态环保督察反馈问题、黄河流域生态环境警示片披露突出问题有效整改，自治区党委“四防”常态化督查和市生态环境违法专项行动反馈问题整改率均达到 95%以上。深入打好蓝天保卫战，实施无集中供暖区域清洁取暖、北方冬季清洁取暖等项目，狠抓污染物源头治理，空气质量优良天数比例达到 80%，排名全市第一。深入打好碧水保卫战，创新建立跨区域水污染联防联控机制，地表水国控、区控断面水质达标率 100%，黄河贺兰段水质保持Ⅱ类进出。深入打好净土保卫战，城市建筑垃圾固废循环利用项目建成投运，全县建设用地安全利用率和危废安全处置率均达到 100%。

【生态修复】2023 年，中共贺兰县委开展大规模国土绿化行动，新增林木面积 1740 亩。巩固贺兰山生态环境综合整治成果，完成宰牛沟历史遗留废弃矿山修复，植被破坏、扬尘污染等现象得到有效治理。开展以贺兰山为主体的自然保护地体系和国家公园建设，增强贺兰山区域水源涵养功能。大力开展黄河滩地整治，河湖“四乱”问题实现动态清零。完成湿地保护修复 1.05 万亩。全面落实河（湖）长制、林长制，切实当好绿水青山的“守护者”。

【绿色发展】2023 年，中共贺兰县委深入落实碳达峰碳中和战略，完成能耗“双控”任务。推进屋顶分布式光伏试点县建设，装机容量达到 16.23 兆瓦。实施塞尚乳业等 15 个节能技改项目，万元 GDP 能耗同比下降 4.6%。领航岩棉等 4 家企业获评国家级“绿色工厂”。农业面源污染防治成效凸显，农残膜、农药包装废弃物回收利用率均保持在 90%以上。提升绿色建筑发展质量，打造北郡府等 19 个绿色施工示范工程。大力倡导绿色生活方式，新建慢行绿道 12.5 公里，86 辆新能源公交车投入使用，成功创建一批绿色机关、校园和社区，绿色低碳生活成为社会新风尚。

【民生福祉】2023 年，中共贺兰县委坚持就业优先，城镇新增就业 5139 人，农村劳动力转移就业 24780 人，均超额完成任务。“零工之家”获全国人力资源服务业发展大会三等奖，为自治区唯一入选项目。持续推动义务教育优质均衡发展，学前教育普及普惠县创建通过区级评估，新增学位 3240 个。教育投入不断加大，教育支出同比增长 15.7%。教育教学质量不断提升，城乡一体化和“双减”工作经验在全国推广。强化食药安全监管，通过国家食品安全示范城市验收。紧密型县域医共体建设迈出坚实步伐，组建洪广镇区域医疗健康中心，通过自治区健康县验收，成为自治区唯一的“全国基层医疗高质量发展援建工程”试点县。县医院救治能力提升项目获评全国“民生示范工程”，新增县级公立医院编制床位 133 张。花园社区卫生服务中心建成投运。社会保险参保覆盖面不断扩大，城乡低保户、孤寡老人、困境儿童、残疾人等特殊困难群体得到充分关爱。县法院荣获“全区青少年普法教育工作突出集体”称号，检察院、民政局获“全区未成年人保护先进集体”称号。持续擦亮双拥模范县名片，“四色服务法”入选全国典型案例，退役军人服务中心、街道办服务站等 6 个中心（站）获评“全国标杆型退役军人服务中心（站）”。县妇联获“全国维护妇女儿童权益先进集体”称号，总工会打造的滨河路劳动公园成为全区最大的劳模主题公园，税务局“法律援助站”、交通执法大队“司机之家”获评全国“最美工会户外劳动者服务站点”。

【民族宗教工作】2023 年，中共贺兰县委统战工作始终沿着正确的方向前进，建成全市首个“统战之家”，新的社会阶层实践创新基地建设经验在全区交流推广，全区统战系统宣传工作会议在贺兰召开。跨区域开展“宁闽滇三地云队课”，推出“石榴籽之旅”精品旅游路线，“三项计划”实践活动精彩纷呈。深入开展民族团结进步创建，培育示范单位20个，2个集体、3名个人获自治区民族团结进步模范称号。全面贯彻党的宗教工作基本方针，依法加强宗教事务管理，全县上下呈现宗教和顺、社会和谐、民族和睦的良好局面。

【城市建设】2023年，中共贺兰县委加快推进以县城为重要载体的城镇化建设，入选“全国新型城镇化质量百强县”。实施市政基础设施更新改造工程，新建“四类管网”51.8公里，建设道路安全生命防护工程129公里，改造老旧小区2.68万平方米，完成燃气安全改造12万户，银河路排水防涝工程建成通车，城市承载力进一步提升。实施小区物业服务提升三年行动，老旧小区物业覆盖率达90%以上。建成滨河路生态运动公园，提升唐徕渠东岸绿化水平，城市面貌持续焕新。搭建“城市大脑”智能中枢数据应用平台，建成智慧城市运营中心，城乡双千兆网络和县域5G网络全覆盖。切实缩小美好生活服务半径，实现15分钟“购物圈、阅读圈、健身圈”全覆盖，“书香贺兰”被评为全国基层公共文化服务高质量发展典型案例。

【社会治理】2023年，中共贺兰县委深入贯彻落实总体国家安全观，全力确保政权安全、制度安全、意识形态安全。贺兰县六中成功创建国家安全教育基地。开展维护政治安全“十大专项行动”，坚持和发展新时代“枫桥经验”，洪鑫苑、金竹柳等历史遗留问题顺利化解，“保交楼”“办证难”等问题妥善解决，社会矛盾纠纷调解成功率达99.5%。全面推进反诈人民战争，严格落实“以房管人”打传治理模式，发案量、警情实现“双下降”。常态化开展扫黑除恶，严厉打击违法犯罪活动，刑事立案率下降21.2%，破案率上升6.1%。县公安局被银川市授予集体三等功。

【安全生产】2023年，中共贺兰县委深入贯彻习近平总书记对“6·21”事故作出的重要指示精神，认真落实自治区党委十三届四次全会、市委十五届八次全会精神和“1+37+8”系列文件，守护人民群众生命财产安全。扎实开展“两大行动”，建立“9+2+1”整治机制，综合运用“四不两直”等方式，及时整改各类隐患。全年生产安全事故起数、死亡人数、受伤人数实现“三下降”。强化应急救援能力建设，新建县应急指挥中心，建成物资储备库3座，拦洪库加固工程顺利完工，组建应急救援队伍15支1171人，指挥调度和救援保障能力显著提升。

【全面从严治党】2023年，中共贺兰县委坚持“四责协同”，把管党治党作为政治责任、本职责任、共同责任。健全完善全面从严治党“三个清单”，梳理县委44项责任清单和班子成员153项任务清单，推动形成各负其责、统一协调的责任格局。坚持“四三三”和“三督六责九法”政治监督工作机制，督改问题498个，围绕“一把手”履职尽责约谈领导干部76人次。全年处置问题线索312件，立案61人，党纪政务处分63人，留置3人，移送司法5人，不断把全面从严治党从严治理引向深入。

【宣传思想文化】2023年，中共贺兰县委严格落实意识形态工作责任制。巩固壮大主流思想阵地，在市级以上主流媒体发布稿件1400余篇，央视报道贺兰县粮食秋收、枸杞、葡萄酒、“南美白对虾”等产业发展和文旅融合14次、黄河九省区联播3次。着力培育和践行社会主义核心价值观，深入推进移风易俗和文明创建工作，积极选树并大力宣传“中国好人”“道德模范”等先进典型，城市文明程度和市民文明素养持续提升。广泛开展“四送六进”等文化惠民活动，打造“乡村文化旅游节”等品牌活动，受益群众超10万人。

【基层党组织建设】2023年，中共贺兰县委坚持大抓基层鲜明导向，深入实施基层党组织建设提质增效和“两抓两增”工程，创建五星级党组织6个，三星级以上村党组织达到93.8%。村集体经济提质增效，经营性收入突破5900万元，25个村超过百万元。机关、企事业单位等各领域党建全面进步、全面过硬，“两新”党组织覆盖率达到92%以上，党建工作指导站经验做法在全区推广。花园社区党建引领基层治理做法入选全国先进典型社区案例。

【干部队伍建设】2023年，中共贺兰县委坚持新时代好干部标准，进一步树牢正确选人用人导向。研究调整使用干部8批206人次。调优12个部门班子，配强3个乡镇（街道）班子，选派挂职乡镇党委副书记5名，干部队伍干劲更足、精神状态更佳。稳步推进“强基育苗”工作，“85后”“90后”干部占新提拔干部的85%以上，干部梯队结构更优、作用发挥更好。深入实施“3331工程”，政法机关班子“90后”副职达到30%以上，提前1年完成自治区交办的任务。坚持严管和厚爱相结合，鼓励领导干部在推动“四个示范引领”中实干担当。严格落实“两榜四机制”，进一步激发各年龄段干部干事创业热情。

【人才队伍建设】2023年，中共贺兰县委推动“才聚宁夏1134”行动和“十万大学生留银川”行动落实落地，引进急需紧缺和高层次人才471名，3名青年人才入选自治区“基层之星”人才培养计划，新增高精尖缺人才8名，培养科技创新领军人才和团队5个，培育高素质农民12人。实施“导师帮带”“人才小高地”项目16个，以优质“小环境”吸引6500余名大学生到贺兰工作，人才留贺创新创业的氛围更加浓厚。

【作风建设】2023年，中共贺兰县委坚持纠“四风”、树新风，开展“四强”能力作风建设年活动，查处违反中央八项规定及其实施细则精神问题23起，处理30人。坚决纠治形式主义、官僚主义顽瘴痼疾为基层减负，发文、会议持续缩减。聚焦教育医疗、乡村振兴等领域，开展11项专项整治，持续治理群众身边腐败和不正之风。高标准开展十五届县委3轮巡察工作，巡察利剑作用进一步彰显。开展“廉政警示教育月（周）”活动，持续擦亮“县、乡廉政警示教育基地”和“廉政宣讲团”两个品牌，切实以优良党风带动社风民风向上向善，推动全县政治生态持续向好。

重要会议

【中国共产党贺兰县第十五届委员会第六次全体会议暨县委经济工作会议】2023年12月29日举行。出席全会的县委委员29人、候补委员3人。县纪委常委、监委委员和有关方面负责人，部分企业家代表和村党组织主要负责人列席会议。全会由县委常委会主持。银川市人大常委会副主任、贺兰县委书记丁炜受常委会委托报告了一年来的工作，就《中共贺兰县委员会2024年工作要点（讨论稿）》向全会作了说明。县委副书记、县长刘炳炳就2024年经济工作作了具体安排。

全会坚持以习近平新时代中国特色社会主义思想为指导，深入学习贯彻党的二十大、中央经济工作会议精神，全面贯彻落实习近平总书记视察宁夏重要讲话和重要指示批示精神，认真落实自治区党委十三届六次全会暨党委经济工作会议、银川市委十五届十次全会暨市委经济工作会议精神，分析研究当前形势，对做好2024年全县经济工作、为全面建设社会主义现代化美丽新宁夏贡献贺兰力量作出部署、提出要求。

全会充分肯定了2023年以来县委常委会的工作。一致认为，2023年以来，在自治区、市党委的正确领导下，县委常委会从忠诚拥护“两个确立”、做到“两个维护”的政治高度，坚持以习近平新时代中国特色社会主义思想为指导，认真学习贯彻党的二十大精神和习近平总书记视察宁夏重要讲话和重要指示批示精神，扎实开展主题教育，认真落实自治区、市党委工作要求，统筹推进经济建设、政治建设、文化建设、社会建设、生态文明建设和党的建设各项工作，“五个示范县”建设有力推进，“七新”任务有效落实，新时代贺兰现代化建设迈出坚实步伐。这些成绩的取得，根本在于习近平总书记的掌舵领航，根本在于习近平新时代中国特色社会主义思想的科学指引，是自治区、市党委坚强领导、大力支持的结果，是全县各级党组织和党员干部群众踔厉奋发、拼搏奉献的结果。

全会指出，县委深入贯彻总书记“必须坚持把高质量发展作为新时代的硬道理”的要求，全面落实党中央、国务院关于区域协调发展的战略部署，对照自治区《关于加快首府银川市高质量发展的若干意见》《银川市关于大力实施强首府战略、加快高质量发展的实施意见》文件要求，找准定位、主动作为，紧紧围绕“五个示范县”奋斗目标，努力在先行区建设、创新驱动、乡村振兴、绿色发展等方面争先进位，在“强首府”战略中走在前、作表率。

全会指出，2024年是中华人民共和国成立75周年，是实现“十四五”规划目标任务的关键一年，是加快“五个示范县”建设的攻坚之年，做好全年工作，意义重大、责任重大。全县上下要坚持以习近平新时代中国特色社会主义思想为指导，深入学习贯彻党的二十大、二十届二中全会、中央经济工作会议和习近平总书记视察宁夏重要讲话和重要指示批示精神，坚持以铸牢中华民族共同体意识为主线，坚持稳中求进工作总基调，完整、准确、全面贯彻新发展理念，主动服务和融入新发展格局，着力推动高质量发展，全面深化改革开放，统筹扩大需求和深化供给侧结构性改革，统筹新型城镇化和乡村全面振兴，统筹高质量发展和高水平安全，统筹高质量发展和高颜值生态，统筹高质量发展和高品质生活，持续用力大抓发展、抓大发展、抓高质量发展，不断开辟发展新赛道，厚植发展新优势，加快建设“五个示范县”，团结带领全县广大干部群众努力在全面建设社会主义现代化美丽新宁夏中书写贺兰篇章。

全会强调，要提高政治站位，深刻领悟“两个确立”的决定性意义，增强“四个意识”、坚定“四个自信”、做到“两个维护”。要不折不扣抓落实，把思想和行动统一到党中央决策部署上来，深入开展学习贯彻习近平新时代中国特色社会主义思想主题教育，扎实开展习近平总书记视察宁夏重要讲话和重要指示批示精神情况全面大起底、“回头看”，认真贯彻中央政治局会议和中央经济工作会议精神，切实铸牢“总书记怎么说、我们就怎么做”的政治忠诚。要把思想和行动统一到自治区、市党委工作要求上来，在推动高质量发展、推进“三区”建设、实施“强首府”战略等各项工作中担当作为。要把思想和行动统一到“五个示范县”建设上来，加快建设“2226”现代产业体系，建立科学创建指标体系，扎实开展查漏补缺和重点攻坚，一以贯之抓好县第十五次党代会精神的贯彻落实，努力做到以“贺兰一域增光”为“银川全域添彩”。

【十五届县委2023年第1次常委会会议】1月5日召开，传达学习习近平总书记在中共中央政治局民主生活会、全国政协举行新年茶话会上的重要讲话精神，二〇二三年新年贺词，对爱国卫生运动作出的重要指示精神。传达自治区党委十三届三次全会暨自治区党委经济工作会议精神和市委经济工作会议精神，研究贯彻落实措施，安排部署相关工作。

【十五届县委2023年第2次常委会会议】1月9日召开，学习习近平总书记对政法工作作出的重要指示精神，听取县人大、政府、政协党组及法院、检察院党组和群团组织年度工作汇报，传达《自治区党委常委会关于贯彻落实中央八项规定及其实施细则精神的若干意见》《银川市委常委会关于贯彻落实中央八项规定及其实施细则精神若干意见的实施意见》，安排部署相关工作。

【十五届县委2023年第4次常委会会议】1月17日召开，传达学习习近平总书记在二十届中央纪委二次全会上的重要讲话精神、二十届中央纪委二次全会精神；传达全国、自治区疫情防控工作会议精神，通报全县疫情防控“乙类乙管”工作督查情况；传达宁夏回族自治区第十三届人民代表大会第一次会议、政协宁夏回族自治区第十二届委员会第一次会议精神，听取近期安全生产、信访维稳及保供工作汇报，安排部署相关工作。

【十五届县委 2023 年第 5 次常委会会议】1 月 31 日召开，传达学习习近平总书记在春节团拜会、党外人士座谈并共迎新春时的重要讲话精神，向拉美和加勒比国家共同体第七届峰会视频致辞，传达学习《中共中央、国务院〈关于做好 2023 年全面推进乡村振兴重点工作的意见〉》，传达市委农村工作会议精神，安排部署相关工作。

【十五届县委 2023 年第 6 次常委会会议】2 月 13 日召开，传达学习习近平总书记在学习贯彻党的二十大精神研讨班开班式上、中共中央政治局第二次集体学习时的重要讲话精神，传达学习中央民主生活会、全国组织部长会议、全国宣传部长会议、全国统战部长会议、全国民委主任会议、中央政法会议精神及自治区相关会议精神，传达自治区《关于做好一季度经济工作、确保实现“开门红”工作方案》《银川市强信心扩内需增动能稳经济政策措施》精神，研究贺兰县贯彻落实措施，安排部署相关工作。

【十五届县委 2023 年第 8 次常委会会议】2 月 28 日召开，传达学习习近平总书记在中共中央政治局第三次集体学习时的重要讲话精神，对内蒙古阿拉善左旗一露天煤矿坍塌事故、深入开展学雷锋活动的重要指示精神，重要文章《当前经济工作的几个重大问题》精神。传达学习中央、自治区有关会议精神，自治区政府主要领导调研贺兰县域经济发展和乡村振兴工作精神，听取有关工作汇报，研究贯彻落实措施，安排部署相关工作。

【十五届县委 2023 年第 9 次常委会会议】3 月 6 日召开，传达学习习近平总书记在中央党校建校 90 周年庆祝大会暨 2023 年春季学期开学典礼、在民主协商会上的重要讲话精神，传达学习中国共产党第二十届中央委员会第二次全体会议精神、全国和自治区纪检监察干部队伍教育整顿动员部署会议精神、全区民营经济高质量发展暨营商环境全方位提升推进大会精神情况，研究贯彻落实措施。县委副书记、县长刘炳炳参加会议。

【十五届县委 2023 年第 10 次常委会会议】3 月 21 日召开，传达学习习近平总书记重要文章《加快建设农业强国推进农业农村现代化》、在中国共产党与世界政党高层对话会上的主旨讲话；传达学习全国“两会”精神；传达学习《关于学习贯彻自治区党委主要领导同志指导市委常委会 2022 年度民主生活会讲话要求的通知》《自治区党委办公厅关于印发〈宁夏 2022 年黄河流域生态环境警示片披露突出问题整改工作方案〉的通知》精神，听取全县 1—2 月份经济运行情况汇报，安排部署相关工作。

【十五届县委 2023 年第 11 次常委会会议】4 月 6 日召开，传达学习习近平总书记主持二十届中共中央政治局第四次集体学习时、在学习贯彻习近平新时代中国特色社会主义思想主题教育工作会议上的重要讲话精神，在俄罗斯媒体发表的署名文章、给中国发展高层论坛 2023 年年会的贺信，传达学习中共中央政治局会议精神。传达学习《中共中央办公厅印发〈关于在全党大兴调查研究的工作方案〉的通知》精神、《中共中央办公厅　国务院办公厅关于印发〈省级党委和政府落实耕地保护和粮食安全责任制考核办法〉的通知》精神，安排部署相关工作。

【十五届县委 2023 年第 12 次常委会会议】4 月 17 日召开，传达学习习近平总书记在广东考察调研时的重要讲话和重要指示精神，在参加首都义务植树活动时的重要讲话精神，出席中法企业家委员会第五次会议闭幕式上的致辞，在《求是》杂志上发表的重要文章《加快构建新发展格局把握未来发展主动权》。传达《自治区党委办公厅印发〈关于大兴调查研究的实施方案〉的通知》精神，审议《贺兰县关于在全县各级党组织和党员领导干部中大兴调查研究的实施方案》，安排部署相关工作。

【十五届县委 2023 年第 13 次常委会会议】5 月 11 日召开，传达学习习近平总书记主持召开中共中央政治局会议、中央全面深化改革委员会第一次会议、二十届中央财经委员会第一次会议时的重要讲话和近期重要贺信、回信精神。传达学习全国巡视工作会议暨二十届中央第一轮巡视动员部署会、十三届自治区党委第二轮巡视动员部署会议、全区纪检监察机关政治监督工作推进会议精神，听取十五届县委第二轮巡察整改情况、全县安全生产情况汇报，安排部署相关工作。

【十五届县委 2023 年第 15 次常委会会议】 6 月 12 日召开，传达学习习近平总书记在主持中共中央政治局第五次集体学习时、在首届中国—中亚峰会上、在主持召开二十届中央审计委员会时、在河北考察并主持召开深入推进京津冀协同发展座谈会上、在内蒙古考察时的重要讲话重要指示精神和近期重要贺信、回信精神。听取当前全县经济运行情况及工作建议的汇报，安排部署相关工作。

【十五届县委 2023 年第 18 次常委会会议】 7 月 7 日召开，传达学习习近平总书记在中共中央政治局会议上、在二十届中共中央政治局第六次集体学习时、同团中央新一届领导班子成员集体谈话时、在上海合作组织成员国元首理事会第二十三次会议上、在文化传承发展座谈会上的重要讲话精神，对党的建设和组织工作、防汛救灾工作作出的重要指示和近期重要贺信、回信精神，传达学习自治区、市党委常委会会议精神，研究贯彻落实措施，听取有关工作汇报，安排部署相关工作。

【十五届县委 2023 年第 20 次常委会会议】 7 月 20 日召开，传达学习习近平总书记在视察东部战区机关时、在考察江苏时、在中央全面深化改革委员会第二次会议上、在全国生态环境保护大会上的重要讲话精神，对网络安全和信息化工作作出的重要指示精神和近期重要贺信精神。传达学习近期自治区、市领导批示和相关通报精神，听取安全风险隐患大排查大整治行动开展情况汇报，安排部署有关工作。

【十五届县委 2023 年第 21 次常委会（扩大）会议暨上半年经济形势分析会】 7 月 28 日召开，传达学习中共中央政治局会议、习近平总书记在全国生态环境保护大会上的重要讲话精神，传达学习自治区党委十三届四次全会、自治区黄河流域生态保护和高质量发展先行区建设推进会、全区上半年经济形势分析会、银川市先行区示范市推进会暨上半年经济形势分析会精神，研究贺兰县贯彻落实措施。市人大常委会副主任、县委书记丁炜主持会议并讲话，县委副书记、县长刘炳炳通报全县上半年经济运行情况、安排部署下半年经济工作。

【十五届县委 2023 年第 22 次常委会会议】 7 月 31 日召开，传达学习习近平总书记主持二十届中共中央政治局第七次集体学习时、主持召开中央财经委员会第二次会议时、在党外人士座谈会上、在四川考察时的重要讲话精神，对全军党的建设会议作出的重要指示精神和近期重要回信精神。听取有关工作汇报，安排部署相关工作。

【十五届县委 2023 年第 23 次常委会会议】 8 月 3 日召开，传达学习习近平总书记对防汛救灾工作作出的重要指示、在成都第三十一届世界大学生夏季运动会开幕式欢迎宴会上的致辞、向中巴经济走廊启动十周年庆祝活动致贺信、给“模范空降兵连”全体官兵的回信精神，传达自治区党委主要领导调研检查贺兰山东麓防洪治理、防汛减灾及防洪工程建设等情况时的工作要求，传达自治区党委和银川市委主要领导批示精神，传达学习《自治区党委 人民政府关于深入学习贯彻习近平总书记重要指示精神 统筹发展和安全 提高安全生产工作水平 切实保障人民群众生命财产安全的意见》，听取有关工作汇报，安排部署相关工作。

【十五届县委 2023 年第 24 次常委会会议】 8 月 7

日召开，传达学习《求是》杂志发表习近平总书记的重要文章《加强基础研究　实现高水平科技自立自强》，传达学习自治区党委十三届四次全会精神，传达自治区领导暗访督查通报、自治区关于全区各地学习贯彻自治区党委十三届四次全会精神情况通报，学习 37 个安全生产专项文件中《关于深化危险化学品安全治理的方案》等 13 个专项文件，学习 8 个安全生产配套文件中的《安全生产工作履职尽责不到位的领导班子和领导干部调整办法（试行）》《安全生产责任追究办法（试行）》，研究贯彻落实措施，通报全县各单位学习宣传贯彻自治区党委十三届四次全会精神情况，安排部署相关工作。

【十五届县委 2023 年第 25 次常委会会议】8 月 10 日召开，学习贯彻习近平总书记关于安全生产的重要论述，传达学习自治区党委十三届四次全会精神，传达自治区党委督查室《关于自治区党委十三届四次全会精神学习贯彻督查情况的通报》，学习安全生产专项文件，研究贯彻落实措施。传达学习自治区党委常委会会议精神，传达学习市委十五届八次全会精神，研究贯彻落实措施，安排部署相关工作。

【十五届县委 2023 年第 26 次常委会会议】8 月 23 日召开，传达学习习近平总书记在首个全国生态日之际作出的重要指示和近期重要复信、中共中央政治局常务委员会会议精神，传达自治区领导暗访督查通报、纪检监察干部队伍教育整顿检视整治工作、组织工作、安全生产政治监督相关会议和文件精神，研究贯彻落实措施。听取党风廉政建设和反腐败工作、1—7 月全县经济运行情况、近期全县信访等工作情况汇报，安排部署相关工作。

【十五届县委 2023 年第 27 次常委会会议】9 月 6 日召开，传达学习习近平总书记近期重要讲话、署名文章、指示、复信、致信、贺信、致辞精神，中共中央政治局会议精神，传达学习全国、自治区巡视巡察工作相关会议精神，传达全区主题教育调查研究、网络安全和信息化工作会议和全区外事办主任会议精神，研究贯彻落实措施，听取相关工作汇报，安排部署有关工作。

【十五届县委 2023 年第 28 次常委会会议】9 月 12 日召开，学习贯彻习近平总书记在学习贯彻习近平新时代中国特色社会主义思想主题教育工作会议上的重要讲话精神、主持召开新时代推动东北全面振兴座谈会时的重要讲话精神，传达学习中央《关于开展第二批学习贯彻习近平新时代中国特色社会主义思想主题教育的指导意见》、自治区《关于全区开展第二批学习贯彻习近平新时代中国特色社会主义思想主题教育的指导意见》，传达中央及自治区党委学习贯彻习近平新时代中国特色社会主义思想主题教育第一批总结暨第二批部署会议及市委主题教育工作会议精神，研究贯彻落实措施，安排部署相关工作。

【十五届县委 2023 年第 29 次常委会会议】9 月 27 日召开，学习贯彻习近平总书记在浙江考察时的重要讲话精神，就推进新型工业化、对新时代办公厅工作作出的重要指示及近期重要致辞回信贺信精神。传达学习中共宁夏回族自治区第十三届委员会第五次全体会议精神，自治区纪委关于 5 起形式主义官僚主义典型案例的通报、关于 5 起违反中央八项规定精神典型问题的通报，研究贯彻落实措施。听取 1—8 月全县经济运行情况汇报，分析经济形势，安排部署有关工作。

【十五届县委 2023 年第 32 次常委会会议】10 月 26 日召开，学习贯彻习近平总书记对宣传思想文化工作作出的重要指示，全国宣传思想文化工作会议精神，研究贯彻落实措施。学习贯彻习近平总书记在进一步推动长江经济带高质量发展座谈会上的重要讲话、在江西考察时的重要讲话、在第三届“一带一路”国际合作高峰论坛开幕式上的主旨演讲和欢迎宴会上的祝酒词及近期贺信精神。传达自治区党委和政府办公厅（室）工作会议精神和《自治区党委关于深入学习贯彻习近平总书记重要指示精神开创新征程全区办公厅（室）工作新局面的意见》，研究贯彻落实措施。听取1—9月经济运行情况、农村乱占耕地建房住宅类房屋专项整治试点工作、主题教育整改整治工作情况汇报，安排部署相关工作。

【十五届县委2023年第33次常委会会议】11月6日召开，传达学习习近平总书记在中央金融工作会议上、在中共中央政治局第九次集体学习时、在同全国妇联新一届领导班子成员集体谈话时的重要讲话精神，向第六届中国国际进口博览会致信精神。传达中国共产党银川市第十五届委员会第九次全体会议精神，安排部署相关工作。

【十五届县委2023年第34次常委会会议】11月16日召开，学习贯彻习近平总书记在中央全面深化改革委员会上的重要讲话精神，向2023年世界互联网大会乌镇峰会开幕式发表视频致辞，向首届“一带一路”科技交流大会致贺信。

【十五届县委2023年第36次常委会会议】12月8日召开，学习贯彻习近平总书记在上海考察时、主持召开深入推进长三角一体化发展座谈会时、中共中央政治局第十次集体学习时的重要讲话精神，在第十个国家宪法日之际作出的重要指示精神。听取贺兰县贯彻中央民族工作会议精神检查暨宗教工作督察反馈问题整改情况汇报，安排部署相关工作。

【十五届县委2023年第37次常委会会议】12月23日召开，传达学习中央经济工作会议、中央农村工作会议精神，研究贯彻落实意见。传达学习习近平总书记在中共中央政治局会议上、在中央政治局专题民主生活会上、在广西考察时、视察武警海警总队东海海区指挥部时的重要讲话及近期重要指示批示、贺信精神。传达自治区党委领导在《关于鼓励宁夏厚生记食品有限公司新上枸杞茶项目相关情况的专报》上的批示精神，传达全市全面深化改革推进会会议精神，研究贯彻落实措施。听取全县2023年全面从严治党、全县2023年党风廉政建设和反腐败、县安委会关于全县安全生产等工作情况汇报，安排部署有关工作。

【十五届县委2023年第38次常委会会议】12月26日召开，传达学习习近平总书记在《求是》杂志上发表重要文章《在二十届中央机构编制委员会第一次会议上的讲话》，传达自治区党委十三届六次全体会议暨自治区党委经济工作会议精神，研究贯彻落实措施。听取县人大党组、政府党组、政协党组、法院党组、检察院党组2023年度工作情况汇报，听取县总工会、团县委、妇联、科协、文联、残联、工商联2023年度工作情况汇报，研究审议两会相关材料和事宜，安排部署有关工作。

县委办公室工作

【概况】2023年，贺兰县委办公室坚持以习近平新时代中国特色社会主义思想为指导，深入学习贯彻党的二十大精神和习近平总书记视察重要讲话指示批示精神、对新时代办公厅工作作出的重要指示精神，认真贯彻落实全自治区党委和政府办公厅（室）工作会议精神，围绕县委中心工作，全面加强办公室政治能力、业务能力和作风建设，推动“三服务”工作再上新台阶，力争为全县经济社会发展做出应有贡献。

【政治建设】2023年，贺兰县委办公室坚持以习近平新时代中国特色社会主义思想为指导，把学习贯彻习近平总书记系列重要讲话和重要指示批示精神作为党员大会、支委会的“第一议题”，教育引导党员干部切实增强“四个意识”，坚定“四个自信”，做到“两个维护”。按期完成支部换届选举工作，选优配强支部班子。认真组织开展“三会一课”、谈心谈话、民主评议党员等党内政治生活，2023年以来，共召开支部委员会17次、党员大会12次，开展党课教育4次。坚决守好意识形态主阵地，增强网络意识形态复杂性、斗争性认识，教育引导党员干部在网络行为中坚持正确政治方向。

【理论学习】 2023 年，贺兰县委办公室以学习贯彻习近平新时代中国特色社会主义思想主题教育为主线，牢牢把握“学思想、强党性、重实践、建新功”的总要求，聚焦思想政治建设，结合“强素质强服务强担当强斗志”能力作风建设年活动要求，制订学习计划，组织党员、干部轮流领学，深入学习党的二十大报告、《中国共产党章程》等必读科目，及时跟进学习习近平总书记最新重要讲话和重要指示批示精神，围绕学习内容，随机开展交流发言，努力做到学有所思、学有所悟、学有所获。

【主体责任落实】 2023 年，贺兰县委办公室紧盯领导干部等“关键少数”“关键岗位”，制定全面从严治党三个清单，进一步明确了领导班子及班子成员落实全面从严治党的具体责任，主要负责人履行“第一责任人”责任，管好班子、带好队伍、抓好落实，班子成员坚持“一岗双责”，带头严格执行廉洁自律和改进作风的各项规定，自觉管好分管党员干部，主动接受组织和干部职工监督，切实形成“一把手”负总责、一级抓一级、层层抓落实的良好工作格局。围绕纠治形式主义官僚主义专项整治，组织党员干部学习习近平总书记关于坚决整治形式主义官僚主义的重要论述、相关典型案例，开展交流研讨，使党员干部充分认识到加强作风建设的重要性。同时，坚持问题导向，开展自查整改，不断巩固作风建设成果，截至年底，支部共查找问题 40 个，已整改完成并将长期坚持。

【精神文明建设】 2023 年，贺兰县委办公室以自治区文明单位复验为契机，大力开展理想信念教育、爱国主义教育、公民道德教育和社会主义核心价值观教育，不断提高干部职工的思想政治素养和业务工作水平。积极建设节约型机关，倡导文明出行、无烟办公，积极参加文明交通等志愿服务。积极参与生态文明建设、践行绿色低碳生活理念，倡导双面复印、打印，控制文件印制数量，减少纸张消耗，自觉节约用水、用电，顺利通过自治区文明单位复验。

【办文办会】 2023 年，贺兰县委办公室共发文 342 件，收到自治区级、银川市级各类文件 1850 件，全部按公文流转规范程序处理，无遗漏等问题发生。起草会议活动讲话稿、调研报告、研讨材料等各类文稿300 余篇，向自治区、市党委报送信息 600 余篇，被自治区、市采用 180 篇（自治区采用 50 篇，银川市采用 130 篇），信息工作排名全区第五、全市第二。承办县委全会、常委会会议、专题辅导、党课等各类重要会议180 余场，会务服务周密细致，确保会议务实高效召开。对全办岗位职责任务分工明确、责任到人，实现落实县委领导交办事宜迅速有力，与各部门各单位沟通合作畅通有序。

【督查考评】 2023 年，贺兰县委办公室高站位抓好习近平总书记视察宁夏重要讲话和重要指示批示精神落地，逐项梳理落实习近平总书记视察宁夏重要讲话和重要指示批示精神 11 个方面 117 项任务，筹备召开县委贯彻落实习近平总书记视察宁夏重要讲话和重要指示批示精神全面大起底、“回头看”专题会议 1 次，推动贯彻落实工作走深走实。高标准抓好区市工作要求任务落细，向自治区党委和市委上报各类专报 62 个，高标准报送市委常委会会议督办事项落实情况、市主要领导批示件办理情况、市委主要领导交办事项贯彻情况等，确保区市各项工作要求落实到位。创新开展县委常委会会议定事项线上填报系统，建立推进落实台账实行“销号制”跟踪督办，累计督办县委常委会会议定事项 30 次，分批向常委会汇报推进落实情况 4 次。高效率抓好县委领导批示落实到位，共办理县委领导批示件 490 件，办结率 94.08%，印发《督查动态》7 期，下发督办通知单 500 期，有效解决了重大项目要素保障、企业员工出行安全等一批问题。紧盯重点工作“晾晒比促”

落实。结合市委“强素质强服务强担当强斗志”能力作风建设年活动，建立重点工作“月通报、季观摩、年考核”推进机制，围绕“四争”工作、重点项目建设、招商引资等工作落实情况跟踪督办，聚焦生态环保、乡村振兴、优化营商环境等领域开展专项督查，形成督查专报9期，督查通报22期。紧盯安全生产、生态环保等反馈问题整改。创新成立“9+2+1”联动督查专班，聚焦“1+37+8”文件落实，全面排查各类安全生产风险隐患，建立“任务清单”“措施清单”，累计检查经营主体15446家，查出风险隐患14838条，完成整改14835条，整改率99.98%，对233家经营主体进行停业整顿。同时，印发《“四防”督查通报》19期。用心做好网民留言办理工作，累计下发人民网留言督办单188件、网上交办188条，回复办结率95%，农民工工资拖欠、城市道路交通拥堵等一批群众急难愁盼问题得到有效解决。用力做好为基层松绑减负工作。对各部门（单位）发文开会进行定额管理，并进行动态监测和定期评估，对超额发文开会单位进行预警提醒，并对情况严重的通报约谈。

【保密工作】2023年，贺兰县委办公室强化保密宣传教育，扎实开展好保密宣传教育月活动，发送保密宣传公益短信6万条，筑牢保密安全人民防线。保密微视频《谨防间谍陷阱 常绷保密之弦》被“宁夏保密”公众号推送展播，并荣获自治区“人人话保密”优秀微视频，县国家保密局获优秀组织奖。加强学训结合，组织全县70余家单位保密专干参加宁夏保密教育实训平台培训。组织全县各部门（单位）积极参加中央保密办依托“保密观”App开设的培训系统进行学习，全县参学人员达1800余人，领导干部保密意识和防范技能进一步增强。强化监督检查，对全县20余家单位开展保密检查，下发保密检查问题反馈函20份，有力防范化解失泄密风险。

【档案工作】2023年，贺兰县委办公室强化执法检查，全体业务人员参加执法资格培训考试并取得执法资格，对全县19个单位及5个社区档案整理及档案室建设情况进行督查，对8家单位档案安全管理督察整改情况进行了“回头看”，推进全县档案工作有序开展。主动做好档案服务大局工作，跟进落实档案服务任务，全年共接收文书档案7307件，照片档案814张；接待查档人员1335人次，为1149人提供了档案服务，提供有效证明件1773份。充分挖掘特色档案资源，编印出版《2021—2022年贺兰县新冠肺炎疫情防控文件汇编》《贺兰年鉴（2022）》，开展《贺兰年鉴2023》编辑印刷及《贺兰县扶贫志》组稿编辑工作。大力推进数字档案馆建设，组织编制《贺兰县数字档案馆建设方案》，制定《贺兰县数字档案馆建设实施方案》，已批复立项，计划2024年实施。大力推进档案信息化建设，在2022年底馆藏档案数字化比例72.45%的基础上，对27165件档案进行了数字化，进一步提升档案数字化比例。

【外事工作】2023年，贺兰县委办公室积极开展国家安全学习教育，持续增强群众维护国家安全意识，夯实社会安全根基。牢固树立“外事无小事”观念，召开全县海外利益安全领域工作协调机制联席会2次，加强对海外利益安全领域风险隐患的防范化解。积极开展领事保护宣传，不断拓展海外领事保护新维度。严格做好到华核实，认真做好企业邀请外国人到贺兰审核工作。用好中阿博览会等平台，加快“走出去”“请进来”步伐，努力在助力全区高水平开放上作出贺兰贡献。积极主动配合自治区、市党委外办完成摩尔多瓦共和国副总理弗拉基米尔·博莱亚等6批100余人到银川考察任务，一带一路·零距离“塞上江南”在约旦国家电视台播出，稻渔空间良好生态系统得到充分展现。

【党务公开】2023年，贺兰县委办公室扎实做好组织规范性文件的起草和审核把关等各项工作，通过县委办公室初审、法律顾问复审、县委常委会终审，以多级审核严把政治政策关、法律法规关、文风文字关、呈报程序关，今年以来县委常委会共审议规范性文件27件。按照“有件必备”原则，规范性文件坚持备案报告、制定说明、正式文本同时报批，2023年共向市委报备规范性文件50份，实现不漏报、不错报、及时报、规范报。建立健全“保密审查、信息发布、风险评估、政策解读”工作制度，推动党务公开工作科学化、制度化、规范化。

组织工作

【概况】2023年，贺兰县委组织部组织各级党组织和广大党员干部坚持不懈用习近平新时代中国特色社会主义思想凝心铸魂，深入学习宣传贯彻党的二十大精神，持续筑牢理想信念根基。基层党组织政治功能和组织功能显著增强，高素质干部队伍建设更加有力，人才“育引用留”链条不断完善，为推动全县经济社会高质量发展提供坚强组织保证。

【学习贯彻习近平新时代中国特色社会主义思想主题教育】2023年，贺兰县委组织部把学习贯彻习近平新时代中国特色社会主义思想主题教育作为首要政治任务，坚持理论学习、调查研究、推动发展、检视整改、建章立制贯穿始终、一体推进，深入践行“四下基层”，县处级领导班子深入村、社区、企业开展理论宣讲200余场，围绕“铸牢中华民族共同体意识”“政绩观”等集中研讨20余次，示范带动全县584个基层党组织、14801名党员理论学习有效覆盖。聚焦真改实改破难题，细化75条措施，扎实开展“8+2+1”专项整治，全面整改问题58个，高质量为民办实事59件，让群众切实感受到主题教育带来的实实在在成效。

【乡村振兴】2023年，贺兰县委组织部持续深化“一抓两整”示范县乡创建行动，创建党建工作示范村6个，整顿软弱涣散和集体经济发展滞后村党组织4个。1306名后备干部、产业带头人建功乡村振兴一线。坚持党支部领办为主体，村级集体经济经营性收入突破5900万元，百万元村达到25个。党建引领乡村振兴经验做法在全市交流，四十里店村第一书记在《中国组织人事报》诚邀全国游客来打卡。

【城市治理】2023年，贺兰县委组织部建立城市党建引领基层治理全链条管理机制，持续抓好“书记领办”项目行动，深化“红色物业”，推动解决群众急难愁盼问题300余个。推动成立海亮、凤凰、桃源3个社区，有效解决大型社区“小马拉大车”问题。花园社区党建引领基层治理做法入选“全国先进典型社区”案例，太阳城社区“众筹+共享”基层治理经验做法在全市交流。

【模范机关创建行动】2023年，贺兰县委组织部扎实开展“让党中央放心、让人民群众满意”模范机关创建行动，达标率81.8%。深入实施“书记领航”项目61个，优化提升党建示范点15个，推动党建工作与中心工作融合互促。集中开展“两新”领域党组织“覆盖攻坚”行动，覆盖率达到92%以上，党建工作指导站做法在全区推广。

【干部考察】2023年，贺兰县委组织部抓实干部政治素质考察，建立干部考察与重大任务同步启动和无任用考察调研机制，把项目建设、安全生产排查整治主战场作为考察识别干部的“特殊考场”，全面掌握干部的政治立场和工作实绩，调整干部8批206人次，选优配强各领域领导班子。

【年轻干部培养】2023年，贺兰县委组织部持续推进年轻干部“强基育苗”行动，储备年轻干部300余名。组织260余名年轻干部到信访一线、车间工厂、田间地头实践锻炼，选派19名年轻干部到中央、自治区、市和基层挂职锻炼，举办年轻干部论坛6期，助力年轻干部快速成长。大胆提拔重用政治过硬、能力过硬、作风过硬的“85后”“90后”干部21名，占新提拔干部人数的87%。

【干部奖惩机制】2023年，贺兰县委组织部严格落实“两榜四机制”，全力做好安全生产和生态环保排查整治“究”“调”工作，对整治不力的15个单位负责人进行约谈，停职检查2人。为340名干部晋级晋档，为6名公安法检干警晋升执法勤务和警务技术职务序列，激励干部担当作为。慰问各类党员干部1119名113.6万元。高标准承接第31次全国关心下一代工作座谈会现场观摩，获全区关心下一代先进集体称号。

【人才引进】2023年，贺兰县委组织部建立全县人才需求目录，引进各类急需紧缺和高层次人才471名，推动凯添燃气等11家企业与自治区内外15家科研院所、高校开展深度合作。组织全县企事业单位参加银川市招才引智双选会，先后吸引6550名大学生留贺工作。开展“春风行动”“民营企业服务月”等招聘会105场，解决就业7400余人，人才“近悦远来”氛围更加浓厚。

【人才培养】2023年，贺兰县委组织部实施人才“育苗计划”，建立农村实用人才、预制菜产业等人才库5个。3名青年人才入选自治区“基层之星”，评定高精尖缺人才8名。组织推荐自治区级人才培养工程人选12人，评定“导师帮带”项目14个、“人才小高地”项目2个，培育各类本土人才1200余人。

【用活人才】2023年，贺兰县委组织部持续深化人才发展体制机制改革，兑现各类人才补贴资金450万元，开展技能人才培训、食用菌产业高质量发展座谈等活动17场。在新型材料重点项目中开展“揭榜挂帅”科技创新项目3项，申报自治区、市各类科技项目61项。打造新平村、牡丹花乡、蓝湾人才基地，培训乡村振兴人才531人，鼓励引导人才到乡村一线建功立业。

【人才服务保障】2023年，贺兰县委组织部认真落实党委联系服务专家制度，“一对一”走访服务人才80余次。印发《贺兰县人才住房保障管理暂行办法》，升级改造人才公寓27套，持续为高精尖缺人才提供健康体检服务，协调解决配偶就业等后顾之忧。大力宣传人才经验做法及优秀典型事迹，人才归属感进一步增强、荣誉感不断提升。

宣传工作

【概况】2023年，贺兰县委宣传部在县委的坚强领导下，在自治区、市党委宣传部的正确指导下，坚持以习近平新时代中国特色社会主义思想为指导，以学习宣传贯彻党的二十大精神为主线，围绕中心、服务大局，深入实施宣传思想文化工作“八大工程”，为推动县域经济社会高质量发展提供了坚强思想保证和强大舆论支撑。

【坚持“第一议题”不动摇】2023年，贺兰县委宣传部始终坚持把习近平新时代中国特色社会主义思想作为理论学习中心组第一议题、常设议题，推动领导干部先学一步、学深一层，全覆盖开展巡听督学，切实发挥“关键少数”的“关键作用”，形成崇尚学习的良好风尚。

【创新学习方式】2023年，贺兰县委宣传部按照学懂弄通做实要求，县委理论学习中心组创新采取“集体自学＋专家辅导＋交流研讨＋观摩学习＋恳谈会”“五位一体”学习模式，提升学习的实效性和针对性。

【拓展学习广度】2023年，贺兰县委宣传部学好用好《习近平谈治国理政》（一至四卷），把习近平新时代中国特色社会主义思想及习近平总书记对各方面工作的重要论述等内容作为各党委（党组）理论学习中心组学习、“三会一课”、学校思政课、干部网络学习、党校培训的重要内容，拓宽学习新思想的广度深度，提升推进高质量发展的能力和作为。

【深化学习讨论】2023年，贺兰县委宣传部持续开展党的二十大、习近平总书记视察宁夏重要讲话和重要指示批示精神“大学习、大讨论、大宣传、大实践”活动。组织全县各行业、各领域结合自身工作实际，以线上、线下相结合的形式，通过专题培训、“三会一课”、党员大会等广泛开展研究式、讨论式、体验式学习讨论，切实把党的二十大精神装进头脑、注入灵魂、化为行动。

【广泛宣传宣讲】2023 年，贺兰县委宣传部围绕习近平新时代中国特色社会主义思想、党的二十大精神、习近平总书记视察宁夏重要讲话和重要指示批示精神等，发挥县级骨干宣讲团、稻田守望宣讲队、红话筒宣讲队、蒲公英宣讲队、红心理论宣讲团等基层理论宣讲志愿服务队作用，开展各类宣讲 1800 余场，惠及群众 5 万人次，切实让党的创新理论“飞入寻常百姓家”。举办“学思践悟二十大 踔厉奋发新征程”知识竞赛，丰富学习习近平新时代中国特色社会主义思想载体，进一步检验和巩固党员干部学习成效。

【推动实践转化】2023 年，贺兰县委宣传部制定印发《全县宣传思想文化战线“贯彻党的二十大精神、开创宣传思想文化工作新局面”大调研工作方案》，组织开展宣传思想战线大调研，围绕加强党的全面领导、构建大宣传格局研究等全局性战略性调研课题和推动全县文化产业高质量发展研究等专题调研课题，撰写调研报告 10 篇，其中 6 篇被自治区党委宣传部《宁夏宣传》刊发。

【壮大主流思想阵地】2023 年，贺兰县委宣传部整合媒体资源，以“两台一网”为基础，发挥“两微一端”作用，拓展强国号、人民号、新华号外宣平台公告。不断优化主流平台政务服务、民生服务、产业服务功能，每月策划重大主题，精准生产融媒体产品，靶向推送，切实推动党的声音占领主流舆论阵地。

【提升贺兰城市影响力】2023 年，贺兰县委宣传部积极组织开展媒体贺兰行活动，深入报道贺兰县适水产业、乡村振兴联农带农机制、农旅融合、民生项目建设、预制菜产业、三新产业等方面的经验做法，全面宣传展示贺兰县经济社会的发展变化、日益优良的投资创业环境，进一步提升“工业强县”“农业强县”“西北适水产业第一县”知名度、影响力。

【推动媒体融合发展】2023 年，贺兰县委宣传部在全区率先完成融媒体深度融合二轮改革。丰富“魅力贺兰”App 政务服务功能，指导融媒体中心创新打造“贺兰云”“政协云”“石榴云”“司法云”四朵云，受到各级党政部门好评，内蒙古巴林左旗、乌海市等自治区外融媒体中心相继交流学习。指导融媒体中心市场化运营，实施“贺兰好物”项目，拓展影视制作、媒体广告、教育培训等衍生业务，实现年收入 570 余万元。

【拓展教育实践阵地】2023 年，贺兰县委宣传部拓展提升雷锋纪念馆、贺兰县青少年活动中心、稻渔空间等文化场所，雷锋纪念馆被评为银川市爱国主义教育基地。组建“小喇叭”宣传服务队、“小红帽”文明劝导队、“搭把手”助老服务小分队，广泛开展“文明志愿我先行”等志愿者服务活动。录制“红色经典小故事”“雷锋故事我来讲”等节目，引导广大青少年努力成长为担当民族复兴大任的时代新人。

【强化未成年人思想道德教育】2023 年，贺兰县委宣传部探索“高校—地方—中小学校”协同育人新模式，与北方民族大学马克思主义学院建立院地合作关系，成立“少年说”小记者通讯站，入驻 15 所中小学。以活动联办、人才联育、资源联用、阵地联建等形式，让习近平新时代中国特色社会主义思想进教材、进课堂、进师生头脑。同时通过小记者团“小手拉大手”的形式大力宣传普及安全生产知识，提高全民安全素养。

【实施文明素养提升行动】2023 年，贺兰县委宣传部以践行和培育社会主义核心价值观为主线，通过文明城市、文明校园、文明村镇等创建活动，组织开展移风易俗、垃圾分类、生态环境保护等倡导文明健康绿色环保生活方式的宣传活动1000多场，倡导市民自觉践行科学健康文明的生活方式。加大公益广告宣传力度，在公共广场、公园景区、城市社区等显著位置，广泛开展“社会主义核心价值观”“讲文明树新风”等主题宣传，传播文明新风和科学知识，以“润物细无声”的方式将“文明种子”播撒进每名市民的心中。充分发挥榜样示范作用，选树“中国好人”王冬梅，积极推荐海智梅入选“中国好人榜”、任秀兰入选“宁夏好人”，邱志明入选“银川好人”。评选县级“新时代好少年”30人、银川市“新时代好少年”3人，评选“四个十佳”先进典型22个，深入开展道德模范和各类先进典型学习宣传活动，在全县树立了崇德向善的价值导向。持续开展文明交通、文明餐桌、文明旅游、文明上网等实践活动，用“文明行动”教育引导广大干部群众，让文明新风吹遍每个角落，让群众更有获得感、幸福感。

【精神文明建设提档升级】2023年，贺兰县委宣传部巩固文明城市创建成果。不断完善贺兰县“1+N”创城工作体系，构建党政齐抓共管、部门联动协同、社会广泛参与的创建格局。实施创城工作项目化，总投资9.37亿元实施园林绿化、老旧小区改造、垃圾处理中心建设等28个建设项目。强化创城督查，拧紧“问题发现、落实反馈”的责任链条，建立一事一档任务清单、问题清单和责任清单，实施“天天派单、天天办单、天天报单”制度。累计收集解决具体问题12893个。

【新时代文明实践中心建设】2023年，贺兰县委宣传部打通新时代文明实践中心、融媒体中心、党群服务中心、非公有制企业、景区景点、公共文化服务场所，建立文明实践基地，形成1个中心、7个所、82个实践站、19个实践基地的四级联动体系。打造凯晨电气、金贵牡丹花香、立岗镇星光村等“文明实践＋文旅融合”“文明实践＋产业发展”示范点，不断推进新时代文明实践与党建工作、社会治理、乡村振兴等深度融合。培育文明新风。健全完善县乡村三级移风易俗工作领导小组，64个行政村15个社区“一约四会”实现全覆盖。通过“道德红黑榜”“道德讲堂”“村村享”大喇叭等载体，常态化开展移风易俗宣传教育。指导培训各村规范填写移风易俗“四本台账”，确保红事、白事和实践活动有“账”可查。

【文化基础设施建设】2023年，贺兰县委宣传部为全县7个乡镇文化站、63个村级文化服务中心配置文化设备器材，进一步完善公共文化设施，提升惠民服务水平。实施基层村级文化服务中心提升改造和全县乡村大舞台维修改造项目，不断提升基层公共文化服务水平。投资200余万元，打造提升公园华府、云都荟城市书房，扩大新型阅读空间。举办“4·23”世界读书日暨“书香贺兰”第七届全民阅读系列活动，挂牌全民阅读基地，擦亮“书香贺兰”品牌。

【文化惠民服务】2023年，贺兰县委宣传部广泛开展“文化惠民演出”“文化四送六进”“文化进万家”等活动，不断满足群众精神文化需求。“文化进万家·戏曲过大年”、“文化进万家·非遗过大年”、小品集锦、民间文艺社团表演和网络书法、绘画、摄影、草编技艺作品展等8种不同类型的惠民活动共37场，受益群众累计达10万人。

【文艺精品创作】2023年，贺兰县委宣传部在“魅力贺兰”App开设“贺兰文艺”专栏，刊发10期电子刊物《贺兰》。组织编排情景剧《家风》并通过线上展播、线下展演。举办“家风家训廉洁文化”主题书法作品巡回展、“这个地方是个好地方”摄影展和“家乡美”油画展等主题活动，推出一批文艺精品。

【文旅融合】2023年，贺兰县委宣传部推动一、二、三产业深度融合，谋划2023年重点文旅项目7个，概算总投资1.92亿元，争取自治区文化旅游专项资金1050万元。金贵堡老街文旅综合体项目、百瑞源殷红子熟枸杞庄园已投入运营，宁夏引黄古灌区世界灌溉工程遗产展示中心主体已完工。

统战工作

【概况】2023 年，贺兰县委统战部坚持以习近平新时代中国特色社会主义思想为指导，深入学习贯彻习近平总书记关于做好新时代党的统一战线工作的重要思想和党中央关于统战工作的决策部署及自治区、市工作安排，聚焦统一战线工作高质量发展，发挥强大法宝优势作用，围绕中心、服务大局，推进新形势下统战工作提质增效，为贺兰县实现经济社会高质量发展作出了积极贡献。

【政治引领】2023 年，贺兰县委统战部召开县委统战工作会议和全县宗教工作会议，县委常委会会议、县政府常务会议研究统一战线工作 10 次，召开县委统一战线工作领导小组会议 5 次、宗教工作领导小组会议 1 次、民族宗教工作联席会议 10 次，安排部署铸牢中华民族共同体意识示范县建设等重要工作，推动构建运行高效、制度完善的议事协调机构，深化大统战工作格局。

【共同思想基础】2023 年，贺兰县委统战部举办贺兰县统一战线“高举旗帜·同心向党·团结奋斗”学习贯彻党的二十大精神培训班，广泛开展“送学上门”活动，向广大统战成员赠送《党的二十大精神学习辅导百问》等系列书籍 80 余套，开展纪念中共中央“五一口号”发布 75 周年主题活动和统战成员共植“同心林”等特色活动，以实际行动为黄河流域生态保护和高质量发展先行区建设贡献力量。

【多党合作事业】2023 年，贺兰县委统战部建立党外代表数据库和党外年轻后备人才数据库，围绕“凝心铸魂强根基、团结奋进新征程”等主题，召开“双月”座谈会 4 次，观摩学习 2 次，各民主党派围绕民主监督、调研课题提出意见建议 10 余条，提出提案议案、社情民意 50 余件。持续开展“同心 +”社会服务，在残联、京川律师事务所、融媒体中心打造“同心”实践基地，成立医疗卫生服务团、法律援助服务团等“同心”服务团，组织开展“同心促健康”“同心法援”“融媒 +”等系列活动，助力贺兰县经济社会高质量发展。

【各领域统战工作】2023 年，贺兰县委统战部印发《贺兰县新的社会阶层人士统战工作协调机制》，完成贺兰县党外知识分子联谊会换届，梳理录入新的社会阶层人士数据 261 人，成立贺兰县新的社会阶层人士联谊会，登记新联会会员 55 人。

【铸牢中华民族共同体意识示范县建设工作】2023 年，贺兰县委统战部研究制定《铸牢中华民族共同体意识示范县 2023 年工作要点》、重点任务清单，月初下发重点工作，月末总结回看，稳步推进示范县建设工作。2023 年，召开建设铸牢中华民族共同体意识示范县推进会 3 次，组织“互学互查互评”活动 3 次，自治区统战系统宣传工作座谈会在贺兰召开，迎接青海省民委、新疆维吾尔自治区政协等外省、自治区调研 10 余次，贺兰县 2 家单位、3 名个人获评全区第九次民族团结进步模范集体、个人。

【理论政策宣传】2023 年，贺兰县委统战部深入开展“牢记总书记嘱托 铸牢中华民族共同体意识”专题教育，将铸牢中华民族共同体意识纳入全县各类培训班课程，邀请专家、党校教师宣讲 120 余场次；打造“红石榴”街区、广场等 20 余处、主题公园 3 处、“石榴籽”文化墙若干，开通社区“红色直播间”“石榴籽课堂”为辖区干部群众讲解民族政策及民族团结故事，打通理论政策传播“最后一公里”。

【铸牢中华民族共同体意识活动】2023 年，贺兰县委统战部深入实施“三项计划”，成功承办银川市 2023 年民族团结进步月启动仪式，举办“学习二十大 唱响新征程”铸牢中华民族共同体意识中小学生艺术展演、“籽籽筑同心 共圆中国梦——宁闽滇三地青少年同上一堂云队课”“石榴籽 共成长——主题研学”“寻找最强石榴籽”等活动，教育引导各族青少年加深了解、交流情感、增进友谊；依托“我们的节日”系列活动，举办“贺兰山下一家人 黄河岸边是故乡——塞上火把节”“种下民族团结童心苗 绽放多彩石榴花——端午手工编织”等各族群众联谊活动，营造各族群众共居共学、共建共享、共事共乐的社会环境；开辟“稻渔空间”“牡丹花乡”等主题景区旅游精品线路，打造“石榴籽之旅”旅游精品线路，举办“石榴籽运动会”等文旅活动，推进各族群众在交往交流交融中铸牢中华民族共同体意识。“籽籽筑同心 共圆中国梦”——宁闽滇三地青少年同上一堂云队课活动被“学习强国”学习平台、中国新闻网等转载报道。

【擦亮“石榴云”名片】2023 年，贺兰县委统战部做大做强“贺兰石榴云”传播中心，创新传播形式，利用 H5、手账等形式展示民族团结理论政策、贺兰各族群众团结奋斗的故事，紧扣“石榴花开十二月”品牌，推出《和和话团结 石榴花开十二月》成果展，打造“和和云课堂”科普栏目，制作推出短视频 81 期，累计发布推文 484 条，《人民日报》等媒体转载 25 条，平台点击量达 5.5 万次。成立“少年说”校园小记者通讯站，组织百名“石榴云”小记者进校园宣讲 50 余场，在青少年中播撒爱国主义和中华民族共同体意识的种子。

【宗教事务管理】2023 年，贺兰县委统战部制定印发《关于坚持我国宗教中国化方向 做好新时代党的宗教工作的实施方案》，设立“石榴籽图书室”“图书角”20 余处；用好“五进”宗教场所活动“码上学习”平台，开展“一月一主题”讲经解经，举办宗教界人士“友爱 奉献”主题演讲。规范管场所，广泛宣传《宗教活动场所管理办法》《自治区宗教事务条例》等法律法规，指导 7 座场所开展民主选聘主要教职人员工作。依法管活动，做好“古尔邦节”“盂兰盆节”等节日期间安全管理工作。从紧管安全，认真贯彻落实自治区“1+37+8”政策文件，制定下发贺兰县宗教场所和活动安全工作“一台账三清单”，开展督查 150 余次，累计增设消防设施 400 余具（处），县域宗教活动场所微型消防站配备实现全覆盖。

【非公领域统战工作推进】2023 年，贺兰县委统战部深入开展“双引”行动，利用微信群转发《党的二十大报告学习辅导百问》，转发贺兰县安全生产知识大讲堂 20 期、自治区党委十三届四次全会精神及自治区安全生产“1+37+8”系列文件精神相关内容。依托自治区、市工商联培训平台，组织企业参加各类线上培训 13 期，先后组织 10 名民营经济人士赴自治区内外参加经贸交流考察、宁夏年轻一代民营企业家理想信念教育培训班等活动，引导民营经济人士加强自我学习、自我教育、自我提升。开展自治区工商联民营企业家执常委贺兰行活动，创新开展工商联主席副主席“一带一路·贺兰行”活动，拓宽招商引资渠道，确定意向项目 2 个。开展“送政策进民企”“服务进园区 政策惠千企”政策宣讲活动，重点围绕自治区、市科技创新政策、企业重点群体税收优惠政策等方面进行解读，鼓励企业用足、用活、用好惠企政策。召开“万企兴万村”助力乡村振兴推进会，确定第二批 22 家企业帮扶 15 个行政村，申报全国“万企兴万村”行动实验项目 2 个，安品绿源、好家乡被认定为银川市“万企兴万村”行动典型企业，“金贵牡丹花乡一二三产融合”“立岗镇清水村辣椒联合种植”被认定为银川市“万企兴万村”行动典型项目。

老干部工作

【概况】2023 年，贺兰县离退休干部工作以习近平新时代中国特色社会主义思想为指导，以习近平总书记关于老干部工作重要论述为遵循，在自治区、市党委老干部局的悉心指导下，以政治建设为统领，坚持在凝心铸魂、组织建设、作用发挥、所需所盼、阵地建设“五大聚焦”靶向发力，夯基固本提升离退休干部工作质效。

【主题教育】2023年，贺兰县离退休干部工作深入开展学习贯彻习近平新时代中国特色社会主义思想主题教育，组织发放主题教育学习读本900余套，组织28个离退休党支部组织党员采取集中领学、个人自学、研讨交流方式开展主题教育学习研讨。建立“结对帮扶”机制，95名年轻党员干部结对帮扶行动不便老党员，28个机关党支部与离退休干部党支部结对，推动离退休干部党员与在职党员开展主题教育同部署、同推进、同落实。通过“板凳学”“庭院学”“研讨学”方式，开设特色党课28场，开办离退休干部党支部书记示范培训班和离退休干部专题座谈会2期，增强理论学习感染力和吸引力。

【规范化建设】2023年，贺兰县离退休干部工作新增司法局离退休干部党支部1个，完成全县27个离退休党组织换届选举工作，通过选派党建指导员、配备在职党员担任副书记、委员等方式开展工作，指导支部规范化建设。对接市委老干部局对贺兰县离退休党支部开展调研指导工作，调研指导离退休党支部40余次，成功打造税务局和政协离退休干部示范党支部。打造税务局离退休干部党支部样板阵地和老年大学党建共享阵地，发挥老科协等有特色的离退休干部党支部专业优势和头雁效应，申报市级党建项目5个，争取资金1.5万元，推动形成以点带面、辐射一片的示范带动效应。县关工委工作受到第31次全国部分城市关心下一代工作座谈会调研肯定，贺兰县“银发赋能”行动入选自治区离退休干部工作典型创新案例，获自治区关心下一代先进集体称号。

【服务大局】2023年，贺兰县离退休干部工作持续打造“银辉贺兰”志愿服务品牌，深化《“银辉贺兰”离退休干部志愿服务促进和保障措施》，推进“银发人才”信息库建设，梳理银发人才118名，持续引导老同志主动融入改革发展大局。对接老科协农业技术专家，组织开展“汇聚银发力量，助力乡村振兴”志愿服务活动，开展志愿活动12场次。选树天鹅湖社区“幸福湖里暖阳行动”、老年大学“红色领航 银龄向党”等11个优秀项目。成立“耆光义彩”等特色老年志愿服务队18支，开展书法名家进校园进乡村活动、种植养殖技术培训活动等37场1200余人次。组织“健康贺兰”老专家开展义诊活动5场，为城市基层治理注入协同共治的银色力量。

【服务惠老】2023年，贺兰县离退休干部工作建立部务会成员“一对一”结对帮扶离休干部服务机制，进一步巩固、细化各项离退休干部服务保障措施，对离休干部护理费标准和部分离休干部医疗待遇落实情况进行督促指导，提高无固定收入遗孀生活补贴7人。为离休干部、遗孀提供擦窗等家政服务，按时发放遗孀医疗补助9150元。协调卫健部门、社区卫生站推动落实离休干部社区家庭医生签约服务，常态化开展走访慰问活动，发放春节、重阳节等节日慰问金11.5万元，确保不漏一户不漏一人。引导1800余名老干部关注离退休干部工作、塞上金秋等公众号，帮助老干部使用新媒体及时获取信息，努力实现学习服务高效便捷。

【活动阵地建设】2023年，贺兰县离退休干部工作争取市委老干部局教学补助12万元，新增利民社区、天鹅湖社区等老年大学教学点6个，开设声乐、舞蹈、书法等21个专业61个班级2600余人次，成为全县老年人文化养老的核心阵地。发挥老年大学、圆梦艺术团等涉老团体文艺特长，围绕民族团结、乡村振兴等主旋律，新编排舞蹈、群口快板等节目16个，举办各类演出50余场，在《人民日报》等各级媒体共发表文章22篇，展示银发一族新风尚，唱响“银霞贺彩”文化活动品牌。2023年，贺兰县老年大学成为全区首批三星级老年大学。

县直机关党的建设工作

【概况】2023年，县直机关党的建设工作坚决把党的政治建设摆在首位，以习近平新时代中国特色社会主义思想为指导，认真学习贯彻中央和自治区、市组织工作会议精神，扎实开展第二批主题教育。

【理论学习】2023年，县直机关党的建设工作坚持“第一议题”抓学习，深入学习贯彻党的二十大精神，对机关企事业单位党员全覆盖轮训27期3000余人次，讲党课210场，受众4179人次，教育引导党员干部深刻领悟“两个确立”的决定性意义，坚决做到“两个维护”，学思用贯通、知信行统一。

【教育培训】2023年，县直机关党的建设工作创新开展“书记讲给书记听”专题党课活动，5名优秀机关党组织书记上台讲党课，同台竞技、打擂比拼，经验做法被新华社、《光明日报》、人民网等5家国家级主流媒体推广。开办党组织书记、党务干部培训班3期，开展“擂台比武”1期，提升机关党组织书记和党务干部业务能力。

【组织功能】2023年，县直机关党的建设工作坚持以习近平总书记关于党的建设的重要思想为指导，贯彻落实基层党组织建设提质增效和“两抓两增”工程，以模范机关创建为抓手，推动机关党组织建设走在前、作表率。深化模范机关创建。创建“模范机关达标单位”45个，达标率81.8%。制定5个方面17项举措，完善“3年达标+3年先进+3年模范”创建体系。以“模范机关先进单位”创建为牵引，组织208个机关企事业单位党支部开展“互观互检”3期，找问题、补短板、促提升。规范基层组织建设。制定印发贯彻落实基层党组织建设提质增效和“两抓两增”工程重点任务清单，下发党建重点工作要点清单、“三进”通知24期，确保工作落实落细落到位。指导79个党组织有序换届选举，培育三星级以上机关党组织78个，五星级党组织2个，激发基层党组织的凝聚力和战斗力。强化党建示范引领。创建党建品牌41个，优化提升党建示范点15个。深化财政局“改革兴财争先锋”品牌，创建审计局“1125”党建品牌，2个审计项目获自治区优秀审计项目一等奖、三等奖，“一支部一品牌”激发机关党建新活力。

【党的建设】2023年，县直机关党的建设工作坚决把牢“围绕中心、建设队伍、服务群众”职责定位，围绕中心抓党建、抓好党建促业务，推动党建与业务融合互促。找准中心工作。持续开展“书记领航”行动，党组织书记在优化营商环境、招商引资、项目建设主战场当好“领航员”，将基层党建同乡村振兴、生态环保等重点工作深度融合，实施“书记领航”项目61个，贺兰县城市排水防涝体系建设工程(一期银河路)项目提前60天建成通车。基层党建围绕中心、服务大局成效凸显，成功入选国家创新型县创建行列，成功创建国家农产品质量安全县、全国平安渔业示范县等。

【队伍建设】2023年，县直机关党的建设工作在生态环保、安全生产、乡村振兴、项目建设等重点工作中，设立党员示范岗550个、党员责任区313个、党员突击队65支，1500名党员立足岗位作贡献，选树农业老专家殷正勤、最美基层民警、教育工作者及好医生等59名，以榜样示范引领当标杆、建新功。

【服务群众】2023年，县直机关党的建设工作常态化落实“双报到双报告”制度，64家机关单位与65个村、17个社区、90家企业结对共建，2481名在职党员下沉社区，主动担任小区楼栋长、单元长，开展志愿服务活动3951人次，认领群众微心愿363个，圆梦273个，在“零距离”服务群众中进一步增进感情、提高能力。

【作风建设】坚决扛起抓基层党建和全面从严治党第一责任人职责，严格落实中央八项规定及其实施细则精神。严格落实意识形态工作责任制。坚持“书记抓、抓书记”，党委（党组）书记认真履行第一责任人职责，班子成员认真履行“一岗双责”。扎实开展“四强”能力作风建设年活动，常态化抓好13个被巡察机关单位党组织巡察问题整改。组织2100余名机关党员、干部接受廉政警示教育，夯实拒腐防变思想防线。200余名年轻干部到信访一线、车间工厂、田间地头实践锻炼，助力年轻干部快速成长。

人才工作

【概况】2023年，贺兰县人才工作坚持以习近平新时代中国特色社会主义思想为指导，深入贯彻落实党的二十大、自治区第十三次党代会精神，全面推动“才聚宁夏1134行动”和“十万大学生留银川专项行动”落实落地，坚持党管人才原则，深入推进人才强县战略，完善工作机制，健全要素保障，优化人才环境，为全县经济高质量发展提供了坚强的智力支撑。

【吸引人才】2023年，贺兰县人才工作坚持党管人才，深入宣传贯彻党的二十大精神，结合“人才沙龙”活动宣讲6场，培训300余人。及时召开县委人才工作领导小组会议，深入学习贯彻习近平总书记关于新时代人才工作的新理念新战略新举措，全面贯彻落实自治区、市党委人才工作会议精神，研究部署全县人才工作。建立全县人才需求目录，征集300余家企事业单位急需紧缺人才3158条需求信息，引进各类人才471名，实施人才专项事业编引才行动，为北伏科技、大北农引进2名编制入企硕士研究生，组织52名国内外陶瓷专家开展贺兰行活动。引导企业积极“走出去”，支持凯晨电气在广东建立“飞地”研发中心。贯彻落实“十万大学生留银川专项行动”，新增劳动备案10159人，其中，专科及以上备案人数6550人，硕士及以上80人。搭建自治区九三学社专家团联系平台，组织县域21家企事业单位挖掘237个优质岗位参加银川市招才引智双选会，落实4家企业与北方民族大学、宁夏大学首批选聘“科技副总或项目负责人”合作，共建科技成果转化，大北农、凯添天然气等11家企业围绕32项合作意向与宁夏职业技术学院开展“校地企”合作，新明润源与中国水科院珠江水产研究所联合共建重点实验室、企业技术创新中心，打造贺兰县加州鲈“育繁推”一体化产业链体系。持续开展“春风行动”“民营企业服务月”等线上线下招聘会105场，参会企业1986家，提供就业岗位63388个，“直播带岗”观看人次、线上浏览人次累计达22万余人，解决就业7400余人，人才到贺兰意愿不断增强。

【培育人才】2023年，贺兰县人才工作实施人才“育苗计划”，建立农村实用人才库、在外乡土人才库、预制菜产业人才库、适水产业人才库、葡萄酒产业人才库。建立科技型企业梯次培育库，新建北国环保、双玉防水2家技能人才创新工作室，凯晨电气、汤姆森电气、百瑞源4个产品被认定为银川市第一批科技创新产品。组织北伏、强铝、饮和食品等36家企业申报国家高新技术企业、自治区科技型中小企业、自治区工程技术研究中心。推荐3名青年人才参加自治区第十九批“基层之星”人才培养计划，评定银川市柔性引进高精尖缺人才8人，培养科技创新领军人才和团队5个，培育高素质农民12人。组织推荐申报自治区技术能手4人，自治区特聘专家4人，自治区塞上英才4人，自治区专家服务基地7家，专业技术人才知识更新项目1个。新申报实施蓝湾水产养殖、“五彩鸡蛋”一线技能人才等14个“导师帮带”乡村振兴人才凝聚计划项目，争取项目资金140万元。新申报实施电子陶瓷封装材料、贺兰县乡村振兴产业人才融合发展2个“人才小高地”项目，争取项目资金60万元。拨付2022年“导师帮带”乡村振兴人才凝聚计划建设项目第一批专项资金54万元，拨付2021年银川市“人才小高地”建设项目剩余资金24万元，县本级人才资金投入512.2万元，培育各类本土人才1200余人。

【用好人才】2023年，贺兰县人才工作持续深化人才发展体制机制改革，印发《贺兰县2023年人才工作要点》，兑现高精尖缺、学术技术带头人、青年大学生等各类人才补贴资金450万元。大力推进百瑞源枸杞股份有限公司人才评价改革试点，开展技能人才培训、企业家创新精神培育、食用菌产业高质量发展座谈等活动17场。积极鼓励和支持储备人才参与重大科研项目、承担课题研究任务，在新型材料重点项目、核心技术攻关开展“揭榜挂帅”科技创新项目3项，组织申报自治区重点研发、国外智力引进、科技领军人才和创新团队等区市各类科技项目61项。印发《贺兰县推进乡村人才振兴实施方案》，在农村实用人才中开展亮身份、亮技能、亮承诺“三亮”活动和“专家服务基层、助推乡村振兴”活动，在新平村、牡丹花乡、蓝湾打造人才基地，培训“两个带头人”、驻村干部等乡村振兴人才531人。投放小额信贷362户1792.09万元，动员和激励广大农村青年积极投身致富创业和乡村振兴工作，鼓励引导人才到乡村一线建功立业。

【留住人才】2023年，贺兰县人才工作强化政治引领，推荐12名人大代表、政协委员建议人选，认真落实党委联系服务专家制度，建立人才服务专员机制，实行“一对一”企业服务走访机制，深入基层一线调研、宣传各项人才政策80余次，及时了解人才在工作、生活中的困难问题，指导塞尚乳业、辛普劳企业2人入选第四批“享受自治区政府特殊津贴”。加强“爱国、奉献”精神教育，印发《关于在全县广大专家人才中深入开展“奋进新征程、建功立业新时代”活动的通知》，组织各领域人才开展“弘扬爱国奋斗精神、建功立业新时代”活动，开展贺兰县专家人才进校园活动、“乡村振兴、人才沙龙”、名校学子开展“贺兰行”等活动，不断增强人才爱党爱国热情。打造贺兰“人才码”人才服务平台，逐步实现人才服务事项线上办理，印发《贺兰县人才住房保障管理暂行办法》，对27套人才公寓完成升级改造，持续为高精尖缺人才提供健康体检服务，协调解决人才子女入学、配偶就业等后顾之忧，做到了人才服务用心用情用力。对70名人才走访慰问，发放慰问金9万元，制作《一份家书诚邀您回家》《聚人才之力，激活乡村振兴一池春水》宣传片，持续加大人才政策常态化宣传力度，35篇宣传信息被《人民日报》、《新华社》、《宁夏日报》等主流媒体宣传报道，广泛营造尊才、重才、爱才的浓厚氛围，激励引导人才爱党报国、敬业奉献、服务人民。

非公有制经济组织和社会组织工作

【概况】2023年，贺兰县非公有制经济组织和社会组织工作党建工作以深入学习宣传贯彻党的二十大精神为统领，认真落实自治区基层党组织建设提质增效工程和市委“两抓两增”工程，围绕“夯基扩面”行动，持续抓基层打基础，不断提升“两个覆盖”质量。

【理论学习】2023年，贺兰县非公有制经济组织和社会组织工作把学习贯彻习近平新时代中国特色社会主义思想作为首要政治任务，扎实开展主题教育，通过个人自学、集体研学、案例讲学等多种方式，利用“三会一课”“主题党日”“第一议题”制度等形式，实现全县112家非公有制企业和社会组织党组织1461名党员主题教育全覆盖。举办学习贯彻习近平新时代中国特色社会主义思想示范观摩培训班，组织全县50名非公有制企业和社会组织党组织书记、党务工作者、党建指导员赴福建厦门示范学习“取经”，开展“晾晒比促”3次，召开党建工作推进会2次，组织开展“书记讲给书记听”党组织书记轮训、“同上一堂课”、专题培训、示范培训等5场，通过“走出去、学进来”的方式推动党的创新理论走深走实。

【支部规范化建设】2023年，贺兰县非公有制经济组织和社会组织工作制定自治区基层党组织提质增效工程、银川市“两抓两增”工程重点任务清单，细化54条任务措施，印发《2023年全县非公经济和社会组织党建工作要点》，明确工作任务、责任单位、时限要求，压茬推进重点任务，确保工作落实落细落到位。编制《贺兰县非公有制经济组织和社会组织党支部规范化建设手册》，推动基本制度、基本场所、基本活动规范化。召开党支部书记、党务工作者培训会、座谈会13次，手把手教方法、点对点促提升，推动党支部规范化建设。创新党支部月度清单机制，每月印发贺兰县非公有制企业和社会组织党支部党建工作清单，明确月度理论学习、主题党日、重点任务等内容，提升党建工作指导员、党组织书记抓党建工作本领，争当党务工作“明白人”。

【提升“两个覆盖”质量】2023年，贺兰县非公有制经济组织和社会组织工作探索区域化、网格化党建工作，在宁夏贺兰工业园区成立9个片区党建工作指导站，在住建、卫生健康、教育体育、民政、交通运输、市场监管六大领域设置行业党建工作指导站，按照每个党建指导站配备1~2名党建指导员的标准，为15个基层党建工作指导站选派27名政治素质好、业务能力强、工作责任心强的专职党建指导员开展精准化指导，组织开展全县社会组织大起底，全面掌握非公有制企业和社会组织状况，对5家“僵尸企业”和社会组织党组织及时撤并，纳入党建统计非公有制企业167个，社会组织76个，全县非公有制企业和社会组织党组织覆盖率达到92.81%和92.11%，较2022年分别增长2.17和3.5个百分点，党的工作实现全覆盖。

【党建工作】2023年，贺兰县非公有制经济组织和社会组织工作加大非公有制企业和社会组织党建工作经费保障，采取“财政统筹、党费返还、党建项目、党组织书记补贴”等形式，投入55万元专项经费用于非公党建工作，申报自治区、市党建项目2个25万元，为全县65个二星级及以上非公有制企业和社会组织党组织书记发放补贴11.52万元。依托凯晨电气、大北农、泰益欣等企业持续深化“红色车间”经验做法，在凯晨电气探索开展“党员技术攻关小组”，推动党员在企业发展、转型升级等方面发挥作用，成功创建五星级党组织1个。在大北农开展党建引领幸福企业创建，探索实施“党建+”工作模式，推动党建工作融入企业文化建设。进一步深化党建工作指导站做法，加强新业态新就业群体党建工作，依托社区党群服务中心（站）、户外劳动者服务站等打造红色暖“新”驿站新就业群体服务站点22个，联合商务局、市场监管局、工会、卫健等职能部门开展新就业群体服务季活动，开展志愿服务、送温暖等活动80余次，增强新业态就业群体的归属感、幸福感、融入感。

政策研究

【概况】2023年，贺兰县委政策研究室深入贯彻落实中央、自治区、市及县委、县政府各项决策部署，紧盯县委、县政府重点工作，较好地完成了重要文稿起草、调查研究、全面深化改革等各项工作，有力保障了县委、县政府重大决策落地落实。

【思想政治建设】2023年，贺兰县委政策研究室坚持学习贯彻习近平新时代中国特色社会主义思想，通过“三会一课”、主题党日、干部职工大会、专题研讨等形式，传达学习贯彻习近平总书记视察宁夏重要讲话和重要指示批示精神，自治区第十三次党代会及十三届四次、五次全会精神，引导全室党员干部筑牢共产主义理想，坚定马克思主义立场，坚定捍卫“两个确立”，坚决做到“两个维护”，始终在思想上政治上行动上同以习近平同志为核心的党中央保持高度一致。

【基层组织根基】2023年，贺兰县委政策研究室领导班子靠前谋划，定期召开主任办公会，研究谋划党建与党风廉政建设工作，紧跟总书记与党中央对党的建设的最新要求，结合机关党建工作实际，对标对表制定落实举措，确保政治机关建设始终沿着正确方向前进。按程序要求，完成支部换届选举工作，为机关党的建设打下坚实组织基础，坚决把好党员培养政治关，坚持成熟一个发展一个，把政治坚定、工作积极、作风过硬的年轻干部吸收到党员队伍中。2023年发展预备党员1名，严格落实各项组织生活制度，严肃党内政治生活，全年组织各级党组织开展“三会一课”18次、主题党日活动9次、民主生活会1次，组织生活会1次。

【党建活动】2023年，贺兰县委政策研究室突出实践导向、强化实干担当，打造“红色智库、改革先锋”党建品牌，深化“党建+政研”“党建+改革”工作方法，切实提升党员干部思想意识和能力水平，组织党员干部参观调研先后赴贵州省遵义市、浙江省杭州市、中卫市考察学习借鉴农村宅基地制度改革、农村职业经理人、产业融合发展、产权流转服务等工作经验和做法，推动党员干部解放思想、开阔眼界、提升境界，提振改革创新、振兴乡村的精气神。

【党风廉政建设】2023年，贺兰县委政策研究室坚决扛起主体责任。每季度召开专题会，研究部署党风廉政建设和反腐败工作；结合廉政警示教育月工作，召开廉洁教育主题党日活动，引导党员干部廉洁自律、警钟长鸣。制定《关于开展形式主义官僚主义的工作方案》，结合工作、思想、作风实际，对照“九聚焦九整治”40项整治重点内容，共排查出9个方面64个突出问题，制定整改措施64条，持续深化作风建设。

【干部队伍建设】2023年，贺兰县委政策研究室积极组织干部职工参加自治区、银川市、贺兰县开办的各类业务能力培训班，提升干部队伍专业化、规范化水平，全年共参加党建、政研、改革等各类业务培训10人次，坚持从严管理干部，落实严管厚爱要求，加强日常监督，筑牢严密纪律防线，定期开展谈话提醒，做到防微杜渐、抓早抓小。

【文稿起草工作】2023年，贺兰县委政策研究室始终把高质量完成市委重要文稿起草工作作为重中之重。完成县委常委会2023年工作要点及责任分工、《贺兰县关于落实“强首府”战略 加快高质量发展的行动方案》等多篇重要文稿起草工作，组织撰写的《贺兰县“四强”能力作风建设年活动开展风帆正劲》《贺兰县一季度经济运行情况》等理论文章在《大银川》上登载。

【调研工作】2023年，贺兰县委政策研究室把摸实情与出实招相统一，发扬“求深、求实、求细、求准、求效”的工作作风，促进调研工作提质增效、务实可行。结合《关于在全县各级党组织和党员领导干部中大兴调查研究的实施方案》要求，收集全县各部门调研课题93个，并形成具体问题、责任单位、工作举措“三个清单”。运用好“看、听、访、问、记”五字诀，围绕物流快递、汽车销售、村集体经济等重点领域，采取专题调研、联合调研等形式，深入银河村、贺兰山旭域金山酒庄、殷红子熟枸杞庄园等开展专题调研12次，对调研结果进行分析、比较、凝练、转化，形成了有价值、可借鉴、分量重的调研成果。形成《贺兰县农村集体经济发展情况的调研报告》《沿着总书记指引的方向 走出美丽乡村建设新路子——贺兰县稻渔产业小镇建设发展的实践和启示》《集成改革添活力 水产养殖增效益——宁夏蓝湾“多权”融合促高质量发展的实践探索》等多篇调研文章。

【挖掘信息资源】2023年，贺兰县委政策研究室围绕全面深化改革、乡村振兴、社会治理领域等开展宏观和微观政策研究，编辑整理相关政策解读、典型经验等，编印《政研参考》9期，“贺兰微政研”微信公众平台累计推送各类经验参考信息362条。

【绘制改革路线图】2023年，贺兰县委政策研究室对标对表中央、自治区党委、银川市委深改委安排部署，针对经济体制、农业农村等领域重点改革任务，逐一调研、问询各领域改革牵头单位，征集完善改革任务内容，印发2023年度改革工作要点，全年安排67项破解发展掣肘问题、惠及民生福祉的改革任务。“证照分离”改革、营商环境投诉督办室、政务服务“跨省通办”、国资国企改革、城乡义务教育一体化、纪检监察体制改革等方面成效明显、亮点突出，形成了一批克服发展难题的制度化成果，一批与人民群众利益密切相关的改革红利得到释放。

【开展改革试点】2023 年，贺兰县委政策研究室开展国家农村宅基地制度改革试点，出台化解“一户多宅”、超面积占用、无权属来源等农村宅基地确权登记历史遗留问题政策措施，在 8 个试点村颁发宅基地资格权证书 4324 本，178 户农户自愿有偿退出宅基地，农民财产性收入增加 800 余万元。依托农村产权流转交易平台，建立贺兰县农村产权流转服务中心，为全区首家县级综合产权服务平台，开展农村土地流转经营权流转 24 笔、农业设施经营权流转 2 笔，涉及流转金额 3000 余万元。开展用水权改革试点，修订完善《贺兰县用水权市场交易规则》，规范用水权收储、交易、质押行为，明确交易规则、交易价格、收益分配等，完成水权交易 10 笔 2141.1 万立方米 1.458 亿元，用水权交易增益显著。

【改革任务督查】2023 年，贺兰县委政策研究室工作要点安排的 67 项改革任务、“一年一组一项”改革攻坚行动确定的 12 项改革任务开展专项督查，构建贯穿改革任务谋划到实施的全流程督查体系，及时充分掌握重点改革任务进展及所遇到的难点堵点，建立完善改革台账，“完成一项销号一项”，做到改革任务“一抓到底、踏石留痕”。2023 年，联合“两办”督查室开展改革督察 2 次，查找分析短板弱项，全力推进改革任务落实。

机构编制

【概况】2023 年，贺兰县委编办坚持以习近平新时代中国特色社会主义思想为指导，全面贯彻落实党的二十大精神、二十届中央编委第一次会议精神、自治区第十三次党代会及十三届四次、五次全会精神，对照县委、县政府确定的工作目标和任务，紧紧围绕坚持和加强党的全面领导、健全完善机构职能体系、深化重点领域体制机制改革、优化机构编制资源配置、加强机构编制法治建设，争先创优、攻坚克难，较好地完成了各项工作任务。

【主要指标】2023 年，贺兰县委编办完成空编内引进工作人员 26 名，其中研究生学历 2 名，四级主任科员及以上职级人员 8 名，男性 9 名。积极向自治区党委编办争取增加我县中小学教职工编制 70 名。根据自治区人民政府最新核定床位数，对县公立医院人员总量进行调整，核定县人民医院人员总量 504 名，核定县中医医院人员总量 221 名，实现备案人员数增量 146 名。加大行政机关和法人事业单位登记管理力度，共办理事业单位法人变更登记 30 件，法人证书到期更换 9 件；更换统一社会信用代码证 6 件，到期更换 5 件。

【主题教育】2023 年，贺兰县委编办把开展主题教育作为重大政治任务，紧紧围绕“学思想、强党性、重实践、建新功”的总要求，聚焦开展理论学习、推动干事创业、认真检视整改的根本任务，制订了《深入学习贯彻习近平新时代中国特色社会主义思想主题教育工作计划》和《深入学习贯彻习近平新时代中国特色社会主义思想主题教育理论学习计划》，坚持周一、周四集中学习制度，结合“三会一课”、主题党日等开展形式多样的集中学习，重点学习《中国共产党章程》《党的二十大报告》《习近平新时代中国特色社会主义思想专题摘编》等必读篇目；同时按照干什么学什么、缺什么补什么的原则，将习近平总书记关于机构编制的论述和重要批示精神、习近平总书记在中央编委第一次会议上的重要讲话、习近平总书记在中央国家机关机构改革工作会议上的讲话和习近平总书记最新讲话及重要指示批示精神列入学习内容，组织党员干部认真学习领会，共组织集中学习 8 次，开展交流研讨 1 次，检视问题 1 项，制定整改措施 3 条。

【政治学习】2023 年，贺兰县委编办按照自治区、市县党委要求，深入学习贯彻自治区党委十三届四次、五次全会精神，切实做好安全生产和生态环保领域职责划分和机构编制保障工作。一是认真学习领会全会精神，把学习贯彻全会精神作为一项重要政治任务来抓，组织干部职工利用晨会集中学习和结合业务工作自学，精准把握全会精神和“1+37+8”“1+4”系列文件重点内容。二是结合业务工作制定贯彻落实意见，从内部排查整改、“三进”宣讲督促、部门职责梳理、完善“权力清单”等方面共制定落实措施 11 条，结合工作实际稳步推进实施。

【服务中心工作】2023 年，贺兰县委编办为加强贺兰县密码管理工作，在贺兰县委机要局增挂密码管理局牌子，明确密码管理相关职责；完成深化国防动员体制改革涉及机构编制事项调整工作；推动完成全县动植物疫病防控体系建设，在县动物疾控中心挂县动物卫生监督所牌子，核增事业编制 9 名，在县农业技术推广服务中心加挂县植保植检中心牌子；在各乡镇农业综合服务中心加挂植保植检站牌子，明确相关机构职责；将工业和信息化职责由发改局调整至科工局，顺利完成机构更名挂牌和县工业和信息化服务中心 7 名编制和人员整建制调整工作；持续关注医疗卫生行业体制改革，顺利完成疾病预防控制体制改革，在县卫生健康局加挂县疾病预防控制局牌子，同步完成相关事业单位职能、编制以及人员整合调整工作。

【把握政策方向】2023 年，贺兰县委编办组织干部深入学习研讨《党和国家机构改革方案》，全面掌握新一轮机构改革的目标要求、主要内容和关键环节，准确把握政策规定，明确改革重点，确保机构改革工作思路清晰、方向明确。

【编制情况摸底】2023 年，贺兰县委编办根据《党和国家机构改革方案》确定的五大方面十九个具体改革要点，认真思考研究涉改领域实际情况，印发《关于填报行政事业单位职责任务清单的通知》，对全县行政事业单位职能配置、职责增减、人员编制、领导职数、岗位设置等情况进行全面梳理汇总，扎实开展综合执法队伍调研摸底工作，全面掌握执法队伍建设情况，为下一步推进机构改革工作奠定坚实基础。

【机构编制执行】2023 年，为进一步优化机构编制资源配置，提高机构编制使用效益，根据中央编委《机构编制管理评估办法（试行）》规定和自治区、市编委 2023 年评估工作安排，贺兰县委编办结合县域实际，选取 15 家党政机构，于 9 月集中开展了机构编制评估工作，设置评估体系 18 条，通过问卷调查、查阅资料、实地走访、召开座谈等形式，对部门履职尽责情况、“三定”方案执行情况、编制使用效益、机构编制管理等情况进行综合评估，通过评估发现部门共性问题 6 个、部门个性问题共 37 个，为下一步党政机构、事业单位改革机构编制配备提供依据。

【权力清单】2023 年，贺兰县委编办在 2022 年调整公布的政府部门权力清单基础上，征求部门清单调整意见，共征求部门调整意见 151 项，组织召开事项协调会 2 次，就有关争议事项征求部门意见并协调解决。

【亮点工作】2023 年，贺兰县委编办年初被自治区党委编办确定为优化机构编制资源配置试点县区，按照县委编委分管领导批示要求，在认真组织学习相关文件基础上，把握工作要点，找准推进工作的切入点。结合贺兰县工作实际，制定了试点工作实施方案，按照试点工作时限要求，制订月度推进计划，倒排工期，有序推进。通过填报部门职责任务清单对县直各部门（单位）机构设置、编制核定使用、编外用人、政府购买服务事项等情况进行梳理摸底，建立机关事业单位分类台账、政府购买服务台账。结合现行编制管理方式，制定《贺兰县机关事业单位编制储备调节管理办法》，并建立负面清单，实行“机关 + 事业单位”支撑模式，统筹编制使用情况，多次与自治区、市编办沟通交流，听取意见建议，制定调整优化方案，盘活现有编制资源。

党校工作

【概况】2023 年，贺兰县委党校认真学习贯彻落实习近平总书记在中央党校成立 90 周年暨春季学期开学典礼上的重要讲话精神，严格按照县委、县政府工作部署，围绕中心、服务大局、聚焦主责主业，认真开展学习贯彻习近平新时代中国特色社会主义思想主题教育，扎实推进党员干部教育培训、“强素质强服务强担当强斗志”能力作风建设年活动等各项工作。

【教育培训】2023 年，贺兰县委党校根据全县党员干部教育培训计划，制定了县委党校党员干部教育培训工作方案，并全面抓好落实。主体班次突出党的理论教育和党性课程的主业主课地位，确保各班次的课程中党的理论教育和党性教育课程比重不低于总课时的 70%，党性教育课程不低于 20%。把学习贯彻习近平新时代中国特色社会主义思想作为培训内容的“第一课”，把党的二十大精神、习近平总书记视察宁夏重要讲话和重要指示批示精神及自治区第十三次党代会精神作为各类培训班次的重要内容。共开办各类培训班 53 期，累计培训 7600 余人次。先后开办了全县 2023 年村党组织书记和驻村干部学习贯彻中央农村工作会议精神暨全面推进乡村振兴培训班 1 期，全县基层党组织建设提质增效工程培训班 1 期，全县科级领导干部学习贯彻党的二十大精神集中轮训班 3 期；基层党组织负责人党务工作者业务培训班 3 期，全县入党积极分子培训班 1 期、预备党员、发展对象培训班 1 期；年轻干部学习贯彻习近平新时代中国特色社会主义思想专题培训班 3 期；全县安全生产综合能力提升培训班 10 期；承办了全国村党组织书记和村委会主任视频培训班（贺兰分课堂）、全区党员领导干部安全生产综合能力提升培训班、银川市农村党员冬季轮训示范培训班及全区预制菜产业发展培训班。分层次、分批次完成了全年培训计划任务，有效发挥了党校党员干部教育培训的主渠道作用。

【宣讲工作】2023 年，贺兰县委党校切实发挥党校“先锋讲堂”、专兼职教师和青春宣讲团等宣讲队伍作用，深入乡镇场（村）、街道（社区）、机关等开展党的二十大精神、习近平总书记视察宁夏重要讲话和重要指示批示精神、铸牢中华民族共同体意识、自治区第十三次党代会精神等送课下基层宣讲活动，共开展下基层宣讲 80 余场，受众 6000 余人次。在宣讲中力争做到讲准、讲深、讲透，通过鲜活的事例，引领广大基层党员群众在理想信念、价值理念、道德观念上紧跟时代步伐，不断弘扬主旋律、激发正能量，赓续红色基因。

【决策咨询】2023 年，贺兰县委党校认真开展调查研究，组织教研人员深入基层一线，着重了解县域经济社会发展重点、培训需求等，扎实开展调查研究，申报银川市党校系统课题 3 个，课题“宁夏推进排污权改革对策建议及实施路径研究”获得 2023 年宁夏哲学社会科学规划项目立项，撰写的《贺兰县农村宅基地制度改革：实践、问题与思考》在《宁夏社会蓝皮书》上发表，《红船精神及其当代价值》等 3 篇文章在《长江丛刊》等刊物上发表；开发了红歌的力量、红色家书与初心使命、共产党人的精神谱系系列课程，重点打造的《论共产党员的修养导读》获得全市党校系统“优质课”奖；在 2023 年度银川市党校系统“奋进新征程 建功新时代”微党课大赛中获一等奖 1 个、二等奖 1 个，并获优秀组织奖。

【作风建设】2023 年，贺兰县委党校严格按照能力作风建设年活动要求，结合党校实际制定工作方案，分阶段持续有效推进。对标机关干部能力作风 10 个方面认真查摆整改存在问题，努力补短板、强弱项、提效能；以周工作情况通报制度和常态化开展教学能力提升活动为抓手，细化工作，压实责任，突出实绩考核导向，以“考”促干，以“考”促管，通过常态化开展集中学习会、交流研讨会、读书分享会、评课备课会等方式，重学习、勤练兵、出成果一体化推进，持续提升学用转化能力；始终坚持严的基调，模范遵守党的政治纪律和政治规矩，把从严治党要求和从严治校方针结合起来，坚持严以治校、严以治教、严以治学，把校风建设作为作风建设的重点，聚焦教师和学员两个主体、教与学两个环节，把严的标准、严的要求贯彻到党校培训教学全过程，落实到党校工作各方面。

【党建引领】2023年，贺兰县委党校进一步加强党建工作与教学培训深度融合，切实发挥党建引领作用。按要求完成党支部换届工作，深入抓好“书记领航”项目，认真履行党支部书记党建第一责任人职责，全面落实“三会一课”、主题党日、民主评议党员、谈心谈话等制度，努力提升党支部凝聚力战斗力向心力；依托铸牢中华民族共同体意识教育研究中心，积极开展自治区级民族团结进步示范单位创建，开展同心圆大讲堂2期，“铸牢中华民族共同体意识主题教育图片展”开展以来，参展700余人次；认真开展“三进”工作，按时深入脱贫帮扶户家中宣传政策，解决生产生活问题，慰问困难群众26户，加强社区共建，慰问困难党员群众10户，深入包抓企业宣传安全生产政策措施要求，协助排查安全生产隐患，不断推进企业安全生产责任制落实。

【党风廉政建设】2023年，贺兰县委党校严格按照县委党风廉政建设工作部署要求制定工作方案，明确分工，压实责任，主要负责人切实履行“第一责任人”责任，班子成员认真履行“一岗双责”，将党风廉政建设工作与党校各项工作同安排、同部署、同落实，确保党风廉政建设工作责任到人、落到实处；严格执行民主集中制、重大事项报告请示、一把手“五不直接分管”和末位表态等制度，有力保障各项工作管理科学规范，决策民主高效。认真贯彻执行《落实全面从严治党主体责任运用“四种形态”实施办法（试行）》等文件精神，组织开展重要节日前集中谈话、个人谈心谈话；认真开展“纠治形式主义官僚主义”专项整治相关工作，围绕“九聚焦九整治”重点内容，逐项细照细查，做到边查找边整改，查改结合提升工作实效。

【工作责任落实】2023年，贺兰县委党校健全意识形态工作责任制度规范，形成主要领导履行“第一责任人”职责、校委班子成员履行“一岗双责”、各具体责任人履行“直接责任”的三级负责制，按季度召开意识形态工作专题会，安排落实各项工作。加强对教师授课和基层宣讲内容的审核管理报备，确保授课和宣讲内容准确、方向明确、导向正确；按时开展意识形态领域风险摸排，确保意识形态安全，全方位筑牢意识形态防线。

【自身建设】2023年，贺兰县委党校深入学习贯彻习近平总书记在中央党校建校90周年庆祝大会暨2023年春季学期开学典礼上的重要讲话精神，把《中国共产党党校（行政学院）工作条例》要求和习近平总书记关于党校工作的重要论述贯穿到党校办校治学各方面、全过程。持续加强专兼职师资队伍建设，选派2名骨干教师分别到中央党校和自治区党校集中培训跟班学习，其中1人入选银川市党校系统教研咨团队；从自治区、市党校、各行业优秀代表、“两个带头人”中遴选34人作为兼职教师，动态充实完善兼职教师师资库。进一步加大对乡镇（街道）基层党校的业务指导力度，建立完善党员干部网络远程教育培训平台和乡镇村党员干部教育培训实训基地，加快推进“清华大学乡村振兴远程教学站”和“乡镇（街道）党校”建设，指导基层党校组织开展培训15期4300余人次；努力解决基层党员干部培训“最后一公里”问题。

网络安全和信息化管理

【概况】2023年，贺兰县委网信办坚持以习近平新时代中国特色社会主义思想为指导，全面落实党的二十大精神和习近平总书记关于网络强国的重要思想，深入贯彻习近平总书记对网络安全和信息化工作的重要指示，深刻理解和把握五方面使命任务和“十个坚持”的重要原则，县委网信办在自治区、市党委网信部门的大力支持和县委、县政府的坚强领导下，严格落实网络意识形态和网络安全工作责任制，网信工作取得了较好的成绩。

【政治站位】2023 年，贺兰县委网信办高度重视网信工作，将网络意识形态和网络安全工作纳入重要议事日程，县委常委会研究和部署网信工作 3 次，召开县委网信委会议 1 次，组织县委中心理论组专题学习 1 次。

【统筹协调】2023 年，贺兰县委网信办及时向县委主要领导汇报网信工作，每季度安排召开意识形态分析研判会通报存在的问题，及时有效处置网络舆情，切实做好网络安全保障服务。督促各党委（党组）切实担负起网络意识形态工作责任制主体责任，联合县委宣传部每半年开展一次意识形态工作责任制落实情况的检查。

【工作机制】2023 年，贺兰县委网信办充分发挥县委网信办牵头抓总作用，健全网信工作运行机制，压紧压实各党委（党组）主体责任，责任部门工作联动紧密高效，打造“一张网”、“一盘棋”工作格局，全力推进网络综合治理体系建设。

【教育培训】2023 年，贺兰县委网信办分层次举办有关网络安全等的培训 17 期1300 人次，提升网信队伍业务本领和综合素质，提升干部管网用网治网能力，进一步夯实网络意识形态工作基础。

【壮大主流思想舆论】2023 年，贺兰县委网信办持续推进习近平新时代中国特色社会主义思想进网络，精心做好习近平总书记重要活动、重要讲话精神的网络宣传，结合自治区第十三次党代会、银川市第十五次党代会和自治区、市、县中心工作开展网上重大主题宣传，组织全县 63 名网宣员利用官方微博、微信公众号、“魅力贺兰”App 等 162 个党政新媒体平台转载推送相关信息 4500 余篇，累计阅读量达 200 万余次。

【网络文明建设】2023 年，贺兰县委网信办围绕抵制网络谣言、健康文明上网、预防未成年人网络沉迷等内容发布信息 387 条。在“魅力贺兰”App 上围绕缅怀先烈、节日习俗、国家安全教育等内容开设《我们的节日》《国家安全 人人相关》等专题专栏，推出新闻报道、图文、短视频、H5 等网络文化作品200 余个，总阅读量 10 万余次。积极参与 # 网络中国节·我在宁夏晒月亮 # 网络话题互动，通过“魅力贺兰”App、贺兰县融媒体中心的新媒体账号推送 139 条内容，浏览量共 15 万余次，充分展现了贺兰美景美食美物和特色产业。

【加强正面宣传引导】2023 年，贺兰县委网信办组织县域内 30 余名网红达人召开座谈会 2 场次，加强自媒体行业监管，团结和带动更多自媒体积极正面发声。面向全县广泛征集展示乡村好网民、创新好网民的故事，精选好网民故事进行网上展播，汇聚向上向善力量，共同营造清朗网络空间。

【网络诉求办理】2023 年，贺兰县委网信办及时转办打好提升战。创新“1+N+X”工作机制，对“12345”平台、政务微博、帮打听等网络平台民生诉求即时受理、及时转办、持续督办、快结快清。全年共处理各类诉求近 6.7 万件，办结率达 99%，网上群众路线走深走实，受到自治区、市好评，在自治区网信办主任会议上贺兰县作了交流发言。

【网络环境净化】2023 年，贺兰县委网信办坚持依法管网治网，聚焦网络生态治理，畅通举报辟谣渠道，大力开展“清朗”系列专项行动，依法处置各类违法和不良信息，严格督促执行“三审三校”制度，规范管理属地政务类、媒体类等重点网络平台，清理整治互联网应用程序 1 个，推进网络综合治理体系建设，打造清朗网络空间。

【网络安全防护】2023 年，贺兰县委网信办开展全县网络安全综合检查工作，检测漏洞 470 个，下发整改通知 50 余份。实施电子政务外网安全大脑项目建设，建设政务外网县级节点汇聚和覆盖全县的安全态势感知平台，拦截阻断漏洞网络攻击等共计35万次。强化扫描监测，加强网络安全风险排查，织密网络安全防线，做到关口前移，防患于未然。

【网络安全宣传】2023年，贺兰县委网信办围绕“网络安全为人民，网络安全靠人民”主题，开展网络安全宣传周活动，组织各单位开展网络安全进社区、进集市、进校园等活动，通过现场宣讲、组织群众扫码参与知识竞答，播放宣传视频等形式，宣传网络安全理念、普及网络安全知识、推广网络安全技能。宣传周期间，共发放宣传折页和各类宣传品3万余份，发送网络安全公益短信2万余条，将网络安全知识、相关法律法规和政策等送到群众身边，切实打通网络安全宣传的“最后一公里”。

【应急演练】2023年，贺兰县委网信办举办贺兰县2023年网络安全攻防实战应急演练，下发整改报告8份。举办贺兰县首届网络安全大讲堂，邀请到自治区内外头部网络安全机构的9名专家现场授课10场次，全县重点部门及重点企业100余人参加培训，提升网络安全意识和网络安全防御技术。

【数字信息高质量发展】深入推进数字化赋能行动，出台《贺兰县全面推进数字化转型建设“互联网＋贺兰”三年行动计划（2023—2025年）》，组织召开数字经济座谈会，与9家数字信息头部企业签订战略合作协议。梳理县级数字资源底数，完成县域政务信息化备案工作，数字政府工作在自治区各厅局各市县考评中位居第三名，获二等奖。

【加强网络基础建设】2023年，贺兰县委网信办加快5G、大数据等新一代数字基础设施建设，建成5G基站659个，实现城乡双千兆网络全覆盖、县域5G网络全覆盖、农村5G网络80%覆盖。

【打造标志性应用场景】2023年，贺兰县委网信办以区域共建形式建设县级医院信息化系统、智慧城管项目等，打造标志性应用场景，依托“城市大脑”应用中枢数据应用平台，建成社会治理和智慧文旅2个应用场景。建成全县视频资源汇聚共享平台，建设政务中心绿色智能模块化数据中心机房，以助力政府智慧化、数字化转型升级。

档案工作

【概况】2023年，贺兰县档案馆坚持以党的二十大精神和习近平总书记关于档案工作重要指示批示精神为指导，以学习贯彻习近平新时代中国特色社会主义思想主题教育为引领，以“四强”能力作风建设年活动为抓手，扎实开展纠治形式主义官僚主义专项整治，紧紧围绕档案工作“四个好”“两个服务”任务目标，认真履行“为党管档，为国守史、为民服务”工作职责，着力推进“四个体系”建设，有效提升了档案服务中心工作的能力和水平。

【主题教育】2023年，贺兰县档案馆根据县委安排部署，及时召开主题教育启动会议，对主题教育的开展作具体要求；围绕执行上级组织决定、严格规范组织生活、强化党员教育管理等方面检视分析，形成问题清单，明确整改措施和整改时限，推动主题教育问题整改工作落到实处。按照实施方案精神制订档案馆主题教育工作计划、任务清单和理论学习计划，认真梳理干事创业事项，重点围绕档案服务民生、档案开发利用、档案安全管理等全年重点工作任务和措施进行研究细化，形成清晰明确、可以追溯的责任体系，以积极担当作为的精气神，推动学习成果落地见效。

【理论学习】2023年，贺兰县档案馆坚持学原文、悟原理，以召开理论学习会议、开展应知应会测试、组织交流讨论等方式，组织党员干部深入学习领会习近平总书记关于安全生产的重要论述和重要指示精神、全会精神和梁言顺书记重要讲话精神、安全生产“1+37+8”系列文件内容，充分认识安全生产工作的极端重要性，在学思践悟中融会贯通，在贯彻落实上示范带头，推动全会精神落到实处、见到实效。坚持从体制机制入手抓常抓长，立足“当下改”、着眼“长久治”。制定完善《关于加强档案馆安全管理责任分工的安排意见》，严格落实安全管理“第一责任人”责任制，实行主要负责人对安全管理负主要责任，各室负责人对分管领域安全管理负直接责任，具体工作人员抓好落实负具体责任的安全管理责任机制。常态化开展安全风险隐患排查，每月对全馆范围内的消防设施进行集中排查，针对85个干粉灭火器、33个七氟丙烷灭火器、13个消防栓、1个消防水箱、1个消防水池、48个监控器、23个应急灯等设备设施责任到人，建立隐患排查台账，做到隐患排查到位、问题整改到位、责任压实到位，确保安全制度落实到位。认真学习自治区党委十三届五次全会审议通过的《关于深入学习贯彻习近平总书记重要讲话精神、全面推进新征程生态文明建设、加快建设美丽宁夏的意见》及环境整治、生态修复、绿色发展、组织保障“1+4”系列文件精神，教育引导全体党员干部要从讲政治的高度，全面贯彻落实自治区党委十三届五次全会决策部署，全方位、多角度、深层次宣传全会精神，为全面推进新征程生态文明建设、加快建设美丽宁夏贡献档案力量。

【作风建设】2023年，贺兰县档案馆将理论学习作为活动开展的总抓手，活动开展以来，共组织理论学习135次，学习篇目200余篇，开展党的二十大精神知识测试2次、《习近平著作选读》专题知识测试2次、自治区十三届四次全会精神知识测试2次，开展专题辅导4次、研讨交流6次，引导党员干部深刻领悟“两个确立”的决定性意义，不断提高政治判断力、政治领悟力、政治执行力。依托每月召开的党风廉政建设和反腐败专题会议，认真学习贯彻习近平总书记关于坚决纠治形式主义官僚主义的重要讲话和重要指示批示精神，引导党员干部切实进一步提高政治站位和政治觉悟，充分认识全面从严治党、加强作风建设的重要性和必要性。围绕“九聚焦九整治”40项重点内容，通过自我检视、研讨交流等形式深入查找在工作推进、监督管理、制度约束等方面存在的突出问题及主要表现，党支部及党员干部共查找问题91个，列出问题清单8份，并制定了《关于纠治形式主义官僚主义专项整治问题的整改方案》，从严从实推进整改落地落实。党支部查找的16个问题、领导干部查找的16个问题以及党员干部查找的59个问题已全部整改完毕，全体党员干部的思想政治认识、履职尽责能力、服务群众本领等方面均得到有力提升。

【党建工作】2023年，贺兰县档案馆按照“三强十一严”工程所列内容，强化党支部书记主体责任，严格落实“三会一课”“主题党日”制度和党费管理等规定。支部书记以党建“第一责任人”的身份组织召开支委会13次、党员大会14次，就每月召开的党员大会和党风廉政建设专题会议议程、“三重一大”事项等进行了表决通过，对新一届支委会进行了选举，对各项重点工作进行了安排部署。开展“自治区党委十三届四次全会精神学习辅导”等党课辅导5次、“全面落实以学正风重要要求”“不断深化对党的理论创新规律性认识”交流研讨2次，教育引导党员干部提高政治站位，深刻领悟党的创新理论，确保习近平新时代中国特色社会主义思想入脑入心、落到实处。开展“弘扬伟大建党精神 凝聚蓬勃发展伟力”“等主题党日活动12次，通过读书分享、共唱红歌、重温誓词等形式，不断提高理论素养，夯实思想根基。积极开展送书赠读进社区、进企业、进农村、进学校等活动，深入宣传党的二十大精神及习近平总书记关于档案工作的重要批示精神，普及档案法治知识和地方地情研究成果，高效落实“三进”联系重点任务。

【党风廉政建设】2023年，贺兰县档案馆认真履行党风廉政建设“一岗双责”职责，严格落实单位主要负责人党风廉政建设主体责任，形成“负责人亲自安排、亲自部署，分管人员认真履行监督责任”的责任机制，召开专题会议12次，学习了习近平总书记关于全面从严治党的重要论述精神，引导党员干部自觉筑牢拒腐防变思想堤坝。严格落实“三重一大”事项集体决策机制，就各项费用支付进行集中表决，使“五不直接分管”和末位表态制度得到有效执行。针对志书编纂出版流程、财务收支等工作开展廉政风险排查及上半年政治生态状况测评，有效规避违纪违法现象发生。坚持每月开展1次廉政警示教育和家风教育，通报违反中央八项规定精神典型问题，学习李保国、高德荣等优良家风故事，引导党员干部始终坚守廉洁自律底线，弘扬“廉洁齐家”的良好风气。

【内部管理】2023年，贺兰县档案馆把牢意识形态工作方向，召开专题会议4次，开展理论学习，不断强化材料措辞用语、个人言行以及对外各类出版宣传物的审核把关。认真对待民族宗教工作，召开专题会议4次，传达文件精神，加强民族团结教育。全面做好安全生产管理，坚持以档案实体安全和档案馆库、设备安全运行为目标，召开安全生产专题会议5次，明确安全管理职责分工，完善消防设施定期检查维护机制，从严规范信息查阅、值班台账、库房安全巡查制度，确保整体运行安全平稳。注重提升保密工作能力，召开专题会议4次，学习保密常识，持续加强涉密文件和馆藏未开放档案信息保密安全管理，强化涉密人员岗位职责，确保保密工作扎实有效。不断加强精神文明建设，召开专题会议4次，学习习近平总书记关于社会主义精神文明建设重要论述，积极开展“爱国卫生日”活动，巩固精神文明成果。

【业务工作】2023年，贺兰县档案馆做好档案整理接收，对7307件文书档案、814张照片档案及898件新冠疫情防控档案予以接收进馆，指导接收42个单位三合一制度、大事记和电子档案，进一步丰富了馆藏档案资源。大力推进档案信息化建设，对22781件馆藏文书档案进行补录和扫描，4254件婚姻档案进行数字化处理，进一步提升馆藏档案数字化比例。认真做好来访接待服务，接待来访人员1335人次，为1149人提供了档案服务，提供证明件1773份，有效满足了人民群众的查档需求。精心开展“5·18”地方志宣传日和“6·9”国际档案日宣传活动，通过精神传达、赠书送读、专题讲座、案例讲解、法规普及等形式，进一步增强了全社会档案意识。参与对全县19个单位及5个社区档案整理及档案室建设情况进行督查，对存在的问题给予专业指导，并对8家单位档案安全管理督察整改情况进行了“回头看”。按照自治区档案局《关于开展2023年度档案行政执法检查工作的通知》，全面梳理我县档案服务外包情况，指导相关单位对照《档案服务外包工作检查事项清单》查漏补缺及时整改，推进全县档案工作有序开展。

【走访联系机制】2023年，贺兰县档案馆建立档案馆干部联系机关、企业、学校、农村、社区档案工作机制，安排联系干部到机关单位、非公企业、中小学校、村居社区，通过对口联系，现场指导，有效增强机关单位、非公企业等社会各领域档案工作意识，提高档案基础知识水平和档案法治本领。开展档案工作资料汇编及档案编研成果捐赠活动，以近年来馆藏档案史志编研成果为主要内容，向全县各机关单位、中小学校及社区档案室赠送了《贺兰县馆藏民国时期档案资料选编》《中华人民共和国档案法》等图书资料百余本，为广大群众更直观便捷了解档案工作、了解贺兰地方文化、地方历史提供有效途径，充分发挥档案史志存史资政育人独特作用。

【档案法治宣传】2023年，贺兰县档案馆结合开展档案干部对口联系走访及“送书上门”活动，指派联系干部到各单位、企业、社区、学校开展《中华人民共和国档案法》知识宣讲活动，按照联系单位的性质特点，有侧重性地对档案机构及其职责、档案的管理、档案的利用和公布、档案信息化建设、监督检查、法律责任等档案法相关内容进行宣传讲解，针对各单位提出的在学习贯彻方面存在的问题和困难，能解答的现场解答，一时不能解决的列出清单，综合施策并持续跟进，在着力强化联系单位档案法律意识的基础上，以问题导向、目标导向有效推动全县档案工作再升高水平，为贺兰县高质量发展提供有力的档案保障。

【档案开放日活动】2023 年，贺兰县档案馆制订《关于在能力作风建设年中开展“开门办实事”的活动计划》，以“6·9”国际档案日为契机，邀请贺兰二中学生代表 50 人参加“档案馆开放日”，活动充分发挥中小学生社会实践教育作用及档案“存史资政育人”的独特作用。在工作人员的讲解引导下，学生们先后参观了档案查阅室、档案整理室、档案库房，观看了“丰碑——党的一大到二十大图片展”和红色图书展陈室，使学生们更加直观地体验了档案服务工作的流程，领略了档案独特的魅力。参观结束后，学生们观看了档案宣传片《解读新修订的〈档案法〉》，并踊跃参加档案知识有奖问答，在愉快的气氛中学习了档案基础知识，了解到了课堂以外的宝贵知识，在心灵深处种下了红色种子。

【年鉴编研】2023 年，贺兰县档案馆做好《贺兰年鉴（2021）（2022）（2023）》编纂出版工作，完成《贺兰年鉴（2021）（2022）》三审三校及书号申请、《贺兰年鉴（2023）》定稿工作。做好《贺兰县扶贫志》初稿编纂工作，按照《贺兰县扶贫志》编纂计划完成资料收集，并有序推进初稿编纂工作。三是编辑整理黄河文化有关文字和图片资料，提供给陕西佳县黄河文化博物馆，为其黄河贺兰段布展提供有力参考。四是根据银川市委组织部和市委党史研究室的安排和要求，整理编辑了《中共银川组织史（1987.10—2022.10）》贺兰县相关组织史资料，并按时上报。

贺兰县人民代表大会

综　述

【概况】2023年，贺兰县人大常委会坚持以习近平新时代中国特色社会主义思想为指导，深入学习贯彻党的二十大精神和习近平总书记关于坚持和完善人民代表大会制度的重要思想，扎实开展主题教育，认真贯彻落实中央、自治区、市、县党委人大工作会议精神，坚持党的领导、人民当家作主、依法治国有机统一，在自治区、市、县党委的坚强领导下，围绕全县改革发展稳定大局，依法履职尽责，忠诚担当实干，积极践行全过程人民民主，为推动全县高质量发展和民主法治建设做出新贡献。

全年召开常委会会议7次、主任会议11次，作出决定决议14项，听取审议“一府一委两院”工作报告8项，开展视察调研、执法检查12次，督办代表议案建议16件，配合自治区、市人大开展调研11次，圆满完成十九届人大二次会议确定的目标任务。

【理论学习】2023年，贺兰县人大常委会常委会始终把深学细悟习近平新时代中国特色社会主义思想列为“第一议题”，把贯彻落实习近平总书记视察宁夏重要讲话和重要指示批示精神作为重大任务，把学习践行习近平法治思想、习近平总书记关于坚持和完善人民代表大会制度的重要思想当作看家本领，党组带头学、机关全员学、代表履职学、结合工作学，坚持学思用贯通、知信行统一，坚定捍卫“两个确立”，坚决做到“两个维护”。深入学习贯彻中央、自治区、市、县党委人大工作会议的部署要求，认真学习贯彻全过程人民民主重大理念，不断提高政治判断力、政治领悟力、政治执行力，努力把学习成果转化为推进人大工作的强大动力和实践成效。

【落实县委部署】2023年，贺兰县人大常委会高度重视和关心支持人大工作，听取人大常委会党组工作汇报，研究人大相关工作3次，印发《关于新时代坚持和完善人民代表大会制度加强和改进人大工作的实施意见》，支持设立3个专门委员会、1个工作委员会，保证常委会依法开展工作、履行职责。常委会围绕全县大局谋划推进人大工作，及时向县委报告请示重大事项、重要工作5项。班子成员用心用力包抓重点产业发展，带队督导乡村振兴、重点项目，深入农村、社区、企业宣讲自治区党委十三届四次五次、市委十五届八次九次全会精神，自觉为推动全县高质量发展担当尽责。

【主题教育】2023年，贺兰县人大常委会常委会紧紧围绕“学思想、强党性、重实践、建新功”总要求，牢牢把握主题主线和根本任务，结合实际制定工作方案和任务清单，始终把“学思想”放在首要位置，参加县委读书班，做好个人自学，开展研讨交流、理论宣讲和专题党课，扎实做好问题整改落实，积极践行“四下基层”，开展调研15次，完成调研课题4个，不断推动主题教育走深走实，努力实现以学铸魂、以学增智、以学正风、以学促干的目标要求。

【依法决定重大事项】2023 年，贺兰县人大常委会统筹发展与安全，认真贯彻落实县委安全生产工作部署要求，作出关于加强安全生产工作监督的决定，积极推进安全生产治理体系和治理能力现代化，以高水平安全保障高质量发展。统筹发展和民生，先后 3 次作出调整财政预算决议，批准调整资金 15582 万元，用于民生保障、生态治理、基础设施建设等方面，切实提高资金使用效益。

【依法做好任免工作】2023 年，贺兰县人大常委会坚持党管干部和人大依法任免相统一，听取审议人事任免议案，严格任前法律考试、投票表决、颁发任命书、供职发言等程序，依法任免国家机关工作人员 46 人次，为全县事业发展提供坚强有力组织保证。准确掌握各选区代表职务变动情况，依法补选出缺县级人大代表 8 名，市级人大代表 1 名，扎实做好代表资格审查，确保程序合法、风清气正。

【强化履职服务保障】2023 年，贺兰县人大常委会举办人大代表和机关干部培训班 3 期，不断提高代表知法知责知民意、会说会写会履职的能力。定期向代表通报全县重点工作重点项目进展情况，保障代表了解情况、知情议政。制定《贺兰县人大代表之家人大代表联络站标准化建设方案》，规范提升阵地建设标准。坚持民有所呼、我有所应，积极发挥 6 个代表之家、72 个人大代表联络站作用，畅通社情民意反映渠道，推动代表活动更加规范、更有成效。积极推进“智慧人大”建设，建成信息化表决系统，有效提升工作质效。

【积极发挥代表作用】2023 年，贺兰县人大常委会组织市县乡三级代表参加视察调研等活动和列席常委会会议 76 人次，积极为代表履职创造条件。调整编组四级人大代表，建立 72 个代表小组联系 109 个基层组织。按照“做到真联系、取得真实效”的要求，认真落实“双联系”制度，强化代表履职纪实，切实增强代表为民服务的责任感使命感。围绕五项活动内容，开展人大代表“护安全、促发展”主题实践活动，向全县人大代表发出倡议，引导人大代表发挥模范带头作用，为全县安全生产排查整治贡献力量。

【办好代表议案建议】2023 年，贺兰县人大常委会制定出台《贺兰县人大议案代表意见办理质量提升年工作方案》，认真落实代表议案建议的提出、交办、办理、督办、答复等制度，开展代表议案建议办理情况视察，听取审议代表议案建议办理情况报告，实施议案建议办理质量评价。县人民政府高度重视议案建议办理工作，及时分解任务，明确办理时限，压实工作责任，承办单位积极主动与代表联系沟通，3 件议案和 13 件建议全部办结并答复代表。

【思想建设】2023 年，贺兰县人大常委会坚持不懈用习近平新时代中国特色社会主义思想凝心铸魂，牢记党的宗旨，锤炼党性修养，强化党的意识、党员意识，自觉做共产主义远大理想和中国特色社会主义共同理想的坚定信仰者和忠实实践者。坚持以政治建设为统领，弘扬伟大建党精神，凝聚勇毅前行力量，着力建设党和人民满意的政治机关、国家权力机关、工作机关和代表机关。坚持“团结稳定鼓劲、正面宣传为主”，认真履行意识形态工作主体责任，坚定守好人大意识形态阵地。

【组织建设】2023 年，贺兰县人大常委会认真落实新时代党的建设总要求，严格履行党章职责，党组成员带头参加双重组织生活。深化“让党中央放心、让人民群众满意”模范机关创建成果，严格落实“三会一课”等党内政治生活制度，与自治区人大代选工委党支部、立岗镇星光村党支部等 5 个党支部联合开展“建设美丽宁夏、我们一起行动”主题党日活动。严格按照程序完成机关党组织换届选举，不断增强机关党组织政治功能和组织功能，以党建工作高质量推动人大工作高质量。

【作风建设】2023 年，贺兰县人大常委会坚决贯彻中央和自治区、市、县纪委全会精神，严格落实全面从严治党政治责任，持之以恒落实中央八项规定及其实施细则精神。扎实开展廉洁从政警示教育月、党章党规党纪学习，不断加强人大代表、机关党员干部廉政警示教育。紧扣“学、查、改、立”等环节，深入开展“四强”能力作风建设年、形式主义官僚主义专项整治等工作，树立人大机关良好形象。积极支持派驻人大机关纪检监察组履行监督职责。高度重视并扎实做好县委巡察反馈意见整改落实工作。

办公室工作

【概况】2023 年，贺兰县人大常委会办公室在县委的坚强领导下，按照县人大常委会党组安排部署，坚持以习近平新时代中国特色社会主义思想为指导，坚持以铸牢中华民族共同体意识为主线，深入学习贯彻党的二十大精神、习近平总书记视察宁夏重要讲话和重要指示批示精神和中央、自治区、市人大工作会议精神，全面贯彻落实自治区、市、县党委关于加强和改进新时代人大工作的部署，努力践行和发展全过程人民民主，切实履行宪法法律赋予的职责，围绕“五个示范县”建设目标，服务改革发展大局，实行正确监督、有效监督、依法监督、更好地保障服务全县经济社会高质量发展。

【政治建设】2023 年，贺兰县人大常委会办公室围绕自治区督查检查贯彻落实中央和自治区党委人大工作会议精神要求，自觉把深学笃用习近平新时代中国特色社会主义思想作为贯穿人大工作的主线，将学习贯彻党的二十大精神，与深入学习贯彻习近平法治思想、习近平总书记关于坚持和完善人民代表大会制度的重要思想、习近平总书记视察宁夏重要讲话和重要指示批示精神结合起来，深刻领悟“两个确立”的决定性意义，增强“四个意识”、坚定“四个自信”、做到“两个维护”。切实做到与县委同频共振、同向发力，确保人大工作的正确政治方向。

【理论学习】2023 年，贺兰县人大常委会办公室始终把学习贯彻习近平新时代中国特色社会主义思想和习近平总书记最新重要讲话精神列为“第一议题”，结合开展第二批主题教育，坚持集中学习与个人自学相结合、专题辅导与交流研讨相结合，组织召开党组会 16 次，理论学习中心组学习 12 次，开展交流研讨 5 次，原原本本、逐字逐句学习党的二十大报告、党章、《习近平新时代中国特色社会主义思想专题摘编》等必读书目，跟进学习中央经济工作会议、农村工作会议精神，不断提高政治判断力、政治领悟力、政治执行力，坚定捍卫“两个确立”，坚决做到“两个维护”。

【学习贯彻习近平新时代中国特色社会主义思想主题教育】2023 年，贺兰县人大常委会办公室紧紧围绕“学思想、强党性、重实践、建新功”总要求，牢牢把握深入学习贯彻习近平新时代中国特色社会主义思想这一主题主线和根本任务，结合实际制定办公室党支部和离退休党支部学习计划和任务清单，坚持把理论学习、干事创业、检视整改有机融合、一体推进。开展“立足岗位做贡献”实践活动 2 场次、“送学上门”2 批次，“学习身边的榜样”活动 3 场次、党员志愿服务 2 场次，讲专题党课 1 场次，努力实现以学铸魂、以学增智、以学正风、以学促干的目标要求。

【开展监督】2023 年，贺兰县人大常委会办公室听取审议县人民政府 2023 年上半年国民经济和社会发展计划执行情况、2022 年度财政决算和 2023 年上半年财政预算执行情况、2022 年度县本级财政预算执行和其他财政收支情况审计工作报告和 2022 年度国有资产管理情况报告，提出审议意见，审查批准预算调整方案，督促和支持政府及有关部门提升发展质量和效益。围绕黄河流域生态保护和高质量发展先行区示范县建设，视察《宁夏回族自治区环境保护条例》贯彻落实情况，听取审议《贺兰县国土空间总体规划（2021—2035年）》；围绕全县住宅小区物业管理服务情况、土地流转、乡村振兴产业发展和农民增收、文化事业和全域旅游产业发展等方面工作开展视察和调研，积极提出工作建议，为加强和改进工作发挥积极作用；围绕法治贺兰建设。听取和审议贺兰县人民政府关于“八五”普法工作开展情况的报告，对全县安全生产“一法两条例”贯彻落实情况开展执法检查，对贺兰县法治营商环境情况进行调研，有力推动政府及有关部门履行落实法定责任。

【决定任免权】2023年，贺兰县人大常委会办公室作出关于加强安全生产工作监督的决定，切实推进安全生产治理体系和治理能力现代化。坚持党管干部和人大依法任免相统一，听取审议人事任免议案，严格任前法律考试、投票表决、颁发任命书、供职发言等环节，依法任免国家机关工作人员42人次，为全县事业发展提供坚强有力的组织保证。准确掌握各选区代表职务变动情况，依法终止调离贺兰县区域的5名代表和辞职的3名代表职务，依法补选出缺代表8名，扎实做好代表资格审查，确保程序合法、风清气正。

【发挥代表作用】2023年，贺兰县人大常委会办公室进一步健全完善人大代表工作机制，制定常委会组成人员联系人大代表、人大代表联系人民群众的制度，支持和保障代表更好依法履职。按照《贺兰县人民代表大会常务委员会2022—2026年县级人大代表培训计划》，举办人大代表和机关干部培训班3期，不断增强代表政治意识，提高代表履职能力。邀请50名代表参加视察、调研、检查、督办等活动，17名代表列席常委会，做到知情参政、知情议政。制定印发《贺兰县人大议案代表意见办理质量提升年工作方案》，认真落实代表议案、建议的提出、交办、办理、督办、答复等制度，开展代表议案建议办理情况视察，听取审议代表议案建议办理情况报告，实施议案建议办理质量评价。县人民政府高度重视议案建议办理工作，及时分解任务，明确办理时限，压实工作责任，承办单位积极主动与代表联系沟通，3件议案和13件建议全部办结并答复代表。

【党的建设】2023年，贺兰县人大常委会办公室坚持以党建工作引领履职实践，切实加强机关党组建设，完成办公室党总支、党支部和离退休党支部换届工作。常委会党组成员积极参加双重组织生活和主题党日活动。按照提升组织力，增强引领力的要求，深化“让党中央放心，让人民群众满意”模范机关创建成果，按照每月党建重点工作，严格落实“三会一课”制度，组织政治学习和党性锻炼，加强党员教育管理，进一步提升党员素质，凝聚机关力量。

【意识形态工作】2023年，贺兰县人大常委会办公室坚持党管意识形态工作不动摇，认真落实意识形态与网络意识形态工作责任制，定期分析研判意识形态形势，听取机关党组意识形态工作汇报。守好网络意识形态阵地，以更加负责的态度、更加务实的措施维护好意识形态领域安全，积极弘扬主旋律，传播正能量，确保人大工作体现意识形态工作要求、维护意识形态安全。

【作风建设】2023年，贺兰县人大常委会办公室严格落实中央八项规定及其实施细则精神和自治区“八条禁令”，坚持纠治“四风”树新风，推动作风建设常态化长效化。大力弘扬“四下基层”优良作风，走好新时代党的群众路线，不断密切和群众血肉联系。扎实开展廉洁从政警示教育月、党规党纪学习、“四强”能力作风建设年和形式主义官僚主义专项整治等工作，树立人大机关良好形象，着力建设政治坚定、服务人民、尊崇法治、发扬民主、勤勉尽责机关干部队伍。

【铸牢中华民族共同体意识】2023年，贺兰县人大常委会办公室实施党员干部培元固本工程，将铸牢中华民族共同体意识纳入机关党组和全体党员干部教育全过程，积极参加“牢记总书记嘱托 铸牢中华民族共同体意识”专题培训，推动宣传教育常态化制度化。认真做好人大代表、常委会组成人员党外人选的推荐及培训工作，确保党外代表人士在人大代表、常委会组成人员中达到规定比例，切实维护全县民族团结、社会和谐的良好局面。

重要会议

【贺兰县第十九届人民代表大会第三次会议】 2024年1月4—5日召开，会议应到代表196名，实到代表174名，符合法定人数。

会议听取审议关于贺兰县人民政府工作报告、听取审议贺兰县2023年国民经济和社会发展计划执行情况与2024年国民经济和社会发展计划、听取审议贺兰县2023年本级财政预算执行情况和2024年财政预算的报告、听取审议贺兰县2023年生态环境状况和生态环境保护目标完成情况报告的报告、听取审议贺兰县人大常委会工作报告的报告、听取审议贺兰县人民法院工作报告的报告、听取审议贺兰县人民检察院工作报告的报告、听取审议代表议案办理情况的报告。

【贺兰县第十九届人民代表大会常务委员会第十次会议】 2023年3月1日召开，会议审议了《贺兰县人大议案、代表意见建议办理质量提升年工作方案》，审议通过了贺兰县人民法院提请的关于毋建宁的免职议案。

【贺兰县第十九届人民代表大会常务委员会第十一次会议】 2023年4月27日召开，会议听取和审议了贺兰县人民政府关于“八五”普法工作开展情况的报告和关于提请审议《贺兰县国土空间总体规划（2021—2035年）》的议案，表决通过了2023年贺兰县本级预算调整方案（第一次）的议案及关于提请接受于荣辞去银川市第十六届人民代表大会代表职务请求的议案，通过了人事任免议案，补选银川市十六届人民代表大会代表1名。

【贺兰县第十九届人民代表大会常务委员会第十二次会议】 2023年6月20日召开，会议听取和审议了贺兰县人民政府关于全县文化事业发展和全域旅游工作情况的报告，关于全县物业管理工作情况的报告，关于《宁夏回族自治区环境保护条例》贯彻落实情况的报告，通过了人事任免议案。

【贺兰县第十九届人民代表大会常务委员会第十三次会议】 2023年9月13日召开，会议听取和审议了县人民政府关于2023年上半年国民经济和社会发展计划执行情况报告、关于2022年财政决算（草案）和2023年上半年财政预算执行情况报告、关于2022年国有资产管理情况报告、关于2022年度贺兰县本级预算执行和其他财政收支情况的审计工作报告；审查批准了2022年县本级财政决算、2023年县本级预算调整方案（第二次）；表决通过了《贺兰县人民代表大会常务委员会关于加强安全生产工作监督的决定》及有关人事任免议案；审议通过了《贺兰县人大代表履职评价和激励办法（试行）》。

【贺兰县第十九届人民代表大会常务委员会第十四次会议】 2023年11月9日召开，会议听取和审议了贺兰县人大常委会执法检查组关于检查《中华人民共和国安全生产法》《宁夏回族自治区安全生产条例》《宁夏回族自治区燃气管理条例》实施情况的报告、贺兰县人民政府关于贺兰县第十九届人民代表大会第二次会议议案建议办理情况的报告；审查批准了贺兰县新增地方政府一般债券资金（第三批）、结存债务限额资金项目安排及预算调整方案（第三次）；接受了丛培文辞去贺兰县第十九届人民代表大会代表职务的请求；表决通过了人事任免议案。

【贺兰县第十九届人民代表大会常务委员会第十五次会议】 2023年12月11日召开，听取和审议了贺兰县人民代表大会常务委员会主任会议关于提请调整贺兰县第十九届人民代表大会常务委员会代表资格审查委员会主任委员的议案，作出了相应决定。

【贺兰县第十九届人民代表大会常务委员会第十六次会议】2023 年 12 月 22 日召开，会议审议通过了贺兰县第十九届人民代表大会常务委员会代表资格审查委员会关于贺兰县第十九届人民代表大会第二次会议以来代表变动及代表资格审查的报告（草案），关于召开贺兰县第十九届人民代表大会第三次会议的决定（草案）以及贺兰县十九届人大三次会议相关材料。会议还审议了人事任免议案。

重要活动

【视察议案建议办理情况】为加大代表议案建议办理督办力度，实现代表议案建议高质量办理，按照《贺兰县第十九届人民代表大会常务委员会 2023 年度工作要点》，2023 年 10 月 19 日，贺兰县人大常委会组织部分常委会组成人员及人大代表对贺兰县 2023 年人大议案建议办理情况进行视察。县人大常委会党组书记、主任田晓波，副主任朱敏、常雪峰参加视察。县人民政府副县长苏万君及相关部门负责人陪同视察。视察组先后深入晶兰特科技有限公司、立岗镇关渠村、常信乡谭渠村、南梁台子铁东村等地，实地察看“关于建立全民招商机制，招引一批大项目好项目”“实施金贵镇关渠村长河新村基础设施提升工程”“翻建南梁台子铁东村扬水站支渠、铁西村北台子支渠”等议案建议办理情况，现场听取相关项目负责人汇报，查看办理进度，检验办理效果。

【调研乡村振兴产业和农民增收情况】2023 年 9 月 26 日，贺兰县人大常委会副主任常雪峰带领部分常委会组成人员及人大代表对贺兰县乡村振兴产业发展和农民增收情况进行实地调研。县人民政府副县长王继斌及相关部门、乡镇负责人陪同调研。调研组先后深入金贵镇银河村温棚种植项目、优质农产品集采集配中心、雄英村农业专业合作社玉米深加工项目、立岗镇永兴村稻谷产销专业合作社、洪广镇欣荣村和食用菌种植基地，通过实地调研、现场提问等方式，了解贺兰县乡村振兴产业发展和农民增收情况。

【调研法治营商环境工作】2023 年，为助力优化全县营商环境，助推全县经济社会高质量发展，按照《贺兰县第十九届人民代表大会常务委员会 2023 年度工作要点》，10 月 26 日，贺兰县人大常委会组织部分常委会组成人员及人大代表对贺兰县法治营商环境情况进行调研。县人大常委会党组书记、主任田晓波，副主任朱敏、常雪峰参加调研，县委常委、县人民政府副县长段建宏及相关部门负责同志陪同调研。调研组先后深入贺兰德胜海亮警务室、德胜法庭、宝庆花园，围绕“互联网 + 警务”、人民调解、破产审判等方面工作，通过听取讲解、实地走访、观看视频等方式，全面了解贺兰县法治营商环境情况。

【视察全县文化事业和全域旅游工作情况】2023 年，为推动全县文化事业和全域旅游产业高质量发展，5 月 24 日，贺兰县第十九届人大常委会组织部分人大常委会组成人员及人大代表对全县文化事业和全域旅游工作情况进行了视察。县人大常委会副主任保旭锋、朱敏参加了视察，县人民政府办公室、文广局等部门负责人陪同视察。视察组一行先后深入宁夏图兰朵葡萄酒小镇、金贵镇综合文化站、金贵镇牡丹花乡、县图书馆、文化馆、居安社区，实地察看贺兰县文化事业和全域旅游工作开展情况。相关部门负责人对各自工作情况进行了介绍。

【视察全县住宅小区物业管理服务情况】2023 年，为进一步提高全县住宅小区物业管理服务水平。5 月30 日，县人大常委会组织部分常委会组成人员及人大代表对全县住宅小区物业管理服务情况进行视察，县人大常委会党组书记、主任田晓波，副主任朱敏、王岩弘、常雪峰参加视察。县人民政府副县长苏万君及相关部门负责人陪同视察。视察组先后对县朔方新村、祥和家苑、太阳城 B 区等 7 个小区的物业管理情况进行了实地调研，每到一处，视察组都详细了解小区在管理过程中存在的困难和问题，同时与社区支部书记、物业经理、业委会主任深入交流。还邀请部分党代表、政协委员、群众代表参加了5月31日的视察座谈会，广泛听取意见建议。

【视察“八五”普法工作情况】2023年，为持续推进“八五”普法工作，确保实现普法规划目标任务，根据县第十九届人大常委会2023年工作安排，4月7日由部分人大常委会组成人员及人大代表组成视察组对全县“八五”普法工作情况进行了视察。县人大常委会副主任朱敏、王岩弘、常雪峰参加了视察。县人民政府副县长李宗怀及政府办公室、司法局等部门负责人陪同。视察组一行先后深入如意湖社区、第二中学、税务局、检察院，通过查、谈、问、看、听等多种方式详细了解“八五”普法工作开展情况。

【视察贺兰县2023年上半年国民经济和社会发展计划执行情况】2023年，根据《贺兰县第十九届人大常委会2023年度工作要点》，8月4日，县人大常委会部分常委会组成人员及人大代表对全县2023年上半年国民经济和社会发展计划执行情况进行视察，县人大常委会党组书记、主任田晓波，副主任朱敏、王岩弘、常雪峰参加视察。县人民政府副县长段建宏及相关部门负责人陪同视察。视察组先后到贺兰山东麓金山拦洪库提升加固改造项目、万通新型建材有限公司光伏发电设备基础制造项目、贺兰新百商业广场项目等重点项目建设现场，通过实地察看、听取汇报，询问交流等方式，详细了解贺兰县上半年国民经济和社会发展主要指标执行情况和重点项目建设、产业发展等工作开展情况。

【视察贺兰县住宅小区物业管理服务情况】2023年，为进一步提高全县住宅小区物业管理服务水平。5月30—31日，县人大常委会组织部分常委会组成人员及人大代表对全县住宅小区物业管理服务情况进行视察。

视察组先后对县朔方新村、祥和家苑、太阳城B区等7个居民小区的物业管理情况进行了实地调研，随后召开座谈会，听取了县住房和城乡建设局、富兴街街道办事处工作汇报，并与邀请的部分党代表、人大代表、政协委员、群众代表及有关部门、物业企业、业委会负责人座谈交流。为了保证此次视察工作顺利进行，县人大常委会财经工委做了充分的前期准备工作，4月起，采取实地调研、座谈会、外出观摩等形式，先期对相关职责部门执行《银川市物业管理条例》，落实《贺兰县加强住宅小区物业管理服务工作实施方案》等工作情况进行调研，对个别投诉件比较集中、居民口碑较好的小区进行了实地走访，并观摩学习了兴庆区、金凤区以“党建引领、红色管家”为特色亮点的物业管理模式。调研工作得到了县住房和城乡建设局、物业办和县物业协会的大力支持。

【视察《宁夏回族自治区环境保护条例》贯彻落实情况】2023年，为深入推进贺兰县第二届“黄河流域生态保护主题宣传实践月”活动，6月16日，贺兰县第十九届人大常委会组织部分常委会组成人员，先后到泰益欣生物科技股份有限公司、暖泉污水处理厂尾水人工湿地，通过实地调研的方式，对县人民政府贯彻落实《宁夏回族自治区环境保护条例》情况进行了视察。

【视察“八五”普法工作情况】2023年，按照常委会2023年工作计划，法工委四月份组织开展了对全县“八五”普法工作的视察。为深入了解和掌握贺兰县“八五”普法工作开展的实际情况。4月3—6日，法工委组织相关人员深入司法局、贺兰电视台、经济桥村、黎明村、如意湖社区等相关单位，通过查阅“八五”普法档案资料、现场提问相关人员等方式开展了前期调研。4月7日上午，贺兰县第十九届人大常委会组织部分常委会组成人员和人大代表，先后到如意湖社区、第二中学、税务局、检察院，对全县“八五”普法工作情况进行了视察。

【视察贺兰县文化事业及全域旅游产业发展情况】 2023年，按照县人大常委会2023年重点工作安排，由人大常委会教科文卫工作委员会、人大常委会办公室牵头，在前期充分走访调研听取意见建议、收集分析数据资料的基础上，于5月24日，利用一天时间组织县人大常委会部分委员及人大代表对图兰朵葡萄酒小镇、金贵镇文化服务中心、金贵牡丹花乡、县图书馆、县文化馆和富兴街道居安社区等6处群众文化活动场所及全域旅游发展情况进行了实地视察，并召开座谈会，广泛听取大家的意见建议，视察工作取得了比较好的效果。

【视察县十九届人大二次会议议案建议办理情况】 2023年，按照贺兰县第十九届人大常委会2023年度重点工作安排，10月19日，县人大常委会组成视察组，在党组书记、主任田晓波带领下，采取实地察看、现场听取汇报、代表点评、满意度测评方式对晶兰特科技有限建设项目、金贵镇关渠村长河新村基础设施提升工程、立岗镇兰光村2社生产路硬化工程、常信乡通山公路团结排水沟西桥等4座桥梁维修改造、谭渠村3、5、6、7社农渠砌护工程等9件十九届人大二次会议议案建议办理情况进行视察。

重大事项决定

【关于调整贺兰县第十九届人民代表大会常务委员会代表资格审查委员会主任委员的决定】 （2023年12月11日贺兰县第十九届人民代表大会常务委员会第十五次会议通过）根据《中华人民共和国地方各级人民代表大会和地方各级人民政府组织法》有关规定，贺兰县第十九届人民代表大会常务委员会第十五次会议决定，常雪峰不再担任贺兰县第十九届人民代表大会常务委员会代表资格审查委员会主任委员职务；增补贺兰县第十九届人民代表大会常务委员会副主任保旭锋为贺兰县第十九届人民代表大会常务委员会代表资格审查委员会主任委员。

【关于高向荣为贺兰县人民法院代理院长的决定】 （2023年12月11日贺兰县第十九届人民代表大会常务委员会第十五次会议通过）贺兰县第十九届人民代表大会常务委员会第十三次会议，听取和审议了贺兰县人民代表大会常务委员会主任会议关于提请高向荣为贺兰县人民法院代理院长的议案。会议决定：高向荣为贺兰县人民法院代理院长。

【关于加强安全生产工作监督的决定】 （2023年9月13日贺兰县第十九届人民代表大会常务委员会第十三次会议通过）为深入贯彻习近平总书记关于安全生产重要论述和重要指示精神，全面落实党中央关于安全生产的重大决策部署和自治区党委十三届四次全会、银川市委十五届八次全会部署要求和县委工作安排，深刻汲取兴庆区富洋事故沉痛教训，依法加强安全生产工作的监督，根据《中华人民共和国各级人民代表大会常务委员会监督法》《中华人民共和国安全生产法》等有关法律法规及《宁夏回族自治区安全生产条例》等有关规定。

【关于接受常雪峰辞去贺兰县第十九届人民代表大会常务委员会副主任职务请求的决定】 （2023年12月11日贺兰县第十九届人民代表大会常务委员会第十五次会议通过）根据《中华人民共和国地方各级人民代表大会和地方各级人民政府组织法》《宁夏回族自治区人民代表大会常务委员会人事任免工作条例》有关规定，贺兰县第十九届人民代表大会常务委员会第十五次会议决定，接受常雪峰辞去贺兰县第十九届人民代表大会常务委员会副主任职务的请求，报贺兰县第十九届人民代表大会备案。

【关于接受陈瑛辞去贺兰县第十九届人民代表大会常务委员会委员职务请求的决定】 （2023年12月11日贺兰县第十九届人民代表大会常务委员会第十五次会议通过）根据《中华人民共和国地方各级人民代表大会和地方各级人民政府组织法》

《宁夏回族自治区人民代表大会常务委员会人事任免工作条例》有关规定，贺兰县第十九届人民代表大会常务委员会第十五次会议决定，接受陈瑛因工作原因辞去贺兰县第十九届人大常委会委员职务的请求，报贺兰县第十九届人民代表大会备案。

【关于接受丛培文辞去贺兰县第十九届人民代表大会代表职务请求的决定】（2023年11月9日贺兰县第十九届人民代表大会常务委员会第十四次会议通过）根据《中华人民共和国全国人民代表大会和地方各级人民代表大会选举法》《中华人民共和国全国人民代表大会和地方各级人民代表大会代表法》的有关规定和丛培文本人的辞呈，贺兰县第十九届人民代表大会常务委员会第十四次会议决定：接受丛培文辞去贺兰县第十九届人民代表大会代表职务的请求，其常务委员会委员职务相应终止。

【关于接受马龙辞去贺兰县人民法院院长审判委员会委员 审判员职务请求的决定】（2023年9月13日贺兰县第十九届人民代表大会常务委员会第十三次会议通过）贺兰县第十九届人民代表大会常务委员会第十三次会议，听取和审议了贺兰县人民代表大会常务委员会主任会议关于提请接受马龙辞去贺兰县人民法院院长、审判委员会委员、审判员职务请求的议案。会议决定：接受马龙辞去贺兰县人民法院院长、审判委员会委员、审判员职务的请求，报贺兰县人民代表大会备案。

【关于接受孙建保等2人辞去贺兰县第十九届人民代表大会代表职务请求的决定】（2023年12月11日贺兰县第十九届人民代表大会常务委员会第十五次会议通过）根据《中华人民共和国全国人民代表大会和地方各级人民代表大会选举法》《中华人民共和国全国人民代表大会和地方各级人民代表大会代表法》的有关规定和孙建保、陈学鹏2人本人的辞呈，贺兰县第十九届人民代表大会常务委员会第十五次会议决定：接受孙建保、陈学鹏2人辞去贺兰县第十九届人民代表大会代表职务的请求，陈学鹏的贺兰县第十九届人民代表大会常务委员会委员职务相应终止，报贺兰县第十九届人民代表大会备案。

【关于批准2023年贺兰县本级预算调整方案（第一次）的决议】（2023年4月27日贺兰县第十九届人民代表大会常务委员会第十一次会议通过）贺兰县第十九届人民代表大会常务委员会第十一次会议，听取和审议了《贺兰县人民政府关于提请审议2023年贺兰县本级预算调整方案（第一次）的议案》（贺政函〔2023〕40号），会议决定批准2023年贺兰县本级预算调整方案（第一次）。

【关于批准2023年贺兰县本级预算调整方案（第二次）的决议】（2023年9月13日贺兰县第十九届人民代表大会常务委员会第十三次会议通过）贺兰县第十九届人民代表大会常务委员会第十三次会议，听取和审议了《贺兰县人民政府关于提请审议2023年贺兰县本级预算调整方案（第二次）的议案》（贺政函〔2023〕105号），会议同意贺兰县人大常委会财政经济工作委员会的审查报告，决定批准2023年贺兰县本级预算调整方案（第二次）。

【关于批准2023年贺兰县新增地方政府一般债券资金（第三批）、结存债务限额资金项目安排及预算调整方案（第三次）的决议】（2023年11月9日贺兰县第十九届人民代表大会常务委员会第十四次会议通过）贺兰县第十九届人民代表大会常务委员会第十四次会议，听取和审议了《贺兰县人民政府关于提请审议2023年贺兰县新增地方政府一般债券资金（第三批）、结存债务限额资金项目安排及预算调整方案（第三次）的议案》（贺政函〔2023〕126号），会议同意贺兰县人大常委会财政经济工作委员会的审查报告，决定批准2023年贺兰县新增地方政府一般债券资金（第三批）、结存债务限额资金项目安排及预算调整方案（第三次）。

【关于接受于荣辞去银川市第十六届人民代表大会代表职务请求的决定】（2023 年 4 月 27 日贺兰县第十九届人民代表大会常务委员会第十一次会议通过）根据《中华人民共和国全国人民代表大会和地方各级人民代表大会选举法》《中华人民共和国全国人民代表大会和地方各级人民代表大会代表法》的有关规定和于荣本人的辞呈，贺兰县第十九届人民代表大会常务委员会第十一次会议决定：接受于荣辞去银川市第十六届人民代表大会代表职务的请求。报银川市人大常委会备案、公告。

【关于批准贺兰县 2022 年财政决算的决议】（2023 年 9 月 13 日贺兰县第十九届人民代表大会常务委员会第十三次会议通过）贺兰县第十九届人民代表大会常务委员会第十三次会议，听取和审议了县财政局局长桂韶华和县审计局局长李海升分别受县人民政府委托所作的《贺兰县人民政府关于贺兰县 2022 年财政决算（草案）和 2023 年上半年财政预算执行情况的报告》和《贺兰县人民政府关于 2022 年度贺兰县本级预算执行和其他财政收支情况的审计工作报告》。经过审议并根据贺兰县人大常委会财政经济工作委员会的审查结果报告，会议决定批准贺兰县 2022 年财政决算。

【关于设立贺兰县第十九届人民代表大会法制委员会　财政经济委员会　社会建设委员会的决定】（2024 年1 月 4 日贺兰县第十九届人民代表大会第三次会议第一次全体会议通过）根据《中华人民共和国地方各级人民代表大会和地方各级人民政府组织法》的规定，结合人大工作实际，贺兰县第十九届人民代表大会第三次会议决定:设立贺兰县第十九届人民代表大会法制委员会、财政经济委员会、社会建设委员会，分别由主任委员、副主任委员和委员若干人组成。

【关于贺兰县 2023 年国民经济和社会发展计划执行情况与 2024 年国民经济和社会发展计划的决议】（2024 年 1 月 5 日贺兰县第十九届人民代表大会第三次会议通过）贺兰县第十九届人民代表大会第三次会议审查了县人民政府提出的《关于贺兰县 2023 年国民经济和社会发展计划执行情况与 2024 年国民经济和社会发展计划草案的报告》。会议决定，批准《关于贺兰县 2023 年国民经济和社会发展计划执行情况与 2024 年国民经济和社会发展计划草案的报告》，批准 2024 年贺兰县国民经济和社会发展计划。

【关于贺兰县 2023 年财政预算预计执行情况和 2024 年财政预算的决议】（2024 年 1 月 5 日贺兰县第十九届人民代表大会第三次会议通过）贺兰县第十九届人民代表大会第三次会议审查了县人民政府提出的《贺兰县 2023 年财政预算预计执行情况和 2024 年财政预算草案的报告》。会议决定，批准《贺兰县 2023 年财政预算预计执行情况和 2024 年财政预算草案的报告》，批准贺兰县 2024 年财政预算。

【关于贺兰县 2023 年生态环境状况和生态环境保护目标完成情况报告的决议】（2024 年 1 月 5 日贺兰县第十九届人民代表大会第三次会议通过）贺兰县第十九届人民代表大会第三次会议审议了县人民政府关于贺兰县 2023 年生态环境状况和生态环境保护目标完成情况的报告。会议充分肯定了县人民政府一年来在生态环境保护方面所做的工作，决定批准这个报告。

【关于贺兰县人民代表大会常务委员会工作报告的决议】（2024 年 1 月 5 日贺兰县第十九届人民代表大会第三次会议通过）贺兰县第十九届人民代表大会第三次会议听取和审议了田晓波主任所作的县人大常委会工作报告。会议充分肯定县人大常委会一年来的工作，同意报告提出的 2024 年主要任务，决定批准这个报告。

【关于贺兰县人民法院工作报告的决议】（2024 年 1 月 5 日贺兰县第十九届人民代表大会第三次会议通过）贺兰县第十九届人民代表大会第三次会议

听取和审议了高向荣代理院长所作的县人民法院工作报告。会议充分肯定县人民法院一年来的工作，同意报告提出的2024年工作安排，决定批准这个报告。

【关于贺兰县人民检察院工作报告的决议】（2024年1月5日贺兰县第十九届人民代表大会第三次会议通过）贺兰县第十九届人民代表大会第三次会议听取和审议了李薇检察长所作的县人民检察院工作报告。会议充分肯定县人民检察院一年来的工作，同意报告提出的2024年工作安排，决定批准这个报告。

【关于代表议案的决定】（2024年1月5日贺兰县第十九届人民代表大会第三次会议通过）在此次会议上，全体代表坚持以习近平新时代中国特色社会主义思想为指导，深入学习贯彻党的二十大、二十届二中全会、中央经济工作会议精神，全面贯彻落实习近平总书记视察宁夏重要讲话和重要指示批示精神，认真落实自治区党委十三届六次全会暨党委经济工作会议、银川市委十五届十次全会暨市委经济工作会议、县委十五届六次全会暨县委经济工作会议部署要求，围绕全县的经济建设、政治建设、文化建设、社会建设、生态文明建设等方面，依法向大会提出议案。

监督工作

【以监督助推经济平稳发展】2023年，贺兰县人大常委会听取审议计划执行、预算执行、财政决算、审计工作等报告，进一步推动落实落细各项经济政策，推动全县经济稳中有进、平稳有序。作出批准2022年度财政决算决议。认真落实《关于进一步加强县人大对政府债务审查监督的实施意见》，加强对政府债务常态化审查监督，积极稳妥防范化解政府债务风险。听取审议国有资产管理执行情况报告，进一步完善国有资产管理责任，实现国有资产保值增值。

【以监督提升生态文明成效】2023年，贺兰县人大常委会积极践行习近平生态文明思想，统筹发展与环保，视察《宁夏回族自治区环境保护条例》贯彻落实情况，坚定不移用法治力量守护贺兰蓝天碧水净土，全年空气优良天数比例达到80%。听取审议《贺兰县国土空间总体规划（2021—2035年）》，督促县人民政府抓好组织实施，强化规划管理，切实维护规划的权威性、严肃性。

【以监督筑牢安全生产底线】2023年，贺兰县人大常委会按照自治区人大常委会“三级人大联动、五级代表参与”和同一主题、同一内容、同步开展的原则，制定检查方案，参加培训学习，召开座谈会，首次邀请专家参与，分领域扎实开展安全生产“一法两条例”实施情况执法检查，监督政府及相关部门对标对表落实“1+37+8”文件要求，消除安全风险隐患，坚决守牢安全底线，不断推动全县安全生产形势持续向好。常委会班子成员积极建言献策，主动担当作为，身在一线、干在一线，扎实做好隐患排查整治等工作。

【以监督不断增强民生福祉】2023年，贺兰县人大常委会坚持以人民为中心的发展理念，听取审议关于全县文化事业发展和全域旅游工作情况报告，推动文化和旅游融合发展，用文化丰富旅游内涵，用旅游带动文化赋能。听取审议关于全县物业管理工作情况报告，结合主题教育持续跟踪监督审议意见落实，积极推动实施“民心工程”，提高物业服务管理水平，提升居民群众的幸福感。围绕土地流转、乡村振兴产业发展和农民增收等工作开展调研，积极提出工作建议，为推进乡村全面振兴贡献力量。

【以监督提升法治工作水平】2023年，贺兰县人大常委会加强宪法和法律宣传实施，听取审议关于“八五”普法工作开展情况报告，对贺兰县法治营商环境情况进行调研，有力推动政府及有关部门履行落实法定责任。听取规范性文件备案审查情况报告，按照“有件必备、有备必审、有错必纠”

的原则，依法备案审查规范性文件 11 件。建立如意湖社区市级基层立法联系点。坚持常委会会前学法制度，组织任命的 22 名国家机关工作人员进行宪法宣誓，不断提高常委会组成人员、国家机关工作人员依法履职能力。

代表工作

【贺兰县第十九届人民代表大会代表提升履职能力培训班】为认真贯彻落实党的二十大、全国“两会”精神和习近平总书记关于坚持和完善人民代表大会制度的重要思想，进一步加强人大代表工作能力建设，充分发挥代表作用，经县人大常委会主任会议研究，决定举办贺兰县第十九届人民代表大会代表提升履职能力培训。围绕学习宣传贯彻党的二十大精神、加强人大代表工作能力建设，推进新时代人大工作高质量发展、传达学习十四届全国人大一次会议精神和代表履职平台 App 运用等内容进行专题培训。

【贺兰县第十九届人民代表大会代表提升履职能力培训班】为深入推进贯彻落实党的二十大精神、习近平总书记关于坚持和完善人民代表大会制度的重要思想，进一步加强人大代表工作能力建设，充分发挥代表参政议政能力，根据县人大常委会 2023 年重点工作安排，研究决定对贺兰县第十九届人民代表大会代表进行专题培训。传达学习中央、自治区、市党委人大工作会议精神；传达学习自治区党委十三届四次全会精神；如何提高代表议案建议质量等进行专题培训。

工作委员会活动

法制工作委员会

【概况】2023 年，贺兰县人大常委会法制工作委员会在县人大常委会的领导下，认真履职，主动作为，务实创新，圆满地完成了全年工作任务。

【“八五”普法工作】2023 年，贺兰县人大常委会法制工作委员会按照县第十九届人大常委会 2023 年度工作要点的要求，组织县人大常委会组成人员学习《贺兰县关于开展第八个五年法治宣传教育的实施意见》，要求熟知和掌握“八五”普法内容和进程，认真做好视察前的各项准备工作。4 月中旬对县人民政府“八五”普法工作情况进行了视察。起草了视察工作报告，并向县人大常委会主任会议提请列入县人大常委会第十一次会议议程。针对视察过程中发现的“谁执法谁普法”责任落实不到位、部门间协同配合不紧密、普法宣传形式较单一、普法队伍力量薄弱，普法针对性、实效性不强等问题，提出 5 点建议，促使县人民政府及相关部门充分发挥好法治宣传教育主力军作用，为推进“五个示范县”建设营造良好法治环境。

【视察组织工作】2023 年，贺兰县人大常委会法制工作委员会为深入推进贺兰县第二届“黄河流域生态保护主题宣传实践月”活动，6 月 16 日，贺兰县第十九届人大常委会组织部分常委会组成人员，先后到泰益欣生物科技股份有限公司、暖泉污水处理厂尾水人工湿地，通过实地调研的方式，对县人民政府贯彻落实《宁夏回族自治区环境保护条例》情况进行了视察。之后起草了视察工作报告，并向县人大常委会主任会议提请列入县人大常委会第十二次会议议程。人大常委会于 6 月 20 日召开第十二次会议，分别听取了法工委作的关于视察《宁夏回族自治区环境保护条例》贯彻落实情况的报告；县人民政府作的关于贯彻落实《宁夏回族自治区环境保护条例》情况的报告，审议通过了县人民政府关于贯彻落实《宁夏回族自治区环境保护条例》情况的报告。针对视察过程中发现的《宁夏回族自治区环境保护条例》宣传力度不大、环境保护监管工作机制不完善等问题，提出 6 点建议，促使县人民政府及相关职能部门持续发挥好在生态环境保护工作中的主力军作用，努力打造天蓝地绿水清的良好生态环境。

【执法检查】2023年，贺兰县人大常委会法制工作委员会按照《贺兰县人大常委会关于开展安全生产“一法两条例”执法检查的实施方案》部署和要求，9月5—7日，第二执法检查组采取定点和随机抽查相结合的方式深入走访物美大卖场、马伟手抓饭店等13家商业服务业生产经营单位，对安全生产“一法两条例”实施情况进行了检查。针对执法检查过程中发现的学习宣传“一法两条例”和“1+37+8”系列文件的深度、广度不够，部门之间协作机制不顺畅等问题，提出3点建议，促使县人民政府及各相关职能部门提高认识，增强责任，逐一对标“一法两条例”各项规定，认真履行职责，充分发挥行业监管作用，提升安全生产工作水平。

【法治营商环境调研】2023年，贺兰县人大常委会法制工作委员会根据《贺兰县第十九届人大常委会2023年度工作要点》，立足全县市场经济发展实际情况，制定调研工作方案，通过入企走访、问卷测评、座谈汇报，10月下旬对全县优化法治营商环境情况进行了调研，深入分析优化法治营商环境方面存在的困难和问题，进一步助推县域经济高质量发展。

【规范文件备案审查】2023年，贺兰县人大常委会法制工作委员会按照地方规范性文件备案审查工作的相关规定，切实履行规范性文件备案审查的主要职责，明确适用范围、严格报备要求。12月份在县人大常委会第十五次会议上报告了2023年规范性文件备案审查工作情况。2023年共收到县人民政府及其办公室报送备案审查的规范性文件11件，同时向市人大常委会法工委及时报备。总体上看，县人民政府及其办公室报备的规范性文件能够做到依据齐全、格式规范、应报尽报。为了规范和加强备案审查工作，维护社会主义法制统一，根据自治区人大常委会有关通知要求，认真组织相关人员参加《宁夏回族自治区各级人民代表大会常务委员会规范性文件备案审查条例（征求意见稿）》座谈会，为完善规范性文件备案审查工作机制保障积极建言献策。

【信访工作】2023年，贺兰县人大常委会法制工作委员会按照党的各级信访工作要求，扎实做好信访工作。共接待群众来信来访4件次，全部进行了转办、分办，为全县经济社会健康平稳发展奠定坚实基础。为了加强县人大常委会同人民群众的密切联系，维护人民群众的合法权益，更好地为县人大常委会了解社情民意、依法履行职责服务，积极开展联系选区群众2次，有效解决了人民群众反映的热点难点问题。

【日常工作】2023年，贺兰县人大常委会法制工作委员会6月上旬银川市人大常委会组织立法调研组到贺兰县就《银川市噪声污染防治办法（意见征求稿）》进行座谈调研，座谈会上常委会主要领导和相关部门、乡镇负责人及部分人大代表、群众代表畅所欲言，积极建言献策，为地方性立法贡献了智慧和力量。7月中旬平罗县人大常委会立法联系点到贺兰县就《中华人民共和国行政复议法（意见征求稿）》进行座谈调研，座谈会上常委会主要领导和相关部门负责人结合县情和工作实际积极建言献策。8月下旬自治区人大常委会法工委组织立法调研组到贺兰县就《自治区司法鉴定工作条例（意见征求稿）》进行座谈调研，座谈会上县人大常委会主要领导和相关部门负责人纷纷结合各自实际畅所欲言，提出了很多具体可行的建议。组织了贺兰县第十九届人大常委会第十二、十三、十四、十五、十六次会议17名新任职干部法律知识考试。配合县委全面依法治县委员会执法协调小组和守法普法协调小组开展好各项依法治县职责内各项工作。全力做好义务劳动、精准扶贫、安全生产、县委巡察巡视整改等各项工作。结合工作实际，制订学习计划，扎实开展学习贯彻习近平新时代中国特色社会主义思想主题教育，认真学习“必修”内容，以学铸魂，以学增智，以学正风，以学促干，通过主题教育促使法工委工作再上新台阶。

教科文卫委员会

【深入学习领会会议精神】2023 年，贺兰县人大常委会教科文卫委员会根据安排学习了党的十九大、二十大工作报告，学习了习近平新时代中国特色社会主义思想、习近平总书记视察宁夏时的重要讲话精神和重要批示精神，把学习、领会、贯彻党的二十大精神和习近平新时代中国特色社会主义思想作为一项重要政治任务抓紧抓实，增强学习的自觉性和坚定性。

【强化人大履职监督职责】2023 年，贺兰县人大常委会教科文卫委员会组织学习了《中华人民共和国教育法》《中华人民共和国旅游法》《中华人民共和国公共文化服务保障法》等法律、法规。组织对全县文化事业及全域旅游产业发展情况进行了视察。做到既敢于监督又善于监督，努力做到在监督中支持，寓支持于监督之中，切实提高监督的针对性，实效性。

【开展视察调研工作】2023 年，贺兰县人大常委会教科文卫委员会创建国家全域旅游示范县，建设黄河流域生态保护和高质量发展示范区为目标，统筹推进贺兰县文化事业及旅游产业向纵深发展，组织贺兰县部分人大代表和部门领导对贺兰县文化事业及全域旅游产业发展情况进行了视察，对文化事业及旅游经济发展工作中存在的问题进行了座谈，对推动产业发展情况提出了对策及意见建议。

【参加各项集体活动】2023 年，贺兰县人大常委会教科文卫委员会参加了县人大党组、办公室党支部组织的“主题党日”“微党课”“廉政警示教育”等学习活动并进行交流发言。按时参加县人大代表工作培训班活动。积极走访贺兰县立岗镇通福村、洪广镇欣荣村，加强与人大代表及人民群众的联系，对所反映的问题积极与领导沟通协商。

代表联络工作委员会

【做好县人大二次会议相关工作】2023 年，贺兰县人大常委会代表联络工作委员会按照常委会的统一安排，人联委主要参与承办议案组的有关基础性工作，按照大会任务和要求全面完成各项工作。

【做好人事任免代表培训工作】2023 年，贺兰县人大常委会代表联络工作委员会坚持党管干部、依法依规原则，坚持任前法律考试、宪法宣誓、任职承诺等制度，进一步规范了机关工作人员任免工作程序。共任命 13 人、免去职务 9 人。“请进来”，引进法制专家、对乡镇人大主席、县乡人大代表 386 人进行了以《中华人民共和国全国人民代表大会和地方各级人民代表大会代表法》《中华人民共和国各级人民代表大会常务委员会监督法》《中华人民共和国全国人民代表大会和地方各级人民代表大会选举法》等内容的业务培训；“走出去”，组织县人大常委会委员、乡镇人大主席和部分人大代表 20 名参加人大业务培训，增强了培训的针对性和实效性。

【督办代表议案建议】2023 年，贺兰县人大常委会代表联络工作委员会组织部县人大代表对乡村振兴产业和农民增收入情况进行调研，总结工作经验，查找存在的问题和困难，提出了有针对性的意见建议，并形成调研意见，转交政府相关部门落实。组织部分县代表开展安全生产执法检查活动，对安全生产现场进行了重点检查，召开座谈会，收集整理意见建议 46 条。密切联系、指导辖区内的区、市、县人大代表依法履职，登录履职平台及时填报相关信息、数据，协助自治区、市人大代表小组开展视察和专题调研活动等。10 月组织常委会委员、人大代表相关部门、乡镇人大代表提出议案建议办理情况进行视察，贺兰县第十九届人民代表大会二次会议代表议案、建议共 16 件，其中议案 3 件，建议 13 件，议案建议全部办结，办结率 100%。并对代表议案建议办理质量满意度考核打分。2023 年在办理过程中进行了调查督办，并及时向常委会汇报办理情况，代表提出对重点议案建议办理情况进行跟踪督办，实地进行调研等，并召开了现场督办会；充分利用代表集中视察重点项目建设的时机，一并对重点议案建议进行了现场跟踪督办，不断提高办理质量，使代表的议案建议得到更好的答复和落实，争取代表和群众满意。

【推荐代表参加活动】2023年，贺兰县人大常委会代表联络工作委员会在借鉴、交流和总结人事代表工作经验的基础上，修订完善了《贺兰人大代表履职评价和激励办法》《关于充分发挥人大代表作用深入开展“护法安全促发展”主题实践活动实施方案》。共推荐人大代表26人次参加法院法庭审理、法院开放日、检察院检察开放日、阳光问廉、行风测评、听证会、司法监督员等活动，推进了司法公正、依法行政和民主进程；推荐6人次代表列席“一府两院”会议，拓展了代表的参政渠道，提高了代表督政能力。

【完善代表履职条件】2023年，贺兰县人大常委会代表联络工作委员会加强代表阵地建设，做好提质扩面，乡镇人大、街道社区高度重视人大代表履职的阵地建设，提升打造建设如意湖社区、天鹅湖社区人大代表工作（家）站。将其视为人大代表密切地联系选民，及时听取选民意见和建议的重要载体，继续完善人大代表在乡镇社区层面的载体和阵地建设工作，规范制度创新形式，便于人大代表工作全方位覆盖辖区。

财经工作委员会

【提高履职能力】2023年，贺兰县人大常委会财经工作委员会通过集中领学和自学的方式认真学习《中华人民共和国宪法》《中华人民共和国预算法》《中华人民共和国各级人民代表大会常务委员会监督法》《中华人民共和国民法典》《物业管理条例》等与人大工作密切相关的法律法规，结合新时期人大工作，学习了省、市关于新时代地方人大工作和建设的实施意见，通过学习，进一步明确工作的法定职责和法定程序，提高了思想素质和政治敏锐性，规范行使审查监督职权，不断提高运用法治思维和法律手段开展工作、解决问题的能力。

【加强对县本级预算调整方案的审核】2023年，贺兰县人大常委会财经工作委员会根据《中华人民共和国预算法》《预算稳定调节基金管理暂行办法》相关规定，对县财政部门送交的《2023年贺兰县本级财政收支预算调整方案》（第一批新增一般债券资金7000万元，第二批新增一般债券资金5500万元）进行了初步审核，并通过分析全县财政收支状况、审阅2022年财政决算报表，问询预算调整相关情况提出初审意见。

【视察全县住宅小区物业管理工作】2023年，贺兰县人大常委会财经工作委员会根据2023年工作计划，5月下旬，县人大常委会组织部分常委会组成人员及人大代表对全县住宅小区物业管理服务情况进行视察，并邀请部分党代表、政协委员、群众代表参加了视察座谈会，广泛听取意见建议。针对贺兰县住宅小区存在的管理服务不到位，服务理念差、收费难；对物业企业监管不到位，准入退出机制不完善；公共收益、物业费收支管理不公开、不透明；业主委员会组建比例低，作用发挥不明显；居民投诉得不到有效解决；沿街停车收费无序且权属不清等问题。建议县人民政府：进一步强化社区党组织在引领基层社会治理中的核心地位，鼓励街道社区探索形成“红色物业”引领社区治理的发展路径。进一步明确各部门工作职责，压实工作责任，推动城市管理服务向社区延伸，将执法队伍向社区下沉，与社区（物业）形成“共管共治、联动联治”工作机制。探索有效的物业行业监管制度，加强对物业服务企业的日常监督考核，综合运用物业企业信用评价、行业“红黑名单”管理办法等评价体系，创建守信联合激励，失信联合惩戒的监督机制。严格落实物业管理招投标制度，完善物业综合验收监管，督促前期物业企业与开发建设单位做好物业项目承接查验、资料移交等工作，防止开发商遗留问题影响后期的物业管理。积极推进成立业主委员会，引导业主发挥自治作用，对未能成立业主委员会的小区，街道办要督促社区居（村）民委员会积极履行代行住宅区业主委员会职责。

【对政府债务审查监督】2023 年，贺兰县人大常委会财经工作委员会根据自治区党委办公厅、银川市委办公室先后印发的有关实施意见，县人大常委会财政经济工作委员会结合贺兰县工作实际，研究起草了《关于进一步加强县人大对政府债务审查监督实施意见》（以下简称《实施意见》），对推动完善政府预算决算草案和报告中有关政府债务的内容、规范人大审查监督政府债务的内容和程序、加强人大对政府债务风险管控的监督、加强组织保障等，作出了明确规定，提出了工作要求。初稿形成后，县人大常委会先后组织领导班子成员、各委室负责人、常委会组成人员和部分人大代表进行座谈讨论，修改完善后，组织征求县人民政府办公室、财政局、审计局等单位意见，进一步修改完善后，召开县人大常委会党组会议审议后提请县委常委会会议研究审议下发。

【视察全县 2023 年上半年国民经济和社会发展计划执行情况】2023 年，贺兰县人大常委会财经工作委员会根据《贺兰县第十九届人大常委会 2023 年度工作要点》，8 月上旬，县人大常委会部分常委会组成人员及人大代表对全县 2023 年上半年国民经济和社会发展计划执行情况进行视察，视察组通过实地察看、听取汇报，询问交流等方式，详细了解贺兰县上半年国民经济和社会发展主要指标执行情况和重点项目建设、产业发展等工作开展情况。针对财政收支矛盾日益突出、城乡发展不够均衡、经济下行压力较大、稳增长任务艰巨等问题，建议县人民政府：一是提振信心，坚决稳住经济大盘。县人民政府及各部门要正视当前发展面临的较大压力，深入分析研判，强化工作措施，靶向施策、分类推进、精准服务，切实增强发展环境更有活力，市场主体更有信心。二是抓项目扩投资，不断增强发展动能。扎实做好项目谋划储备，持续优化营商环境，狠抓招商引资，积极扩大有效投资，着力助企纾困，挖掘消费市场潜力，提振企业发展信心，增强发展动能，激发市场主体活力。三是进一步落实好“过紧日子”的要求。坚决把有限财力用在刀刃上，进一步压缩非刚性、非重点支出和一般性支出，强化预算执行，做好财源建设、税收征管、预算管理、资金绩效管理等工作，优化税收结构，培植壮大税源。四是要持续保障和改善民生，不断厚植民生福祉。深入贯彻以人民为中心的发展思想，聚焦人民群众关切，千方百计增加居民收入，持续提高教育质量，加强医疗卫生服务保障，强化社会保障兜底功能，提高公共服务水平，促进民生事业发展取得新进展、人民生活持续改善，群众的幸福感、获得感更加充实、更有保障、更可持续。五是坚决落实安全生产责任制。安全生产始终要作为项目的首要重点工作，相关部门要对项目全线安全隐患进行排查，采取有效措施落实安全作业，同时要制定安全应急预案，做好安全教育，确保安全发展环境。

贺兰县人民政府

综　述

【招商引资】 2023年，贺兰县人民政府立足“一园三区”产业定位，围绕新型材料、绿色食品、生物医药、现代物流等产业链上下游，完善“五个清单”，招引10亿元以上项目2个、5亿元以上项目5个、1亿元以上项目20个，“六新六特六优”产业招商引资到位资金增长20%以上。2023年，贺兰县立足“一园三区”产业定位，围绕新型材料、绿色食品、生物医药、现代物流等产业链上下游，持续加大产业链招商、专业招商、以商招商工作力度，积极完善“五个清单”，全面提升招商引资工作质效。

【抓项目保障】 2023年，贺兰县人民政府压实要素保障县级领导包保责任，完善覆盖资金、用地、用能、用工等领域的全周期要素保障机制，一季度开工项目占比70%以上。24名县处级领导包抓58个重点项目，主动认领、积极担责，坚持深入一线、现场办公，注重研究系统性解决问题的办法措施，有效破除“中梗阻”，着力解决项目推进中的各类问题。

【农牧渔业】 2023年，贺兰县建设“农业公园”“蔬菜公园”“渔业公园”，实施黄河特色鱼类种质资源场等一批种业项目。黄河特色鱼类种质资源场项目建设地点为贺兰县习岗镇桃林村宁夏回族自治区水产研究所（有限公司），计划投资1120万元，已完成良种选育车间、库房、农机具房的基槽开挖，并通过监理单位验收。（蔬菜）宁夏巨日现代农业科技有限公司建设田间高标准育种繁种区，建设新型主动蓄热式智慧温室2座约3000平方米，同时配备苗床、节水设备、加温、降温、补光、遮阴、通风循环等设备，以及改制配置整地、移栽施肥打药、采收等专用机械设备。建设105平方米植物工厂2座，通过建设密闭环境下的人工补光系统、恒温恒湿系统、空气循环流通系统、二氧化碳补充系统、营养液自动控制与供给系统、电脑自动控制及远程控制系统、视频监控与图像传送系统、废物废液的循环再利用系统，最终形成一套完整的植物工厂大数据平台。项目总投资600万元，项目补助资金180万元，企业自筹资金420万元。

【推动冷凉蔬菜、水产“种产销”】 2023年，贺兰县人民政府一体化发展，实施优质农产品集采集配及精深加工中心、渔业深加工及鱼市建设等项目，助推品质果蔬错峰抢市，优质水产“游”向全国。渔业深加工及鱼市建设项目计划建设地点为海吉星物流园，建设规模3000平方米。

【建设露地蔬菜标准化示范基地】 2023年，贺兰县人民政府在金贵镇江南村、银光村建设2个标准园，重点示范秸秆生物反应堆、蚯蚓生物套种套养、“三零”绿色种植、鱼菜共生、富硒蔬菜种植、番茄潜叶蛾防治、生物菌剂应用等技术模式，集成集约化育苗、水肥一体化、生物有机肥、保健性病虫害绿色防控等技术。集成配套先进装备，推广应用新品种、新技术、新模式，标准园优良品种、优新技术应用率达到 100%，化肥农药用量减少 15%以上，产品检测合格率达到 100%。

【品牌车展】 2023 年，贺兰县人民政府组织办好品牌车展、云端车展，支持小鹏等 5 家知名新能源汽车销售企业完成升限。制定《“大展宏图购新车动力启程好生活”贺兰县 2023 年德胜品牌车展活动方案》。举办“大展宏图购新车动力启程好生活”贺兰县 2023 年德胜品牌车展活动，释放促销政策，刺激消费者购车欲望，激发消费者的参与度和到店率，从而提高汽车的销售额，推动汽车消费的发展；哪吒、蔚来、宝马、小鹏等 32 家企业已经升限入库，其中共有新能源汽车销售企业 9 家，餐饮企业 4 家。

【数字政府建设】 2023 年，贺兰县人民政府深化数字政府建设，优化利企便民数字化服务，电子证照入库达到 60 类 14 万个，政务服务事项“网办率”90%以上。坚持“一网通办”，加快推进群众办事便利化水平。依托银川市“一网通办”综合服务平台，汇集全县 1264 项政务服务事项，实现县级 90%事项“一网通办”。持续提升电子证照入库。

【纾解专项行动】 2023 年，贺兰县人民政府实施学生心理品质培育和压力分类纾解专项行动。做好心理健康测评工作。积极借助专业人员制定专业测评系统和程序，定期开展学生心理健康测评工作，针对分析结果及早实施精准干预。并建立人员档案。开展心理讲座活动。教体局进行征集各学校心理讲座需求，开展青少年心理知识讲座，提高学生对心理疾病的认识，增强学生对心理疾病的关注度与重视度。2 月 27 日，组织全县中小学班主任和专兼职心理教师参加“校园危机的识别与预防专题辅导”线上培训，组织全县中小学班主任和专兼职心理教师参加教育部“智慧中小学寒假心理健康专题培训”。3 月5—6 日，组织心理健康教师参加全区儿童青少年心理健康促进项目培训。

【打造特色高中】 2023 年，贺兰县人民政府打造贺兰一中区级特色高中。学校按照“特色项目—学校特色—特色学校”的发展路径，建立课堂教学、课外活动和校园文化“三位一体”的美育机制，坚持办好艺术节、新年晚会、艺术班专场演出等活动，搭建学生展示平台；成立兴趣类社团、学科类社团 25 个，参加学生 3000 余名，王永红“乐陶泥人”已经走出国门、王睿萨克斯乐团等特色社团受到社会好评。积极推进体育教育常态化，形成“特色体育”“阳光体育”活动体系。春季开展趣味运动会，秋季开展体育艺术节。高一年级开展排球强基活动，高二年级开展足球强基活动，高三年级开展篮球强能活动。当前贺兰一中被命名为自治区级体育传统特色学校。

【乡村人才引育】 2023 年，贺兰县人民政府强化乡村人才引育，支持科技特派员创新创业，培育新型职业农民 50 人，新增家庭农场 2 个、农民合作社 4 个。2023 年自治区农业农村厅下达贺兰县高素质农民培育项目 357000 元（中央资金），主要用于支付需求调查、线上线下培训、实践实训，贺兰县计划重点培育高素质农民 100 人，其中:新型农业经营服务主体经营者 50 人、专业生产型 50 人、小农户素质素养提升 20 个班次以上，每个班不低于 30 人（累计培训小农户 600 人以上），通过公开招标的方式确定两个培训主体进行培训，培训已完成。

【农村公益事业】 2023 年，贺兰县人民政府实施农村公益事业奖补等项目。争取农村公益事业第一批资金 1500 万元，组织各乡镇（场）实施项目 20 个，主要解决群众出行难、排灌难、环境脏乱差等问题。

【优化政务环境】 2023 年，贺兰县人民政府持续深化“放管服”改革，拓宽容缺办理业务范围，推动更多高频事项异地办理、“跨省通办”，拓展

“一件事一次办”服务事项至55项，政务服务群众满意度达到98%以上。

【优化市场环境】2023年，贺兰县人民政府执行全国统一市场准入负面清单制度，强化公平竞争审查，加强反垄断执法，完善拖欠中小企业账款长效治理机制，建立营商环境投诉中心。执行全国统一市场准入负面清单制度，通过纸质核对审批事项清单，对禁止准入的事项，严格执行不予审批；对许可准入的事项，包括有关资格的要求和程序、技术标准的许可要求等，严格按照相关法律、法规及地方性规定、实施细则等，依法审批。制定了《贺兰县设立优化营商环境投诉督办室实施方案》，统筹县纪委监委、县委督查室、县政府督查室、发改局、各行业主管单位等工作力量，设立贺兰县优化营商环境投诉督办室，并下设受理转办组、督查督办组，明确市场主体关于营商环境的投诉问题的办理机制和流程，真正把企业和群众的“关键小事”当作党和政府的“心头大事”来办。

【水权交易】2023年，贺兰县人民政府全面推行“合同节水＋水权交易”模式，将水资源交易资金用于现代化生态灌区建设，形成用水权改革助推节水的良性循环。自实施现代化生态灌区建设以来，砌护各类渠道382.67公里，安装各种型号的测控水设备1100余套，干渠直开口实现自动化测控全覆盖，田间支、斗渠测控技术改造覆盖率为31%。成立基层灌溉服务公司，实行水费收支两条线，完成贺兰县农业向工业用水指标交易水量533.4万立方米/年，交易年限25年，交易金额1.44亿元。完成7笔农业向农业用水指标交易水量1606.578万立方米，交易年限1年，交易金额182.09672万元。发放2021年精准补贴和节水奖励资金各42.1566万元。

【中阿博览会】2023年，贺兰县人民政府提前谋划参与中阿博览会、宁夏品质中国行等活动推介计划，助推更多优质产品走出去。按照银川市相关要求，积极配合做好中阿博览会、宁夏品质中国行等活动，积极上报中阿博览会签约项目1个；10万吨物理法高纯多晶硅项目，总投资20亿元，该项目已签订投资合作协议，外方资金已到位，并通过挂牌方式竞得398.27亩国有建设用地使用权。

【住房保障体系】2023年，贺兰县人民政府推动房地产业平稳发展，持续开展房地产领域市场秩序整顿，受理群众反映的房地产企业及房地产经纪机构投诉142件，办结138件；支持光耀、巨力、正丰、白云等房地产企业参加2023年新春购房节，积极推荐10家房地产企业参评银川市首届“好房子”样板项目申报，巨力公园华府、正丰海德家园作为样板受到银川市表彰。借助宁夏农垦首届“农旅融合嘉年华”活动，在贺兰馆汇聚了正丰、正基、佰欧、建元、奥特莱斯、金冠、煜辉七家房地产企业共8个项目，展示贺兰县住宅产业发展的新成就，提振楼市信心，让利城乡百姓，助推房地产业发展。积极配合银川市公积金中心贺兰分中心开展提取住房公积金支付购房首付款业务，与公积金中心建立互联互通机制，有效防范资金风险，进一步便利群众购房置业。

【农村公路建设】2023年，贺兰县人民政府实施农村公路新建改建11公里全部完工。1. 金京公路（金保公路—和平街段）项目路线全长7.982公里；2. 贺兰县金鑫村三社至十四社公路工程路线全长1.359公里；3. 贺兰县隆源村幸福桥至铁西村道路工程路线全长1.77公里。

【农村网络建设】2023年，贺兰县人民政府行政村5G覆盖率达到80%以上，加快形成布局合理、城乡互通的基础设施体系。5G网络已实现城区深度覆盖，各乡镇实现镇区全域覆盖，重点行政村5G覆盖率达到80%，加快形成布局合理、城乡互通的基础设施体系。

【县乡村三级政务服务】2023年，贺兰县人民政府在电子政务外网双链路接入发展到 324 个点位，覆盖范围包含党政群部门、各乡镇场（行政村）、街道办（社区）；卫生系统各医院、乡镇卫生院、村卫生室；教育系统各中小学、幼儿园；以及基层派出所、法庭、工商所。

【碧水保卫战】2023 年，贺兰县人民政府全面落实河（湖）长制，依法严厉打击渔业尾水偷排直排乱排行为，实施第四、第五排水沟水环境综合治理、三丁湖尾水治理项目，确保入黄河沟水质稳定达标。县河长办牵头，组织召开贺兰县 2023 年河湖长制第一次联席会议及总河长会，印发《贺兰县 2023 河湖长制工作要点》《贺兰县全面推行河湖长制工作考核办法》，督促相关单位按照时间节点严格落实《贺兰县第三排水沟及三二支沟水质达标提升专项行动方案》，每月月初制定当月工作要点，月底通报总结，明确、压实各级河湖长及各主要行业主管部门工作责任，加大渔业尾水不达标排放监管力度。银川市四二干沟三丁湖生态修复项目，总投资 1580.23 万元，项目采用 EPC 模式，主要建设内容：在三丁湖内重点位置，安装解层式太阳能曝气机 13 套，推流式太阳能曝气机 7 套。水域范围内种植水生植物，包括芦苇、菖蒲、香蒲、水葱、荷花、狐尾藻、竹叶眼子菜等，共计约 150980 平方米。投放鲢鱼、鳙鱼、鲫鱼、河蚌、螺蛳等共计 17850 公斤。新建管理房 1 座，建筑面积 63.89 平方米，为钢筋砼框架结构。新建出水在线监测房 1 座，建筑面积 27.00 平方米，为轻钢结构。工程于 2022 年 6 月 15 日开工建设，2023 年 5 月完工。

【电商物流园建设】2023 年，贺兰县人民政府推动电商物流园 5.99 兆瓦分布式光伏发电等项目建成投用，万元 GDP 能耗下降 3%。银川电商快递物流产业园 5.99 兆瓦分布式光伏发电项目于 2023 年 4 月 26 日并网投运，是中核汇能宁夏公司在贺兰县单体装机容量最大的工商业分布式光伏发电项目。

【疾控体制改革】2023 年，贺兰县人民政府提高重大疫情监测预警、流调溯源和应急处置能力，加快构建平急结合的公共卫生体系。落实新阶段疫情防控各项举措，最大程度保护人民生命安全和身体健康。按照自治区卫健委统一规划要求，积极推进疾控体制机构改革各项事宜。贺兰县疾病控制局挂牌成立，正在做好疾控中心和卫生监督合并前准备工作。全县基本建成了以县卫健局为牵头单位，县疾控中心为枢纽、县级医院为依托、基层医疗机构为网底，全社会协同的疾病预防控制体系。乡镇卫生院全部建立公共卫生科，专（兼）职公共卫生人员配备到位。建立全县传染病监测及突发公共卫生事件报告网络，实行法定传染病报告周分析、月分析，突发公共卫生事件及重点关注传染病风险季评估，强化对疫情、事件的研判预警，切实做到关口前移、处置及时。成立卫健系统“四防”常态化督查领导小组，以国家政策为依据，对全县医疗卫生单位、学校及托幼托育机构的传染病防控、消毒监测、安全生产、药品及试剂储备等工作进行督查及自查，督促相关单位落实整改工作。严格按照疫情防控要求，每周对全县各医疗机构进行疫情防控进行督导抽查，针对检查存在问题及时向各医疗机构反馈，形成疫情防控通报 2 次，并将督查情况及时向“四防”工作办公室进行反馈，针对存在问题进行回头看，持续做好疫情防控工作。

【中医药传承创新发展】2023 年，贺兰县人民政府投入贺兰县中医院中央资金 155 万元用于中医药康复服务能力提升项目建设，投入自治区专项资金 59 万元拟在全县医疗系统建设中医阁 1 个及中医馆内涵建设 1 个，在县中医医院设置科室 34 个、自治区级重点专科 2 个、全国基层名老中医工作室、自治区名医工作室和凤城名医工作室各 1 个。加强人才建设，夯实中医药传承创新基础。以贺兰县中医医院为龙头，利用医共体、凡晋必下、千名医师下基层等形式，加强中医药适宜技术推广培训。

【医疗卫生区域布局均衡】2023 年，贺兰县人民政府加快花园路社区卫生服务中心、南梁台子卫生院等项目投用。欣荣卫生院改扩建项目于2月交付使用；南梁台子卫生院乡村振兴提升能力建设项目于6月15日通过竣工验收。

【完善三级诊疗体系建设】2023年，贺兰县人民政府推动紧密型医共体高效运行，组建贺兰县医疗健康总院，以县人民医院为牵头医院，将县域内县、乡医疗卫生机构作为成员单位，推动落实县域紧密型医共体“五统一”管理，实现县乡村资源共建共享、管理同标同质的管理体系，会记核算中心实体化运行。盘活自治区、市、县、乡三级医疗卫生优质资源下沉近90人，实现“逐级下沉”，区市医疗资源下沉县级医院近50人，县级医院下沉乡镇卫生院及社区卫生服务站28人，乡镇卫生院下沉村卫生室6人，进一步加大三级诊疗人才队伍建设配全配齐到位。推进贺兰县医共体信息化管理，争取全力打通三级诊疗信息化互联互通，召开贺兰县“互联网+医疗健康”信息化推进会2次，解决系统平台问题共38个，完善系统操作需求5项，完善乡镇卫生院住院系统2家，并与中国移动公司完成光纤铺设协商。

【倡导健康生活理念】2023年，贺兰县人民政府制定印发《贺兰县2023年病媒生物防制工作实施方案》《关于印发贺兰县爱国卫生运动委员会工作规则和成员单位职责分工的通知》《2023年贺兰县城乡环境卫生整治实施方案》《关于开展贺兰县2023年健康“细胞”建设的通知》《贺兰县2023年爱国卫生工作要点》等文件，形成全民参与健康治理、群防群控的良好社会局面。根据市爱卫办统一安排，贺兰县举办自治区暨银川市2023年“爱国卫生日”活动启动仪式，向县公安局授予了2022年度“爱国卫生日”活动流动红旗。下发《贺兰县第35个爱国卫生月活动实施方案》《关于组织贺兰县第35个“爱国卫生月”主题宣传活动暨戒烟对象招募活动的通知》等文件。4月7日，贺兰县爱卫办组织卫健局、街道办等爱卫会成员单位和医疗卫生单位开展了主题为“宜居靓家园 健康新生活”爱国卫生月主题宣传活动暨戒烟对象招募活动，活动共发放各类宣传彩页10000余份、海报300余份、手册1000余本，营造了人人知晓、人人参与爱国卫生运动的良好氛围。5月31日启动了第36个世界无烟日主题宣传周系列活动，持续推进社区戒烟综合干预工作，现场通过文艺汇演、义诊体检、面对面咨询、招募戒烟对象、设置宣传站台等方式普及戒烟以及健康知识。共张贴海报200份，发放宣传资料3600余份，免费健康咨询、测量血压、义诊1200余人次。下发《贺兰县2023年病媒生物防制工作实施方案》，由县级财政拨付140万元资金用于全年病媒防制工作，分季节、区域对全县居民小区、绿地、水域、沟渠、稻田等进行集中消杀，并向各单位发放溴敌隆蜡丸（老鼠药）500余袋、粘鼠板200余个、灭蟑胶饵600余支，确保病媒密度达到C级及以上标准。

【医保参保全覆盖】2023年，贺兰县人民政府对十二类重点人群应参保21647人，实际参保21647人实现医保参保全覆盖。其中：城乡特困供养人员参保275人、孤儿参保56人、二级以上重度残疾人员参保3541人、离休干部遗属参保16人、重点优抚对象参保801人、高龄低收入老年人参保1818人、低保对象参保6355人、脱贫不稳定人口参保132人、边缘易致贫人口参保300人、突发严重困难人口参保702人、三级中度残疾人参保2117人、未纳入乡村振兴部门监测的已脱贫人口参保7882人。

【打造普惠托育机构试点】2023年，贺兰县人民政府建设千人托位数超2.4个，加快构建更加完善的“一老一小”服务保障体系。印发《贺兰县促进3岁以下婴幼儿照护服务高质量发展实施方案》。根据国家和自治区相继出台的做好托育机构登记备案的相关规定，县卫生健康局特别邀请银川市卫健委相关人员和市妇幼保健院专家到现场对三家托育机构进行卫生评价。为健全贺兰县促进3岁以下婴幼儿照护服务发展工作机制，统筹推进婴幼儿照护服务事业发展，6月10日，贺兰县召开2023年3岁以下婴幼儿照护服务发展工作联席会议。县卫健局、县教体局、县住建局、县公安局、县财政局、县发改局等30个成员单位领导参加。积极和县融媒体中心对接，录制了一期育儿补贴金和托育服务的访谈节目，扩大了宣传活动社会效果，提升了群众知晓率；积极开展托育服务宣传月活动，普及了婴幼儿照护服务知识，扩大了婴幼儿照护服务的社会知晓度和影响力。贺兰县共有12家托育机构登记备案成功，提供托位614个，千人托位数达1.77个。洪广镇区域医疗中心申报成为全区医养结合能力提升服务项目试点，进一步加强对老年人服务能力；参与老年口腔健康促进行动，积极为老年人晚年生活提供便利服务。督促加强医疗机构与养老机构、日间照料中心签订合约，给予医疗专业技术指导服务，促进医养康养型社会。

【完善“政府救助＋慈善救助”协同联动机制】2023年，贺兰县人民政府加大特困供养、残疾人等困难群体救助力度。积极探索综合救助新格局。争取自治区民政厅政策支持，开展“政府救助＋慈善救助”试点项目，全面落实城乡低保、高龄低收入老人、特困供养、临时救助等社会救助政策。

【铸牢中华民族共同体意识】2023年，贺兰县人民政府制定印发了《贺兰县关于落实各族青少年交流计划暨青少年学生夯基育苗工程实施方案》等文件，扎实开展系列主题实践活动，举办的“籽籽筑同心 共圆中国梦——宁闽滇三地青少年同上一堂云队课”主题活动、六一国际儿童节暨“学习二十大 唱响新征程”铸牢中华民族共同体意识中小学生艺术展演等活动被“学习强国”学习平台、《中国民族报》等多家媒体转载，组织20对困境儿童和爱心妈妈一起开展巧手女红绣“和和”系列活动第二期——巧手童心画“和和”活动，促进了各民族交往交流交融。推出彰显中华民族共同体意识的旅游精品线路“来贺兰就这么玩——石榴籽之旅铸牢中华民族共同体意识贺兰游”。在科普基地挂牌成立铸牢中华民族共同体意识教育基地。

【完善矛盾纠纷多元化解机制】2023年，贺兰县人民政府统筹推进“塞上枫桥”调解品牌提升行动。结合贺兰县人民调解工作实际，制定“塞上枫桥”，调解品牌提升行动方案，紧紧围绕“五强化、五提升”部署推进，明确了提升行动的时间表、任务图，为下一步开展工作奠定扎实的基础。强化组织建设。开展行业性专业性调委会自查。结合市域社会治理工作，贺兰县行业性专业性调委会进行自查，联合县公安局、县妇联、县总工会、县人社局等单位对已建立的调委会调整组成人员，确保调委会运行正常。构建联动机制。印发《关于印发〈贺兰县司法局山林土地纠纷调处工作实施方案〉的通知》《关于建立贺兰县医疗纠纷调解机制实施意见》《贺兰县关于开展律师调解工作的实施方案（试行）》《贺兰县预防和化解行政争议府院联席会议制度（贺政办发〔2023〕34号）》《贺兰县依法推进行政争议协调化解实施方案（试行）》（贺政办发〔2023〕33号）。强化队伍建设。举办了2023年第一季度、第二季度全县三级人民调解员培训班，全县200余名骨干调解员参加培训。围绕春节、“两会”、五一、开斋节等重要节点，全县82个村居调委会、7个乡镇（街道）调委会深入做好矛盾纠纷化解工作，深入开展领导干部包所、专职人民调解员包村工作，用实际行动践行新时代“枫桥经验”，实现“小事不出村，大事不出镇，矛盾不上交”。各级各类人民调解委员会共受理各类矛盾纠纷412件，调处成功412件，调解成功率100%。

【争取国家配套项目落实】2023年，贺兰县人民政府抓项目谋划，紧盯水利部系列项目、国家发改委黄河专项，深度挖掘国家乡村振兴示范县等配套支持项目，在前期已谋划249个项目基础上继续加大谋划力度，不断靠实，力争更多项目年内开工建设。2023年贺兰县共谋划项目291个，年度投资 154.8 亿元。德胜滨河路生态运动公园绿化及唐徕渠贺兰段东岸绿带生态绿化改造提升项目、习岗镇黎明村农村人居环境整治提升项目（二期）等 29 个政府投资类项目竣工；金农农业产业园冷链物流基地建设项目、2 万吨再生石墨新材料项目等 38 个社会投资类项目已基本完工。

【加快玄瓷新材料项目建设】2023 年，贺兰县人民政府抓项目推进，加快玄瓷新材料电子陶瓷基板等194 个新建项目开工建设，推动中药饮片生产加工等 55 个续建项目建成投用，以项目强力推进助推经济快速发展。

【新食品产业升级】2023 年，贺兰县人民政府全力建设德胜片区百亿级新食品产业集群，实施新食品产业基地、30 万吨马铃薯精深加工等项目，鼓励企业组建产业联盟，研发更多高附加值产品，持续提升产业竞争力。

【制造业高质量发展】2023 年，贺兰县人民政府积极构建金贵片区轻工纺织、装备制造、清洁能源产业集聚区，引导企业做精做细棉纺纱线产品，引进光伏材料和光伏组件配套项目，打造新的增长极，塑造制造业高质量发展新优势。金贵片区共计企业 20 家，规模以上工业企业 4 家。

【牛奶产业高端化发展】2023 年，贺兰县人民政府推动牛奶产业高端化发展，加快建立自给自足的草饲供给体系，鼓励企业突出“草饲牛奶”“谷饲牛奶”差异化发展，新增奶牛存栏 3000 头。制订并印发了《贺兰县 2023 年牛奶产业高质量发展工作要点及分工方案》，明确 2023 年全县牛奶产业高质量发展目标、任务和责任，推进各项工作有序开展；指导奶牛场引进优质奶牛性控冻精 2 万支；指导贺兰县优源润泽、优源天泽、合牧、农垦暖泉牧场等 4 家规模奶牛场成功创建国家级标准化示范场 1 家、自治区级标准化示范场 3 家。四是积极推进优质牧草种植，依托“粮改饲”项目带动，全县全株青贮玉米种植面积 11.5 万亩，养殖场（户）制作全株玉米青贮饲料 34.7 万吨。

【汽车销售和服务产业】2023 年，贺兰县人民政府大力发展汽车销售和服务产业，制定更加灵活的汽车销售补贴政策。发挥县域汽车产业优势，相继举办德胜品牌车展、美好生活节等汽车补贴活动，持续释放新能源汽车惠民政策红利，对新能源汽车补贴实行分档分级补贴，有效拉动新能源汽车增长迅速，销售市场前景可观。同时积极筹措各级促消费专项资金 320 万元用于发放汽车消费补贴，撬动限额以上汽车类商品零售额增长 3 亿元左右。

【“管委会 + 公司”改革】2023 年，贺兰县人民政府宁夏贺兰工业园区党工委全面完成银川军民融合产业园整体并入宁夏贺兰工业园区任务，设立金贵片区。

【陶瓷系统“四大改造”项目】2023 年，贺兰县人民政府抓能级提升，扎实推进产业领域攻关工程，实施高性能碳化硅功能陶瓷系统升级改造等 9 个“四大改造”项目，技改投资增长 10%。持续落实县处级领导包抓项目机制，加快推动宁夏泰益欣生物科技有限公司综合能效提升改造项目等 8 个技改项目建设。

【新增工业企业】2023 年，贺兰县人民政府建立“小升规”“规改股”“股上市”培育库，录入 33 家企业。紧盯培育企业，提升服务效能，全力做好企业转型升级各环节的服务工作，2023 年已组织 9 家企业完成“小升规”工作。培育自治区专精特新中小企业、“小巨人”企业 4 家。以潜力型中小企业为基础，以重点纳税企业和高成长企业为重点，实地走访了解企业经营发展情况，指导提质升级，成功培育专精特新中小企业 7 家，是银川市培育企业最多的县区。

【盘活土地资源】2023 年，贺兰县人民政府抓资源盘活，处置批而未供土地 800 亩，盘活闲置土地

300 亩，“标准地”供应宗数超 20%。提前超额完成了自治区自然资源厅 2023 年下达贺兰县的批而未供和闲置土地处置任务。极兔宁夏智慧供应链产业园项目用地为贺兰县第一宗按照“标准地”出让方式出让的国有建设用地，土地出让面积 53.97 亩，成交价款 688 万元。宁夏贺兰工业园区 2023 年供应的土地中20%采用“标准地”方式供应。

【强化科技型企业梯次培育】2023 年，贺兰县人民政府新增自治区创新型示范企业 5 家、国家高新技术企业 5 家、自治区科技型中小企业 40 家。新认定国家高新技术企业 6 家、国家科技型中小企业 54 家、自治区级创新型中小企业 5 家、科技型中小企业 16 家。组织申报创新型示范企业 3 家。

【创新创业孵化平台】2023 年，贺兰县人民政府加快创新平台建设，完善“政银企学研”合作机制，建成创新创业孵化平台 2 个，新增国家、自治区级创新平台 8 家以上。完成虹桥众创空间、鸿荣联盟众创空间申报工作，新培育自治区技术创新中心 9 个。

【推行重大科技项目】2023 年，贺兰县人民政府“揭榜挂帅”，力促高性能氮化铝粉体连续式生产、高附加值乳铁蛋白等领域关键核心技术取得突破通过需求征集、遴选发榜、论证评审、项目公示、预算审核、县政府会议审议等程序，确定“泰乐菌素 B 基因工程菌选育与替米考星合成工艺优化研究”“高质高产氮化铝基板专用烧结装备的研制与技术应用”“碳化硅换热管件制备关键技术研发”共 3 个“揭榜挂帅”项目。高性能氮化铝粉体连续式生产已签订项目合同书，正在有序开展。

【实施人才培养工程】2023 年，贺兰县人民政府加大青年科技人才培养力度，支持企业积极对接产业领军人才和创新团队，通过“师带徒”培养模式，建设博士后工作站、专家服务基地等人才创新载体 5 个，力争培养储备学术带头人、高精尖缺人才 30 名。积极搭建人才发展载体，鼓励支持企事业单位申报人才载体，吸引高层次人才开展创新研究，2023 上半年组织推荐申报专家服务基地 7 个、专业技术人才知识更新项目 1 个。积极主动深入企业，及时了解和掌握企业人才服务需求，结合企业实际情况进行精准人才政策宣传，进一步提升人才政策知晓率。不断强化人才队伍建设，鼓励和引导县域企事业单位积极申报各类人才项目，组织推荐申报自治区技术能手 4 人，自治区特聘专家 4 人，自治区塞上英才 4 人，自治区专家服务基地 7 家，专业技术人才知识更新项目 1 个。引进全职硕士、博士 15 人到贺兰县工作，并足额发放补助和安家费，拨付 2023 年自治区博士硕士工作补助安家费项目经费 42.6 万元。2023 年推荐贺兰县 8 名青年专业技术人才参加自治区青年拔尖人才选拔，组织拨付 2018 年、2022 年青年拔尖人才培养经费 40 万元。

【实施人才活力工程】2023 年，贺兰县人民政府健全高层次人才引进、认定、考核和补助制度，全面兑现各项人才政策，不断激发人才创新创造活力。2023 年事业单位公开招聘贺兰县工作人员 36 名，聘用公费师范生 14 名，自主招聘教师 70 名。招募“三支一扶”高校毕业生 129 人，到乡镇开展乡村振兴、支农、支教、支医项目，引导高校毕业生向基层一线流动、助力推进乡村振兴。占编安置退役士官 3 人。2022 年事业单位年度考核优秀 591 人，连续 3 年优秀事业单位工作人员 36 名，共计发放奖金 99.45 万元。

【实施人才暖心工程】2023 年，贺兰县人民政府打造“一站式”人才服务平台，全力保障高层次人才住房、社保、教育、医疗等方面需求，打造具有吸引力、竞争力、影响力的县域人才创新创业新高地。大力推行“贺兰人才码”信息化服务平台，推动人才服务线上“一站式”办理；帮助哈尔滨工业大学在读博士王伟斌对接人才住房，并促成王伟斌博士与宁夏北方高科工业有限公司合作。逐步将符合条件的新就业人才纳入住房保障范围，正在受理贺兰县行政事业单位新招录、调入人员公共租赁住房申请 3 人。按照《宁夏回族自治区高层次人才服务指南》中的高层次人才医疗保健服务指南要求，由用人单位组织，为高层次人才提供每年一次的定期体检服务。按照规定落实好符合条件的高层次人才子女的教育优待政策，根据学生监护人或其他法定监护人的意愿和辖区的学位情况安排到教育质量较好的中小学就读。

【优化政策环境】2023 年，贺兰县人民政府扎实推进“千名干部包千企”活动，实行惠企政策精准直达机制，落实好减税降费等各项措施。制定印发《贺兰县 2023 年领导干部“三必谈 包抓”工作实施方案》，29 名县处级领导包抓服务工业企业 113 家，为企业运行发展提供全流程巡诊跟踪服务。深入开展“千名干部包千企”，协调园区管委会、农业农村局等相关部门，解决市工信局反馈问题 9 条；扎实开展县处级领导干部包抓工业企业工作，29 名县处级领导干部包抓工业企业 113 家，共反馈问题 92 个，经县处级领导协调已解决问题 64 个，帮助企业应享尽享惠企政策红利，为恒康科技、塞尚乳业等企业兑现产值增长、稳产等 22 项工信政策奖补资金 2178 万元；兑现科技创新引领高质量发展实施意见政策奖励资金 1220 万元。

【坚持市场化改革方向】2023 年，贺兰县人民政府依托自治区公共资源交易平台，推动土地权交易融入更大规模市 场，最大程度实现农村土地市场价值发现、资源增值。2023 年 9 月，国有建设用地交易与农村集体经营性建设用地交易统一纳入宁夏公共资源交易平台自然资源要素交易市场，统一发布出让公告信息，统一组织公开交易，最大程度实现农村土地市场价值发现、资源增值。

【强化排放监管】2023 年，贺兰县人民政府动态核定新建项目初始排污权，强化排放监管，扩大排污权交易市场，引导企业降污增益。为巩固初始排污权应确尽确成果，完成排污权确权企业 109 家，共核定初始排污权 5253.128 吨、新增排污权 4.82 吨、政府储备权 1769.027 吨。共组织开展交易 11 笔，共出让（购得）氮氧化物等排污指标 6.254 吨 / 年，成交金额 42539.6 元。

【推动碳排放权入市交易】2023 年，贺兰县人民政府完成重点企业碳排放量确权，探索有偿分配机制，推动碳排放权入市交易。将宁夏泰益欣生物科技股份有限公司列为碳排放量确权试点单位，根据实际电量和热量由国家确定碳排放权配额，推动企业进行碳排放权入市交易。

【改进乡村治理】2023 年，贺兰县人民政府加强和改进乡村治理，拓展“一村一年一事”行动，深化“一约四会一队”建设，扎实开展移风易俗示范创建活动。印制、发放移风易俗挂历、移风易俗宣传彩页等 15000 余份，向广大群众宣传移风易俗知识，教育广大党员、干部和群众反对铺张奢侈浪费，摒弃婚丧嫁娶陋习，树立文明新风。清明节、中元节期间在“魅力贺兰”App、“两微一端”平台发布文明祭扫倡议书，倡导广大居民移风易俗，文明祭祀。向各乡镇、村制作发放移风易俗“四本台账”89 套，指导各乡镇、村按照“村民公约”，移风易俗，不大操大办婚丧事宜。向各乡镇、村制作发放移风易俗调查问卷 13000 余份，进一步推动移风易俗工作。

【提升城市综合承载能力】2023 年，贺兰县人民政府推动“市县一体化”集中供热项目全线完工，不断提升城市综合承载能力。“市县一体化”集中供热项目二期老旧管网改项目总投资 2000 余万元。工程于 2022 年 8 月开工，共完成 2500 米供热管网、54 个换热站、17 个不热区域的改造，于 10 月 15 日完工并投入供暖运营，该项目已全部完成竣工验收备案。

【实施绿色建筑专项提升行动】2023 年，贺兰县人民政府扩大装配式建筑覆盖面。开展绿色施工考评，北郡府等 19 个项目被评为县级绿色施工示范工程，其中云都荟等 17 个项目推荐至银川参与银川市绿色施工考评。为进一步推广装配式建筑，2023 年初向自然资源局发函关于明确审定新建小区装配式建筑执行标准，由自然资源局按照文件要求，对新建小区在规划设计条件审定时，明确将采用装配式建造方式建设的建筑要占地上总建筑面积的 20%以上且不少于 1 栋、装配率不低于 35%纳入土地出让条件，逐步规范装配式建筑。

【争创国家森林城市】 2023 年，贺兰县人民政府启动唐徕渠、109 国道等绿化改造提升工程，建成区绿地率达 38%，积极争创国家森林城市、国家生态园林城市。德胜滨河路生态运动公园绿化及唐徕渠贺兰段东岸绿带生态绿化改造提升项目、109 国道贺兰段生态绿化提升项目种植期验收结束，全面进入养护期。10 月 12 日将国家园林县城复查迎检资料（自评打分表、指标体系印证资料、相关规划、遥感调查与测评基础资料及示范项目图文简介）送至宁夏回族自治区住建厅。

【提升城市精细化管理水平】 2023 年，贺兰县人民政府建设宜居城市，提升城市精细化管理水平，实施“疏堵提畅”“市容靓化”“物业提标”等工程。贺兰县住建局组织召开全县物业管理服务提升专项行动推进会议，制定了《贺兰县提升住宅小区管理服务能力三年行动实施方案》和《贺兰县 2023 年物业提升“135”专项行动实施细则》，大力推进物业精细化管理，推进物业标准化建设，加强物业服务管理，规范物业服务能力“九不准”、落实“六公开”制度，大力查处物业管理区域违法违规行为，有序推进管理服务标准化，促进行业合法经营、规范运作，围绕贺兰县住宅小区环境治理、物业行业整治提升等内容，建立联动机制，努力实现全县物业服务水平提质增效工作目标。编制《贺兰县城市排水防涝体系建设实施方案（2023—2025 年）》，加强城市“里子工程”“避险工程”规划建设。投资 17896 万元实施贺兰县排水防涝体系建设工程（一期银河路）、贺兰山东麓葡萄酒产业园区金山试验区污水收集及处理工程和贺兰县金贵镇长河新村长河湾污水管网工程，新建排水管网 19.613 公里、再生水管网13.263 公里、雨水泵站 1 座、污水处理站 1 座、一体化污水提升泵站 1 座。投资 7291 万元，实施贺兰中区换热站搬迁等工程和贺兰县 2023 年城市燃气管道等老化更新改造工程，改造供热管网 3.9 公里、燃气管网 15 公里。投资 698.85 万元，实施富兴街（桃源路—北辰路）机非分离改造项目，增加非机动车道，优化道路设施，提升街道品质。

【创建严管示范街】 2023 年，贺兰县人民政府严格按照“宣传发动、疏堵结合、集中整治、强化监管”的思路，“网格化”管理，“五定”巡查，全时段管控银河路、富兴街、意湖路、沙海路等四条严管示范街。拉网式排查，处罚与教育相结合。2023 年共清理整治占道经营、店外经营等乱象 2500 余起，清理商户乱贴乱画、乱摆乱放 400 起，清理破损门头牌匾 10 余个，对占道经营、店外摆放等市容市貌乱象行政处罚共计 12200 元；开展宣传活动。结合《贺兰县综合执法大队执法服务“四进”活动实施方案》，在严管示范街开展“进社区”“进商户”“进校园”“进企业”活动，向居民发放城市管理宣传材料并现场讲解，为进一步加强城市管理精细化、全面化，促进城市管理中心下移，执法队员持续开展严管示范街的市政设施、园林绿化进行巡查。共上报至其他部门协调处理事项 200 余项；四是加大严管示范街的机械化道路清扫力度，开展“以克论净”加大清扫维护力度，“错时 + 延时”做好春季杨柳絮治理及极端天气应急工作。

【改造老旧小区】 2023 年，贺兰县人民政府改造 5 个老旧小区，提升 4 条主干道及 30 余条背街小巷基础设施。2023 年对种子公司家属院、商业苑 1# 等 4 个小区实施老旧小区改造工程，改造共涉及 6 栋楼，户数 282 户，建筑面积为 2.68 万平方米。主要对小区外墙保温、屋面防水、给排水管线等进行改造，已全部完工。

【推行城乡教师交流轮岗】2023年，贺兰县人民政府推行城乡教师交流轮岗。完善中小学教师在城镇学校和农村学校、优质学校和薄弱学校之间双向等量流动长效机制。每年参与交流轮岗的优秀教师比例不低于学校符合交流条件教师总数的10%，其中骨干教师不低于交流教师总数的20%，交流时间一般为3年。县城学校教师工作满6年，原则上必须到农村学校或薄弱学校交流任教1年。

【完善“县管校聘”配套措施】2023年，贺兰县人民政府完善“县管校聘”配套措施。通过“县管校聘”的实施，充分发挥政策激励导向作用，积极引导优秀校长和骨干教师向农村学校、薄弱学校流动，促进乡村振兴；把“县管校聘”管理体制改革与校长、教师交流轮岗、职称评审、岗位聘用、绩效考核、教师评价制度改革等协同配套、联动实施，落实中小学校用人自主权，提升基础教育治理现代化水平。

【打造体育特色学校】2023年，贺兰县人民政府打造乒乓球、足球等“一校一品”特色学校。举办中小学生运动会，包括田径、篮球、足球、排球、羽毛球、乒乓球等项目比赛；组织学生参加市、区级各类比赛且取得优异成绩；开展全县体育大课间展评活动暨体育工作指导检查。

【固废危废安全处置】2023年，贺兰县人民政府固废危废安全处置率保持100%。督促110余家企事业单位在全国固体废物管理信息系统完成网上申报，固危废安全处置率达到100%；开展高速铁路沿线工业固体废弃物专项整治，排查发现1处非法堆存建筑垃圾问题，并完成清理整治。

【完成生态保护修复专项规划】2023年，贺兰县人民政府完成生态保护修复专项规划编制。严守永久基本农田保护红线、生态保护红线。实施城市建筑垃圾固废循环利用项目。项目二期建设2个库房，面积4000平方米，基础设施投资2000万2023年已完工。

【提升资源循环利用水平】2023年，贺兰县人民政府打造生活垃圾分类示范点10个，提升资源循环利用水平。一是按照《贺兰县物业行业开展生活垃圾分类工作实施方案》《银川市示范居民小区开展生活垃圾定时定点分类投放工作导则（试行)》要求，明确居民小区“1+1”生活垃圾分类行动，每个小区结合实际制定1个生活垃圾分类方案，逐步实行“三定一撤”（定时定点定人，撤桶并点）模式。以公共机构率先垂范、示范社区打造样板，各行业齐推进的形式开展示范创建工作，在创建生活垃圾分类示范单位、示范小区的基础上，辐射至示范学校、示范餐饮机构、示范医疗机构、示范商业综合体、示范企业等，目前已创建垃圾分类示范点10余个。二是制定印发《贺兰县深入开展2023年生活垃圾分类宣传工作方案》《贺兰县志愿者队伍开展垃圾分类志愿服务活动方案》，明确具体工作要求和职责，多层次多渠道开展宣传。线下组织开展“资源垃圾回收日”“学雷锋，见行动，垃圾分类我先行”“科普大篷车，垃圾分类进校园”等系列宣传活动，线上在“贺兰发布”“贺兰融媒体中心”等公众号发布垃圾分类小知识、优秀做法、致广大市民关于垃圾分类的一封信等，号召全体干部职工、党员、居民等积极关注“慧分类”微信公众号，学习垃圾分类知识，已建立二维码用户3.4万多户，实现线上、线下宣传相结合，共开展城乡垃圾分类宣传活动560余场，入户宣传5.8万余户，覆盖17.6万余人次，组织培训110余场，发放宣传彩页及手册19.6万余份，推行服务外包、市场化运作模式，引入专业化的第三方公司对县城规划区范围内所有居民小区、机关企事业单位、医院、学校生活垃圾进行分类收集、运输、处置以及指导督促等。按照网格化管理，增设分类运输车辆，配置宣传员、分拣员、收集员等垃圾分类专业人员，采取循环收运的方式，打通生活垃圾分类全链条体系，同时加快提升分类投放点改造，增设遮雨、洗手、照明等便民化功能。

【精准高效落实稳岗返还】2023年，贺兰县人民政府强化政策支持，加大援企稳岗力度，精准高效落实稳岗返还、社会保险减免、高校毕业生就业补贴等政策，新增公益性岗位100个以上，织密兜牢重点群体就业创业保障网。深入贯彻落实稳岗返还、高校毕业生就业补贴等政策，加快资料审核把关。继续开展技术技能提升“展翅行动”，激励和引导参保职工提高职业技能，发放技能提升补贴33万元236人；发放失业补助金329万元，惠及失业人员850人；发放稳岗返还补贴资金108万元，惠及104家企业、3371名职工。切实发挥公益性岗位“兜底线、救急难”作用。

【技能培训】2023年，贺兰县人民政府加强技能培训，围绕轻工纺织、葡萄酒、现代物流等劳动密集型产业需求，举办专业技能培训、技能创业大赛5场，打造“技能贺兰”品牌。持续实施职业技能提升行动，瞄准市场需求，大力开展各类职业技能培训，开展各类技能大赛。举办贺兰县第二届乡村振兴杯职业技能大赛、贺兰县首届餐饮厨艺技能竞赛、“推动高质量人才发展 谱写现代化建设篇章”建筑工匠技能大赛、“创新发展引领 技能强县有我”劳动技能竞赛、护理专业技能竞赛等多项赛事，大力弘扬工匠精神，不断提高劳动者技能素质。

【培育创业实体】2023年，贺兰县人民政府发放创业担保贷款1.17亿元，培育200个创业实体，带动就业2000人以上。持续优化创业环境，贯彻落实创业担保贷款政策，主动加强与担保机构、经办银行的协调联动。

【拓宽就业渠道】2023年，贺兰县人民政府拓宽就业渠道，深化东西部劳务协作，丰富“零工市场”功能，发挥项目以工代赈作用，力争转移农村劳动力就业2万人以上，新增城镇就业3000人以上，确保完成“两个高于”目标。持续巩固帮扶脱贫易致贫群众就业成效，保障农村转移就业。全县实现城镇新增就业4871人，城镇失业人员再就业2297人，城镇就业困难人员实现就业569人。城镇调查失业率控制在5.5%以内。

【强化县级薄弱专科建设】2023年，贺兰县人民政府申报自治区级重点专科，强化县级薄弱专科建设，积极培育名医专科。申报自治区级重点专科3个（县医院神经内科、消化内科，中医院康复科），薄弱专科2个（县医院重症医学科，中医院儿科）。

【扩大养老托育服务】2023年，贺兰县人民政府扩大养老托育服务有效供给，实施社区老年人助餐点、“塞上乐龄大学”等项目。提升改造7个老饭桌、老年人助餐点，申请市民政资金支持，并改造完成。2023年在4个日间照料中心实施“塞上乐龄大学”项目。

【精神文明建设】2023年，贺兰县人民政府持续深化精神文明建设，深入实施公民道德建设和文明创建扩面提质工程，打造新时代文明实践主题广场2个、示范基地2个、示范站所21个，开展“中国好人”“文明家庭”等评选创建活动，争创全国文明城市，让文明之风浸润万家。制定《2023年贺兰县精神文明建设工作要点》，（贺文明委发〔2023〕1号），指导2022年到届自治区4个文明单位、1个文明校园、1个文明村镇顺利通过自治区到届复验，指导银川市级6个文明单位、1个文明村镇迎接银川市级到届验收工作，对2022年到届贺兰县级19个文明单位、7个文明校园开展复查验收，组织2个乡镇、11个村成功申报贺兰县级文明镇、村，群众性精神文明创建扩面提质。强化公民思想道德建设，创新成立“少年说”校园校记者通讯站，广泛开展“扣好人生第一粒扣子”“童心向党”主题实践活动、“我们的节日”系列活动、“3·5”学雷锋志愿服务活动、清明祭英烈活动等。认真开展先进道德模范评选推荐工作，成功推荐评选银川市“新时代好少年”3人，举办2023年度贺兰县“新时代好少年”事迹发布活动，表彰贺兰县“新时代好少年”30人。深化新时代文明实践中心建设工作，探索

"文明实践+"工作机制。打造金贵牡丹花乡新时代文明实践示基地，推动文明实践 + 文旅融合；打造天荣现代农业文明实践点、科海渔业文明实践点，推动"文明实践 + 产业发展"；提升打造广荣村手工车间，以电商直播形式，助力农民增收，打造隆源村、星光村 2 个示范点，切实服务数字乡村建设，习岗镇、广荣村等 5 个新时代文明实践所、站已完成拓展提升，进一步凝聚了新时代文明实践工作合力。积极组织开展道德模范评选申报工作。文明办择优推荐海智梅入选"中国好人榜"、任秀兰入选第一季度"宁夏好人"，"好人"效应持续放大，全县 10 户家庭获评贺兰县"文明家庭"，在全县形成崇德向善的良好风尚。

【举办文旅活动】2023 年，贺兰县人民政府高水平举办农民丰收节、乡村文化旅游节等活动，助推建设黄河文化传承彰显区。成功举办稻渔空间 2023 年梦幻灯光稻草冰雪主题乐园冰雪节、贺兰县 2023 年"大地欢歌"乡村文化活动年暨第三届"牡丹花"乡村文化旅游节、"5·18"国际博物馆日"一石通古今 一馆览万年"主题活动以及 2023 年中国旅游日暨贺兰山爱鸟周活动。宁夏园艺产业园举办"宁夏农垦首届农旅融合嘉年华"活动。结合"我们的节日"开展"月满中秋 诗行贺兰"中秋诗会暨"喜迎国庆"促消费专场文艺晚会；在 1958 创意产业园举办 2023 中国银川·世界葡萄酒之都自驾车露营大会；举办贺兰山国家森林公园趣登贺兰山、兰山颂祖国、宁夏农旅产业园"千只螃蟹千人免费吃"等特色活动；在各大景区景点连续开展贺兰县 2023 年"迎中秋 庆国庆"文化进景区专题文艺演出共 19 场，观众累计约 2000 人次，并在各村及社区开展秦腔文艺巡演惠民活动，丰富城乡居民的精神文化生活。

【打造城市工业文化旅游带】2023 年，贺兰县人民政府打造城市工业文化旅游带，加快推进花园观光式烘焙产业园等项目。指导培育厚生记申报创建国家 AAA 级旅游景区，宁夏安创蓓康申报创建国家 AA级旅游景区，2023 年验收工作。

【创建自治区级乡村治理示范乡镇】2023 年，贺兰县人民政府加快县乡两级综治中心规范化建设，创建自治区级乡村治理示范乡镇 2 个、示范村 4 个。认真落实《关于推进县乡镇（街道）两级综治中心规范化建设实体化运行的实施方案》（平安贺兰组〔2023〕5 号），完善县乡两级综治中心制度机制，配备基础办公设备，将政法委会议室"一室两用"并重新安装符合 1080P 标准的高清电子屏，将银川市市域社会治理信息平台接入并正常使用，每月召开乡镇（街道）综治中心主任会议，确保乡镇（街道）综治中心建设有责任、有任务、有要求。

【食品药品安全监管】2023 年，贺兰县人民政府强化食品药品安全监管，加快创建国家食品安全示范城市，全域创建食品药品安全区。银川市创建国家食品安全示范城市，涉及贺兰县明察点位 189 个。2023 年 3 月，经国务院评审组暗访明察，总体情况较好，顺利通过国家验收组评审。

重要会议

【贺兰县第十九届人民政府第 31 次常务会议】12 月 30 日召开，传达学习习近平总书记在中央经济工作会议上的重要讲话精神，审议《贺兰县项目攻坚年行动实施方案（送审稿）》《贺兰县文明素养提升行动实施方案（送审稿）》《贺兰县 2023 年春节慰问活动实施方案（送审稿）》，安排部署相关工作。

【贺兰县第十九届人民政府第 32 次常务会议】1 月 18 日召开，传达学习习近平总书记近期重要讲话和重要指示批示精神。传达自治区"两会"精神，听取近期安全生产、值班值守、困难救助、信访及保供工作情况，2023 年全县项目谋划储备及一季度开工项目推进情况，审议《贺兰县第十九届人民代表大会第二次会议政府工作报告责任分解与任务分工方案（送审稿）》，安排部署有关工作。

【贺兰县第十九届人民政府第 34 次常务会议】 2 月 17 日召开，传达学习习近平总书记近期重要讲话和重要指示批示精神，传达学习 1 月 28 日国务院常务会议精神，自治区《关于做好一季度经济工作、确保实现“开门红”工作方案》精神；听取各单位招商引资、全县一季度项目开工、1—2 月安全生产、春耕备耕工作情况汇报；安排部署有关工作。

【贺兰县第十九届人民政府第 35 次常务会议】 3 月 3 日召开，传达学习习近平总书记近期重要讲话重要指示批示精神，听取安全生产、2022 年黄河流域生态环境警示片披露问题推进情况、全县污染防治攻坚战工作开展情况汇报，安排部署相关工作。

【贺兰县第十九届人民政府第 36 次常务会议】 3 月 14 日召开，传达学习中国共产党第二十届中央委员会第二次全体会议精神，习近平总书记在中央党校建校 90 周年庆祝大会暨 2023 年春季学期开学典礼、在民主协商会上的重要讲话精神，对深入开展学雷锋活动作出的重要指示精神。传达学习中央民族工作会议、全国宗教工作会议精神，听取建设铸牢中华民族共同体意识示范县推进情况和基层宗教治理工作推进情况汇报。听取春耕备耕工作推进情况、创建学前教育普及普惠县推进情况汇报，安排部署相关工作。

【贺兰县第十九届人民政府第 37 次常务会议】 4 月 3 日召开，传达学习习近平总书记在全国两会上的重要讲话精神和全国两会精神，习近平总书记在中国共产党与世界政党高层对话会上的主旨讲话精神，听取全县一季度经济运行情况汇报，安排部署相关工作。

【贺兰县第十九届人民政府第 38 次常务会议】 4 月 10 日召开，传达学习习近平总书记在参加首都义务植树活动时的重要讲话精神，在俄罗斯媒体上发表的署名文章。传达学习自治区政府主要领导在《自治区森林草原防灭火指挥部办公室关于全国森林草原防灭火工作电视电话会议精神有关情况的报告》上的批示精神。听取《政府工作报告》目标任务一季度落实情况和 2023 年人大议案建议、政协提案、为民办实事办理进展情况，近期森林草原防灭火工作情况汇报、全县一季度就业创业工作开展情况汇报，安排部署相关工作。

【贺兰县第十九届人民政府第 39 次常务会议】 4 月 18 日召开，传达学习习近平总书记在广东考察时的重要讲话和重要指示精神、出席中法企业家委员会第五次会议闭幕式上的致辞精神、在《求是》杂志上发表的重要文章《加快构建新发展格局 把握未来发展主动权》，传达《中共中央办公厅印发〈在全党大兴调查研究的工作方案〉的通知》精神。审议《贺兰县推进预制菜产业高质量发展三年行动方案（2023—2025 年）（送审稿）》《贺兰县适水产业高质量发展规划（2023—2030）（送审稿）》《贺兰县适水产业高质量发展西北第一县建设任务分工方案（送审稿）》，安排部署相关工作。

【贺兰县第十九届人民政府第 40 次常务会议】 5 月 4 日召开，传达学习习近平总书记在中共中央政治局会议分析研究当前经济形势和经济工作时的重要讲话、在二十届中央全面深化改革委员会第一次会议上的重要讲话精神，传达学习《自治区人民政府关于印发〈宁夏回族自治区人民政府贯彻落实习近平总书记重要讲话指示批示精神工作规则（试行）〉的通知》精神，听取全县一季度经济运行发展情况汇报，安排部署相关工作。

【贺兰县第十九届人民政府第 41 次常务会议】 5 月 18 日召开，传达学习习近平总书记主持召开二十届中央财经委员会第一次会议上的重要讲话、给云南大学建校 100 周年、向“中国式现代化与世界”蓝厅论坛致贺信、给中国农业大学科技小院的学生回信精神。研究全县双拥、安全生产工作，安排部署有关工作。

【贺兰县第十九届人民政府第 42 次常务会议】 5 月

31日召开，传达学习习近平总书记近期在雄安新区、河北考察并主持召开高标准高质量推进雄安新区建设、深入推进京津冀协同发展座谈会，听取陕西省委和省政府工作汇报时，在中国—中亚峰会、二十届中央审计委员会第一次会议等重要讲话、重要批示和重要致辞、回信贺信精神，传达学习《自治区人民政府办公厅关于进一步加强投资项目全流程管理的通知》，审议《关于高质量推进以县城为重要载体的城镇化建设实施方案(送审稿)》，安排部署相关工作。

【贺兰县第十九届人民政府第44次常务会议】6月12日召开，审议《贺兰县与金凤区部分行政区域界限调整涉及事项移交方案（送审稿）》《贺兰县2023年度第二批巩固拓展脱贫攻坚成果和乡村振兴项目实施计划（送审稿）》《贺兰县2023年财政推进乡村振兴补助资金安排使用计划（送审稿）》，安排部署有关工作。

【贺兰县第十九届人民政府第45次常务会议】6月19日召开，传达学习习近平总书记在中共中央政治局第五次集体学习时、在主持召开二十届中央国家安全委员会第一次会议上、在文化传承发展座谈会上、在内蒙古考察时的重要讲话精神，给上海市虹口区嘉兴路街道垃圾分类志愿者的回信精神。传达学习国务院常务会议精神。听取有关工作情况汇报，安排部署有关工作。

【贺兰县第十九届人民政府第46次常务会议】6月30日召开，学习贯彻习近平总书记重要指示精神、全国安全防范工作紧急视频会议精神，学习贯彻自治区、银川市近期重要会议精神，听取银川市生态环境违法行为专项整治行动反馈问题整改情况汇报，审议《贺兰县关于推动城乡建设绿色发展的实施方案(审议稿)》，安排部署有关工作。

【贺兰县第十九届人民政府第47次常务会议】7月8日召开，传达学习习近平总书记在中共中央政治局会议上、中共中央政治局第六次集体学习时、同团中央新一届领导班子成员集体谈话时的重要讲话精神，学习贯彻国务院常务会议精神，学习市委专题会议、市政府第33次常务会议精神，听取重大事故隐患专项排查整治2023行动暨大排查大整治专项行动汇报，听取“九小”场所消防安全百日专项整治行动开展情况汇报。会议还重点审议了《深入学习贯彻习近平总书记重要指示精神 认真落实全国安全防范紧急视频会议部署和自治区党委政府要求 全面加强安全生产工作的责任分工方案》《全县城镇燃气安全风险隐患排查整治工作方案》《全县旧标“双阀”液化石油气钢瓶集中更新更换工作方案》《全县液化石油气钢瓶安全隐患排查整治工作方案》《全县深化“九小”等场所消防安全专项整治工作方案》《全县人员密集场所疏散通道和外窗专项治理工作方案》和《贺兰县燃气用户免费入户安全检查工作实施方案》，安排部署相关工作。

【贺兰县第十九届人民政府第48次常务会议】7月14日召开，传达学习习近平总书记在江苏考察时、在主持召开中央全面深化改革委员会第二次会议时、在出席上海合作组织成员国元首理事会第二十三次会议时的重要讲话精神和近期重要贺信、回信精神。传达学习习近平总书记关于防汛救灾工作的重要指示精神，听取近期贺兰县防汛抗旱工作开展情况汇报，安排部署有关工作。

【贺兰县第十九届人民政府第49次常务会议】8月1日召开，传达学习习近平总书记近期重要讲话精神和重要指示批示、贺信回信精神，学习国务院相关会议精神，学习自治区党委十三届四次全会、自治区黄河流域生态保护和高质量发展先行区建设推进会、自治区人民政府第22次常务会议、自治区上半年经济形势分析会、银川市建设先行区示范市推进会暨上半年经济形势分析会议精神，研究2023年下半年全县经济工作，安排部署有关工作。

【贺兰县第十九届人民政府第51次常务会议】8月21日召开，传达学习习近平总书记关于加强和改进人民信访工作的重要论述，学习8月17日中共中央政治局常务委员会、8月8日国务院常务会议精神，传达自治区政府主要领导调研预制菜产业发展情况时的工作要求、在《关于对历史遗留城镇住宅“办证难”问题化解进度滞后县区督查情况的报告》《关于贺兰县推进适水产业高质量发展工作情况的调研督查报告》上的批示，学习省部级干部信访专题研讨班精神和自治区政府第23次常务会议精神，听取全县上半年信访工作、全县1—7月份经济运行情况汇报，安排部署相关工作。

【贺兰县第十九届人民政府第52次常务会议】8月30日召开，传达学习习近平总书记在首个全国生态日之际作出的重要指示精神和近期复信精神，传达国务院第二次全体会议、自治区人民政府第二次全体(扩大）会议精神，审议《贺兰县行政许可事项清单（2023年版）（送审稿)》，安排部署相关工作。

【贺兰县第十九届人民政府第53次常务会议】9月13日召开，传达学习习近平总书记在听取新疆维吾尔自治区党委和政府、新疆生产建设兵团工作汇报时的重要讲话精神及近期复信、贺信精神，传达学习8月31日中共中央政治局会议精神，听取贺兰县2022年黄河流域生态警示片披露突出问题整改情况汇报，审议《贺兰县农村集体经营性建设用地入市试点工作配套管理办法（送审稿)》，安排部署有关工作。

【贺兰县第十九届人民政府第56次常务会议】10月25日召开，传达学习习近平总书记在主持召开进一步推动长江经济带高质量发展座谈会上、在江西考察时的重要讲话精神，对宣传思想文化工作作出重要指示精神。传达学习国务院常务会议精神，传达学习《中共中央办公厅 国务院办公厅关于全面加强新形势下森林草原防灭火工作的意见》《自治区党委办公厅 人民政府办公厅关于全面加强新形势下森林草原防灭火工作的意见》《中共中央办公厅 国务院办公厅关于进一步加强矿山安全生产工作的意见》，听取全县经济运行情况，安排部署有关工作。

【贺兰县第十九届人民政府第57次常务会议】11月1日召开，传达学习习近平总书记在同中华全国总工会新一届领导班子成员集体谈话时、在中共中央政治局第九次集体学习时的重要讲话精神及近期致辞、贺信精神，集中学习《政府投资条例》等自治区系列文件，审议《贺兰县创新型县建设实施方案（送审稿)》，安排部署有关工作。

【贺兰县第十九届人民政府第58次常务会议】11月20日召开，传达学习习近平总书记在中央金融工作会议上、在主持召开中央全面深化改革委员会第三次会议时、在同全国妇联新一届领导班子成员集体谈话时、在北京河北考察灾后恢复重建工作时的重要讲话，对山西吕梁市永聚煤矿一办公楼火灾事故作出重要指示精神及近期重要致贺信精神，传达学习自治区人民政府第32次常务会议精神、银川市人民政府第43次常务会议精神，安排部署有关工作。

【贺兰县第十九届人民政府第59次常务会议】11月30日召开，传达学习习近平总书记在中共中央政治局第十次集体学习时、在出席亚太经合组织第三十次领导人非正式会议时的重要讲话及近期重要致信贺信精神，11月27日中央政治局会议精神。传达学习自治区政府第34次常务会议、银川市政府第44次常务会议精神，听取全县1—10月份经济运行、食品药品安全、耕地保护和粮食安全工作情况汇报，安排部署相关工作。

【贺兰县第十九届人民政府第60次常务会议】12月18日召开，传达学习习近平总书记在上海考察时、在主持召开深入推进长三角一体化发展座谈会上的重要讲话、在第十个国家宪法日之际作出的重要指示精神，传达学习自治区关于进一步严格财政支出管理坚决落实过紧日子要求，审议两会相关材料，听取贺兰县建设黄河流域生态保护和高质量发展先行区示范县“四水四定”落实情况和全县反恐、禁毒、道路交通安全工作汇报，安排部署有关工作。

政府办公室工作

【概况】2023 年，贺兰县政府办公室坚持以习近平新时代中国特色社会主义思想为指导，深入学习贯彻党的二十大精神和习近平总书记视察宁夏重要讲话和重要指示批示精神，全面落实自治区第十三次党代会和自治区党委十三届四次、五次全会精神，银川市第十五次党代会和市委十五届八次、九次全会精神，坚决执行县委、县政府各项工作部署，认真履职尽责，勇于担当作为，圆满完成了各项工作任务。

【政治纪律】2023 年，贺兰县政府办公室严格执行《关于新形势下党内政治生活的若干准则》，认真落实双重组织生活制度，严肃党内政治生活，2023 年党员领导干部以普通党员身份参加所在支部党员大会120 余人次。认真落实领导干部重大事项报告制度，按照要求及时填报领导干部廉政档案和党风廉政建设信息采集表。坚持民主集中制，严格执行“三重一大”集体决策制度，认真落实一把手“五不直接分管”和末位表态制，2023 年组织召开政府办公室党组会议 19 次，审议重大财务支出 13 次，研究干部事宜 4 次。

【意识形态】2023 年，贺兰县政府办公室将意识形态工作纳入 2023 年党建工作要点，结合实际，制定《中共贺兰县人民政府办公室党组 2023 年意识形态工作计划》，明确目标任务，及时召开党组会议对意识形态工作进行安排部署，定期开展意识形态风险点排查，2023 年召开党组会议研究意识形态工作 4 次。

【法治思维】2023 年，贺兰县政府办公室将依法行政工作与普法、学法活动相结合，坚持党组理论学习中心组学习、干部理论学习制度，用好“学习强国”学习平台、“法宣在线”等载体平台，重点学习《中华人民共和国消防法》《中华人民共和国公务员法》《中华人民共和国安全生产法》等法律法规，督促干部职工及时参加“法宣在线”各阶段考试。

【思想建设】2023 年，贺兰县政府办公室把学习宣传贯彻党的二十大精神作为当前和今后一个时期的首要政治任务，坚持读原著、学原文、悟原理知原义，深刻领悟“两个确立”的决定性意义，制订并印发《中共贺兰县人民政府党组学习贯彻习近平新时代中国特色社会主义思想主题教育工作计划》，认真学习贯彻习近平总书记关于主题教育重要讲话和重要指示批示精神，紧紧围绕“学思想、强党性、重实践、建新功”的总要求，牢牢把握深入学习贯彻习近平新时代中国特色社会主义思想这一主题主线和根本任务，开展党组理论学习中心组专题学习 4 次，干部理论学习 22 次，集中宣讲 1 次，开展专题研讨 20 余次，累计发言 30 人次，不断推动习近平新时代中国特色社会主义思想入脑入心，更好地把学习成果转化为工作的思路、办法和实际成效。

【学习制度】2023 年，贺兰县政府办公室坚持党组理论学习中心组带头，领导率先示范，干部全员参与，及时制订学习计划，通过干部理论学习、党员大会、开展专题研讨等线上线下互动学习模式，进一步筑牢党员干部思想基础，不断提高党员干部政策理论水平和贯彻执行能力。2023 年共组织党组理论中心组学习 14 次，干部理论学习 80 余次，讲专题党课 7 次，围绕“强素质强服务强担当强斗志”能力作风建设年、“弘扬伟大建党精神 在黄河流域生态保护和高质量发展先行区示范市建设上走在前作表率”、“认真学习贯彻自治区党委十三届四次全会精神”、“感恩总书记 奋进新征程”等主题开展交流研讨 10 余次，累计发言 20 人次，撰写交流研讨材料、心得体会等 40 余篇。

【学习载体】2023年，贺兰县政府办公室从学习上入手抓教育，不断创新学习形式，拓展学习内容，完善学习机制，为推动“三办”“三服务”工作奠定良好思想基础。充分运用“学习强国”学习平台、宁夏干部教育培训网络学院等开展学习教育，并定期通报学习情况，及时督促提醒干部职工抓好自学。选派1人代表贺兰县参加银川市第四届“学习强国”学习平台达人挑战赛，取得第一名的优异成绩。

【组织生活制度】2023年，贺兰县政府办公室全面落实“三会一课”、组织生活会，民主评议党员、谈心谈话等党内组织生活制度。共召开党员大会12次、支委会议15次，讲专题党课6次。以“学习贯彻习近平新时代中国特色社会主义思想主题教育”“感恩总书记 奋进新征程”等为主题开展“主题党日”活动12次，开展各类交流研讨10余次，组织党员以更有力的举措、更务实的作风推动党内组织生活制度化、经常化、规范化。

【党员教育】2023年，贺兰县政府办公室结合党支部人员调动及党组织的隶属关系调整，及时办理组织关系转接手续，规范党员管理，及时更新完善党员信息。深入推进在职党员进社区共建机制，激发党员干部队伍活力。做好发展党员工作，2023年共接收预备党员4人，完成预备党员档案管理和培训各项工作。

【“三进”活动】2023年，贺兰县政府办公室结合“三进”活动和每月主题党日，组织党员干部开展疫情防控、扶贫帮困、走访慰问、文明创建等各类主题活动，按照“千名干部大入户”“党员干部进千企‘三必谈’”工作要求，累计走访企业20余次，走访群众400余人次，文明城市创建等活动500余人次。春节前夕，慰问困难群众、困难党员50余户，慰问退休干部20余人，切实把“三进”活动和结对帮扶要求落到实处，让老党员和生活困难的党员感受到组织的关怀和温暖。

【综合协调】2023年，贺兰县政府办公室围绕县委、县政府中心工作，充分发挥政府办公室的协调职能，做好与上下级党委、政府及相关部门联系协调工作，及时调度、调整领导活动安排，保证领导公务活动井然有序。高标准做好政府党组、常务会议、重点项目对接会等会议的准备和组织协调工作。严格落实安全生产责任制，强化应急值守工作，严格落实领导24小时带班值班制度，及时处置各类突发事件，全年上报突发事件快报14件。机要工作不断改进，文件报送、传阅、归档及时准确，切实做到不失密、不泄密，将保密工作落到实处。

【参谋辅政】2023年，贺兰县政府办公室坚持把写好文稿作为办公室工作的“主业”和“首业”，始终紧贴理论前沿，紧跟政策形势，紧扣中心工作起草文稿。共起草领导讲话、汇报材料等各类文稿100余篇。切实当好政府系统运转的“巩固后院”，及时处理各类来文5000余份件。努力当好政府的“智囊团”“千里眼”“顺风耳”。深入分析全县经济形势，准确把握贺兰经济社会发展阶段特点，广泛开展产业发展、项目谋划等方面的调查研究，形成具有前瞻性、针对性的决策建议，为政府决策提供基础支撑。围绕全县中心工作，积极关注经济发展重点、群众关心热点，吃透“上情”，摸准“下情”，及时、全面、准确报送政务信息。围绕全县中心工作，积极关注经济发展重点、群众关心热点，及时、全面、准确报送政务信息。全年审核编发上报信息204条。

【政务公开】2023年，贺兰县政府办公室以“公开为常态、不公开为例外”为原则，坚持统筹兼顾、突出公开重点，不断提升政务公开质量和实效。2023年，政府门户网站公开信息19847条，政府公报公开78条，微信微博公开19830条，各单位政府信息查阅点公开500余条。办结依申请公开20件。按照国家、自治区、市、县关于稳经济保增长促发展相关要求，围绕规划、惠民惠企、社会救助等一系列出台政策措施，及时进行政策解读，累计制作图解动漫材料 58 件。开展“政策公开讲”系列访谈活动，积极开展“政府开放日”活动，广泛组织群众进机关进警局进现场，提高群众对政府工作的知晓率。持续优化网站服务功能，完成网站适老化改造项目。

【督查督办】 2023 年，贺兰县政府办公室紧盯 2023 年政府工作报告重点工作任务，定期跟踪督办，确保各项工作任务按时完成。督促各责任部门圆满完成人大议案建议 16 件、政协提案 20 件、民生实事10 件。围绕政府中心工作，以招商引资、“四争”工作、重点项目、环境保护、安全生产等为重点，开展专项督查督办，促进各项重点工作有序推进。累计开展专项督查 173 次，印发专报 27 期，通报 6 期，下发督办单 270 余份，有效推动了各项工作的落实。

【信访化解】 2023 年，贺兰县政府办公室立足“事要解决”，在畅通渠道、源头预防、化解矛盾、应急处置等方面重点发力，从严从细抓好信访各项工作落实，2023 年以来，信访事项按期答复率 100%，申诉求决类初次信访事项一次性化解率 95.5%，群众满意率 98.1%。国家、自治区交办的第三批17 件重复信访、信访积案如期结案销号，按时完成国家、自治区交办任务目标。

【后勤保障】 2023 年，贺兰县政府办公室投入 328 万资金建设了电力系统远程安全诊疗节能服务平台，实现政务中心电力系统远程控制及运维管理，达到了降损节能、提升经济效益的目的。投入 85 万元建设了节水监管平台，实现了远程监测、记录、分析所有水表的用水量数据。常态化开展全体人员安全教育工作，通过学、考、检，切实提高了安全意识及维护食品安全的素质和能力。

【党风廉政建设】 2023 年，贺兰县政府办公室年初，召开党组会议专题听取上年度党风廉政建设工作情况汇报，安排 2023 年度工作，制定并印发《中共贺兰县人民政府办公室党组 2023 年全面从严治党党风廉政建设和反腐败工作主要任务分工》，为年度工作全面推进奠定基础。建立落实全面从严治党主体责任“三个清单”，细化工作目标任务和责任界限。围绕 4 个方面重点内容细化分解 13 项具体工作任务，为年度工作全面推进奠定基础。及时更新领导班子及班子成员全面从严治党“三个清单”，建立、更新领导干部廉政档案 6 份。严格执行新形势下党内政治生活若干准则、《中国共产党重大事项请示报告条例》，坚持民主集中制，落实领导干部重大事项报告制度，办公室党组会议集体研究“三重一大”事项。全年党组会议研究重大事项 100 余次，审议重大财务支出 100 余次。

【作风建设】 2023 年，贺兰县政府办公室牢牢把握边学习、边整改、边建制、边提升的要求，在压茬推进学习思考、查摆问题的基础上，对标市委“严细深实勤俭廉 + 快”作风要求，结合工作实际，制定并印发《关于开展“强素质强服务强担当强斗志”能力作风建设年活动的实施方案》，建立突出问题专项整治问题清单，抓实问题查摆和对照检查，班子查摆问题 9 个，班子成员查摆问题 63 个，同时细化整改措施，明确整改时限，并全部整改完成。全面履行从严治党主体责任，认真落实中央八项规定及实施细则精神和自治区“八条禁令”。驰而不息纠“四风”，围绕形式主义、官僚主义等作风突出问题，深入开展专项治理行动。

【警示教育】 2023 年，贺兰县政府办公室及时将党风廉政建设基本理论纳入理论学习任务清单，深入学习贯彻党章、党内监督条例、廉洁自律准则等制度规定，筑牢党员干部纪律规矩意识。同步开展“廉洁从政警示教育月”活动，通过学习中央和区市县纪委全会精神，传达有关违纪违法通报，观看警示教育片，党员领导干部带头讲党课，开展廉政提醒谈话，参观廉政警示教育基地等方式，引导党员干部明底线、知敬畏。

政府信息公开

【概况】2023年，贺兰县政府信息公开以习近平新时代中国特色社会主义思想为指导，深入开展学习贯彻习近平新时代中国特色社会主义思想主题教育，全面落实自治区、市关于政务公开工作的决策部署，统筹推进各项工作任务落实落细，政府信息公开工作稳步推进，工作质效进一步提升。

【主动公开情况】2023年，贺兰县政府信息公开主动公开政府信息共1737条，其中：通过政府门户网站公开文件、工作动态、督查检查、财政预决算等各类信息307条，制发及主动公开规范性文件19条；通过政府公报公开文件信息86条；通过微博公开信息1325条。

【申请公开情况】2023年，贺兰县政府信息公开收到公民、法人和其他组织的政府信息公开申请20件，全部按要求办结。未发生因政府信息公开引发行政复议和行政诉讼的情况。

【公开管理情况】2023年，贺兰县政府信息公开加强政府网站信息发布审核工作，严格落实信息发布“三审三校”和保密审查、涉敏审核制度，坚持分级分类审核、先审后发，抓好源头找错纠错，严把政治关、法律关、政策关、保密关、文字关。健全政务新媒体信息内容更新机制，每周更新内容不少于1次，重要节点和重大节日做到24小时巡网读网。严格落实《中华人民共和国个人信息保护法》，依法公开公民个人信息，采取去标识化、删除或遮盖等手段妥善处置，切实保护公民个人隐私。

【平台建设情况】2023年，贺兰县政府信息公开严格落实网络意识形态工作责任制，加强政府网站和政务新媒体的监督管理，切实做好拟公开信息审核、内容监测和安全防护。加强日常24小时值班读网，确保政府网站和政务新媒体安全平稳运行。根据信息公开要求，适时调整政府网站专栏设置，集中发布法定主动公开内容。定期清理过时、失效政府信息，防范化解汇聚风险，更好服务企业和群众。

【监督保障情况】2023年，贺兰县政府信息公开围绕贺兰县2023年政务公开工作要点，层层分解工作任务，要求各单位落实工作责任，建立工作台账，定期上报工作推进情况。将各单位日常政务公开工作开展情况纳入全县绩效考核重要内容，督促各项工作任务有效落实。将《中华人民共和国政府信息公开条例》纳入办公室干部会前学法主要内容，组织全县各单位开展“政府开放日”活动，听取群众代表意见建议，主动接受社会监督。2023年，未发生因政务公开工作不到位被追究责任情况。

信访工作

【概况】2023年，贺兰县信访局工作在县委、县政府的坚强领导下，在自治区、市业务部门的精心指导下，坚持以习近平新时代中国特色社会主义思想为指导，认真学习贯彻党的二十大和习近平总书记视察宁夏重要讲话和重要指示批示精神，深入贯彻落实自治区第十三次党代会、银川市第十五次党代会精神，认真贯彻落实《信访工作条例》，推进突出矛盾化解、强化源头问题治理，凝心聚力抓重点、抓源头、抓基础、抓落实，全县信访形势总体平稳向好。

【高位推动】2023年，县委、县政府高度重视信访工作。县委常委会、县政府常务会10次听取全县信访工作情况，县信访工作联席会议6次研究部署信访工作，层层压实工作责任。县委、县政府主要领导对信访工作9次作出指示批示，带头接待来访群众，包抓化解历史遗留信访积案，带动全县各级领导干部包案化解疑难复杂信访事项。

【压实责任】2023年，贺兰县信访局加大信访事项督导指导力度，每月全县范围内通报信访事项化解情况，倒逼责任落实。用好“三项建议”职责，加大责任倒查，对化解工作中推诿、敷衍、拖延、弄虚作假而激化社会矛盾、引发大规模群体性事件的，及时向纪委监委提出追究责任的建议，严肃信访纪律和作风建设。

【矛盾化解】2023年，贺兰县信访局认真细致开展信访矛盾纠纷化解工作，加大初信初访办理力度，严把初信、初访办理质量，切实提高信访事项的首访处理到位率和群众满意率。2023年全县求决类初次信访事项534件，一次性办结且未发生重复信访437件，一次性办结率90%以上。

【化减存量】2023年，贺兰县信访局全力攻坚化解信访积案消减存量，建立全县重复信访台账，全部实现县级领导包案，疑难、复杂信访事项形成工作专班，“一案一策”推进化解了中央信联会议交办贺兰县第三批15件重复信访事项、银川市信联办交办6件“四项治理”攻坚行动事项、39件县级重复信访专项治理信访事项。

【综合施策】2023年，贺兰县信访局以司法矛调中心为基础，综合运用法律、政策、经济、行政等手段，对符合政策法规规定的合理诉求，及时落实资金、政策、措施等，或者签订相关还款协议等，有效化解诉求。

【依法化解】2023年，贺兰县信访局对已经或者依法应当通过诉讼、仲裁、行政复议等法定途径解决的，由县政法机关牵头做好审查甄别、案件审判、释法说理、矛盾化解等工作，对生活困难的及时帮扶救助，不断引导和加强信访工作法治化水平。

【畅通渠道】2023年，贺兰县信访局大力宣传网上信访，提高网上信访普及率和知晓率，引导群众快速有效表达诉求，实现网上信访向“掌上”延伸，为群众提供全天候、零距离服务，让数据多跑路、群众少跑腿。

【程序到位】2023年，贺兰县信访局全面推进预防、受理、办理、监督追责、维护秩序“五个法治化”和“四个到位”，加大对各乡镇场（街道）、各部门信访事项化解的指导力度，引导依法按规定、按程序、按时限办理信访事项，网上信访全程阳光透明，全力保障信访群众知情权，努力实现“群众不用跑”，营造良好的网上信访生态。

政务服务

【概况】2015年，贺兰县行政审批服务局采取“虚拟机构、实体运作”的模式组建，2019年更名为贺兰县审批服务管理局，列为政府组成部门，下设政务服务中心，政务服务中心建筑面积约10000平方米，根据功能布局设置6个办事大厅，分别是公安交通服务厅、社会保障服务厅、不动产资源交易厅、办税服务厅、综合审批服务厅、工程建设项目服务中心，牵头负责全县行政审批制度改革、行政审批服务等工作，同时作为全县优化营商环境重点单位之一，承担政务服务、开办企业、招标投标三项重点任务，涉及的包容普惠创新、企业开办、政务服务等业务指标创新工作，多次被区市媒体及网站宣传报道。县审批服务管理局先后被评为“国家节约型公共机构示范单位”“自治区文明单位”“全市先进基层党组织”“全市政务服务一体化政务服务能力示范单位”“全市公共机构生活垃圾分类样板单位”“贺兰县创建全国民族团结进步示范县模范集体”，获得了贺兰县“让党中央放心、让人民群众满意”模范机关称号。

【政务服务水平提高】贺兰县政务服务中心进驻部门19个，社会第三方服务水、电、气、暖等机构10个，进驻事项756项。全县行政许可事项共231项，其中审批局承接90项。2023年，全县累计受理各类政务服务事项102万件，办结率100%，好评率达99%以上。梳理“零材料”事项清单 75 项、“跨省通办”事项 218 项、“一件事一次办”58 项、告知承诺事项 198 项，将 11 项群众常办的行政许可事项赋权乡镇民生中心窗口办理，方便基层群众就近办理。创新推行“四畅”工作机制，固化企业开办“134”工作法，2023 年全县市场主体数量 3.8 万户，新增市场主体 6915 户，同比增长 25.45%，全县市场主体保持连续增长好势头。推进政务服务“一网通办”，推广用好国家部委、自治区、市、县 38 套业务系统，全县 1452 个政务服务事项实现无差别受理、同标准办理，85%的政务服务事项实现“一网通办”，不断提升政务服务水平。

行政审批

【概况】2023 年，贺兰县审批服务管理局在县委、县政府的正确领导下，局党组坚持以习近平新时代中国特色社会主义思想为指导，深入落实党中央、国务院和自治区、市、县党委、政府关于深化“放管服”改革优化营商环境部署和要求，以“四强”能力作风建设年活动为抓手，以服务高质量发展为中心，团结务实、创新工作，全力推进各项重点工作，取得了一定成效。

【主要工作成效】2023 年，贺兰县审批服务管理局累计受理各类政务服务事项 102 万件，办结率 100%，好评率达 99%以上，高效审批服务获 10 面锦旗好评；获全市政务服务一体化政务服务能力示范单位称号、银川市政务服务礼仪展演三等奖、2023 年银川市政务服务系统文艺展演三等奖、2022 年度全县效能目标管理考核优秀等次等。

【服务市场主体保持增长】2023 年，贺兰县审批服务管理局创新推行“四畅”工作机制等开办企业便利化商事制度改革成果，提炼总结的“坚持四个‘秉持’提升准入、准营、注销便利度”入选《全国优化营商环境简报》典型经验，获银川市优化营商环境指挥部办公室通报表扬。全县市场主体数量 3.8 万户，新增市场主体 6915 户，同比增长 25.45%；其中企业数量首次突破 1 万户，达到 10887 户，新开办企业1832 户，同比增长 31.99%，全县市场主体保持连续增长好势头。

【牵头担当服务大局】2023 年，贺兰县审批服务管理局牵头研究编制《贺兰县行政许可事项清单（2023 年版）》《贺兰县持续深化“综合窗口”改革实施方案》《工程建设项目“交地即开工”实施方案》等多个重要改革方案，持续推动改革创新发展；围绕用地、规划设计等环节，全面压减手续办理环节和时限，2023 年共办理项目备案、规划条件核实、工程规划许可、环境影响评价等事项 809 件。

【重点工作落实到位】2023 年，贺兰县审批服务管理局 2022 年度开办企业营商环境评价指标全区排名第一、其他测评指标表现良好；“一件事一次办”事项拓展至 58 项，完成县政府工作报告下达的 55 项事项；全县累计录入电子证照 82 类 31.3 万个，全区各县区排名第一。

【优化服务】2023 年，贺兰县审批服务管理局落实第十次全国深化“放管服”改革电视电话会议重点任务。组织全县 34 个牵头部门提出 129 项措施落实第十次全国深化“放管服”改革电视电话会议 69 项重点任务，并全部完成。

【清理梳理工作】2023 年，贺兰县审批服务管理局梳理全县行政许可事项清单 231 项，公布《贺兰县行政许可事项清单（2023 年版）》，并印发严格落实行政许可事项清单（2023 年版）管理工作通知，规范行政许可事项实施。

【清理证明事项】2023 年，贺兰县审批服务管理局联合贺兰县司法局印发《贺兰县关于取消 10 项证明事项的通知》，取消并公布 10 项证明事项，推进减证便民，方便企业和群众办事创业。

【服务创新任务】2023 年，贺兰县审批服务管理局印发《贺兰县落实2023年全区政务服务创新主要任务清单分工方案》，按照自治区、市工作要求，成立三个工作专班，落实落细2023年全区政务服务改革创新“一件事一次办”“四级四同”“跨省通办”等6个方面目标任务，以更实举措推进改革创新突破，以更优服务提升企业获得感、满意度。

【助力政府职能转变】2023年，贺兰县审批服务管理局推进政务服务“一网通办”，打通国家部委、区市县38套业务系统，全县1452个政务服务事项实现无差别受理、同标准办理，85%的政务服务事项实现“一网通办”，不断提升协同治理和服务水平。

【服务有的放矢】2023年，贺兰县审批服务管理局持续推进政务服务标准化规范化便利化建设，动态调整行政审批中介服务事项目录清单。印发并公布贺兰县行政审批中介服务事项目录清单，梳理了涵盖2个方面36项中介事项，其中申请人委托中介机构提供服务或自行编制的事项31项，审批部门委托相关机构开展的行政审批中介服务事项5项。

【“跨省通办”服务】2023年，贺兰县审批服务管理局统筹优化线上线下218项“跨省通办”事项服务，继续加强与沿黄周边城市对接协作范围，与千阳县行政审批服务局签订“跨省通办”合作协议。

【特殊困难举措】2023年，贺兰县审批服务管理局印发《为特困残疾人提供上门代办服务工作的实施方案》，提供精准化的营业执照、残疾人证、不动产登记手续办理等上门服务，打通关爱服务残疾人“最后一百米”。

【培训活动】2023年，贺兰县审批服务管理局集中组织全县15个部门96名工作人员，参加全市为期28天的全市“行政办事员”培训认定暨业务技能大比拼活动线上线下培训课程，94人参加结业考试，考试通过率为100%，有效推动政务服务窗口人员职业化、专业化、稳定化的人才队伍建设。

【服务指导监督】2023年，贺兰县审批服务管理局印发落实“四项制度”、提升“四项指标”方案，建立通报制度，印发运行监督通报12期、“四项指标”落实情况通报3期，加强指导协调，促使电子证照录入等指标保持领先，超期办件等指标迎头赶上。

【免费邮寄服务】2023年，贺兰县审批服务管理局不断夯实政务服务基础，按照“证照送达政府买单”模式，在政务服务大厅提供免费邮寄服务，企业及办事群众均可以按照自愿原则选择免费邮寄服务，变企业群众“上门取”为快递“送上门”。

【优化营商环境】2023年，贺兰县审批服务管理局组织召开优化营商环境专题会，成立2023年营商环境评价工作领导小组及工作专班，传达学习优化营商环境政策，研究部署2023年营商环境工作任务，组织专班人员全力做好企业开办、政务服务、招标投标3项评价指标的模拟问卷填报，力争牵头3项指标和配合的办理建筑许可指标保持全区营商环境评价前列。

【量化工作目标】2023年，贺兰县审批服务管理局印发《2023年商事制度改革工作要点》，组织召开2023年政务服务“四减一优”“一件事一次办”“综合窗口”工作培训会，助力市场主体准入、准营、退出等集成服务再升级。

【政银合作】2023年，贺兰县审批服务管理局积极与贺兰农村商业银行、石嘴山银行贺兰支行、中国工商银行贺兰支行探索合作，在三家银行设立银行网点商事登记“服务点”实行帮办代办服务，实现企业开办“全程网办”、家门口办照。

【一事一次办】2023年，贺兰县审批服务管理局印发加快推进政务服务“一件事一次办”工作方案，丰富开办企业“一件事一次办”应用场景，积极推进开办预制菜企业、服务企业全生命周期等13类58件“一件事一次办”事项服务落地落实，提升企业和群众办事便利度。

【“综合窗口”改革】2023年，贺兰县审批服务管理局印发持续深化“综合窗口”改革实施方案，加快升级“前台综合受理、后台分类审批、综合窗口出件”审批模式，不断提升审批服务便利化、规范化水平，切实做到让企业群众“一次可办、一次办好”。

【梳理“一业一证”】2023年，贺兰县审批服务管理局梳理包括餐馆、超市等35个县级行业“一业一证”服务指南，推进政务服务流程最优化，“一业一证”改革措施办结360件，更好服务各类市场主体经营发展。

【提升行政审批服务】2023年，贺兰县审批服务管理局积极推动诊所审批改备案、推行门头牌匾备案制、认真落实开展四级四同体外循环事项清理及下放审批事项自查工作等，为办事群众提供更加高效、便捷的审批服务。

【助力个体工商户转型升级】2023年，贺兰县审批服务管理局开辟“个转企”绿色通道，优化现场指导，建立“个转企”培育台账，为转型的个体工商户快速高效地做好转型登记工作，已为28家市场主体办理“个转企”业务，真正享受到政策红利。

【做好“优秀企业家绿色通道”】2023年，贺兰县审批服务管理局开辟优秀企业家“绿色通道”服务专区，安排业务骨干为首批公布的193家优秀企业家提供专人指导、专人审核、全程代办等便利服务和后续事项全过程跟踪定制服务，努力打造招商引资的“环境福地”和快捷高效的“服务高地”，切实让企业放心投资、安心发展。

【推动招标投标改革】2023年，贺兰县审批服务管理局持续优化招投标服务、强化招标人主体责任，及时保障“贺兰县贺兰山东麓防洪治理（金山拦洪库提升加固改造）工程”等20多个重点项目顺利开评标。推行“评定分离”完成涉及小学、幼儿园等16个民生工程项目招标工作；与山东淄博、河南滨州公共资源交易中心通力合作，圆满完成第十一小学等建设项目“线上面对面”评标工作，跨省域远程异地评标迈上新台阶。推行1000万元以下工程免缴投标保证金，为百余家投标企业实行保证金“免收”，免收金额达800余万元。

【保障重点项目服务审批】2023年，贺兰县审批服务管理局围绕“项目强力攻坚年”活动，推行“N+1”极速审批模式、“建设工程施工许可分阶段办理模式”，推行建设工程项目多证联发“拿地即可开工”审批服务，分级分类制定16类“主题式”审批流程，持续推进企业投资项目“容缺审批＋承诺制”改革，宁夏万通新型建材有限公司光伏发电设备基础制造项目等28个项目受益于审批新模式。推行工程建设项目审批“无偿代办”，对重大招商引资项目实行代办服务，实行“一对一”全流程无偿帮办，为企业跑手续、解难题。不断规范市政公用服务，共办理供水、供电、燃气等市政公用服务事项19930件。

【推行“四畅”工作机制】2023年，贺兰县审批服务管理局围绕市场主体需求、聚焦企业发展，印发《2023年贺兰县优化提升开办企业服务“四畅”工作方案》，创新推行“四畅”工作机制，以线上线下通畅办、一站式服务流畅办、政银政企舒畅办、部门联动顺畅办，进一步巩固提升“一网通办”“全程网办”“134工作法”等开办企业便利化商事制度改革成果，不断激发全县市场主体活力和发展内生动力。

【提供“上门服务”】2023年，贺兰县审批服务管理局针对市场主体开业准备时间短，可能会出现集中签约、集中办证等特殊情况，我局积极对接、靠前服务、提前指导，派出经验丰富、业务熟悉的窗口工作人员前往“贺兰往事 文创大集”主题特色街区、新百商业（贺兰县）有限公司等集中商圈，为200余户市场主体提供“一件事一次办”上门集中办证服务，确保营业执照和食品经营许可证办理工作有序稳步进行，真正做到了让工作人员多跑路，群众少跑腿，在惠企便民中实现政务服务的“零距离”，获得市场主体“真情服务为企业 严格把关促发展”的锦旗好评。

【打造优质营商环境】2023年，贺兰县审批服务管理局牢固树立“项目为王”理念，围绕搭建“一站式、全周期”服务平台，积极打造“企业服务中心”。通过窗口前移、帮办代办、服务延伸等方式，打造事关项目建设、企业发展的全周期、全流程、全方位要素保障服务体系，实现涉企事项集成化、一站式服务。设置办不成事反映服务指导办公室、投诉协调室，由办公室主任、审批首席代表第一时间及时对接企业掌握服务需求，确保企业诉求件件有回应、事事能落实。

机关事务管理

【概况】2023年，贺兰县机关事务管理中心坚持以习近平新时代中国特色社会主义思想为指导，在县委、县政府的正确领导下，认真学习贯彻党的二十大和习近平总书记视察宁夏重要讲话精神，认真履行“管理、保障、服务”职责，后勤保障服务工作呈现新局面、取得新成效。

【信息建设】2023年，贺兰县机关事务管理中心投入328万元资金建设了电力系统远程安全诊疗节能服务平台，运用“互联网＋物联网＋云计算＋智能电网技术”，实现政务中心电力系统远程控制及运维管理，更好地保障了电力供应的安全，同时达到降损节能、提升经济效益的目的；投入66.68万元建设了节水监管平台，通过安装智能远程水表及节能监管平台软件，实现了远程自动采集所有水表的用水量数据并对用水情况进行监测、记录、分析，中心能耗管理与监测提供数据支撑。

【用房规范】2023年，贺兰县机关事务管理中心为进一步全面贯彻党的二十大精神，认真落实中央八项规定，规范办公用房管理相关制度。联合县纪委监委对全县53家机关单位、独立核算办公用房的12家二级单位办公用房使用开展了“拉网式”检查，同时对重点部门（单位）办公用房使用进行再宣传、再检查、再核算、再警醒、再教育，确保全县各部门（单位）办公用房使用不超标。

【机构节能】2023年，贺兰县机关事务管理中心根据银川市机关事务管理中心《关于开展公共机构生活垃圾分类样板单位遴选工作的通知》要求，积极推荐县审批服务管理局进行参选，通过前期指导申报、自评、现场验收等环节，审批服务管理局成功创建为市级垃圾分类样板单位，通过典型示范引领带动全县各级公共机构做好生活垃圾分类和资源循环利用工作。积极推进“节约型机关”创建工作，2023年，全县48家机关单位已全部创建为国家级节约型机关，创建率为100%，提前完成目标任务。

中国人民政治协商会议贺兰县委员会

综　述

【概况】2023 年，中国人民政治协商会议贺兰县第十一届委员会在中共贺兰县委的坚强领导下，县政协常委会坚持以习近平新时代中国特色社会主义思想为指导，认真学习贯彻党的二十大精神和习近平总书记视察宁夏重要讲话和重要指示批示精神，深刻领会习近平总书记关于加强和改进人民政协工作的重要思想，坚持发扬民主和增进团结相互贯通、建言资政和凝聚共识双向发力，认真履行政治协商、民主监督、参政议政职能，在思想引领中深化政治共识、在服务大局中助推经济发展、在关注民生中促进社会和谐、在汇聚合力中凝聚奋进力量、在传承创新中发展政协事业，在践行全过程人民民主过程中找准贺兰路径，为实现“五个示范县”奋斗目标贡献政协力量。

【思想理论武装】2023 年，中国人民政治协商会议贺兰县第十一届委员会始终把习近平新时代中国特色社会主义思想作为统揽政协工作的“纲”和“魂”，“第一时间”“第一议题”传达学习贯彻习近平总书记重要讲话、重要会议精神，深悟笃行习近平总书记关于加强和改进人民政协工作的重要思想、溯源学习人民政协成立 70 周年的光辉历程，形成了以政协党组理论学习中心组引领学，党组会议和常委会会议专题学、委员大讲堂辅导学、机关“80· 90 课堂”定期学、“书香政协”联动学的制度体系，全年累计开展各类学习 76 次，在“举什么旗、走什么路”上态度鲜明、行动坚决、方向明确。

【坚持党的全面领导】2023 年，中国人民政治协商会议贺兰县第十一届委员会高度重视政协工作，出台《关于加强和改进新时代县政协工作的实施方案》《政协贺兰县委员会协商成果办理和反馈管理办法》，党政主要负责人对政协履职成果给予充分肯定；其他党政领导积极参加县政协的重要活动，认真督办重点提案，主动就协商议题通报情况、听取建议。党委重视、政府支持，让政协建言更有底气、履职更有动力。发挥政协党组在政协工作中的领导作用，认真落实党建工作、意识形态、党风廉政建设责任制，扎实开展纠治形式主义、官僚主义专项整治。加强“两个全覆盖”实践探索，形成“横向拓展、强化政治引领，纵向联动、构建大党建格局”的履职模式，努力以党建引领推进政协工作提质增效。

【主题教育】2023 年，中国人民政治协商会议贺兰县第十一届委员会牢牢把握“学思想、强党性、重实践、建新功”总要求，紧紧围绕学思用贯通、知信行统一根本任务，把“四下基层”作为主题教育的重要抓手，处级领导干部开展理论宣讲活动 23 次，累计覆盖 510 人次，开展走访调研活动 29 次，形成制约贺兰县适水产业高质量发展因素分析等调研报告 4 篇，解决问题 14 个，建章立制 3 个，筹措资金为残疾人康复中心添置康复设备、开通评估管理系统，让残疾人就近就便享受“家门口”康复治疗，惠民实效得到群众一致点赞。

【共谋发展之策】2023年，中国人民政治协商会议贺兰县第十一届委员会始终把促进发展作为履职第一要务，围绕中心发出政协声音，服务大局展现政协作为，在协商建言中书写新时代政协“发展答卷”。

【聚焦县域经济发展建言献策】2023年，中国人民政治协商会议贺兰县第十一届委员会紧盯“六新六特六优”产业深入选题，围绕贺兰县葡萄酒产业发展情况，深入酒庄、部门实地调研、广泛听取意见建议，掌握实情，赴四川成都、云南弥勒等地区学习先进经验，提出了注重品牌效应、构建营销体系等4个方面10条建议，为推动贺兰县葡萄酒产业高质量发展建言献策。以新食品产业发展为切入点深入开展专题视察，通过学习、调研、座谈，提出优化新食品产业创新创业环境等对策建议12条，助力贺兰县“三新”产业发展。调研报告得到县委、县政府主要领导批示，认为政协调研报告有深度、有分析、有针对性、有操作性，要求有关部门要在工作中吸收运用。这不仅让县政协和广大政协委员振奋了精神、坚定了信心，更为下一步政协协商工作明确了方向和主要任务。

【聚焦党政决策部署尽精诚之力】2023年，中国人民政治协商会议贺兰县第十一届委员会围绕自治区党委十三届四次、五次全会精神集中发力，紧盯发展和安全，深入学习自治区安全生产“1+37+8”重要系列文件，主动排查66家委员企业，发现并督促整改安全隐患63处。坚持以视察促改进，以监督促落实，开展全县安全生产工作民主监督，通过报送社情民意信息、开展“有事好商量”协商议事活动，努力为安全生产保驾护航。紧盯发展和环保，及时传达学习“1+4”系列文件精神，印发《关于充分发挥政协民主监督职能作用助力我县安全生产和生态环保工作的实施方案》，为常态化围绕安全生产、生态保护开展建言资政提供制度支撑。坚持上下联动，就“加大农膜回收利用”“遏制耕地双非化”等议题在自治区政协常委会上为生态环保工作发声助势，确保政协协商活动与党委工作同心协力、同轴运转、同向推进。

【聚焦民生社会事业谋务实之策】2023年，中国人民政治协商会议贺兰县第十一届委员会围绕“加快推进国家农业现代化示范区创建工作”，深入开展调研，专题召开议政性常委会会议协商，提出完善工作机制、强化要素集聚等建议13条，助力贺兰县由农业大县向农业强县转变。深入调研乡村振兴资金使用效益，提出探索多元联农带农机制建设等14条意见建议。主动联系爱心企业、委员企业为贺兰三中、欣荣小学捐款捐物达20万元，用心用情助力乡村振兴。针对贺兰县妇女儿童发展规划落实情况进行民主监督，在学习借鉴广州、深圳先进经验基础上，带领政协委员奔赴现场“把脉问诊”“对症下药”，就“婚姻家庭矛盾纠纷调处”等4个方面形成30条建议，经县政府专题研究，相关部门积极办理。

【协商形式持续完善】2023年，中国政治协商会议贺兰县第十一届委员会紧扣“国之大者”，回应民之关切，健全完善以全体会议为龙头，专题议政性常委会会议为重点，专题协商、对口协商、提案办理、“有事好商量”等为常态的协商议政格局。县政协十一届二次会议以来，共征集提案121件，审查立案20件，提案办复率100%，在推动经济高质量发展、助力乡村振兴、加快城市建设和社会治理、增进民生福祉和社会保障等方面彰显政协所能。坚持商以求同、协以成事，全年推进“有事好商量”协商议事活动10次，解决了村民用水、居民用气等难题，特别是居安东街48户居民天然气管道改造的迅速解决，真正让群众从“有事好商量”协商议事活动中增强了获得感、幸福感和安全感，实现商量聚智慧、协作办实事。

【协商平台不断丰富】2023年，中国人民政治协商会议贺兰县第十一届委员会推进政协协商向基层延伸、政协工作向一线拓展，以“爱”之名行益善之举，以“商”为要展政协之长。在残疾人康复中心打造政协委员“爱益相随”实践基地，建立“1+6+N”服务体系，围绕残疾人就业、托养、社会融入等开展协商活动7次，整合委员力量、部门资源为残疾人捐款捐物22万元，积极号召委员企业推介44名残疾人实现就业增收2万元，为残疾群众树立了生活的勇气和信心。实践基地为爱而聚，汇聚力量温暖民心等经验做法被“学习强国”学习平台等媒体报道。一年来，“一点两室两基地”履职阵地开展各类履职活动120余次，委员和界别群众参与活动2600余人次。政协践行全过程人民民主的协商平台日益完善，功能定位日益清晰，品牌效应日益凸显。

【协商实效全面提升】2023年，中国人民政治协商会议贺兰县第十一届委员会坚持思想认识到位、力量整合到位、渠道拓展到位、跟踪办理到位，持续擦亮社情民意信息工作贺兰品牌，就AI诈骗、交通安全、城市书房建设等民生事项，形成一批有建言高度、民生热度、解决力度的真知灼见。一年来，共收集社情民意信息186篇，整理编报64期，《莫让“科技与狠活”坏了国人健康》《改造打滑斑马线 消除通行安全隐患》等34篇信息被全国政协和自治区政协采纳，30篇信息反映问题得到自治区、市、县相关部门办理，政协信息工作连续三年位列自治区县级政协第一名，并在自治区政协系统社情民意信息工作座谈会作了经验交流。

【深化团结合作凝聚共识】2023年，中国人民政治协商会议贺兰县第十一届委员会持续深化铸牢中华民族共同体意识教育，组织宗教界、民主党派政协委员参观我县铸牢中华民族共同体意识文化艺术交流基地，展现民族团结、社会进步的良好局面。重视发挥民主党派、工商联、人民团体、无党派人士、非公有制经济人士的重要作用，开展各民主党派意见恳谈会，积极邀请党派团体参加专题调研、大会发言、协商交流、视察监督等政协履职活动，切实做到真诚相待、真心相交、真情相融。2023年，各党派团体提交提案、大会发言、社情民意比重分别达10%、35%和46%，参与各类协商议政活动21场次，团结民主、和谐共事的氛围更加浓厚。

【强化文史宣传扩大共识】2023年，中国人民政治协商会议贺兰县第十一届委员会充分发挥文史资料“存史、资政、团结、育人”作用，启动《贺兰文史资料（第十一辑）》征编工作。组建稳定特约撰稿人队伍，收集整理西湖变迁、老工业企业回顾等史料资料50余篇，力求存史实、保质量、出精品。融合用好宣传矩阵，形成“1个宣传主题、2个宣传平台、3类特色栏目”的宣传工作格局，累计播出《委员说》《同心圆·协商汇》《和和话政协》15期，节目点击量达33.5万人次，64篇政协信息被《人民政协报》《华兴时报》等国家级、自治区级媒体采用，全方位讲好政协故事、展示政协履职风采。

【彰显界别特色增进共识】2023年，中国政治协商会议贺兰县第十一届委员会市县两级政协委员走进百瑞源·殷红子熟枸杞庄园，共赴“山河之育·风土贺兰”读书分享会，围绕葡萄酒、枸杞、贺兰山等文化元素，通过委员荐书、沙画演示、沉浸式互动等多样化形式，把理论学习、思想碰撞、艺术赏析、经济恳谈有机融入书香政协活动中，有效扩大了委员读书“外溢”效应。创新开展“献策电商聚合力，共商共建促发展”电商沙龙暨界别活动，委员现场讲授电商经验，23家企业结成电商联盟，界别群众就电商发展说心里话、谈真情况，政协委员给出“品牌即流量”等“金点子”，为助力全县电商经济发展聚“人气”、添“活力”。

【委员服务管理水平提升】2023年，中国政治协商会议贺兰县第十一届委员会开展政协委员履职能力提升年活动，实行委员全覆盖履职培训，组织政协委员赴全国政协干部培训中心、浙江大学等充电蓄能，提升委员履职本领。坚持优化服务与加强管理并重、正向激励和刚性约束并行，量化委员考核管理办法，完善委员履职档案，增补8名委员，委员队伍结构进一步优化。强化考核结果运用，通报表扬优秀政协委员15名、优秀提案10件、优秀社情民意信息12篇。发挥先进典型示范引领和表率作用，获自治区“五一劳动奖章”的快递小哥常聪善，在平凡岗位上绽放光彩；在宁夏首届残特奥运动会乒乓球比赛中获得银牌的乡村教师袁杰，用对体育的热爱诠释突破自我、自强不息的生命价值。委员们在各个领域、各自岗位，以火热实践彰显自身的责任与担当。

【专委会基础性作用夯实】2023年，中国人民政治协商会议贺兰县第十一届委员会加强专委会与对口部门、界别委员的联系，注重发挥常委在专委会中的带头作用，联系常委在功能型党支部开展述职，紧抓“关键少数”促示范带动。高质量做好“搭台”服务，组织开展“以史为鉴通古今 筑梦中华育新人”等特色活动5次，有效提升委员活动参与率和积极性，扩大委员履职参与面。持续推进活动阵地规范化建设，以“稻渔空间”为依托的农业界别工作室、以“文创基地”为载体的教科文卫体界别工作室、以宁夏电商快递物流园为支撑的协商驿站、以“爱不释手”婚姻家庭矛盾纠纷调解室为特色的社会治理工作室建设日益规范，全年累计接待界别群众300余人，有效拓宽了委员团结引领界别群众的渠道，各专委会突出专业优势打造的“一委一品”特色品牌正逐步成型。

【机关干部队伍建设加强】2023年，中国人民政治协商会议贺兰县第十一届委员会扎实开展“强素质强服务强担当强斗志”能力作风建设年活动，同步推进政协机关“强基练兵提能”活动，以师徒结对、定向培训等加强干部队伍管理，提升干部开口能说、提笔能写、遇事能干的工作本领。配强专委会工作力量，设立专委会办公室，优化人员结构，人员力量薄弱问题得到有效解决。主动接受县委对政协机关开展巡察工作，做好巡察整改“后半篇文章”。全力支持县纪委监委派驻政协机关纪检监察组履行职责，持续巩固风清气正的良好政治生态。加强机关党组织建设，完成党总支、党支部换届选举工作，举行“光荣在党50年”纪念章颁发仪式，开展干部荣退、红色教育暨警示教育基地观摩等党建活动，离退休党支部成功创建“全区离退休干部示范党支部”。

重要会议

【中国人民政治协商会议贺兰县第十一届委员会第三次会议】2024年1月3—4日召开。会议听取和审议了政协贺兰县第十一届委员会常务委员会工作报告；听取和审议了政协贺兰县第十一届委员会常务委员会关于二次会议以来提案工作情况的报告；列席贺兰县第十九届人民代表大会第三次会议，听取并讨论了贺兰县人民政府工作报告及其他有关报告；审议通过贺兰县政协2024年协商计划；审议通过关于政协贺兰县第十一届委员会常务委员会工作报告的决议；审议通过政协贺兰县第十一届委员会常务委员会关于二次会议以来提案工作情况报告的决议；审议通过政协贺兰县第十一届委员会第三次会议关于提案审查情况的报告；审议通过政协贺兰县第十一届委员会第三次会议政治决议。

【贺兰县政协第十一届第8次常委会会议】2023年3月28日召开，传达学习习近平总书记在全国两会期间的重要讲话和全国两会精神，研究贯彻落实措施；视频学习《庆祝人民政协成立70周年(二)》，研究贯彻落实措施；审议《政协贺兰县委员会2023年工作要点》，安排部署相关工作；审议《爱益相随政协委员实践基地方案》，安排部署相关工作。

【贺兰县政协第十一届第9次常委会会议】2023年7月7日召开，传达学习习近平总书记重要指示批示精神、自治区党委常委会会议和市委常委会会议精神，安排部署相关工作；视频学习《庆祝人民政协成立70周年（三）》，研究贯彻落实措施；听取上半年全县经济运行情况通报；听取上半年委员提案办理情况通报；通报县政协委员2023年上半年履职情况；通报2023年上半年反映社情民意信息情况；审议王欣辞去政协第十一届贺兰县委员会委员职务事宜。

【贺兰县政协第十一届第11次常委会会议】2023年12月25日召开，传达学习中央经济工作会议精神；审议政协贺兰县第十一届委员会第三次会议议程（草案）、日程；提案审查委员会建议名单及提案截止日期的决定；各次大会执行主席和主持人建议名单、主席台就座人员名单、分组办法、分组名单、秘书处组成人员和工作机构及职责；审议政协贺兰县第十一届委员会常务委员会工作报告（草案）、提案工作情况报告（草案）；审议贺兰县政协2024年协商计划（草案）；审议委员请辞事宜；审议增补政协委员事宜。

【贺兰县政协第十一届第12次常委会会议】2024年1月3日召开，听取各组讨论情况的汇报；审议通过政协贺兰县第十一届委员会常务委员会工作报告的决议（草案）；审议通过政协贺兰县第十一届委员会常务委员会提案工作报告的决议（草案）；审议通过县政协2024年协商计划（草案）；审议通过提案审查委员会关于十一届三次会议提案审查情况的报告（草案）。

【贺兰县政协第十一届第13次常委会会议】2024年1月4日召开，听取各组对政府工作报告及其他有关报告讨论情况的汇报；审议通过政协贺兰县第十一届委员会第三次会议政治决议（草案）。

【贺兰县政协十一届第8次常委会会议】2023年3月28日召开，会议传达学习了习近平总书记在全国两会期间的重要讲话和全国“两会”精神，观看了《庆祝人民政协成立70周年》第二集，审议通过了《政协贺兰县委员会2023年工作要点》《贺兰县政协委员“爱益相随”实践基地实施方案》。

【贺兰县政协十一届第9次常委会会议】2023年7月7日召开，会议传达学习了习近平总书记重要指示批示精神、自治区党委常委会会议和市委常委会会议精神，视频学习《庆祝人民政协成立70周年（三）》，听取了上半年全县经济运行情况和委员提案办理情况，通报了县政协委员2023年上半年履职情况和反映社情民意信息情况，协商通过了委员请辞事宜。

【贺兰县政协教科文卫体委员会、社会治理委员会联合召开专委会功能型党支部党员大会和界别委员工作会议】2023年3月24日召开，贺兰县政协教科文卫体委员会、社会治理委员会联合召开专委会功能型党支部党员大会和界别委员工作会议，会议在县文创基地举行，两个界别的专委会主任和委员共计60余人参加了会议。大家首先参观了教科文卫体委界别工作室、吴艺贤委员会客室、专委会功能型党支部、委员大讲堂的阵地建设，了解了文创基地是由政协委员张宏荣、陈晓莉等委员联名提案、牵头落成的创建史；听取了工作室成立以来创新履职平台，促进文化领域交流和创新的发展史；学习了界别委员发挥自身优势，为推动全县教育、科技、文化、卫生、体育等工作当好参谋和助手的奋斗史。

重要活动

【调研妇女儿童发展规划工作落实情况】4月25日，贺兰县政协组织部分常委、委员对全县妇女儿童发展规划落实情况进行了调研。县政协党组书记、主席张魁，县委常委、县政府副县长、县妇儿工委主任蒋恒斌，县政协党组副书记、副主席叶宏，县政协副主席钱瑞参加活动。调研组一行实地调研了县妇联、城关派出所、县一中和妇幼计生中心，听取了工作落实情况。张魁充分肯定了贺兰县在婚姻家庭纠纷调解、保障妇女和青少年权益、青少年心理健康教育、妇女儿童健康指标落实等工作中的成绩。同时，他强调，妇女儿童发展规划工作抓手多、战线长、牵涉面广。委员们要充分发挥优势，聚焦家庭建设、0~3岁托育、离婚率、“两癌”筛查等重点难点问题，汇集众智，积极为推动妇女儿童工作建言助力。各成员单位也要加强信息互通、资源共享，围绕关键问题、薄弱环节的解决，采取针对性更强、覆盖面更广、效果更明显的举措，努力实现好、发展好、保障好广大妇女儿童的根本权益。

【开展界别活动暨图书捐赠仪式】初夏的校园，绯红青翠，绿意盎然，到处一片生机勃勃。为进一步弘扬传统文化、赓续中华文脉，教育引导青少年了解本土文化和历史，以文铸魂，夯实理想信念之基，5月26日下午，贺兰县政协组织部分政协委员走进县第三中学，开展“以史为鉴通古今筑梦中华育新人”界别活动暨图书捐赠仪式。

【县政协社会治理委员会组织委员开展红色教育界别活动】6月14日，县政协社会治理委员会组织委员赴永宁县望洪镇宋澄村“红色美丽村庄”、中共宁夏工委纪念馆暨永宁县廉政教育基地，开展界别活动暨功能型党支部活动。县政协副主席钱瑞参加活动，永宁县政协副主席张文霞等人陪同。在望洪镇宋澄村红色美丽村庄，委员们参观了宋澄村红色教育主题公园、红色印记主题教育展示中心、乡愁记忆馆、红色家书馆、红色大讲堂等，观看了《永宁县宋澄村红色主题教育基地建设纪实》视频，深入了解了宋澄村红色美丽村庄项目建设背景和进展情况，详细听取了“五联五带”党建模式、老书记工作室等党建品牌建设情况介绍。委员们对宋澄村坚持以红色党建为引领，以农村人居环境整治为契机，积极挖掘革命历史资源，统筹党建项目、红色历史教育、农村产业发展和总体布局建成的红色旅游项目给予充分肯定。

【开展“共谋电商产业高质量发展”委员大讲堂活动】2023年7月10日，贺兰县政协在天荣民俗生态园开展“共谋电商产业高质量发展”电商沙龙暨委员大讲堂活动，吸引了60余名委员和界别群众到场参与。县政协党组书记、主席张魁，县政协党组副书记、副主席叶宏及政协各委室主任参加了活动。活动邀请了县政协委员、宁夏华夏金龙集团发展有限公司总经理王廷金作为主讲人，从认识互联网的底层逻辑、如何选择互联网工具精准匹配业务需求、互联网团队的搭建思路、互联网运用思路四个方面进行了培训授课。互动环节，委员们兴趣浓厚，积极提问，与王廷金委员探讨了如何运用短视频、直播等方式拓展电商渠道等问题。

【开展电商沙龙暨界别活动】为进一步激发全县电商产业创新动力、创造潜力、创业活力，充分发挥政协委员自身人才荟萃、联系广泛的界别优势，积极主动为全县电商产业发展出谋划策，7月10日上午，贺兰县政协组织部分政协委员、电商企业以及界别群众齐聚天荣民俗生态园，开展“献策电商聚合力，共商共建促发展”电商沙龙暨界别活动，在思想碰撞交流中，共同探寻电商发展的新风向，助力全县电商经济高质量发展，为建设“五个示范县”聚势赋能。

【开展十一届二次会议提案办理视察活动】8月9日，贺兰县政协围绕十一届二次会议提案办理情况开展视察活动。县政协党组书记、主席张魁，县委常委、县政府常务副县长段建宏，县委常委、县政府副县长蒋恒斌，县政协领导班子成员、各专委会主任、部分政协委员及相关部门负责人参加视察并召开座谈会。视察组一行先后就四一分沟退排水进行改建、立岗镇金星村5社道路进行硬化、县城村镇配足配齐体育基础设施、金鑫村三社至十四社道路改建、贺兰山葡萄旅游长廊基础设施提升、新建二十一幼儿园配备基础设施设备6件提案办理情况进行了视察，现场听取了各承办单位办理进展情况介绍。

【围绕加快推进贺兰山东麓葡萄酒产业发展开展调研】为深入推进贺兰县葡萄酒产业高质量发展，

按照2023年贺兰县政协协商计划安排，8月25日，由贺兰县政协党组副书记、副主席叶宏，党组班子成员、副主席蔡霞带队，各委室主任及部分政协委员组成调研组，对贺兰县“葡萄酒产业发展”情况进行调研。调研组先后赴高源银色高地酒庄、沃尔丰酒庄、嘉地酒庄进行参观调研，各企业负责人对企业的发展情况、葡萄酒的整个酿造过程及品牌故事和未来发展规划进行详细介绍。调研组一行对葡萄园栽培技术规程、酿造装备、标准化建设以及人才引进、产业融合发展等情况进行了深入了解，并对贺兰县葡萄酒产业高质量发展给予了肯定和认可。希望葡萄酒企业继续加大葡萄基地建设，延伸葡萄高端制品产业链条，促进产品优化升级，切实增强贺兰县葡萄酒产业核心竞争力。

【举办贺兰山下市县两级联动读书分享会】11月14日，伴随着古筝空灵悠远的点点泛音，市县两级政协委员走进百瑞源·殷红子熟枸杞庄园，在这里举办一场以“山河之育·风土贺兰”为主题的读书分享会，在优美的文章里品味葡萄和枸杞的故事，找寻字里行间的文化自信，感触生态文明建设的累累硕果。市政协副主席丁洪，县政协党组书记、主席张魁，县委常委、统战部部长、县政协党组副书记安为民及市县两级各副主席、各专委会主任及部分政协委员参加。分享会还邀请了自治区工商联副主席、百瑞源枸杞股份有限公司董事长郝向峰，宁夏博纳佰馥酒庄有限公司创始人、教授彭帅。活动现场，在百瑞源相关负责人及讲解员引导下，委员们参观了位于贺兰山东麓旅游黄金线路上的百瑞源殷红子熟枸杞庄园，了解了百瑞源庄园建设、枸杞园文化特色及全民阅读等情况，感受了贺兰山下物产丰富和自然之美。

【开展贺兰县政协委员“爱益相随”实践基地观摩协商活动】贺兰县政协着力打造“爱益相随”扶残助残实践基地履职品牌，积极组织委员围绕残疾人康复、托养及就业等内容有序开展协商议事活动，有力促进了残疾人更好融入社会，营造了扶残助残的良好氛围。11月27日下午，县政协副主席钱瑞带领部分常委、委员及各相关部门人员开展“爱益相随”实践基地扶残助残观摩协商活动。观摩组一行先后到贺兰县祥顺养老服务中心、贺兰县残疾人托养中心“托养＋就业”大棚种植、贺兰县忘忧草残疾人之家(爱无碍鲜生超市）基地进行观摩，详细了解了残疾人就业及社会融入等工作开展情况。委员们与残疾伙伴交谈，了解其收入状况、相关政策扶持及存在的困难，鼓励他们继续发扬自强自立精神，勇敢走出家门，积极融入社会，通过自身努力改善生活。

【调研贺兰县妇女儿童发展规划实施情况】根据《贺兰县政协2023年度协商计划》，县政协对妇女儿童发展规划实施情况，特别是婚姻家庭矛盾纠纷调处、妇女就业创业、3岁以下婴幼儿照护服务和儿童心理健康教育四个方面工作开展情况进行了调研。

专门委员会

【提案和委员联络委员会组织开展第一季度界别活动】为进一步做实界别组织工作、激发界别履职活力、强化界别独特功能，充分彰显专门协商机构的制度优势和治理效能。3月23日下午，县政协提案和委员联络委员会组织中共界别、农业界别、特邀人士20名政协委员开展第一季度界别活动，县政协党组副书记、副主席叶宏参加活动。活动中，传达学习了全国政协十四届一次会议精神和《中共中央、国务院关于做好2023年全面推进乡村振兴重点工作的意见》（2023年中央一号文件）精神，组织界别委员学习观摩了贺兰县晶城水产养殖有限公司基地、县政协农业界别工作室以及委员会客室，并围绕贺兰农业高质量发展进行了座谈讨论。

【召开文史资料编纂培训暨座谈会】为进一步提升对政协文史工作重要性的重视和文史资料征集、撰写的能力，5月23日下午，贺兰县政协组织召开了文史资料编纂培训暨座谈会，县政协领导班子成员、各委室主任、特约撰稿人和其他撰稿人、文史资料联络员、部分政协委员及重点企业具体负责人共计100余人参加了会议。县政协副主席钱瑞主持会议并作具体工作安排。会议传达学习了《政协全国委员会关于印发加强和改进新时代文史资料工作的意见》《政协宁夏回族自治区委员会文史资料工作办法》文件；通报了贺兰文史资料第十一辑征集工作启动会以来各乡镇（场）、各部门（单位）、撰稿人史料搜集整理及素材撰写进度；邀请自治区政协文化文史和学习委员会主任杨占武，就如何高质量做好文史素材整理编撰工作开展了辅导培训，并为撰稿人就撰写过程中遇到的难点、疑点逐一进行了耐心且专业的答疑解惑，对已搜集上报的文史资料进行了点评和指导。

【书香政协“悦读致远”盈满履职路 委员讲堂“娓娓道来”交流话发展】 为进一步活跃政协委员履职氛围、激发委员参与政协工作的热情，5月25日下午，县政协提案和委员联络委员会组织中共界别、农业界别、特邀人士政协委员开展第二季度功能型党支部党员活动暨界别活动。县政协党组副书记、副主席叶宏参加活动。活动现场委员们观摩了金贵牡丹园农旅产业融合、银川科海生物技术有限公司渔业养殖5G基地建设运行等情况，举办了委员读书分享会及委员大讲堂活动。

【贺兰县新食品产业发展“把脉献策”】 6月14日，贺兰县政协组织部分经济界委员和相关部门负责人对全县新食品产业发展情况进行集中调研并召开座谈会。县政协党组副书记、副主席叶宏参加调研活动。调研组一行先后到宁夏大一食品有限公司、安创蓓康生物科技有限公司、宁夏昊裕油脂有限公司、宁夏伊聚德农工贸有限公司等企业，通过实地察看、现场交流、听取汇报等方式，对企业生产经营、原料供应、市场行情、员工待遇等情况进行了调研并召开座谈会，与会政协委员、相关部门负责人围绕全县新食品产业发展提出意见建议。“建议合理利用有限土地，规划完善园区周边生活商超以及餐饮娱乐活动场所等配套设施，丰富企业员工工作之余的休闲娱乐生活，促进员工消费；建议打造新食品产品展览中心，设置品尝体验区，把优秀产品宣传出去，努力打造品牌效应。”座谈会上，委员们各抒己见，你一言我一语，现场气氛热烈。

【提案和委员联络委员会、经济委员会联合组织开展第三季度界别活动】 为进一步做实界别组织工作、激发界别履职活力、强化界别独特功能，充分彰显专门协商机构的制度优势和治理效能。9月21日下午，县政协提案和委员联络委员会、经济委员会联合组织中共界别、农业界别、经济界别、特邀人士40余名政协委员开展第三季度界别活动，县政协党组副书记、副主席叶宏参加活动。活动中，传达学习了中共中央学习贯彻习近平新时代中国特色社会主义思想主题教育第一批总结暨第二批部署会议精神、自治区学习贯彻习近平新时代中国特色社会主义思想主题教育第一批总结暨第二批部署会议精神、银川市学习贯彻习近平新时代中国特色社会主义思想主题教育工作会议精神、贺兰县学习贯彻习近平新时代中国特色社会主义思想主题教育工作会议精神以及自治区重大项目建设推进会精神，组织界别委员学习观摩了百瑞源枸杞全产业链发展、沃尔丰葡萄酒产业农旅融合的好经验、好做法，围绕“推动贺兰县葡萄及葡萄酒产业高质量发展”开展了委员大讲堂，进一步促进委员开阔眼界和思路，积极建言献策，助力贺兰县枸杞产业和葡萄酒产业高质量发展。

中国共产党贺兰县纪律检查委员会　贺兰县监察委员会

综　述

【概况】 2023 年，贺兰县纪委监委在自治区、市纪委监委和县委的坚强领导下，围绕中心服务大局，把主题教育和教育整顿焕发出来的学习、工作热情转化为忠诚履职、担当尽责的强大动力，坚持“永远吹冲锋号”，坚定不移正风肃纪反腐，为全县各项事业高质量发展提供有力保障。

【思想建设】 2023 年，贺兰县纪委监委严格执行“第一议题”制度，建立“四学”工作法，常委会班子成员带头讲党课、作廉政报告，领学促学264次，研讨交流 12 次，不断增强拥护“两个确立”、做到“两个维护”的政治自觉、思想自觉和行动自觉。

【纪检监察队伍教育整顿】 2023 年，贺兰县纪委监委对照教育整顿“六个是否”，开展 3 轮次谈心谈话，查摆销号问题510 个，起底纪检监察干部问题线索 46 件，严肃处理 3 名违纪干部，有 3 人调离纪检监察系统。扎实开展违规办案行为等 5 个专项整治，完善 9 项内部管理制度，推动严管严治常态长效。

【主题教育整改整治】 2023 年，贺兰县纪委监委统筹抓好主题教育和教育整顿，切实做到一体安排、一体推进、一体落实。牵头开展主题教育整改整治，推动解决民生问题 58 个，相关经验做法被人民网等中央及自治区、市媒体宣传报道。

政治监督

【监督重点】 2023 年，贺兰县纪委监委出台《贺兰县政治监督工作指引》，确定 30 项政治监督重点任务，监督推动黄河流域生态保护和高质量发展、乡村振兴示范县建设等专项工作落实见效。

【监督任务】 2023 年，贺兰县纪委监委聚焦贯彻落实习近平总书记关于银川燃气爆炸事故重要指示精神和自治区党委全会部署，全程跟进监督，追责问责 34 人，以硬核监督保障安全生产政策落地、责任落实。聚焦优化营商环境，牵头成立“一办两中心”，建立 8 项工作机制，推动解决问题 23 个，相关经验做法被中央纪委国家监委办公厅推介。聚焦“五个示范县”建设重点任务，约谈领导干部 77 人次、督改问题 498 个，以有力有效监督助推高质量发展。

【监督成效】 2023 年，贺兰县纪委监委持续深化“四三三”、“三督六责九法”和“五责”闭环管理等工作机制，用好用活全面从严治党“三个清单”、季度汇报清单和政治生态分析研判等工作措施，持续强化对领导班子和“一把手”的监督。

反腐败工作

【案件查处】 2023 年，贺兰县纪委监委全年处置问题线索 315 件，立案 61 人，党纪政务处分 63 人，留置 3 人，移送司法机关 5 人，挽回经济损失 170 余万元，严肃查处任吉、谢立军等违纪违法案，切实保持高压反腐的强烈态势。

【监督执纪】2023 年，贺兰县纪委监委发出纪检监察建议书 31 份，靶向推动发案单位补短板、堵漏洞、强机制。精准运用“四种形态”处理 281 人次，其中第一种形态 218 人次，占 77.6%；第四种形态 12 人次，占 4.3%，切实做到从惩治“极少数”向管住“大多数”转变。审慎回复党风廉政意见 3556 人次，与新提拔科级干部开展廉政谈话 2 批 87 人次，做实提醒教育、纪法威慑。

【廉政教育】2023 年，贺兰县纪委监委持续推进清风贺兰建设制度化、品牌化。统筹实施“廉政警示教育月（周）”系列活动，县委、县政府主要负责人带头接受警示教育，以“关键少数”示范带动“绝大多数”。自治区、市、县 480 家单位 1 万余名党员、干部来贺兰县开展廉政警示教育，“小基地”切实发挥“大作用”。廉政宣讲团全年巡讲 32 场，常态化讲纪律、扬清风。

干部作风建设

【监督贯彻落实中央八项规定精神】2023 年，贺兰县制定《贯彻落实中央八项规定及其实施细则精神实施意见》，督促县领导以自身严带动全面严。全年查处违反中央八项规定精神问题 27 起，党纪政务处分 17 人。

【整治形式主义官僚主义】2023 年，贺兰县委主要负责人任组长、深查实减，建立“五查”工作法，督促各级领导班子、干部自查整改问题 588 个。推动全县发文、会议持续压减，给镇村减牌、为干部减负。

【日常监督】2023 年，贺兰县纪委监委聚焦县委、县政府中心工作，持续加大日常监督执纪工作力度，约谈提醒党员、干部 97 人次，问责 16 起 20 人。严肃查处县自然资源局 3 名干部“领薪不用心”造成不良影响的行为；严肃查处县市场监管局、综合执法局等部门落实安全生产责任不作为乱作为的问题；严肃查处党员、干部酒驾醉驾，无视纪律规定的行为，通过常提醒、严查处，推动干部作风不断向好向上。严厉打击诬告陷害行为，向公安机关移送诬告者 5 名，为 2 名干部澄清正名，对 62 名受处分党员干部回访教育，激励“有错”向“有为”转变。

巡查监督

【政治巡察】2023 年，贺兰县纪委监委完成 16 个部门（乡镇）、29 个村（社区）巡察任务，发现问题 333 个，移交问题线索 8 件。第三轮巡察 6 篇巡察报告全部被自治区党委巡视办评为优良报告。

【成果运用】2023 年，贺兰县纪委监委创新出台《巡察反馈共性问题通报办法》等 7 项制度，健全完善“1+N”巡察反馈通报机制，县委主要负责同志亲自督办整改情况，约谈“一把手”和领导班子成员 26 人，前四轮巡察反馈问题整改率均达 90%以上，推动解决了如厕难、淌水难等民生问题，相关工作多次被《清廉宁夏》、自治区纪检监察网、《银川日报》等媒体刊发报道，全年巡察工作排名位居全区各县（区）第一方阵。

重点领域腐败和不正之风整治

【治理乡村振兴领域】2023 年，贺兰县纪委监委实施“三查”行动，问责处理 18 人。统筹实施重点村“提级监督”、小微权力“监督一点通”、村监会“贴身监督”等措施，推动监督下沉，坚决查处向乡村振兴领域“伸黑手”“动奶酪”等违纪违法行为。

【治理教育领域】2023 年，贺兰县纪委监委构建“四级联动”机制，推动整改问题 329 个，处置问题线索 6 件，党纪政务处分 4 人，严肃查处了克扣学生“口粮钱”变成学校“小金库”等违纪行为。

【治理医疗领域】 2023 年，贺兰县纪委监委紧盯“关键少数”和关键岗位，督改问题 176 个，处置问题线索 11 件，问责处理 2 人，坚决整治医药领域腐败和作风问题。

【治理信访领域】 2023 年，贺兰县纪委监委紧盯中央、自治区、市关注的重复举报问题，逐案化解销号，重复举报较同期下降 70.6%。

【治理国有企业领域】 2023 年，贺兰县纪委监委与中央纪委国家监委和自治区、市纪委监委联合成立专案组，发挥“室组地”联动优势，严肃查处大唐新能源广东分公司副总经理司某、大唐新能源宁夏分公司原总经理邓某某行贿受贿案，将 2 人移送司法机关，坚持受贿行贿一起查，形成震慑效应。严肃查处县国有企业下属公司负责人未严格履行工作职责，造成国有财产损失违纪违法问题，给予党纪政务双撤职处分，让“靠企吃企”无所遁形。

纪检监察干部队伍建设

【政治建设】 2023 年，贺兰县纪委监委严格执行民主集中制和请示报告制度，召开纪委常委会会议 46 次，向县委请示汇报工作 26 次，提请审议研究处分 6 人次，以实际行动体现对党忠诚。全面有序完成监察官等级首次确定工作。

【能力素质提升】 2023 年，贺兰县纪委监委扎实开展“纪检监察工作规范化法治化正规化建设年”活动。信息工作连续两年在自治区各县（区）中排名第一。“打造‘移动课堂’为全县党员干部送‘廉’上门”活动被自治区纪委评为年度优秀创新亮点工作，已连续五年创新工作榜上有名。组建 4 个协作区，深化“室组地”办案模式，留置量较往年相比上升 200%，初核线索成案率提升 30.1%，特别是“2·6”专案，实现跨时短、取证足、零口供移送，查办大案要案的能力和水平进一步得到提升。

【内部监督管理】 2023 年，贺兰县纪委监委严格执行纪检监察干部“十项禁令”、违规饮酒“六个严禁”。深入学习贯彻《中国共产党纪律检查委员会工作条例》等党纪法规，持续强化内部监督制约机制，自觉接受党内和社会各方面监督。

群众团体

贺兰县总工会

【打牢思想之基】2023 年，贺兰县总工会坚持用习近平新时代中国特色社会主义思想统领工会理论武装，领导班子带头学习，坚持落实“第一议题”制度，开展党组中心组理论学习 13 次，专题研讨 4 次，下基层宣讲 8 次。组织全体党员干部，以主题教育为主线，利用“三会一课”、主题党日、干部职工理论学习会议开展理论学习，引导党员干部筑牢思想根基，不断提高政治判断力、政治领悟力、政治执行力。全年开展理论学习 123 次。

【强化宣传教育】2023 年，贺兰县总工会大力弘扬劳模精神、劳动精神、工匠精神，深入开展“中国梦 劳动美”主题宣传教育，开展“劳模工匠进校园 同上一堂思政课”主题宣讲活动，覆盖学生千余人。通过举办报告会、座谈会、学习讨论会等多种形式，学习宣传贯彻习近平总书记同中华全国总工会新一届领导班子集体谈话精神、中国工会十八大精神，并要求全体工会干部紧紧围绕工会工作全局，锚定大会工作报告提出的工作目标，以重点工作推进的质效来体现贯彻大会精神的成效。

【凝聚团结奋进力量】2023 年，贺兰县总工会开展冰雪趣味运动会、“寻找最美劳动者”手机摄影大赛、“礼赞二十大 奋进新征程”经典诵读大赛、拔河、球类竞赛等文体活动。积极服务民营企业发展，向基层工会捐助图书 1.4 万余册，与企业联合开展“迎中秋 庆国庆”“石榴籽杯”职工运动会，“村 BA”篮球赛、乡村振兴研学教育等活动，营造团结奋进浓厚氛围。

【凝心铸魂厚根基】2023 年，贺兰县总工会坚持党的领导，强化顶层设计。制定印发《2023 年贺兰县产业工人队伍建设改革工作要点》，有序推进 5 家非公有制企业产改示范点建设。

【建功立业增活力】2023 年，贺兰县总工会广泛开展职业技能竞赛。在医疗、餐饮、建筑、葡萄酒等行业广泛开展各类职业技能大赛 10 场，组织 2000 余名产业工人参赛。树立先进典型。11 个集体和个人获 2023 年全国、自治区五一劳动奖和奖章、银川市劳动模范和先进工作者称号。鼓励开展群众性创新活动。积极开展“五小”创新活动，发挥劳模工匠、高技能人才作用，指导 8 家企业申报 45 项“五小”创新成果，扎实开展“名师带徒”活动。2023 年新建立劳模和工匠人才创新工作室 2 家。

【民主协商促和谐】2023 年，贺兰县总工会持续完善厂务公开和职工代表大会制度，积极争取县委、县政府支持，推动厂务公开机构建设，调整厂务公开领导小组成员，为企事业单位民主管理工作规范化打开新局面，全县 496 家企事业单位工会建立了职工（代表）大会制度，建制率 96%以上。

【维权保障促稳定】2023 年，贺兰县总工会深化“工会 + 人社 + 司法 + 法院”劳动争议多元化调解机制，共受理信访、劳动争议、劳务合同案件 788 件，调解成功 361 件，为职工（农民工）挽回经济损失 1211 万余元。积极参与治理拖欠农民工工资专项行动，调解中心共受理拖欠农民工工资案件 68 件 98 人次，涉及金额 50 万余元，成功为农民工挽回经济损失 30 万余元；加强法律援助力量，联合律所在全县户外劳动者服务站开展法律援助工作，深入开展“尊法守法·携手筑梦”主题宣讲，举办普法宣传 5 场。深入贯彻落实自治区党委十三届四次、五次全会精神，开展“安康杯”竞赛活动、安全生产和职业健康知识教育培训，开展全会精神宣讲 2 场，创建健康企业 2 家，积极参与燃气领域安全隐患排查治理。

【关怀慰问暖人心】2023 年，贺兰县总工会组织 500 余名新就业形态劳动者和千余名困难环卫工进行免费体检。筹集 118 万余元，在元旦、春节及高温酷暑期间，走访慰问生产建设一线劳动者 1.1 万余人。组织 100 名一线技术骨干、劳动模范在区内疗休养。做好 16 户困难职工家庭帮扶救助。举办线上线下招聘会 20 期，帮助 300 余人达成就业意向。职工医疗互助参保职工 9903 名，缴纳互助金 49.5 万元。

【坚守意识形态主阵地】2023 年，贺兰县总工会严格落实意识形态工作制，加强网络意识形态工作，定期开展分析研判、听取工作汇报。对线上线下宣传思想文化阵地强化建设和管理，围绕工会中心工作，主动加强与主流媒体的沟通对接，运用网络平台，及时发布工会动态、劳模先进事迹、基层先进典型经验，不断弘扬正能量。落实信息发布“三审三校”制度，明确责任人及职责，保证内容质量和更新频率，守住网络意识形态主阵地。争创铸牢中华民族共同体意识示范机关，加强马克思主义“五观”学习，引导党员干部铸牢中华民族共同体意识。

【风险隐患化解】2023 年，贺兰县总工会加强劳动关系发展态势监测和分析研判，及时掌握职工思想动态，认真做好职工信访工作。抓好“12351”职工维权服务热线接待办理工作，加强与相关单位的信息互联互通，做到分析、化解同步推进；重点排查经营困难、破产倒闭企业及劳资纠纷等方面的不稳定因素，及时开展防范工作，着力把矛盾化解在萌芽状态。

【夯实基层基础】2023 年，贺兰县总工会探索以“联合建、挂靠建”等方式，指导区域性、行业性工会联合会建设。新建工会严格落实“八有六好三型”规范化要求，做到边组建边规范。2023 年，新组建工会 35 家，发展会员 4224 人。在新就业形态劳动者较为集中的区域开展集中建会入会行动 2 期，新增会员 1145 名，指导 78 家基层工会完成换届工作，规范工会组织建设。

【建设服务阵地】2023 年，贺兰县总工会坚持推进“会站家”一体化建设，根据产业分布、职工需求，新建零工市场劳动者港湾，葡萄酒产业工会职工之家、稻渔小镇区域性职工服务中心等 7 家综合性服务阵地和 4 家“爱心妈咪小屋”“爱心托管班”。重点完成工人文化宫和劳动公园文化建设两个项目，工会服务触角得到进一步延伸。联合县人武部打造职工活动中心和“军营书屋”，为双拥共建工作开拓新领域。以虹桥路电商物流园“小蜜蜂社区”为样板，推动全县 29 个户外站点服务效能全面提升，县税务局和交通执法大队 2 家工会户外劳动者服务站获评全国“最美驿站”，饿了么、习岗市场监督所 2 家站点获全区最美户外劳动者服务站称号，工会“15 分钟服务圈”更加坚实。

【实际问题解决】2023 年，贺兰县总工会针对部分小区物业禁止快递员、外卖送餐员进入小区，与物业办、物业公司等单位积极对接、充分沟通快递员、外卖员已经可以有条件地进入小区。

【推进规范管理】2023年，贺兰县总工会学习借鉴先进地区工会工作经验，组织各部室及直属基层工会负责人到沿海省区考察学习；在湖南大学开办基层工会干部素质能力提升培训班，将学习成果转化形成《贺兰县星级示范基层工会创建实施方案（2023—2025年）（试行）》《贺兰县工会户外劳动者服务站点管理办法（试行）》，为建立服务阵地规范管理长效机制奠定基础。坚持完善制度，推动工会改革，修订完善内控管理制度，举办财务经审规范化建设培训班，强化工会经费收、管、用和采购招标工作；扎实开展第三方审计工作，对问题做到认真梳理，逐一整改。

【从严治党主体责任】2023年，贺兰县总工会把党风廉政建设工作同中心工作同部署、同推进、同落实，定期召开党组会议专题研究部署党风廉政建设工作，及时听取党风廉政建设工作开展情况，研究解决存在问题，落实政治监督工作职责。全年共召开5次党组会议研究党风廉政建设相关工作。党组书记严格履行“第一责任人”职责，班子成员认真履行“一岗双责”，完善“三个清单”，逐级签订党风廉政建设责任书，把党风廉政建设责任延伸至各部室、各基层联合会。坚持紧抓严抓不放松，确保干部作风建设和纪律建设常态化。

【强化政治功能】2023年，贺兰县总工会深入学习贯彻习近平总书记关于党的建设的重要思想，以党的政治建设为统领全面加强党的各项建设。通过落实“提质增效”“两抓两增”工程，结合争创模范机关先进单位，严格落实党内政治生活制度。找准党建工作与业务工作切入点，创建“工心向党 情系职工”党建工作品牌，推动党建工作与业务工作紧密融合，提升党建工作质效。加强对党员干部全方位管理和经常性监督，引导党员增强党员意识、发挥先锋模范作用。

【增强纪律意识】2023年，贺兰县总工会把纠治形式主义、官僚主义专项整治同“四强”能力作风建设年相结合，紧密联系工作、思想、作风实际，仔细查找形式主义官僚主义突出问题。党组织和党员干部均形成问题清单，并逐条明确整改措施和整改时限，党组共查找出12个问题，制定26条整改措施，并制定整改方案。班子成员共查找出20个问题，制定23条整改措施。党员干部共查找84问题，制定134条整改措施。严格落实中央八项规定及其实施细则精神，加强内部审计工作，聘请第三方机构对本级工会、4个直属工会联合会、37家机关企事业单位基层工会开展审计工作，进一步规范工会经费使用管理，不断加强工会系统党风廉政建设。加强对“一把手”和领导班子的监督。严格落实民主集中制原则，对“三重一大”事项一律提交党组会进行集体讨论研究。“一把手”能够履行“末位表态”“五个不直接分管”制度。领导班子、“一把手”及领导干部能够严格执行请示报告制度，对重要事项和情况及时向上级党组织报告。常态化开展廉政警示教育和节前廉洁提醒，教育引导党员干部牢固红线和底线意识，严守党的纪律。

共青团贺兰县委员会

【把握政治方向】2023年，共青团贺兰县委员会坚持以习近平新时代中国特色社会主义思想为引领，面向全县广大团员和青年开展学习贯彻习近平新时代中国特色社会主义思想主题教育，印发实施方案，召开推进会，建立一名团干部对接N个直属团组织的“1+N”工作机制，分层分类推动团员和青年主题教育走深走实。开展“感恩总书记 奋进新征程”专题宣讲会，赴宁东能源化工基地、稻渔空间乡村生态观光园开展“沿着总书记足迹 感悟思想伟力”主题实践活动。持续推送主题团课22期，动员全县团员青年参与“青年大学习”团员和青年主题教育特辑，累计参学7.2万余人次，平均参学率达110%。

【筑牢思想根基】2023年，共青团贺兰县委员会举办“青马工程”暨基层团（队）干部“强基·提质”培训班，全县团队干部参训覆盖率达95%。

围绕团员和青年主题教育，在全县创建青年理论学习小组256个，并在习岗镇、花园社区成立“标杆小组”，依托青年宣讲团开展宣讲52场，覆盖1500余人次。开展“青年之家”读书学习季活动，以青年之家为平台，开展读书宣讲、交流研讨等活动20余场。

【激发思想活力】2023年，共青团贺兰县委员会在全团开展“学习二十大、永远跟党走、奋进新征程”主题教育实践活动。举办“我在贺兰山下写青春”青年演说大赛、“红领巾讲解员”演讲比赛。实施铸牢中华民族共同体意识“夯基育苗”工程，开展民族团结故事、中华优秀传统文化等主题宣讲25次，开展“传书信话友谊 石榴籽一家亲”结对交流活动，录制“英雄老山·魅力贺兰·有福之城——三地青少年云相聚话团结”主题云队课。

【党建引领】2023年，共青团贺兰县委员会统筹成立贺兰工业园区团工委和卫生健康系统团工委，新建非公有制企业、社会组织团支部129个，有效扩大“两新”领域团组织覆盖。制定印发《贺兰县共青团推优入党程序工作实施方案》，进一步完善党、团组织联合培养教育机制。

【青年志愿服务】2023年，共青团贺兰县委员会召开共青团贺兰县第二十次代表大会，工作力量较改革前大幅增加。整合西部计划志愿者、返乡大学生、青年骨干等优秀人才到乡镇（街道）、村（社区）团支部挂职锻炼、实习见习，多渠道充实县域各级团组织工作力量。顺利举行贺兰县青年志愿者协会第二届会员大会暨换届选举大会，吸纳青年志愿者160余人。组建“七彩假期”4支队伍在村（社区）16个服务点，围绕青少年亲情陪护、学业辅导、自护教育等方面开展志愿服务，累计服务时长1.12万小时。

【大局“新动能”】2023年，共青团贺兰县委员会助力基层治理，深入实施“社区青春行动”，打造“团·青”基层服务站，组织辖区青年深度参与创文创卫、社区服务、法治宣传、反诈防骗宣传等活动。助力安全生产，实施青年安全生产技能提升行动，申报青年安全生产示范岗2家，成立青年文明号4个；牵头组建30余支青年突击队参与安全生产隐患大排查大整治专项行动；组织开展“消防零距离，安全伴成长”主题活动、拍摄宣传片，在全县广泛形成安全生产青年当先的浓厚氛围。助力生态环保，积极参与“黄河流域生态保护主题宣传实践月”活动，开展“‘河’我一起，守护母亲河”“河小青”、垃圾分类等主题志愿服务。助力乡村振兴，39名西部计划志愿者担任“乡村振兴事务专干”，进一步充实乡村振兴青年人才队伍；联合南开大学在星光村建立全区首家中国式现代化工作站。组织“共青团乡村振兴健康服务项目”培训，助力乡村医疗卫生人才培养。

【助推青年发展】2023年，共青团贺兰县委员会召开贺兰县2023年青年工作联席会议，联合成员单位制定“我为青年办实事”清单，聚焦青年就业、婚恋交友等领域解决青年急难愁盼问题45个。持续深化“千校万岗”行动，联合开展“春风行动”就业招聘活动，吸引40余家企业为求职者提供800余个就业岗位。围绕青年婚恋婚育主题，举办相亲交友活动2场，开展“共青团与人大代表、政协委员面对面”活动1次。组织开展青少年模拟政协提案征集活动，遴选推报6份优秀作品至团中央，3份提案获得自治区级荣誉。

【服务青年】2023年，共青团贺兰县委员会畅通“青年来信”渠道，收到青年来信22封，全部落实解决。持续深化“希望工程”品牌，争取“黄河银行”“芙蓉学子”“新助力1+1网络众筹”等各类助学项目39.2万元，筹措“希望书桌”“微心愿”等社会资源151.97万元，分批分类帮扶困难青少年2580人。

贺兰县妇女联合会

【宣讲品牌】2023年，贺兰县妇女联合会深化实施习近平新时代中国特色社会主义思想凝心铸魂工程，深入学习宣传贯彻习近平新时代中国特色社会主义思想和党的二十大精神，广泛开展“巾帼心向党 奋进新征程”群众性主题宣传教育活动。围绕家庭教育、法律维权等内容，打造“巾帼心向党”大宣讲品牌，县、乡、村三级妇联组建100余支宣讲队开展“她宣讲”“云宣讲”“家宣讲”“微宣讲”600余场，推动马克思主义妇女观、男女平等基本国策、社会主义核心价值观在家庭“最小单元”落地生根。全国“最美家庭”海智梅、何雪红的家风故事广为流传，利民社区“板报奶奶”王爱华的事迹被人民网、《人民日报》宣传报道。

【服务品牌】2023年，贺兰县妇女联合会坚持亮身份、办实事、暖民心，运用新时代文明实践站(所)，用好基层执委和社会组织力量，结合“爱心妈妈”招募、学雷锋志愿服务月，打造“兰花芬芳巾帼红”志愿服务品牌。全县各级妇联广泛发动1234名妇联执委和879名巾帼志愿者，组建了82支“兰花芬芳巾帼红”志愿服务队，深入开展志愿服务活动。2023年，共组织志愿服务活动700场，深入城乡社区、田间地头，重点对特殊困难群体及家庭，开展惠民政策宣讲、普法、安全知识普及、健康义诊、送温暖等形式多样的关爱服务活动。太阳城社区“妈妈帮”、利民社区“朝阳大妈”、广荣村女子劝导队、居安社区“妈妈唠嗑队”等妇联志愿服务品牌影响力不断扩大。

【儿童品牌】2023年，贺兰县妇女联合会以“千名执委大走访”为抓手，拉网式摸排孤儿、残疾等6类困境儿童共252名，明确家国情怀培育、“爱心妈妈”结对陪伴、圆梦微心愿、社交能力提升、心理疏导、惠民政策落实六项帮扶措施，为困境儿童茁壮成长保驾护航。通过争取上级支持、干部职工参与、整合社会资源等方式，筹集5.5万余元爱心物资，为300余名困境儿童和其他相对困难的儿童圆梦微心愿。开展“爱心妈妈”结对帮扶活动，330余名爱心人士、妇联主席与困境儿童建立“一对一”或“一对多”的关爱帮扶关系。根据“小树苗”困境儿童月度工作清单开展相关活动150余次。为我县困境妇女儿童向区市妇联争取价值34万余元的乔丹衣物。针对家庭经济特别困难且品学兼优的孩子，对接自治区、市妇联，联系爱心企业，争取4万余元为11名困境儿童捐资助学，为贺兰县7名女童争取区妇联夏令营社会实践机会2次。争取自治区妇联“小树苗”困境儿童关爱服务项目，委托第三方心理服务团队针对洪广镇困境儿童开展为期一年的关爱服务活动，助力困境儿童健康成长。

【妇女品牌】2023年，贺兰县妇女联合会开展以“送温暖、送陪伴、送爱心、送培训、送项目、送维权”等为主要内容的困境妇女关爱服务活动。积极对接区市妇联筹集资金，为贺兰县115名困境单亲母亲争取慰问金11.5万元，为338户农村家庭争取338套防疫健康包。扎实开展全国和自治区低收入“两癌”妇女救助工作，为31名“两癌”患病妇女发放救助金31万元。召开关爱女性健康保险工作推进会，3000余名妇女投保。向90名困境妇女赠送“姐妹加油”爱心保险和健康包，为健康保驾护航。

【支持品牌】2023年，贺兰县妇女联合会发放农村妇女创业担保贷款1.14亿元，惠及816户家庭，较去年同期增长185%。发放母亲循环贷150万元，带动120余名妇女就业。联合就业局举办“春风行动”，女性求职者初步达成合作意向700余人。公众号开设“马兰花妇女创业支持行动”专栏，推送就业信息25期。组织开展电商直播培训班4期、“巾帼手工刺绣”培训班1期，打造“巾帼直播间”6个，组织贺兰县“巾帼推介官”销售新平园区大樱桃、普罗旺斯西红柿等农产品。联合县融媒体中心开展“贺兰好物”助销活动，推广销售隆源村手工车间麻编制品、盛唐花卉、凤仪堂化妆品等贺兰特色产品。实施牡丹花乡木兰加速计划项目，建设木兰加速空间1个，带动就业400余人次。

【建设品牌】2023 年，贺兰县妇女联合会持续推进《贺兰县指导推进家庭教育规划（2021—2025年)》。推进 65 个行政村、17 个社区家庭教育指导站有制度、有师资库、有课程表、有活动剪影“四有”标准化建设。持续开展“百场万人”家庭家教家风教育专题讲座进学校、进社区、进机关，开展线下讲座530 余场，推送线上公开课 95 堂，受益家长 37 万余人次。开办家庭教育讲师（教师专场）培训班，不断提升家庭教育师资队伍素质能力。寻找“最美家庭”县级 60 户、市级 18 户，“健康家庭”县级100 户、市级 15 户，“美丽庭院”县级 300 户、市级 210 户。南梁台子农牧场海智梅家庭获评 2023 年度全国“最美家庭”。联合县纪委监委开展“忠诚立家风”家庭助廉活动，发挥女性在干部家风建设中的独特作用。开展以“我的清廉好家风、我的好家风故事”为主题的征文活动，积极传播廉洁价值理念。

【组织建设】2023 年，贺兰县妇女联合会推进“1+1+N”工作体系（1 名专兼职妇联主席 +1 名执委 + 执委连 N 户）落在实处，坚持抓在平时、重在基层，围绕摸清底数、完善台账、宣传教育、扶弱帮困、领办项目等内容持续深入开展“千名执委大走访”活动。结合年度和阶段性重点工作，月初发清单，月底晒成效，营造比学赶超浓厚氛围。“执委工作月月晒”专栏发布 12 期。在各领域、基层一线执委中广泛寻找“最美妇联执委”，掀起寻找热潮。申报实施组织力提升项目 4 个和“双培双带”项目 1 个，促进基层妇联提升服务中心服务大局能力，帮助妇联主席成长成才。扎实开展“两新”组织集中组建妇联组织工作，与县非公有制经济和社会组织委员会联合下发《关于在全县非公有制经济组织和社会组织集中组建妇联的通知》，成立牡丹花乡生态产业妇联、小个专妇联、银川市雷锋纪念馆妇联、数字经济产业协会妇联等 11 个非公妇联组织，积极向市妇联争取资金 3.3 万元。

【规划实施】2023 年，贺兰县妇女联合会制定印发“两规划”目标责任分解书和统计监测指标体系，进一步明确实施责任。将男女平等基本国策纳入全县干部教育培训项目计划，纳入“千名执委大走访”任务和“百场万人”家庭教育讲座，加大社会面宣传力度。县政府常务会议第一时间传达学习《中华人民共和国妇女权益保障法》、全国妇女儿童工作会议精神。组织开展“两规划”指标统计监测培训班，对50 个成员单位的业务工作人员全面培训，提升统计能力和数据监测的科学性准确性。将“两规划”推进落实情况纳入 2023 年政协民主监督议题，对重点指标单位和重点任务完成情况进行了为期一天的专题调研，组织县妇儿工委办公室和部分成员单位的县政协委员赴广州、深圳等实地考察学习先进经验。顺利通过自治区妇儿工委对《贺兰县妇女儿童发展规划(2021—2030 年)》实施情况阶段性评估。

【合法权益】2023 年，贺兰县妇女联合会县政府常务会会前学法专题学习新修订的《中华人民共和国妇女权益保障法》。与县法院共同建立的家事纠纷心理疏导服务站，2023 年以来已远程心理疏导 53 件。贺兰县“爱不释手”婚姻家庭纠纷调解室累计调解 297 件次，开展线上线下夫妻课 17 场，新婚辅导 110 对，维权能力提升讲座 6 场，培训婚姻家庭咨询师 65 名。开展普法、婚姻关系调适、心理健康等各类讲座共 60 余场。

【美丽庭院】2023 年，贺兰县妇女联合会以点带面发挥示范引领作用，多途径组织发动群众，积极建设“美丽庭院”，通过“红黄蓝榜”展示、积分超市奖励、互观互学等活动，形成比学赶帮超的浓厚氛围。结合南梁台子隆源村建设银川市宜居宜业和美乡村契机，整村高标准推进“美丽庭院”建设，在全县各行政村全面推进“美丽庭院”建设工作，把群众知晓率和参与率作为检验成效重要指标，通过提升“美丽庭院”建设水平，提升农村人居环境质量。

【妇联换届】2023 年，贺兰县妇女联合会经常性组织妇联干部学习《中华全国妇女联合会章程》《妇女联合会选举工作条例》等，准确把握选举工作的基本要求、代表构成、主要流程等。起草《贺兰县妇女第十五次代表大会换届工作方案》，对大会主要任务、代表名额分配、产生办法等进一步明确，梳理意向人选，为圆满完成换届选举工作奠定基础。

【民族团结】 2023 年，贺兰县妇女联合会通过“好家园、好家风、好家教、好家传、好家人、好家业、好家庭”打造“石榴连心巾帼红　七好之家万事兴”品牌，以“三进四融五上”、家庭教育指导服务、兰花芬芳巾帼红志愿服务队等为抓手，为巩固提升全国民族团结进步示范县成果贡献“她力量”。建成贺兰县妇联铸牢中华民族共同体意识教育基地，深入开展民族团结进步宣传教育工作。开展“石榴花开十二月　巧手女红绣和和”系列活动，积极促进各族妇女儿童在交往交流交融中不断铸牢中华民族共同体意识，以巾帼红增色石榴红。

【亮点工作】 2023 年，贺兰县妇女联合会妇女儿童维权工作成效明显，县妇联被自治区妇联推荐申报全国妇女儿童权益维护先进集体，6 月已通过省级公示。基层妇联执委作用充分发挥，9 月 12 日，“千名执委大走访”工作经验在全区妇联干部履职能力培训班上交流发言。6 月 2 日，顺利通过全区妇女儿童发展规划阶段性评估，被银川市推荐申报全国实施“两纲”示范县。8 月 11 日，实施“两规划”经验做法在全区妇女儿童工作者培训班上交流发言。实施中国妇女发展基金会 @ 她项目，打造牡丹花乡木兰加速空间，培训 120 余人次，带动 30 余名妇女年均增收 2.2 万元。7 月 18 日，中国妇女发展基金会 @ 她创业计划启动会在贺兰召开。自治区政协主席陈雍关注贺兰此项工作，并慰问 8 名困境儿童，在 1 名困境儿童的书信上作了批示，个人结对帮扶 1 名困境儿童。2023 年发放农村妇女创业担保贷款 1.14 亿元，较 2021 年同期增长 185%。争取自治区妇联 5 万元资金支持，实施一村一社区暑期儿童关爱项目和洪广镇困境儿童、单亲未成年人心理关爱服务项目，服务 198 名儿童。

贺兰县科学技术协会

【概况】 2023 年，县科协在县委、县政府的正确领导和自治区、市科协的精心指导下，认真学习贯彻落实党的二十大精神、习近平新时代中国特色社会主义思想和自治区、市、县委重大决策部署，紧紧围绕县委、县政府工作大局，以提高全民科学素质为重点，以巩固提升全国科普示范县建设水平为抓手，充分调动社会各界力量，全方位、多层次、宽领域地开展科学普及工作。在 2023 年全国科普日自治区主场活动开幕仪式上，自治区领导为贺兰县“全国科普示范县”授牌。成功承办了自治区第 37 届青少年科技创新大赛，县科协获评优秀组织单位、银川市十九届青少年科技创新大赛优秀组织单位，成功举办了贺兰青少年人工智能创新挑战赛，贺兰县入选全国科普日优秀组织单位。

【推进政治引领工程】 2023 年，县科协始终把深入学习宣传贯彻党的二十大精神及开展学习贯彻习近平新时代中国特色社会主义思想主题教育作为首要政治任务，制订学习计划，认真学习党章、党的二十大报告、《习近平著作选读》（第一卷、第二卷）、《习近平新时代中国特色社会主义思想专题摘编》等必学书目，利用县科协换届、企业科协成立、“三长建三会”、党员大会，认真组织全县科技工作者和科协系统干部职工开展理论学习。推动党的二十大精神、中国科协第十次代表大会精神、自治区十三届四次及五次全会精神和县委、县政府的会议精神在科技领域落地、生根、见效，不断丰富学习教育形式，扩大学习教育覆盖面和渗透力。

【健全完善科协体系】 2023 年，贺兰县科协完成立岗镇、金贵镇 2 个乡镇科协换届选举。全县 4 镇 1

乡1个街道办事处，以及15个社区全部成立科协组织。新成立2家企业科协，全县累计成立企业科协18家。县科协召开了第七次代表大会，选举县科协第七届委员会。

【科普“三进”活动】2023年，贺兰县科协组织科普大篷车深入农村、学校、社区开展科普知识、低碳环保、种养技术、反邪教、应急科普等方面的宣传90余场，发放宣传资料16000余份，“科普中国”推广应用再上新台阶，注册科普信息员近5万人次，注册率达到14.2%，注册量、注册率在自治区、全市排名第一。抓住“科技周”“全国科普日”等关键节点，大篷车坚持深入城乡，开展新技术推广、安全生产等科学知识普及，为保稳定、促发展做贡献。

【助力乡村振兴】2023年，贺兰县科协组织全县“三长”、老科协科技工作者，深入协会、村组、家庭农场、示范园区和田间地头，开办培训班43场，培训535人次，现场调研指导服务32次。以“2023年文化科技卫生‘三下乡’暨‘美丽乡村’文化大集”为契机，到金贵镇、立岗镇、洪广镇等集市开展科普宣传12次，向群众发放微科普、实用技术、蔬菜高效栽培、病虫害防治等资料共1000余份，引导群众注册“科普中国”，线上线下引导群众爱科学、学科学、讲科学、用科学，用科学的生产生活方式指导生产实践，创造美好生活。

【开展反邪教宣传活动】2023年，贺兰县科协科普大篷车走进15所学校，近万名师生参加，累计发放科普宣传资料共计6000余份，发放《教你识邪教》等反邪教宣传册1200余份，展出反邪教科普展板累计30块，展出科普展品累计60个。联合政法、宣传、公安、文化等部门在辖区开展反邪教警示教育，在居安社区增设反邪教科普长廊，在润园广场开展以“齐心协力反邪教 携手奋进新征程”为主题的反邪教宣传活动，在洪广镇等集市开展4次宣传活动，不断提高广大居民的反邪能力。

【加强科普阵地建设】2023年，贺兰县科协巩固提升全国科普示范县创建水平，争取自治区科协县域融合示范点项目，大力提升稻渔空间、领新耘智、牡丹花乡3个国家级科普教育基地的服务能力。大力培育科海渔业、天荣现代农业和科丰种业3家企业创建国家级科普教育基地。贺兰淡水虾、贺兰瓜菜国家级科技小院示范作用明显，新培育科海生物和海永生态渔业2家科技小院。

【开展“科技周”系列活动】2023年，贺兰县科协“科技周”期间，联合科技、农业、乡镇、科技型企业，通过设置科技咨询点、悬挂条幅、发放科普资料等方式，为广大群众普及科学知识，活动共发放微科普、反邪教、应急宣传手册等资料共1700余册。科技型企业向社会推出新产品、展示新成果，向群众宣传新科技，注册科普信息员150多人次。联合市科协组织120余名科技工作者到科海生物和天荣科技交流、学习、参观。联合文旅部门组织贺兰六小57名师生到森林公园科普教育基地开展“爱鸟护鸟 共同守护绿色家园”科普实践活动。以“提升全民科学素质 助力科技自立自强”为主题开展宣传活动12次，累计发放《种养技术指点通》、《蔬菜栽培技术》、应急手册1500余份，受益群众2000余人。全国科普日期间，积极组织各成员单位开展科普活动，共向中国科协上报科普活动信息223篇，老科协科技“三下乡”科普活动入选全国科普日优秀活动名单。

【加强全媒体宣传工作】2023年，贺兰县科协利用县融媒体资源开展科普信息化宣传，在“魅力贺兰”App开设矩阵板块，累计推送新媒体宣传177篇，制作电视栏目4期、短视频12期，《人民日报》等宣传新闻16次。稻渔空间、牡丹花乡、领新耘智3D打印、科海渔业、宁夏产业园充分发挥科普示范基地的品牌效应，全年接待研学学生近30万次，研学成效明显，宣传作用得到充分发挥。全媒体传播获得自治区科协项目支持。

【科普大篷车赶集】2023年，贺兰县科协开展科普大篷车赶集、进农村、进社区100余次。创建“爱农好帮手”科技志愿服务活动品牌，端午节活动期间，邀请退休医务人员为金贵镇赶集群众测血压、开展卫生健康咨询等。联合区科普工作队、区农技协、区食用菌职业教育集团，举办全区食用菌栽培技术培训班，通过培训、交流和实地观摩，为自治区100多名参训企业和农户提供了食用菌种植经验和技术。

【智慧助老行动】2023年，贺兰县科协协调各社区开展“我教老年人用手机”志愿服务活动8期400人次，让老年人搭上互联网时代快车。联合老科协业缘型党支部开展主题党日活动，80多名老党员参加。在安全隐患排查期间，在老科协、兰星村、张亮村宣讲自治区十三届四次全会精神，提升老年人的安全防范意识。

【科学素质提升行动】2023年，贺兰县科协加强企业协会建设，企业科协队伍不断壮大。以银川市创建“科创中国”试点城市建设为契机，指导10家企业入驻“科创中国”平台，积极在科创中国平台发布咨询和活动信息共83期。

【青少年科学素质提升行动】2023年，贺兰县科协联系宁夏科技馆、县教体局开展“双进”助力“双减”暨“蒲公英”科教育苗行动7期，组织县实验小学、县第七小学等学校300余名师生到宁夏科技馆进行参观和体验。联合宁夏科技馆、二泉垃圾分类科普教育基地和玛酷机器人科普教育基地，开展系列科教活动进校园行动15次，推动科学普及、科学家精神宣传进校园。邀请中国科协专家为三中100余名学生开展防震减灾知识讲座。联合县体育局为一中400余名师生开展科普进校园暨科学实验秀展示。

【安全生产知识宣传】2023年，贺兰县科协认真贯彻落实自治区十三届四、五次全会精神，深入实施文明素养提升行动，在利民社区、联星村等场所开展“千人万场”家庭安全素养提升教育培训活动，共计11场，500多人参加。利用科普大篷车到各街道社区、乡镇集市、大街小巷开展“坚决清除安全生产风险隐患”流动宣传7次。

贺兰县工商业联合会

【概况】2023年，贺兰县工商联始终坚持以习近平新时代中国特色社会主义思想为指导，全面贯彻落实党的二十大、习近平总书记在民营企业座谈会上的重要讲话精神、自治区党委十三届四次、五次全会精神，牢牢把握“两个健康”工作主题，不断提升自身服务能力和水平，充分发挥桥梁纽带作用，细化工作任务，倾力推动各项工作有条不紊地推进和落实，取得良好成效。

【政治引领】2023年，贺兰县工商联以学习贯彻习近平新时代中国特色社会主义思想主题教育为契机，认真学习贯彻党的二十大精神等，深入开展“双引”行动，利用微信群转发《党的二十大报告学习辅导百问》；转发贺兰县安全生产知识大讲堂20期、自治区党委十三届四次全会精神及自治区安全生产“1+37+8”系列文件精神相关内容；全县民营企业分行业均开办了安全生产知识培训班；动员执委企业积极组织职工学习安全生产知识，掌握基本自救能力；依托自治区、市工商联培训平台，组织企业参加各类线上培训14期；先后组织10名民营经济人士赴自治区内外参加自治区、市工商联组织的各类培训班的学习，引导民营经济人士加强自我学习、自我教育、自我提升，持续推进民营经济人士理想信念教育。

【强化岗位】2023年，贺兰县工商联切实履行全面从严治党主体责任，把从严治党与工商联工作同部署、同落实，强化领导干部“一岗双责”意识，制订2023年党风廉政建设工作计划，召开党风廉政建设和反腐败工作安排部署会2次，开展“廉洁从政警示教育月”活动，引导干部职工牢固树立拒腐防变的意识。落实意识形态工作责任制。定期对意识形态工作进行研究，召开意识形态工作部署会 2 次，牢牢把握意识形态工作话语权、主导权，加强铸牢中华民族共同体意识教育，引导民营企业家增强对党和国家的政治认同、思想认同、感情认同，坚定不移听党话、感党恩、跟党走。准确把握宣传信息方向，及时反映工作动态，严格执行“三审三校”制度，上报各类信息 90 余篇。强化干部队伍素质。扎实开展“强素质强服务强担当强斗志”能力作风建设年活动，召开“四强”活动部署会，传达学习《关于在全县开展“强素质强服务强担当强斗志”能力作风建设年活动的实施方案》，结合单位实际工作制定《贺兰县工商联开展纠治形式主义官僚主义专项整治的整改方案》，提出 4 个方面 17 条措施，进一步明确作风建设目标与工作举措，并结合工作实际，对照 10 类问题，领导班子查找 9 个问题，制定 9 条整改措施；班子成员共查找 26 个问题，制定 26 条整改措施；明确整改时限，切实抓好整顿提升。开展纠治形式主义官僚主义专项整治。结合单位实际，制定《贺兰县工商联关于开展纠治形式主义官僚主义专项整治的实施方案》，对照“九聚焦九整治”，班子查找 8 条问题，班子成员 3 人共查找 14 个问题，明确作风建设目标与工作举措，确保工作落实落细。

【强化组织】2023 年，贺兰县工商联积极开展争创全国“五好”工商联工作，扎实落实各项活动，不断提升基层组织力和服务民营企业发展能力。加强领导班子建设。召开县工商联十一届二次执委会，增补执委 12 名、副主席 4 名、副会长 2 名，不断完善工商联班子队伍建设，并对执委履职情况进行考评，推动执委“动起来”，履职“活起来”。加强基层商会建设。以“四好”商会创建工作为目标，按照工商联所属商会改革和发展的实施方案具体要求，抓实商会规范化建设，与各乡镇及时对接，协助指导金贵、立岗、洪广商会规范商会章程、管理制度、组织架构、办公场所、活动开展等内容，进一步提升基层商会制度化和规范化水平，夯实基层商会基础。加强政企沟通、部门合作。为金贵商会与石嘴山银行搭建平台，部分会员企业贷款 20 万余元，帮助企业解决“融资难”问题。充分发挥商会优势，做实以企招商、以商招商文章，依托宁夏河北商会开展招商引资“请进来”2 次、“走出去”1 次，推动招商引资工作不断取得新成效，为县域民营经济高质量发展注入了强劲动能。

【强化平台】2023 年，贺兰县工商联搭建助力民营经济发展新平台。扎实开展自治区工商联民营企业家执常委贺兰行活动。实地参观考察 5 家企业，开展“送政策进民企”贺兰宣讲会，150 余名企业家现场聆听了宣讲；召开产业推介座谈会，20 余名企业家积极踊跃发言，为贺兰地方经济发展建言献策。创新开展主席副主席“一带一”贺兰行活动。12 名工商联主席、副主席邀请了来自各地的 12 名企业家到贺兰考察并座谈交流，根据自身需求和发展计划，提出了在贺兰的投资意向。陕商新能源科技、大蓝鲸家庭娱乐中心 2 个项目已落地，聚口福食品、盛如意菌草、远景塔业 3 个项目正在积极跟进中。常态开展“服务进园区 政策惠千企”政策宣讲活动。联合贺兰工业园区组织近百名民营企业负责人聆听政策宣讲，重点围绕区市科技创新政策、企业重点群体税收优惠政策等方面作了详细解读，鼓励企业用足、用活、用好惠企政策，助力企业“两个健康”发展。及时召开执委（扩大）会议。组织民营企业家学习《中共中央 国务院关于促进民营经济发展壮大的意见》、自治区党委十三届四次全会精神及自治区安全生产“1+37+8”系列文件，为促进民营经济发展壮大提供了方向指引，为民营经济高质量发展注入了强大的信心和动力。开展浙商贺兰行活动。在宁夏浙江商会的大力支持下，邀请来自 16 个省市浙江商会的 43 名企业家参加活动，充分展示贺兰县优质营商环境和资源优势。推动形成“引进一个、带来一批、聚集一群”的招商引资新局面，增强招商引资实效，推动贺兰县招商引资工作再上新台阶。

【商事调节】2023 年，贺兰县工商联持续以“双引”为主线，积极与法院、司法局协商，筹备成立贺兰县民营企业商事调节服务中心，推动纠纷实质性化解，引导企业诚信守法规范经营，维护市场经营秩序，推动商事调解工作规范化、专业化、法治化、多元化。

【助力营商】2023 年，贺兰县工商联走访企业 50 余家、商会 4 家，协调解决企业反馈事项 16 件；积极开展民营企业运行调查工作，四季度累计组织 295 家民营企业进行填报，获得全区排名第 9 的好成绩；动员 23 家民营企业积极申报与宁夏百强民营企业评选活动；持续推进“百所联百会”，在 2022 年联合司法局建立“百所联百会”机制，3 家律所与 3 家商（协）会搭建律师服务民营企业新平台基础上，2023 年 3 家律所深入商（协）会开展法律知识宣讲 3 场，进一步为企业提供及时、准确有效的法律服务。

【履职尽责】2023 年，贺兰县工商联高度重视“万企兴万村”行动，专题召开贺兰县“万企兴万村”助力乡村振兴推进会，在第一批 30 家企业帮扶 21 个行政村的基础上，确定第二批 22 家企业帮扶 15 个村，进一步推进“万企兴万村”行动，为乡村振兴贡献民营经济力量。申报全国“万企兴万村”行动实验项目 2 个，安品绿源、好家乡被认定为银川市“万企兴万村”行动典型企业，“金贵牡丹花乡一二三产融合”“立岗镇清水村辣椒联合种植项目”被认定为银川市“万企兴万村”行动典型项目。县工商联充分发挥资源优势，动员和引导全县广大民营企业家坚定理想信念，主动履行社会责任，积极参与“万企兴万村”行动，为推动乡村振兴奠定了坚实的基础。产业帮扶激活力。百瑞源等 16 家企业帮扶 25 个村落实帮扶项目 23 个，投入共建资金 2531 万元，通过共赢的合作模式，增加农民和村集体经济收入。就业帮扶解难题。百瑞源、广银米业、鲜丰农业、安品绿源、冠名食品、牡丹花乡等企业吸纳就业 1000 余人，有效增加了失地农民的家庭经济收入。公益帮扶献爱心。百瑞源、麦尔乐、爱里食品等 20 家企业开展捐资助学、慰问老党员、困难群众、残疾儿童等活动，共计捐款捐物 30.4 万元。

贺兰县文学艺术界联合会

【概况】2023 年，贺兰县文学艺术界联合会在县委、县政府的正确领导和自治区、市文联的大力指导下，坚持以习近平新时代中国特色社会主义思想为指导，深入学习贯彻党的二十大精神和习近平总书记视察宁夏重要讲话和重要指示批示精神、深学细悟笃行习近平文化思想，认真落实区市县党委各项决策部署等，围绕县委、县政府重点工作，坚持以人民为中心的创作导向，以多出精品、多出人才为中心环节，认真履行工作职能，奋力开创贺兰县文艺事业新局面。

【政治引领】2023 年，贺兰县文学艺术界联合会结合学习贯彻习近平新时代中国特色社会主义思想主题教育，深入学习党的二十大精神、党章、《习近平新时代中国特色社会主义思想专题摘编》、习近平总书记视察宁夏重要讲话和重要指示批示精神、习近平总书记关于文艺工作的一系列重要论述、习近平总书记最新重要讲话和重要指示批示以及自治区、市、县党代会精神等，持续开展“大学习、大讨论、大宣传、大实践”活动，推动新时代党的创新理论实践走深走实。组织干部职工学习 53 次，中心组成员集中学习 12 次，围绕“文艺赋能乡村振兴的思考和建议”撰写调研报告 1 篇，开展讲党课 4 次。强化意识形态工作，不断引领文艺工作者听党话、跟党走、感党恩。认真落实《中国共产党宣传工作条例》。把学习宣传条例纳入党组理论中心组学习计划。党组成员、党员共学习 3 次。同时把学习贯彻条例与实际工作融会贯通，延伸服务手臂，团结带领广大文艺工作者，开展了系列文艺采风、培训交流、文化惠民等活动 20 场，繁荣贺兰县文艺创作。强化对全国、自治区宣传思想工作会议的宣传贯彻，举办集体辅导报告会 2 次，不断增强文化使命和责任感。

【队伍建设】 2023 年，贺兰县文学艺术界联合会为鼓励文艺工作者特别是青年文艺人才，举办了全县校园歌曲创作暨合唱编配、书法、美术、摄影、民间艺术（剪纸）、舞蹈培训班等 17 次，举办了作协、音协、朗协会员采风创作活动，提高了会员创作能力。组织开展年度文学艺术奖申报评审工作。按照《贺兰县政府获奖文学艺术作品奖励办法》，由文联牵头组织实施，有序开展 2023 年度文艺奖申报评审工作，贺兰县在国家、省市县各级各类文艺赛事中获奖 64 人次，县财政安排专项经费，共兑现奖励 190500 元，激发了贺兰县各类文艺人才的创作积极性。

【特色文艺】 2023 年，贺兰县文学艺术界联合会组织作协、朗协创作编排了朗诵情景剧《家风》，通过"魅力贺兰""贺兰文艺"等微信公众号进行线上线下展演。联合银川市文联、银川市书协举办了学习贯彻党的二十大精神"家风家训廉洁文化"主题书法作品（巡回展），全县 72 家机关各企事业单位、26 所中小学校共 1965 人参观了展览。联合县妇联为 34 名巾帼英雄、三八红旗手赠送《习近平走进百姓家》，并进行书法、格言赠送。为"学习贯彻习近平总书记视察宁夏重要讲话指示批示精神"系列学习实践活动，组织"这里是个好地方"主题摄影展和"家乡美"主题油画展，描绘贺兰乡村振兴和劳动人民新面貌。以创建铸牢中华民族共同体意识示范县为主线举办专题摄影展，开展中华优秀传统文化进宗教场所送出字画 34 幅，营造弘扬传承中华优秀传统文化的良好社会氛围。贺兰文创基地各民间艺术工作室组织 500 余名学生开展民间艺术研学活动 5 次。联合司法局开展法治文化进校园、进企业、进社区、进农村 4 次，弘扬了法治文化，提升了法治素养。

【文艺实践】 2023 年，贺兰县文学艺术界联合会为进一步以创作带动传承，繁荣贺兰民间文艺，宁夏民间文艺家协会颁授"宁夏民间文艺传承基地"牌匾，为民间艺术方面传承、交流、学习等提供了良好环境。在金贵牡丹花乡文艺创作基地进行挂牌，鼓励文艺工作者深入乡村，创作出反映贺兰现代农业高质量发展的文艺作品。协办全国文联网络化数字化工作片区会（华中、华南、西南、西北地区），在会议接待、会务安排、实地调研中积极谋划，协作配合，保证了会议的正常开展。

【志愿服务】 2023 年，贺兰县文学艺术界联合会常态化开展"文化进万家""文艺惠民"等志愿服务活动，以文艺志愿服务队进学校、进农村、进企业、进社区、进军营等活动为载体，送书画写春联 8 场2000 余幅、为人武部建设文化阵地赠送作品 9 幅（件）、文艺进企业 2 次、进校园 3 次等。大力实施农村少儿美育工程项目，开设舞蹈课堂，让舞蹈志愿者走进农村，开展舞蹈教学活动。秦腔协会到社区、公园、移民村开展文化惠民秦腔文艺演出 10 场。组织书美协骨干会员开展"我们的节日·端午"文艺志愿服务活动，为群众送出书法作品 50 多幅。

【提升刊物质量】 2023 年，贺兰县文学艺术界联合会继续坚持"三早""三严"办刊工作制度，对《贺兰》刊物实行早约稿、早征集、早审定，向宣传部门进行报备审批，强化"三审三校"，切实审查刊物意识形态方面的内容。同时刊物紧紧围绕宣传贯彻新时代党的方针政策、乡村巨变，弘扬正能量，讴歌真善美等编发作品。2023 年 4 期《贺兰》刊物已如期发行。

【安全生产】 2023 年，贺兰县文学艺术界联合会节假日期间召开安全生产和工作部署会议，对安全生产工作进行全面安排部署，并组织各工作室负责人及机关干部职工开展消防隐患排查整治。按照县委办文件要求，文联与包抓企业领导班子、负责人、安全管理人开展"三必谈"工作，签订安全生产责任书，紧盯安全生产。

【党建工作】 2023 年，贺兰县文学艺术界联合会强化党建工作"第一责任人"，把党建工作与业务工作同部署、同安排、同落实，落实"三会一课"

“主题党日”等制度。开展“三进”活动，完善扶贫手册信息，宣讲相关政策。扎实开展“四强”能力作风建设年活动，制定实施方案、学习计划、问题清单和责任落实清单并整改到位，确保作风建设落到实处。认真开展学习贯彻习近平新时代中国特色社会主义思想主题教育，党员带头学习，与文联工作一体推进，结合工作开展“为群众办实事”实践活动和检视整改，确保以高度的政治责任感，高标准高质量推动主题教育扎实开展，为贺兰高质量发展贡献文艺力量。

【党风廉政】2023年，贺兰县文学艺术界联合会严格落实党风廉政建设主体责任，坚持“一把手”亲自部署，认真履行“一岗双责”职责。深入贯彻落实习近平总书记关于坚决整治形式主义官僚主义的重要讲话和重要指示批示精神等。结合“廉政宣传教育月”活动，观看教育片、警示案例以及参观警示教育基地等多种教育方式，提升学习实效。完善“三个清单”和主要负责人清单。扎实开展形式主义、官僚主义专项整治以及扶贫领域腐败问题专项整治，建立问题清单、整改清单，确保问题整改落到了实处。

【意识形态工作】2023年，贺兰县文学艺术界联合会认真履行意识形态工作主体责任，把意识形态工作作为党的建设和政治建设的重要内容，纳入重要议事议程，纳入党建、党风廉政建设等。2023年专题研究意识形态和网络意识形态4次。对《贺兰》刊物、“贺兰文艺”微信公众号及举办的报告会、研讨会等严格审批报备，发布的信息进行“三审三校”，确保意识形态和网络意识形态安全。

贺兰县残疾人联合会

【概况】2023年，贺兰县残疾人事业以习近平新时代中国特色社会主义思想为指导，紧紧围绕自治区、银川市残联下达年度工作指标任务和县委、县政府中心工作，结合学习贯彻习近平新时代中国特色社会主义思想主题教育和“四强”能力作风建设年活动，推进中国式现代化进程中贺兰县残疾人事业高质量发展。

【政治理论学习】2023年，贺兰县残疾人事业坚持以习近平新时代中国特色社会主义思想为指导，认真学习贯彻党的二十大和二十届一中、二中全会精神，全面贯彻习近平总书记关于残疾人工作的重要论述及中国残联第八次代表大会精神，紧紧围绕习近平总书记视察宁夏重要讲话精神，全面落实自治区十三届四次、五次全会，市委十五届六次、七次、八次全会和县委十五届四次、五次全会工作部署要求，扎实开展学习贯彻习近平新时代中国特色社会主义思想主题教育、“四强”能力作风建设年活动和纠治形式主义官僚主义专项整治活动，助力“五个示范县”创建、县委“8+1”产业、“36910”工作思路以及“六大提升”行动，切实履行残疾人“代表、服务、管理”职能，扎实推进各项残疾人民生实事，把学习转化为推进中国式现代化残疾人事业发展的强大动力，让全县残疾人有更多更直接更实在的获得感幸福感和安全感。

【提升干部素质】2023年，贺兰县残疾人事业严格执行集中学习制度，每月至少组织8次的集中学习，每季度进行1~2次专题学习研讨。要求党员干部加强个人自学，倡导利用8小时以外时间读书学习，紧紧围绕“学思想、强党性、重实践、建新功”的总要求，制订了《贺兰县残疾人联合会学习贯彻习近平新时代中国特色社会主义思想主题教育工作计划》，牢牢把握深入学习贯彻习近平新时代中国特色社会主义思想这一主题主线和根本任务，通过开展集中学习、“三会一课”等活动，组织党员干部认真研读党的二十大报告、《中国共产党章程》《习近平著作选读》《习近平新时代中国特色社会主义思想专题摘编》等学习材料，专题研讨8次，开展主题党日10次、知识测试5次，专职委员业务培训及安全生产培训班8期，培训对象覆盖全县残疾人工作者，在职党员干部人均参训次数在 5 次以上。

【强化制度执行】2023 年，贺兰县残疾人事业全面落实党建工作责任制和党政“一岗双责”主体责任，把党风廉政建设和反腐倡廉工作纳入全年工作布局，制定了全面从严治党“三个清单”，每季度召开 1 次意识形态、民族宗教工作会议，围绕“四强”能力作风建设年活动，建立“办实事”重点任务清单，每月召开乡镇残联工作例会，统筹推进各项工作落地见效。组织新选聘专干开展集体廉政学习、主题党日活动、党纪法规知识测试等，上好“廉洁从政第一课”主题活动。

【作风建设】2023 年，贺兰县残疾人事业以“四强”能力作风建设年活动、纠治形式主义官僚主义、乡村振兴领域医疗卫生腐败和作风问题专项整治为抓手，深化机关能力作风建设，提高政治站位，主动担当作为，优化残联机关作风。

【巩固脱贫攻坚成果】2023 年，贺兰县残疾人事业残联建立残疾人跟踪访视机制，加强残疾人日常入户排查和跟踪访视，发现存在返贫致贫风险的残疾人家庭，及时向村“两委”和乡村振兴、民政等有关部门反映情况，协调纳入监测范围，协调各方帮扶力量，实施精准帮扶，做到应纳尽纳、应帮尽帮、应消尽消。在走访入户充分调研的基础上，根据监测户家庭基本情况，制定“一户一策”帮扶措施，用足用活各项惠民政策，积极落实各项帮扶措施，让残疾人家庭应享尽享。按照“一户多残”给予每户 500 元临时救助，“一户一残”给予每户 300 元临时救助，积极动员爱心企业于中秋节前为 50 户生活困难的残疾人家庭捐赠月饼，为 141 户残疾人家庭捐赠一桶食用油，表达了党和政府及社会各界对残疾人的关爱之情。实施“阳光助残小康计划”项目，扶持 30 户残疾人脱贫不稳定户、边缘易致贫户、突发严重困难户以及低保户家庭发展特色种植养殖业，共发放扶持资金 12 万元。

【保障政策精准落实】2023 年，贺兰县残疾人事业无遗漏落实“两项补贴”政策。扎实开展残疾人“两项补贴”大宣传大排查大调研工作，配合县民政局做好“两项补贴”审核工作，全县享受困难残疾人生活补贴 2922 人，护理补贴 3311 人，“两项补贴”覆盖面均达到 100%。落实残疾人城乡居民医疗保障政策。2023 年，全县持证残疾人共计 7993 人，全部由县财政代缴医疗保险金（公职人员除外），参加城乡居民基本医疗保险。落实重点帮扶保障政策。与民政等部门协调，在同等条件下对残疾人优先照顾，按照“低门槛、高标准、广覆盖”的原则，推动城乡符合条件的残疾人全部纳入城乡最低生活保障范围，实现应保尽保，全县现有 2922 户困难残疾人享受到低保，49 名残疾人集中托养，日间照料 40 人；实施残疾人居家托养服务项目。560 户就业年龄段低保户、建档立卡户贫困重度肢体、智力和精神残疾人享受到人均 1500 元政府购买居家托养服务；实施残疾人购买意外伤害保险项目，投入 15.97 万元，为 18~59 岁就业年龄段 3195 名残疾人购买了意外伤害保险，实现残疾人购买意外伤害保险全覆盖，努力构建残疾人全生命周期意外伤害综合保险保障网。

【促进残疾人就业创业】2023 年，贺兰县残疾人事业贯彻落实银川市《促进残疾人就业三年行动方案》，大力开展“就业促进年”系列活动。联合发改局、工会等部门进入企业，开发适合残疾人工作岗位 60 个，新增残疾人就业 90 人。组织 100 多名残疾人参加“春风行动”残疾人就业援助专场招聘会 5 场，为 100 多名有就业需求的服务对象提供就业援助。多形式开展就业政策宣传，开展就业年龄段未就业残疾人摸底调查和培训意向调查入户走访，积极宣传就业扶持政策，发放宣传单 800 余份。落实扶持政策促进残疾人高质量就业创业。推进各机关企事业单位开展按比例安排残疾人就业年审工作，资金扶持，促进残疾人就业创业。扶持就业年龄段有就业能力、从事种植、养殖、加工、零售、修理、餐饮等各种形式的创业40余人；支持残疾人通过“互联网+”、家政服务、配送员等行业自主创业和灵活就业，73人享受灵活就业补贴14.6万元。为高校残疾人毕业生提供“一人一案”专项就业服务，对7名2023年贺兰县籍高校毕业残疾大学生实时跟踪回访，建立大学生“一人一档”档案资料，2023年已就业5人，剩余2人专升本继续深造。大力开展残疾人职业技能和农村实用技术。开展农村实用技术培训3期，累计培训80人，职业技能培训5期，累计培训120人。

【抓基础保障】2023年，贺兰县残疾人事业康复中心已转介40名0~6岁残疾儿童在康复中心进行康复训练；托养中心共收住托养人员49人，为托养人员建立健康档案、制订护理计划、提供护理服务，并与多家公司合作，以辅助性就业机构为依托开展残疾人就业项目，协调县财政局解决残疾人“两中心”清欠工程款140万元，进一步做好“两中心”规范化管理运行工作。

【提升康复行动】2023年，贺兰县残疾人事业残疾儿童康复救助制度稳步推进。投入125.75万元，完成康复训练转介160人（其中贺兰县康复中心42人），有效满足残疾儿童基本康复服务需求，确保残疾儿童“应救尽救”。开展辅助器具评估适配工作。投入资金65万元，为全县有辅具需求的残疾人开展辅助器具评估适配，安装假肢、矫形器、发放轮椅、拐杖、坐便椅、盲杖、纸尿裤等辅助器具430人500余件，辅具适配率100%。开展全国助残日、爱耳日、残疾预防等宣传活动。以助残科普大赶集的形式，组织残工委成员单位利用大篷车视频播放爱耳科普知识，同时组织为残疾人群众开展义诊活动和残疾人自我康复工作6次，有效宣传了残疾预防工作。

【提升残疾人文体水平】残疾人体育荣获佳绩。贺兰县残疾人体育训练中心承担全区残疾人体育训练任务，在“韵味杭州”2023年全国残疾人田径锦标赛比赛中，宁夏残疾人运动员代表队摘得3枚金牌、3枚银牌、7枚铜牌的好成绩，贺兰县3名残疾人运动员获得了1枚金牌、2枚银牌、3枚铜牌的好成绩。宁夏首届残特奥运动会上银川市代表队奖牌数位居全区第一，斩获99枚金牌、52枚银牌、21枚铜牌的好成绩，贺兰县5名残疾人运动员获得了4枚金牌、5枚银牌、4枚铜牌的好成绩。残疾人文化活动丰富多彩。组织140户残疾人及家属开展文化进残疾人家庭“五个一”项目、残疾人文化进社区、残疾人文化周等文化活动11场次，惠及残疾人1300人次；积极打造残疾人文化阵地，帮助残疾人走出家门、参与活动、融入社会，开展冰雪运动季等群众性体育健身活动3场，150人次参与，引导广大残疾人品味幸福生活。积极配合教育局制定并实施“十四五”特殊教育发展提升计划。支持保障农村适龄残疾儿童、少年接受义务教育。开展扶残助学行动，对今年高考考上大学本科、大专及高职院校的残疾学生给予资助，分别给予4000元、3000元扶残助学政策性补贴。

【实施无障碍环境建设】2023年，贺兰县残疾人事业实施“无障碍畅享行动”，组织14名视障残疾人在图书馆开展“视障人群无障碍生活体验”活动，开展过马路、转向、上楼梯等定向行走训练，现场讲解电子视频阅报机、电子读屏设备的使用方法，提供无障碍文化服务。实施困难残疾人家庭无障碍改造项目，投入资金226万元，为460户贫困残疾人家庭实施户均5000元无障碍改造项目。

【健全残疾人服务体系】2023年，贺兰县残疾人事业残疾人证办理及核查工作。办理第三代残疾人证698人，残疾人证跨省通办共办理46件，其中跨省办理7件、跨区县办理39件，解决了残疾人办证两地往返的问题。开展上门鉴定服务2次，鉴定15人。开展在职公职人员持证专项整治活动，对52名在职公职人员持证的干部职工，责令重新评定，注销9人。开展残疾人基本状况调查试点工作。在金贵镇开展残疾人基本状况调查试点工作，筛选出疑似功能障碍人员50人，特殊困难残疾人 22 人，调查持证残疾人 966 人，有效解决残疾人急难愁盼问题。开展 2023 年重度残疾人康复健身体育进家庭服务项目。投入 15 万元，为 300 名重度残疾人提供个性化、精细化、身边化居家康复体育服务，让重度残疾人在家就能得到体育训练。为 18 名行动不便的残疾人上门办理残疾证，依托政府购买服务，根据服务对象的实际要求，上门为 400 余名残疾人提供擦玻璃、心理疏导、做饭等“保姆式”家政服务。

【维护残疾人权益】2023 年，贺兰县残疾人事业畅通残疾人服务咨询渠道，将《中华人民共和国残疾人保障法》《残疾人保障条例》等法律法规纳入普法规划，营造全社会关注残疾人权益保障的良好氛围，提高残疾人运用法律武器维护自身合法权益的能力，推进残疾人法律救助援助工作，完善残疾人信访维权工作机制，健全信访事项督查督办与突发群体性事件应急处置机制，加大对重大侵害残疾人权益信访案件的协调督办力度，严厉打击侵害残疾人权益的违法犯罪行为，维护残疾人权益和社会稳定。

【提升托养人员生活品质】2023 年，贺兰县残疾人事业依托贺兰县残疾人托养中心，通过“智慧托养 + 精准康复 + 多元就业”新模式，与上海新工坊等企业合作帮助 44 名残疾人实现就业，既减轻政府压力，增加残疾人收入，又减轻残疾人家庭的负担，真正实现政府减负、家庭稳定、社会和谐的共赢局面。

【打造“爱益相随”实践基地】2023 年，贺兰县残疾人事业由县政协牵头，联合统战、卫健、民政、就业、妇联等部门，依托县残疾人康复、托养和体育训练中心，以政协委员为主体，搭建联合大帮扶平台，打造贺兰县政协委员“爱益相随”实践基地，并结合县政协“有事好商量”、界别会议等形式，构建“1+6+N”服务体系，多部门形成合力，全社会共同关心、关爱帮扶残疾人的组织网络，建立健全帮扶服务清单，按季度推进帮扶助残活动的创新机制。组织知识讲座、励志演讲各 2 期，慰问残疾人康复中心、托养中心残疾人 4 次，慰问金（品）达 4 万元，进一步形成全社会共同关心和支持残疾人事业的浓厚社会氛围。

贺兰县红十字会

【概况】2023 年，贺兰县红十字会坚持以习近平新时代中国特色社会主义思想为指导，深入贯彻习近平总书记关于群团工作重要论述和红十字事业重要指示精神，按照自治区、市红十字会工作要求，健全体制机制，增强组织活力，提升服务能力，着力打造群众身边的红十字会。

【完善体制机制】2023 年，贺兰县红十字会印发《贺兰县红十字会基层组织建设实施方案》等政策指导性文件，有力推动改革任务落实落地。县红十字会负责拟定统一模板，督促协调各乡镇、街道，县教育系统、卫健系统规范建立红十字会基层组织，形成红十字会工作开展到哪里、红十字会基层组织建设就推进到哪里的良好局面。

【基层组织覆盖率】2023 年，贺兰县红十字会按照“纵向到底、横向到边”的要求，发展基层组织，全县 8 个乡镇（场）、街道，65 个行政村，15 个社区全部建立基层红十字会，实现了基层红十字会 100%覆盖。在贺兰一中、贺兰客运站、县人民医院、金贵牡丹园、稻渔空间生态观光园等场所打造基层红十字会示范点，发挥示范典型作用，以点带面，有序推进基层组织体系建设。

【激发组织活力】2023 年，贺兰县红十字会在朔方社区创建以“暖心家园·博爱万家”为标准的“12345”工作机制。在立岗镇兰光村创建红十字“五个一、十百千工作法”，将红十字会基层组织建设工作与党群服务中心、新时代文明实践中心（所、站）等共融、共建、共享，助力基层社会治理；畅通服务渠道，发布红十字活动信息、人道公益项目信息等，进一步弘扬“人道、博爱、奉献”的红十字精神。

【凝聚志愿力量】2023年，贺兰县红十字会充分发挥基层红十字会作用，积极发展党员、捐赠者、捐献者、红十字救护员等成为会员和志愿者。组建贺兰县红十字应急救护队、南丁格尔志愿服务队、“救”在身边志愿服务队、无偿献血志愿服务队4支队伍，组织开展人道救助、人道传播、应急救护等富有特色的志愿服务活动。

【队伍建设】2023年，贺兰县红十字会按照“专业救援队伍起支撑、社会救援队伍补短板”的目标，组建“1+N”应急救护师资队伍，即1支贺兰县人民医院集团医护人员应急救护队伍，N支社会力量应急救援队伍，有急救护人员46人。在全县医疗系统中开展“红十字应急救护技能大赛”，挖掘理论知识、现场操作双过硬人才，结合“内训考试”“跟班助教”等措施，打造一支精干的救护师资队伍提高教学质量。

【救护培训】2023年，贺兰县红十字会开展“救在身边·校园守护”行动，与县教育局联合印发《关于在全县各学校开展红十字应急救护培训工作的通知》，在县二中设立红十字救护员培训基地，每周四下午定期举办培训班。全县教师根据实际参加培训，破解了因“培训与教学时间冲突”、应急救护培训进校园“难”的问题，使学校红十字应急救护培训真正“活”了起来。将应急救护培训工作纳入高中体育课及学校军训课程，让“人人学急救、急救为人人”的理念逐步融入校园文化之中。开展“救在身边·社区讲堂”活动，加强与街道、社区等合作，普及应急救护、防灾避险知识。开展“救在身边服务企业”活动，通过电话回访、实地走访等多种方式，多渠道搜集企业救护培训需求，做到了企业有呼、红会有应。2023年开展红十字救护员持证培训33期1420人，普及性讲座38期3004人次。

【拓宽筹资渠道】2023年，贺兰县红十字会联合县政协组织开展“让阅读点亮农村孩子的明灯”活动，为农村中小学捐赠价值10万余元图书。联合县残联开展“第33个全国助残日”捐赠活动，为全县0~14岁残疾儿童赠送急救包、食品大礼包。联合宁夏厚生记食品有限公司开展“厚生助学”活动，为贺兰县第二高级中学品学兼优的学生发放奖学金共计5000元。联合辖区爱心企业开展“立足岗位学雷锋，践行初心当先锋”志愿服务活动，为康复中心残疾人送去大米、食用油、水果、牛奶等慰问品。

【推进互联网建设】2023年，贺兰县红十字会积极参加“99公益日”“5·8”人道公益日网络众筹活动，形成线上线下“双发展双促进”的格局。今年“5·8”人道公益日发起“康乃馨关爱困境妇女”“流动急救包”2个公益项目，2023年筹集资金10万余元。

【宣传教育】2023年，贺兰县红十字会始终坚持正面宣传，围绕红十字核心业务工作，积极做好红十字运动知识和核心业务及各项法规政策措施的宣传解读工作，把握正确舆论导向，讲好红十字故事，传播红十字好声音。组织开展2023年“红十字博爱周”、“5·12”防灾减灾日主题宣传等活动，累计发放红十字会宣传小手册500余份、现场应急救护手册1000余本及无偿献血、造血干细胞捐献、遗体器官捐献宣传资料1000余份。创新“码上学”指尖红十字课堂，将红会业务知识、三救三献等知识制作成二维码，群众只需通过手机扫一扫二维码，便可聆听、阅读丰富的红十字知识。朔方社区开办“红色直播间”“板凳课堂”等线上线下宣传平台，开展应急救护普及讲座。

法　治

政法委与综治

【概况】2023年，贺兰县委政法委紧紧围绕维护政治安全、党的二十大安保、平安贺兰建设、市域社会治理现代化试点、打击整治养老诈骗专项行动、常态化扫黑除恶、矛盾纠纷化解、铁路护路、政法领域改革等重点工作，切实履行维护国家政治安全、社会安定、人民安宁的重大责任，全力以赴防风险、保平安、护稳定、促发展，确保全县社会大局持续和谐稳定。

【国家安全】2023年，贺兰县委政法委坚持以习近平新时代中国特色社会主义思想为指导，深入学习贯彻党的二十大精神，全面贯彻习近平法治思想和自治区十三届四次、五次全会及银川市第十五届八次、九次全会精神，以学习贯彻习近平新时代中国特色社会主义思想主题教育为引领，以“四强”能力作风建设年活动为抓手，全力以赴防风险、保安全、护稳定，坚决服务保障“五个示范县”建设，在中国式现代化进程中奋力谱写贺兰政法高质量发展新篇章。2023年，开展执法监督检查和案件评查各1次。累计开展理论学习50余次；向县委及上级党委政法委请示报告16次，严格落实“三重一大”民主决策事项，开展专项督查1次，狠抓整改落实和跟踪问效。全面摸排核查关注人员400余人次，完成全县32处反恐重点目标分级分类工作。各责任单位围绕9个方面整治重点制订实施计划，牵头开展督导1次，共梳理涉法涉诉信访案件29件，贺兰县29件重点案件中3件导入司法程序，其他已化解完成。

【政治安全】2023年，贺兰县委政法委围绕政治安全、反恐维稳、意识形态三个重点工作，牢牢将维护政治安全“十大专项行动”抓在手上、落在实处，建立每月定期摸排风险、每季度定期分析研判机制，强化对事态的准确掌握，完成全县32处反恐重点目标分级分类工作，建立“日研判、月会商、月总述、季分析、年评估”工作机制，开展政治安全领域风险周研判49次、月总述9次，发现处置风险点35个，有效防范网络安全和境外敌对势力渗透颠覆破坏活动。扎实开展“4·15”全民国家安全教育日活动，打造自治区级国家安全宣传教育主题公园，将国家安全教育常态化。

【全域社会治理】2023年，贺兰县委政法委深化全域社会治理，纵深推进反诈人民战争，强化打击治理、宣传引导及预警劝阻、技术反制工作，通过电诈预警，劝阻当事人3900余人次，追赃挽损198.5万元，抓获涉诈在逃人员115人，八类主要刑事案件破案率100%；成功破获“2·2”帮助信息网络犯罪活动案。深入开展“九小”场所消防安全百日专项整治行动，共排查“九小”场所和沿街门店4750余家，督促整改火灾隐患2450余处，查处非法经营瓶装液化气罐、非法储存柴油等危险物质等涉安全生产违法犯罪案件9起，打击处理9人次，行政拘留3人，刑事拘留6人，查获“黑气罐”324 罐，均移交相关部门处理。深化“放管服”改革，县政务服务中心共受理办件 62.5 万件，办结率为 100%，“跨省通办”1846 件，“一业一证”354 件。电子证照入库总数 6.2 万个，入库证照种类 82 种，在自治区排名第一。

【政法领域改革】2023 年，贺兰县委政法委成立贺兰县社会综合治理中心，落实事业编制 3 名，推进综治中心与智慧城市运营管理指挥中心融合建设，切实发挥社会治理能力现代化水平。完成 4 个镇 1 个乡 1 个街道综治中心建设和人员配置。完成公安、派出所“以基础工作为主、以社区警务为主”的“两为主”改革，确保社区警务专业化、社区民警专业化；完成检察机关“深化执法司法权力运行机制改革”任务；完成法院组织体系改革任务。硬件方面为各乡镇、街道综治中心制作制度机制文化墙 6 块，制作竖式“综治中心”标识牌匾 8 块，制作“综治中心”金属徽 8 块，制作各村、社区“综治中心”标识牌共计79 块，配备棕色皮纹档案盒 170 个；办公场所均设立心理咨询室，矛盾纠纷多元调解室，信访接待室等多功能室。软件方面各乡镇、街道综治中心政法网全部连通并正常使用“银川市市域社会治理信息平台”和“矛盾纠纷多元化解系统”，确定富兴街街道办和金贵镇为贺兰县综治中心示范亮点。

【平安贺兰建设】2023 年，贺兰县委政法委、平安贺兰办积极发挥牵头抓总、统筹协调、督办落实作用，督促各单位（部门）对消防安全、道路交通、征地拆迁、逾期交房、婚姻家庭、邻里矛盾纠纷等重点领域，紧盯医院、学校、养老机构、商超、市场、娱乐场所、旅游景点等重点场所，全面深入细致开展风险隐患大整治，及时发现、妥善处置各类问题，切实将风险隐患发现在早、处置在小。扎实推进命案防范打击，提升“135”快速出警处置机制，激活路面、小区、园区警察巡逻机制，提高群众见警车、见警灯、见警徽、见警察频率，扎实推进治安防范。快速破获“5·8”拐卖儿童案。加强对刑满释放人员、社区矫正对象、吸毒人员、易肇事肇祸者、严重精神障碍患者等五类人员的帮扶管理。

【矛盾纠纷排查】2023 年，贺兰县委政法委制定完善矛盾纠纷多元化解机制，建立信访多元矛盾纠纷调解中心，推进矛盾纠纷源头治理实施方案，开展“警格 + 网格”深度融合联动试点建设方案等，开展矛盾纠纷大调处专项行动。紧盯婚恋家庭等“隐性矛盾纠纷”，建立矛盾纠纷发现、化解、会商“三个专班”，排查发现“五条路”、调处化解“八大员”机制，筑牢矛盾纠纷防范化解“四级堤坝”，全年未发生“民转刑”案件。全面发挥网格化管理服务、矛盾纠纷调处化解、公共法律服务等作用，2023 年制发矛盾风险交办单 294 份、催办单 9 份、督办单 2 份。

【铁路护路】2023 年，贺兰县委政法委紧紧围绕“保稳定、保平安、促发展”，将铁路护路工作纳入平安建设之中同部署、同落实、同检查、同考核，全面部署、落实春节春运、全国“两会”以及春耕农忙、枸杞采摘、汛期等重要时期和节假日护路安保责任，坚决完成全年各个重要时期护路安保任务，将铁路护路工作落到实处。制作安装防汛“四个一”公示牌，协调调拨大功率防汛应急物资抽水泵一台，在 14 个涵洞两侧醒目处制作安装“涵洞积水，严禁涉水通行”警示牌 28 个，尽到必要的警示及告知义务。累计开展铁路护路宣传活动 20 余次，发放宣传材料 20000 余份，发放手袋、纸杯等宣传品 8000 余个。根据地理特征和区域特点，制作安装禁止翻越铁路护网、禁止焚烧垃圾等永久性警示牌，进一步加强群众铁路安全宣传教育，提高群众知路、爱路、护路意识，杜绝和减少影响铁路安全行车事故的发生，确保铁路运输的安全畅通。

法治政府建设

【概况】2023 年，贺兰县法治政府建设在自治区、市党委、县政府的坚强领导下，扎实聚力破解法治政府建设领域重点、难点、堵点问题，稳步高效推进全年法治政府建设任务，坚持依法治县、依法行政、依法执法共同推进。

【学习贯彻习近平法治思想】2023 年，贺兰县法治政府建设将习近平法治思想列入县委理论学习中心组学习重要内容及党校培训重点课程，县委理论学习中心组开展习近平法治思想专题辅导 4 次、交流研讨2 次，举办专题讲座等活动 12 场，各乡镇（场）、各部门开展习近平法治思想学习 488 次，广泛宣传779 次，切实推动习近平法治思想入脑入心。

【坚持党对法治政府建设的领导】2023 年，贺兰县法治政府建设坚持把法治政府建设工作纳入县委工作要点，与经济社会发展同部署、同推进。县委常委会、县政府常务会专题听取法治政府建设报告 3 次，研究法治政府建设工作 13 次。统筹全县 435 名领导干部书面述法，压实各级党政主要负责人履行推进法治建设第一责任人职责，建立健全由“一把手”主动抓、分管领导亲自抓的工作机制。

【强化督察检查】2023 年，贺兰县法治政府建设深入全县各乡镇（街道办）及重点行政执法单位开展法治政府建设督察，以问题为导向下发工作提示函 11 份，提出整改建议 38 条，下发督察通报，督促各单位压实法治建设责任，提高法治建设水平。

【推动法治政府示范创建】2023 年，贺兰县法治政府建设把法治政府建设示范创建纳入政府工作报告，印发法治政府示范创建工作方案，贺兰县获评自治区第三批法治政府建设综合示范地区，县公安局执法规范化建设获评单项示范创建项目，实现贺兰县法治政府示范创建“零”的突破，营造法治政府建设争先创优的浓厚氛围。

【规范重大行政决策论证】2023 年，贺兰县法治政府建设印发目录编制指引、社会稳定风险评估办法、合法性审查规定及政府常务会议规则，今年确定县级重大行政决策事项 5 项，完成公开征求意见 4 次、社会风险评估 4 次、合法性审查 2 次，已按法定程序决策 2 项。

【严格行政规范性文件管理】2023 年，贺兰县法治政府建设执行公开征求意见、合法性审核、集体审议决定等程序，按照“三统一”要求制发 16 件行政规范性文件，报备率、报备及时率及规范率均达100%，不存在被责令改正、撤销或确认违法的情形。

【创新法制审核模式】2023 年，贺兰县法治政府建设建立合法性审查“五步走”工作法，由承办单位起草拟提请常务会议审议事项材料，组织本单位法律顾问初审，提请政府专题会议讨论，报司法局组织专职人员及政府法律顾问“双重交叉”复审，方可提请政府常务会议审议，2023 年度共接收审核各类文件160 余件。

【深化“放管服”改革】2023 年，贺兰县法治政府建设推出“跨省通办”“区内通办”事项清单 218 项，办理“跨省通办”事项 3962 件，实现企业开办全流程 3 小时办结，取消 10 项证明事项，公布县级告知承诺制证明事项 198 项，全面提升社会管理和公共服务效能。企业数量首次突破 1 万户，同比增长29.93%，全县市场主体保持连续增长好势头。

【推行公平竞争审查】2023 年，贺兰县法治政府建设严格落实《公平竞争审查制度实施细则》，2023 年共审查增量政策措施 56 件，清理存量政策措施 4 件，全力维护公平有序竞争的市场环境。

【推进政务信息公开】2023 年，贺兰县法治政府建设共办理依申请公开信息 20 件，公开各类信息 19533 条，有效提升政府公信力、执行力和透明度。

【推进行政执法“三项制度”】2023 年，贺兰县法治政府建设有效利用政府门户网站等载体公示各类行政执法信息 37729 条，统一管理音像记录信息 2510 条，形成行政执法案卷 2702 本。全县 33 个行政执法单位共设置专门法制审核机构 17 个，配置专兼职法制审核人员 46 人，其中 10 人具备法律执业资格证，法制审核人员占执法人员总数的 6%，符合行政执法“三项制度”要求。

【严格行政执法证件管理】2023 年，贺兰县法治政府建设县委、县政府专题听取行政执法证件办理及持有情况，通报全县行政执法证件申领办理情况，全县共有行政执法人员 759 人，同比增长 18.1%。

【规范涉企执法行为】2023 年，贺兰县法治政府建设优化涉企行政执法检查报备程序，印发《关于进一步规范贺兰县涉企行政执法检查及登记备案制度的实施方案》《贺兰县企业“安静生产日”制度（试行）》。加强协同联动，积极推行协作配合、联席会商，对同一事项检查结论实行信息共享，做到进一次门，查多项事，切实规范部门访企行为，减轻对企业正常生产经营活动的影响。

【强化行政执法监督力量】2023 年，贺兰县法治政府建设运用“专职监督 + 社会监督”工作模式，在申领 13 本行政执法监督证件的基础上，向社会公开选聘 15 名行政执法监督员，持续加强执法监督队伍建设。

【开展行政处罚案卷评查】2023 年，贺兰县法治政府建设组织 33 家行政执法单位对 872 本案卷进行自查，邀请政府法律顾问及执法协调小组成员单位组成案卷评查小组，对部分案卷进行集中评查，进一步提升行政执法案卷制作和依法办案水平。

【开展道路交通安全专项整治】2023 年，贺兰县法治政府建设印发县级专项整治实施方案并组建工作专班，召开专项整治推进会 2 次，开展实地督查和案卷评查各 1 次，印发工作提示函、督查通报共 4 次，全面梳理倒查线索共 195 条，均已核查处理完毕。

【推进行政复议体制改革】2023 年，贺兰县法治政府建设充分发挥行政复议制度优势和化解行政争议主渠道作用，2023 年新收行政复议申请 76 件，其中受理 62 件，不予受理 14 件，已全部审结，案件量同比上涨 94.87%。打造县级规范化行政复议办案场所，召开行政复议咨询委员会、听证会共 11 次，有效提升案件审理透明度与专业化水平。持续加大复议案件调解力度，成功调解化解 13 件行政复议案件，调解结案率达 26%，有效发挥行政争议实质性化解的主渠道作用。

【巩固行政应诉突出问题专项治理成效】2023 年，贺兰县法治政府建设常态化开展行政应诉突出问题专项治理，全县行政机关负责人出庭应诉率持续保持 100%。开展行政应诉能力提升培训班、旁听庭审及听证共 4 次，全面提升领导干部行政应诉能力与依法行政水平。

【主动靠前依法化解行政争议】2023 年，贺兰县法治政府建设制定行政争议协调化解工作方案及府院联席会议制度，充分发挥“一站式”矛盾纠纷调解中心与会商议事实体平台作用，2023 年共受理争议案件15 件，化解成功 7 件。

公 安

【矛盾纠纷排查】2023 年，贺兰县公安局加大对婚恋矛盾、欠薪讨薪、邻里纠纷等风险警情的调处力度，调动社区警力和群防群治力量开展联调联处。2023 年以来，排查并录入社区警务平台矛盾纠纷 1093 起，化解 1033 起，化解率 94.51%。向县信联办、县委政法委等部门推送矛盾纠纷预警信息 240 期，积极推动源头化解。

【化解风险隐患】2023 年，贺兰县公安局深入推进“两个行动”，对全县 4757 家九小场所全部起底，配合消防等部门检查发现安全隐患 2431 处，下发责令限期整改通知书 1562 份，一大批治安隐患得到彻底整治。对辖区交通事故多发点、设施漏点、通行难点进行排查治理，共排查治理安全隐患 143 处；查处各类交通违法行为 7.9 万起，及时消除了部分动态肇事风险；道路交通事故四项指标同比全部下降（事故起数同比下降 6.28%，死亡人数同比下降 13.79%，受伤人数同比下降 4.21%，财物损失同比下降3.3%）。

【保持高压严打态势】2023 年，贺兰县公安局建成全区首个电子数据勘查取证分析实验室，充分发挥技术信息资源 24 小时响应破案实战的需求，命案和八类刑事案件全破，共立刑事案件 654 起，破获 359 起，破案率同比上升 2.7%，成功抓获一名潜逃 29 年命案逃犯，破获的古钱币案件受到自治区政府副主席冼国义批示肯定。

【推进反诈人民战争】2023 年，贺兰县公安局强化打击治理、宣传引导、预警劝阻、技术反制工作，案件发案、财损同比分别下降 47.8%、41.1%，“两卡”专项行动战果率达 50.3%，位居全市第一。

【突出打防经济犯罪】2023 年，贺兰县公安局共受理各类经济案件 43 起，立案 36 起，破案 32 起，抓获犯罪嫌疑人 48 人，挽回经济损失 815 万元。已连续六年保持非法吸收公众存款、集资诈骗零发案；立传销案件 8 起，破案 10 起，刑事打击犯罪嫌疑人 19 名，移送起诉 5 案 7 人。涉传销警情同比下降30.4%；破涉税案 4 起并移送起诉 1 案 1 人；破洗钱案 1 起，抓获犯罪嫌疑人 1 人，收缴上交假币 1.8 万元。

【保持对涉毒案件高压态势】2023 年，贺兰县公安局共破获毒品刑事案件 3 起，抓获犯罪嫌疑人 22 人，查获吸毒人员 11 人，对吸食“笑气”的4 名违法行为人予以行政处罚，在自治区开打击此类违法犯罪之先河。

【坚持政治建警】2023 年，贺兰县公安局巩固深化“第一议题”制度，组织开展学习宣传贯彻党的二十大精神主题演讲比赛、“我是党课主讲人”等活动，在古田干部学院举办党的二十大精神培训班，持续开展“星级支部”创建活动，持续增强民辅警的“向心力”。

【坚持素质强警】2023 年，贺兰县公安局持续深化实战大练兵行动，强化警务技能、执法办案、舆情处置等方面练兵比武，提升全警综合能力。因执法规范化建设成绩突出，贺兰县公安局连续 15 年获评全区公安机关执法质量考评优秀单位，连续 4 年取得自治区、全市执法质量考评双第一的好成绩。2023 年申报的自治区法治政府建设单项示范项目“夯实执法根基 提升执法质效 奋力推进贺兰法治公安建设高质量发展”以同组第一名的成绩从自治区 96 个申报项目中脱颖而出，成功入围宁夏第三批法治政府建设单项示范项目。

【坚持从严治警】2023 年，贺兰县公安局建立督察“红黑榜”机制，紧紧围绕自治区公安厅、市公安局党委中心工作和重大警务部署，高频次开展明察暗访，开展现场督察 542 次，网上督察 320 余次，下发专项督察通报34 期，网上督察通报 3 期、红黑榜 180 期，有力推动了纪律作风大改进，2023 年以来县公安局未发生民辅警队伍违纪问题。在 2023 年度全区公安机关第三届数字督察比武竞赛中，县公安局选送的“三个规定、涉案财物管理”模型技战法在 18 个县区中分别荣获比武竞赛一等奖。

【实战体系建设】2023 年，贺兰县公安局紧扣“市县主战、派出所主防”实战体系建设，深入挖掘警情数据“富矿”，通过“细致、精致、极致”的研判分析，全力为基层所队防范风险、化解矛盾、巡逻处警提供精准化支撑。“精”耕警情提升警务效能的经验做法得到冼国义副主席的充分肯定，要求提炼报送全区推广。

【**提升精准打击效能**】2023年，贺兰县公安局利用智慧侦查提升精准打击效能。已建成的电子数据勘查取证分析实验（鉴定）室充分发挥技术信息资源24小时响应破案实战的需求，成为刑事技术在侦查破案的新增长点。

【**推动机关警力下沉**】2023年，贺兰县公安局推动机关警力下沉，建立了机关警力支援派出所工作机制。抽调42名机关警力开展护学岗工作，机关夜间值班警力在19时至23时警情高峰阶段全部到派出所开展接处警工作，最大限度将警力推向实战一线，为基层减负松绑，提高县公安局“警力资源效用指数”。该机制施行后，全局警情8分钟内到场率已提升4个百分点。

【**规范电动车管理**】2023年，贺兰县公安局规范电动车管理，高效推进电动车上牌工作。发挥县道交办作用，组织各乡镇、街道开展“三见面一建档两签订”工作，准确掌握“三车”及驾驶人基础信息，最大限度削减农村“三车”和“双违”源头风险。将电动自行车登记上牌任务量化到各乡镇派出所和交警大队，定点安装和流动安装相结合，全力开展全县电动自行车登记上牌工作，推进速度位于全市前列。

检　察

【**概况**】2023年，贺兰县人民检察院在县委和上级检察机关的坚强领导下，坚持以习近平新时代中国特色社会主义思想为指导，深悟践行习近平法治思想，深入学习宣传贯彻党的二十大精神，深刻领会“两个确立”的决定性意义，落实“善学创优、敢为争先、实干有为”工作要求，忠实履行宪法赋予的法律监督职责，推动刑事、民事、行政、公益诉讼等各项检察工作取得新成效，为全面建设社会主义现代化贺兰新篇章贡献检察力量。

【**政治建设**】2023年，贺兰县人民检察院深入学习宣传贯彻党的二十大精神，始终坚持把学习贯彻习近平新时代中国特色社会主义思想、习近平法治思想和习近平总书记对政法工作的重要指示精神作为最重要的政治任务、政治责任和政治担当。组织开展政治轮训1次，集中学习5次；依托“学习强国”学习平台、宁夏干部教育培训网络学院、检答网、中检网等网络学习平台打造“指尖上的学习”，开展专题督查2次，确保政治理论学习落实到位；举办学习贯彻党的二十大精神知识竞赛、“检察心向党 奋斗新征程”检察官讲述办案故事比赛、专题知识测试等，促进理论知识常学常新，不断强化政治机关意识，提高政治判断力、政治领悟力、政治执行力。

【**党的建设**】2023年，贺兰县人民检察院坚持以党建为引领，切实把讲政治、抓党建、强业务融为一体、抓实抓好。严格落实“三会一课”、民主评议党员等制度，开展形式多样的主题党日活动，进一步增强全体党员干事创业、创先争优的热情和干劲。2023年，召开党员大会4次、支委会10次、党小组会12次、领导干部讲党课3次，主题党日活动9次。扎实稳步推进支部换届选举工作，召开换届选举党员大会，选举产生支部书记1名，支部委员2名。组织开展庆祝中国共产党成立102周年系列活动，发放政治生日纪念卡，举办“平语近人”读书分享会，党员读原著、谈体会，营造浓厚的学习氛围，激励党员立足本职勤奋学习、履职尽责、建功立业，增强党组织的向心力、凝聚力和战斗力。

【**意识形态**】2023年，贺兰县人民检察院深入学习贯彻习近平总书记关于意识形态工作的重要论述，召开意识形态专题工作会议，年初认真研究部署，年中复盘总结，把党对意识形态的全面领导贯彻到检察工作的各方面、全过程。同时，制定年度工作要点，建立完善意识形态领域分析研判制度。严格落实信息发布“三校三审”制度，严把信息安全关，同时不断强化在政治用语、宣传稿件上严谨规范，不断绷紧意识形态安全弦。

【平安贺兰建设】2023年，贺兰县人民检察院依法严厉打击影响群众安全感的违法犯罪活动，全力投入平安贺兰建设。2023年，共受理公安机关提请批准逮捕案件78件125人，审结77件124人，其中批准逮捕43件72人；不批准逮捕34件52人；受理各类移送审查起诉案件203件270人，审结196件244人，其中起诉156件203人，不起诉40件41人，适用认罪认罚从宽制度184件232人，认罪认罚适用率达95.1%。

【优化营商环境】2023年，贺兰县人民检察院依法区分经济纠纷、行政违法与刑事犯罪，加大对民营企业的刑事保护力度，对涉企犯罪嫌疑人依法审慎采取强制措施，开展羁押必要性审查13人次，对办理的涉企案件认真审查侦查、调查机关查封、扣押、冻结财产情况，对财产来源严格审查区分涉案财产和合法财产，制发侦查监督通知书1份。充分认识服务保障民营企业发展的检察责任，进一步加大对涉及民营企业虚假诉讼案件和不服生效裁判案件的监督力度，办理涉企民事检察监督案件20件，行政检察监督案件7件，共提出检察建议25件，均被县法院或相关行政机关采纳；办理行政公益诉讼案件15件(涉及7家企业)，提出检察建议7件，磋商8件。

【化解矛盾纠纷】2023年，贺兰县人民检察院持续践行新时代“枫桥经验”，着力打造检察服务“心贴心”品牌，始终坚持以人民为中心，将“枫桥经验”贯穿司法办案全过程，坚持院领导接访包案化解制度，接受群众信访119件，办理司法救助案件19件21人，发放救助金15万元。邀请“两代表一委员”和人民监督员常态化开展公开听证50件，促进信访矛盾源头化解工作，切实让人民群众有更多的幸福感、获得感。办理未成年人支持起诉案件11件，为未成年人追索抚养费、伤害赔偿费162万元，对200余所中小学、幼儿园及校外培训机构开展入职查询6200余人；强制报告18件。针对校园周边食品、交通和校车安全等问题制发社会治理检察建议14件，均被采纳。2023年9月，自治区政协一行到贺兰县未成年被害人“一站式”办案中心进行调研，自治区政协主席陈雍对贺兰县检察院未成年人检察工作予以充分肯定，截至当前贺兰县检察院通过该中心开展帮教、救助未成年人194人次。

【社会治理】2023年，贺兰县人民检察院建立《贺兰县人民检察院“一案双办 一研一评”工作制度》，检察人员以个案办理为基础，思考类案监督、数据建模，以数字思维全面分析研判，推动大数据法律监督模型的建设与应用。2023年，构建法律监督模型10个，研究制定数据共享机制3个，从27家政法机关、行政事业单位以及互联网等渠道获取数据10.5万余条，发现监督线索1070条，成案98件。以数据为基础，以平台为支撑，系统重塑法律监督模式，用数字空间打破传统法律监督的时域限制，为法律监督提供发展动力和技术支撑，助力社会治理现代化。

【刑事检察优中提质】2023年，贺兰县人民检察院监督公安机关立案15件15人，撤案64件69人，制发侦查监督纠正违法通知书2份，制发纠正违法类检察建议9份，制发社会治理类检察建议1份，制发侦查活动监督通知书36份，均被回复并采纳。办理收监执行提请审查案件5件、收监执行裁定审查案件2件，纠正漏管5人，制发社区矫正监督纠正违法通知书16份、检察建议书5份、财产刑监督纠正违法通知书19份，均被回复并采纳。

【民事检察稳中有进】2023年，贺兰县人民检察院受理民事案件84件，对生效裁判监督3件；对审判违法监督29件，对执行活动监督31件，跟进监督1件，支持起诉20件。审查结案80件。2023年制发虚假诉讼检察建议4件，提出再审检察建议3件，均被县法院采纳裁定再审，审判、执行检察建议共57件，发支持起诉意见书20份，涉及农民工工资63万余元，拍摄支持起诉微电影《归途》获宁夏检察机关第一届“三微”大赛优秀奖，1 名干警入选全国检察机关民事检察人才库。

【行政检察持续向好】2023 年，贺兰县人民检察院及时转变监督理念，靶向发力，以行政非诉执行“小案”为切入点，延伸监督触角，对行政机关违法行使职权、不行使职权的行为予以监督，补齐行政检察监督短板。受理行政检察案件 27 件。其中行政非诉执行立案 9 件，综合治理类案件 11 件，被县法院或相关行政部门采纳 18 件；切实发挥监督能动性，行政争议实质性化解案件 7 件，撰写的《检察机关开展行政争议实质性化解探析》被《人民检察》刊登。

【公益诉讼检察亮点纷呈】2023 年，贺兰县人民检察院踔厉打造“公·检为贺 益·心为兰”公益诉讼检察品牌，以八个专项活动为抓手，“积极稳妥”开展公益诉讼检察监督。办理行政公益诉讼案件 71 件、刑事附带民事公益诉讼 2 件，提出诉前检察建议 36 件，诉前磋商 39 件，收到回复整改 71 件，2 件刑事附带民事公益诉讼案件均获县法院支持。督促恢复被占用耕地 250 亩，督促行政机关更换倾斜路灯杆 134 个，维修破损、塌陷路面 5600 余平方米，督促清理水草垃圾 60 吨、河道 3.5 公里、废弃西蓝花根叶 2 吨、整治典农河保护区 340.33 亩，督促撤换泄露公民个人信息 200 余条。2023 年 8 月，品牌被命名为宁夏检察机关第二届优秀检察文化品牌。

【作风建设】2023 年，贺兰县人民检察院制定《贺兰县人民检察院 2023 年党风廉政建设和反腐败工作分工方案》、党风廉政建设目标责任书，重新修订完善从严治党“三个清单”，常态化开展警示教育，组织观看《永远吹冲锋号》等警示教育片，定期开展纪律作风专项督查，下发督查通报 5 期，努力构建一体推进不敢腐、不能腐、不想腐的体制机制，筑牢反腐倡廉底线。

【主题教育】2023 年，贺兰县人民检察院党组高度重视主题教育，紧抓主题教育总要求，党支部全面安排、层层推进，确保在以学铸魂、以学增智、以学正风、以学促干方面取得实实在在的成效。一体推进理论学习、干事创业、检视整改 3 项重点措施，组织召开中心组（扩大）会议、全院干警大会、党员大会等 10 余次，交流研讨 20 余人次，确保全体党员干警深入系统学习，做到学思用贯通、知信行合一。始终坚持边学边查边改的原则，坚持问题导向，认真围绕当前工作中影响高质量发展、人民群众急难愁盼、防范化解重大风险和全面从严治党等方面认真自查，查找出在司法救助服务民生方面存在的问题 1 个，并制定整改措施 3 条，明确整改时限、扎实推进整改。

【队伍建设】2023 年，贺兰县人民检察院坚持把素质能力提升作为不断厚植检察事业发展根基的重要一环，联合县人民法院组织开展同堂培训 1 次，组织学习贯彻党的二十大精神暨“强素质强服务强担当强斗志”能力作风建设年知识竞赛 1 次，组织开展“检察心向党 奋斗新征程”检察官讲述办案故事比赛 1 次，强化年轻优秀干警培养，不断提高检察干警业务能力和工作水平。2023 年，干警撰写各类调研文章50 余篇，被选登刊发采用 17 篇，征文获奖 1 篇，其中 4 篇被国家级刊物采用。

法 院

【概况】2023 年，贺兰县人民法院在县委坚强领导、人大及其常委会有力监督和政府、政协、社会各界大力支持下，坚持以习近平新时代中国特色社会主义思想为指导，全面学习宣传贯彻党的二十大精神，深入贯彻习近平法治思想和自治区、市、县党委全会精神，紧紧围绕“公正与效率”工作主题和县委中心工作，坚持为大局服务、为人民司法，各项工作取得了新发展。全年共受理案件 22062 件，同比上升22.54%，诉前调解处理 6200 件，同比上升 55.39%。其中，受理审判、执行案件 15862 件，同比上升13.19%，审（执）结 14146 件，法官人均办案 565 件（含诉前调解）。诉前调解成功分流率、民事裁判申请执行率、一审服判息诉率、执行完毕率、执行标的到位率指标优于人民法院审判质量管理指标体系合理区间。

【坚持政治建院】2023 年，贺兰县人民法院突出政治机关属性，认真落实“第一议题”制度，坚持用习近平新时代中国特色社会主义思想凝心铸魂，坚决拥护“两个确立”，坚决做到“两个维护”。认真落实全面从严治党主体责任，严格执行民主集中制和重大事项请示报告制度，向县委、县委政法委请示报告重大事项、重大敏感案事件 70 余件次。坚持从政治上看，从法治上办，确保各项工作政治效果、社会效果、法律效果有机统一。扎实开展学习贯彻习近平新时代中国特色社会主义思想主题教育，聚焦“1+456”工作举措，取得了一批思想成果、实践成果、制度成果。认真落实意识形态工作责任制，严格执行“三同步”工作机制，强化风险研判和阵地管理，切实维护司法领域意识形态安全，铸牢中华民族共同体意识。

【夯实基层党建基础】2023 年，贺兰县人民法院全面推进“一庭室一品牌”建设，增强基层党组织政治功能、组织功能，使堡垒在庭室上强起来，先锋在岗位上树起来。开展主题党日活动 40 次，开门办实事 17 件，涌现出全国法院办案标兵等一批先进典型。以党建引领诉源、执源治理，强化与乡（镇）村(社区）联动，推动创建“无讼村居示范点”，加快推进“人民法院调解平台进乡村、进社区、进网格”，深化人民法庭参与法治乡村建设和基层治理，强化与政府职能部门信息共享，充分发挥“法院 +”纠纷实质化解联动机制效能。

【推进高水平平安建设】2023 年，贺兰县人民法院坚定不移贯彻总体国家安全观，依法严惩各类刑事犯罪，审结危害公共安全和群众生命财产安全犯罪 157 件，审理贺兰县首例高空抛物和危险作业犯罪案件。组成 7 人合议庭审理杨某生产有毒、有害食品罪刑事附带民事公益诉讼案，依法守护群众“舌尖上的安全”。常态化开展扫黑除恶斗争，加大对电信网络诈骗、网络传销、养老诈骗等新型犯罪惩治力度，审结涉及全国多省市的毛某某特大网络传销案、电信网络诈骗关联犯罪等案件 18 件。积极参与反腐败斗争，审结任某等职务犯罪案件 2 件。坚持证据裁判原则，依法对 2 起案件一审宣告无罪。落实宽严相济刑事政策，从简从快从宽办理被告人认罪认罚案件 180 件。坚持相互配合相互制约，针对疑难复杂案件与检察机关召开联席会议 4 次，依法精准高效打击犯罪。认真落实自治区党委十三届四次全会精神，树牢“大安全观”，确保县法院政治安全、办案安全、人员安全和机关运行安全“零事故”。

【持续助力优化营商环境】2023 年，贺兰县人民法院践行“法治是最好的营商环境”理念，认真落实各级党委决策部署，建立涉民营企业案件办理绿色通道和法官包联民营企业服务机制，与工商联联合设立“商事调解中心”，定期召开联席会议，帮助民营企业提升预防和化解风险能力。审理各类合同纠纷 5076 件，化解生产、消费领域纠纷案件 775 件，审理金额近 2000 万元的虚开增值税专用发票罪案件，各类市场主体合法权益得到依法平等保护。坚持善意文明执行，审慎适用查封、扣押、冻结等强制措施，积极采用“活封活扣”，最大限度减少强制执行措施对企业正常经营的影响。受理强制清算与破产案件 23 件，债权金额超过 40 亿元。成立由院庭长组成的破产清算审判团队，推行公开竞争方式选任管理人，坚持用招商引资的理念依法引进合规投资人，“金山云鹤”“海峡房地产”等破产案件取得实质性进展。支持和监督行政机关依法行政，审结行政非诉执行案件 27 件，结案率 100%。

【深度融入基层社会治理】2023 年，贺兰县人民法院坚持能动司法，充分运用新时代“枫桥经验”，大力实践“浦江经验”，突出矛盾纠纷实质化解，以强化财产保全、督促履行、诉前调解“小切口”助推实质解纷“大棋局”。针对物业合同纠纷多发和源头治理问题开展专题调研，建立法院、住建、街道、社区、业主代表五方联动机制，大力开展巡回审判，精准发力、组合解纷，有效降低物业纠纷化解成本。审理物业服务纠纷 2771 件，调解成功率 73.73%。推行“法官 + 调解员”诉前调解绩效考核机制，优化“诉前调解 + 繁简分流 + 速裁快审快执”诉非衔接机制，加大诉前保全、诉前调解力度，诉前调解成功6200 件，诉前调解成功分流率 49.65%，在自治区基层法院排名第一。最高人民法院一站式多元解纷和诉讼服务体系建设质效评估得分多月位列自治区法院第一。

【回应群众关切】2023 年，贺兰县人民法院坚持把司法领域惠民生、暖民心、顺民意的工作做到群众心坎上，努力让人民群众在每一个司法案件中感受到公平正义。扎实推进“清积案促均衡提质效”专项行动，狠抓长期未结、久押不决案件专项清理，一年以上旧存审判案件全部清零再无新增，有效根治了“边清边积”问题。积极主动作为，实实在在推进 6 项为民举措，为确有困难当事人减缓免诉讼费 85093 元，办理司法救助案件 9 件 10 人，发放救助金 35.2 万元，为弱势群体撑起司法“保护伞”；全面推行执行案款、诉讼费微信支付，全面启用便民利民电子票据；常态化开展“巡回审判 + 以案释法”10 余次，发挥个案裁判示范效应；实行制度化管理、点对点督导、常态化监测三步走，上诉案件平均移送时间缩短 6 天，有效提升司法效能；加快推动惩戒“拒执”违法行为联动机制，保护胜诉当事人合法权益；把妇女、未成年人权益保护作为家事审判重点，引入专业心理疏导力量，严防“民转刑”，推动“事心双解”。

【全力兑现胜诉权益】2023 年，贺兰县人民法院办结执行案件 5435 件，执行到位标的 9.69 亿元。引导干警树立“法院向诉源走、审判向诉前走、执行向审判走”各向前走一步的理念，把“有利于执行”贯穿于立、审、执全过程，诉前、诉中做足保全等前期工作，减少进入执行程序案件，降低届期履行不能的风险，诉前调解案件即时履行 474 件，民事裁判申请执行率逐步下降，考评指标居全区基层法院第一。全力推进执行积案清理，一案一策精准攻坚，强化府院联动，列入主题教育专项整治积案结案率100%。开展“七个一批”专项执行活动 28 次，每周开展一次涉民生案件集中执行，执结涉民生案件197 件，到位标的 523.73 万元。加速执行财产处置，网络拍卖成交 1.38 亿元，清场交付“法拍房”173 套。强化执行威慑，限制高消费 3744 人次，公开曝光失信被执行人 166 人次，罚款、拘留 116 人，推进社会诚信体系建设。

【助力提升法治意识】2023 年，贺兰县人民法院全面落实“谁执法谁普法”普法责任制，深入开展“八五”普法，充分发挥人民法院在法治教育、行为指引、价值引领方面的职能作用。开展宪法宣誓、普法宣传活动 40 余次，大力弘扬社会主义核心价值观。法治副校长充分履职，定制模拟法庭、案例宣讲等“普法套餐”，激活法治种子，护航青少年健康成长，获“全区青少年普法教育工作突出集体”称号。扎实做好法律“八进”，法官走进机关、社区、村镇等开展普法讲座 23 次，丰富普法宣传载体，拍摄普法情景剧 3 部，提升法治传播力。

【强化矛盾纠纷实质化解】2023 年，贺兰县人民法院坚持“老百姓来法院是解决问题的，不是来走程序的”，通过“一保两促”突出实质解纷导向，持续强化立审执协调运行，努力把纠纷吸附在基层，化解在一审。抓前端，完善诉前分流机制，强化全流程诉讼、执行风险及财产保全提示，推行关联案件检索和集中审理，加强涉诉纠纷前端化解。德胜人民法庭将千余件存在信访隐患的潜在房屋买卖合同纠纷案件化解于萌芽，案例入选最高人民法院第六巡回法庭房地产及建设工程领域诉源治理典型案例。抓中端，坚持依申请和依职权保全 12 并用、“法院 + 保险”跨界联动、督促履行机制及时跟进、自动履行证明书正向激励，努力用最短的时间、最小的司法成本解决群众的实质诉求。受理财产保全案件924 件，同比上升 95.34%，实际到位 2.1 亿元。抓末端，积极引导执行中和解，建立“和”后回访制度，做优做强集中执行，加大执行惩戒力度，规范“终本”案件审批和“回头看”，依法穷尽一切措施，努力以最快速度最大限度维护当事人合法权益。

【加强审判权运行监管】2023 年，贺兰县人民法院认真试行 2023 年版人民法院审判质量管理指标体系，深刻把握“案 – 件比”考核指标的内在导向，构建“五位一体”审判管理工作格局。院庭长办案 6122 件，占全院法官办案数的 38.6%，“四类案件”平台监管案件 62 件，推动院庭长落实“阅核”防风险、提质效的责任。建立发改案件错题本机制，联合县检察院对 481 件涉民营企业“终本”案件开展专项评查，促进案件质量提升。认真分析十年来司法大数据，发布审判管理、监督通报、督催办令 85 期，召开专业法官会议 48 次、审委会 17 次，以态势分析、数据会商促提质效，促进法律适用统一。

【着力提升能力素质】2023 年，贺兰县人民法院认真落实“3331”工程要求，加强交流轮岗、挂职锻炼、导师帮带，推进年轻干警在工作一线磨炼成长。认真落实“六项能力水平提升工程”，坚持政治轮训、业务培训两手抓。联合县检察院组织 59 名干警同堂培训，组织 66 名法官助理、书记员开展业务技能竞赛，法官庭审观摩 5 次、裁判文书评比 37 件，系统检阅、提升干警业务水平。积极组织干警参加党委及上级法院组织的各类专题专业培训、专题讲座、模拟警情演练 600 余人次，全面提高干警综合素养。

【持之以恒正风肃纪】2023 年，贺兰县人民法院严格落实中央八项规定及其实施细则精神，深入开展“四强”能力作风建设年活动、纠治形式主义及官僚主义专项行动，坚持学、查、改一体推进，完善 10 项长效机制。认真抓好党委政法委政治督察、自治区高院司法巡察反馈问题整改，制定整改措施 62 项，全部整改销号并建立长效机制。常态化开展审务督察、日常检查，从严从实开展廉政警示教育，发布督查通报、效能通报 21 期。推进新时代政法干警“十个严禁”、防止干预司法“三个规定”等制度落地落实，共记录报告“三个规定”相关信息 228 条。认真办理来信来访，充分运用监督执纪“四种形态”，发现苗头性倾向性问题坚决纠正，确保廉洁公正文明司法。

【主动接受各方监督】2023 年，贺兰县人民法院自觉接受人大及其常委会、政协和社会监督。2023 年，各级人大及其常委会、妇联等调研指导工作 13 次。邀请人大代表、政协委员及各界群众旁听庭审 20 次350 人。认真办理代表、委员意见建议，联合上级法院开展“四下基层”，深入金贵等地调研土地流转涉诉问题，促进统一裁判尺度。支持、配合检察机关履行法律监督职责，办理检察建议 78 件，检察长列席审判委员会 6 次。认真落实全过程人民民主，及时启动人民陪审员选任程序，人民陪审员参审案件252 件，以公开促公正，以公正树公信。

司法行政

【概况】2023 年，贺兰县司法局在县委、县政府的坚强领导下，在自治区司法厅和银川市司法局的精心指导下，深入学习宣传贯彻党的二十大精神，扎实开展学习贯彻习近平新时代中国特色社会主义思想主题教育，以服务发展大局为根本，围绕“五个聚焦”，聚力破解法治建设领域重点、难点、堵点问题，为维护贺兰县社会安全稳定、经济社会发展、服务人民群众提供坚强的法治保障。

【锻造忠诚政治品格】2023 年，贺兰县司法局牢牢把握司法行政机关政治属性，以扎实开展学习贯彻习近平新时代中国特色社会主义思想主题教育为主线，组织开展各类理论学习 70 余场，主题宣讲 4 场、交流研讨 20 余场，力争通过理论学习把稳思想之舵，厚植信心之基。依托“强素质强服务强担当强斗志”能力作风建设年活动，以考促学、以练提技、以督促干、以比促进，努力锻造忠诚、干净、担当的新时代政法铁军。

【凝练特色党建品牌】2023年，贺兰县司法局牢牢把握新时代党的建设总要求，严格执行“三会一课”制度，组织开展荣退仪式、庆元旦、冬季轮训等活动，增强党员凝聚力、向心力。圆满完成总支及下辖支部成立、换届选举工作，积极打造“党建引领 党员先行 精准普法 浸润人心”“巾帼展英姿 司法创和谐”等党建品牌，围绕“一所一品牌”推进“书记领航”项目，深耕司法行政业务“党建+”品牌，为司法行政工作提供坚强组织保障。

【力促纪律作风转变】2023年，贺兰县司法局坚持以严的主基调强化正风肃纪，持之以恒落实中央八项规定精神，以廉洁从政警示教育月为“点”，常态化开展廉政警示教育为“线”，狠抓“关键少数”以上率下，扎实开展纠治形式主义官僚主义专项整治。全力以赴完成县委巡察、审计整改工作，细化措施，完善机制，杜绝反馈问题再次出现。

【法治政府建设】2023年，贺兰县司法局紧抓法治政府建设主体工程，为县委、县政府中心工作厚植法治基础，统筹指导“执法规范化建设项目”获评自治区第三批法治政府示范创建单项项目，贺兰县拟确定为第三批法治政府建设示范地区，法治政府示范创建实现“零”的突破。

【规范程序依法决策】2023年，贺兰县司法局探索建立“司法局专职人员+法律顾问”双重审核新模式，审查政府各类文件164件，规范性文件合法性审查率、报备及时率均达100%，依法行政制度体系进一步完善，科学民主依法决策能力稳步提升。

【规范执法度量衡】2023年，贺兰县司法局不断深化综合行政执法体制改革，强化行政执法体制机制建设。深入推进行政执法“三项制度”，推进包容审慎监管，强化“四新”领域执法，行政执法规范化水平显著提升。

【畅通争议化解主渠道】2023年，贺兰县司法局建立健全行政争议化解“五项机制”，建设“六有”行政争议协调化解中心，受理案件16件，化解成功8件，化解成功率50%。积极统筹法院、检察院等多方力量，府院协同联动作用凸显。不断深化行政复议体制改革，全力推进行政复议场所规范化建设，持续优化办案流程，接收行政复议申请76件，行政复议案件量同比增长94.9%，行政复议化解行政争议主渠道作用有效彰显。

【学深悟透习近平法治思想】2023年，贺兰县司法局健全学习机制，统筹组织全县开展党委（党组）理论学习中心组专题学习习近平法治思想135场，广泛宣传习近平法治思想224场。

【法治建设成效显著】2023年，贺兰县司法局组织召开县委全面依法治县委员会办公室第六次会议，县委常委会、县政府常务会专题听取并研究全面依法治县工作6次，召开专题述法大会，切实压实各级党政主要负责人履行推进法治建设第一责任人职责。顺利完成自治区、银川市督察贺兰县法治建设“一规划两方案”暨“八五”普法规划贯彻落实情况，有力推进法治国家、法治政府、法治社会一体建设。

【普法品牌效应集聚】2023年，贺兰县司法局积极争创首批“全国守法普法示范县”，贺兰县以全区第一成绩入选全国评选。深入推进“八五”普法，“谁执法谁普法”普法责任制扎实落实，获评“全区青少年普法教育工作突出集体”。成功打造宁夏黄河法治文化带主题公园，被列为全区法治社会实践站。依托县级“法治云”平台，打造云端上的普法新模式，贺兰县“法治护航 乡村振兴”法治文化阵地、“1135+N”普法新模式的实践和探索分别获评自治区“八五”普法示范阵地及创新案例。精准培育“法律明白人”897名、骨干290人，贺兰县洪广镇欣荣村、立岗镇星光村获评自治区“民主法治示范村”。

【矛盾纠纷化解】 2023 年，贺兰县司法局深化“塞上枫桥”品牌调解“1+1+5+N”模式，结合“一所一品牌”建设，打造“立马就调”“智慧调解”等调解品牌，常信司法所“渔米飘香 法润常信”被评为全区品牌司法所，人民调解“贺兰特色”极具魅力。2023 年，成功调处矛盾纠纷 1236 件。

【安全生产防范】 2023 年，贺兰县司法局全面落实“深、准、狠”总要求，建立健全安全生产责任制，开展应急演练、教育培训 6 场。常态化开展内部安全隐患排查，对全县 15 家律所、7 个司法所开展安全生产监督检查 7 次，做到谋划工作必先考虑安全，推动工作必先保证安全。

【公共法律服务】 2023 年，贺兰县司法局印发法律援助提升工程暨“八个一”专项行动实施方案等，成立法律援助名优库，定制“一对一”服务模式，按需精准服务。实现法律援助“线上”“线下”双重供给，形成服务品牌效益，护航乡村振兴。指派法律援助案件 905 件，挽回经济损失 1515.44 万元。

【法律顾问精准服务】 2023 年，贺兰县司法局大力推进村（居）“点单”，律师“服务”模式，村（居）法律顾问值班 6383.33 小时，开展讲座 415 场次，提供法律咨询 20755 人，为乡村企业开展“法治体检”17 次，切实发挥法治赋能乡村基层治理作用。

【便民利民公证服务】 2023 年，贺兰县司法局全面推行公证事项证明材料清单、一次性告知制度，“放管服”改革稳步推进，困难群体公证费减免、优先审批、优先出证服务浸润人心，积极办理各类公证事项 1484 件。

综合执法

【概况】 2023 年，贺兰县综合执法局坚持以习近平新时代中国特色社会主义思想为指导，深入贯彻落实党的二十大精神、全国“两会”、自治区第十三次党代会及自治区党委十三届四次、五次全会精神，以深入推进“四强能力”作风建设年活动为契机，切实抓好市容市貌整治、渣土运输管理、环境卫生治理等重点工作，在提升城市精细管理水平和现代治理能力上出招发力。2023 年完成非税收入 1431.61 万元；完成固定资产投资 2071 万元，完成全年任务的 104%；向上争取资金 500 万元，完成全年任务的 50%；完成招商引资任务 640 万元，完成全年任务的 12.8%；共办理各类行政处罚案件 98 起，罚款金额 710.54 万元。

【强化理想信念教育】 2023 年，贺兰县综合执法局通过“三会一课”、支部“主题党日”，组织党员学习党的二十大精神、习近平新时代中国特色社会主义思想、《中国共产党章程》、《中国共产党基层组织选举工作条例》等内容，不断加强党性修养，切实提高党性观念。规范党组中心组、“三会一课”等学习，落实学习教育常态化。召开支委会 11 次，开展党课 3 次、主题党日 9 次。加强党员教育管理，严格按照流程把好党员入口关，预备党员转正 1 名，转出党员 3 名、转入党员 1 名，支部党员全员按期足额缴纳党费。认真开展“四强”能力作风建设活动、纠治形式主义、官僚主义专项整治工作以及学习贯彻习近平新时代中国特色社会主义思想主题教育，推动综合执法作风转变。严格落实三重一大集体决策制度。召开党组会 22 次，研究人事、财务、工程等事项 125 项。

【健全执法工作机制】 2023 年，贺兰县综合执法局制定《贺兰县综合执法局行政执法全过程记录规定》《贺兰县综合执法局行政执法公示制度》《贺兰县综合执法局重大行政执法决定法制审核制度》等，完善执法部门配套制度及流程图，以督导抓落实，围绕营造法治化营商环境，全面推行行政执法“三项制度”。

【加强执法队伍管理】 2023 年，贺兰县综合执法局建立完善了干部职工考核办法，组织开展了编外聘用人员竞聘上岗工作，淘汰不符合用人标准的编外聘用人员8名。强化对干部职工的作风督查，下发督查通报19期，对45人次进行了通报表扬，对72人次提出了通报批评。

【强化执法人员培训】2023年，贺兰县综合执法局组织“半日”学法30余次、“半日”学法考试3次，局领导班子成员集中学习法律法规20次以上。积极组织开展精准普法及以案释法，加大线上线下宣传力度。规范执法案件办案流程，加强案件查办法治审核，2023年，行政执法案件立案98件，罚款710.54万元。

【加强行政执法信息化建设】2023年，贺兰县综合执法局执法装备由专人保养维修，确保各种设备的正常、高效使用。同时不断加强宁夏行政执法监督平台、“互联网+监管”平台系统的应用，2023年通过平台共享行政处罚信息36条。

【改造规范化执法办案区】2023年，贺兰县综合执法局按照“三室一所一栏”创建标准，启动办公用房规范化建设，确保执法办案室、档案室、听证室、罚没物品保管场所、公示栏配置到位，进一步规范办案程序，提高执法水平和执法效能。

【集中整治市容乱点】2023年，贺兰县综合执法局坚持定点守控、错时巡查，组织执法力量对辖区主次干道、广场、集贸市场等重点区域市容乱象进行集中整治。

【切实加强养犬管理】2023年，贺兰县综合执法局推进文明养犬示范小区建设，加强流浪犬清理工作。优化电子芯片植入、登记发证、疫苗防疫等一站式办证服务，做到让群众“只跑一次”。

【规范收运餐厨垃圾】2023年，贺兰县综合执法局统筹安排运力、科学优化清运线路，实现餐厨垃圾一日一清。引导商户树立进店摆放餐厨垃圾桶意识，对屡劝不听的下发贺兰县综合执法局暂扣物品凭证。

【规范渣土运输管理】2023年，贺兰县综合执法局严格做好渣土运输监管工作，在重点路段设卡检查，共检查运输车辆450余辆，查处违规拉运行为13起，罚没款4.46万元；同时会同交警、路政等部门开展联合执法行动30余次，严格办理建筑工地出入准运手续20个。

【开展违法建设专项治理】2023年，贺兰县综合执法局加强与县自然资源局、住建局等行业主管部门的联动配合，严格按照法定程序落实违章建筑拆除工作，2023年累计拆除违建2处，查封违建施工现场16处。

【环境卫生治理】2023年，贺兰县综合执法局全年累计清理生活垃圾2.83万吨，在县城内休闲广场、健身步道等区域安装休闲座椅100套；完成15座公厕维修改造工作；开展城乡垃圾分类宣传活动560余场，入户宣传5.8万余户，覆盖17.6万余人次。组织培训110余场，发放宣传彩页及手册19.6万余份。先后在贺兰县61家机关单位、1175间办公室配发可回收物收集袋，用于可回收物回收。督促物业公司增设遮雨、洗手、照明等便民化功能，已改造完成650余个投放收集点。积极开展垃圾分类市场化服务及分类示范创建工作。

【提升绿化养护质量】2023年，贺兰县综合执法局累计平整土地37200平方米；补植苗木38800株；播种花草籽11275平方米；补植行道树140余株；铺设水路9300余平方米；更换、新建配置健身器材60余套；清理枯枝杂草4200余车次，共完成390万余平方米绿地的修剪整形工作；对118条街巷行道树及390余万平方米绿地分类实施六轮病虫害防治工作，出动车辆200余车次；对县城4.3万余株行道树实施修剪及涂红刷白工作，确保树木安全越冬。

【强化市政设施管护】2023 年，贺兰县综合执法局全年修复电缆线、引线 2900 余米，维修路灯、箱变等800 余处，安装照明路灯、景观灯等 100 余盏；维修更换破损、塌陷路面 14000 余平方米，维修人行道37000 余平方米、道牙 2900 余米、树框 1700 余套。共更换破损、塌陷、缺失市政、雨水井篦子井盖（圈）300 余套，加装雨水管网 300 余米，新建污水管道 150 余米，疏通堵塞排水管网 300 余米，清掏贺兰县城雨水井 5800 余座。实施丰庆东路泵站新建及提升改造项目、德源街污水接入市政主管网工程、安兴路人机分离改造项目、茂源街提升改造项目等，以项目引领为抓手，带动市政设施完善，提升城市更新行动。

【安全生产管控】2023 年，贺兰县综合执法局深入学习贯彻习近平安全生产重要论述、自治区党委十三届四次全会精神，通过理论中心组学习、党组会、干部职工大会等广泛组织学习，制作印发安全生产应知应会口袋书 200 本，开展自治区党委十三届四次全会精神及安全生产理论研讨、知识测试等，组织绿化、环卫等从业人员开展学习培训，确保安全生产知识入脑入心。2023 年，共摸排整改各类隐患 280 处。在安全生产隐患大排查大整治期间，排查门头牌匾遮挡逃生通道商户 473 家，整改 473 家；排查金属防护栏遮挡逃生通道商户 1402 家，全部整改销号。

【深化大综合一体化】2023 年，贺兰县综合执法局实施城管、环卫一体化考核，执法中队结合日常巡查，对环卫外包公司、污水泵站运维企业、餐厨垃圾收运公司等进行一体化监督考核。联勤联管，助力小区乱象整治。以建立“执法 +”联勤联管模式为目标，通过深化执法改革、推进“四员合一”等，明确网格执法人员和事项，制作综合执法人员公示牌张贴在小区醒目位置，建立与物业、社区、警务方面的执法协作，联合开展乱堆乱放、私建菜园、消防隐患等排查整治，解决住宅小区突出问题。共计出动执法队员 100 余人次，解决小区物业事项 50 余起。抓执法服务“四进”活动。深入一线开展执法服务进工地、进小区、进校园、进企业活动，通过典型案例宣讲、协同联合执法等工作，进一步提升群众对综合执法工作的满意度。

【激发消费活力】2023 年，贺兰县综合执法局打造特色街区，在广场巷打造以创意集市、食品夜市、品牌展销、综合集市等为主题的“贺兰往事”特色街区，满足市民多样化消费需求，进一步提振消费信心，释放消费潜力；给夜间经济发展松绑放行，在不占压盲道、消防通道、不影响行人通行的前提下，有序引导具备条件的 100 余家餐饮商户在店外指定区域规范经营；规范临时摊点。在新天地东口、典雅居 B 区售楼部等 6 个地方设置便民蔬菜售卖点，联合味福季主食厨房餐车，在奥林匹克花园东门等 26 个地方设置早餐车，为自产自销瓜农提供 110 余个西瓜临时摊位，在保证规范经营、市容整洁的情况下，构建符合城市管理有关规定的外摆地摊经济。

【共享单车服务】2023 年，贺兰县综合执法局加强共享单车准入管理，针对部分共享电单车头盔缺失问题，约谈哈啰、美团、骑电、松果 4 家共享电单车运营企业 2 次，暂扣无头盔车辆 2000 余辆；对三家共享单车集中充电站安全隐患进行集中检查，指导企业配备安全管理人员，加强车辆设备检测、维护，规范充电场所设置，责令关停集中充电站 1 家；强化共享单车秩序管理，集中整治共享单车乱停乱放，未按要求配备头盔等问题。

军　事

人民武装

【概况】 2023年，贺兰县人民武装部紧盯“十四五”规划建设，认真贯彻落实军区、警备区党委（扩大）会议精神，坚定举旗铸魂、聚焦备战打仗，抓中心谋主业、抓作风促养成，扎实推进各项工作顺利展开，单位全面建设持续向好发展。

【主题教育】 2023年，贺兰县人民武装部始终坚持把开展第二批主题教育作为一项严肃的政治任务，坚持大事大抓、精心筹划部署、强势有力推进。认真学习习近平总书记关于主题教育的重要讲话精神，深刻领悟开展主题教育的重大意义，注重用习近平新时代中国特色社会主义思想凝心铸魂、铸就忠诚。结合单位实际研究制定主题教育方案、工作任务执行清单、为基层办实事、党委调研和专题党课等计划，制作下发学习资料汇编，推动主题教育有力有序开展。聚焦靶心、紧盯目标，贯通融合理论学习、调查研究、推动发展、检视整改等重要措施，部领导带头读原著学原文悟原理，以上率下学思践悟，以身示范组学领学促学，踩实个人自学、支部组学、集体领学等步骤，定期开展体会交流、读书分享、提问测试，推动理论武装入心入脑。紧跟时代步伐拓展主题教育方式方法，注重用好“学习强军”APP、军区强军网、“守望贺兰”公众微信号、解放军报评论员文章等信息网络资源，不折不扣落实读书班、中心组学习、专题党课等规定动作，采取课内课外联动、线上线下并行的方式拓展学习资源。组织人员观摩贺兰县新时代文明实践中心，面对面感悟新时代经济社会发展成就，在耳濡目染中接受历史文化传承，集聚奋进力量。坚持问题导向，部党委委员结合挂钩帮建深入乡镇（街道、园区）督导调研，通过座谈了解、个别谈话、实地查看等方式，把脉号诊，找准基层发展问题和差距，围绕基层发展的瓶颈“解剖麻雀”，着力解决在发展过程中的堵点难点，为抓好检视整改、推动全面发展奠定了坚实基础。

【政治建设】 2023年，贺兰县人民武装部坚持用习近平新时代中国特色社会主义思想和习近平强军思想武装头脑、引领航向。研究制定学习贯彻党的二十大精神措施办法，跟进学习习近平总书记最新重要讲话精神，分专题23次抓实党委理论中心组学习，坚持常学常新，做到思想上跟上、认识上跟进、行动上跟紧。全面开展“学习强军思想、建功强军事业”教育实践活动，持续深化“四个不能辜负”专题教育，重视抓好国防动员体制改革政策宣讲，在文职人员队伍中广泛开展“矢志强军、建功岗位”活动，筑牢听党话、跟党走的思想根基。坚持融入日常、抓在经常，围绕使命、责任、纪律、安全等内容，扎实开展经常性思想教育。根据军区、警备区统一部署，本着“因地制宜、简约高效、建用一体”的原则，扎实推进落实书香军营建设，着力打造新时代强军文化阵地，积极营造读书成才、奋斗强军浓厚氛围，倾力打造的“贺兰韵”强军书屋，建设成果得到宁夏军区领导和县委领导的高度赞誉和一致肯定，先后接待自治区内外兄弟单位观摩学习 800 余人次。

【工作落实】2023 年，贺兰县人民武装部围绕参谋“六会”内容，组织现役、文职人员常态抓好识图用图、动员分析计算、要图标绘等课目训练，定期组织战备值班抽考，以“三情一会”为主要内容，高标准完成首长机关训练。依据“十四五”规范建设，狠抓民兵工作落实，协调县委、县政府联合下发《贺兰县 2023 年民兵整组工作通知》，召开民兵组织整顿任务部署暨业务培训会，明确编组任务、压实工作责任、规范组织流程。深入辖区编兵单位开展潜力调查，精准掌握民兵潜力底数，编实建强基干民兵，编建新域新质专业力量。组织新入队人员军事训练，逐分队集合点验、检查验收。分批承训银川市基层武装部长和民兵教练员强化训练任务，高标准完成民兵集中轮训任务，民兵教练员许志强在全区比武竞赛中，获得通信电台使用单项第一，综合成绩第二的优异成绩，军事科科长邢彦军在警备区民兵营连指挥员综合考评中获得优秀。注重在用兵中练兵强兵，依令组织民兵第一时间赴惠农渠贺兰县立岗镇幸福村段，执行水渠决堤抢险救灾任务，行动快、组织严、效果好，得到军地领导的一致肯定。

【主要业绩】2023 年，贺兰县人民武装部认真落实党管武装制度，组织乡镇（街道）党（工）委书记述职，持续激发各级管武爱武政治热情。挂牌成立县国防动员委员会办公室，国防动员权责机制运行更加顺畅高效。组织辖区重点企业潜力核查，收集整理潜力数据，摸准潜力基数、底数。安排专人负责，认真梳理年度基干民兵训练、动用等情况，整理完善民兵个人档案资料，一人一档录入电子系统，高标准完成民兵数据会审任务。扎实开展学生军训教官任职培训，遴选军训教官高标准完成 4 所中学4300 名学生军训任务。着眼“征好兵、选精兵”，协调县委、县政府研究出台《贺兰县征集高素质兵员激励措施办法》，有效激发广大应征青年特别是大学毕业生参军报国热情。制作征兵宣传手册、《致全县应征青年的一封信》、宣传扇 5000 余份，发动网格员、赋能电子屏，线上、线下抓活征兵宣传，一对一抓实精准动员，高质量完成全年兵员征集任务，连续 6 年实现“零退兵”目标要求。

【基层基础】2023 年，贺兰县人民武装部依据纲要修订 2023 年按纲抓建基层措施计划，按照“周列清单、月抓推进、季有分析、年度盘点”的总体思路，通过首长办公会、交班会将工作细化分解到每月、每周，将任务压实压责到具体人头。广泛征集书香军营建设“金点子”，持续激发全体人员“以部为家”内在动力。以“星级达标”活动为抓手，持续巩固基层规范化建设成果，采取逐单位过的办法，对基层武装部阵地建设进行督导、检查，组织集中办公、强化业务培训，厚植全面发展、全面进步的底蕴根基。组织各乡镇（街道）基层武装部参加星级挂牌评审，其中习岗镇、金贵镇武装部分别取得五星级、四星级优异成绩，其他基层武装部为三星级。围绕民兵应急应战全要素训练需要，协调地方住建部门对县民兵训练基地靶壕建设进行升级改造，完善配套设施设备，大力构建战、训、保一体化军事训练平台，不断提升遂行多样化任务的能力素质。

【检视整改】2023 年，贺兰县人民武装部牢记“三个务必”，以永远在路上的执着韧劲，全面加强党的建设，认真履行管党治党责任。结合纪检监察干部队伍教育整顿，及时传达上级违纪违法案例通报、传阅忏悔录，常态落实党的纪律教育，定期观看警示教育片，以党小组会的形式开展讨论交流，打牢拒腐防变的思想根基。坚持党委、纪委领导带头上纪律党课制度，班子成员自觉落实双重组织生活制度，广泛接受群众监督。紧扣“五条要求”“两个着重查找”“三个讲清”，严肃认真开展党委民主生活会，持续传导正风肃纪压力。以整风精神狠抓各项清理整治整改，一体推进“五位一体”“五查五纠”、后勤重点行业领域、“五治八查树形象”、学生军训商业化市场化问题等 29 项整治整改，逐一建立问题清单、责任清单、措施清单，实行挂账销号、分类整改落实，全面打通整改整治链路，确保问题整改清零见底。

【双拥之花】 2023 年，贺兰县人民武装部以争创全国双拥模范县为牵引，深化脱贫攻坚成果，助力乡村振兴建设，完善广荣村帮扶措施，借助新兴媒体全面打造直播带货平台，持续壮大村集体经济收益。协调召开县委议军会议，研究解决国防动员、后备力量建设、军人“三后”等现实矛盾困难，厚植尊崇军人军属良好氛围。开展国防形势专题报告会，组织全县科以上领导干部过“军事日”，参观贺兰县革命军事馆建设，不断提升各级领导干部的自觉抓武、管武、兴武的家国情怀。军地合力携手辖区 47 家企业广泛开展“崇军行动”，走访慰问边海防一线官兵和执行重大任务官兵家庭，协调解决现役军人子女入学、入托问题。组织驻县部队参加全县双拥知识竞赛，取得总分第一的优异成绩，极大调动了全县官兵参与双拥共建的工作积极性。创新推动国防教育进机关、进企业、进校园活动，协调地方有关部门打造“稻渔空间”全民国防教育基地、金山小学少年军校和德胜实验小学少年军校，厚植国防教育沃土，提升全民国防素养。

【安全工作】 2023 年，贺兰县人民武装部扎实开展“条令法规学习季”活动，常态组织党纪法规学习，分阶段组织考核测试，坚持在学法、守法、用法中强化人员安全观念、增强依法办事意识。组织观看《以案为鉴鸣警钟、严守法纪保安全》《镜戒》《无悔的代价》等警示教育片，召开组织生活会，围绕违规喝酒、违反廉洁征兵纪律等问题，组织讨论交流、检视剖析，逐人谈认识、看危害，找问题、作承诺。严密组织开展打击整治枪爆违法犯罪专项行动，狠抓“严禁违规喝酒、严防酒驾醉驾”专项教育整治，与县交警大队建立案件线索通报机制，军地合力清查酒驾醉驾问题线索。结合安全大检查和“百日安全”活动，每月对集中文印、机要密码管理等进行督查，紧盯“人车枪弹密酒网”等 17 个安全要素，每周组织安全检查、抽查，利用交班会小结讲评，跟进抓好问题整改落实，始终将严抓严管严治贯穿工作始终。坚持每季度开展保密安全教育，指定专人负责保密室日常管理，严格规范涉密资料承办、保管、借阅、复印等环节。

人民防空

【思想政治建设】 2023 年，贺兰县始终把学习贯彻习近平新时代中国特色社会主义思想作为根本任务，时刻做到拥护“两个确立”，做到“两个维护”，维护核心、听从指挥的思想政治根基更加牢固。贺兰县发改局在党委会议、局务会、党委理论中心组、干部学习会议上，组织全体干部职工深入学习领会习近平强军思想、习近平总书记关于国防动员系列重要论述、指示、批示精神，认真学习《中华人民共和国国防动员法》《中华人民共和国国防法》《中华人民共和国人民防空法》等法律法规，干部队伍履职尽责能力不断提升。

【人防工程建设】 2023 年，贺兰县规范人防工程审批流程，严格落实人防审批审核，认真审定人防工程建设规划，确保人防工程“应建必建”，收缴人防易地建设费并全额缴入税务账户，做到应收尽收、应缴尽缴。严格人防工程验收备案程序，强化人防工程质量监管。

【人防工程检查】 2023 年，贺兰县严格已建人防工程检查，压紧压实行业监管责任，对已投入使用人防工程检查发现并整改问题 63 个，对在建的 13 个人防工程各阶段验收过程中出现的钢筋绑扎、预埋管件安装、防护防化设备安装等各类不规范问题下发整改通知单 43 份，全部完成整改。自治区国防动员办公室 2023 年人防工程建设“双随机、一公开”通报贺兰县问题 3 类 14 个，贺兰县逐条对照督促推进，全部完成整改。

经济综合管理

经济发展和改革

【概况】2023年,贺兰县发展和改革局坚持以习近平新时代中国特色社会主义思想为指导，以建设黄河流域生态保护和高质量发展先行区为牵引，深入学习贯彻党的二十大精神和自治区十三届四次、五次全会精神，聚焦县委、县政府中心工作，全力以赴抓谋划、争项目、扩投资、增活力、提服务，推动先行区示范县建设走在前、作表率作出了应有贡献。

【紧盯目标稳运行】2023年，贺兰县发展和改革局制定《贺兰县贯彻落实自治区关于加快县域经济和城区经济高质量发展的实施意见重点工作任务清单》《贺兰县贯彻落实 自治区关于做好一季度经济确保实现“开门红”工作方案 的分工方案》《贺兰县关于建设黄河流域生态保护和高质量发展先行区示范县的实施方案（2022—2025年)》，积极研判经济运行态势，分析总结经济发展中出现的新情况、新问题，抓细投资运行、抓实强企服务、抓牢民生保障，国民经济延续稳定恢复态势。全力做好“全区预制菜高质量发展示范县”创建工作，制定《贺兰县推动预制菜产业高质量发展扶持政策（试行)》，推动预制菜和适水等产业的全产业链延伸发展。

【统筹规划谋发展】2023年，贺兰县发展和改革局扎实开展中期评估，制定印发《贺兰县“十四五”发展规划纲要实施中期评估工作方案》，明确评估目的和依据、任务和重点、分工和进度安排，对5个方面32项“十四五”规划指标和6大类83个重点工程项目进展情况进行梳理汇总，同时围绕评估工作任务，深入开展调查研究，广泛听取各方意见，充分运用多种评估方法，对主要目标指标完成情况、规划实施总体成效、重大工程项目进展情况等方面进行全面分析，同时总结规划实施中的好的经验做法，查找规划实施中存在的主要问题和短板，认真分析原因并对“十四五”后半期发展环境进行展望，明确规划实施后半程的重点任务和要求，高质量完成规划中期评估报告。

【围绕项目促投资】2023年，贺兰县发展和改革局始终坚持“一个项目、一名领导、一套方案、一个专班、一抓到底”工作机制，印发《关于贺兰县重点项目倒排工期工作提示函》《2023年县处级领导包抓重点项目工作实施方案》等方案，成功举办自治区、银川市重大项目集中开工推进会3次，召开专题会议、深入现场办公325次，严格落实清单制、专班制、调度制、通报制、考核制、问效制“项目六制”，建立贺兰县2023年基本建设项目储备推进表，采取“日排查、周调度、月会商”推进机制，将“项目六制”转化成为推动项目建设、稳定经济运行的坚强保障，习岗镇黎明村农村人居环境整治提升项目(二期）等25个政府投资类项目竣工（年度计划总投资2.9亿元)；金农农业产业园冷链物流基地建设等29个社会投资类项目完工（年度计划总投资6.3亿元)。制定

《争项目争资金工作指引》《贺兰县2024年基本建设项目谋划专班分工方案》，召开项目谋划培训会，按照“同类项目、同一专班，协调联动、统筹推进”工作模式，加快项目谋划进度，成功争取中央预算内资金项目8个，总投资2亿元，下达中央预算内资金8340万元。争取自治区预算内资金项目4个，总投资1.3亿元，下达自治区预算资金2200万元。

【绿色发展强生态】2023年，贺兰县发展和改革局始终把落实碳达峰、碳中和作为各项重点工作的首要任务，在经济下行压力和后疫情时代的双重考验下，攻坚克难，砥砺前行，全县规模以上工业能耗增速持续回落，能耗增量进一步缩减，为完成“十四五”期间能耗“双控”目标打下坚实基础。2023年上半年，贺兰县规模以上工业综合能源消费量同比下降2.5%；单位工业增加值能耗同比下降3.7%。万元GDP能耗为0.59万吨标准煤/万元，同比下降4.0%。稳步推进用能权改革，制定《贺兰县用能权有偿使用和交易实施方案（试行）》，明确目标任务，指出实现路径，提出具体任务举措，分解指标任务，按照“政府培育、市场主导、整体设计、分步推进、网上交易、全程监管”原则，配合自治区、市建立用能权有偿使用和交易制度体系，培育和发展用能权交易市场，推动能源要素向优质项目、企业、产业流动和集聚，持续提升能源利用效率，引领产业绿色转型发展，助力黄河流域生态保护和高质量发展。

【聚焦改革优环境】2023年，贺兰县发展和改革局认真贯彻落实自治区、银川市关于优化营商环境暨促进民营经济高质量发展工作安排部署，制定《贺兰县贯彻落实〈自治区党委 人民政府关于全方位优化营商环境推动民营经济高质量发展的若干意见〉的分工方案》，为提高政务服务效率、优化市场环境、营造公平法治环境等工作提供政策保障。深化建设项目审批改革，将工程建设项目从立项到竣工验收全流程审批用时的计时规则由“工作日”调整为“自然日”，并采取“代帮办”“延时办”和“预约办”等措施，办理企业投资项目备案127个，总投资119.44亿元。优化市场准入，落实市场准入负面清单制度，结合国家第五批违背市场准入负面清单典型案例的通报，开展自查自纠。强化营商评价结果运用，组织开展2023年度营商环境评价工作，梳理制定《贺兰县2023年度优化营商环境18项测评指标任务清单》，推动以评促改、以评促优。持续推进信用体系建设工作。全面归集、公示和应用行政许可、行政处罚等信用信息，在“信用中国（宁夏银川）”网站公示的信息条数共4135条，其中行政许可3577条，行政处罚558条。对市场主体开展综合信用评价，加强公共信用综合评价应用，严格落实国家、自治区、市制定出台的红黑名单制度，完善失信联合惩戒对象认定管理办法，健全完善信用修复机制。

【保障粮食安全】2023年，贺兰县发展和改革局强化应急成品粮油储备管理，对贺兰县应急成品粮承储企业予以调整，采取每月定期和每季度联合检查的形式，对贺兰县应急储备成品粮油承储企业开展联合检查3次、定期检查6次。扎实开展应急供应网点及配送中心监督检查，完成对全县11家应急供应网点及1家配送中心的审核检查工作。开展粮食收购统计周报制，密切跟踪粮食收购价格，全力维护粮食收购市场秩序。

【做好价格管理】2023年，贺兰县发展和改革局积极开展供暖价格调整工作，组织召开供热成本定价监审工作会议，并聘请第三方会计公司进驻昊阳热力开展供热价格成本监审工作，全面落实牛羊猪肉价格调控政策，对6家定点销售超市实行定点限价限量销售和“先控后补”的临时价格干预措施，投放政府调控补贴肉133吨。完成对宁夏农垦暖泉农场有限公司和南梁台子的农业用水价格审批和10起商业停车场的价格审批工作，全力维护消费者、经营者的合法权益。

【保障安全强监管】2023年，贺兰县发展和改革局持续学习贯彻习近平总书记关于安全生产重要论述，组织干部职工再次集中观看《生命重于泰山》电视专题片，树牢“人民至上、生命至上”的安全发展理念。针对“6·21”富洋烧烤店燃气爆炸事故，举一反三，高度重视，第一时间下沉油气长输管道、电力等主管行业企业进行安全生产检查，严格要求企业按照行业标准和要求开展生产作业。同时，下发《关于开展发展改革领域安全生产大排查大整治专项治理工作实施方案》《关于电力通道油气长输管道安全开展隐患排查整治的通知》，聘请专家组成督查组，对凯添燃气从企业值班值守、单位内部食堂燃气使用自查、消防设施设备、管线巡检巡查、阀室夜间值守、企业系统安排落实等方面进行全面检查，并按时督促整改销号。

【推动项目建设】2023 年，贺兰县发展和改革局建立清单制、专班制、调度制、通报制、考核制、问效制“项目六制”，制定从项目招引到竣工投产的 11 张管理清单，成立领导小组及六个工作组，按照“一个项目、一名领导、一套方案、一个专班、一抓到底”的工作机制，确保项目按节点推进、按任务落实、按目标达效，实现项目建设再加快、投资总量再增长、项目质量再提升、资金争取再突破，将“项目六制”转化成为推动项目建设、稳定经济运行的坚强保障。

【优化营商环境】2023 年，贺兰县发展和改革局以开展“强素质强服务强担当强斗志”能力作风建设年活动为契机，制定《贺兰县设立优化营商环境投诉督办室实施方案》，设立贺兰县优化营商环境投诉督办室，并下设受理转办组、督查督办组，明确市场主体关于营商环境的投诉问题的办理机制和流程，建立政企谈心交流、投诉受理、联席会商、指定办理等八项机制，推动涉企各属地管理单位、各行业监管部门进一步增强服务意识、助企纾困解难。

市场监督管理

【概况】2023 年，贺兰县市场监督管理局圆满完成了各项工作任务。顺利通过了创建国家食品安全示范城市考核验收，被银川市市场监管局授予“2022 年度药品安全监管工作先进集体”和“2023 年质量与知识产权工作先进集体”称号。德胜市场监督管理所被自治区、市场监管厅评定为四星市场监管所，立岗市场监督管理所被银川市市场监管局评定为三星市场监管所，1 名执法人员被市场监管总局授予“民生领域案件查办‘铁拳’行动突出贡献个人奖”。

【干部理论学习】2023 年，贺兰县市场监督管理局深入学习宣传贯彻自治区党委十三届四次、五次、六次全会精神，扎实开展学习贯彻习近平新时代中国特色社会主义思想主题教育和“大学习大讨论大宣传大实践”活动，以党组理论学习中心组、“三会一课”、干部理论学习等形式先后组织开展教育学习 93 次、知识测试 3 次、专题交流研讨 16 次、宣讲 19 次，参观红色教育基地 2 次，扎实推进学习型党组织建设，提高市场监管党员干部政治素养。

【党风廉政建设】2023 年，贺兰县市场监督管理局严格执行党风廉政建设责任制，认真制定落实《2023 年度党风廉政建设和反腐败重点工作责任分工方案》，切实推进党风廉政建设及整治形式主义、官僚主义等专项整治工作。全年召开党风廉政会议 2 次，持续推进党风廉政系列工作的进度。

【意识形态工作】2023 年，贺兰县市场监督管理局及时传达学习自治区、市场监督管理厅、市市场监督管理局和县委、县政府关于意识形态工作的决策部署，制订印发《贺兰县市场监督管理局 2023 年意识形态工作计划》，把意识形态工作纳入《2023 年党建工作要点》《党风廉政建设和反腐败重点工作责任分工方案》《2023 年工作要点》等重要事项。签订意识形态工作责任书16份，召开研判会议4次、党组会议3次，采取有力措施、防患于未然，不断健全分析研判和风险防控制度。

【食品安全监管】2023年，贺兰县市场监督管理局健全工作机制，全力推动食品安全“两个责任”落实。全县2812家食品生产经营主体纳入包保范围，包保主体覆盖率99.9%，食品安全责任人配备率100%。19名县处级领导全年包保率均达100%，435名干部包保全年包保率达99.8%，圆满完成了国务院食安办对贺兰县落实食品安全“两个责任”的督察考核；全面完成创建国家食品安全示范城市考核验收各项工作。2023年2月16日、3月23日，国务院评审组对贺兰县15个市场经营主体、10个明察点位分别开展暗访和现场评审，总体情况较好，贺兰县顺利通过验收评审；强化专项整治，不断提升食品安全治理水平。大力开展制止餐饮浪费、深化校园守护行动、食用农产品质量安全等专项行动，督促企业配备食品安全总监、食品安全员，落实“日管控、周排查、月调度”制度。

【药械安全监管】2023年，贺兰县市场监督管理局组织开展零售药店和医疗机构、医疗器械、化妆品监管专项整治工作，检查“两品一械”经营使用单位590余家次，下发责令整改通知书13份，行政立案查处药械化案件共19起，收缴罚没款20.8万元。“阳光药店”创建工作稳步推进，全县295家药店全部成功创建“阳光药店”，创建率达100%。开展“两品一械”风险等级评定推进会，及时对各经营使用单位进行信用评价积分和信用等级评定。有序开展贺兰县2023年“两品一械”抽样工作，完成药品34批次、医疗器械3批次、化妆品12批次的抽样送检任务，完成率100%。

【特种设备安全监管】2023年，贺兰县市场监督管理局扎实开展燃气、锅炉、景区客运索道、超期未检等设备专项整治行动，全力推进电梯质量安全提升行动。共检查特种设备使用单位、电梯维保单位350余家次，发现严重事故隐患5处，立案6起，罚款36万元。做好岁末年初、全国“两会”、“五一”假期等重大活动期间的特种设备安全保障工作，开展监督检查140余家次，其中，城镇燃气安全领域检查15家次，分管局领导带队检查25家次，共出动执法人员700余人次，发现并督促企业消除安全隐患300余处。

【产品质量安全监管】2023年，贺兰县市场监管局紧紧围绕民生领域，强化生产、流通领域商品质量抽检，监督抽检农资、防水卷材、校服、电动自行车等产品220批次。督导企业落实产品质量安全主体责任，严防产品质量安全事故发生；联合宁夏计质院对海吉星农产品批发市场及农集贸市场使用的计量器具进行强制检定，共检定贸易结算用秤、公平秤1170台，没收6台具有作弊功能的秤；抽查医用计量器具、出租车计价器、眼镜店验光配镜设备301台（件），均经法定计量检定机构强制检定，在检定周期内；出动执法人员86人次，检查燃气具及相关产品销售单位160家次，抽检燃气相关产品29批次，不合格8批次，均已立案查处，没收不合格燃气灶93台，不合格调压阀5个，罚没款4.3万元；检查环境、食品、机动车、建筑类检验检测机构21家，立案查处出具不实检测报告违法行为1起，罚款3万元。通过加强质量建设推动贺兰市场公平交易。

【知识产权保护】2023年，贺兰县市场监管局围绕地理标志重点产业、驰名商标等强化日常检查工作，重点打击商标侵权、假冒专利等违法行为，加大案件办理力度，共办理商标侵权案件4件，罚没款21.22万元。

【企业信用监管】2023年，贺兰县市场监管局制定印发《关于进一步加强市场监管领域部门联合“双随机、一公开”监管工作的通知》《2023年贺兰县市场监管领域“双随机、一公开”监管工作实施方案》，不断完善执法人员名录库和市场主体名库，划定随机抽查工作范围，2023 年，通过自治区“双随机、一公开”综合监管平台完成监管工作 81 次，其中跨部门联合行动 17 次。通过线上宣传、发放年报宣传册、电话宣传、设立年报申报岗等多举措推进年报进度，清理吊销长期停业未经营未年报企业 132 户，引导市场主体主动改正违法失信行为。

【重点领域监管执法】2023 年，贺兰县市场监督管理局紧扣食品、药品、特种设备、产品质量安全等重点领域开展行政执法，2023 年共立案 114 起，办结案件 91 起，罚没款 159.8 万元。严厉打击生产销售假冒伪劣产品、养老诈骗等违法行为，常态化开展市域社会综合治理、粮食领域腐败问题、“铁拳行动”、扫黄打非、打击网络电信诈骗和打击传销等专项整治行动。2023 年共捣毁传销窝点 155 个，行政处罚传销案件 44 起，罚款 8.8 万元；查获传销人员 123 人，解救、教育、转化传销人员 32 人。

【消费者权益维护】2023 年，贺兰县市场监督管理局充分发挥“12315”“12345”等各类投诉举报平台作用，及时受理和依法处理消费者投诉举报，定期整理分析投诉数据，及时研判分析、排查矛盾纠纷、消除问题隐患。2023 年度，通过全国“12315”和“12345”投诉举报平台共受理 8052 件，办结 8052 件，办结率100%；微博、信函等途径共受理各类消费者投诉举报 200 件，办结 191 件，办结率达到 95.50%。

【安全生产排查整治】2023 年，贺兰县市场监督管理局深学细悟习近平总书记关于安全生产的重要论述、自治区党委十三届四次全会精神、银川市委十五届八次全会精神及“1+37+8”系列文件精神等主要内容，深入开展特种设备专项检查工作，常态化开展液化石油气钢瓶安全隐患排查整治，依法严厉查处在液化石油气钢瓶充装、使用、配送环节的违法违规行为。配合县排查整治专班、政府相关职能部门回收处置液化石油气瓶 4129 只，召回并报废处理“双阀”液化石油气钢瓶 85 个；检查液化石油气瓶、车用气瓶充装单位 57 家次，餐饮单位 802 家，燃气灶具等经营单位 102 家次，消防产品生产销售单位 4 家，发现 2 起涉嫌非法经营燃气、违法充装和非法运输危化品案件，并依法依规移交县公安局、县应急管理局。

审　计

【概况】2023 年，贺兰县审计局坚持以习近平新时代中国特色社会主义思想为指导，深刻领会习近平总书记关于审计工作的重要讲话和重要指示批示精神，认真贯彻落实上级党委审计委员会决策要求，提高政治站位，履职尽责担当，为县域经济社会高质量发展作出了积极贡献。两个项目分别获自治区审计厅项目质量等级评定一等奖和三等奖，谢彬和朱少文获评全区审计机关先进个人。

【发挥职能作用】2023 年，贺兰县审计局召开县委审计委员会第十次、第十一次会议，传达上级党委审计委员会会议精神，审议通过年度审计项目计划、工作要点、审计查出问题整改落实情况的报告、县本级预算执行审计报告等。不断完善审计委员会协调运行机制，制定《贺兰县委审计委员会成员单位工作协调推进机制》，建立审委会议定事项督办台账，切实抓好审计监督重点任务落实。

【审计项目】2023 年，贺兰县审计局已完成审计项目 20 个，审计查出问题 227 个，查出管理不规范资金2151 万元、违规资金 4035 万元、移送处理资金 148 万元，审计期间整改 1356 万元，提出审计建议 65 条，促进整改落实有关问题资金 1464 万元。抽调人员参加十三届自治区党委第三轮巡视、贺兰县委第五轮巡察。

【跟踪审计】2023 年，贺兰县审计局完成县幼儿园“5080”政策落实情况审计，对全县幼儿园财务运行情况进行了摸底，抽查了 7 个幼儿园 2021 年至 2022 年财务账簿，重点关注津补贴发放、政府采购程序履行、保育费和伙食费管理、采购食材价格及资源管理使用等情况，查出问题 5 个，提出建议 4 条。

【专项资金审计】2023 年，贺兰县审计局完成县乡村振兴相关政策落实和资金使用情况审计，运用检查、询问、实地调查、外部延伸、大数据技术等方法，关注重点乡村振兴项目、重大资金流向，审查乡村振兴资产管理、资金管理使用、资金绩效等情况，查出问题 13 个，提出建议 3 条。完成县高标准农田建设资金审计，重点关注高标准农田规划编制执行、资金筹集管理使用、项目建设管理等情况，开展自治区审计厅下发疑点核查等工作。

【财务收支审计】2023 年，贺兰县审计局完成县农业农村局 2022 年度部门预算执行审计，重点关注年度预算执行追加、结转结余、专项资金管理使用及绩效等方面内容，查出问题 12 个，提出建议 3 条。完成县人民医院及县妇幼保健中心 2020—2022 年度财务收支审计，重点关注财务收支、药品收费、医疗设备采购及资产管理等情况，审计查出问题 43 个，提出建议 8 条。完成 2022 年度县本级预算执行和其他财政支出审计，重点关注县本级财政预算编制及批复、国有资产管理、政府采购、财政资金绩效评价等情况，同时对全县所有一级预算单位重点资金、重大项目进行抽查，查出问题 22 个，提出建议 3 条。

【政府投资审计】2023 年，贺兰县审计局完成“市县一体化”集中供热项目跟踪审计，重点关注项目建设程序、相关政策执行情况、工程进度、资金支付等情况，组织召开项目推进会 4 次，查出问题 7 个，提出建议 3 条。完成县住建局 BJL 专项借款审计，重点关注了借款资金使用、项目推进及维护群众切身利益等情况，查出问题 3 个，提出建议 3 条。

【经济责任审计】2023 年，贺兰县审计局完成县人社局、富兴街道办、县退役军人事务局、县司法局、县民政局、县水务局、县统计局、县医保局及县市场监管局领导干部任期经济责任审计，重点关注领导干部贯彻执行重大政策、履职尽责等情况，查出问题 69 个，提出建议 21 条。同时，完成水务局原局长自然资源资产离任审计，重点关注自然资源资产管理和开发利用过程中贯彻中央和自治区重大决策部署、遵守法律法规、目标任务完成、履行监督责任等情况，查出问题 6 个，提出建议 3 条。

【审计整改】2023 年，贺兰县审计局开展审计查出问题整改“回头看”，对未整改到位的问题进行指导、下发督办通知书，对已整改到位问题帮助建立长效机制、提升整改成效。2023 年，贺兰县审计查出问题整改率为 97.5%，得到明显提升。同时，坚持监督和服务并重，联合县农业农村局组织各乡镇（场）、村开展涉农资金审计案例专题培训，对审计中发现的普遍性、倾向性问题进行整理归纳提炼，从体制机制上分析问题成因，提出防范化解问题的办法，打好审计“预防针”。

【主题教育】2023 年，贺兰县审计局结合审计工作实际制订主题教育工作计划、学习计划及任务清单，每月印发学习计划表，通过晨会例会、三会一课、理论学习中心组等形式，组织党员干部分书目、分章节开展学习。制定审计领域专项整治方案，建立问题清单，在审计一线及志愿服务活动中设立“党员先锋示范岗”，履行党员义务，始终保持干事创业的精气神。

【机关党建】2023 年，贺兰县审计局结合“四强”能力作风建设年活动及创建模范机关“先进单位”，研究制定年度党建工作任务分工、党建活动计划等，打造“1125”审计先锋党建品牌并新建党建活动阵地。同时，把支部建在审计点上，创新采取“审计组 + 课题组”的形式，面向县直机工委所属党支部分享创建工作经验，着力打通机关党建“最后一公里”。

【党风廉政】2023 年，贺兰县审计局先后制定《贺兰县审计局审计现场管理办法》《贺兰县审计局审计业务审定会制度》《贺兰县审计质量控制及过错责任追究办法》《贺兰县审计局审计项目“六个细化”管理制度》及审计业务流程图等，坚持用制度管人管权管事，提升自我监督能力。同时，成立局制度执行力监督检查小组，关注审计一线，开展现场督查和跟踪回访，组织签订廉洁审计承诺书，确保廉洁从审。

【作风建设】2023 年，贺兰县审计局在做好规定动作的同时融合开展自选动作，将学习党的二十大精神、自治区党委十三届四次及五次全会精神同审计大讲堂联系起来，同审计经验分享联系起来，组织各股室以审计职能为依托，开展专题交流研讨及知识竞赛，深化学习成效，营造比学赶超的浓厚氛围。同时，开展季度目标考核、纪律执行力检查等，制定“周调度、月通报、季总结、年考核”制度并发放《贺兰审计须知》口袋书，提升审计质量。

【专项整治】2023 年，贺兰县审计局开展形式主义官僚主义专项整治。深入查摆问题，建立问题清单并实行“先挂号、再销号”动态管理，截至年底，累计查找问题 97 个，制定整改措施 97 条，已全部销号。全面梳理审计查出形式主义官僚主义方面的 4 个问题上报县专治办。开展教育领域侵害群众利益不正之风专项治理。对 2018 年以来上级审计机关及本级审计机关审计教育领域情况进行梳理摸底，建立问题台账，选派精兵强将配合县专治办开展专项检查，深入开展县幼儿园“5080”政策落实情况审计并将审计成果报专治办。开展乡村振兴领域腐败和作风问题专项治理。研究制定三年工作方案及 2023 年工作计划，组织各乡镇（场）、村开展涉农资金审计案例专题培训，深入开展贺兰县乡村振兴相关政策落实和资金使用情况审计。

【审计要情报送制度】2023 年，贺兰县审计局为进一步提炼审计成果，及时将审计查出的问题呈送县委、县政府主要领导，经请示上级审计机关，县审计局突出精华、减少篇幅，将原本呈送的 6000 字左右审计报告精简为 400 字左右的《审计要情》，按照 1∶1 精简，一篇审计报告形成一篇《审计要情》，既对审计查出的问题高度概括，又结合实际提出审计建议，帮助被审计单位真正从体制机制层面解决问题、规范提高，2023 年共报送审计要情 11 篇，获领导批示 11 篇，转办各部门 5 篇。

【审计整改集中约谈】2023 年，贺兰县审计局联合县纪委监委、县人社局等单位召开审计整改约谈会，对未完成整改任务的 16 个部门主要负责同志进行了集中约谈，分为立行立改、限期整改及长期整改 3 个类型，督促制订整改计划。约谈后，4 个部门完成整改任务，其余问题全部制订整改计划，督促整改落实，该工作获自治区党委审计委员会办公室《审计简报》肯定。

【医疗卫生审计全覆盖】2023 年，贺兰县审计局在 2022 年县卫健局预算执行审计项目的基础上，以点带面、示范引领，持续关注医疗卫生系统财务收支、财务管理及资产管理等情况，先后开展县卫健局及下属卫生院预算执行和其他财政财务收支审计、县人民医院、中医院和妇幼保健计划生育服务中心财务收支审计，全面助推基层医疗卫生事业发展，累计查出管理不规范资金 298.17 万元，审计期间促进整改落实有关问题资金 119 万元，督促被审计单位建立内控制度 4 项。

统　计

【概况】2023 年，贺兰县统计局坚持以习近平新时代中国特色社会主义思想和党的二十大精神为指导，认真贯彻落实习近平总书记关于统计工作重要讲话和重要指示批示精神，紧紧围绕县委、县政府各项中心工作，加强统计能力建设，提高统计数据质量，推动依法统计、依法治统，发挥统计监督职能作用，促进统计工作迈上新台阶。

【党的建设】2023年，贺兰县统计局严格落实“三会一课”制度。制订印发了《贺兰县统计局党支部2023年党建工作计划》《贺兰县统计局党组2023年理论学习中心组学习计划》等文件，把学习贯彻习近平新时代中国特色社会主义思想作为首要政治任务，列为党组理论学习中心组“第一议题”，支委会学习“第一内容”，党员学习“第一任务”。严格执行《关于新形势下党内政治生活的若干准则》等党内法规，认真落实领导干部双重组织生活制度，按时召开2022年度民主生活会和组织生活会，开展支部主题党日12次、道德讲堂2期、“三进”活动12次、党员轮训1期，民主评议党员2次，谈心谈话4次，建立2023年“书记领办（领航）项目”1个，发展预备党员2名、入党积极分子2名，圆满完成支部换届选举工作。

【作风建设】2023年，贺兰县统计局深入推进“强素质强服务强担当强斗志”能力作风建设年活动。聚焦统计三大职能，重点对照思想观念等10类问题，领导班子查摆问题15个、制定整改措施34条，班子成员查摆问题30个、制定整改措施43条，其他党员干部职工查摆问题100个、制定整改措施100条，举办统计业务轮讲5期，通过专业讲解、现场答疑、知识测试等多种方式全力提升统计干部职工业务能力和工作水平。开展“为民办实事”开放日活动7期，主动向活动代表介绍统计相关工作，解答热点问题，有效提升统计服务水平。切实开展纠治形式主义官僚主义专项整治。局党组查找问题17个，主要负责人查找问题12个，其他2名班子成员共查找问题19个，其他党员干部查找问题39个，均制定整改方案，形成整改清单，并基本整改完成。

【主题教育】2023年，贺兰县统计局立足统计实际，制订了《贺兰县统计局关于深入开展学习贯彻习近平新时代中国特色社会主义思想主题教育的工作计划》，局党支部及每名党员干部均制定了学习计划，同时充分利用“三会一课”、主题党日等，开展集中研讨学习，组织党员参观了全国民族团结示范社区花园社区和贺兰县国防教育基地，实地感受习近平新时代中国特色社会主义思想的基层成果体现及实例展示，为不能参加集中学习的老党员干部“送学上门”，全面提升主题教育学习成果。

【社区共建】2023年，贺兰县统计局认真执行“双报到、双报告”制度，积极参与社区志愿服务等活动，为退休老干部、如意湖社区和永兴村困难群众、帮扶对象等43户送去米、面、油等慰问品，帮助共建社区困难群众完成“微心愿”3个，进一步提升党员服务群众能力。

【乡村振兴】2023年，贺兰县统计局每月定期组织干部对永兴村和帮扶对象进行走访慰问，从落实产业扶贫政策、金融扶贫政策、就业扶贫政策等方面深入持久做实做细帮扶工作。

【廉政建设】2023年，贺兰县统计局定期召开党风廉政建设会议，制定《贺兰县统计局2023年全面从严治党党风廉政建设和反腐败工作主要任务分工方案》《全面从严治党“三个清单”》等，定期报告履行全面从严治党主体责任情况。

【警示教育】2023年，贺兰县统计局组织干部职工重温《中国共产党章程》《中国共产党廉洁自律准则》《中国共产党纪律处分条例》等党的法纪法规，通报党员干部违纪违法典型案例，观看警示教育片《永远吹冲锋号》《贪欲下的沉沦》，参观学习贺兰县廉政警示教育基地、贺兰文创基地家风家训廉政文化主题书法作品展，选派干部参与县纪委监委廉政宣讲，开展“净化统计生态 推进廉洁从政”主题研讨及“领会‘四强’活动精神强化领跑意识”“颂党章 忆初心”主题党日，全力引导全体党员干部始终保持“赶考”的清醒。

【意识形态】2023年，贺兰县统计局以领导干部为重点，扎实开展习近平新时代中国特色社会主义思想“三进”、深入开展马克思主义“五观”、铸牢中华民族共同体意识宣传教育等。制定印发了《贺兰县统计局2023年宣传思想 精神文明建设和意识形态工作要点》，签订意识形态责任书17份，定期召开意识形态专题会议。持续加强统计所属卡册、图书、内外网站、公众号、微博等网络意识形态阵地建设和管理。不断强化保密宣传教育，组织干部职工学习《中华人民共和国保守国家秘密法》等法律法规，开展“团结奋斗新征程·保守秘密靠大家”主题党日，拍摄“人人话保密”保密短视频1期。

【统计调查】2023年，贺兰县统计局按时完成“一套表”单位月报、季报、年报任务。紧扣县委、县政府中心工作提供统计数据分析服务。2023年共编发统计分析34篇、专报3篇、信息86篇、动态211篇，调研报告1篇，印发经济运行月度卡片10期，编印《贺兰县2023年上半年经济要情手册》《2022年贺兰县国民经济和社会发展统计公报》《贺兰县2022年统计年鉴》，为县委、县政府科学决策提供可靠依据和重要统计信息资源。局内1篇统计分析被自治区统计局评为2022年度全区优秀统计分析。

【数据核查】2023年，贺兰县统计局全面落实数据质量管控制度，完成数据核查1496条，其中，完成国家核查任务355家，自治区核查任务357家，市级核查任务460家，县本级自行核查324家，全力确保源头数据质量。

【法治学习】2023年，贺兰县统计局以习近平法治思想为引领，将统计相关法律法规知识列入县委常委会会议、县政府常务会传达学习，加入县委党校领导干部培训班课程，常态化列入干部职工学习例会。

【法治宣传】2023年，贺兰县统计局切实落实“谁执法谁普法”工作要求，充分利用各类宣传阵地，集中开展统计相关法律法规和统计知识宣传教育，各专业分级分类组织统计业务和法规培训21场次，累计培训910余名基层统计人员，统计信用“双承诺”签署率达96%以上，不断提高统计调查对象的配合意识和社会公众的统计法治意识。

【专项治理】2023年，贺兰县统计局制定印发《贺兰县统计局统计造假屡禁难绝专项治理行动实施方案》及《贺兰县统计局统计造假屡禁难绝专项治理行动自查自纠工作方案》，成立专项治理工作领导小组，邀请县纪委监委主动参与监督，全面梳理执行国家统计调查制度、入退库、统计数据失实等情况。

【执法检查】2023年，贺兰县统计局依法对27家企业开展统计执法检查，对4家企业（项目）下发责令整改通知书，严厉打击了统计造假等违法行为。

【“五经普”工作】2023年，贺兰县统计局根据区、市统一安排，县政府印发了《贺兰县人民政府关于做好全县第五次全国经济普查工作的通知》，成立了由县委常委、常务副县长任组长，各部门（单位）负责人为成员的普查领导小组。科学编制普查经费预算，落实办公场所，配齐普查设备，明确专人集中办公，逐步落实名录库维护、“两员”选聘、普查区划分、投入产出调查、单位清查等工作，并于6月中旬圆满完成自治区级第五次全国经济普查综合试点任务。

自然资源管理

【入选试点项目】2023年，贺兰县自然资源管理局经精心组织，贺兰县成功申报集体经营性建设用地入市交易国家级试点，成为全区4个国家级试点县之一。

【举办重要节会】2023年，贺兰县自然资源管理局

7月19日，在贺兰山东麓百瑞源枸杞庄园组织“贺兰县2023年百瑞源·殷红子熟枸杞庄园投运启动仪式”，积极邀请企业家代表、自治区内外客商参加，进一步扩大贺兰县枸杞知名度。

【盘活土地】2023年，贺兰县自然资源管理局累计处置完成批而未供土地1861.05亩，完成闲置土地处置1639.5亩，完成率182.88%，提前超额完成了自治区自然资源厅2023年下达处置任务。

【标准地供应】2023年，贺兰县自然资源管理局极兔宁夏智慧供应链产业园项目仓储用地面积53.97亩，挂牌起始价688万元，该宗地为贺兰县第一宗按照“标准地”出让方式出让的国有建设用地。

【探索创新】2023年，贺兰县自然资源管理局扎实开展土地权、山林权改革，成功申报国家级集体经营性建设用地入市交易试点县。搭建完成国有建设用地二级市场交易平台，制定印发《贺兰县2023年批而未供和闲置土地盘活利用专项行动方案》，通过多种形式累计消化闲置土地1515.31亩，累计处置批而未供土地1800亩，提前完成2023年批而未供和闲置土地处置任务。盘活低效用地1宗探索工业用地“标准地”1宗，为贺兰县首宗以“标准地”方式出让的工业用地。

【用地空间合理有序】2023年，贺兰县自然资源管理局压茬推进贺兰县国土空间总体规划编制工作，牵头组织开展《贺兰县国土空间生态修复规划（2021—2035年）》《贺兰县城市设计和片区控制性详细规划》规划编制工作，完成《贺兰工业园区（德胜片区）丰庆路南片区控制性详细规划》《银川市德胜片区控制性详细规划——西北居住组团调整》及《贺兰县城市设计和片区控制性详细规划》，开展了《银川市德胜片区控制性详细规划——东南居住组团局部修编》《贺兰县中心城区如意湖南湖片区控制性详细规划》的规划修编，形成总规—专项规划—详细规划体系。完成58个行政村村庄规划编制成果，规划覆盖率达100%。

【守牢耕地红线】2023年，贺兰县自然资源管理局加强规划管控，坚持集约节约用地。建立“自治区统筹、市县主责、乡镇主抓、村组落实”的耕地保护监管机制，实现监管范围全覆盖。制作发布“耕地保护”微视频2个，利用村大喇叭每天播报，实现耕保政策、知识飞入寻常百姓家。争取自治区耕地跨省指标交易资金2.13亿元，争取立岗镇金星村、金贵镇通昌村“进出平衡”自治区级项目资金1430万元。多渠道落实补充耕地指标。全县现有耕地占补平衡指标3795.95亩（水田指标2174.86亩），实施补充耕地上图入库等项目在保障耕地面积不减少的前提下充分保障各项新增建设占用耕地需求。

【提升便民化水平】2023年，贺兰县自然资源管理局企业和群众可通过不动产综合服务平台全流程网办首次登记、抵押登记、预告登记、注销登记等业务，实现少跑路。二手房“带押过户”登记新模式，促进办证服务提质增效。开展不动产“登记+社区”，1名登记人获全市“最美不动产登记人”称号。

【集体土地确权】2023年，贺兰县自然资源管理局以群众认可为标准，坚持公平、公正、公开的原则，依法界定产权关系，维护农民集体合法权益。率先完成数据库建库搭建工作，对符合登记条件的53个行政村356宗、面积42464.53公顷，已受理登簿51个村，334宗地，面积41267.98公顷，完成率93%以上，为集体经营性建设用地入市工作夯实基础。

【加强耕地保护】2023年，贺兰县自然资源管理局坚决扛起粮食生产责任，耕地保护目标完成率始终保持在100%。建立耕地保护监管机制，对62.5万亩耕地保有量，54.2万亩永久基本农田全面推行“一地一码”管理，分别落实耕地保护监管乡镇级9人、行政村64人、村组706人，安装耕地保护责任牌64个、耕地保护桩44个，建立起全面保护、全域覆盖、责任到人、监管严格的耕地保护监管网络体系，严格落实耕地占补平衡、进出平衡“两个平衡”。

【加强农村生态建设】2023年，贺兰县自然资源管理局完成58个行政村村庄规划编制成果经县规委会审查并批复，村庄规划覆盖率达100%。牵头编制了《贺兰县国土空间生态修复规划（2021—2035年）》，科学确定了贺兰县分阶段21项指标，划定三大修复分区，谋划八大重点工程，布局38个重点项目，加快实施重要生态系统保护和修复重大工程，宰牛沟历史遗留废弃矿山生态环境修复项目已实施完成。开展以贺兰山为主体的自然保护地体系和国家公园建设，全县森林覆盖率提高至12.46%，完成营造林1740亩。推进贺兰山区域水源涵养林建设，增强水源涵养功能。加强湿地保护与恢复，促进恢复河漫滩湿地系统，构建滩河林田草综合生态空间，累计完成湿地保护修复面积1.05万亩。

【促进枸杞产业发展】2023年，贺兰县枸杞产业相关经营主体实现综合产值近8.58亿元，年内新增枸杞芽菜种植面积132亩，总面积2500余亩。储备百瑞源枸杞股份有限公司枸杞博物馆提升改造工程1项，预计总投资5000万元。

【扶持枸杞产业技术创新】2023年，贺兰县自然资源管理局建立百瑞源枸杞股份有限公司院士工作站、宁夏厚生记食品有限公司专家服务基地、宁夏枸杞饮料加工技术人才小高地、枸杞深加工及品种培育人才小高地、郝向峰、阮世忠劳模创新工作室等，累计引进11名高精尖缺人才；支持百瑞源枸杞股份有限公司起草制定了《T/NXFSA059—2023锁鲜枸杞团体标准》，新获得“有机认证”1家（百瑞源），获准使用“宁夏枸杞”地理标志证明商标1家（厚生记）。组织经营主体参加自治区枸杞茨农技能提升培训、病虫害绿色防控等培训班3次，组织百瑞源、厚生记等龙头企业参加第108届全国糖酒商品交易会。

【做实枸杞保险兜底】2023年，贺兰县自然资源管理局编制印发了《2023年贺兰县林下经济产业发展补助资金项目申报指南》，组织投保枸杞（实果）面积840亩、投保枸杞树保险面积840亩，累计争取上级各类枸杞产业补助项目10项、涉及奖补资金537.45万元。

【推进项目前期审批】2023年，贺兰县自然资源管理局全年共初审项目82项，预审项目19个4000余亩，出具建设用地规划设计条件55项，认定违法建设行为27起；对新建项目科学选址，合理布局用地空间，实地踏勘40项。

【高效保障土地供应】2023年，贺兰县自然资源管理局切实提高土地节约集约利用水平，全力保障全县重点项目的用地。2023年累计报批土地面积1004.2亩，累计供应土地37宗，面积2337.42余亩，累计收缴土地出让金2.40亿元；加大批而未供和闲置土地处置力度，全面掌握批而未供土地和闲置土地的总体状况，2023年处置完成批而未供土地1861.05亩、闲置土地1639.5亩，超额完成下达贺兰县的处置任务。

【推进涉农项目入库】2023年，贺兰县自然资源管理局编制了《贺兰县2023年耕地进出平衡总体方案》，印发实施了《贺兰县设施农用地管理办法》，累计完成入库设施农业用地项目58宗，总面积2749.94亩。

【土地征收储备】2023年，贺兰县自然资源管理局累计征收国有土地13宗、634.65亩，有力保障贺兰县金山拦洪库等重大工程落地建设，为贺兰县项目用地提供有力支撑。

【加强安全生产】2023年，贺兰县自然资源管理局按照自治区、市、县各级党委、政府安排部署，严格落实“管行业必须管安全、管业务必须管安全、管生产经营必须管安全”要求，树牢底线思维，夯实安全生产防护网。统筹做好自然资源领域安全生产风险隐患排查工作，分别对非煤矿山、地质灾害隐患、森林草原防火进行摸排清查，邀请自治区地质勘测专家进行实地指导，制定3个安全生产应急预案，累计开展230余次动态巡查，有针对性地举办安全生产培训班，对发现的风险隐患及时整治，现场督促限期整改，全部整改销号。

【实施国土绿化】2023年，贺兰县自然资源管理局积极组织各乡镇场实施北部绿色发展区防护林、未成林抚育及退化林修复等重点建设项目，实施德胜滨河路生态运动公园绿化及唐徕渠贺兰段东岸绿带生态绿化改造提升工程、109国道贺兰段生态绿化提升项目等城市园林建设项目，2023年完成施工。

【开展林木检疫】2023年，贺兰县自然资源管理局签发产地检疫合格证42份，产地检疫面积1.87万亩(次)，产地检疫率为100%。签发植物检疫证1128份，检疫苗木467万余株、花卉382万余株、木材67万余根等。

【加强资源保护】2023年，贺兰县自然资源管理局开展“湿地日”“3·12”植树节等宣传活动，完成贺兰县三批一般湿地名录公布，聘请湿地巡护员对贺兰县清水湖、滨河等水系开展日常巡护，加大草原违法图斑整改力度。积极开展基本草原划定相关工作。

【推进“林长制”】2023年，贺兰县自然资源管理局建立健全“林长制”工作责任体系，健全完善林长、副林长、监督员工作队伍，全面落实各项监管责任，完善各项制度，设定专人负责，常态化开展巡林，划片区进行巡查，将发现的问题列出清单，明确整改时限和责任人，跟踪销号管理，推进林长制走深走实，以林长制促进“林长治”。

【不动产登记】2023年，贺兰县自然资源管理局在一手房转移登记、补换证登记业务立等可取的基础上实现“不动产登记+社区”模式，将不动产登记窗口延伸到虹桥社区等基层，让群众少跑路、少折腾。设立“办不成事”反映窗口，收集办事群众反映的“办证难”问题，解决企业和群众在办理不动产登记服务事项中出现的问题，切实把“办不成事”反映窗口建成“办得成事”窗口。

【自助化水平提升】2023年，贺兰县自然资源管理局推行登记系统自助化网络化，推行不动产登记“一链式”办理，进一步简化行政审批流程，推行网上申报、在线审查、一网通办，提高审批效率，推动“非公证遗产继承业务”“城镇住宅用地办证难”办理机制常态化。

【探索“拿地即开工”】2023年，贺兰县自然资源管理局打破“先拿地再办证”的传统审批方式，进一步优化开工前的审批流程，对实行“拿地即开工”的项目实行提前介入，提供“一站式”“保姆式”服务。

社会经济调查

【概况】2023年，贺兰县社会经济调查队在自治区统计局党组的坚强领导下，在贺兰县委、县政府支持下，坚持以习近平新时代中国特色社会主义思想为指导，认真学习贯彻落实党的二十大精神，紧扣主题教育，落实自治区第十三次党代会及十三届四次、五次全会精神，坚持以党的政治建设为统领，全面落实从严治党，切实推进依法统计，不断提高调查数据质量和统计服务水平。

【政治建设】2023年，贺兰县社会经济调查队开展学习贯彻习近平新时代中国特色社会主义思想主题教育，认真落实贺兰县委关于学习贯彻习近平新时代中国特色社会主义思想主题教育的部署和工作要求，制订《贺兰县社会经济调查队关于开展学习贯彻习近平新时代中国特色社会主义思想主题教育的工作计划》，并严格按照方案要求每个党员制定各自学习计划安排，重点领学3本必读书目，自学选读书目，积极开展领导干部讲党课、党员领学等活动，着力推动在政策理论方面先学、调查研究方面先行、推动发展方面先干，截至年底，共组织开展集中学习活动13次。将学习贯彻习近平新时代中国特色社会主义思想、党的二十大精神和习近平总书记关于统计工作重要讲话和重要指示批示精神作为党员干部的首修课、必修课、常修课，对标学懂弄通做实的要求，结合“四强”能力作风建设年活动，制定《贺兰县社会经济调查队党支部2023年党建工作要点》及年度学习计划，通过每周集中学习、专题读书班、观看专题教育片、交流研讨、外出观摩等活动，引导党员干部深刻领悟“两个确立”，增强“四个意识”、坚定“四个自信”、做到“两个维护”。从严从实规范党内政治生活，严格执行“三会一课”、支部“主题党日”、党费收缴等制度，切实提高党内组织生活质量。切实发挥党员干部示范带头作用，结合模范机关建设活动，创建党员先锋岗，组织党员干部深入共建暖泉农场社区、清水村做好政策宣传、爱国卫生等各类志愿服务活动。

【作风建设】2023年，贺兰县社会经济调查队从严履行党风廉政主体责任。建立完善全面从严治党“三个清单”，深入剖析廉政风险点，及时召开专题会议传达学习各级纪委全会精神，定期听取和安排党风廉政建设工作，压紧压实全面从严治党“两个责任”和“一岗双责”。抓紧抓实党内廉政警示教育。认真开展纠治形式主义、官僚主义专项整治工作，深入开展典型案例学习，坚持以问题为导向，抓紧抓实常态化廉政警示教育，筑牢党员干部纪律底线。不断加强机关作风建设。结合“四强”能力作风建设年活动，不断完善各项规章制度，建立健全干部日常教育监督管理机制，以作风建设持续提升工作效率，营造全队勤学善行、遵规守纪、勇于担当、务实高效良好氛围。

【意识形态】2023年，贺兰县社会经济调查队按照自治区统计局和县委关于意识形态工作的安排部署，将意识形态工作作为重要政治任务，专题会议安排意识形态相关工作，把意识形态工作纳入党建、党风廉政建设和业务工作中。结合每月政治理论学习，认真组织学习意识形态相关文件精神，先后组织了专题学习、志愿者服务、“送法下乡”等活动，通过系列活动，坚定马克思主义在意识形态领域主导地位，切实铸牢中华民族共同体意识。持续维护了数据处理平台日常运行、网络信息发布审核自查和党务政务微信、钉钉、QQ工作群规范管理工作。贺兰县调查队高度重视保密工作，安排专人负责全队保密工作，结合保密宣传月活动进一步夯实全队保密基层基础工作，做到守土有责、守土负责，守土尽责。

【防治统计造假】2023年，贺兰县社会经济调查队认真学习贯彻习近平法治思想、习近平总书记关于统计工作重要讲话和重要指示批示精神与中央《意见》《办法》《规定》《监督意见》精神，深入贯彻落实全国统计法治工作会议精神，深刻认识防治和惩治统计造假弄虚作假的艰巨性，准确把握防治和惩治统计造假弄虚作假的新形势新任务，制定《贺兰县社会经济调查队统计造假屡禁难绝专项治理行动实施方案》，明确下一步统计法治工作的总体思路和重点任务，坚持问题导向，抓好整改落实，严格执行防治统计造假相关制度，进一步增强统计监督效能；坚守数据质量，健全数据质量控制和评估制度，做好数据风险隐患排查和源头数据质量核查，加大统计调查业务培训指导力度，坚决防范统计造假风险。联合县统计局针对各乡镇街道开展专项检查“回头看”工作，听取了各部门的汇报，抽取部分统计调查对象围绕权力干预等问题开展谈话，对发现问题及时向相关人员反映并要求立即整改。进一步提高各单位对统计工作的认识，筑牢了依法统计、依规调查的意识，营造风清气正的统计生态。

【法治宣传】2023年，贺兰县社会经济调查队大力提高统计人员依法统计、依规调查的意识，切实履行统计监督的职能，坚持防范和惩治并重，对统计违纪行严肃追责，并通报曝光。做好基层统计人员培训，抓实统计工作责任人和具体从事统计工作的统计人员的学习实效，持续开展统计法律法规“入机关、入企业、下乡镇、下社区”活动，利用统计年报会议及常规培训，先后召集20余名住户调查员、38名畜禽调查员、30名劳动力调查员进行统计法律法规培训与测试，做好统计人员法律法规宣传，持续推进基层统计法治建设向纵深发展。通过普法宣传日、中国统计开放日、春节等活动，制作横幅、展架、宣传彩页等进行统计法宣传，起到了较好的宣传效果。同时，向全县科级以上领导干部编印发放《领导干部统计法律法规规范性文件汇编》500余本，使全县科级以上领导干部充分认识依法统计的重大意义，进一步履行统计法定职责，坚守统计法律底线。

【制度建设】2023年，贺兰县社会经济调查队进一步修改完善了《贺兰县社会经济调查队制度汇编》，严格落实队长和副队长岗位职责，认真执行会计岗位、出纳岗位、固定资产、档案管理、保密工作、出勤考核、重大事项督促检查、统计数据管理等工作制度，并对每个岗位设置AB岗，确保各项工作制度有效地运行，锻炼干部一人多岗，储备后备人才。在队伍管理上，贺兰县调查队始终坚持正确的“用人”导向，坚持德才兼备、以德为先、任人唯贤，积极推进工作交流、业务轮岗、谈心谈话、业务大讲堂等活动，努力为想干事、能干事、干成事的人搭建平台，全面营造“积极、创新、团结、互助、争先”的工作氛围。3月，贺兰县调查队抽调一名干部参加自治区巡视巡察工作，7月再次抽调干部赴西吉县平峰镇民和村开展驻村帮扶工作。进一步强化《贺兰队聘用人员考核办法》，通过德、能、勤、绩、廉等方面公开公正评选，激励聘用人员积极担当作为。

【调查制度】2023年，贺兰县社会经济调查队严格按照宁夏调查总队印发的《业务工作规范化操作规程及数据质量评估办法》及《统计调查数据质量管理办法》，高质量完成了全年粮食播种面积及产量、住户收支调查、固定资产投资、主要畜禽监测、农民工监测、生态移民监测等调查数据的上报、评估工作，及时健全、整理归档了各专业的基础台账。严格按照方案、制度、规定开展主要畜禽监测的样本轮换工作，积极对接宁夏调查总队及县属相关部门，加强沟通协调，充分掌握全县畜牧业发展情况，科学抽样，确保样本代表县域发展情况。

【统计服务】2023年，贺兰县社会经济调查队以加强服务能力为航向提升统计服务质量，统筹和处理好为区直部门服务和为地方政府服务的关系，充分发挥调查队的职能作用，拓展服务领域，对照区局和总队下达的各专业考核目标任务，深入开发利用统计调查数据，撰写统计调查信息、分析，积极主动地做好统计服务工作，加强人员培训和能力建设，开展重大信息调研等不断提高服务水平。全年共完成各类工作动态246篇、经济信息49篇、调查分析19篇、重大信息调研9篇，《统计与经济》杂志采用4篇。

【经费开支】2023年，贺兰县社会经济调查队在经费开支方面严格执行财务制度，做到了严格把关、精打细算、合理使用，以有限的经费确保了各项统计工作任务的全面完成。在经费的管理和使用上坚持一切从简的原则，在办公费用、公务接待费等多方面都尽力严格控制，在统计经费的支出上，抓住重点工作、确保关键业务，把有限的资金用在刀刃上，做到从严管理、合理使用、厉行节约。

【决算工作】2023年，贺兰县社会经济调查队不断提高对决算工作重要性的认识，加强组织领导，强化协调配合，加大保障力度。在决算工作开展前期，及时进行对账，核对实际批复的用款额度，做到总数一致，明细相符，支出尽量做到不跨年度，做到账账相符、账实相符、账证相符，夯实决算基础，确保决算报表收支信息真实、数据准确、内容完整、报送及时。

【资产使用】2023年，贺兰县社会经济调查队资产的配置、验收、入账、信息变动、处置等相关审批事宜均在区财政厅资产管理平台上进行，确保资产使用、资产处置、资产清查等环节的合法合规，每年按规定开展资产清查盘点工作，不断提高资产使用效率，保障资产的安全完整和有效使用，并及时形成国有资产年度报告上报自治区财政厅。

工　业

工业经济

【概况】2023年，贺兰县科学技术和工业信息化局坚持以习近平新时代中国特色社会主义思想为指导，深入学习贯彻落实党的二十大精神和习近平总书记视察宁夏重要讲话和重要指示批示精神，围绕自治区第十三党代会及十三届四次、五次全会精神，聚焦市委十五届七次、八次全会部署的重点工作任务，紧盯县委、县政府重大决策、重大改革、重点工作和重点项目，聚力实施创新驱动发展战略和工业强县战略，为营商环境持续优化注入科技动力，助推县域经济高质量发展。

【指标完成情况】2023年，贺兰县科学技术和工业信息化局共组织申报国家高新技术企业19家，第一批认定6家；超额完成2023年度科技成果登记数量（任务数量24个，实际完成28个）；全额完成2023年度2.2亿元技术合同成交额。

【产业链发展】2023年，贺兰县科学技术和工业信息化局起草《宁夏贺兰工业园区关于进一步推动园区体制机制改革促进高质量发展的实施方案》，大力发展新食品、新材料、生物医药、装备制造等产业集群；建立重点产业县级领导担任链长、龙头企业担任链主的9条产业链包抓机制，进一步提升产业链重点企业竞争力和带动力。全面摸清企业底数，对县域内1167家工业企业进行产业划分，县域内现有“三新”企业499家（规模以上企业52家），“六新”企业875家（规模以上企业78家）；建立月调度工作机制，积极对接工业园区、县发改局、县统计局等部门，全面掌握78家规模以上工业企业月度产值、运行情况，分析研判产值涨跌原因，为惠企政策制定、经济运行趋势等提供基础数据。

【营造良好营商环境】2023年，贺兰县科学技术和工业信息化局以“千名干部包千企”、县处级领导包抓重点工业企业为抓手，协调园区管委会、农业农村局等相关部门解决市工信局反馈问题9个；29名县处级领导干部包抓工业企业113家，共反馈问题92个，解决问题83个，完成率90%。开通线上申报通道，利用微信群、融媒体、公众号等新媒体宣传载体发布各类惠企政策50余项，以现场指导、电话解答等形式协助符合申报条件的企业进行申报，全面覆盖辖区民营企业。帮助企业应享尽享惠企政策红利，为恒康科技、塞尚乳业、凯晨电气等企业兑现产值增长、疫情稳产、技改奖补等22项政策奖补资金2178万元。扎实清理拖欠中小企业账款工作，已清偿欠款397.52万元（实际支付387.19万元，核减10.33万元），清偿率100%。

【健全梯度培育机制】2023年，贺兰县科学技术和工业信息化局助力企业提质增效。制定印发贺兰县贯彻落实《自治区市场主体梯度培育提质升级行动计划》的分工台账，锚定目标任务，聚焦市场主体数量、质量、动力、活力、服务五个方面，持续为企业提质升级提供肥沃土壤。建立“小升规”“规改股”“股上市”企业培育库，录入企业33家，引导北瓷新材料等9家企业完成升规入库，分层级、分阶段优选百瑞源枸杞股份有限公司等4家重点企业作为上市培育后备资源，鼓励协助企业挂牌上市。完善优质中小企业梯度培育体系，加强监测研判，强化精准服务，引导中小企业加快向专精特新方向发展，成功培育创新型中小企业5家、数字化车间3家、专精特新中小企业7家、自治区行业领先示范企业1家、银川市“产业链”链主1家。

【加强安全生产监管】2023年，贺兰县科学技术和工业信息化局认真贯彻自治区党委十三届四次、五次全会精神，组织企业主要负责人或安全生产责任人参加学习130人次，进一步增强安全生产重要性的认识，提高生态环保的意识。成立联合专项检查组，聘请第三方安全生产专家围绕县域内工业企业燃气消防安全、有限空间作业等重点领域，开展安全生产检查41家次，排查一般隐患110处，已完成整改109处，整改完成率达99%；检查企业实验室44家次，发现隐患问题78条，整改完成74条，整改完成率达95%；检查人员密集场所3家次，排查隐患8条，已全部整改完毕；检查科技类校外培训机构10家次，排查隐患14条，已全部整改完毕。开展“大排查、大整治、大提升”百日攻坚行动专项检查企业37家次，排查安全隐患233处，已整改完成131处，整改率为56.22%。通过微信群向各企业转发安全生产工作通知16条，公众号发布安全生产通报等各类信息30条。扎实开展安全生产月活动，发放宣传彩页300余份，受教育群众达200余人。

【全面从严治党】2023年，贺兰县科学技术和工业信息化局严格落实党组书记第一责任人、班子成员“一岗双责”职责，将党建、党风廉政建设、意识形态、安全生产等工作纳入党组重要议事日程，与中心业务工作同安排、同部署。始终把学习习近平新时代中国特色社会主义思想作为首要政治任务，认真学习贯彻党的二十大精神和习近平总书记视察宁夏重要讲话和重要指示批示精神，充分利用党组理论中心组、干部职工例会、党支部“三会一课”、专题读书班线下学习形式以及“学习强国”“干部教育培训”“贺兰微党建”“法宣在线”等线上学习平台加强学习，强化党员干部思想政治教育。严肃党内政治生活，严格按照时间节点、程序步骤完成民主生活会、组织生活会、支部换届选举等工作，丰富主题党日、党课教育内容，按月足额收缴党费。扎实开展“四强”能力作风建设，进一步激发广大党员干部强能力、转作风、促发展的责任感和紧迫感。聚焦县委第四轮第三巡察组反馈的3个方面6项内容22个具体问题，扎实开展整改工作，确保各项整改任务落到实处。

【工作亮点】2023年，贺兰县获批国家第二批创新型县（市）建设县。贺兰县科学技术和工业信息化局“研发费用后补助、工信领域奖补”等激励政策作用发挥明显，企业的核心竞争力显著提升，市场份额逐步扩大，销售额和市场影响力不断增加。2023年5月，百瑞源枸杞股份有限公司被成功认定为银川市枸杞产业链“链主”。“创新型中小企业—专精特新中小企业—专精特新‘小巨人’”梯度培育体系基本形成，贺兰县7家企业被评定为自治区专精特新中小企业，为2023年银川市评定企业数量最多的县区。完成贺兰县“揭榜挂帅”科技创新项目工作，首次在县级层面创成“揭榜挂帅”项目3个，总投资2031万元，县财政配套资金560万元。联合宁夏股权交易中心开展了贺兰县2023年科技型、专精特新中小企业集体挂牌活动，贺兰县有17家企业成功挂牌，涵盖新材料、新能源及农业等领域。

宁夏贺兰工业园区

【概况】2023年，宁夏贺兰工业园区管委会坚持以习近平新时代中国特色社会主义思想为指导，全面贯彻落实党的二十大、自治区、市、县党代会及历次全会精神，统筹发展和安全、发展和环保，攻坚克难，真抓实干，园区各项工作取得明显成效。

【主题教育】2023 年，宁夏贺兰工业园区管委会认真落实区市县主题教育工作部署，制定主题教育工作计划、学习计划及任务清单，确定调研课题 6 个，园区 105 个基层党组织 1457 名党员参加主题教育，确保主题教育走实走深，取得实效，做到有效覆盖。

【党建工作】2023 年，宁夏贺兰工业园区管委会实施“片区党委 + 党建指导员”区域化网格化非公党建工作模式，把牢意识形态主阵地，整改“三化”问题 3 个、网络安全问题 7 个。加强园区管委会机关支部建设，成功创建全国“节约型机关”。

【党风廉政】2023 年，宁夏贺兰工业园区管委会深入开展纠治形式主义、官僚主义专项整治、“四强”能力作风建设年活动，深化“两榜四机制”，强化作风能力建设，持续传导压力激发动力。约谈部室负责人 2 人、相关工作人员 4 人，批评教育并书面检查 1 人，给予 3 名企业党员开除党籍处分，园区 1 名干部获得提拔重用。通过聘用 18 名特邀党风政风群众监督员、警示教育、谈心谈话等增强廉政风险意识、加强全领域全过程监督。

【问题整改】2023 年，宁夏贺兰工业园区管委会对标对表银川市委第四轮巡察反馈的 3 个方面 16 项 49 个问题，坚持问题导向、结果导向，压茬推进整改任务。

【优服务强举措】2023 年，宁夏贺兰工业园区管委会制定《宁夏贺兰工业园区“1+4+1”经济运行调度机制》，加强经济运行监测调度，强化主要经济指标预警监测，提前研判苗头性、倾向性、潜在性问题，分析存在问题，靶向精准施策，进一步巩固增量优势，遏制减量因素。

【经济运行平稳】2023 年，宁夏贺兰工业园区管委会制定《宁夏贺兰工业园区企业包抓服务机制工作方案》，聚焦企业“急难愁盼”，深入开展“送政策、解难题、优服务”“千名干部包千企”行动，落实助企惠企政策，解决企业生产经营、市场销售、融资难题。共帮助塞尚、泰益欣、百泓等 113 家企业申请贷款贴息、转贷基金、融资租赁补贴 11.13 亿元。建立“小升规”企业培育库，及时解决培育库后备企业实际困难问题，兑现百瑞源、大北农、北瓷等 82 企业产值增长奖、升规入库、链主、白名单等政策奖励 1551 万元。

【有效投资扩大】2023 年，宁夏贺兰工业园区管委会以“项目强力攻坚年”活动为契机，强化周调度旬研判月通报机制，制定《宁夏贺兰工业园区 2023 年度领导包抓重点项目工作实施方案》，实行动态化清单化责任化管理，围绕项目洽谈、签约、开工、建设各个环节，明确“路线图”“时间表”、责任领导、责任人，成立沃滴滴水肥、吉利聚能等重大项目建设专班，解决项目建设中的堵点难点痛点，保障项目土地供应、建设手续、施工力量等各类要素，确保项目如期开工建设。2023 年园区在建项目 32 个，概算总投资 75.84 亿元，年度计划投资 21.7 亿元。其中：新建项目 23 个，概算总投资 60.6 亿元，年度计划投资 15.9 亿元；续建项目 9 个，概算总投资 15.24 亿元，年度计划投资 5.76 亿元。宁夏巨峰新材料、银川爱里花园观光式烘焙产业园、葡天商贸 2000 吨葡萄果汁、康泰隆中药饮片等 12 个项目年内投产达效。1—9 月园区预计完成工业项目固定资产投资 5.58 亿元，同比增长 20.5%（2022 年同期 4.63 亿元）。

【招商引资全面发力】2023 年，宁夏贺兰工业园区管委会围绕“六新六特六优”特色产业、“三新”产业和银川市“两都五基地”战略布局，结合园区主导产业和产业链，锁定京津冀、江浙沪等发达地区，绘制招商图谱，集中优势资源和力量，积极开展“走出去”“请进来”活动，实现定向招商。聚焦园区低效用地、“僵尸企业”，实施一地一策、一企一策，量体裁衣，量身定制，通过招商引资实现“腾笼换鸟”或项目嫁接，实现定制招商。依托园区龙头企业和当地工商联合会，及时关注和锁定招商信息，积极开展驻点招商、全员招商、以商招商、以企招商。2023 年，开展精准“走出去”12 批次，“请进来”110 批次，实施宁夏沃滴滴水肥总投资 35 亿元建设年产 380 万吨液体肥料、吉利聚能总投资 20 亿元建设 10 万吨物理法高纯多晶硅、宁夏北瓷新材料总投资 2.2 亿元建设电子封装陶瓷材料等招商引资项目67 个，概算总投资 113.69 亿元，亿元以上项目 6 个。重点在谈中国联塑集团计划投资 10 亿元人造金刚石生产加工、申华锦盟碳素计划投资 10 亿元建设半导体新材料等储备项目 34 个，总投资超 100 亿元，10 亿元以上项目 9 个，亿元以上项目 16 个。

【创新驱动全面提升】2023 年，宁夏贺兰工业园区管委会全面落实科技创新驱动战略，充分发挥自治区高新技术产业开发区和自治区数字经济示范园区平台支撑，建立“科技型中小企业—专精特新企业—高新技术企业—上市企业”成长链和培育库，加大园区科技型企业培育、科技平台建设、车间自动化智能化改造和高科技人才的“引育留用”。培育自治区科技型中小企业 16 家、自治区创新型中小企业 5 家、自治区专精特新中小企业 4 家。建设国家级服务型制造示范平台 1 家，自治区级研发及产业化应用创新联合体 1 家，创建自治区技术创新中心 7 家，数字化车间 3 家。全面落实银川市“1+2+7”人才新政，园区 4 人入选银川市政府特殊津贴，兑付 78 名学术技术带头人培养经费 51 万元，帮助企业解决用工缺口 630 余人。

【发展环境安全】2023 年，宁夏贺兰工业园区管委会全面落实自治区党委十三届四次、五次全会、银川市委十五届八次全会精神，深入推进安全生产生态环保“大排查、大整治、大提升”百日攻坚行动，坚决守牢园区安全环保底线、红线、生命线。自大排查大整治开展以来，共检查企业 1644 家次，查出问题隐患 4112 处，整改 3764 处，整改率 91.5%。认真做好上级督办件整改，国务院安委会第十九综合检查组反馈的 2 家企业 11 个问题隐患已全部完成整改；“四防”督查 22 家企业 87 个问题，已整改 82 个，整改率 94.3%；市级督办 21 家企业 93 个问题，整改 92 个，整改率 98.9%。县级督查 33 家企业 150 个问题，已整改 140 个，整改率 93.3%。组织开展各类安全培训 15 期，印发安全宣传口袋书 6000 余本、海报 1100 份，发送手机安全宣传短信超 45 万条。扎实开展第二轮中央生态环境保护督察反馈的 69 项整改任务“回头看”，切实巩固整改成果。自治区“四防”常态化督查反馈的凯力特新能源、欣奥化工等 9 家企业 29 项生态环保问题已整改验收 28 项，泰益欣高盐废水问题正在加快整改中。

农业农村工作

农业农村

【概况】2023年，贺兰县农业农村局深入学习贯彻党的二十大精神及中央、自治区党委农业农村工作会议精神，全面落实2023年中央一号文件各项任务及中央、自治区、市关于乡村振兴工作的决策部署，以确保粮食安全为前提，以农民增收为目标，高水平推进农业农村现代化发展。2023年实现农林牧渔业总产值53.71亿元，同比增长5.3%。其中：农业总产值27.82亿元，同比增长4.7%；畜牧业总产值15.58亿元，同比增长7.3%；渔业总产值8.43亿元，同比增长3.7%；农林牧渔服务总产值1.61亿元，同比增长5.5%。农村居民人均可支配收入21494元，同比增长7.4%。

【粮食安全责任】2023年，贺兰县农业农村局在自治区下达贺兰县粮食种植任务31.1万亩，其中大豆2.6万亩。实际完成粮食播种面积31.3万亩，其中夏粮小麦5.6万亩，秋粮25.7万亩（水稻3.8万亩，玉米19.16万亩，大豆2.74万亩），粮食总产16.7万吨，喜获“二十连丰”。

【“菜篮子”产品生产】2023年，贺兰县农业农村局压紧压实“菜篮子”责任制，完成冷凉蔬菜播种25.57万亩，冷凉蔬菜总产量61.92万吨，跻身中国西兰花产业地图。

【农产品加工】2023年，贺兰县农业农村局推荐4家企业实施自治区农产品加工装备改造升级项目，新增自治区级农业龙头企业4家、市级龙头企业4家，农产品加工转化率达到75%，农产品加工业产值与农业总产值比值达2.3：1。

【奶畜产业提质增效】2023年，贺兰县农业农村局成功创建1家国家级、3家自治区级畜禽标准化示范场、1家国家级奶牛核心育种场和1家自治区级生猪产能调控基地。全县牛存栏8.22万头，其中肉牛存栏3.02万头，奶牛存栏5.2万头，肉、蛋、奶产量预计分别达到1.03万吨、0.48万吨、27.3万吨。塞尚厚乳借助瑞幸、喜茶等热门茶饮品牌“网红”效应持续“出圈”。

【葡萄酒产业提质增效】2023年，贺兰县农业农村局已建成酿酒葡萄基地2.16万亩，已投产酒庄14座，列级酒庄有7家，“国家A级旅游景区”有3家，全县优质葡萄酒年产能达到400万瓶，沃尔丰等多个酒庄在国际斩获49个奖项，其中获大金奖7个、金奖42个。宁夏唯一集种植、酿造、文化艺术、旅游等多功能于一体的葡萄酒产业融合综合体——图兰朵葡萄酒小镇开业运营，“葡萄酒+”全业态体系不断构建。

【水产业提质增效】2023年，贺兰县农业农村局全力推进建设“西北适水产业第一县”。全县适水产业面积5.8万亩，名特优新养殖面积1.2万亩，全年产量6.35万吨，亩均产值1.4万元，居于全区前列。全县累计建设渔业设施温棚和车间48.24万平方米，新建设施温棚 20680 平方米。全县现有苗繁场 14 家，共调运和培育苗种 1.6 亿尾，持续扩大南美白对虾、加州鲈等名特优新水产品种植养殖规模。2023 年发放养殖证 217 本，面积 30712 亩，完成自治区对水域滩涂养殖发证登记率的要求。

【推进预制菜产业】2023 年，贺兰县农业农村局全力打造全区预制菜产业发展新高地。打造安创蓓康、绿色世纪、伊家仁 3 家标杆企业，预制菜产业进一步向规模化、标准化、产业化转型升级。承办全区预制菜展销大会，成立预制菜协会并召开第一届会员大会，组织 20 余家农产品加工及预制菜企业参加农垦集团举办的农旅嘉年华活动。改造升级冷链物流信息化系统，引入国家卫健委倡导发起的中卫安（北京）认证中心，从产品包装和食品安全对预制菜企业进行产品和服务认证，建立一批宁夏预制菜品标准，加快推进预制菜质量安全体系建设。

【农业污染防治】2023 年，贺兰县农业农村局通过全县“三新”配套技术示范，辐射推广测土配方施肥技术 64.4 万亩，全县测土配方施肥技术覆盖率达 90.56%。完成堆制有机肥数量 1.61 万立方米，完成堆肥计划的 141.23%，堆肥质量合格率加权平均达 95%以上。开展耕地地力保护补贴工作，共计核实、申报补贴面积 391365.33 亩，直达农户补贴资金 2935.24 万元。开展化肥农药减量增效行动，农药利用率41.8%。回收农药包装回 18.6 吨，回收收率 85%，安全处置率 100%。回收残膜 606.59 吨，回收率达到91.29%。农作物秸秆综合利用率 90.10%。实施畜禽粪污还田 6.34 万亩，35 家规模养殖场粪污处理设施装备配套率达 100%，粪污资源化利用率达到 90%以上。

【动物疫病防控】2023 年，贺兰县农业农村局强制免疫畜禽 228.975 万头（只、羽）次，畜禽群体免疫密度达到了 100%，应免畜禽免疫密度达到了 100%，各类重大动物疫病抗体水平均达到 70%以上。

【农产品质量安全】2023 年，贺兰县农业农村局积极配合区、市农业农村局抽检 50 余批次蔬菜样品，自行检测果蔬农药残留定量检测样品 200 批次，全年抽检合格率 100%。产地检疫猪 2.787 万头、牛1.3693 万头、羊 1.0285 万只、禽 26.60 万羽、其他动物 259 只，开具检疫合格证 1962 张，全年屠宰检疫申报受检率达到 100%，未发生肉品质量安全事件。

【种源关键技术攻关】2023 年，贺兰县农业农村局联合注册的自治区第一家亿元级种业集团，建成良种繁育基地 23.15 万亩，谋划建设黄河鱼类种质资源场 2 个，建成巨日植物工厂 1 个，蔬菜种子年繁育能力由 1 代提升至 4 代。促成天荣现代、科海渔业、新明润源等 12 家农业企业与清华大学、上海海洋大学、珠江水产研究所等高校开展合作，实施生物絮团养虾、黄河鱼类种质资源保护、大口黑鲈苗种繁育等科技创新项目 14 个，转化水稻新品种宁粳 56 号、辣椒漂浮育苗等农业科技成果 21 项。

【农业生产能力提升】2023 年，贺兰县农业农村局建设高标准农田面积 2.97 万亩，高效节水灌溉面积1.1 万亩，全面完成秋冬农田建设任务。全县农作物耕种收综合机械化水平达 93.7%，与去年持平，全县主要农作物耕种收综合机械化水平达 96.2%，同比增长 0.2%。

【农业科技支撑服务】2023 年，贺兰县农业农村局依托天荣现代科技有限公司，新建淡水虾科技小院 1 家，打造银川市数字农业示范基地 2 个。建立科技创新示范点 97 个，实现科技特派员助农全覆盖，发布主导品种 29 个、主推技术 8 个、绿色模式 5 项、技术指导意见 5 项，农业主推技术到位率超过 95%。

【落实强农惠农政策】2023 年，贺兰县农业农村局及时足额兑现耕地地力保护、种粮补贴等各类补贴资金 5840.06 万元，其中耕地地力保护补贴

2935.24 万元、实际种粮农民一次性补贴 171.19 万元，耕地轮作休耕补贴 2733.63 万元。县财政安排 1508.6 万元，对轮作春小麦、大豆玉米复合种植、小麦套复种大豆给予补贴。全年完成农机补贴 1207.3 万元，补贴农户 774 户，补贴业机械 1125 台（套），资金兑付率为 90.2%。

【资格权保障】2023 年，贺兰县农业农村局探索建立宅基地农户资格权保障机制，全县颁发宅基地资格权证书 4324 本，试点村发证率达 91.2%。

【经营模式取得新成效】2023 年，贺兰县农业农村局采取“企业 + 合作社 + 农户”的运行模式，有效盘活宅闲置基地 158 宗，面积 126 亩，探索建立宅基地收益分配等机制。

【抵押融资制度】2023 年，贺兰县农业农村局完成农户以不动产登记证书抵押贷款 5 笔，发放贷款 50 万元。另外，星光村计划利用宅基地担保基金贷款 300 万元，结合自治区住建厅太阳能建筑一体化现代农房建设试点项目在星光村 5 组，计划建设 32 套样板房，为农村宅基地赋能放权探索有效路径。

【自愿有偿退出制度】2023 年，贺兰县农业农村局探索开展农村宅基地自愿有偿退出，完成农户自愿有偿退出宅基地 187 户，增加了农民财产性收入 830 万元。

【宅基地有偿使用制度】2023 年，贺兰县农业农村局已完成 22 户非集体经济组织成员使用农村宅基地，收取有偿使用费 3.36 万元，为增加村集体经济收入蹚出新路。

【“审批监管”模式】2023 年，贺兰县农业农村局形成宅基地信息一张图、管理一条链、监测一张网，覆盖县域、内容全面、实时更新的县级农村宅基地数字化管理平台。依托平台，办理线上线下审批宅基地55 宗、面积 22 亩，实现了建房农户“零跑路”，开辟了宅基地“数字化”管理的新途径。

【打造生态宜居乡村】2023 年，贺兰县农业农村局坚持政治、自治、法治、德治、智治“五治融合”治理模式，持续开展农村人居环境五年整治提升行动，全力建设美丽宜人、业兴人和的社会主义新乡村。

【提升村庄达标升级】2023 年，贺兰县农业农村局争取市级奖补资金 200 万元，南梁台子隆源村成功创建银川市级宜居宜业和美村庄。星光村、关渠村、联星村已经成为周边市民研学、郊游的好去处，金贵堡老街和网红大集辐射影响逐日加深。

【乡村建设行动有序推进】2023 年，贺兰县农业农村局推动村容村貌整治提升，开展“四拆四平、四清四治”专项行动，累计清理村内道路数量 12819.3 公里，清理乱搭乱建 571 处，清理废弃房屋残垣断壁198 处，完成骨干道路、沟渠两侧绿化植树苗木栽植 511.87 万株，农村村容村貌显著提升。累计清理农村生活垃圾 5.12 万吨，清理畜禽养殖粪污等农业生产废弃物 2.7 万吨，农村生活垃圾治理率达 100%，农村生活垃圾分类治理覆盖率达 78%以上，集中无害化减量化处置率 57%、资源化综合利用率达到76.3%、垃圾分类的参与率达到 89%、知晓率达 92%以上。新建农村厕所 277 户，农村卫生厕所普及率达到 92%。排查出问题厕所 3853 户，完成整改 2749 户，整改率 70%，阶段性完成整改任务。

【村集体经济发展升级】2023 年，贺兰县农业农村局立足各村实际、产业基础，坚持因村施策，全县村集体经营性总收入为 6012.83 万元，增长率为 34.04%，村均增加 23.49 万元，100 万元以上的村 25 个。

【以点带面争先创优】2023 年，贺兰县农业农村局全力推进国家乡村振兴示范县创建，全力推进全国农业现代化示范区创建，15 个指标已达到 2023

年创建要求，剩余 3 个指标正在有序推进。成功创建国家平安渔业示范县、国家农产品质量安全县（市）、国家农副产品加工示范基地、国家级水产健康养殖和生态养殖示范区等。被农业农村部认定为全国第一批整区域推进高标准农田建设试点县、高标准农田遥感监测试点县。高质量承办 2023 年“中国农民丰收节”活动国家分会场、自治区、银川市主会场活动、自治区预制菜产业推进会暨首届宁夏预制菜推介展销会。稻渔空间乡村生态观光园“稻渔水循环技术示范推广”项目获得母亲河奖“绿色项目奖”，是宁夏唯一荣获此荣誉的项目。

农业技术推广

【概况】2023 年，贺兰县农业技术推广服务中心工作坚持以习近平新时代中国特色社会主义思想为指导，全面贯彻党的二十大和二十届历次全会及中央、自治区、市、县农业农村工作会议精神，立足自治区第十三次党代会及全会精神，坚持以乡村振兴战略为统领，深入推进农业供给侧结构性改革，积极推动“四个示范县”建设，加快农业绿色高质量发展，扎实开展各项工作。承担自治区、市各种试验示范，拟定并组织实施农业技术推广项目的试验、示范、推广工作，指导各乡镇农业技术服务中心的技术工作。以示范推广培育新型经营主体为抓手，以建设优质粮产业带为主线，以粮食作物新品种新技术为支撑，深入实施“藏粮于地、藏粮于技”战略。

【粮食产业固本增效】2023 年，贺兰县农业技术推广服务中心建立技术人员包片包抓机制，制定《2023 年贺兰县粮食作物主导品种、主推技术和绿色技术方案》。开展视频培训 3 次，现场培训 10 场次，召开现场会 5 次，培训达 500 多人次。技术人员进村入户针对性地宣传指导玉米大豆带状复合种植技术，发放明白纸 2000 余份，实地现场讲解主要品种、模式、植保机械改造、除草等关键技术。及时向农业农村厅种植业处、农业技术推广总站、银川市农业农村局上报春、夏播进度。

【大豆单产提升技术示范】2023 年，贺兰县农业技术推广服务中心建立“自治区政府主要领导包抓粮食生产指挥田”1 个，占地面积 1000 亩以上。重点开展春小麦套复种大豆、春麦后复种大豆技术示范与品种展示、腐殖酸水溶肥替代追肥等技术示范。

【示范春麦套复种大豆】2023 年，贺兰县农业技术推广服务中心在常信乡丁北村建立示范面积 302 亩，其中套种大豆面积 212 亩，复种面积 90 亩。该示范点试验研究方面有小麦套种大豆品种展示、小麦复种大豆品种展示、小麦复种大豆不同密度展示、小麦套种大豆施肥方式对比展示等。

【示范县建设集成技术核心示范区】2023 年，贺兰县农业技术推广服务中心建立 16 个小麦绿色高质高效核心示范区，集成示范优质高产品种、精播精种、测土配方施肥、腐殖酸水溶肥替代追肥、水肥一体化、小麦病虫草害农药减量增效技术、小麦套种大豆、麦后复种、全程机械作业等绿色栽培技术。依托玉米绿色高质高效示范区，集成推广水肥一体化、优质品种、全程机械化、统防统治等措施，在全县范围打造 6 个优质玉米示范区，面积大于 1000 亩。

【玉米绿色高质高效行动】2023 年，贺兰县农业技术推广服务中心创建作物为玉米（含玉米大豆带状复合种植），打造 11 个千亩方、4 个万亩片核心示范区，辐射面积 10 万亩，形成可复制、可推广的经验模式。示范区良种覆盖率达到 100%。重点推广机械化作业、高效施肥技术、绿色防控等技术模式。培育新型经营主体，拓展社会化服务、推进产业融合发展，创建标准化生产基地。

【耕地轮作休耕项目】2023 年，自治区下达贺兰县轮作休耕任务 6.5 万亩，其中轮作春小麦 3 万亩，小麦套复种大豆 2 万亩、大豆玉米带状复合种植

1.5万亩。贺兰县实际完成7.7万亩，其中轮作春小麦3.6万亩，小麦套复种大豆2.2万亩，大豆玉米带状复合种植1.9万亩。耕地轮作休耕项目共计已补贴资金2691.93万元，其中中央资金975万元、自治区75万元、银川市140万元（暂补80%）、县级1501.9289万元。

【推进蔬菜产业发展】2023年，贺兰县农业技术推广服务中心制定《贺兰县冷凉蔬菜产业高质量发展实施方案（2023—2027年）》《贺兰县2023年蔬菜产业高质量发展分工方案》，全面谋划贺兰县蔬菜产业工作。通过种植结构和品种结构调整发展特色和高效种植业，进一步优化蔬菜区域布局。推广蚯蚓生物技术、生物菌肥施用、设施蔬菜植保绿色防控大处方、设施农业补光、秸秆生物反应堆等蔬菜优新技术。加大力度推广蚯蚓生物技术尾菜养殖及套种套养模式，开展绿肥（尾菜）还田、水肥一体化等，做好技术推广服务。实施农药化肥减量增效、禽养殖废弃物资源化利用行动，紧密依托自治区园艺技术推广站、宁夏大学等技术支撑，做好技术试验示范，形成可复制、可推广技术整体方案，推进蔬菜产业可持续发展。

【水肥一体化技术示范推广】2023年，贺兰县农业技术推广服务中心建立1个精准水肥一体化技术推广示范点，公开采购配置大型水肥一体化首部设备1套，水肥一体化首部设备控制面积设施不低于50亩，露地不低于200亩。根据土壤质地、气候条件、作物需水需肥规律等，完善水肥一体化科学管理制度，实现水肥精准调控，进一步提高水肥利用效率。

【蚯蚓生物技术示范推广】2023年，贺兰县农业技术推广服务中心在全县示范推广蚯蚓生物技术90亩。示范蚯蚓生物技术套种套养技术模式90亩。通过项目实施，减少化肥用量20%以上，减少农药使用量15%以上，亩均产量提高10%以上。

【蔬菜绿色标准园】2023年，贺兰县农业技术推广服务中心开展试验、示范，建设2个设施蔬菜绿色标准园，蔬菜标准园集成配套先进装备，推广应用新品种、新技术、新模式，标准园优良品种、优新技术应用率达到100%，化肥农药用量减少15%以上，产品检测合格率达到100%。通过标准园建设，做给农民看，带着农民干，帮着农民赚，辐射带动全区蔬菜产量、品质和品牌提升，促进蔬菜产业绿色高质量发展。

【番茄采收品质提升】2023年，贺兰县农业技术推广服务中心通过项目实施，降低采收转运过程中机械和人为造成的损伤率80%以上，延长货架期5~6天，实现番茄品质提升。

【秸秆生物反应堆技术推广】2023年，贺兰县农业技术推广服务中心在全县范围内由4家实施主体开展秸秆生物反应堆技术推广示范任务320亩，资金25万元，已完成全部示范任务。

【“三零技术”绿色生产模式】2023年，贺兰县农业技术推广服务中心在全县推广200亩，资金20万元，每亩补助资金1000元，用于土壤太阳热养生处理中熟堆肥、中微量元素、氨基酸等肥料及生物农药购置。

【育苗中心建设能力提升】2023年，由宁夏天缘种业有限公司实施，育苗中心苗床净面积达到1万平方米以上，年育苗能力达1500万株以上，实施主体按照方案要求，购置种子消毒处理设备、精量播种机、净水设备、可移动式育苗床架、加温设施、降温系统、温光可控催芽室、环境精准控制等设施装备，提高育苗质量，集成示范标准化育苗技术，项目资金100万元验收支付完毕。

【农业技术推广示范】2023年，贺兰县农业技术推广服务中心在贺兰县立岗镇金星村由宁夏巨日现代农业科技有限公司建设1个蔬菜新品种展示示范园。新品种新技术试验示范园集中示范展示16个大类307个新品种，晋级92个，开展番茄新品种筛选试验，辣椒新品种筛选试验、甘蓝新品种筛选试验工作。

【污染防治工作】2023 年，贺兰县农业技术推广服务中心推动化肥农药减量工作，保障化肥利用率达到41.5%，农药利用率达到 41.8%以上。强化残膜农药包装废弃物回收，2023 年回收残膜 606.59 吨，回收率达 88%以上农，药包装废弃物回收 18.6 吨，安全处置率 100%。

【农产品质量安全】2023 年，贺兰县农业技术推广服务中心积极配合农业农村厅、市农业农村局农产品例行抽检 50 余批次蔬菜样品。中心检测站果蔬农药残留定量检测样品 200 批次，包括豇豆、芹菜、韭菜、苹果、香蕉、柑橘等，全年抽检合格率 100%。

【种子质量打假行动】2023 年，贺兰县农业技术推广服务中心结合春季农资打假专项整治行动，对贺兰县种子生产经营企业及经营门店进行检查，共检查种子生产经营企业 5 家、代销门店 62 家，累计出动检查人员 72 人次。共送检玉米品种 6 个，大豆 1 个。加强种子种苗生产经营管理。按照《农作物种子生产经营许可管理办法》规定，共审核通过经营不再分装的备案申请 265 个，委托代销备案申请 43 个，共计 308 个。加强蔬菜种苗生产经营监管工作，累计办理蔬菜种苗生产经营许可证的企业 20 家。

乡村振兴

【概况】2023 年，贺兰县乡村振兴服务中心在以习近平同志为核心的党中央坚强领导下，在自治区、市、县党委、政府的有力领导和上级业务部门的精心指导下，坚持把巩固脱贫攻坚成果作为底线任务，把增加脱贫群众收入作为根本措施，把脱贫地区加快发展作为主攻方向，全面落实“四个不摘”要求，坚决守住了不发生规模性返贫的底线，乡村振兴各项工作任务有序推进，特色产业优势初步显现，民生福祉保障更加殷实，乡风文明建设持续向好，江南村、银光村成功创建银川市级移民致富示范村，2023 年全县移民人均可支配收入达 17003 元，同比增长 10.2%；脱贫人口人均纯收入达 16869.46 元，同比增长 14.55%；监测对象人均纯收入达 14206.95 元，同比增长 19.17%。

【强化“四个不摘”】2023 年，贺兰县乡村振兴服务中心坚持摘帽不摘责任。统筹发挥好“领导干部 + 责任部门”一对一包抓机制作用，组织召开县乡村振兴战略工作领导小组会议 7 次、乡村振兴重点工作推进会议 7 次，及时研究推动巩固拓展脱贫攻坚成果同乡村振兴有效衔接重点工作。坚持摘帽不摘政策。制定《贺兰县 2023 年巩固拓展脱贫攻坚成果同乡村振兴有效衔接工作实施方案》等政策性文件，举办县级防返贫监测等业务培训会议 10 次，确保过渡期内工作体系、政策举措有效衔接。坚持摘帽不摘帮扶。强化结对帮扶，从 186 个帮扶单位选派 1496 名帮扶责任人，督促指导每月开展入户帮扶，帮助脱贫群众、监测对象解决实际困难，提高群众认可度和满意度。坚持摘帽不摘监管。以“查看档案 + 入户走访”等形式开展乡村振兴专项督查 6 次，紧盯各级督查反馈问题整改、防返贫监测等重点内容，通过下发督办单 32 期，督促相关部门、乡镇（场）限期整改，推动政策、责任、帮扶各项工作落实到位。

【强化底线意识】2023 年，贺兰县乡村振兴服务中心健全防止返贫动态监测机制。制定印发《贺兰县2023 年防止返贫监测帮扶集中排查工作方案》，组织各乡镇场扎实开展“八必访”排查，排查重点关注的一般农户 33796 户、脱贫户 1671 户、监测对象 530 户，确保集中排查不漏一户、不漏一人。建立“四查四补”常态化机制。紧盯“三保障”及饮水安全等短板弱项，从 13 个方面进行深入查摆补齐，建立任务清单和工作台账，累计排查问题 567 个，全部完成整改。积极跟进落实帮扶措施。2023 年新识别纳入监测对象 192 户 608 人，坚持分类施策，全县监测对象 530 户 1631

人，根据致贫风险和农户需求，落实产业帮扶 311 户、就业帮扶 132 户、金融帮扶 27 户、公益性岗位帮扶 110 户、住房安全保障帮扶 6 户、健康帮扶 475 户、教育帮扶 37 户、临时救助 84 户、低保 216 户，做到精准帮扶、应帮尽帮。

【聚焦重点部位】 2023 年，贺兰县乡村振兴服务中心加强项目资金管理。积极争取各类乡村振兴资金 1.6 亿元，其中中央衔接资金 8845 万元、自治区衔接资金 1949 万元、银川市专项资金 712.3 万元、地方债资金 4500 万元，安排实施衔接资金项目 55 个，衔接资金支付进度达到 100%。强化金融帮扶。制定印发《贺兰县 2022 年乡村振兴产业扶持政策》，针对移民户、脱贫户、监测对象等重点群体，兑现光伏收益分红 1991 人 116.07 万元，兑现个人养殖补助 614 户 429.06 万元，个人种植补助 92 户 264.68 万元，鼓励农民群众发展产业，拓宽增收致富渠道。

【聚焦示范引领】 2023 年，贺兰县乡村振兴服务中心扎实开展示范创建。制定印发《贺兰县移民致富提升行动 2023 年重点任务分工方案及任务清单》，聚焦 10 个重点方面，突出重点、精准施策、整体推进，编制 2023 项目实施计划、作战图，扎实推进 8 个专项提升，实行挂图作战、台账管理、对账销号。压实“县级领导 + 责任单位”包抓工作机制，8 个县级领导和 11 个行业部门“包责任、包进度、包成效”，10 个移民安置区实现包抓全覆盖。聚焦移民致富提升行动目标要求、重点任务，扎实开展移民致富示范创建活动，2023 年江南村、银光村获评“银川市移民致富提升示范村”，其中江南村集体经济收入达238.67 万元。促进稳岗就业增收。深入实施移民务工就业三年推进计划，2023 年整合衔接资金安置乡村公益性岗位 200 人，倾斜支持农村弱劳力和残疾人等特殊群体就业。鼓励重点群体积极外出就业，兑现务工补助 2141 人 574.25 万元，促进移民群众稳岗就业增收。2023 年全县移民人均可支配收入达17003 元，同比增长 10.2%；脱贫人口人均纯收入达 16869.46 元，同比增长 14.55%；监测对象人均纯收入达 14206.95 元，同比增长 19.17%。

【真抓实改】 2023 年，贺兰县乡村振兴服务中心压实工作责任。组织召开问题整改工作推进会议 10 次，组织相关部门、乡镇场全面认领问题，落实整改责任，细化责任清单、问题清单、任务清单，建立问题整改台账，实行靶向攻坚，做到全面改、深入改、彻底改。落实整改措施。根据国家、自治区、银川市和中国乡村振兴杂志社等各级反馈的 92 项问题，制定 6 个专项整改方案，细化整改措施 256 条，把抓好问题整改与推进重点工作结合起来，全面系统从防返贫动态监测、农民增收、稳岗就业、项目推进等方面着手，突出重点、全面推进，聚焦整改效果还不突出的问题，针对性下发书面督办单 9 次，严格落实清单制、责任制、时间制，确保各类反馈问题一体整改、落实见效，各级督查反馈的问题全部整改完毕。

水　务

【概况】 2023 年，贺兰县水务局在县委、县政府的正确领导和自治区、市业务部门的大力支持下，坚持以习近平新时代中国特色社会主义思想为指导，认真贯彻贯彻落实党的二十大精神，紧扣主题教育，落实自治区第十三次党代会及十三届四次、五次全会精神，聚焦贺兰县《政府工作报告》明确的五年重点工作和目标任务，持续夯实水利基础建设，全面深化水权改革，强化水生态涵养保护，推动水利工作高质量发展。

【主要指标完成】 2023 年，贺兰县水务局农田灌溉水有效利用系数从 2014 年的 0.441 提高到 0.551，用水效率不断提高，群众满意度大幅提升。完成河湖长制工作年度考核。按照自治区河长办考核要求积极配合完成 2022 年度河湖长制考核工作，贺兰县取得优秀等次，在自治区 22 个县（市、区）中排名第六。

【水治理动力持续增强】2023年，贺兰县水务局灌溉形成了“总量管控、定额分配、适宜单元、管理到户”新模式。夏秋灌实现节水3300万立方米，严格执行配水计划，科学分配用水指标，下达《贺兰县2023年农业及生态灌溉水量分配计划及调度预案》《贺兰县2023年度农业用水计划量（地下水）的通知》，确保年度用水总量控制，定额管理。针对夏秋灌部分直开口用水指标不足的问题精准施策，开展同灌域支渠间用水指标调剂1198.6188万立方米，跨干渠调剂160万立方米，释放预留用水指标162万立方米，确保了农业适时用水需求，把灌溉矛盾化解在田间地头，保障了粮食安全生产。

【水资源利用效率持续提升】2023年，贺兰县水务局用水管控更科学。将非常规水源利用、水行政执法纳入最严格水资源管理考核。

【加强宣传】2023年，贺兰县水务局制定印发《贺兰县2022年黄河流域生态环境警示片披露突出问题整改工作方案》。开展摸底排查全县沟道灌排泵站142座，经审查论证，排水泵站17座，保留取水泵站67座，关停泵站31座，拆除泵站27座。摸排断头沟13处，经组织专家论证，其中洪广镇北庙村6处界定为挡浸沟，疏通断头沟6处，剩余1处将通过工程措施解决。摸排坑塘3处协调自然资源局核查3处坑塘地类皆为坑塘水面，属于湿地范围，根据湿地功能属性，经专家组审查，建议作为湿地保护；排查2020—2022年高效节水项目违规取用地下水，涉及7眼机井已安装电子在线计量设施，于2023年4月3日办理取水许可证4本，完成整改。

【改善水生态环境】2023年，贺兰县水务局各级河湖长及巡河员每月使用“河长通”App自主巡河的巡河率均达到100%以上。开展黄河滩地整治累计摸排违规建筑物3处，均已整改拆除，实现河湖“四乱”问题动态清零。为及时掌握河湖沟道水质动态信息，多部门联动持续开展水环境监测预警行动，累计开展巡河巡查17次。协同多部门联合对第三排水沟开展夜查工作，针对渔业养殖户偷排养殖尾水行为下发限期整改告知书1份。累计开展河道采砂周度巡查及夜班抽查26次。

【完善水旱灾害防御工作】2023年，贺兰县水务局提升贺兰县水旱灾害防御监测信息化体系，将新建39个监测预警视频接入自治区水利厅平台；编制完成贺兰县水旱灾害防御共7个预案，征求防指办各成员单位意见，提请县人民政府审议批复并印发执行；细化修编贺兰县水务局水旱灾害防御应急响应规程。组建2023年水旱灾害防御专业队伍、水旱灾害应急处置专家队伍，明确应急救援社会专家成员10人，水利抢险及专业技术人员37人。与5个施工企业签订应急救援协议，储备可以随时征调大型设备。

【从严治党】2023年，贺兰县水务局坚持把政治建设摆在首位，深入开展“大学习、大讨论、大宣传、大实践”活动，深刻领悟“两个确立”的决定性意义、坚决做到“两个维护”。层层压实“两个责任”、领导干部“一岗双责”，扎实开展纠治形式主义官僚主义专项整治、乡村振兴水务领域腐败和作风问题专项治理，完善内控制度。

【创新优化完善制度】2023年，贺兰县水务局结合2022年黄河流域生态环境警示片披露突出问题整改，完善《贺兰县取水设施管理办法》《贺兰县沟道取水管理办法》等。在自治区、银川市用水权改革的框架下，修订完善《贺兰县用水权市场交易规则》《贺兰县用水权收储交易管理办法》《贺兰县用水权抵押贷款管理办法（试行）》等配套制度，规范用水权收储、交易、质押行为，推进水权改革规范运行。

【水权有偿服务】2023年，贺兰县水务局积极引导国有企业和金融机构参与用水权收储交易，引导金融机构、担保公司根据县域内规模化养殖业水权交易特点和发展需求，创新用水权抵质押贷款信贷产品全流程。协调对接县域内企业开展用水权结余指标相关收储工作，推进县域首笔工业企业节约管网用水权40万立方米开展有偿收储。为用水需求供需各方牵线搭桥，完成2023年首笔5000立方米用水权交易。

【用水权融资】2023年，贺兰县水务局与金融机构打通用水权金融资产价值通道，“量体裁衣”为企业打造“用水权质押+房产抵押”的组合担保贷款模式。为降低用水权质押贷款风险，健全完善用水权质押融资风险防控机制，拓宽用水权质押物范围和还款来源，引导金融机构打好银证保担“组合拳”，引进县融信担保公司参与贷款担保，切实防控用水权质押贷款风险。

住房与城乡建设

城乡规划与建设

【概况】2023 年，贺兰县住房和城乡建设局坚持以习近平新时代中国特色社会主义思想为指导，全面贯彻落实党的二十大精神，在县委、县政府的坚强领导下，强化责任担当，突出抓好重点工程、民生保障、行业管理等重点工作，不断推动住房和城乡建设事业健康稳定向前发展。

【"四类管线"改造】2023 年，贺兰县住房和城乡建设局编制《贺兰县城市排水防涝体系建设实施方案(2023—2025 年)》，加强城市"里子工程""避险工程"规划建设。投资 17896 万元实施贺兰县排水防涝体系建设工程（一期银河路）、贺兰山东麓葡萄酒产业园区金山试验区污水收集及处理工程和贺兰县金贵镇长河新村长河湾污水管网工程，新建排水管网 19.613 公里、再生水管网 13.263 公里、雨水泵站 1 座、污水处理站 1 座、一体化污水提升泵站 1 座。投资 7291 万元，实施贺兰中区换热站搬迁等工程和贺兰县 2023 年城市燃气管道等老化更新改造工程，改造供热管网 3.9 公里、燃气管网 15 公里。投资 698.85 万元，实施富兴街（桃源路—北辰路）机非分离改造项目，增加非机动车道，优化道路设施，提升街道品质。

【为民服务项目】2023 年，贺兰县住房和城乡建设局投资 73.68 万元实施贺兰县 2023 年城市公厕项目——海亮便民市场公厕，切实解决该片区居民反映"外出无公厕的问题"。

【老旧小区改造】2023 年，贺兰县住房和城乡建设局投资 1670 万元，对北环路综合楼等 4 个老旧小区进行改造提升，涉及建筑面积 2.68 万平方米，受益群众 282 户。

【健全住房保障制度】2023 年，贺兰县住房和城乡建设局受理公共租赁住房申请 57 户，满足实物配租52 户，发放租赁补贴 34 户，累计发放金额 6.435 万元；修订《贺兰县公共租赁住房管理办法》，动态清理不再符合保障条件的住户 50 户。常态化开展住房安全动态巡查，实施农村危房改造 7 户，均已完工。

【清洁能源建设】2023 年，贺兰县住房和城乡建设局投资 2.8 亿元继续实施冬季清洁取暖项目，为 14593 户农村居民实施"煤改电"，实施贺兰县洪广镇集中热源清洁化改造煤改气项目、农村公共建筑清洁取暖改造项目等热源改造项目 9 个，实施贺兰县金贵镇供热管网升级替代改造、县城小型公共建筑节能改造项目（贺兰一小）、农村公共建筑节能改造项目等建筑能效提升项目 6 个。

【绿色发展】2023 年，贺兰县住房和城乡建设局印发《贺兰县关于城乡建设绿色发展的实施方案》，开展绿色施工考评工作，北郡府等 19 个项目被评为贺兰县绿色施工示范工程，所有新建、续建住宅工程执行建筑节能 65%标准比率为 100%，竣工验收阶段工程100%执行节能标准。印发《贺兰县2023年建筑施工扬尘治理实施方案》，提高建筑工地环境综合治理水平，针对扬尘治理方面存在的问题下发整改、停工通知单共102份，移交综合执法局处罚7个；推行施工现场远程视频监控系统，稳步推进智慧工地建设。

【乡村建设评价】2023年，贺兰县住房和城乡建设局深入查找乡村建设中存在的问题和短板，提出有针对性的建议，指导各乡镇场运用好评价成果，采取措施统筹解决评价发现的问题，提高乡村建设水平，缩小城乡差距。

【村镇建设】2023年，贺兰县住房和城乡建设局采用“政府＋社会”投资，推进金贵镇、常信乡重点小城镇和金贵镇关渠村美丽村庄建设项目，协助常信乡四十里店村、谭渠村及立岗镇先进村积极申报国家级美丽宜居村庄示范村。

【专项整治】2023年，贺兰县住房和城乡建设局深入学习贯彻落实习近平总书记关于安全生产重要论述和重要指示批示精神，坚决贯彻落实自治区党委“深准、狠”总要求，深化“防、查、改、教、强、技、制、督、调、究”各项工作，开展行业领域安全生产专项整治。

【隐患排查】2023年，贺兰县住房和城乡建设局印发《贺兰县住建局关于印发〈贺兰县建筑领域重大事故隐患专项排查整治2023年行动实施方案〉的通知》等通知，采用企业自查、行业专项查、专家帮助查的方式对全县建筑工地高大模板支撑、深基坑、深沟槽、起重机械设备安拆、有限空间作业等开展拉网式检查，共排查出一般安全隐患1730处、重大隐患4处，已消除一般安全隐患1724处、重大隐患4处，建立问题隐患查改督销工作台账，实现动态管理，共下发整改、停工通知书336份，约谈企业32家，对31家建筑企业及个人进行不良行为扣分。

【燃气安全隐患排查】2023年，贺兰县住房和城乡建设局分9个排查整治组对全县商场、餐厅、住宿等商贸服务业的燃气安全大排查大整治，同时加大对燃气行业生产、经营、储存、充装的安全监管力度，联合县市场监管局、县公安局、县消防大队等部门对燃气企业开展专项执法检查9次，并聘请专家对凯添天然气和昆仑液化气公司及13家加气站进行重点排查，下发安全隐患限期整改通知书97份，建立燃气安全检查隐患台账，逐一整改销号，形成闭环。抽调市场监管局、商投局等7个单位人员成立贺兰县城镇燃气安全专项整治工作专班，联合整治城镇燃气安全隐患。

【燃气用户免费入户安全检查】2023年，贺兰县住房和城乡建设局按照“不漏一户、不留死角”的总体要求，组织燃气公司专业技术人员及乡镇干部、社区网格员划分成120个小组严格按照“五必须”和“十必查”要求，完成全县141421户燃气用户免费入户安全检查。全力推进燃气用户“三件套”加装。通过实施贺兰县2023年城市燃气管道等老化更新改造项目推进管道天然气用户加装天然气“三件套”等安全装置；通过印发液化气居民用户安装“三件套”补贴方案等方式鼓励液化气居民用户积极安装“三件套”。截至11月27日，已完成122532户同步安装任务，其中液化气用户14664户、天然气用户107868户。液化气用户“三件套”安装完成14664户。其中，商业用户1940户，已全部完成安装；居民用户12724户，安装率96.5%。天然气用户共计126296户，其中商业用户675户已全部完成安装，居民用户共125621户，已同步安装107193户，完成率85.33%。

【危旧房排查】2023年，贺兰县住房和城乡建设局印发《贺兰县城乡危旧房排查整治实施方案》，利用自然灾害风险普查房屋建筑调查及自建房安全排查、农村房屋安全隐患排查等成果，集中开展城乡危旧房风险隐患排查整治。建成区外摸排疑似危房67栋，初判具有较大安全隐患72栋，定为C级

43 栋（其中封控 6 栋，加固 37 栋），D 级 24 栋（其中，封控 20 栋，加固 1 栋，拆除翻建 3 栋）。

【宣传教育】2023 年，贺兰县住房和城乡建设局组织全县在建工程建设、施工、监理单位负责人、贺兰县预拌混凝土生产企业和检测机构负责人、燃气经营企业负责人及安全员重点围绕自治区党委十三届四次全会精神、住建领域重大事故隐患排查整治 2023 行动、房屋市政工程、城镇燃气安全生产重大事故隐患判定标准、城镇燃气安全管理等方面培训 8 场，共计 900 余人参加。制定《关于开展燃气居民用户和商服用户安全用气培训工作实施方案》，开展燃气安全使用培训 23 场次，共计 3100 余人参加，发放《燃气安全手册》及液化气安全使用宣传资料共计 5500 余份。

【物业标准化管理】2023 年，贺兰县住房和城乡建设局制定《贺兰县提升住宅小区管理服务能力三年行动实施方案》和《贺兰县 2023 年物业提升"135"专项行动实施细则》，召开贺兰县物业管理服务提升专项行动推进会、住宅小区电动车安全管理暨用电安全整治工作推进会等，实施环境治脏、行业治乱等综合治理，建立健全标准化建设。2023 年共审核办理（前期）物业服务合同备案 29 份，物业项目经理备案 20 人，新建项目物业承接查验备案 8 个，物业管理项目招投标 6 个，物业服务用房等配套用房备案 7 个，共下发物业巡查限期整改通知书 260 份，约谈物业企业责任人 17 人次，扣除物业企业信用积分 21 家，清理违规停放的非机动车 3580 余辆，清理飞线充电现象 3260 余起，清理占用消防通道车辆 2100 余辆。

【办证问题化解】2023 年，贺兰县住房和城乡建设局以"保交楼、保民生、保稳定"为首要目标，本着"尊重历史、着眼现实、服务群众、一楼一策"的原则，分类梳理未办理竣工验收备案、未办理消防验收等情况小区，通过消防验收、工程竣工等支持政策，综合"集中办""网上办""容缺办"等方式，有效化解恒大御景半岛、碧水云天、中城·国际城五期等延期交房项目，完成芙蓉鑫苑小区、贺兰县一品尚都 C 区、银大蔚未来三期、汽车大世界御园小区工程竣工备案工作，办理首次登记住宅楼 8433 户、合同备案 7847 套，切实维护购房群众合法权益。

住房保障与公积金管理

【概况】2023 年，银川市住房公积金管理中心贺兰分中心在"管理中心"党组的坚强领导下，全面学习宣传贯彻党的二十大精神和习近平总书记视察宁夏重要讲话和重要指示批示精神，全面落实自治区十三届4 次全会精神，积极主动求创新、担当作为抓落实，大兴调查研究之风，紧扣年度目标任务，不断推进"惠民公积金""安全公积金""数字公积金"建设，形成覆盖更广泛、政策更精准、服务更高效、运行更规范的良好局面，为贺兰县域房地产业健康发展发挥了积极作用。

【归集业务】2023 年，银川市住房公积金管理中心贺兰分中心着力破解归集扩面难题，成效显著。新增开户单位 108 家，新增缴存职工 3892 人，完成年度目标任务 1400 人的 278%，超额完成全年归集扩面任务。归集公积金 2.53 亿元，完成全年目标任务 1.7 亿元的 148.97%，超额完成全年目标任务。缴存总额 17.48 亿元，同比增长 17.49%，缴存余额 6.66 亿元，同比增长 11.15%。

【提取业务】2023 年，银川市住房公积金管理中心贺兰分中心共办理住房公积金提取业务 19019 笔，提取金额 1.88 亿元，环比 2022 年 15120 笔、1.46 亿元，分别增长 25.79%和 29.44%；助力新市民实现"安居梦"。

【贷款业务】2023 年，银川市住房公积金管理中心贺兰分中心共向 404 户家庭发放公积金贷款 1.89 亿元，同比 2022 年 285 笔，1.23 亿元，分别增长 41.75%和 54%。贷款总额 18.55 亿元，较上年增长 11.34%；贷款余额 7.77 亿元，较上年增长

5.6%。个贷率为116.63%，比中心下达的任务目标高出51.63个百分点；2023年共办理按转抵404笔，总按转抵率81.16%；多举措降低逾期率水平，逾期率为零。

【技能学习】2023年，银川市住房公积金管理中心贺兰分中心对标对表专项活动总要求，围绕学习清单制定学习“课程表”，通过集中学习、个人自学、交流研讨等方式，引导干部职工学思悟践，不断提高政治判断力、政治领悟力、政治执行力。

【提升效能】2023年，银川市住房公积金管理中心贺兰分中心进一步推进全市通办、跨省通办、减材料优流程、“民情体验日”、深化“智慧公积金”建设、沿黄九省城市“互认互贷”跨区域跨省市等工作，将专项行动落到实处，工作成果惠及每一名住房公积金缴存职工。

【政策宣传】2023年，银川市住房公积金管理中心贺兰分中心通过微信公众号、贺兰县融媒体中心、合作开发企业等单位电子滚动屏、小视频等媒介，大力推广住房公积金低息、保障等政策优势，把住房公积金惠民利民红利送到群众身边；业务谋划深一层，主动深入贺兰县工业园区和暖泉工业园区，摸排新建企业信息，增强建缴原动力，提高住房公积金政策覆盖面；通过工商基础数据，建立靶向扩面数据库，有效提高归集扩面的针对性和精准度。为民服务深一步，与贺兰县教育局紧密联系，顺利完成编外聘用教师职工开户业务，以实实在在的工作成果提升群众幸福感、满意度。

【政策落到实处】2023年，银川市住房公积金管理中心贺兰分中心降低首付款比例、提高贷款额度、减少审批环节、推进二手房“带押过户”，切实减轻职工购房资金压力。防控资金风险落到实处。建立动态化贷后管理机制，精准识别逾期原因，多举措降低逾期率，贷款逾期为零，实现了资金安全“零风险”。

【作风再提升】2023年，银川市住房公积金管理中心贺兰分中心通过“线上学习＋线下实践”相结合的方式，引导全体干部工作人员主动学习“必读课”、跟进学习“最新篇”、深入学习“宁夏篇、银川篇”，专心学习“中心篇”，牢固树立“四个意识”和“四个自信”，在公积金服务一线岗位践行为民服务的初心。服务举措再添“新”亮点，通过服务渠道多样化使业务可全市通办、全程网办；开户途径多样化使缴存业务可在线一网通办；登录方式多样化使职工可通过微信小程序快捷登录快速办理；机器人金小智为缴存人提供更智慧、便捷的咨询服务。深化数字治理“新”技能，智慧公积金建设使线上线下、营业大厅、延伸网点形成信息互联、数据互通、流程同步、业务通办的服务格局，部分业务已实现“零跑腿”。

【担当作为】2023年，银川市住房公积金管理中心贺兰分中心常态化开展“我为群众办实事”活动，每月定期走进企业、走进一线、走进群众，真正为民解难事。进一步开展“创建模范机关”活动，严格落实“首问负责制、一次性告知制、限时办结制”等服务承诺制度，提高工作到位率、完成率、优质率。推出窗口延时服务，根据业务受理情况，主动延长下班时间，坚决不让群众多跑一趟。进一步加大住房公积金助企纾困力度，共为3家受疫情影响无法按时足额缴存住房公积金的企业办理缓缴业务。排查清理呆滞账户和无效证件43户，帮助职工减压。对“老、弱、病、残、孕”等特定人群送服务进家门，实现住房公积金服务“零距离”。

【重点工作谋划】2023年，银川市住房公积金管理中心贺兰分中心提高执法规范化水平，加大归集扩面力度。进一步规范分中心归集执法工作，提升执法效能。积极督促协调，维护缴存职工合法权益。推进线上线下业务深度融合，让业务办理更加便捷高效。进一步简政放权、简化审批流程和要件，提高办理效率。积极推进“网上能办、掌上能办”业务向“网上好办、掌上好办”业务转变，依托住建部住房公积金监管平台，对接全国住房公积金小程序，提升业务办理的便捷性、时效性、安全性。提高住房公积金监管水平，增强防范和化解资金运行风险的能力。把好业务审核关，做好公积金提取、贷款发放、按转抵、逾期催收工作，加大对委托银行抵押物落实情况进行监督管理，确保资金安全运营。对风险防控隐患问题进行排查，继续对呆滞账户、离退休、死亡、解除劳动关系等长时间未发生资金往来的封存、冻结账户进行消化清理。探索完善银川住房公积金风险防控系统，着力提升数字化基础支撑能力，推动风险防控从“人防”向“智防”转变。以数字赋能智慧监管，精准识别疑点数据，为中心精细化管理提供高效服务。以党建引领业务工作，强化宗旨教育和党风廉政建设，增强分中心员工的风险意识、筑牢思想道德防线。

【服务社会】2023 年，银川市住房公积金管理中心贺兰分中心深入了解先进地区和同类县域工作情况，逐项梳理业务指标及在管理、服务等工作中的好做法、好经验，找出差距和不足，及时迎头赶上。常态化开展“我为群众办实事”活动，每月定期走进企业、走进一线、走进群众，真正为民办实事解难事。进一步开展“创建模范机关”活动，严格落实“首问负责制、一次性告知制、限时办结制”等服务承诺制度，提高工作到位率、完成率、优质率。

生态文明建设

环境保护

【概况】2023年，银川市生态环境局贺兰分局坚持以习近平新时代中国特色社会主义思想为指导，从坚定拥护“两个确立”，坚决做到“两个维护”的政治高度，深入学习贯彻党的二十大、习近平生态文明思想、习近平总书记视察宁夏重要讲话和重要指示批示精神，认真落实全国生态环境保护大会、自治区党委十三届五次全会、市委十五届九次全会精神，狠抓污染防治，强化生态保护与修复，坚持不懈推动绿色发展，各项工作取得显著成效。

【空气质量状况】2023年，贺兰县空气质量优良天数289天，优良天数比例80.1%，银川市排名第一。可吸入颗粒物（PM_{10}）平均浓度为72微克每立方米，同比增长6.0%；细颗粒物（$PM_{2.5}$）平均浓度为29微克每立方米，同比下降9.4%，重污染天气发生控制率控制在0.3%，全县环境空气质量较2022年明显改善。

【水环境质量状况】2023年，贺兰县集中式饮用水水源水质稳定达到Ⅲ类标准，辖区6条地表水水质考核断面均达到Ⅳ类考核标准，黄河贺兰段稳定Ⅱ类进Ⅱ类出。黄河干流入河排污口整治率100%，列居银川各市县区第一，城市黑臭水体全部消除，圆满完成自治区水环境各类考核指标。

【土壤环境质量状况】2023年，贺兰县土壤环境安全总体平稳，未发生因耕地土壤污染导致农产品质量超标且造成不良社会影响的事件，未发生疑似污染地块或污染地块再开发利用不当造成不良社会影响的事件，建设用地安全利用率和危废安全处置率均达到100%，农村生活污水处理率68.6%，一般工业固废综合利用率70%，畜禽粪污资源化利用率98%，秸秆综合利用率保持在92%以上，农村卫生厕所普及率91.6%，农用残膜回收利用率88%以上，农药利用率41.8%，农药包装废弃物回收率85%，无害化处置率达到100%。

【强化生态环保】2023年，贺兰县委、县政府高度重视生态环境保护工作，县委常委会听取专题汇报14次，县政府常务会、专题会研究工作38次，党政主要领导、分管领导调研督察生态环境工作40余次，推动各类突出问题及时有效解决。银川市生态环境局贺兰县分局制定印发《贺兰县建设黄河流域生态保护和高质量发展先行区示范县“四水四定”实施方案》《贺兰县构建现代环境治理体系的实施方案》《2023年度贺兰县大气、应对气候变化、噪声、水、土壤、固体废物与化学品等重点工作实施方案》《贺兰县中、轻度污染天气响应方案》《2023年贺兰工业园区暖泉片区大气污染防治专项行动方案》《“林长+生态警长”“林长+检察长”实施方案》等重点工作方案和专项规划，压实主体责任，细化工作措施，有序推进生态环境保护工作落实落细，切实形成党委、政府统一领导、主管部门齐抓共管的工作格局。

【督察反馈问题】2023 年，银川市生态环境局贺兰分局始终把各级各类环保督察反馈问题整改作为重要政治任务，确保反馈问题高质高效整改销号。2023 年，第二轮中央生态环境保护督察转办信访举报件33 批次 88 件全部办结。自治区“四防”常态化督察反馈 15 项问题和银川市生态环境违法行为专项整治行动发现 224 项问题，共 238 项问题全部整改。

【打好污染防治攻坚战】2023 年，银川市生态环境局贺兰分局强化污染物源头治理，扎实推进冬春季大气污染防治攻坚和夏季臭氧攻坚专项行动，实施“市县一体化”集中供热、农村居民“煤改电（气）”、泰益欣燃煤锅炉超低排放改造、百泓化工挥发性有机物废气治理系统改造等 17 个重点项目，完成“煤改电(气)”13312 户，集中淘汰 21 台共计 1005 蒸吨燃煤锅炉，减少二氧化硫、氮氧化物、烟尘等各类污染物排放。狠抓道路交通、建筑工地、油气站等领域污染治理，查处渣土及商砼车辆违法拉运行为 15 起，对全县 40 家建筑工地扬尘污染下发整改通知书 102 份，对 5 个项目企业责任主体进行约谈，对 2 家企业不良行为信用扣分，对 7 家企业进行行政处罚。督促加油站推动油气回收监控系统建设，减少污染物排放。组建环境空气质量深度分析专班，实施空气质量提升精细化管控及环保管家等项目，利用无人机挥发性有机物巡航、恶臭污染源便携式监测设备，实现科学化、精细化大气管控，全县环境空气质量持续改善。

【打好碧水保卫战】2023 年，银川市生态环境局贺兰分局完善黄河银川段上下游水污染防治流域协同机制，与兴庆区、金凤区签订水污染联防联控协议，提高跨界河流水环境质量。加快推进水污染防治项目建设，实施贺兰山东麓葡萄酒产业园区金山试验区污水收集及处理、排水防涝体系建设工程（一期银河路)、农村生活污水收集处理、金贵镇长河新村长河湾污水管网工程等一批重大项目，全面提升城乡生活废水、产业发展污水处理能力。强化渔业尾水治理，实施第三排水沟退水斗沟建筑物配套工程，加大第三排水沟、三二支沟、四二干沟等重点沟道断面水质动态监测力度，充分发挥河湖长制协同共治优势，分段采样监测工作 368 次，严防农业面源污染影响沟道水质。严肃查处水污染违法行为，加强对 2 家污水处理厂、11 家重点涉水企业、8 个农村污水处理站、13 家葡萄酒庄、4 家医疗机构等监管，查处涉水企业在线监测设施异常超标单 291 份。“一口一策”查测溯治黄河流域入河排污口，完成 32 个黄河干流入河排污口整治及 1205 个重点河湖（沟）排污口的排查监测溯源。建立完善突发水污染事件应急处置机制，成立应对突发水污染事件工作领导小组，指导 116 家企事业单位完成应急预案编制，大力推广“南阳实践”经验，定期组织开展应急演练，提升突发水污染事件风险防范与应急能力。

【打好净土保卫战】2023 年，银川市生态环境局贺兰分局大力推进大宗工业固体废物和建筑垃圾综合利用，先后引进金泰环保、徽仁（宁夏）环保投资 4.03 亿元，建成年处理能力 15 万吨的工业园区一般固废综合处置中心和年处理能力 100 万吨的城市建筑垃圾固废循环利用项目。强化土壤重点企业监管，完成 6 家土壤重点单位土壤隐患排查，检查 12 家土壤重点监管单位落实年度重点任务情况，督促 7 家“一住两公”地块完成土壤评审。持续加强危险废物监督检查，督促全县 120 余家危险废物产生、经营单位更换危险废物标识、标签并检查使用情况，完成危废跨省转移申请审核 30 余件。开展全县固体废物非法倾倒、乱堆乱放问题专项清查整治工作，排查出的 4 个问题均已完成整改。建立“户集、村收、乡镇转运、县处理”农村生活垃圾处理模式，对 65 个行政村常态化保洁，累计清理农村生活垃圾 4.23 万吨，大力推进农村环境整治提升。全面推进“无废城市”建设，顺利完成 21 个“无废细胞”创建任务。

【生态保护修复】2023年，银川市生态环境局贺兰分局投资1100万元，实施贺兰县宰牛沟砂场矿山生态修复项目，开展大规模国土绿化行动，实施德胜滨河路生态运动公园绿化及唐徕渠贺兰段东岸生态绿化提升项目，109国道贺兰段生态绿化改造提升项目，完成营造林1740亩，全县森林覆盖率为8.46%，绿化覆盖率达41.61%，人均公园绿地面积达22.7平方米。划定三丁湖、北大湖、如意湖等9处重要湿地，完成湿地保护修复面积1.05万亩。

【推动绿色发展】2023年，银川市生态环境局贺兰分局严格落实碳排放总量和强度“双控”目标任务，严格“两高”项目准入，落实“三线一单”刚性约束要求，做大清洁能源产业，对不符合环保准入要求的建设项目不予环评审批，从源头上把牢产业发展的绿色空间和门槛；组织高耗低效产能企业有序退出，2023年，全县规模以上工业综合能源消费量同比下降5.7%，沿黄六县（市）第一，单位工业增加值能耗同比下降3.2%。扎实推进排污权、碳排放权改革，完成23家挥发性有机物排放企业摸底工作，111家企业排污权确权，核定初始排污权5287.451吨、新增排污权2.852吨、政府储备权1769.027吨，推动全市首笔排污权抵押贷款落地贺兰，累计开展11笔排污权交易。完成泰益欣2022年度碳排放量核定工作，核定碳排放量112.91万吨，线下开展3.4521万吨碳排放交易。

【提升环境监管效率】2023年，银川市生态环境局贺兰分局坚持生态环境违法行为“零容忍”，开展排污许可证“一证式”专项执法检查、银川市生态环境违法行为专项整治等，利用网格化检查、双随机等形式，出动执法人员1979人次，检查企业884家次，立案5件，开展十轮大气帮扶监督性检查，检查重点涉气企业26家次，共发现突出环境问题31个，其中重点跟踪督办类问题5个。收到群众环保信访投诉件249件，已全部办结，查处办结率100%。积极落实企业环境信用制度，21家企业经环境信用评价无不良记分记录，被评为“绿标企业”，享受优先办理生态环境行政许可、推荐纳入政府采购合作伙伴名单等9项激励措施。

金山自然保护区

【概况】2023年，贺兰县金山自保管理局区紧紧围绕县委、县政府确定的重点工作目标，以习近平新时代中国特色社会主义思想为指导，深入学习贯彻习近平总书记视察宁夏和重要指示批示精神，以开展四强作风建设年活动为契机，以加强国有林地及森林资源管理为核心，以争取项目为抓手，抢抓发展机遇，严格保护生态，全力建设生态，取得了阶段性成效。

【实施春季造林】2023年，贺兰县金山自保区管理局对达到更新树龄的枯死树木及病虫害死亡的树木重新规划种植，共完成新造林及补植造林114亩，栽植各类苗木9400株。配合自然资源局扎实做好2023年全县义务植树工作，共栽植林木60亩、4500株。造林中严把苗木关、栽植关、灌水关、幼树抚育关，做到大坑、壮苗、栽后及时灌水，树木成活率达85%以上。

【中幼林抚育】2023年，贺兰县金山自保区管理局对110国道、德援路、林场路及辖区主要道路两侧公益林带进行定株修枝、除草割灌、林地清理。对3000亩公益林带进行防虫、防灾、修剪、除草、浇水等抚育管护，促进了林木的健康生长。

【发展赋能增效】2023年，贺兰县金山自保区管理局以林场现有优质刺槐母树林、樟子松种子园为基础，加大“金山刺槐”母树林、樟子松种子园林木良种基地建设力度，逐步建立完善了种子园、引种区、母树林、繁育圃、采穗圃等，并逐步提升改造、扩大繁育面积，形成了金山林场苗木产业带的区域优势，为林场持续发展赋能增效。

【防火队伍建设】2023 年，贺兰县金山自保区管理局强化贺兰县森林派出所金山林场警务室建设，建立了由干部职工、警务人员、护林员、义务消防员、林区企业、农户等联合组成的警民联动机制，联合应急、消防、森林派出所等部门举行防火演练 1 场，开展应急培训 4 场，切实提高全局火灾事故应急处置能力。

【防火力度宣传】2023 年，贺兰县金山自保区管理局在主要路口、林区重点区域刷写墙体宣传标语 34 条、墙体绘画 34 幅；设置防火宣传牌 125 块，切实提高了森林防火安全意识。

【应急物资储备建设】2023 年，贺兰县金山自保区管理局储备防火服 35 套、干粉灭火器 113 瓶、推车式水基型灭火器 5 台、风力灭火机 25 个、灭火水枪 13 套、防烟护目镜 70 个、油锯 11 台、割灌机 24 台、铁锹 200 把等充足的应急物资，配备防火巡查运输皮卡车 1 辆，并建立了完备的管理运行体系，确保防火、防汛等突发事故应对有效。

【清理林带杂草】2023 年，贺兰县金山自保区管理局投入资金 30 余万元，完成林区杂草清理 70 万平方米，清理枯死树木 1854 株，从源头上消除火灾隐患。

【加大防火检查力度】2023 年，贺兰县金山自保区管理局与辖区企业签订安全生产目标责任书 47 份，紧盯防火责任落实。开展森林防火大检查 10 次，建立安全隐患问题台账、整改台账、销号台账，安全隐患排查治理全程实行闭环管理，紧盯问题整改落实到位，切实消除安全隐患。

【安全大排查大治理】2023 年，贺兰县金山自保区管理局深刻汲取兴庆区富洋烧烤店燃气爆炸事故教训，举一反三，逐户排查燃气、用电、自建房安全隐患，发现问题当场下发整改通知，整改全过程实行闭环管理，共排查安全隐患 19 处，已全部整改到位，切实将安全隐患消除在萌芽状态。

【抓好禁牧封育】2023 年，贺兰县金山自保区管理局通过入户宣传、在重点林区、苗木基地张贴禁牧封育公告及警示标志告知养殖户、加大巡查力度、对偷牧者给予严厉处罚等多项措施，有效杜绝了乱牧行为。

【公益林日常管护】2023 年，贺兰县金山自保区管理局为进一步巩固造林成果，提高林木生态效益，对历年营造的 3200 亩生态公益林灌水、除草、修剪、病虫害防治、防火、禁牧等日常管护进行采购服务。加强监督管理，杜绝了管护死角，进一步巩固了生态建设成果。

【实施财政奖补项目】2023 年，贺兰县金山自保区管理局该项目概算总投资 70 万元，完成金山林场山坡庄点巷道混凝土硬化 2750 平方米，面包砖铺设 1558 平方米，安装树池道牙砖 1152 米，动用土方 954 立方米，C20 混凝土垫层 25 立方米。

【实施泵站建设项目】2023 年，贺兰县金山自保区管理局改造一、二级扬水泵站 2 座，该项目切实解决了金山林场多年来因泵站设施老化和渠系不完善带来的灌水难问题，给林场农、林、牧、苗木、森林资源产业发展带来新的发展机遇。

【经果林种植规模】2023 年，贺兰县金山自保区管理局依托自治区发展贺兰山东麓酿酒葡萄产业带建设，发展以酿酒葡萄为主的特色经果林 250 亩。其中：梨 50 亩，鲜食葡萄 40 亩，酿酒葡萄 120 亩，苹果 40 亩。利用沿山地区独特的地理优势和环境种植优质西瓜 1000 亩。

【发展林下特色经济】2023 年，贺兰县金山自保区管理局结合辖区优势产业发展现状及存在的问题，探索实施公益林管护与发展林下经济相结合的多元复合型经济。发展林下草原鸡 250 只、蜜蜂养殖个体 2 家、舍饲圈养肉羊 450 只；逐步由传统单一的营林模式向林下高效复合经营模式转变。

【明确防洪责任】2023 年，贺兰县金山自保区管理局成立了防汛抗旱工作领导小组，由主要领导亲自抓，负总责，分管领导具体抓，促落实，各片区组长抓各自区域防汛措施落实，一级对一级负责，层层抓落实。

【健全应急预案】2023 年，贺兰县金山自保区管理局完善防汛值班制度，从 5 月起实行 24 小时轮流值班，严肃考勤纪律，组织专人加大泄洪薄弱地带的巡视力度，确保一旦发生险情能够有效应对。

【确保物资供应】2023 年，贺兰县金山自保区管理局储备编织袋 1000 条、铅丝 100 公斤、购置铁锹 200 把、雨衣 20 件、照明灯 20 盏，落实铲车 1 台、推土机 1 台、人员转移车辆 1 台、运输车 2 台，并与车主签订了用车合同，切实增强了防洪自救能力。

【防洪沟隐患排查】2023 年，贺兰县金山自保区管理局积极配合水务局完成泄洪沟道治理，确保行洪通畅。

交通运输

交通建设

【概况】2023 年，贺兰县交通运输局属于政府组成部门，承担全县交通基础设施规划、设计、建设，交通运输、养护管理、海事管理、路政、运政管理等工作。贺兰县交通运输局机关内设办公室、财务室、公路股、运输服务股、建管中心、海事港航办公室、交通战备办公室等 7 个职能股室，贺兰县交通运输局核定行政编制 8 人；下属事业单位贺兰县公路管理段共有编制 10 人；下属事业单位贺兰县交通运输综合执法大队共有编制 60 人。近年来，贺兰县交通运输局连续被宁夏回族自治区交通运输厅授予“全区农村公路建设先进集体”“全区农村公路养护管理先进集体”称号及“黄河金岸滨河大道养护管理先进集体”、银川市文明单位多项殊荣；2018 年贺兰县被评为自治区“四好农村公路”示范县，2022 年被评为银川市文明单位。贺兰县公路总里程达到 1228.817 公里，其中高速公路 55.005 公里，普通国省干线公路129.889 公里，农村公路 1043.923 公里，国省干线公路占比大幅提高，二级及以上公路占比 23%以上，公路网密度达到 80.3 公里 / 百平方公里，高于自治区平均水平。全县 5 个乡镇、65 个行政村共建成农村公路 356 条 1016.7 公里，设立金贵镇、立岗镇、常信乡、洪广镇公路站和滨河大道管理站，“村村通”率达 100%。

【党建引领交通发展】2023 年，贺兰县交通运输局深入开展学习贯彻习近平新时代中国特色社会主义思想主题教育，各支部组织集中学习 16 次，参加学习 354 人次；发挥党组核心作用，召开党组理论中心组学习 10 次、党组会议 28 次、全体党员干部大会 6 次；持续推进开展“党心连、谱新篇”品牌创建，建设“馨系平安——客运之家服务站”，完成客运、货运、驾培 3 个非公党建品牌创建。

【扩大有效投资】2023 年，贺兰县交通运输局实施交通项目 9 个，计划总投资 1.07 亿元，完成 12.23 公里农村公路、4 座危桥改造工程和 11 公里村道安全生命防护工程建设。

【助力产业发展】2023 年，贺兰县交通运输局投资 140 万元实施农村公路养护工程，对贺兰山东麓葡萄园区内的 X201 陈华公路段原路面实施罩面修复养护并完善相关交安设施，极大改善了公路沿线葡萄种植产业的道路运输条件。协调宁夏公路管理中心，实施贺兰山东麓旅游环线公路改造提升工程，助力文化旅游产业融合发展。

【规范交通运输监管】2023 年，贺兰县交通运输局与县交巡警大队联合开展非法营运、超限超载治理等联合执法 67 次，累计出动执法人员 2387 人次，检测各类车辆 5619 辆，立案 334 起（在自治区县级交通运输综合执法部门中最高），罚款 35.38 万元。其中：超限超载立案 149 起，卸（转）载超载货物6468.11 吨；查扣非法营运车辆

33 辆。

【推进交通运输领域环保整治】2023 年，贺兰县交通运输局共出动执法人员 122 人次，执法车辆 41 余台次，累计排查出公路在建工程、公路养护及涉路施工工地安全隐患 6 处，对排查出的在公路两侧建筑控制区倾倒垃圾、车辆未遮盖篷布等 85 项易整改隐患，现场立查立改；开展运输市场排查，共检查排查机动车维修企业 400 余家，共排查、整治安全隐患 319 处。

【提升农村公路养护管理水平】2023 年，贺兰县交通运输局投资 3051.12 万元实施 84.985 公里农村公路路况提升工程，投资 983 万元对 17.341 公里农村公路实施罩面修复养护，进一步提高全县农村公路通行质量和水平。完成 770.64 公里农村公路路况检测工作；2023 年全县管养公路里程 1083 公里，优良中等路率为 76%；投入资金 24.09 万元为 62 个村级“路长办”购置路域垃圾杂物收集转运电动三轮车 73 辆，提高养护工作效率。

【夯实安全生产基础】2023 年，贺兰县交通运输局认真贯彻落实自治区党委十三届四次全会精神，分领域明确检查重点，对 6 家客运、7 家危货、10 家驾培、468 家维修企业及 1064 公里农村公路安全隐患进行全面排查，共发现隐患 596 处，已全部整改到位；加大道路运输领域燃气安全隐患治理。进行行政处罚 32 起，处罚金额 8.05 万元。

【保障交通重点项目实施】2023 年，贺兰县交通运输局加强用地保障，完善国土空间规划成果，为交通基础设施建设预留空间布局。优先保障和重点支持交通项目用地指标，做到“应保尽保”。将“十四五”期间计划修建的 G109 改线等 16 条重点项目的坐标等用地情况均在国土空间规划布局中予以预留，确保后期项目建设过程的用地保障。

【实施农村公路安防工程】2023 年，贺兰县交通运输局认真贯彻落实自治区党委十三届四次全会精神，强化公路安全风险隐患排查治理，对全县 450 条共计 1064 公里农村公路急弯陡坡、临水临崖、长大下坡、桥梁涵洞、高落差等缺少路侧防护设施及安全防护能力不足的路段进行全面排查，排查出 90 条农村公路 129.02 公里隐患路段，通过积极沟通对接上级交通运输部门，多方协调争取资金 3282 万元，分批实施安全生命防护工程，保障道路安全通行。

【加大执法科技投入】2023 年，贺兰县交通运输局建设智能指挥调度室，接入使用全县“两客一危”车辆、执法车辆、执法记录仪和路网监控，整合大屏显示系统和 VPN 交通专网，全力做好远程视频、卫星定位；投入 100 余万元建设违法车辆停车、卸货场，更新执法车辆及执法装备，促进执法保障能力全面提升。

运输管理

【金京路工程项目建设】贺兰县金京路（金保公路—和平街段）工程。项目位于贺兰县习岗、金贵镇，项目全长 7.982 公里，总投资 4244 万元。按三级公路标准建设，起点位于金贵镇金京公路与金保公路交叉口，终点位于贺兰县城东侧与和平街交叉口往西北方向 422 米处。贺兰县金鑫村三社至十四社公路。项目位于贺兰县洪广镇境内，路线全长 1.359 公里。按四级公路标准建设，路基宽 5.5 米，路面宽 4.5 米。采用水泥混凝土路面。概算总投资 188.5126 万元。贺兰县隆源村幸福桥至铁西村道路工程。项目位于贺兰县南梁台子，路线全长 1.770 公里。按四级公路标准建设，路基宽 6.5 米 /5.5 米，路面宽度 5.0 米 /4.5 米，水泥混凝土路面。概算总投资 267.89 万元，项目的建成改善了沿线群众的出行条件，促进沿线产业布局调整，加快区域协调发展。贺兰县王田排水沟西桥危桥改造工程、王田排水沟东桥危桥改造工程、谭渠排水沟西桥危桥改造工程、团结排水沟西桥危桥改造工程。项目位于贺兰县常信乡，桥梁长 18.4 米，总投资211.117 万元。建设内容包括桥梁上部结构、防撞护栏、桥面铺装、伸缩缝、交通安全设施、锥护坡、桥梁引道等。项目的建成方便了沿线及周边群众出行，改善生产、生活交通安全状况。贺兰县 2023 年村道安全生命防护工程。该项目共涉及 5 条四级公路，总里程 11.19 公里，隐患里程 9.134 公里。主要建设内容是增设波形护栏，对标线和标志牌进行局部调整，增加相应的安全设施等概算总投资 226.3260 万元。贺兰县兰星公路改建工程。项目位于贺兰县立岗镇境内，路线全长 1.117 公里，起点和民公路(k17+285)与现状兰星路交叉口。路线向东延伸，延旧路东行至兰光村温棚园区西侧水泥路，即为项目终点。路基宽 6.0 米，路面宽 5.0 米。采用水泥混凝土路面。按四级公路标准建设，概算总投资 158.94 万元。贺兰县 2023 公路安全生命防护提升工程。项目位于贺兰县县域内，该项目共涉及江银公路 50 条农村公路的安全生命防护提升工程，主要建设内容包括安装路侧护栏、标志牌、示警桩、橡胶减速带等交通安全设施。概算总投资 1376.42 万元。实施完成后将提高农村公路基础设施安全保障能力，完善公路交通安全防护设施，切实提升公路安全防护水平，方便和保障群众生产生活和出行安全。贺兰县 2023 年公路安全生命防护提升工程（第二批）。项目涉及滨河大道、丰庆路、金河大道、光明路共约 49.6 公里的一级公路交通安全设施的提升改造，主要建设内容包括安装护栏、标线、标志牌、示警桩、减速带等交通安全设施，概算总投资 4007 万元。政府还贷二级公路取消收费二期农村公路养护工程。实施里程共计 17.314 公里，主要对银王公路等 8 条农村公路实施罩面修复养护工程并完善沿线交安设施，总投资 983 万元。贺兰县 2023 年农村公路路况提升工程。路况提升总里程为 85.296 公里，主要工程为路面病害修复、罩面、设置标线等。概算总投资 3501.12 万元。

【执法科技投入】2023 年，贺兰县交通运输局建设智能指挥调度室，接入使用全县“两客一危”车辆、执法车辆、执法记录仪和路网监控，整合大屏显示系统和 VPN 交通专网，全力做好远程视频、卫星定位；投入 100 余万元建设违法车辆停车、卸货场，更新执法车辆及执法装备，促进执法保障能力全面提升。

【农村公路养护】2023 年，贺兰县交通运输局实施的农村公路养护工程共有 2 项：一是投资 983 万元的贺兰县 2022 年政府还贷二级公路取消收费二期农村公路养护工程续建项目，于 5 月初完工，主要对17.341 公里服务年限长、路况水平低、安全设施不完善的农村公路实施罩面修复养护工作，并完善相关交通安全设施。该项目的实施，不但使贺兰县农村公路优良中等路率进一步提升，而且极大改善了公路沿线各村产业基地优质农产品的道路运输条件，同时为沿线群众安全出行提供有力保障，是推动贺兰县“四好农村路”建设的又一具体体现。投资 3051.12 万元的贺兰县 2023 年农村公路路况提升工程，于 8 月底完工，对 84.985 公里农村公路进行路况提升，旨在进一步提高贺兰县农村公路通行质量和人民群众通行水平。

【乡镇养护质量逐步提高】2023 年，贺兰县交通运输局进一步细化和分解日常养护中标企业和各乡镇管养路线，不断压实各乡镇“路长办”工作职责。投入资金 24.09 万元为 62 个村级“路长办”购置路域垃圾杂物收集转运电动三轮车 73 辆，提高各村养护工作效率。开展各乡镇“路长办”农村公路管理养护资金专项检查，确保养护资金专款专用。

【农村公路和桥梁信息统计】2023 年，贺兰县交通运输局管养农村公路里程 1083 公里，管养桥梁 137 座。管养一类桥梁 33 座、二类桥梁 96 座、三类桥梁 8 座，不存在四类五类桥梁。

【公共交通运输】2023 年，贺兰县运营公交线路 19 条。其中，贺兰县通往银川市三区 8 条线路：313 路、301 路、311 路、315 路、317 路、319 路、327 路、323 路；快线 3 条：快 3 路、快 4

路、快 18 路；贺兰县域内 2 条线路：401 路、403 路；乡村线路 3 条：405 路、707 路、709 路；定制专线 1 条：暖泉专线；学生专线 2 条：奥莱小学专线、贺兰第七小学专线。线路总长 253.2 公里，年总行驶里程 875.97 万公里。主要途经县域内街道：银河路、居安路、丰庆路、意湖路、创业路、园艺路、恒安街、桃林街、富兴街、朔方街、朝阳街等，运营公交线网覆盖全县 87.8%，年客运量 1512.72 万人次。

【政治学习】2023 年，贺兰县交通运输局坚持以习近平新时代中国特色社会主义思想为指导，认真学习贯彻全国、自治区、全市组织工作会议精神，重点学习了党的二十大报告、党章党纪、习近平总书记重要讲话、《习近平新时代中国特色社会主义思想专题摘编》等内容。不断创新学习形式，充分利用“学习强国”学习平台、干部教育网络培训等平台开展常态化学习，引导全体党员深学践悟、深信笃行。2023 年，召开党员大会 6 次，局机关干部职工例会学习 104 次。深入开展学习贯彻习近平新时代中国特色社会主义思想主题教育，共开展集中学习 28 次、专题党课 16 次、送学上门 5 次，为民办实事好事 6 项，选树先进典型3 人次。检视整改问题 8 项，专题研讨 5 次，开展建言献策活动 5 次。

【党建提质增效】2023 年，贺兰县交通运输局深入实施“三强十一严”工程，推进党建基础工作常态化、规范化。局属各支部严格落实“三会一课”、组织生活会、主题党日活动等党内组织生活制度，各支部全年共召开党员大会 33 次、支委会 40 次，开展主题党日活动 37 次。深入贯彻落实自治区基层党组织建设提质增效工程、市委“两抓两增”工程，全面提升机关党建质量，推动党建与业务融合互促，深入推动模范机关创建工作，实施机关党建“书记领航”项目，实施贺兰县金京路工程、贺兰县金鑫村三社至十四社公路工程、贺兰县隆源村幸福桥至铁西村道路工程等 9 个交通项目，党总支部书记靠前指挥，党员干部深入施工一线扎实推动项目完工。机关组织“一支部一品牌”创建，打造“擎旗领航 交通先锋”支部品牌，进一步增强党员队伍凝聚力和向心力，促进党建成效持续提升。继续抓“党心连、谱新篇”品牌创建，建设“馨系平安——客运之家服务站”，完成客运、货运、驾培 3 个非公党建阵地建设，和县工会联合打造的宁夏贺兰县交通执法大队工会户外劳动者服务站（司机之家）被全国总工会确认为2023 年全国最美驿站。按时按标准收缴党费，做好党费收缴情况等党务公开工作，建立日常收缴管理台账。发挥先进典型示范激励作用，选树 3 名先进党员，利用职工大会等及时传达学习优秀事迹，增强支部战斗力。

【从严治党主体责任】2023 年，贺兰县交通运输局切实履行党组抓基层党建工作主体责任，党组书记第一责任人责任，班子成员“一岗双责”责任，落实基层党组织党建及党风廉政各项任务。一是健全党风廉政建设工作机制，制定《2023 年贺兰县交通运输局党组全面从严治党党风廉政建设和反腐败工作主要任务分工方案》，建立局党组全面从严治党“三个清单”，深入落实全面从严治党“四责协同”机制。强化工作部署。局党组 4 次安排部署党风廉政建设及反腐败工作，2 次听取局属各单位党风廉政建设工作开展情况。强化作风改进。以“四强”能力作风建设年活动等专项行动为抓手，党组班子自查整改问题31 项，班子成员个人自查整改问题 116 项，已全部整改完成。认真开展廉政警示教育月活动，组织召开全系统警示教育大会 4 次，开展廉政宣讲 3 次，带头认真学习党的路线方针政策，深入学习中央和自治区、市、县纪委全会、中央八项规定及其实施细则精神等内容，先后开展重温入党誓词、参观廉政警示教育基地、参观红色文化基地等主题党日活动 11 次，不断强化廉洁从政意识，切实筑牢反腐思想防线。严格落实六必谈制度。采取不固定时间不固定地点的方式，开展谈心谈话，在交心交流中纠正思想偏差、化解矛盾疙瘩。严格落实基层党组织换届制度，如期完成了党总支及局属 3 个支部的换届选举工作，新一届总支委员将精诚团结，解放思想，开拓创新，求真务实，始终保持敢于担当的勇气和奋发有为的精神状态，努力开创党建工作的新局面。

【精神文明建设】2023 年，贺兰县交通运输局深入抓好理论武装、新闻宣传、文化活动、宣传阵地和队伍建设等工作，为推动各项工作高质量发展奠定良好基础。综合运用各类宣传方式，切实抓好新闻宣传工作。在单位宣传栏、“贺兰微交通”公众号、“贺兰交通”微博号上积极转发各类信息，积极向县融媒体中心等宣传机构投递稿件，2023 年共撰写发布各类新闻稿件 45 篇。综合利用治超站点电子屏、宣传栏等设施，刊载播放公益广告等内容，号召干部职工积极向周围群众宣传宣讲习近平总书记视察宁夏重要讲话，营造浓厚宣传氛围。深入开展重点内容“五进”活动，抓好宣传引导工作。

【意识形态工作】2023 年，贺兰县交通运输局将宣传阵地和队伍建设工作作为重点工作，全面加强安排部署。对工作实施目标清单化管理，详细制定工作台账，逐项抓好落实。牢牢把握意识形态主动权。加强网络意识形态阵地的管理，及时公布源头防御、动态监管、失信惩戒等交通运输领域可能引发群体性事件和网上舆论炒作的舆情信息，组织专人参与网评员工作，营造风清气正的舆论氛围。落实“三审三校”制度，明确要求所有发布信息简报均需经过编辑、校对、审核流程，全面清理“三化”，把好内容管理“第一道防线”。组织干部职工及时学习《中华人民共和国公职人员政务处分法》《中国共产党章程》《中国共产党基层组织选举工作条例》等，持续提升干部职工守法用法意识和思想水平。

【力促乡村振兴】2023 年，贺兰县交通运输局根据帮扶户具体情况制订帮扶计划并按时进村入户，有针对性地扶志与扶智，激发贫困群众自我发展的内在动力。结合交通运输实际，积极向帮扶户提供务工机会，介绍就业岗位，帮助复工复产。持续鼓舞建档立卡户脱贫致富的积极性和主动性，增强自我造血功能，巩固脱贫成果。

【“诚信贺兰”建设】2023 年，贺兰县交通运输局重视交通运输工作，明确领导机构、责任部门和责任人员，抓好各项工作。将政务公开作为县交通运输局向社会展示部门工作情况的窗口，根据县政府办要求，抓好信息公示工作。面向社会公示组织机构、政策文件、规划计划、工作信息、行政执法、人事信息、财务信息、统计信息等内容。完善交通运输行业治理超限超载信用体系建设，加强宣传教育，累计发放各类宣传资料五千余份。大力实施“互联网 + 行业监管”方式，不断加强信息共享，严格对照交通运输等 36 个部门联合签署发布的《关于对严重违法失信超限超载运输车辆相关责任主体实施联合惩戒的合作备忘录》对联合惩戒对象进行界定，及时报送货运车辆违法超限运输“黑名单”，有力保障联合惩戒各项措施落实到位。做好工程领域信用评价上报工作。指定专人负责工程领域信用评价系统统计上报，及时向银川市交通运输局上报各施工、设计单位信用评价情况。

【志愿服务】2023 年，贺兰县交通运输局认真贯彻落实国务院《志愿服务条例》，推进志愿服务常态化、制度化，成立志愿服务队伍，加强队伍日常管理，确保全年各项服务工作正常开展。开展学雷锋志愿服务月活动，积极倡导科学精神和文明理念，做雷锋精神的传承者和社会主义核心价值观的践行者。以“爱国卫生日”“交通劝导”等活动为载体，深入开展交通秩序维护、卫生环境整治、不文明行为劝导、公共财物维护、“三乱”清理等工作，倡导在职党员通过八小时外时间在居住地社区开展志愿服务，积极营造健康的社区环境，以身作则，发挥示范引领作用。

【平安交通建设】2023 年，贺兰县交通运输局通过部门联合检查、企业互查、聘请专家评查等方式对企业安全生产主体责任落实情况进行检查，对全县500余家企业、在建交通工程累计进行检查637次，查出隐患596处，完成整改596处，立案45起，罚款11.4万元（其中2023年，依据《中华人民共和国安全生产法》立案3起，罚款2万元）；与县交警大队联合开展非法营运、超限超载治理等常态化执法，2023年共查处违法行为99起，罚款18.12万元；查处超限超载运输190起，卸货总重量1063.49吨；清理摆摊设点59处，清理堆积物17处，查处违法开设平交道口1处，查处违法公路标志、广告牌1处，查处破坏污染公路7处，查处违法涉路施工7起。

【交通安全】2023年，贺兰县交通运输局组织技术人员对全县450条共计1300公里农村公路急弯陡坡、临水临崖、长大下坡、桥梁涵洞、高落差等缺少路侧防护设施及安全防护能力不足的路段进行全面排查，排查出有隐患的农村公路129.02公里。2023年上半年共投入337万元安装水马、防撞桶、防护栏等安防设施整治有隐患的农村公路31公里。

【构建执法平台】2023年，贺兰县交通运输局以构建“纵向贯通、横向集成、信息共享、业务协同”的信息化体系为目标投入15万余元建设智能指挥调度室，完成“两客一危”车辆、执法车辆、执法记录仪、路网监控接入平台投入使用，整合大屏显示系统和VPN交通专网，全力做好远程视频、卫星定位等数据汇聚、整理、跟踪、反馈、记录，形成工作闭环。投入50余万元建设违法车辆停车、卸货场，投入45万元更新执法车辆3台，投入5万元配备强光手电、对讲机、肩灯、反光背心、安全帽等执法装备。

【应急救援队伍】2023年，贺兰县交通运输局组建应急救援队伍1支、应急保障队伍2支，储备客运车辆20辆、货运车辆20辆，储备液压动力站、液压渣浆泵、液压圆盘切割锯、液压平板夯、液压破碎镐、柴油发电机、液压排水组合、应急照明灯车等机械设备。大型抢险设备自有装载机2台、压路机2台、洒水车2台、30米钢便桥2套。投入130万元，采购高压清洗车、公路抢险车、除雪滚刷、融雪剂撒布机、雨衣、铁锹、铁锨、救生绳、救生衣等应急物资。

【燃气安全监管】2023年，贺兰县交通运输局梳理“1+37+8”系列文件中涉及交通运输领域工作任务93项，结合交通运输执法情况，制定工作措施252条。将抓安全隐患排查整治作为学习贯彻落实自治区党委十三届四次全会精神和“一台账三清单”的落脚点，细化隐患排查，落实问题整改，涉及道路运输领域燃气安全行政处罚32起，处罚金额8.05万元。

【服务事项】2023年，贺兰县交通运输局依据法定职责及权限，对道路运输行政许可、公共服务相关事项再次梳理，实现行政许可、行政处罚、行政检查等政务服务事项清单化、标准化和规范化管理。2023年交通窗口完成行政许可317件，做到100%受理，100%按时办结。

【群众监督】2023年，贺兰县交通运输局利用“12345”热线和政府门户网站网络舆情，加大矛盾纠纷排查调处力度，特别着力解决各种影响稳定的问题，及时做好网络舆情、投诉案件的处理工作。2023年共处理“12345”热线投诉、信访案件1260起，办结率100%，力争矛盾纠纷调解化解，切实解决市民诉求。

交通执法

【概况】2023年，贺兰县交通运输综合执法大队在自治区交通运输厅和交通运输综合执法监督局在县委、县政府的有力指导下，始终坚持深入学习党的二十大精神和习近平新时代中国特色社会主义思想，认真贯彻落实自治区党委第十三届四次、五次全会精神，聚焦各项重点工作任务，推动综合执法监管工作高质量开展。

【三项制度】2023 年，贺兰县交通运输综合执法大队落实执法人员持证上岗，大队现有执法人员 54 人，其中 53 人取得执法证件，1 人已通过执法证申领考试，正在按流程申领证件。严格落实法制审核制度，设置法制审核岗位，安排专业人员对执法案件进行法制审核（其中取得律师执业资格证书 2 人，法学专业 1 人）。严格落实“双随机、一公开”工作制度。制定印发《2023 年“双随机、一公开”实施方案》和全年抽查计划，抽查结果均进行了公示。

【执法形象】2023 年，贺兰县交通运输综合执法大队将规范着装作为整肃形象的重点内容，在做到常提常讲的基础上，列入学习贯彻习近平新时代中国特色社会主义思想主题教育检视分析清单、“四强能力作风建设年”问题清单，定期掌握落实情况，并作为绩效考评的扣分项，与每月绩效工资挂钩。

【执法水平】2023 年，贺兰县交通运输综合执法大队采取法律法规专题培训、集中学习、职工自学的方式，广泛开展业务能力提升培训 28 次，邀请专家授课 4 次，开展业务理论知识测试 3 次，组织观看庭审视频 1 次，参加现场庭审 1 次。行政处罚案件数达 218 起，由 2022 年的 72 起提高至 218 起（一般程序 175 起，简易程序 43 起），较上年度增长 202%，从根本上扭转了过去重整改轻处罚的惯性思维。进一步扩大联合执法工作范围，在联合自治区交通运输综合执法监督局银川分局四、五、六大队和县公安交管部门开展常态化联合执法的基础上，将自然资源、综合执法、市场监管、文化旅游、教育、环保、商投等多个部门列入联合执法范围，全年共开展各领域联合执法行动 106 次。

【普法宣法】2023 年，贺兰县交通运输综合执法大队结合“路政宣传月”、“网络安全周”、“三进”企业等活动，利用微信群、停车场、企业电子屏、中巴车车身张贴宣传标语、张贴海报、播放音频广播等方式大力开展普法宣法活动，累计发放宣传材料 13000 余份、调查问卷 463 份，悬挂宣传条幅 392 条，张贴宣传海报 260 余份，全年发布工作信息 94 篇，其中被自治区交通运输综合执法监督局信息简报采编 9 篇，被“宁夏交通广播”节目采编 12 篇，“魅力贺兰”采编 5 篇。

【执法监管】2023 年，贺兰县交通运输综合执法大队制定印发《2023 年交通运输综合执法“蝶变”行动实施方案》《交通运输市场执法监管工作方案》《道路运输安全生产突出问题集中整治“百日行动”实施方案》，按照“政府主导、交通执法牵头、部门联动、分级落实”的工作机制，推动内部协同监管、外部联合执法，以岁末年初、春运、两会、“6·21”燃气爆炸事故专项隐患排查整治和节假日出行高峰等时间节点为重点，全面抓好“两客一危一货一面”专项整治。全年出动执法人员 3061 人次、车辆 670 辆次，联合公安交管、教育、文旅等部门，开展联合执法 31 次，累计发现隐患 667 处，并全部督促整改到位。查扣非法营运车辆 40 辆，罚款 119200 元。

【海事管理】2023 年，贺兰县交通运输综合执法大队检查客运企业 77 家次，按照“一车一档”的标准，为全县 399 辆营运燃气车辆建立安全档案，发现隐患 53 处，并全部督促整改到位，全年约谈企业 6 家次，立案 8 起，处罚 16000 元。在中巴车停车场制作安全生产宣传标语 390 条，张贴宣传海报 180 余份，发放宣传彩页 5700 余份。投入农村客运、城市交通发展奖励资金 176.2 万元，发放农村客运车辆运营补贴50 辆、新能源出租车运营补贴 25 辆、新能源出租车购置补贴 19 辆，维护翻新客运招呼站 56 个，为 46 辆农村客运车辆升级 4G 动态监控设备，进一步完善改造动态监管平台，发出监控系统提醒 16 次，抽查客运车辆 1300 余辆次，开通洪广至河东机场客运专线，更好满足群众出行需求。

【运输监管】2023 年，贺兰县交通运输综合执法大队针对全县货运企业人员、车辆信息以及运输介质、线路等重点信息建立安全生产基础信息台账，进行全覆盖管理，共检查企业 122 家次，发现隐患 208 处，并全部督促整改到位。警示约谈企业负责人 15 家次，立案 15 起，处罚 6 万元；全年开展应急演练3 次，督促 8 家危货企业调整、完善风险分级管控双重预防体系，签订安全生产目标责任书 34 份，发放宣传材料 600 余份。

【行业监管】2023 年，贺兰县交通运输综合执法大队排查企业 458 家，发现隐患 406 处，并全部督促整改到位，行政处罚 11 起，罚款 8000 元，依法取缔非法招生机构 1 家（金贵镇诚信驾考速成平台）、非法培训点 1 个（贺兰造纸厂庆忠培训点）；加快机动车驾驶员培训市场及检测企业诚信体系建设，对全县驾培机构和一二类维修企业进行年度质量信誉考核，评定 AAA 级驾校 1 家、AAA 级维修企业 5 家，完成 1 家一类、12 家二类维修企业经营备案资质审核，督促 10 家汽车维修企业完成银川市无废 4S 店创建工作。

【专项整治】2023 年，贺兰县交通运输综合执法大队联合公安交警、教育、文旅等部门，全面加强旅游景区和校车安全监管，重点检查车辆道路运输证、驾驶员资格证、车辆消防设施设备、应急门窗、车辆轮胎等，先后检查校车 230 辆次，苏峪口景区接驳车辆 25 台次，切实提高旅游客运和校车安全保障能力。

【货物运输】2023 年，贺兰县交通运输综合执法大队对货运企业燃气车辆、场所等用电、用火、用气及车辆油气电路、管路、天然气瓶有效期进行全面排查。共排查存在燃气瓶过期车辆 30 辆，发放整改通知书 5 份，责令企业立即停驶并消除安全隐患，2023 年已全部审验整改完毕。针对企业安全隐患整改不达标、安全教育培训不到位等情况，重点对安全隐患整改情况、经营条件和企业安全生产责任制、危化品运输车辆管理、驾驶员教育培训等内容进行检查，报请银川市道路事务中心注销 2 家存在安全隐患和不符合危险品货物运输条件的企业。

【安全排查】2023 年，贺兰县交通运输综合执法大队现有液化石油气运输企业 1 家，甲醇运输经营运输企业 1 家，加气站 14 家。开展液化石油气运输安全专项检查 23 次（其中联合交警检查 12 次），督促整改一般隐患 10 处，发放各类宣传资料、彩页 130 余份。开展甲醇运输安全检查 2 次。联合交警部门开展打击“普拉危”违法运输行为专项行动 8 次，检查车辆 56 辆，罚款 3 万元。

【路政管理】2023 年，贺兰县交通运输综合执法大队以维护路权、保护路产、确保公路安全畅通为工作目标和重点，认真履行公路巡查和治理货运车辆超限工作职责，出动执法人员 2792 人次，车辆 611 辆次，累计巡查公路 58780.9 公里，清理摆摊设点 113 处，堆积物 95 处，打场晒粮 88 处，查处违法涉路施工 11 起，破坏污染公路 7 起，查处违法开设平交道口 2 处、非公路标志广告牌 2 处，立案处罚 88 起，罚款 109000 元（其中公路路政立案 13 起，罚款 37000 元，货运车辆未遮盖篷布立案 70 起，罚款71000 元，无从业资格证立案 5 起，罚款 1000 元），对 7 件涉路施工许可事项进行事中监管 14 次。

【超限治理】2023 年，贺兰县交通运输综合执法大队完善治超机制保障，构建县治超工作领导小组牵头协调机制，召开治超工作会议 2 次，联席会议 2 次，与各责任单位签署治超责任书 7 份。约谈 8 家存在不规范装载行为的货运企业，为严格落实“一超四罚”制度，立案处罚违规超限超载运输的企业 21 起，罚款 65000 元。签订规范装载承诺书 11 份，发放告知书 52 份。上报县治理超限超载领导小组审定并公示重点货运源头企业 1 家，检查该企业 16 次。安排执法人员每周至少巡查 3 次贺兰山东麓葡萄园区陈华公路、陈插公路等重点路段，全面掌握货运车辆的运输情况。联合交警部门以及自治区交通运输综合执法监督局银川分局四、五、六大队开展执法行动 82 次，出动执法人员 890 人次，检测车辆 10960 辆，查处超限车辆 455 辆，就近引导至银川分局六大队处理 149 辆，本单位处理 306 辆（其中“双百王”58 辆），卸、转载货物 13669.93 吨，交管部门罚款 318700 元，扣分 1324 分。

【职能强化】 2023 年，贺兰县交通运输综合执法大队调整工作职能，成立工程质量安全监督中队，足额保障人员、车辆，重点对 4 座农村公路危桥改造、金京公路（金保公路—和平街段）在建项目、2023 年农村公路路况提升、公路日常养护等工程项目进行质量安全监督，覆盖率达 100%。出动执法人员 132 人次，检查在建工程金京公路项目、公路危桥改造工程项目、公路日常养护作业现场 66 次，排查安全隐患 81 处，并全部督促整改完毕，下发整改通知书 8 份，立案 9 起，罚款 21000 元，有力打击工程建设中的各种违法违规行为，营造了交通建设市场健康、有序的发展环境。

【素质能力】 2023 年，贺兰县交通运输综合执法大队深入开展交通运输执法领域突出问题专项整治和素质能力提升三年行动、“蝶变”等专项行动，制订《2023 年行政执法检查计划》《2023 年行政执法培训计划》《贺兰县交通运输综合执法大队“八五”普法学习计划》《贺兰县交通运输执法大队法律法规学习计划》，采取行政执法集中专题培训、日常集中学习、职工自学相结合的方式推进执法规范化和队伍正规化。先后邀请专家授课 3 次，参加人员 880 余人次。切实抓好交通运输领域突出问题专项整治行动，召开专题推进会议 6 次，张贴专项整治通告 170 余份，利用公众号发布通告 15 期，设置举报箱 5 个，发放宣传彩页 3000 余份，线上发布相关信息 9 篇（其中被主流媒体采编 2 篇）。累计排查共性问题8 个、个人问题 82 个，并全部整改完毕；梳理各平台投诉线索 13 条，均已核查处置完毕。持续主动加压，深入落实全面从严治党“四责协同”机制，开展谈心谈话 27 人次。大力推行包容审慎执法，专项整改工作开展以来办理轻微免罚案件 26 起。

【政治学习】 2023 年，贺兰县交通运输综合执法大队将自治区党委十三届四次、五次全会和银川市委十五届八次全会精神学习宣传贯彻落实作为年度重点工作。先后 24 次组织专题学习，覆盖 2000 余人次，落实主要负责人进企业有关要求，督促各类企业开展从业人员安全生产培训 200 余次，印发《应知应会口袋书》3000 余本，全会精神海报 1000 余份，道路运输驾驶员应急驾驶操作指南 1000 余本，设置固定宣传电子屏 3 处，出租车电子屏 49 辆，张贴标语 22 处。切实加强交通运输领域燃气安全监管，针对“1+37+8”和“1+10+1”安全生产系列文件中涉及交通运输领域的 80 余项工作任务建立工作台账，制定措施 200 余条，对全会出台的生态文明建设领域“1+4”系列文件中涉及交通运输行业的内容进行梳理、摘录，形成工作任务清单，深入开展运输市场排查，对 16 个易整改环保问题，责令现场整改，对未安装环保箱、未签订废机油回收合同的 2 家企业，下发责令整改通知书，要求未整改完毕前暂停喷漆业务。

【行业管理】 2023 年，贺兰县交通运输综合执法大队大力推进交通运输领域非公党建工作，成立非公党建工作领导小组，择优选派 2 名党建指导员，常态化下沉各交通运输企业，持续推动党的建设与行业管理深度结合，助力企业发展。以新业态、新就业群体服务为起点，在贺兰县中巴车停车场建设平安交通“馨驿站”主阵地，该阵地建设工作作为亮点被区级媒体报道。同步在交通运输各领域谋划 5 个非公党建“馨系平安”特色品牌，持续推进开展“党心连、谱新篇”品牌创建，建设“馨系平安——客运之家服务站”，完成客运、货运、驾培 3 个非公党建品牌创建。

【执法信息】 2023 年，贺兰县交通运输综合执法大队争取自治区交通运输厅奖补资金 130 万元，同时加大本级资金投入，以构建“纵向贯通、横向集成、信息共享、业务协同”的信息化体系为目标，投入 35 万元建设智能指挥调度室及路网监控，接入使用全县“两客一危”车辆和路网监控，整合大屏显示系统和 VPN 交通专网，全力做好远程视频、卫星定位等数据汇聚、整理、跟踪、反馈、记录，形成工作闭环，切实提高治理超限超载和非法营运的科技执法水平，有力保护全县的道路交通安全。

【补齐装备】2023 年，贺兰县交通运输综合执法大队投入 55 万元建设违法车辆停车、卸货场，为处理违法超限超载车辆提供良好条件，该站点自 9 月份投入使用后，累计处理超限超载车辆 306 辆（其中“双百王”58 辆），卸、转载货物 13669.93 吨，大队治超工作效率明显提升。投入资金 6 万余元对金山治超站卸货场进行改造升级，为全程监控取证等工作提供保障。投入资金 13 万元对暖泉站进行改造，进一步加强贺兰山东麓、宰牛沟矿区等区域超限治理工作。投入 45 万元更新执法车辆 3 台，投入 14 万元，更新安可替代计算机 17 台，投入 10 万元，配置车载应急抢险、救援照明等设备，进一步配齐对讲机、强光手电、肩灯、反光背心、安全帽等执法装备，促进执法保障能力全面提升。

【政务服务】2023 年，贺兰县交通运输综合执法大队把为群众办实事、解难题贯穿主题教育全过程，深化“放管服”改革，打造“速度更快、服务更优、满意度更高”的政务服务环境。持续深化“放管服”改革，对交通运输领域内涉及的行政许可等 5 个方面服务事项进行全面梳理，及时修改完善办事指南，提升服务效率和质量。深入落实政务服务“首问负责制、一次性告知制、限时办结制、延时服务制”等四项制度工作方案，推动全链条审批优化，推进涉企审批“四减一优”，减环节、减材料、减时限、减跑动，2023 年度已受理办结道路运输相关业务 13559 件。依托道路运政高频事项“一网通办”小程序，将线上“跨省通办”“一网通办”业务压缩在 2 个工作日内办结。同时加强对掌上办业务的宣传推广，录制播放业务办理高频事项“秒懂视频”，方便办事群众了解相关政策，准备所需材料。开展“岗位练兵”“晨会暮课”等活动，让窗口工作人员更好地学习“充电”，全面提升交通综合窗口人员业务能力和服务意识。

邮　政

综　述

【概况】2023年，贺兰县邮政分公司在自治区、市分公司的正确领导下，全面贯彻党的二十大精神，以习近平新时代中国特色社会主义思想为指导，紧紧围绕集团公司“十项战略任务”和自治区分公司“12345”工作方针，坚持稳中求进的总基调，完整准确全面贯彻新发展理念，积极服务和融入新发展格局，紧盯重点工作目标任务，主动克服困难，抢抓发展机遇，全力推动各项工作高质量发展。全年实现收入4242.43万元，完成年计划4720万元的90.01%，增长9.98%；代理金融业务收入2878.91万元，完成市公司计划目标的96.18%，增长19.31%；邮务类业务完成393.93万元，完成市分公司计划目标的91.81%；寄递业务收入完成892.15万元，完成市公司计划目标的68.63%，增长-13.96%。出租收入完成77.43万元，完成进度129.05%。

【强化政治担当】2023年，贺兰县邮政分公司始终坚持政治方向不动摇，旗帜鲜明讲政治，坚决贯彻落实党中央路线方针政策和决策部署，认真落实邮政集团及区、市分公司的各项决策部署。严格落实一岗双责责任制，形成一级抓一级，层层抓落实的工作格局。健全党组织议事决策制度，对三重一大等重大事宜进行专题研究，集中讨论决定。认真落实意识形态工作责任制。明确党支部书记对意识形态工作负主体责任，带头抓意识形态工作，带头管阵地把导向强队伍。持续推进巡视巡察整改落实工作。

【强化政治引领】2023年，贺兰县邮政分公司按照市公司党委工作安排，依托“三会一课”有序开展理论学习，将主题教育融入日常理论学习及党支部学习中，领导班子成员带头在理论学习会、支部会、党员大会上学原文、悟原理、作交流、书心得，切实用党的创新理论武装头脑，把主题教育成果转化为推动企业高质量发展的强大动力，全力以赴冲刺年度各项目标任务。

【加强党建引领】2023年，贺兰县邮政分公司以持续推进党支部标准化建设为目标，夯实党建基础。严格落实“三会一课”、主题党日、组织生活会、民主评议党员等制度。加强党员管理，严把党员入口关。严格执行党费收缴制度，全额上缴党费。定期开展“三进”，积极参加志愿服务，慰问帮扶、认领微心愿等活动。提升党建工作和生产经营深度融合成效。积极践行“我为群众办实事”活动，通过党员责任区、谈心谈话、座谈访谈、家庭走访等方式，及时掌握职工思想动态，解决职工反映强烈的热点难点问题。在金融网点开门红、寄递业务等旺季生产活动中，积极组织党员、行政人员帮扶开展工作，以先锋模范带头作用聚合力、促发展。坚持落实自治区、市分公司党委关于深化党支部领题破题活动各项要求，认领课题高效结题。

【筑牢廉洁自律防线】2023 年，贺兰县邮政分公司压实全面从严治党主体责任。切实担负起党组织主要负责人的“第一责任人”责任，督促其他领导班子成员认真落实“一岗双责”。强化党风廉政教育。通过组织党员观看警示教育片、学习典型案例通报，筑牢拒腐防变的思想防线。

【筑牢安全防线】2023 年，贺兰县邮政分公司牢固树立安全发展理念，强化落实邮政安全生产主体责任，持续开展安全生产检查，加强人员、寄递、车辆、资金、房屋的管控，明确各岗位安全生产职责，完善安全生产考核奖惩机制，做到齐抓共管、失职追责，深入抓实安全生产工作，排除安全隐患，把落实安全工作作为发展的前提，确保企业安全生产经营。

【坚定不移增收入】2023 年，贺兰县邮政分公司全年时点余额新增 3.3 亿元；保险收入完成 1039.1 万元，完成市公司下达保险收入目标 1130 万元的 91.96%；全年累计销售保费 4754.1 万元，其中长期期交保费 3193.5 万元；截至 12 月末，分公司 1 万 ~10 万元资金客户数 13639 户，资产 43093.43 万元，2023 年新增客户数 198 户；10 万 ~50 万元资金客户数 5522 户，资产 93197.32 万元，2023 年新增 805 户；50 万以上 483 户，资产 32766.85 万元，2023 年新增 103 户；VIP 客户持有四种以上产品覆盖率全区排名第一。

【坚定不移做客户】2023 年，贺兰县邮政分公司丰富客户权益体系，依托“邮幸福”平台，设置一星“新享礼”、二星“乐享礼”、三星“优享礼”、四星“悦享礼”、五星“尊享礼”。通过优惠购、生日会、一日游等丰富权益内容，针对不同层级客户提档升级，提升客户体验。

【坚定不移提能力】2023 年，贺兰县邮政分公司理财经理队伍持证率在 2023 年有所提升，区公司组织考试中，分公司基金持证人员新增 11 人，现有基金从业证书持证人数 16 人，其中 CFP 持证 3 人；理财经理队伍专业能力不断提升，借助 CRM 系统针对 VIP 级以上客户开展财富体检，通过体检给出专业化的资产配置建议，确保为中高端客户提供专业专属服务。

【坚定不移强协同】2023 年，贺兰县邮政分公司由分公司领导牵头参与走访，成立专班，由金融网点负责人、寄递客户经理共同走访建立站点，网点以周为单位，定期开展站点引客活动，拓展新客户，为金融业务增加新的增长点。

【坚定不移严风控】2023 年，贺兰县邮政分公司严格落实“两会一审”（风控进支委、邮银联席会、网点负责人离任审计）工作制度，坚持问题导向、过程导向、目标导向、结果导向严格落实制度、奖罚体系，风险防控过程管理得到加强；坚持抓好集团代理金融风险 KPI 考核指标管理，争先进位抓好目标管理；坚持执行宁夏邮政代理金融视频监控“日复盘 + 现场检查”相结合的检查模式，无死角、无遗漏，对网点合规发展保驾护航。全年接到客户赠送锦旗表扬 2 次，“95580”表扬 9 人次，意见簿表扬 1 人次。

邮务类业务

【业务发展新局面】2023 年，贺兰县邮政分公司紧抓社会热点、时政项目，将销售型业务常态发展，拉动函件业务收入增长。借助保险产说会契机销售幸运兔金吊坠等相关产品，成功销售 2 万元。通过朋友圈、群发助手推送，成功销售生肖大典 23 册，实现收入 1.6 万元。通过组织客户经理对企事业单位进行走访营销，销售开发型明信片 6 千元。做好协同发展，联合金融开展 VIP 客户答谢、沙龙等金融网点活动，销售函件系列产品 5.7 万元。

【强渠道，拓市场】2023 年，贺兰县邮政分公司借助党史类图书等社会时政热点事件，分公司领导带头销售并组织客户经理对县域 63 家行政单位及中小学进行单位分组进行认领，全面开展大走访，累计销售政务类图书 6400 余册，实现销售型图书 19.25 万元。利用网点推介、全员营销，重点做好报刊补续订业务，以及商务期刊、校园期刊的征订工作，确保客户报刊流转额稳中有升。

【丰富线上主题营销】2023 年，贺兰县邮政分公司借助自治区、市分公司开展一系列线上主题营销活动，将线上营销作为 2023 年的常态化营销模式，要求全体职工除每日在各类社交软件进行产品信息多频次推送外，还要对意向客户做到精准营销。累计销售《集藏 40 年》5 册，实现收入 5.3 万元，《前程似锦》42 册，实现收入 3.69 万元；借助生肖贺岁季的热场活动，做好线上营销工作，重点将秒杀活动做精细、做特色，累计销售生肖贺岁产品 30 万元。定期开展“线上集邮秒杀拍卖活动”。2023 年，共计开展线上秒杀活动 4 场，累计实现业务收入 5 万元左右，消化县分公司计提减值库存邮品 60 余册。

【深挖掘、拓渠道】2023 年，贺兰县邮政分公司践行能人营销宗旨，百分百完成分销业务“福至新春”“家乡粽”“思乡月”营销活动目标，实现销售额 135 万元，完成营销活动目标 100%；成功挖掘鸿荣乡情和永兴稻谷专业合作社，通过寄递事业部与市场部通力合作，渠道经理积极对接，在市分公司渠道部的支撑下，销售虾蟹 5 万元、大米 3 万元，实现寄递收入 0.5 万元。持续做好邮乐小店日均活跃和分享获客两项工作，每日一通报，加大督导力度，将邮乐小店分享获客指标作为常态化工作有序推进，确保全年计划目标提前完成。

【运营模式落实到位】2023 年，贺兰县邮政分公司按照社会渠道叠加之力，做实金融协同发展生态的总体部署要求，县分公司从“选点、建点、叠加、活动、引流、转化、绑定、提升”八大环节入手，扎实有效推动“网点 + 站点”模式落地见效，将“综合便民服务”站点，打造成为全年无休的社会渠道营销员，形成“网点 + 站点”双向叠加、双向获客、双向引流的闭环发展模式。截至 12 月，贺兰县分公司已建成站点 45 个，以邮掌柜系统为核心建成中邮 E 通、邮驿付、邮乐优鲜四套站点综合服务系统，向至少 1 万人次提供包括金融、团购、大单品批销、自提揽收等多项综合服务。

【全面构建协同优势】2023 年，贺兰县邮政分公司开展重点行政村的整村授信、整村开发，严格落实“75521”扫村标准，截至 2023 年 12 月，完成邮银协同整村授信、整村开发 2 个，进度 100%；持续推进活跃农民合作社和农业电商、寄递、对公、融资 E 等的协同营销，完成融资 E600 万元，进度 100%；协同发展信用卡项目 600 张，进度 120%；中邮普惠保险营销项目完成 13 万元，进度 100%，重点业务实现全方位触达。全力加大“乡村振兴工作室”建设力度，全年建成“乡村振兴工作室”2 个，丰富网点获客、活客和留客的手段。持续推广应用会员两大积分体系和两大积分兑换渠道。提升“邮生活”平台用户数，推进中国邮政会员发展；强化线上邮生活线下邮掌柜积分兑换渠道应用，提高积分交易额占比；加强“网点 + 站点”会员获客营销活动支撑，充分发挥中国邮政企业微信私域流量的优势，借助综合网点、揽投部等客群，推广邮生活会员服务平台，加大客户宣传覆盖面，推进邮生活用户发展。截至12 月底，新增“邮生活”用户数 0.94 万人，完成目标计划 100.68%，2023 年累计兑换“邮生活”积分价值49 万元，累计待兑换积分价值 9.9 万元。

寄递类业务

【持续推动绿色邮政发展】2023 年，贺兰县邮政分公司积极组织员工通过转发微信朋友圈、网点外拓，上门揽收、张贴海报等多种渠道进行回收复用瓦楞纸箱宣传活动，营造良好的社会回收氛围，营造崇尚绿色、全民参与的舆论氛围，助力回收复用瓦楞纸箱行动。开展“绿色寄递，邮我做起”

宣传动员会，宣传绿色低碳生活，引导群众积极参与，不断扩大活动影响力。积极落实纸箱回收行动，先后给揽投部及各网点制作瓦楞纸箱回收装置，要求定点安放，共布设回收装置6个。鼓励所有营业、揽投网点人员一天至少回收1个瓦楞纸箱。通过走访建联等方式，建立与社区物业、小区门店、沿街商户等的合作关系，推进回收复用瓦楞纸箱行动。

【金融、寄递协同发展】2023年，贺兰县邮政分公司以揽投部经理为主导，揽投员为辅，覆盖各自揽投部片区内的所有客户，实现片区寄递业务营销，同时协同发展金融和邮务类业务。寄递客户实现金融业务协揽储1742.6万元，理财132万元。以“网点＋站点”业务叠加，打造“网点＋站点”45户，其中旗舰站点2户，以寄递优质的自提点为基点，在此基础上叠加金融类业务，定期开展惠民活动。

【便民利民促发展】2023年，贺兰县邮政分公司利用邮政销售平台，结合贺兰县域特色产业，遴选产品，开展社区团购，通过“线上线下平台＋合作社＋寄递”模式，实现产品销售玉米50多单，荔枝80余单，销售麒麟瓜2万余元，并与多家合作社合作产生业务6000多单，帮助合作社和农户解决销售难的问题。

【构建三级物流体系】2023年，贺兰县邮政分公司作为集团重点建设示范县，为落实自治区、市分公司“三级物流体系”工作要求，推动快递进村稳步前进，助力乡村振兴工作。在银川市邮政管理局的大力支持下，与中通、圆通、申通、韵达、极兔等民营快递达成了“邮快合作快递进村”协议。

【普遍服务提质达标】2023年，贺兰县邮政分公司开展普遍服务达标活动。将普遍服务的各项重点工作扎实推进，严格落实邮政普遍服务监管要求，将普遍服务纳入日常监督检查的重要范畴，持之以恒抓好落实。确保网点正常运营率达到100%，全年未发生违反普遍服务“两条红线”的情况。建制村打卡、外勤监控点扫描率均达到100%。开展普遍服务工作达标专项检查活动。通过专项检查活动及时发现存在的问题，进一步优化服务流程，提高服务质量。

财政　税务

财　政

【概况】2023年，贺兰县财政局在县委的坚强领导下，在县人大和政协的监督指导下，坚持以习近平新时代中国特色社会主义思想为指导，全面学习贯彻党的二十大精神、习近平总书记视察宁夏重要讲话及重要指示批示精神，完整、准确、全面贯彻新发展理念，不折不扣执行中央、自治区、市、县党委和政府各项决策部署，按照积极的财政政策加力提效的要求，全力做好生财、聚财、用财各项工作，财政收入质量稳步提高，重点支出保障有力，资金监管精准高效，为全县经济社会高质量发展提供了坚实的财力保障。2023年全县一般公共预算收入完成13.04亿元，同比增长7.35%。

【全力抓增收】2023年，贺兰县财政局健全综合治税协调机制，按月按季调度推进收入入库，财政与税务、住建、水务、自然资源等部门密切配合、协调联动，深挖增收潜力，加大对重点税源、行业、税种的监管，开展欠税清缴工作，确保税收实现恢复性增长。

【主动争资金】2023年，贺兰县财政局聚焦各类政策和资金投向，周密谋划部署，跑厅进局对接，加大项目争取资金力度，增加县级可用财力。2023年，全县各部门争取到位中央和自治区耕地建设与利用资金、农业产业发展资金、中央水利发展资金等共计25.74亿元。

【多措并举盘资产】2023年，贺兰县财政局聚焦行政事业单位国有资产盘活及国有企业低效无效资产盘活工作任务，排查梳理，优化措施，充分挖掘存量资产价值，如意湖两侧26处资产、海吉星物流园区闲置资产、农村供水存量资产及特许经营权等得到有效盘活，增加国有资产收益1.53亿元。

【支持乡村振兴】2023年，贺兰县财政局投入资金44309万元，用于农村基础设施建设、“六特”产业发展及兑现各类惠农补贴等，力促农民增收致富，推进宜居宜业和美乡村建设。

【支持教育发展】2023年，贺兰县财政局投入资金26682万元，用于基础教育质量提升、全国学前教育普及普惠县创建、“互联网+教育”建设等，全力推进义务教育优质均衡发展。

【支持就业】2023年，贺兰县财政局投入资金28501万元，用于就业政策落实、城乡居民社保、困难群众救助等，推进社会就业容量和规模稳步扩大，兜牢民生保障底线。

【支持医疗卫生】2023年，贺兰县财政局投入资金18383万元，用于医疗共同体、基本公共卫生服务等项目，推进健康贺兰建设，不断提升医疗服务水平和质量。

【支持安全生产】2023年，贺兰县财政局投入资金9800万元，用于应急管理、消防救援、交通安全等方面保障提升，不断强化应急体系和安全生产能力建设。

【支持生态环保】2023年，贺兰县财政局投入资金22526万元，用于大气、水体、土壤污染治理、生态保护修复、黄河警示片整改等，全力打好污染防治攻坚战，持续改善生态环境质量。

【助力"工业强县"】2023年，贺兰县财政局突出对"六新"产业精准发力，投入资金1.12亿元保障吉利年产10万吨物理法多晶硅光伏全产业链、沃滴滴液体肥、北瓷新材料和图兰朵葡萄酒小镇新项目落地，兑现企业扶持、产业引导和科技创新资金4957万元，为企业发展赋能增效，夯实产业发展基础。

【支持服务业发展】2023年，贺兰县财政局围绕对"六优"产业提档升级，落实消费券、购车购房补贴等政策奖补资金2721万元，支持2023年"浪宁夏·品味道"暨贺兰县初夏乐购等促消费活动，促进消费市场稳步回暖；落实旅游产业发展专项资金1473万元，支持百瑞源枸杞小镇等旅游项目建设，宁夏农垦首届"农旅融合嘉年华"等节事活动开展，优化旅游服务质量，进一步扩大内需促进经济发展。

【推动金融服务】2023年，贺兰县财政局以助力企业发展为导向，提供全面、优质、高效、精准的金融服务，帮助中小微企业解决融资难、融资贵等问题，以金融服务企业之"优"，解企业运营之"忧"。全县发放中小微企业贷款49.85亿元，为企业发展纾困解难。

【促进减税降费】2023年，贺兰县财政局深化落实退税减税降费政策，简化办税流程，全年退税减税降费及缓税缓费超5.2亿元，切实推动政策红利释放，更好帮助企业克服困难、稳住经营。

【防范"三保"风险】2023年，贺兰县财政局将"三保"工作摆在财政工作的重中之重，统筹资金优先保障"三保"支出，建立健全库款日常监测机制，加强库款管理和动态监控。

【防范财政运行风险】2023年，贺兰县财政局紧盯重点民生资金、财经纪律重点问题等专项整治任务，开展财会监督工作，督促整改财政暂付款、惠民惠农"一卡通"补贴资金不规范等问题12个；扎实开展教育、乡村振兴、国有企业"靠企吃企"、粮食购销等领域专项治理工作，通过对重点领域和关键环节的"拉网式"自查自纠，督促整改资产处置程序不规范、资金使用不合规等方面问题349个，切实补齐管理漏洞和制度短板。

【防范债务风险】2023年，贺兰县财政局坚持从项目资金来源源头把控，严格落实地方政府债务限额管理和预算管理要求，减存量控增量，制定贺兰县防范化解地方债务风险一揽子化债方案，通过争取结存债务限额资金、盘活资产资源、完善收支两条线等措施，化解政府债务16.21亿元。

【防范金融风险】2023年，贺兰县财政局财政、公安、人行等部门密切配合，开展"扫楼清街""伪持牌""伪金交"等专项整治，防范打击非法集资、金融诈骗等违法犯罪行为，全面加强金融监管，维护金融领域健康稳定发展。

【项目评审】2023年，贺兰县财政局牢固树立"不唯减、不唯增、只唯实"的评审理念，加强政府投资项目资金管理，制定《贺兰县财政局政府投资项目评审限时办结制》等制度，全面推行限时办结制。全年完成评审项目573个，审减资金9388万元，确保建设项目资金使用的科学性和精准性。

【国有资产管理】2023年，贺兰县财政局修订完善《贺兰县行政事业单位国有资产处置管理办法》等制度，进一步规范行政事业单位国有资产无偿划转、对外捐赠、转让、置换、报废、损失核销流程，维护了国有资产的安全和完整。

【国企改革】 2023年，贺兰县财政局制定《贺兰县2023年度国资监管指导监督工作计划》《贺兰县属国有企业资产交易管理办法（试行）》等8项制度，完善国资监管制度体系，加强事中事后监管，强化企业投资、产权变动和资金管控等重点领域和关键环节的风险防控。

【预算管理】 2023年，贺兰县财政局深入推进预算绩效一体化管理，组织对乡村振兴衔接资金、人才专项资金、科技项目资金等进行重点绩效评价，把预算绩效管理深度融入预算编制、执行、监督全过程。

税　务

【概况】 2023年，贺兰县税务局在宁夏回族自治区税务局党委、银川市税务局党委和贺兰县委、县政府的正确领导下，以习近平新时代中国特色社会主义思想为指导，认真落实“抓好党务、带好队伍、干好税务”部署要求，聚焦“五强一立”任务目标，以担当诠释忠诚、以实干践行使命，圆满完成了各项工作任务，为贺兰县经济社会高质量发展作出了积极贡献。

【政治机关建设】 2023年，贺兰县税务局始终坚持以习近平新时代中国特色社会主义思想为指导，教育引导党员干部深刻领悟“两个确立”的决定性意义，增强“四个意识”，坚定“四个自信”，做到“两个维护”。认真落实新时代党的建设总要求，大力推进县局政治机关建设，党委理论中心组以“树牢政治机关意识、做到对党忠诚”等内容为主题开展政治机关建设专题交流研讨，各党支部开展政治机关建设主题党日活动，利用“问卷星”开展政治机关建设随学随测。

【主题教育】 2023年，贺兰县税务局认真贯彻落实“第一议题”“第一主题”“第一任务”“第一要事”的学习要求，采取党委会、党委理论学习中心组、党支部集中学习、党员自学、青年理论小组学习等形式，开展联学联建等活动。主要领导向全体党员、青年代表讲党课2次，局领导在所在党支部讲党课5次，党支部书记讲党课28次，全体党员形成研讨材料78篇。

【构筑政治堡垒】 2023年，贺兰县税务局严格落实“纵合横通强党建”机制和“三强十一严”工程，以建设“四强”党支部为目标，用好“4×4”党建工作法，严格落实“1+4+N”主题党日活动方式，不断提高党支部标准化规范化要求。各党支部立足自身实际，主动加强“彩虹桥”党建品牌建设，着力打造6张子品牌名片，形成“一支部一品牌”矩阵，持续推进党建与业务融合互促、同频共振。

【筑牢政治忠诚】 2023年，贺兰县税务局扎实开展“六个一”家庭助廉系列活动，通过纪检组长谈心谈话、支部书记讲党课等方式加强作风建设。把握节假日重要关口加强纪律作风监督，向全体干部职工送达廉洁过节提醒，细化机关节日前来人来访廉政登记册，组织观看家风家教宣传影片和《戴昌龙警示案例》。开展领导干部讲案例说纪法廉政教育活动，组织办税服务厅全体干部线上参与银川税务廉政讲堂主题宣讲，邀请干部家属代表发言，提升廉政教育质效。

【细剖巡视整改】 2023年，贺兰县税务局涉及现金税费少征税款问题，局党委高度重视，第一时间成立工作领导小组，建立健全工作制度，履行巡视整改主体责任，通过党委会、现金税费少征税款专项整改专题工作会议等形式查找问题原因，制定整改措施，建立整改台账。动态跟踪掌握落实整改工作情况，规范房产交易环节流程，全周期跟踪督促整改任务落实，掌握整改进度，做到清单式跟进，逐户销号，责任到人，凝聚合力抓实抓好巡视整改工作。认真对照税务总局党委巡视通报的共性问题，逐条开展深入自查。党委书记坚决扛起“第一责任人”责任、党委班子成员自觉履行“一岗双责”责任、牵头协助各部门主动承担主体责任、党委纪检组严格担负监督责任，构建“四级联动”的责任落实机制，现已完成自查整改42项具体问题。

【税费收入质效提升】2023年，贺兰县税务局共组织各项收入42.8亿元。其中，组织税收收入28.1亿元，组织社保费入库9.2亿元，组织其他收入5.5亿元。

【减税降费落实】2023年，贺兰县税务局组织召开助力“六新六特六优”产业企业发展工作推进会，累计发放“六新六特六优”适用税费优惠政策指引手册1400余份。

【“枫桥经验”引领】2023年，贺兰县税务局打通综合办税、不动产、社保等各个区块之间的业务壁垒，搭建“化解涉税矛盾”的“高速路”并积极开展有关“枫桥式税务分局”建设的集中学习和研讨交流，税收管理员管户模式迭代升级为“地域+分类+行业+集成”管事模式，进一步解决税收基层治理的各种矛盾问题，防范化解重大风险。

【税收征管改革】2023年，贺兰县税务局抓好贯彻落实意见情况“回头看”，开展“点选答”创新工作。认真落实“负面清单归零专项整改行动”，明确责任单位、责任清单和责任人员，定期开展重点督导、严格考评、促进整改，扎实开展指标验证、指标分析、数据整改工作。制作、更新欠税明细表、欠税清缴统计表、大额欠税户情况统计表等各类欠税台账，按期在办税场所公告纳税人的欠缴税款情况，提醒督促欠税人主动清缴欠税。

【基层服务新路径】2023年，贺兰县税务局在办税服务厅增设“小贺小兰”青年志愿服务驿站分驿站，为企业宣传最新税收优惠政策。积极发挥“马丽工作室贺兰分室”品牌效应和“小贺小兰·税e通”作用，向纳税人开设“业务小讲堂”90余次，先后为纳税人提供容缺办理服务2180人次、延时服务362个小时。主动向贺兰县委、县政府建言献策，获得贺兰县党政领导批示5次，强化与贺兰县委、县政府以及相关单位联系协作，设置5个“化解历史遗留问题专区专窗”，采取“先办理买受方契税，再登记造册，后追缴销售方税款”的做法，切实解决“办证难”问题。

【队伍建设】2023年，贺兰县税务局常态化开展练兵比武活动，坚持每周五集中学习制度，全年开展线上、线下培训20余期，有1人参加国家税务总局办公条线的比武竞赛，9人参加自治区大比武6个条线。2023年市管干部晋升10名，县管干部晋升21名，共计31名公务员职级晋升。县局被上级单位提拔使用副处级领导干部1名，遴选使用稽查工作人员3人。2023年县局获自治区文明单位、青年志愿服务驿站、全区离退休干部“示范党支部”等称号。

【政务建设】2023年，贺兰县税务局全年信息被各级采用、媒体报道103条，微博微信发布各类新闻长图108篇，妥善解决涉税投诉举报407件，为税收改革发展营造了良好的氛围。严格落实信访责任，严格执行24小时值班制度，严防泄密事件发生，全年未出现重大信访、值班和泄密事件。严格落实安全生产的责任要求，及时检查维修改建县局办公楼和办税服务大厅的消防系统，共投入16万元，已在11月初全部整改完毕，给纳税人、缴费人营造一个安全和谐的办税环境。

金 融

宁夏银行贺兰支行

【概况】2023年，宁夏银行贺兰支行在总行的坚强领导下，紧紧围绕支行经营管理工作的总体部署，坚持稳字当头、稳中求进工作总基调，按照新一轮战略规划部署，以高质量发展为主题，围绕“夯基、提质、增效”的工作主线，加大营销拓展力度，积极开拓县域地方市场，推进不良贷款清收处置，各项计划目标有序推进，取得了一定的成绩。

【工作责任】2023年，宁夏银行贺兰支行严格落实“三会一课”、民主生活会、组织生活会、民主评议党员、谈心谈话等制度，按月开展形式多样，内容丰富的主题党日活，特别是联合社区企业共建，切实提升活动的实际影响力。开展党员过“政治生日”、重温入党誓词等政治仪式；年内共计召开党员大会6次，举行主题党日活动12次，讲党课2次。严格落实领导班子“一岗双责”，积极配合总行落实“三进五联”机制。探索建立党建与经营同向联动发力机制。围绕“厅堂转型”“不良清收”等年度重点工作，实现党建、经营、管理三方共促、共享、共赢；强调党务专干工作职责，强化支部党务工作专业化、规范化；认真做好党费收支管理，严格执行党费收缴、使用和管理相关规定，做好党费收支台账及党费定期公示制度。

【廉政建设】2023年，宁夏银行贺兰支行严格落实中央八项规定精神，持续开展“两访一诺一讲”。持续整治“四风”问题，坚决破除形式主义、官僚主义、享乐主义和奢靡之风，坚决反对特权思想和特权现象。把纪律和规矩始终挺在前面，带头严明党的纪律，认真落实政治纪律和组织纪律，带动廉洁纪律、群众纪律、工作纪律、生活纪律严起来。强化日常监督。加大违规违纪问责处理力度，深入推进反腐败斗争。

【意识形态】2023年，宁夏银行贺兰支行深入学习社会主义核心价值观、马克思主义宗教观，习近平总书记关于意识形态工作方面的重要讲话精神以及中央、自治区党委关于意识形态工作的决策部署等相关内容；每半年开展一次“意识形态研判会”，通过专题讨论，提高支行党员、团员对民族宗教观及意识形态领域内容的认识，中央金融工作会议召开后，支行积极组织学习，并结合意识形态对支行作为当地金融机构如何更有效率地服务贺兰百姓做了交流研讨。

【队伍建设】2023年，宁夏银行贺兰支行多措并举激发班子内力和职工队伍活力，进一步营造想干会干能干、风清气正的优秀团队。2023年通过公开民主测聘提拔基层管理人员1名。通过常态化学习、参加职业资格考试、运营大比武练习等方式使员工综合素质得到提升。认真执行民主集中制和“三重一大”事项集体决策制度，自觉维护团结统一，主动接受工作监督，确保班子上下同心同德、步调一致。

【营销工作】2023年，宁夏银行贺兰支行为更加有序、高效地落实总行制定的各项经营目标任务，支行早行动、早计划、早部署，层层传导压力，及时安排部署年度经营计划及任务分解，挂图作战。

【重点项目】2023年，宁夏银行贺兰支行通过多次走访营销，与宁夏精恒冷链物流有限公司建立合作关系，发放贷款1800万元。华源耀康医药公司3000万元贷款较原额度增加600万元，额度已全部占用。

【小微客户】2023年，宁夏银行贺兰支行积极对接宁夏方越汽车销售服务有限公司，最终授信500万元，并全额占用。

【代发工资户】2023年，宁夏银行贺兰支行对接贺兰县瑞银物业服务公司，积极营销放薪管家代发业务。开立阳光绿城保证金账户，对接楼盘公积金贷款及公积金组合贷等按揭贷款业务；营销渝陵食品公司代建项目农民工工资代发项目。

【清收工作】2023年，宁夏福之源生物油脂有限公司的4335.4万元（共4笔）逾期贷款，经总行领导协助、支行班子多方协调，已由担保人金河乳业有限公司代偿本息1500.6万元。处置抵债资产2处，共计金额783万元。港盛商贸及万东平不良贷款已按判决办理抵债资产过户手续，抵债金额368.6万元。

【营销业绩】2023年，宁夏银行贺兰支行制定了支行2023年“赢在春天”营销活动方案，坚持开展“引进来，走出去”的存款营销计划，守好厅堂营销阵地，以开门红活动为抓手，以春节前后节日氛围为契机，组织开展了“迎新春 写春联 送祝福”活动。积极推进厅堂零售转型，深挖存量客户，围绕调结构降成本，拓展新的存款增长点。强化项目拉动，多次组织员工前往工地，为农民工开立代发工资账户，有效转化为扩大储蓄存款的一项重要举措。充分发挥CRM系统客户管理职能，对客户资源进行梳理，做好客户的精准营销管理与维护工作，加强与贺兰县财政、公积金等政府机构的对接联系，并以28周年行庆活动为契机，上门拜访了贺兰县融信、融晟担保公司通过加大办理担保业务力度，积极营销对公存款。对现有418户对公结算账户进行分类营销，指定专人对日均存款超5万元未开通企业网银的客户进行筛选，要求客户经理按周监督资金归行情况，对重点客户采取上门实地跟进，加强与客户的联系。

【贷款营销】2023年，宁夏银行贺兰支行走访贺兰县行政事业单位、银川奥特莱斯投资有限公司，与融信担保公司对接风险补偿金担保协议事宜。并与农担公司到宁夏杞蕴商贸公司贷前走访，对接担保贷款相关事宜。深入“六新六特六优”产业的重点产业链、重点园区、重点项目、重点企业开展对接营销。联合贺兰县常信乡金融服务站，积极开展涉农贷款的营销，并在贺兰县周边村镇种植户及养殖区中积极推荐支行线上信贷产品。联系对接纳税企业客户、专精特新及创新型中小企业，营销中结合总行开展的“走万企、提信心、优服务”活动，积极走访主动提供金融服务。重点推进贺兰县机关事业单位信用卡团办力度，为贺兰县人民医院、贺兰县中医医院医护人员及贺兰县二中新入职教职工多次上门团办进件、营销激活动卡。坚持全员发力，线上线下联动营销，加大普惠小微贷款“两增”目标任务的推进力度。

【进市场】2023年，宁夏银行贺兰支行坚持进驻频次，确保深耕成效。除日常常态化营销宣传外，每周末组织全员分两组，由班子带队，前往贺兰县周边商圈、市场、二手车市场、建材城及周边社区进行展业，大力宣传我行线上线下金融产品。细化方案、有序推进。支行两个营销小组细分行业客群，在做好存量客户维系的基础上，按季度有针对性地专项营销某个区域客户。调整划分区域联系人，包区到人。根据海吉星市场行业区域划分，重新调整了各经营区域对接联系人，确保业务不重叠、商户有对接。

【进乡村】 2023 年，宁夏银行贺兰支行积极对接县乡村三级机构相关部门，寻找物色符合要求的金融服务站，开辟新站点；加大对已签约但未达标的金融服务站站长的激励督导，确保支行有效站点的增长，从而带动各项指标业绩持续发展。

【进社区】 2023 年，宁夏银行贺兰支行与共建社区紧密联系，将志愿者服务与金融服务相结合，走进支行周边小区，通过创新联动等举措，实现互惠共赢。以满足社区周边商户资金结算为切入点，配合唰唰贷、信用卡、收单二维码开展立体式营销，确保赢在春天营销活动有序开展。

【风险管理】 2023 年，宁夏银行贺兰支行成立支行“不良清收攻坚行动”领导小组，由清收经验丰富的客户经理主要负责支行表内不良、监管隐性不良及已核销贷款的清收。制定《贺兰支行 2023 年不良清收处置方案》，明确不良清收目标任务，分别建立账面不良、隐性不良、已核销贷款和抵债资产台账，翔实记载不良资产业务信息、处置进程、资产线索、计划安排等，逐笔列清不良资产明细，明确不良贷款日常管理人及清收管理人。

【财会运营】 2023 年，宁夏银行贺兰支行提高会计运营管理质量，强化财税执行规范。以星级网点评价为契机，加大教育培训及服务的培训力度，提高员工业务水平和综合素质，对照测评细则边查边改，以此引导会计工作稳健规范运行；严格执行财会制度，严格落实逐级审批制度，开源节流，按季公示各项财务费用列支情况。加强固定资产日常管理，确保固定资产实物完整性和账实、账表、账账相符。严格落实中央八项规定精神。

【内控管理】 2023 年，宁夏银行贺兰支行加强节假日行政值班，落实工作责任制；定期开展安全知识学习，逐条学习落实“安全生产工作实施细则”。邀请消防培训讲师开展专题讲座，并组织员工开展各类应急预案演练，提升员工安全防范意识及应对突发事件的处置能力。定期对网点办公区、生活区及安防器械、110 报警系统、监控系统进行巡检，落实工作责任，确保支行安全运营。充分利用近期的征信报告、账户流水等排查档案资料，开展年度内全员行为排查工作，并检视上半年员工行为日常排查及专项排查发现问题整改情况。

【贷款指标】 2023 年，宁夏银行贺兰支行各项贷款余额为 33550 万元，较年初减少 8400 万元。其中:个人消费贷款 5354 万元，较年初减少 404 万元；普惠小微贷款余额 1.1 亿元，较年初减少 20.61 万元；民营贷款余额 2.68 亿元，较年初减少 7282 万元；制造业贷款余额 9703 万元，较年初减少 4603 万元；三农贷款余额 5765 万元，较年初减少 1560 万元；科技贷款余额 2686 万元，较年初新增 756 万元，完成计划任务的 94.5%。

【客户指标】 2023 年，宁夏银行贺兰支行财私客户数新增 329 户，完成计划任务的 156.67%；有效对公结算户新增 10 户，完成计划任务的 55.56%；信用卡有效新户新增 512 张，完成计划任务的 87.97%；中间业务销售额共计 251.86 万元，完成计划任务的 228.96%。

中国建设银行贺兰支行

【学习贯彻习近平新时代中国特色社会主义主题教育】 2023 年，中国建设银行贺兰支行围绕“学思想、强党性、重实践、建新功”总要求,严格落实开发区支行党委工作安排，积极开展“第一议题”学习、集中学习、自学研讨，认真读原著、学原文、悟原理。党总支班子成员带头讲授专题党课，充分发挥领学促学作用，推动理论学习入脑入心、真信笃行。开展“学英雄·建新功”活动，党总支联合贺兰县退役军人事务局、宁夏双玉防水材料有限公司开展“传承——纪念张富清老英雄”主题党日，不断提升党性修养。

【基层党建】2023 年，中国建设银行贺兰支行党总支带头严格落实“三会一课”等制度，总支成员定期到网点督导检查基层党建工作，持续加强基层党组织标准化规范化建设，2023 年新设立贺兰支行职能部门党支部，并由班子成员兼任党支部书记。聚焦发挥党组织的战斗堡垒作用和党员的先锋模范作用，团结和带领全体党员第一时间置身于乡村振兴主题金融活动等重要工作当中。

【主营业务】2023 年，中国建设银行贺兰支行资债规模迈上新台阶。截至年末，一般性存款时点余额 262762 万元，当年新增 31580 万元，位列四行第二。一般性存款日均余额 255125 万元,当年新增 37473 万元，位列四行第二。各项贷款（不含卡透）余额 262524 万元，四行占比 29.64%，当年新增 97508 万元，达到历史最高点，增速 59.09%，四行占比 35.51%，位列四行第二。其中，对公贷款余额 31589 万元，当年新增 19140 万元，位列四行第二（农行由于内部银团项目投放，位列四行第一）；个人贷款余额 230935 万元，当年新增 78368 万元，位列四行第一。客户账户基础持续夯实。截至年末，支行当年新增对公加权有效客户 2916 户，完成率 591.25%，县域支行排名第一。资产质量平稳可控。账面不良贷款额 2608.48 万元，不良贷款率 0.99%，资产质量平稳可控。

【服务经济发展】2023 年，中国建设银行贺兰支行围绕产业方向，加大中小企业支持力度。紧盯县域产业转型升级方向，以“善新贷”“宁科贷”为抓手，积极支持专精特新“国高新”等先进制造业企业，截至年末，支行对公贷款当年新增 1.91 亿元。围绕扩大内需，加大住房贷款投放力度。针对县域房贷业务活跃市场，加大对桃李湖樾、如意府、月湖名邸、东方水韵等一手房楼盘营销力度，持续做好二手房中介合作维护，并充分利用区分行关于带押过户、公证房受理等利好政策，全力拼抢房贷市场。截至年末，支行个人住房贷款当年新增 6.14 亿元。

【普惠金融】2023 年，中国建设银行贺兰支行普惠金融提能上量。围绕“小微个创农”全量普惠客群，积极外拓海吉星农贸市场、德胜二手车市场、建材城等专业化市场，以商户云贷、小微快贷为切入点，全力提升普惠贷款规模。同时，将普惠金融业务作为日常营销规定动作，坚持做到到店客户扫码、营销商机执行、他行商户外拓，确保支行普惠业务快速发展。截至年末，支行普惠金融贷款余额 30000 万元，当年新增 4437 万元，县域支行排名第一。

【助力乡村振兴】2023 年，中国建设银行贺兰支行农户生产经营贷款质效双升。支行坚定贯彻落实区分行关于乡村振兴工作安排部署，大力拓展“裕农贷”“裕农快贷”业务模式，加大对家庭农场、农民专业合作社、种养大户等新型农业经营主体以及涉农农户住房、消费的信贷支持，同时借助农担等担保机构合作契机，进一步扩大涉农贷款规模。截至年末，支行“裕农快贷”余额 12413.4 万元，当年新增 10208.7 万元；“裕农贷”余额 2104.5 万元，当年新增 1924.5 万元。持续提开“裕农通”平台价值挖潜。进一步优化“裕农通”服务点结构，密切与“村支两委”合作关系，持续加强业主关系维护，进一步提升服务点民生类交易量，不断提高“综合价值贡献度”。截至年末，支行裕农通卡当年新增 3307 户，年日均存款沉淀新增 1406.4 万元；快捷支付绑卡比年初新增 2997 户，手机银行签约比年初新增 3037 户“裕农通 App”比年初新增 1967 户。

商贸　流通

商务和投资

【概况】2023年，贺兰县商务和投资促进局在县委、县政府的坚强领导下，在自治区、市商务部门的大力支持下，始终坚持以习近平新时代中国特色社会主义思想为指导，深入学习贯彻党的二十大精神和自治区十三届四次、五次全会精神，对标年初目标任务清单，全力推动县域招商引资和商务工作高质量发展。

【招商引资】2023年，贺兰县商务和投资促进局实施招商引资项目121个，协议总投资175.88亿元，实际到位资金47.15亿元，完成自治区下达70亿元任务的67.51%。其中，新开工项目87个，协议总投资112.74亿元，实际到位资金34.8亿元；续建项目34个，协议总投资63.13亿元，实际到位资金续建项目34个，协议总投资63.13亿元。全县组织招商引资活动共计397批次，其中“走出去”130批次（党政主要领导带队外出9批次），“请进来”267次，动态储备重点在谈项目104个。

【社会消费】2023年，贺兰县商务和投资促进局实现社会消费品零售总额147.95亿元，同比增长3.0%，总量分别占自治区、全市的10.9%和18.3%，增速位列全市第二、沿黄六县（市）第一。限上汽车类实现零售额92.97亿元，同比增长18.3%。其中新能源汽车零售额实现21.14亿元，同比增长78.9%，占限额以上汽车类商品销售额22.8%。

【筹划落实】2023年，贺兰县商务和投资促进局切实发挥政策引领作用。制定完善《贺兰县“消费需求促进年”活动实施方案》及重要节点促消费活动方案，举办线上线下活动10余场，引流40万人次以上。积极对接县发改局兑现商贸服务企业升限入库奖励资金140万元，增强企业信心，提升销售业绩。

【“双量”发展】2023年，贺兰县商务和投资促进局保存量方面，对于2022年新入库的27家限额以上商贸企业及大个体工商户通过50余次召开座谈会和走访企业，协助解决企业经营问题，努力兑现限额以上入库奖励资金。谋增量方面，积极培育马伟禧悦等餐饮重点商户储备入库，紧盯新百商业综合体项目建设进度。

【消费重点】2023年，贺兰县商务和投资促进局精准开展促进消费活动。先后举办年货节、购车节、美好生活节及国庆双节活动等活动，统筹自治区、市、县促消费专项资金500万元，发放消费补贴券3万余张。成立贺兰县十一假期促消费工作专班，由政府分管领导任组长，组织网信办、文旅局等14家部门认真开展好国庆假期促消费各项工作和服务，刺激县域消费，进一步营造消费热潮。

【线上销售】2023年，贺兰县商务和投资促进局组织开展2023贺兰电商年货节活动、“宁夏双品网购节”“6·18”年中大促电商助农直播活动等10余场次，2023年贺兰县农产品网络零售额37.7亿元，同比增长16.84%。组织组织百瑞源、厚生记、杞蕴等15家特色产品优秀企业参加全国电子商务博览会、全国糖酒会等大型会展活动，企业签订订单金额达6000万元。

【项目招引】2023年，贺兰县商务和投资促进局立足“一园三区”产业定位，围绕新型材料、绿色食品、生物医药、现代物流等产业链上下游，完善“五个清单”，招引10亿元以上项目2个、5亿元以上项目5个、1亿元以上项目20个，“六新六特六优”产业招商引资到位资金增长20%以上完成情况。2023年，全县符合区市重点产业类别的项目85个，占比74.56%；产业项目实际到位资金36.88亿元，占实际到位资金的78.04%。新招引10亿元以上项目2个，5亿元以上项目4个、1亿元以上项目17个。

【灵活服务】2023年，贺兰县商务和投资促进局继续发挥县域汽车产业优势，相继举办德胜品牌车展、美好生活节等汽车补贴活动，持续释放新能源汽车惠民政策红利，对新能源汽车补贴实行分档分级补贴，有效拉动新能源汽车增长迅速，销售市场前景可观。2023年，限额以上汽车类商品实现消费品零售额92.97亿元，占限额以上消费品零售额的91.2%，同比增长18.3%，拉动全县消费品零售额增长9.9个百分点，其中，新能源汽车实现消费品零售额21.15亿元，占汽车类消费品零售额的22.7%，同比增长78.9%。同时积极筹措各级促消费专项资金320万元用于发放汽车消费补贴，撬动限额以上汽车类商品零售额增长3亿元左右。

【品牌车展】2023年，贺兰县商务和投资促进局认真贯彻落实自治区及银川市关于“消费需求促进年”活动要求，制定《贺兰县消费需求促进年活动实施方案》，先后举办“大展宏图购新车 动力启程好生活”贺兰县2023年德胜品牌车展活动、美好生活节及“惠享生活 爱尚贺兰”双节促消费活动等，组织全县90余家汽车销售企业积极参加各类车展活动，其中十一车展中贺兰县域汽车销售现场签订金额达8亿元，再创汽车销售交易新高，理想、蔚来、小鹏等新能源汽车销售企业已全部升限入库。

【服务网络】2023年，贺兰县商务和投资促进局充分依托宁夏贺兰工业园区产业集聚核心区，大力引入品牌汽车企业及服务企业，形成集汽车销售、售后服务等较完备产业体系，建立起集汽车销售、检测、信贷、保险、缴税、办证、挂牌等“一条龙”式后服务机制，吸引了高合、岚图、哪吒等新品牌、新企业落户贺兰，延链补链，聚集了奔驰、奥迪、宝马、各类汽车品牌70余种，限额以上汽车销售企业73家，培育发展集汽车销售、融资、保险、检验检测、交易过户于一体的二手车市场8家，不断发展壮大汽车销售及后服务产业规模。

【物流产业】2023年，贺兰县商务和投资促进局推进京东、极兔快递等快递行业头部企业建设运营，积极引导中通快递、重庆医药等重点物流配送企业申自治区、银川市物流产业发展项目，进一步发挥好贺兰县快递行业集聚效应。提升县域农产品上行冷链设施建设。建设贺兰县公共冷链物流中心仓，联合各快递企业，将入仓农产品快递发出成本由平均6元降低至2.7元，降幅达55%。

【商贸流通】2023年，贺兰县A级以上物流企业5家，货物进出港量增长20%以上，贺兰县商务和投资促进局积极培育储备马伟禧悦、昊王缘梦、郑红玉火锅店等5家商贸流通服务企业升限入库，已于11月中旬前配合县统计局完成企业入库工作，进一步优化限上纳统企业结构；组织中通等重点物流企业积极申报AAA级物流企业，进一步提升流通效率。

【谋划参与】2023年，贺兰县商务和投资促进局开展宁夏品质中国行等活动推介计划，助推更多优质产品走出去。配合中阿博览会签约项目 3 个、第三届中国（宁夏）国际葡萄酒文旅博览会签约项目 1 个，签约金额分别为 38.5 亿元、35.6 亿元。

【物流网络】2023 年，贺兰县商务和投资促进局完善县乡村三级物流配送体系建设。依托国家级电子商务进农村示范县项目，建设完成贺兰县公共冷链物流中心仓，整合中通、韵达等 5 家快递公司，开通县至乡镇直达货运干线 7 条，乡镇至村货运支线 29 条，快递派送到村成本由 2.38 元降至 1.1 元，降幅53.7%。创新完善快递配送“四段码”机制，对贺兰县 35 个村级站点新增快递末端编码，在镇、村两级实现站点快递数字化管理，提升运营及派送效率，实现农村快递当日完成入库及信息通知，最快当天签收。2023 年，贺兰县仓储物流配送中心分拣快递 976.67 万件。打造建设农村服务站点。引入农产品上行、电信业务、金融贷款、线上购物、充值缴费、快递物流、劳务派遣等服务，实现“一网多用、一站多用”的新型镇村级电商服务站点 40 个，快递下乡服务覆盖率 100%。

【安全生产】2023 年，贺兰县商务和投资促进局将习近平总书记关于安全生产的重要论述和重要指示批示、自治区党委十三届四次全会精神以及“1+37+8”系列文件等学习纳入党组理论中心组、干部晨会学习计划，共开展专题学习 34 次、研讨交流 4 次、专题测试 2 期，切实提高干部安全生产意识、依法履职能力。进一步提高全县商贸流通领域企业安全意识，组织重点行业企业负责人开展线下安全专题学习班 5 次、应急演练 9 次，逐户入企培训 3000 余家，累计学习培训 20000 余人次。聚焦安全生产重大事故隐患和重点检查事项，重点开展安全生产大排查大整治行动和重大安全隐患排查整治行动。累计查找问题392 个，下发督办通知书 30 份，约谈相关企业负责人 30 余人，销号整改问题391 个，整改率 99%。

【选试点类】2023 年 5 月，宁浙电商创业园被自治区商务厅评为自治区电子商务示范基地。2023 年，贺兰县实现电子商务交易额 129.02 亿元，同比增长 9.23%，网络零售额 61.56 亿元，同比增长 13.13%，在银川网络零售额中占比 28.29%，排名第一位。

供销合作

【概况】2023 年，贺兰县供销合作社紧紧围绕县委、县政府重点工作安排部署，强化落实，在自治区、市供销社的大力指导下，以贺兰县“数字供销”示范区建设工作任务为抓手，强化工作落实，各项工作有序推进。

【完成主要指标】2023 年，贺兰县供销合作社完成固定投资 1000 万元，争取项目资金 210 万元。

【“数字供销”建设】2023 年，贺兰县供销合作社对贺兰县“数字供销”县级运营中心进行改造升级，增加牛羊肉、农产品直播间 150 平方米，办公室增加了供暖设备，展销区域增加了灯光、广告、门头电子屏等。

【建设乡级运营中心】2023 年，贺兰县供销合作社对其立岗供销社、金贵供销社、洪广镇金山村供销社（村级供销社）原有基础上融入“数字供销”元素，赋予“数字供销”职能，改造成为乡镇级“数字供销”运营中心，承接乡（镇）级运营中心工作；建设村级“数字供销”服务站点 17 家，全部挂牌运营。

【打造数字化服务】2023 年，贺兰县供销合作社将习岗供销合作社作为示范点，利用其现有行业资源和业务优势，搭建服务完善、功能完备的数字化农事服务平台，面向全县开展科学种植、土地托管、良种示范、测土配方、无人机植保、统防统治、农资供应、农技培训、庄稼医院、专家咨询等“保姆式”“菜单式”服务；共投入 165 万元项目资金，扶持 13 家网点健康有效发展，夯实为农服务基础。

【助农增收】2023年，贺兰县供销合作社注重与涉农企业，种植大户、村集体联合合作，坚持以农民利益联结为核心，突出联合属性、放大联合优势、扩大合作领域，大力实施新型基层组织体系建设，累计投入资金565万元，撬动社会资金3000万元，建设村级综合服务社22个，领办农民专业合作社72个，吸纳成员社50个，全系统现有社员3万人，带动服务农民5万人；累计建立为农服务中心、仓储配送中心8家，助农增收作用不断凸显。

【为农服务】2023年，贺兰县供销合作社财政累计拨付综合改革资金265万元、争取自治区供销社项目资金共计300万元，支持“两个体系”建设，为供销合作社扩面增量、提质增效注入源头活水。多次会同金融机构深入村两委，了解企业运营情况和发展中存在的实际困难，为企业纾困解难，推动“三位一体”综合合作试点工作落地落实。扶持3家企业开展了蔬菜病虫害防治、测土配肥、育苗等各种技术培训6期，培训620人次，并为农户提供田间观摩，专家授课，提升农户种植水平，采取统一订购农资，提供订单种植，帮助农户销售产品。在小麦和西红柿等蔬菜成熟前，深入全县各村进行“三夏”生产工作摸底，了解各村在农机作业、统防统治、农资化肥供应、农产品销售、烘干收储等方面是否存在困难，强化为农服务能力。在农作物种前、种中和作物管理期间开展了深翻作业、播种作业、飞防作业等社会化农机服务，通过一系列社会化服务举措，为农民增收，为乡村振兴助力。

【主责主业】2023年，贺兰县供销合作社全县供销系统21家农资销售企业共计各类化肥3.1万吨。销售各类化肥8000吨，销售各类种子2800吨，占全县农资化肥销售的60%以上，发挥了农资销售的主渠道作用，确保全县农资供应需求。

【外销渠道】2023年，贺兰县供销合作社主动对接赴江苏南京市考察宁夏特色优质农产品开拓江苏市场销售通道，确立优势互补、协作互利的战略合作伙伴关系，充分发挥各自资源优势，配合政府主管部门，在农副产品外销、区域农产品价格体系、新型农贸市场经营等领域开展合作，共同打造让银川和南京人民放心受益的“菜篮子”工程。在南京众彩批发市场设立销售档口和牛羊肉品鉴店等方面达成合作意向。双方分别于2023年2月和6月相互进行了考察，达成了合作意向。

【批发市场】2023年，贺兰县供销合作社在贺兰县习岗镇新平园区老砖厂建设一处布局合理、结构优化、功能完善、管理先进、服务规范的现代化果蔬批发市场。该市场规划占地12亩，建筑面积2100平方米，内设10个标准摊位，日交易量20吨，年交易量1万吨以上。设有果蔬分拣中心、电子结算中心、电子信息发布中心、治安消防中心、电子监控系统、电子计量系统、室外大型停车场等附属机构与设施，为广大客户创造放心、省心、安心的交易秩序和经营环境。项目总投资概算约500万元，争取自治区供销社投资50万元，通过项目建设，对农民进行技术培训，提高农村劳动力的素质，建立农村农民合作组织，引进农业新技术，生产无公害蔬菜，提高蔬菜产量和质量，完善农技推广服务体系，提高服务水平，使农技服务功能和能力得到加强和提高，同时也改善了农业生产条件，可以满足整个新平设施园区蔬菜生产发展的需要，为农民提供信息，降低农业投入，增加农民收入。项目建成后，每年可以稳定增加村集体收入15万元以上，实现集体经济有发展、村民生产得实惠的目标。

【帮扶工作】贺兰县供销合作社在2023年中秋、国庆双节期间，积极组织基层供销社和开放办社企业开展“迎双节·促消费宁夏特产供销行暨质量月”活动，采取线上线下销售模式，销售额共计150余万元，有力推动了贺兰县特色产业发展。

烟草专卖

【概况】2023 年，贺兰县烟草专卖局（分公司）坚持以习近平新时代中国特色社会主义思想为指导，全面学习宣传贯彻党的二十大精神，主动融入地方发展大局，聚焦“走在前列”工作目标，较好地完成了各项工作任务。

【政治引领“铸魂”】2023 年，贺兰县烟草专卖局（分公司）始终把旗帜鲜明讲政治摆在首位，全面压紧压实管党治党政治责任。严格落实“第一议题”制度要求，深学细悟习近平新时代中国特色社会主义思想，把坚决做到“两个维护”体现在担当作为的实际行动中。

【组织引领“强基”】2023 年，贺兰县烟草专卖局（分公司）积极推进党支部标准化规范化建设，扎实开展“三会一课”、组织生活会、民主评议党员等工作。持续探索“主题党日 +”活动模式，开展“立足岗位做贡献”、“党旗在一线高高飘扬”、学雷锋志愿服务、与中国银行党支部开展联学共建等活动，深化“家·党建”品牌创建，赋能中心工作。

【作风引领“塑形”】2023 年，贺兰县烟草专卖局（分公司）开展“廉政警示教育月”、参观廉政警示教育基地、观看廉政教育片等“规定 + 自选”动作让“廉味”十足。发挥监督职能，加强对“关键少数”、一线岗位的监督管理，强化重要节点警示教育。

【营销网建转型升级】2023 年，贺兰县烟草专卖局（分公司）始终把经济平稳运行和市场良好状态摆在优先位置，班子成员带队深入市场，开展春节、五一市场消费需求，加大市场、品牌、价档分析力度，为区域货源分配提供依据，较好地完成了年度目标任务。服务策略在“匹配”上重效能。用心用情用力服务零售客户，从抓思想、抓作风、抓协同入手，深化专销联动，开展“3+”基础工作专项提质工作，采取“集中 + 分组”“晾晒 + 点评”模式，全面提升基础工作质效。

【市场秩序规范治理】2023 年，贺兰县烟草专卖局（分公司）不断拓展市场监管维度。以“多查案、查大案”为重点，织密市场监管“情报网”，分业态开展专项检查，强化电子烟市场监管，修改完善联合执法协作机制，保护未成年人身心健康，综合治理力度得到加大。持续加大打假破网深度。坚持物流寄递渠道日常监管不放松，采取“联合执法 + 错时驻守 + 系统派单”的“3+”监管模式，对辖区内物流寄递企业、快递网点进行拉网式排查，及时进行信息互通反馈。积极配合市烟草专卖局稽查支队，深挖细查“非法经营电子烟”案件，加强与公安机关职能部门的沟通与协调。

文化　旅游

文化事业

【概况】2023年，贺兰县文化旅游广电局以培育和践行社会主义核心价值观为主线，创新思路，务实而为，以改革开放创新为动力，以完善公共文化服务体系、文化保护传承体系和文化人才培养体系为重点，全力推进文化事业大发展大繁荣，不断提升文化软实力，更好满足人民群众多层次、多方面、多样化精神文化需求，努力实现“十四五”文化改革发展的良好局面。

【服务中心】2023年，贺兰县文化旅游广电局以资源共享，统筹规划为原则，年均投入400万余元，持续实施公共文化提质增效工程，为全县5个乡镇文化站、63个村级文化服务中心按需配置音箱等文化设备器材。2023年重点对洪广镇欣荣村、立岗镇先进村、星光村等8个基层综合文化服务中心进行室内维修改造。对县域内损坏的文化大舞台进行维修改造，对欣荣村、隆源村乡村大舞台进行提升改造，进一步以文化助力乡村振兴和脱贫攻坚有效衔接。

【服务体系】2023年，贺兰县文化旅游广电局投资200余万元建设了公园华府城市书房，改造了居安社区分馆，打造云都荟城市书房，为公园华府城市书房和居安分馆配备了书架、阅读桌椅及自助办证机、自助借还书机、图书杀菌机、视听文化墙、公共文化一体机、自动盘点车等数字化设备，配置涵盖党建、文学、历史、经济等类图书共1万余册。全力打造城市书房，让书香“触手可及”。

【精品创作】2023年，贺兰县文化旅游广电局认真开展“四送六进”文化惠民工程，共组织开展“美丽贺兰·文化大集”活动、开展“民宿＋民俗”文旅融合、农民文艺会演及展演、文化大集等各类活动40场。2023年春节期间共发放春联、福字900多幅，开展书画作品征集200余幅，发放灯谜2000余条，送出期刊3000余册，结合春节、端午节、中秋节等传统节日和五一、十一等节庆，举办元宵节社火巡演、稻渔空间“梦幻灯光冰雪主题乐园”活动、“牡丹花”乡村文化旅游节、宁夏农垦首届“农旅融合嘉年华”、“月满中秋·诗行贺兰”中秋诗会等大型活动，全面展示贺兰县经济社会发展成果和全县人民良好的精神风貌。

【群众文艺】2023年，贺兰县文化旅游广电局充分利用文化馆新时代文明实践中心、图书馆、乡镇文化站等文化阵地免费举办各类辅导培训班。举办未成年人寒暑假短期免费培训班，培训600余人次；举办成人书法、舞蹈、合唱、二胡、古筝、电子琴6个学习班，受众3300余人次；依托现有文化艺术团，促进文艺精品创作，更好发挥文艺规划的导向示范作用，举办戏曲、广场舞等群众性文化交流展示活动10余次。开展文化志愿者“乡村行”下基层全民艺术辅导活动，组织专业文艺工作者到基层教、学、帮、带，普及文艺知识，培养文艺爱好，提高全民文化素养。

【特色文艺】2023年，贺兰县文化旅游广电局深入基层开展全区“送戏下乡”惠民文艺演出（贺兰县专场）50场，“乡村文艺巡演”300场，“秦腔文艺巡演”90场、“戏曲进校园”20场，贺兰县学习宣传贯彻党的二十大精神、“廉洁从政警示教育月”“民族团结进步月”等专题文艺巡演160余场，弘扬社会主义核心价值观，铸牢中华民族共同体意识，为党的宣传思想工作打下坚实的群众基础。

【非遗保护】2023年，贺兰县文化旅游广电局承办2023年度银川市非物质文化遗产保护工作实地考核评估及2023年度银川市非遗工作情况调研培训，参加银川市2022年度全区非物质文化遗产保护工作实地复核评估及第八批自治区级非物质文化遗产保护传承基地实地评审情况反馈会，不断提升非遗传承基地、传承人及申报传承项目对非遗保护工作的使命感和责任感。

【非遗过大年】2023年，贺兰县文化旅游广电局以“民宿＋民俗”文旅融合过大年为主题，通过非遗展示、花儿演唱、社火表演、经典秦腔剧目展演等活动，让群众现场观赏丰富多彩的非遗文化，感受贺兰县独具特色的文化资源和文旅融合成效。

【微信平台】2023年，贺兰县文化旅游广电局文化贺兰、魅力贺兰等平台上发布“喜迎新春 多彩非遗”线上展播（非遗技艺）、喜迎新春 多彩非遗线上作品展等丰富多彩的线上活动，给群众搭建了一个零距离体验非遗文化的平台。

【入选试点】2023年，贺兰县文化旅游广电局文化馆被自治区评为民族团结进步示范单位。贺兰县图书馆被评为全区文化和旅游（文物）工作先进集体。贺兰县图书馆申报的“全要素打造服务清单全方位建设‘书香贺兰’”被评为全国基层公共文化服务高质量发展典型案例。《黄河泥塑·山里娃》获“2023年中国旅游商品大赛”银奖。

【重要活动】2023年，贺兰县文化旅游广电局以“春赏花、夏消暑、秋丰收、冬庆年”为主题，开展一系列特色文化旅游节会活动。结合春节、端午节、中秋节等传统节日和五一、十一等节庆，举办稻渔空间“梦幻灯光冰雪主题乐园”活动、“牡丹花”乡村文化旅游节、宁夏农垦首届“农旅融合嘉年华”、“月满中秋·诗行贺兰”中秋诗会。中国农民丰收节全国分会场、自治区主会场在稻渔空间举办。“星途自驾·宝藏宁夏”2023宁夏“二十一景”主题自驾游发车仪式在贺兰山国家森林公园正式发车。“2023中国银川·世界葡萄酒之都自驾车露营大会”在贺兰山1958创意园举办，各具特色的文旅活动促使贺兰县逐步形成品牌影响力。

文化馆

【概况】2023年，贺兰县文化馆按照贺兰县委、县政府的总体计划和部署，坚持以习近平新时代中国特色社会主义思想为指导，全面贯彻落实党的二十大精神，切实担负起举旗帜、聚民心、育新人、兴文化、展形象的使命任务，不断满足人民日益增长的精神文化需求。

【政治理论学习】2023年，贺兰县文化馆扎实开展主题教育，重点围绕《中国共产党章程》《习近平新时代中国特色社会主义思想学习纲要》《习近平新时代中国特色社会主义思想专题摘编》《习近平新时代中国特色社会主义思想的世界观和方法论专题摘编》《习近平：高举中国特色社会主义伟大旗帜 为全面建设社会主义现代化国家而团结奋斗——在中国共产党第二十次全国代表大会上的报告》等开展集中学习28次，进行学习心得560余份，让习近平新时代中国特色社会主义思想入脑入心，不断将理论学习成果转化为提升公共文化服务水平的内在动力；组织干部、职工参加自治区非遗技艺培训、广场舞培训、赶大集文创培训、文艺骨干中国舞培训、舞蹈编导骨干培训等，进一步提升全员业务水平；注重业余文化队伍建设，加强对各乡镇、街道、社区文化专干辅导、培训，为全县各类文化活动开展，打下了坚实的基础。

【文化惠民】2023年，贺兰县文化馆开展惠民文艺演出694场，举办文化艺术培训720班，受众达170万人次，被评为全区民族团结进步示范单位。

【文艺演出】2023年，贺兰县文化馆找准人民群众精神文化需求，深入基层开展全区“送戏下乡”惠民文艺演出（贺兰县专场）50场，“乡村文艺巡演”300场，“秦腔文艺巡演”90场，贺兰县学习宣传贯彻党的二十大精神、“廉洁从政警示教育月”“移风易俗”“创建文明城市”“反诈骗”“反邪教”“安全生产”“美丽乡村行”“以法治力量护航安全发展”“民族团结进步月”等专题文艺巡演160余场，进一步弘扬社会主义核心价值观，铸牢中华民族共同体意识，不断满足群众精神文化需求，为党的宣传思想文化工作打下坚实的群众基础。

【节日氛围】2023年，贺兰县文化馆举办“迎新春”群众美术书法摄影作品展，累计收集作品200余件，其中21件作品入围第九届“迎新春”自治区群众书法绘画摄影优秀作品展。春节、元宵节期间，举办面点大赛暨优秀传统秦腔剧目展演、“民宿+民俗”文旅融合过大年、“戏曲过大年”精品剧目展演、文化科技卫生“三下乡”迎新春赶大集等文化活动，营造欢乐、祥和、喜庆的中国年氛围，让人民群众感受浓厚的家乡年味。开展纪念中共中央“五一口号”发布75周年主题沙龙活动、庆祝“五一”国际劳动节文艺演出，生动展现了贺兰县各行各业广大职工群众建功立业的精神面貌，表达了新时代劳动者奋进新征程的信心和决心。举办“月满中秋·诗行贺兰”中秋诗会，通过诗歌朗诵、民族舞蹈、民乐演奏、服装秀等表演形式，弘扬中华优秀传统文化，以高质量文化供给满足人民群众对高品质精神文化生活的新期待，不断提升人民群众的文化获得感幸福感。举办庆祝中国共产党成立102周年、贺兰县庆祝中国人民解放军建军96周年、“节日感党恩·共话新时代”贺兰县庆祝中华人民共和国成立74周年专题文艺演出，厚植爱党爱国爱军情怀，引导全县广大干部职工群众以满腔的热情奋进新征程，建功新时代。

【志愿服务】2023年，贺兰县文化馆开展贺兰县2023年“艺”起学雷锋文化志愿者下基层，积极打造志愿服务品牌，吸引广大群众积极参与，不断扩大活动覆盖面和影响力，营造浓厚的志愿服务活动氛围，进一步提升群众幸福感与获得感。组织文化志愿者，走进贺兰县乡镇、街道（社区），开展“我们的中国梦 文化进万家”文化志愿服务活动为群众送去丰富多彩的文艺节目，现场邀请多位书法爱好者现场挥毫泼墨，为群众写春联、送福字，为群众增添了一份新春的欢乐。以“新时代文化馆：开放·融合·创新”为主题，举办贺兰县首届文化馆志愿服务周系列活动，通过实施文化馆十大志愿服务项目，进一步提高公共文化机构公众知晓度、参与度和美誉度，让更多群众了解文化馆，走进文化馆。

【艺术普及】2023年，贺兰县文化馆承办“公共文化志愿服务——文化名家贺兰行”专题讲座，举办未成年人周末免费培训班、未成年人寒暑假免费培训班、成年人免费培训班，广场舞、形体艺术、民族民间等公益培训720班，累计受众达2万余人次，进一步推进全民艺术普及。

【文旅融合】2023年，贺兰县文化馆承办全区“梦幻灯光 稻草冰雪”启动仪式及稻渔空间“璀璨灯光 爱上银川”梦幻灯光秀、“探寻千古岩画·乐享冰峰盛宴”首届贺兰山岩画冰峰节、新平村第一届正月二十三“燎疳节”暨“赏花节”“采摘节”开幕式、宁夏农垦首届“农旅融合嘉年华”“大地欢歌”乡村文化活动年暨第三届“牡丹花”乡村文化旅游节等大型文旅活动、贺兰山岩画奇妙之旅系列活动、贺兰县2023年“5·19中国旅游日”暨贺兰山爱鸟周、宁夏稻渔空间“津津乐稻”农耕文化节暨开园主题活动、文化进景区专题文艺巡演等，将贺兰县地域文化特色融入旅游，高标准推动“非遗＋旅游”“文化+旅游”深度融合发展。

【非遗传承】 2023 年，贺兰县文化馆贺兰县丁氏八极拳、麻绳编织技艺、扎龙技艺三个非物质文化遗产代表性项目被评为第七批自治区级非物质文化遗产代表性项目，切实提升了贺兰县非物质文化遗产系统性保护水平和知名度。在第九届世界传统武术锦标赛上，贺兰县孟村丁氏八极拳银川市级非遗代表性传承人何富堂及其弟子韩阳和薛鹏英作为宁夏代表队队员，最终取得了 3 枚金牌、1 枚银牌、2 枚铜牌的成绩。

【创新驱动】 为 2023 年，贺兰县文化馆立足职能职责，扎实开展文艺作品创作，推出舞蹈《不忘初心》《火红的萨日朗》《阿瓦人民唱新歌》《万疆》《梨园星秀》、群口快板《颂歌二十大 礼赞新征程》、歌曲《党是指路灯塔》、方言小品《寻找甄干事》、音乐快板《反腐倡廉民心欢》、宁夏说唱《二十大精神放光芒》等。其中：独唱《大美宁夏》获“欢乐宁夏”全区群众文艺会演音乐类二等奖，小品《大局》获“欢乐宁夏”全区群众文艺会演戏剧小品类三等奖，《尕妹妹》获“欢乐宁夏”全区群众文艺会演优秀辅导奖，广结文艺硕果。

图书馆

【概况】 2023 年，贺兰县图书馆工作在贺兰县文化旅游广电局党组的正确领导和大力支持下，全体职工本着一切为读者服务的宗旨，从强化党建工作、优化服务、新型阅读空间建设、开展全民阅读推广活动等方面开展工作，通过不断的努力，顺利完成了全年的各项工作任务。

【服务能力】 2023 年，贺兰县图书馆以创新党建工作机制、内容、形式和方法为切入点，按照“党建＋窗口服务”“党建＋阅读推广活动”的工作思路，不断提升党员干部的服务能力。

【安全管理】 2023 年，贺兰县图书馆在重要节日节点前开展安全生产检查，2023 年共开展了 11 次安全大检查，对检查出现的问题提出整改方案并及时进行整改。加强安全生产的宣传教育。充分利用图书馆数字媒体展等方式，广泛宣传“一法两条例”等安全生产方针政策和法律法规，普及安全知识，强化安全生产事故防范意识。长期坚持不懈抓意识形态安全工作。加强对总分馆图书期刊报纸、公众号、电子资源、公共阅读活动等方面的意识形态安全的研判，确保图书馆作为社会主义核心价值观宣传的有利阵地。

【保障体系】 2023 年，贺兰县图书馆加强图书文献资源建设。2023 年，图书馆（总分馆）馆藏量新增9551 册，累计馆藏量 437487 册、电子图书40619 种。持续做好数字资源建设。整合现有数字资源，通过“书香贺兰”微信公众号向读者提供对外服务，新媒体服务平台链接海量数字资源，移动端依托“移动图书馆”App、“书香贺兰”微信公众号，有效整合了国家文化中心、国家数字图书馆推广工程的移动阅读资源、神州共享的全民阅读、看展览、连环画资源；北京超星的数字图书、视频、公开课等资源。读者只需扫码关注“移动图书馆”App和“书香贺兰”微信公众号，就可以实现一机在手，随时、随处阅读，不需要烦琐的注册和认证，就可以把优质公共文化服务延伸到社区和农村，增加公共文化产品和服务供给。

【馆内阵地】 2023 年，贺兰县图书馆建成文化廉洁图书角。3 月，在总馆二楼阅览室及公园华府城市书房开设以“传播廉洁文化 弘扬风清气正”为主题的廉政文化图书角，开设廉洁图书角上架廉政制度建设、廉政建设历史、廉政文化教育、廉政警示案例等方面的书籍共 200 册；文化视听墙链接海量线上资源，市民可扫码直接阅读，让廉政文化更加贴近百姓。

【空间建设】2023 年，贺兰县图书馆积极推进新型阅读空间建设，不断完善公共文化服务体系，着力构建 15 分钟阅读圈，更好地满足广大群众的阅读需求。上半年，投资 200 余万元建设了公园华府城市书房，改造了居安社区分馆，联合帆书共同打造云都荟城市书房，为公园华府城市书房和居安分馆配备了书架、阅读桌椅及自助办证机、自助借还书机、图书杀菌机、视听文化墙、公共文化一体机、自动盘点车等数字化设备，配置涵盖党建、文学、历史、经济等类图书共 1 万余册。可覆盖周边企业、学校、社区等地，满足周围 3 公里范围内约 5 万人的阅读需求。

【改造项目】2023 年，贺兰县图书馆对图书馆一楼音影播放室进行改造，更换了新的音响设备和数字大屏，改造后的阶梯教室功能更加齐全，集会议、培训、研讨、讲座等功能于一体，使用率大幅提升。同时，科学合理地对馆内功能科室进行重新划分，新设特殊群体阅读专区，将原来一楼的少儿室改造成残疾人和老年人阅览室，同时配置无障碍阅读设施，鼓励更多的特殊群体走进图书馆，通过阅读不断丰富他们的精神文化生活。

【基础业务】2023 年，贺兰县图书馆以建设读者满意的图书馆为目标，扎实推进基础业务建设，2023 年进馆读者 17.1 万人次（含总分馆），书刊文献外借 5.5 万册次，新增图书 9551 册，人均新增入藏量0.055 册，新增办证 876 个，累计办证 19848 个（其中累计有效证数 15211 个）。2023 年，图书馆累计发布推文及信息 346 条，累计阅读量达 11725 人次。共发布 346 篇推文，阅览人数达 11725 人次。

【阅读活动】2023 年，贺兰县图书馆以“我们的节日”、“4·23”世界读书日为重要载体，全年开展各类阅读推广活动共 25 场，共计吸引 1.5 万余人次参与。在春节、元宵节期间，积极参加 2023 年“我们的中国梦·文化进万家”贺兰县 2023 年文化科技卫生“三下乡”暨“美丽乡村”文化大集活动，为群众现场送春联 400 副、福字 400 个；开展“我们的中国梦·文化进万家”红色电影展映活动，在春节期间为读者播放红色影片 16 部，观影人数 300 人；举办“喜迎新春 乐看新书”新书展，春节期间，在图书馆一楼大厅设置新书展架，上架新书共计 300 余册，深受广大读者的喜爱；在元宵节当天，在欣兰广场举行“玉兔迎春 欢乐元宵”2023 年元宵节灯谜竞猜活动，活动当天吸引了近上万人参加，共猜出 1800 条谜底，发出奖品 1800 份。中秋节前夕，在欣兰广场举行“月满中秋·诗行贺兰”中秋诗会，此次诗会形式多样、内容丰富，通过器乐演奏、舞蹈、诗歌吟诵等形式呈现了一场精彩的诗歌盛宴。活动当天，不仅有传统歌舞节目，还设置了特色活动展示区，有“诗情画意共团圆”中秋有奖填词区、“月满贺兰，共话佳节”诗词誊抄区、“手中白团扇，净如秋团月”团扇 DIY 活动区，吸引了近千名观众驻足观看。“4·23”系列阅读推广活动，4 月 21 日，在欣兰广场开展了贺兰县 2023 年“4·23”世界读书日暨“书香贺兰”第七届全民阅读系列活动启动仪式；积极开展公共图书馆“服务宣传周”“全民阅读月”活动。线下举办了少儿读书分享会、少儿传统文化体验活动、观影读书会活动及优秀电影展映活动，累计 400 余人次参与；线上阅读推广活动形式多样，在“书香贺兰”微信公众号发布活动推文，先后开展了“阅读王者”挑战大赛、“经典阅读”积分大赛、全民读书日线上答题、“你点菜 我买单”读者荐购征集活动、线上数字资源展览、十八届文津图书奖等各类活动共 15 期。依托“我们的节日”，利用城市书房等新型阅读空间开展各类主题阅读推广活动。在五一、六一等节日期间，在居安社区分馆、云都荟城市书房、公园华府城市书房分别举办观影读书会、儿童创意刮画大赛亲子阅读主题活动等各类活动 14 场，共有 357 人次参加。

【全民阅读】2023 年，贺兰县图书馆积极开展图书进军营、进宗教场所、进企业、进校园、进机关、进农村活动，为雷达站配送图书 100 册、期刊 100 册、福字及对联 150 幅、副；为县武警中队配送图书 115 册；为习岗清真寺、洪广清真寺、海南清真寺共配送图书 338 册、书柜 8 组；为零工市场配送图书 160 册；为欣荣小学、德胜实验小学、贺兰县奥莱小学、贺兰县第十小学各配送图书 500 册；为县委办、县委组织部等图书流通点配送图书 278 册；为丁北村配送图书 42 册、彩笔 50 盒；为贺兰县第十五幼儿园配送图书 137 册；为正丰海德家园配送图书 200 册；为兴庆府二号院配送图书 200 册，更好地满足了广大读者的阅读需求。

【文化服务】2023 年，贺兰县图书馆申报的“全要素打造服务清单全方位建设‘书香贺兰’”被评为全国基层公共文化服务高质量发展典型案例，并于 2023 年 5 月完成了特刊宣传材料的上报工作。

景区景点建设

【金贵牡丹花乡】金贵牡丹花乡乡村旅游示范点提升改造项目于 2023 年 2 月完成相关手续，2 月下旬开工建设，5 月项目完工。

2 月 17 日至 4 月 15 日打造 2000 平方米“国风牡丹花文化展示馆”。增设手冲咖啡、DIY 烘焙、插花、花饼制作、围炉煮茶等体验项目，展示馆内种植百棵牡丹树，打造完成展示馆内牡丹文化科普的功能。展示牡丹栽培技术、历史文化、种植方法、花期和繁殖技术等内容。设置交流活动区域，定期举办讲座、展览和座谈会。4 月 5 日开始打造田园花海。种植大面积“螺丝菜”，螺丝菜是一种蔬菜植物，开花后会形成有观赏价值的花朵。3 月 1 日至 4 月 30 日打造花元素网红打卡点。利用网红造型，打造花元素“秀场”。3 月 20 日至 4 月 26 日打造绵羊牧场。提供游客与萌宠互动的机会：与小动物亲密接触、喂食、参与训练等。3 月 1 日至 4 月 30 日打造麦田地景艺术区。利用在麦田中创作艺术图案和雕塑，吸引更多的游客前来观赏和体验。3 月 10 日至 4 月 1 日新增一亩时光、享自由露营地，让游客自主种植、养护、管理一块地，增加趣味性和科普性，设立指定区域供游客搭建帐篷、设置垃圾分类收集点、引导游客采取环保措施等，减少环境污染和资源浪费。3 月 6 日至 4 月 7 日增加 300 米游园栈道。升级改造观赏步道，增加多条新的赏花步道；在牡丹花观赏区、农作物场园区设立专门的参观道路，方便游客参观。

教育　体育

教　育

【思想政治建设】2023年，贺兰县教育体育局把学习宣传贯彻党的二十大精神作为贯穿全年的首要政治任务，组建专题宣讲团，建立“教育系统—教研联盟（集团园）—学校”三级联学联讲机制，覆盖师生近2万人次，凝聚起“强国有我，躬耕教坛”的强大思想力量。深入扎实开展学习贯彻习近平新时代中国特色社会主义思想主题教育，坚持理论学习、干事创业、检视整改一体推进，分层、分类开展集中学习130场，摸排梳理校园周边交通安全方面问题21个，完成整改18个。

【队伍建设】2023年，贺兰县教育体育局健全党组织领导的校长负责制，完善党组织书记选拔任用机制，调整党组织书记9人次。加强基层党组织标准化规范化建设，新成立党支部11个。持续加大党组织人才培养力度，举办全县教育系统党务工作专题培训班、党员集中轮训专题培训班，覆盖党组织书记、党员等2000人次。

【意识形态工作】2023年，贺兰县教育体育局严格落实意识形态工作责任制，先后召开4次党组（扩大）会议，专题研究部署意识形态工作，与各校签订意识形态工作责任书97份。加强意识形态阵地管理，严格落实信息发布“三审三校”和审批报备制度，加强全系统新媒体平台管理备案与信息员队伍建设，开展全系统信息员暨应急处置培训，常态化对学校图书馆、阅览室、校园及班级图书角进行检查，共检查教材1.3万余册、教辅4.6万余册、读物108.4万余册。

【党风廉政建设】2023年，贺兰县教育体育局深入开展教育领域侵害群众利益不正之风专项治理，保持高压震慑，对党员、干部的违纪问题不护短、不说情，给予党内严重警告1人，警告1人，政务记过1人，开除党籍1人，提高监督检查的精准度、震慑力，严防“灯下黑”。

【普及普惠发展学前教育】2023年，贺兰县教育体育局进一步扩大学前教育资源，实施贺兰二十二幼及二十三幼新建项目，不断提升普及普惠水平。积极推进“幼小衔接”攻坚行动，全力创建全国学前教育普及普惠县，持续深化保教实践改革，按照“一月一集团园”开展幼儿园集团化管理工作交流研讨活动9场，在全区教育督导工作会议上围绕“学前教育普及普惠发展”作主题交流发言。

【优质均衡发展义务教育】2023年，贺兰县教育体育局加大人口集中地区学位供给，续建、新建贺兰七中、贺兰十一小，着力解决局部地区学位紧张问题。优化集团化办学模式，组织德胜实小等9个义教阶段教研联盟常态化开展教研活动，推动全县教学教研水平再上新台阶。

【发展普通高中教育】2023年，贺兰县教育体育局结合新高考改革，成立学生生涯发展指导中心2

个，加强学生生涯规划指导。拓展艺术、体育、劳动教育“第二课堂”，培养学生特长，实现“学生特质生长”和“学校特色建设”共生共融，推动学校教育教学特色化发展，满足学生多样化需求。在第二十四届全国学生信息素养提升实践活动中，贺兰县第一中学代表队获得大赛最高奖——“创新之星”称号。

【搭建思政教育新高地】2023 年，贺兰县教育体育局积极构建全员、全程、全方位德育格局，不断创新德育载体，成立“少年说”校园小记者通信站，举办全县中小学生艺术展演、校园主持人大赛等活动，探索“高校—地方—中小学校”协同育人新模式，服务少年儿童全面发展，贺兰三小方思乔获评“全国优秀少先队员”，选树银川市“新时代好少年”3 人。

【铸牢中华民族共同体意识】2023 年，贺兰县教育体育局聚焦青少年群体，拓宽载体平台，通过开展宁闵滇“三地青少年云相聚话团结”主题云队课、“寻找最强石榴籽”铸牢中华民族共同体意识知识趣味竞赛、“书信手拉手”结对交流、戏曲进校园等多种形式，让石榴花在校园竞相绽放。

【完善心理健康教育体系】2023 年，贺兰县教育体育局整合全县心理健康教师资源，以联盟为单位包片进行心理辅导，设立心理辅导（咨询）室 31 个，积极完善教育教学、实践活动、咨询服务、预防干预“四位一体”的学生心理健康教育服务机制。聘请第三方机构开展义务教育阶段学校心理健康教育指导服务，面向师生全覆盖开展心理健康测评，建立测评档案，入校开展“心理健康咨询日”，对预警师生进行专业辅导干预，有效解决师生心理健康问题。

【推进减负增效】2023 年，贺兰县教育体育局继续把“双减”摆在突出位置，校内提质和校外减负同向发力，持续优化作业设计，提高课堂教学质量，在教育部“基础教育精品课”遴选工作中，贺兰县获奖29 节，占自治区总量的 10.25%，位居全区第四；《贺兰县构建“四个一”监管模式严防隐形变异学科类校外培训抬头反弹》入选教育部 2023 年第一批“双减”工作经验库，在全国推广。

【筑牢安全屏障】2023 年，贺兰县教育体育局加强人防，严格执行“护学岗”制度，实行“一校（园）一警”工作机制，强化“1 警 +N”模式，在全县各中小学、幼儿园共设立护学岗 116 个；加强技防，开展“平安校园”视频监控建设行动，并接入贺兰县 110 指挥中心；加强物防，完善校园消防、应急、防盗安全设施，将部分学校隔离栏、隔离墩更换为升降柱。

【提升安全能力】2023 年，贺兰县教育体育局以“防”为先，开展预防未成年人溺水事故公益行活动，开展公益培训 20 场，受益学生 10000 余人次；以“查”为要，开展校园安全大排查大整治，组建 10 个排查整治组，聚焦消防、校舍、校车等 13 个方面，对辖区内 120 个点位逐一开展督查排查。以“制”为本，建立健全长效机制，制定印发《贺兰县教育系统重大事故隐患专项排查整治 2023 行动工作方案》等 3 个文件。

【提升校园安全意识】2023 年，贺兰县教育体育局抓好课堂教育，将安全教育融入语文、思政等课堂教学，常态化开展“31030”安全主题教育，提升全体师生安全素养；抓好主题教育，创新活动载体，将安全课堂搬到“路口”“桥边”，开展现场普法讲法活动，现场教育学生及家长 400 余人次；抓家校共育，严格落实家校联系制度，通过“千师访万家”“致家长一封信”等形式，切实加强师生安全教育和家校联系。

【教师队伍建设】2023 年，贺兰县教育体育局扎实开展“四强”能力作风建设年活动和教育领域“两治理一整治”，全系统教风、行风焕然一新。加大教师队伍补充力度，通过自主招聘、公费师范生招录、公开招聘等方式招聘在编教师 94 人，有效补充了师资，缓解了师资不足的问题。充分挖掘本土名师名校长资源，拓宽全县中小学名师名校长创新培养路径，成功举办贺兰教育大讲堂，为学校间成绩晾晒、交流取经搭建了舞台。加大力度选树师德典型，开展师德师风线上巡礼、线下巡讲，从全县中小学幼儿园中遴选 22 名师德典型，组建师德师风宣讲团，采用“线下宣讲 + 线上直播（展播）”的形式开展师德师风宣讲活动，教师安心从教的能力、静心从教的定力、热心从教的活力持续提升。

体 育

【概况】2023 年，贺兰县体育中心认真学习贯彻党的二十大精神、习近平总书记视察宁夏重要讲话和重要指示批示精神、自治区第十三次党代会及十三届四次、五次全会、银川市十五届八次全会精神。紧扣县第十五次党代会报告、县委工作重点、县政府工作报告，认真落实各项决策部署，扎实推进县委第十五次党代会确定的“五个示范县”奋斗目标和“36910”工作思路，以开展“四强”能力作风建设年活动为抓手，推进贺兰县群众体育、竞技体育、体育产业协调快速发展，各项工作顺利推进。

【体育设施建设】2023 年，贺兰县体育中心争取自治区体育局专项经费 520 余万元，建成多功能运动场2 个、儿童多功能运动场 2 个、室内溜冰场 1 个。实现人均体育面积 3.08 平方米，公共体育设施开放率达到 100%，形成县城 15 分钟健身圈。

【全民健身活动】举办广场舞、广播体操、气排球等项目社体指导员培训班 3 期，培训人数 260 余人。有社会体育组织 27 个，2023 年新增贺兰县网球协会、贺兰县围棋协会。举办涵盖青少年、职工、农民、妇女、老年人、民族、残疾人县级体育赛事 17 项，承办自治区、市级赛事 6 项，参赛人数达 3 万多人。为系统掌握贺兰县国民体质现状和变化规律，全年对 8 个年龄组 647 人进行体质监测，总合格率达到91.39%，优秀率为 6.20%，良好率为 23.23%。

【竞技比赛】2023 年，贺兰县体育中心在自治区第十六届运动会中，贺兰代表团获得金牌 29 枚、银牌 22 枚、铜牌 15 枚，团体总分位列 22 个县市区第四名，同时获得体育道德风尚奖。在 2023 年度青少年锦标赛中，获得金牌 29 枚、银牌 25 枚、铜牌 27 枚。优势项目成绩突出，青少年竞赛成绩位居自治区前列。

【体育竞赛】2023 年，贺兰县体育中心组织全国登山大赛在贺兰山苏峪口国家森林公园成功举办；2023 年自治区小学生篮球联赛在贺兰县体育馆成功举办；2023 年宁夏第三届农耕健身大赛在贺兰县稻渔空间生态观光园成功举办；2023 年宁夏回族自治区青少年锦标赛网球在贺兰县红土网球场成功举办；2023 年自治区定向越野大赛在贺兰县稻渔空间生态观光园成功举办；2023 年自治区中小学生篮球赛在贺兰县体育馆成功举办；2023 年自治区中学生篮球赛在贺兰县体育馆成功举办。获宁夏第六届农民篮球争霸赛决赛优胜奖、宁夏篮球村 BA 优胜奖、银川市村 BA 第三名、宁夏社会体育指导员展示大赛最具特色奖。获宁夏回族自治区第十六届运动会青少年乙组女子篮球第一名、宁夏回族自治区第十六届运动会青少年甲组女子篮球第二名、宁夏回族自治区第十六届运动会青少年乙组男子足球第一名（U16）、宁夏回族自治区第十六届运动会青少年乙组男子足球第二名（U14）、宁夏回族自治区第十六届运动会青少年甲组男子排球第三名。

科学技术

科技创新

【政策支持】2023年，贺兰县科学技术和工业信息化局起草《贺兰县推动科技创新引领高质量发展的实施意见（2024—2026年）》，深化科技体制改革，优化科技创新投入，发挥企业创新主体作用，提振企业发展信心，激发创新活力。2023年，共争取国家高新技术企业、农业高新技术企业自治区科技“小巨人”企业认定奖励资金共计1063万元；拨付自治区企业研发费用后补助资金665.19万元，配套银川市规模拟上企业研发后补助县级资金717.20万元；兑现科技创新引领高质量发展实施意见政策奖励资金1220万元；实施县级科技创新“揭榜挂帅”项目3项，支持资金560万元。指导企业实施各类科技项目35项，争取资金1557.4万元。

【创新主体培育】2023年，贺兰县科学技术和工业信息化局坚持培育和引进并重的原则，进一步完善科技型企业梯次培育体系。2023年，共组织北伏科技、北瓷新材料等19家企业申报国家高新技术企业；组织凯晨电气、悦海农牧等6家企业申报自治区瞪羚企业；泰益欣、恒康科技申报自治区创新型示范企业；组织众远电缆、西谷六方等7家企业申报自治区“小巨人”企业；组织众合绿源、天荣现代等9家企业申报自治区农业高新技术企业；组织强铝科技、康扬中药材等67家企业申报自治区科技型中小企业。围绕重点产业建设科技创新平台，新认定自治区技术创新中心9个，获批组建枸杞饮料研发及产业化应用创新联合体和碳化硅陶瓷制备创新联合体2家，凯晨电气、汤姆森电气、百瑞源认定银川市第一批科技创新产品4个。

【汇聚科技创新资源】2023年，贺兰县科学技术和工业信息化局引导企业与中国农业科学院、天津商业大学、浙江科学院、宁波大学等高等院校开展协同创新，实施东西部科技合作项目26个。组织企业实施自治区重大科技成果转化项目和县域科技成果转化项目共5项，重点支持华农益农、大北农、科丰种业等企业开展设施蔬菜、早熟春小麦、饲料资源高效利用等成果转化项目，累计争取资金426万元。依托“闽宁合作”平台，成功对接中国水产科学研究院珠江水产研究所、福建省宁德师范学院、厦门海洋技术学院等院校专家技术团队，签订“政—院—企”科技服务协议，引进鲈鱼、近江蛏、鳜鱼等新品种，建设贺兰县鲈鱼苗种繁育与养殖科技成果转化基地。观兰酒庄、嘉地酒园、贺金樽酒庄3个产学研用科技创新项目成功入选宁夏葡萄与葡萄酒产业集群。

【培育壮大人才队伍】2023年，贺兰县科学技术和工业信息化局鼓励高校科研院所、在职农业专业技术人才加入科技特派员队伍中开展技术服务，新选聘科技特派员14名，组织实施自治区科技特派员创业服务项目14项，争取资金145万元。积极动员泰益欣、凯晨电气等8家企业设立科研助理岗位26个，恒康、北瓷、北伏等8家企业选聘宁夏大学、北方民族大学、银川科技学院专家教授任职企业“科技副总”，在重大项目建设、关键技术攻关等过程中帮助企业破解技术难题。获批银川市科技创新团队4家、科技领军人才2名，2023年新申报自治区创新团队1家、银川市创新团队9家、领军人才2个。

【强化科技服务质效】2023年，贺兰县科学技术和工业信息化局成功举办2023年贺兰县政银企融资对接会，累计发放“宁科贷”1.12亿元，科技金融贴息310.5万元，有力地解决了科技型企业融资难、融资贵的问题。围绕“六新六特六优”产业，组织全县229家科技型企业参加自治区“企业家创新精神培育”线上培训15期，累计培训企业家1500人次，实现了科技型企业培训全覆盖。联合自治区工信厅开展“一起益企”服务活动，邀请专家为8家企业提出“两化”融合、上云服务等方面的个性化解决方案。强化科技领域安全生产监管，按照《关于加强科技类校外培训机构安全生产管理的方案》等7个安全生产专项文件，对县域内4个工程技术研究中心，36个技术创新中心的实验室以及10家科技类校外培训机构进行全面排查，深入检查企业63家次，排查各类安全生产隐患93处，整改完成93处，整改率100%。

气象服务

【概况】2023年，贺兰县气象局在贺兰县委、县政府以及自治区、市气象局党组的领导下，认真贯彻落实习近平总书记视察宁夏重要讲话和关于气象工作的重要指示批示精神，努力构建科技领先、监测精密、预报精准、服务精细、人民满意的现代气象体系，全方位保障生命安全、生产发展、生活富裕、生态良好，大力提高基层综合气象防灾减灾能力，为建设黄河流域生态 保护和高质量发展先行区示范县提供坚强保证。

【党的建设】2023年，贺兰县气象局把学习宣传贯彻习近平新时代中国特色社会主义思想作为重大政治任务，严肃党内政治生活，抓实“三会一课”，持续推动党建和业务工作深度融合。先后制定印发了《中共贺兰县气象局党组关于印发2023年全面从严治党工作主要任务及分工》《中共贺兰县气象局党组班子、党组书记和班子其他成员落实全面从严治党责任2023年任务安排清单》《2023年中共贺兰县气象局党组理论学习中心组学习计划》《贺兰县气象局党组2023年党建工作要点》等文件，并扎实做好贯彻落实。

【主题教育】2023年，贺兰县气象局根据上级要求，结合实际制定印发了《贺兰县气象局学习贯彻习近平新时代中国特色社会主义思想主题教育工作方案》，以党支部为单位，依托“三会一课”、主题党日等，开展理论学习，推动干事创业、认真检视整改，扎实开展主题教育。

【气象防灾】2023年，贺兰县气象局做好综合观测业务和气象监测工作，强化气象基础业务工作。完成贺兰国家气象观测站观测场标准化改造验收工作，11月对贺兰国家气象观测站四周150余棵高大树木进行采伐，初步改善气象探测环境保护问题。升级土壤水分自动站2套，区域自动站通信模块5套，提升监测能力。

【预警服务】2023年，贺兰县气象局严格执行“531–63”递进式预报预警服务业务规程，充分利用睿图、ROSE、雷达、自动气象站等综合观测手段，加强实时监测和气候趋势的滚动预测。在2023年先后出现的阵性强降水、大风等重大灾害性、关键性、转折性天气以及高考、中考等重大活动气象保障服务中，及时、准确的监测预警和服务为全县气象防灾减灾提供了有力的决策依据，最大程度地减少了气象灾害造成的人员和财产损失。年内决策服务材料获县政府领导批示6次，其中5月汛期趋势预报和10月专题报告，受到贺兰县主管领导的批示表扬。

【预警信息】2023年，贺兰县气象局打通预警信息发布绿色通道。与县融媒体中心建立了合作机制，实现了预警信号在电视频道的滚动提醒。通过微信群、短信、电话等方式及时发布预警信息，实现气象灾害预警信息无障碍传播，不断提高预警信息的覆盖面。2023年接受新闻媒体采访4次，均在“魅力贺兰”App和贺兰电视台播出，借助媒体宣传气象服务。

【气象保障服务】2023年，贺兰县气象局围绕粮食安全和全面推进乡村振兴，开展“伴随式”贴身气象保障服务。在重要农事季节，先后发布重要农业气象灾害风险分析、主要粮食作物生育期气象条件、主要农业病虫害气象条件预报等气象为农服务信息，指导农业生产趋利避害。联合县农业农村局开展农情、灾情调查、联合会商、农业气象灾害监测和气象灾害风险预警服务工作，提升农业生产和全面推进乡村振兴气象服务保障合力。围绕特色农业发展规划，做好酿酒葡萄、水产、番茄特色农业气象保障服务。联合宁夏酿酒葡萄气象服务中心，在贺兰县亦浓酒庄打造酿酒葡萄“产学研用”野外试验示范服务基地，试点开展生态气候品牌价值实现机制建设，联合贴标、定价、市场推广，助力特色产业提质增效。针对贺兰适水产业发展，联合自治区水产研究所贺兰养殖基地，建设了适水产业气象服务示范基地，开展气象条件技术指标研究，制作服务材料。年内共制作发布《贺兰水产气象服务专报》24期、《酿酒葡萄气象服务专报》7期、《番茄气象服务专报》13期。气象科技服务取得“零”的突破，为宁夏原种场提供有针对性的气象科技服务，年内到账3500元。

【部门联动】2023年，贺兰县气象局深入实施“气象+”赋能行动。4月联合应急管理局召开“贺兰县防汛抗旱及气象灾害防御工作联席会议”，联合县教育局制定印发了《关于在暴雨暴雪沙尘暴红色预警信号条件下实行停课措施的通知》，为汛期防灾减灾部门联动打下制度基础。6月贺兰县人民政府在贺兰县气象局组织召开全县气象高质量发展暨气象灾害防御与人工影响天气工作会议，研究部署2023年贺兰县气象高质量发展、气象灾害防御和人工影响天气工作。2023年以贺兰县气象灾害防御与人工影响天气指挥部办公室发文14次，极大地强化了各部门互动主动联动工作机制，凝聚汛期气象防灾减灾合力。

【生态文明】2023年，贺兰县气象局健全重污染天气预警应急联动机制，加强信息共享，4月、11月联合县环保局开展会商，为打赢蓝天保卫战工作贡献气象力量。认真开展人工影响天气作业，在贺兰县自然生态修复、缓解水资源短缺、改善生态环境、重大活动保障等方面发挥了重要作用。

【防雷安全】2023年，贺兰县气象局加强危化企业等防雷安全检查，实现监管全覆盖，对于查出的安全隐患及时督促整改。联合县安委办和县教育局先后制定印发了《关于做好2023年防雷减灾安全工作的通知》和《关于做好2023年全县学校雷电灾害防御工作的通知》，并扎实做好贯彻落实。推动全县防雷安全重点单位完成雷电风险辨识与分级管控相关任务以及“互联网+监管”平台应用。

【落实双重财务体制】2023年，贺兰县气象局共争取贺兰县财政资金184.58万元，已争取将人员津补贴列入2024年的财政预算。拨付2022年在职和退休人员津补贴83.72万元，拨付2023年资金100.86万元，业务维持经费30万元，自然灾害普查经费5万元，拨付2022年在职和退休人员津补贴65.86万元。

【巡察整改】2023年，贺兰县气象局扎实做好巡察常态化整改工作，制定印发了《关于进一步巩固宁夏气象局党组2022年巡察专项监督检查整改成效问题清单及整改台账》并严格整改落实；扎实做好自治区气象局2023年巡察贺兰县气象局党组、市气象局党组纪检组2023年日常监督检查反馈问题整改，扎实做好银川市气象局对王学兵经济责任审计反馈问题整改。

【安全生产】2023年，贺兰县气象局按照“一岗双责、各司其职、各负其责，齐抓共管”的安全生产要求，把安全生产工作作为一项日常性工作列入重要议事日程。制定印发了《贺兰县气象局安全生产责任清单（修订)》，层层落实责任措施，及时布置各阶段尤其是重大节日、重点时段、汛期、雷电高发期及农事关键期的安全生产工作。

社会事务管理

人力资源管理

【招才引智】2023年，贺兰县人力资源和社会保障局安置公费师范生14名，招聘事业单位工作人员36名，自主公开招聘事业编教师70名，聘用转正特岗教师29名。招募“专项计划”78人（其中学前教育50人，乡村医生15人，司法协理13人），招募到机关单位实习大学生68人，新招募“三支一扶”高校毕业生129人。

【人才培养】2023年，贺兰县人力资源和社会保障局落实事业单位管理岗位职员等级晋升制度，晋升九级职员12名。优化职称评审，机关事业单位13人被评为初级职称，教育系统79人被评为高级教师专业技术职称、127人被评为一级教师专业技术职称、384人被评为二级教师专业技术职称。落实高素质农民职称评审制度，12人取得高素质农民职称。宁夏塞尚乳业有限公司成功申报国家级专家服务基地；引进全职硕士博士15人到贺兰县工作，并足额发放补助和安家费42.6万元。组织发放青年拔尖人才培养经费40万元。

【工资增长机制】2023年，贺兰县人力资源和社会保障局为2022年度考核合格以上等次的事业单位3489人调增一级薪级工资，调整后人均月增资81元；根据上级部门指示精神，为事业单位3900余名干部调整艰边津贴，共计发放约233.9万元。

【各项激励政策】2023年，贺兰县人力资源和社会保障局审核事业单位奖励性绩效总量，涉及2720人，共计约2547.5万元，各单位每月根据考核结果发放。审批2023年中小学、幼儿园校（园）长津贴、班主任津贴、寄宿津贴合计总量928.5万元。审核30所中小学2023年课后服务绩效工资总量1015.5万元。审核职称晋级兑现工资共351人，人均月增资约509元；职员等级晋升128人，人均月增资380元；岗位聘任对象工资1220人，人均月增资262元。

【执法检查】2023年，贺兰县人力资源和社会保障局受理举报投诉案件5364件，涉及24063人37433.2887万元。截至年底办结5194件，结案率96.83%。信访接待室来访投诉累计受理1178件，涉及2770人8657.7649万元，协调处理案件1008件，涉及1929人5772.7032万元，其他170件协调处理中；宁夏“12345”政务服务热线平台转办案件2985件，涉及4059人5927.0299万元全部处理完毕；全国根治欠薪线索反映平台收到线索1018条，涉及16026人18045.5684万元全部处理完毕；办理自治区、市、县各级各部门督办转办案件共183件，涉及1208人4802.9255万元全部处理完毕。开展劳动用工执法检查，共向285家企业下发了专项检查通知，书面审核、实地检查282家，涉及总用工人数15281人，签订劳动合同14087人，合同签订率92.19%，缴纳社保13346人。开展清理整顿人力资源市场秩序专项行动，重点检查劳务派遣行政许可、劳动合同订立、劳动报酬、社保缴纳等情况。对全县范围内24家人力资源服务机构、劳务派遣机构开展清理整顿，其中有9家开展劳务派遣业务的机构同时获得人力资源许可和劳务派遣许可，涉及派遣人数1263人。对全县房地产项目进行全面排查，共检查房地产项目117家次，涉及农民工4947人，已签订劳动合同4722份，签订率95%；下发限期改正指令书101份，下发询问通知书6份，立案查处企业5家。

【部门联动】2023年，贺兰县人力资源和社会保障局坚持把加强部门协作、发挥整体合力作为根治拖欠农民工工资工作的主要举措，高度重视，抓牢抓实。突出行业（领域）主管部门第一责任人职责，对根治欠薪工作同部署、同检查、坚持管行业必须管欠薪，抓业务必须抓清欠，不断增强各成员单位根治欠薪使命感、责任感。以政府类投资项目、工业商贸企业建设项目、存在严重欠薪隐患的项目为重点，先后4次组织宁夏贺兰工业园区管委会、交通、水务、住建等部门召开根治拖欠农民工工资工作协调会，详细了解项目实施中农民工工资保证金缴纳、实名制管理等制度落实情况，指导做好欠薪红黄色预警消除工作，构筑合力，扎实推进根治欠薪工作。先后6次集中约谈35家次房地产开发企业、工程建筑企业，通报建筑工地检查存在的问题，要求严格落实《保障农民工工资支付条例》，从源头上预防和减少欠薪隐患。对上访人数多、诉求反应强烈、多次反复上访的欠薪信访问题，由县农工办给行业主管部门下达预警提示函，限期办理，跟进督查，防止问题上移、事态扩大，确保欠薪信访及时有效解决，共给4个部门下达预警提示函6份。

【普法宣传】2023年，贺兰县人力资源和社会保障局下发了《贺兰县劳动保障监察执法局五一前后宣传工作实施方案》，组织专人开展《保障农民工工资支付条例》实施三周年普法宣传活动。联合多部门重点对《中华人民共和国劳动法》《中华人民共和国劳动合同法》《保障农民工工资支付条例》《工伤保险条例》等法律法规进行宣传，切实增强用人单位和农民工知法、懂法、守法、用法意识。共开展宣传活动4场，参与农民工约500人，发放宣传手册2000份，悬挂宣传横幅8条。

【调解组织】2023年，贺兰县人力资源和社会保障局在全县8个乡镇场（街道）成立劳动争议调解委员会，在街道办所辖11个社区成立劳动争议调解中心。深入基层企业并现场指导调解组织建设，完善调解组织制度，对企业劳动用工中存在的问题答疑解惑，更新上报70余家企业调解组织最新信息；贺兰县劳动仲裁委员会与70余家企业进行交流，从制度机制、专业程度、服务能力、基础保障等方面给予帮助指导，推选宁夏誉通快递服务有限公司劳动争议调解委员会、银川市贺兰县习岗镇劳动人事争议调解中心为第三批自治区级金牌调解组织。仲裁员联系服务企业活动，确定10家企业作为2023年服务对象。2023年共集中服务企业4次，现场服务企业2次，组织企业调解组织与劳动者到人社局调解3次，服务100余人次。

【争议调解】2023年，贺兰县人力资源和社会保障局实现“马上办、网上办、就近办”。2023年网上共接待申诉79件，涉及劳动者79人，调解员对每个案件当事人均进行了详细的法律讲解以及程序建议。其中，习岗镇调解组织处理72件，洪广镇调解组织处理4件，常信乡调解组织处理2件，立岗镇调解组织处理1件，追回经济权益标的5.89万元。

【案件办理】2023年，贺兰县人力资源和社会保障局劳动人事争议仲裁委员会共处理案件773件，其中立案659件，不予受理114件。立案659件案件中：共涉及劳动者756人，按申请人身份划分：653件为劳动者申请仲裁，6件为私营企业申请仲裁；共涉及经济标的6137.8万元。结案646件，其中，按处理方式划分，裁决结案250件（终局裁决83件），调解结案393件；按处理结果划分，劳动者胜诉 34 件，用人单位胜诉 70 件，双方部分胜诉 419 件，其他 123 件；追回追缴劳动权益经济标的 2140.31 万元。所有案件均在法定时限内办结，结案率 91.4%，调解率 62.1%。

就业创业与人才服务

【概况】 2023 年，贺兰县就业创业和人才服务中心在自治区、市人社、就业部门的有力指导下，坚持以人民为中心的发展思想，持续推进中央、自治区、银川市、县委、县政府关于"稳就业""保就业"的政策措施，深入实施就业优先战略，突出重点群体就业，千方百计促就业、拓岗位，顺利完成了全年目标任务，全县就业形势持续稳定向好。

【创新机制】 2023 年，贺兰县成功入选国家创新型县创建行列。推荐贺兰县"零工之家"项目荣获第二届全国人力资源服务业发展大会初创组三等奖。2 家服务站被评为国家级"最美工会户外劳动者服务站点"，为新就业形态劳动者群体提供更加多元化的服务新模式、新机制。承办中国妇女发展基金会 @ 她创业计划启动会，打造"木兰加速空间"女性创就业帮扶阵地，带动 400 余名留守妇女就业。打造富兴街街道、如意湖社区、习岗镇、金贵镇银光村 4 个市级新时代就业创业服务站。成功举办第二届乡村振兴杯职业技能大赛，发放奖金 9.2 万元。

【拓宽渠道】 2023 年，贺兰县就业创业和人才服务中心推动建立贺兰县重点企业用工服务保障机制，健全"七大人力资源服务库"，破解企业"用工荒"难题，累计开展各类专场招聘 129 场，提供就业岗位 8.9 万余个，解决就业 1.13 万人。开展"1311"服务上万人次，全县实现城镇新增就业 5212 人，农村劳动力转移就业 24780 人，实现工资性收入 3.38 亿元，发放创业担保贷款 6528 万元，开展各类培训3203 人，开发安置公益性岗位 290 人，离校未就业高校毕业生就业帮扶率达 92.05%，零就业家庭动态清零，城镇调查失业率控制在 5.5%以内。

社会保险

【概况】 2023 年，贺兰县社会保险事业管理中心在贺兰县委、县政府的坚强领导下，在县人社局党组的正确指导下，坚持以习近平新时代中国特色社会主义思想为指导，围绕学习宣传贯彻党的二十大精神这条主线，深入贯彻落实习近平总书记关于社会保险基金安全的重要讲话和重要批示精神，以开展学习贯彻习近平新时代中国特色社会主义思想主题教育、"四强"能力作风建设年活动和社保基金巩固提升行动等为契机，通过"党建＋业务"，持续巩固基层基础建设，提升社保经办水平，有效发挥社保服务效能，为全县经济社会高质量发展提供坚强保障。

【强化责任意识】 2023 年，贺兰县社会保险事业管理中心深入学习宣传贯彻党的二十大精神，把学习贯彻习近平新时代中国特色社会主义思想作为首要政治任务，坚持政治理论学习常态化，保持政治自觉、思想自觉、行动自觉，全年共组织党员集体学习 100 余次，交流研讨 7 次，每人撰写心得体会 4 篇。印发《贺兰县社保中心党支部 2023 年党建工作要点》，全年召开 5 次会议研究部署相关工作，层层签订责任书，厘清职责、分解任务，把管党治党各项要求、措施落实到每名班子成员、每名党员。通过组织党员签订公开承诺书，引导广大党员践行履职承诺，进一步激励广大党员立足本职岗位，发挥先锋模范作用。

【严肃政治生活】 2023 年，贺兰县社会保险事业管理中心党员教育经常化、组织生活正常化、作用发挥常态化。全年召开党员大会 12 次、支委会 19 次，讲党课 4 次，组织生活会 1 次。党员组织关系接转、党费收缴、党务公开工作及时、规范，全年收缴党费 4448.66 元。落实党员"双报到双报告"制度，协助指导做好党建、市域社会治理、文明城市创建、乡村振兴等工作，慰问党员群众及帮扶户39户。创建党建品牌，充分发挥党组织推动社会保险事业发展战斗堡垒作用和党员干部服务广大参保群众先锋模范作用，创建成为四星级党组织。

【主题教育】2023年，贺兰县社会保险事业管理中心牢牢把握主题教育总要求和目标任务，带头领学解读、交流研讨，边学边干、边找问题、边补短板，建立支部问题整改清单并销号，用解决问题成效强化主题教育效果。开展“三项活动”和“四下基层”活动，主动解决群众提出的问题，力求意见建议办理出实效。全年线上受理群众咨询投诉等事项164件，办结率100%，线下设立群众疑难问题反映窗口，登记处理问题69个，办结率100%。

【队伍建设】2023年，贺兰县社会保险事业管理中心落实全面从严治党新要求，从严监督管理党员干部，做实做细党风廉政建设，开展纪律教育、廉洁教育和警示教育，筑牢思想防线。扎实开展“四强”能力作风建设年活动、纠治形式主义官僚主义专项整治和人社系统“转作风正行风树新风”百日提标行动，秉公办事，坚守底线红线，各项社保业务做到三级审批、分级授权。全年开展警示教育22次，严格对党员干部的考核管理，定期与班子成员和党员谈心谈话、提醒警示，民主评议党员2次，谈心谈话7次，9人作出书面检查。

【意识形态工作】2023年，贺兰县社会保险事业管理中心自觉承担起抓意识形态工作的政治责任和领导责任，在事关大是大非和政治原则问题上，增强主动性、掌握主动权、打好主动仗。不断加大党的理论和政策宣传力度，大力培育和弘扬社会主义核心价值观，大力宣介中华民族共同体意识，把服务群众同教育引导群众结合起来，讲述好中国故事、传播好中国声音、落实好社保政策，促进发展成果公平惠及各族群众。

【参保任务】2023年，贺兰县社会保险事业管理中心为深入实施全民参保计划，在社保政策宣传上创新举措，全年线上宣传各项政策，发布信息简报172条，抖音直播9场，累计观看人数21.4万人，互动人数超过6800人，线下集中宣讲27场，发放宣传册超过10万份，全县社会保险参保覆盖范围逐步扩大。

【养老保险覆盖】2023年，贺兰县社会保险事业管理中心保障群体由城镇各类中小微企业职工、机关事业单位合同制职工向非公经济组织、个体工商户、新业态就业人员、灵活就业人员、农民工以及被征地农民扩展。全县城镇企业职工基本养老保险参保84617人，完成年度目标任务的101.16%，失业保险参保人数41291人，完成目标任务的102.26%。

【养老保险制度改革】2023年，贺兰县社会保险事业管理中心机关事业单位基本养老保险制度改革稳步推进参保人数达到7681人，完成年度目标任务的101.71%。

【养老标准化建设】2023年，贺兰县社会保险事业管理中心通过社会保险标准化建设、服务事项下沉、协办员聘用、养老保险费代缴等工作的开展，逐步达到了城乡居民基本养老保险经办规范快捷、信息化程度高、群众普遍满意的要求，群众参保意愿持续增强。其中，3998名困难人群城乡居民基本养老保险费由县财政代缴，助力乡村振兴战略，做到基本养老保险应保尽保。

【乡村振兴】2023年，贺兰县社会保险事业管理中心积极推动建筑业按项目参加工伤保险，加快推进中小微企业参加工伤保险，全面开展基层快递网点优先参加工伤保险工作，工伤保险参保60008人（其中建设施工企业参保18753人），完成目标任务的100.01%。

【兜牢民生保障底线】2023年，贺兰县社会保险事业管理中心严格执行国家和自治区养老保险待遇发放政策，落实养老金、高龄补贴正常调整机制，确保到龄人员养老保险待遇每月 15 日前按时足额发放到位，发放率达到 100%。2023 年，贺兰县养老保险待遇领取人员共计 42326 人，全年累计发放养老金 7.96 亿元，其中企业离退休人员共计 16619 人，人均月养老金达到 2231 元，同比增长 5.4%；机关事业单位退休人员共计 2972 人，人均月养老金达到 5607 元，同比增长 5.8%；城乡居民待遇领取人员共计 22735 人，基础养老金调增 15 元，达到了每人每月 285 元，居全区较高水平，人均月养老金达到 311 元，同比增长 6.9%。全县新增待遇领取人员 3817 人，月增发养老金 377.90 万元，累计为 8 名待遇领取人员发放病残津贴 4.67 万元，为 1279 名死亡人员（含在职）发放遗属待遇 2639 万元。及时受理发放工伤职工待遇，2023 年共为 493 人发放工伤待遇 2082 万元。

【助力县域经济发展】 2023 年，贺兰县 17552 名被征地农民参加基本养老保险，并按政策享受相应财政补贴；贺兰县社会保险事业管理中心督促 32 家企业缴清缓缴社保费用 666.33 万元，完成缓缴总额的98.84%；实施社保降费政策，为全县参保单位及个人累计减负 3.2 亿元，其中养老保险累计减负 2.8 亿元（降低费率 1.4 亿元、降低基数 1.4 亿元），失业保险累计减负 0.4 亿元（降低费率 0.34 亿元、降低基数 0.06 亿元），受益企业及单位达 4509 家；落实“四保两稳一促”工作，对新业态从业者优先参加工伤保险并缴纳费用的 3 家用人单位给予补贴 7636.15 元；完成美洁纸业欠缴养老保险费清偿工作，清偿金额 2389 万元，涉及 1045 人，切实保障参保人员基本权益，促进社会和谐稳定。

【确保社保基金安全】 2023 年，贺兰县社会保险事业管理中心集中力量开展社保案件集中整治百日攻坚行动和社保基金巩固提升行动，针对基金管理风险问题再核查再梳理。开展社会保险公共服务标准化建设，编制《内控制度汇编》《基金业务内控管理手册》，严格业务经办和授权管理，建立社会保险业务岗位权限管理制度。严格规范信息数据修改，建立风险业务核查台账，对重点业务全流程监督；深化部门协作，建立社会保险领域参保人员违法违纪及死亡人员信息共享机制；开展社保基金专项整治和风险排查工作，实施专项内控监督检查 4 次、日常内控监督检查 3 次；会同县劳动监察部门对一次性补缴养老保险费人员开展事前稽核。实地稽核企业 166 家，针对 53 家企业存在瞒报缴费基数、欠缴社会保险费等问题下发社会保险稽核意见书；对全县工伤保险签约医疗服务机构开展专项工作检查，及时反馈问题督促整改；及时复核疑点数据并整改完善，按时上报要情，积极追回各类违规基金。全年累计核查养老保险疑点数据 2200 条，追回各类违规基金 19.47 万元，上报要情 5 件，整改完成 2 件；常态化开展基金警示教育学习 22 期，参观警示教育基地 2 次，举办风险防控专题培训 7 期。加强经办队伍建设，织密基金安全防护网，守护群众“养老钱”。全年社保基金总收入 106702.88 万元，同比增长 16.94%；基金总支出 84288.22 万元，同比增长 9.42%。其中，城镇职工养老保险基金总收入 68599.21 万元（不含上级补助收入 52837.25 万元），比上年同期增加 15831.32 万元，增长 30%；基金总支出 52128.57 万元（不含上解上级支出 2412.89 万元），比上年同期增加 4021.63 万元，增长 8.4%。城乡居民基本养老保险基金总收入 11832.89 万元，比上年同期增加 1558.46 万元，同比增长 15.17%；基金总支出 8756.45 万元，比上年同期增加 1035.04 万元，同比增长 13.40%。机关事业单位基本养老保险基金总收入 24919.09 万元，比上年同期减少 2202.16 万元，同比下降 8.12%。基金总支出 21321.43 万元，比上年同期增加1505.78 万元，同比增长 7.60%。工伤保险基金总收入 1351.69 万元，比上年同期增加 271.69 万元，同比增长 25.16%；基金总支出 2081.77 万元，比上年同期增加 693.77 万元，同比增长 49.98%。

【社保服务便捷高效】 2023 年，贺兰县社会保险事业管理中心认真落实深化“放管服”改革优化营商环境和推进先行区建设的决策部署，持续提升社保服务水平。通过开展社会保险公共服务标准化建设，梳理重点业务流程30项，材料精减率达到50%以上，努力打造环节最少、时限最短、流程最优、材料最简的业务流程。打造完善5个综合柜员窗口，实现“前台综合受理、后台分类审核”，减少了办事群众等候时间和来回跑路的次数。全县4124家参保单位和经办机构之间“不见面”办理社保业务。大力推行社保业务“掌上办”“自助办”“跨省通办”，减轻了经办窗口压力，减少了参保对象跑路次数，全年办理养老保险关系转入684人，转移基金2250.2万元，转出178人，转移基金399.56万元。开展社银合作，将服务触角延伸至部分银行网点，织密线下社保服务网络。完成国有企业退休人员档案数字化项目，为国有企业退休人员提供优质社保服务。落实“放管服”改革，聘用65名兼职协办员并强化监督考核，指导基层经办人员办好下沉9项社保业务，确保参保人员不出乡镇（街道）即可办理，部分业务可在村、社区办理，社保服务全面送至家门口。

【护航平安贺兰建设】2023年，贺兰县社会保险事业管理中心深入学习贯彻习近平总书记关于安全生产的重要论述，全面落实自治区党委十三届四次全会精神。坚持“三管三必须”要求，严格落实安全生产责任制，完成了2023年度工伤预防宣传（培训）项目，建设宣传阵地13家，发放工伤预防宣传材料2万份，拍摄视频和宣传片6部，制发宣传品5000余份，开展培训16场次，线上培训2000余人次，重点企业调研、现场隐患排查以及进行回访工作12场，发现78个隐患问题并督促企业及时整改，从源头上消除隐患、堵塞漏洞，坚决遏制重特大事故发生。对全县150家参保单位工伤保险费率在基准费率的基础上进行浮动调整，促进用人单位安全生产，保障劳动者稳定就业，助力县域经济社会持续健康发展。

【强化依法经办意识】2023年，贺兰县社会保险事业管理中心坚持会前学法，带头学习贯彻习近平法治思想核心要义、习近平总书记关于全面依法治国的重要论述、宪法及与职责相关的法律法规，广泛宣传《中华人民共和国宪法》《中华人民共和国社会保险法》等，不断增强干部职工办事依法、遇事找法、解决问题用法、化解矛盾靠法的意识。运用法治思维和法治方式推进工作，重大事项均由法律顾问实施合法性审查，全年出庭应诉案件2件。严格守法，时时处处事事以党纪国法为准绳，厉行法治，敬畏法律，遵守法律。全年没有因违法违规造成不良影响的情况。

民政工作

【概况】2023年，贺兰县民政局坚持以习近平新时代中国特色社会主义思想为指导，深入贯彻落实党的二十大精神，紧紧围绕学习贯彻落实习近平总书记视察宁夏重要讲话和重要指示批示精神，全面落实县委、县政府及上级民政部门工作部署，深入践行“民政为民、民政爱民”工作理念，在困有所济、老有所养、弱有所扶等方面持续用力，不断增进民生福祉，坚决守牢安全底线，持续推动全县民政事业高质量发展。

【养老服务供给】2023年，贺兰县民政局累计争取银川市资金支持110万元，组织实施团结村、新平村2个农村老饭桌助餐点和花园社区等5个城市社区老年人助餐点改造项目，项目已改造完成开始运营，有效满足各点位辖区内老年人助餐服务需求，充分发挥贺兰县养老服务设施社会效益。依托贺兰县社区日间照料中心阵地，开设4个“塞上乐龄”项目点位，根据老年人的需求，开设舞蹈、乐器、书法等老年群体喜闻乐见的文化艺术课程，丰富养老设施功能，实现“老有颐养，老有优教”的养老服务新目标。顺应老年群体多样化的日常需求，累计投入资金114万元，实施“六助+N”服务、“喘息服务”、购买养老服务等项目，满足老年群体多样化居家养老服务需求，为老年人提供生活照料类、文艺娱乐类、心理健康等方面的服务，进一步提升养老服务质量和水平。

【兜底保障网】2023 年，贺兰县民政局持续实施“政府救助 + 慈善救助”项目，链接慈善资源，向不符合社会救助政策或政府救助后家庭仍然困难的群众根据家庭需求，开展助医、助学、助困等多样化救助服务，累计救助 62 人次，发放救助资金（含物资）30.3 万元。全面落实城乡低保、高龄津贴、孤儿养育津贴、残疾人两项补贴等社会救助政策，全年累计发放各类救助津补贴 7175.15 万元，惠及困难群众19972 人。争取自治区级资金 50 万元支持开展贺兰县精神障碍社区康复服务项目，聘请专业第三方确定三、四级精神障碍残疾人 141 人，为 70 人建立“一人一档”，制定个性化心理疏导、音乐治疗等康复服务，有效缓解了患者及家属心理紧张情绪的压力。

【养老服务体系建设】2023 年，贺兰县民政局实施常信乡综合养老服务中心项目，可有效填补乡镇综合养老服务中心空白，为周边老年人提供集餐饮娱乐等多种为老服务；聚焦特殊困难老年群体，争取区级资金 50 万元为贺兰县 120 户生活困难家庭老年人进行居家适老化改造，有效提升困难家庭老年人居家生活安全性和便利性；投入资金 45.27 万元，为贺兰县 11274 名老年人购买意外伤害保险，减轻遭受意外伤害的老年人家庭经济负担，提高老年人及其家庭抵抗风险的能力，截至年底共赔付 834 笔，理赔73.08 万元；根据老饭桌、日间照料中心考核办法，对各养老服务设施服务质量及成效进行考核评定，发放运营补助 135.7 万元，有效激励各类服务设施发挥到为老服务作用。

【细化管理水平】2023 年，贺兰县民政局以社区规范化标准化建设为抓手，完善网格化管理、精细化服务，综合设置“全科网格”并进行赋码，完成农村赋码 763 个，城市社区赋码 497 个。深入乡镇街道一对一指导，加强村（社区）信息、队伍管理，及时维护更新全国基层政权建设和社区治理信息系统数据。

【基层治理强“赋能”】2023 年，贺兰县民政局队伍赋能强培训，组织开展村监会成员集中培训 3 次，村监会建设情况全覆盖检查指导 1 次，开展基层民主建设工作指导检查 10 余次；基层赋能不放松，联合组织部对全县村（社区）挂牌问题实地督导整改。

【社区民主协商自治】2023 年，贺兰县民政局深化“四议两公开”“民主议政日”“板凳会”“议事协商会”等民主协商制度，持续组织开展“网格大走访”“社区协商月”活动，走访群众 6 万户，收集社情民意 1199 件，其中自处 891 件，转办 308 件。

【专业社会工作队伍建设】2023 年，贺兰县民政局为提升全县持证社工队伍，组织 150 余人开展社会工作者职业水平考试考前培训，对取得中级社工证的 2 人发放奖励 6000 元，投入资金 80 万元，启动“五社联动”项目 4 个，进一步激励和培育社区社会组织，解决贺兰县在基层治理中缺少专业机构和专业人才引领的问题，有效支持引导社会力量参与基层治理。

【专项整治行动】2023 年，贺兰县民政局紧盯连续不参加年检、不开展业务活动、无法取得联系的“僵尸型”社会组织，按照“谁主管、谁负责”原则，依法依规分类进行清理整治，已完成注销 25 家；开展打击整治非法社会组织工作，开展集中宣传 1 次，发放《社会组织普法 100 条》500 册，核查处理自治区民政厅移交的涉嫌非法社会组织线索 1 条。

【日常监管】2023 年，贺兰县民政局坚持党建引领，联合县审批局严把审批关口，指导社会组织将党建、社会主义核心价值观等内容写入章程，培育评选星级社会组织党组织 2 个，实地指导检查 32 家社会组织党建工作；扎实开展 2022 年度社会组织线上年检工作，组织人员力量加强对社会组织章程规范、社会团体收费、活动开展等情况的日常监管。

【提升办事水平】 2023 年，贺兰县民政局不断优化“爱不释手”婚姻家庭纠纷调解室建设，为群众提供法律咨询、心理疏导、新婚辅导等多种服务，累计调解纠纷 655 件；全年累计办理婚姻登记 2448 对，其中“跨省通办”42 对；利用“2·14”“5·20”“七夕”等特殊节点，组织婚姻当事人开展“新婚第一课”、颁证仪式等活动，引导婚姻当事人正确认识婚姻关系，宣传引导婚俗新风尚。

【提升区划地名管理水平】 2023 年，贺兰县民政局通过制定清明祭扫方案和应急预案、召开推进会、印发宣传彩页、联合多部门开展清明祭扫安全检查等方式，全力保障群众清明祭扫安全，共接待祭扫群众8.1 万人次，赠送鲜花 1.1 万支；严格落实殡葬救助政策，发放殡葬救助金 3.74 万元。稳妥推进与金凤区行政区域界线调整移交，与金凤区、平罗县配合开展第四轮行政区域界线联合检查，联合兴庆区民政局对贺兰县与兴庆区部分行政区域界线进行现场指定，有力维护平安边界建设；开展不规范地名成果巩固年活动，完成贺兰县标准地名图录典志编纂工作，根据“双创”、节水城市创建、国家卫生城市创建等设置 320 余幅公益宣传画。

【守牢安全底线】 2023 年，贺兰县民政局扎实开展民政领域“安全生产月”、安全生产大检查等专项行动，联合应急管理、消防、市场监管等多部门开展民政领域安全生产检查工作，深刻吸取“6·21”事故教训，对民政机构开展全覆盖安全生产检查，检查发现问题 207 个。

【养老服务体系建设】 2023 年，贺兰县民政局坚持养老事业与养老产业协同发展，积极探索居家和社区养老服务新模式，优化完善三级养老服务体系建设，增强养老服务供给能力，2023 年新建常信乡综合养老服务中心、改造老年人助餐点 7 个，延伸养老服务功能，提升居家服务质效，开设“塞上乐龄老年大学”点位 4 个、实施“六助 +N”服务、“喘息服务”等政府购买养老服务 3 个、为 120 户困难老年人家庭实施居家适老化改造；以多项举措打好养老服务体系建设组合拳，可实现老年人老有所养、老有所乐、老有所教的养老目标。2023 年，贺兰县养老服务工作被自治区民政厅在自治区进行通报表扬。

【民生优享工程】 采取“强宣传 + 强共享 + 强摸排 + 强督导”模式，先后开展培训推进会 15 场次，深入乡镇开展业务指导 6 轮，发放政策宣传材料 6 万份，累计受训 900 余人，为基层业务人员赋能提效，全力推进实施城乡低保“增效 + 扩围”、高龄津贴“提标 + 扩围”民生优享工程，新增城乡低保 1495 人、高龄老年人津贴 427 人，提前完成自治区下达 6 月底前低保新增扩围 1137 人的任务目标，城乡高龄低收入老年人津贴发放年龄较自治区提前 5 年，农村高龄低收入老年人津贴较自治区人均标准提高 335 元，城市高龄低收入老年人津贴较自治区人均标准提高 245 元。

退役军人事务管理

【概况】 2023 年，贺兰县退役军人事务局在自治区、市党委退役军人事务工作领导小组大力支持和坚强领导下，坚持以习近平新时代中国特色社会主义思想为指导，以习近平总书记关于退役军人工作和双拥工作的重要论述重要指示精神为统领，全面贯彻落实党的二十大精神和自治区党委十三届四次、五次、六次全会精神，紧扣退役军人服务、管理、保障三大主业，真抓实干、攻坚克难、精准高效、主动作为，在推动全县退役军人工作高质效发展上不断迈出新步伐，展现新作为。

【思想理论引领】 2023 年，贺兰县退役军人事务局紧密结合主题教育和大兴调查研究，坚持领导带头学、创新方式学、及时跟进学、融会贯通学、结合实践学，先后组织党员干部赴彭阳、隆德、西吉县、青铜峡实地观摩学习，组织退役军人开展“铭记历史缅怀先烈 崇尚英雄争做先锋”2023清明祭英烈活动和“9·30”烈士纪念日线上活动，进一步加深退役军人及干部职工对爱国主义精神的认识。

【典型示范引领】 2023年，贺兰县退役军人事务局邀请自治区最美退役军人殷正勤，现役军人、二等功臣刘家伟在新兵欢送会上作事迹报告，马越获评全区首届“最美军嫂”，选树县级“最美拥军人物”“最美退役军人”“最美军嫂”21名，向“三个最美”学习看齐成为风尚。

【志愿服务常态化】 2023年，贺兰县退役军人事务局组建24支“老兵志愿服务队”，带动全县退役军人投身到志愿服务活动，服务群众5万余人次，让退役军人“橄榄绿+迷彩帽”遍及到城乡社会各个领域。自治区“接过雷锋的枪、学雷锋做榜样”主题志愿服务活动启动仪式在雷锋纪念馆举行。

【关爱帮扶】 2023年，贺兰县退役军人事务局按照《贺兰县烈属和军属及退役军人优待工作实施办法》，对生活困难的退役军人按相关标准给予救助。

【发挥作用】 2023年，贺兰县开展“荣誉站长”聘任工作，涌现出丁海兵、焦龙元等13名“荣誉站长”、邢建平等17名“老兵政治指导员”，通过“兵说兵话、兵解兵心、兵讲兵理、兵解兵惑”，帮助老兵读懂政策、解疑释惑，引导广大退役军人退伍不褪色、离军不离党，更好发挥作用。

【就业安置】 2023年，贺兰县退役军人事务局严格落实“阳光安置”程序，完成了符合政府安排工作退役士兵的安置，安置率、满意率均达100%。2023年为退役大学生士兵协助办理免试专升本、高职分类招考等学历提升业务，召开“线上+线下”招聘会3期，提供岗位5845个，通过公益性岗位、定向推荐就业解决退役军人就业问题。自治区“耕耘者振兴计划”乡村治理“兵支书”专题培训班在贺兰县举办，开办为期8天的退役士兵适应性培训班2期、为期9天的助力乡村振兴示范班1期，切实帮助退役军人尽快转变角色融入社会。

【尊崇关爱】 2023年，贺兰县退役军人事务局春节、八一投入资金131.43万元对驻县部队、优抚对象、军属代表、贺兰县籍边防官兵等进行走访慰问。八一期间，由县人大、政协主要领导带队实地走访慰问“贺兰山舰”及新疆喀什贺兰县籍边防官兵。为军人家庭悬挂光荣牌，为贺兰籍现役军人家属集体送立功受奖喜报，春节前夕银川警备区有关领导、解放军某部领导及县委、县政府主要领导上门为荣立二等功现役军人刘家伟及家属送功臣牌匾和荣誉金。

【真诚服务】 2023年，贺兰县退役军人事务局精准摸排退役军人底数，扎实开展“大调研、大核查、大走访”活动，走访退役军人100户。招募拥军企业380家，提供服务项目760余个，为军人军属、退役军人及其他优抚对象提供餐饮、住宿、商超、医疗、房产等涉及32个行业的优先优待优惠服务。

【政策落实】 2023年，贺兰县退役军人事务局落细落实各项优抚政策，完成建档立卡并制发优待证，为优抚对象发放各类抚恤、补助资金，为发放义务兵家庭优待金，为自主就业退役士兵发放一次性经济补助金，国家各项优抚政策落实到位，优抚对象生活水平不断提高。

【社会化拥军】 2023年，贺兰县退役军人事务局在宁夏金域医学、苏州公馆、县工行、农行等拥军企业走访慰问驻县部队和伤残军人以及生活困难退役军人，累计送去慰问品；对辖区内参战困难退役军人每人送去慰问品。

【双拥氛围】2023年，贺兰县退役军人事务局提升改造贺兰县双拥主题广场、双拥文化一条街暨贺兰山崇军尚武一条街，制作宣传橱窗500余块，悬挂宣传标语800余条。在崇军尚武广场醒目位置制作“退役军人保障法”碑，道路两侧灯杆悬挂双拥国防宣传牌98组392块。举办“践行党的二十大 共创双拥新征程”纪念延安双拥运动80周年双拥国防知识竞赛，全县机关干部群众1万余人参与线上线下答题。

【妥善解决“三后”问题】2023年，贺兰县退役军人事务局投入资金为服现役高原兵购买意外伤害保险，组织重点优抚对象全覆盖免费体检，联系康群医院为全县伤残军人、荣立三等功臣之家义诊，为现役军人子女优先解决入学入园转学等问题，真正做到现役受尊崇、退役获尊重。

【拓展发力】2023年，贺兰县退役军人事务局第一时间召开退役军人事务工作领导小组第四次会议，传达学习有关文件、审议《贺兰县委退役军人事务工作领导小组工作规则》和《贺兰县委退役军人事务工作领导小组办公室工作细则》，并安排部署相关工作。承办“宁夏老兵”志愿服务活动启动仪式，“四色服务法”入选《全国退役军人服务中心（站）服务保障工作典型案例》，富兴街道退役军人服务站站长殷海燕被评为“全国退役军人服务中心（站）百名优秀主任（站长）”。

【服务体系建设】2023年，贺兰县退役军人事务局建成退役军人档案室，通过优待证为全县优抚对象全覆盖发放优抚金按照“一镇一品牌、一站一特色”的总体思路，7个乡镇、13个百人以上站点全覆盖100%达到国家示范标准，县级服务中心、富兴街道退役军人服务站等6个中心（站）获评银川市精品服务站，星级服务体系建设工作得到上级业务部门的肯定。

【活动引领】2023年，贺兰县退役军人事务局先后接待各级调研4次，8月3日，退役军人事务部党组成员、副部长常正国，自治区政府副主席刘军调研贺兰县原歌酒庄，黄河流域九省（区）退役军人事务厅主要负责人调研贺兰县稻渔空间。9月24日，退役军人事务部调研组一行180余人到原歌酒庄观摩。9月20日，自治区政协主席陈雍到县退役军人服务中心、银川康群医院、如意湖社区退役军人服务站调研基层服务保障工作，并得到好评。县退役军人事务局被自治区退役军人事务厅评为工作先进单位，县级服务中心获评工作突出单位。

应急管理

【概况】2023年，贺兰县应急管理局在县委、县政府的坚强领导下，坚持以习近平新时代中国特色社会主义思想为指导，深入学习贯彻习近平总书记关于安全生产、防灾减灾救灾的重要指示批示精神，认真落实自治区党委十三届四次、自治区党委十三届五次和银川市委十五届八次全会精神，全面落实自治区、市、县委、县政府关于应急管理工作的安排部署，锚定不发生重特大生产安全事故和自然灾害事故为目标，牢牢把握“深”“准”“狠”总要求，全面落实“防、查、改、教、强、技、制、督、调、究”重点任务，凝心聚力筑牢安全底线，齐抓共管夯实应急基础，稳扎稳打推动经济社会安全发展。

【指标控制】2023年，全县共发生生产安全事故9起，死亡5人，受伤4人。其中，工贸领域1起，死亡1人；交通运输领域6起，死亡3人，受伤4人；建筑施工领域1起，死亡1人；危化领域1起，未有人员伤亡。事故起数与2022年持平，死亡人数同比下降37.5%，受伤人数同比下降20.0%。2023年亿元GDP生产安全事故死亡率0.0290，在自治区下达的0.0469控制指标范围内。

【统筹能力】2023年，贺兰县应急管理局健全完善安委办工作例会、督查督办、情况通报等制度，以“每季度一督查、每季度一通报”统筹推进危险化学品、道路交通、消防、燃气、自建房等各领域安全生产工作。6月22日习近平总书记对银川市兴庆区富洋烧烤店燃气爆炸事故作出重要指示以来，县应急局研究制定《贺兰县重大事故隐患专项排查整治2023行动实施方案》，配合成立贺兰县安全生产大排查大整治专项行动工作专班和醇基燃料排查整治工作专班，分行业领域、分区域设置10个排查整治组和1个监督执纪组，组织开展全覆盖、全领域的安全生产大排查、大起底、大整治专项行动。

【队伍建设】2023年，贺兰县应急管理局建立综合应急、专业应急、社会救援、专家应急4个应急救援队伍体系，及时更新完善全县应急队伍信息，已组建消防、民兵、通信保障、防汛抗旱、城市排涝、气象灾害、交通运输、供水、供电、供气应急抢修等应急救援队伍15支1171人，不断提高贺兰县灾害事故应急救援能力。

【预案体系】2023年，贺兰县应急管理局进一步健全完善全县应急预案体系，提高突发事件应急处置能力，结合贺兰县风险特点和突发事件应对处置和工作实际，建立了“1+38+7+N”应急预案体系。

【应急演练】2023年，贺兰县应急管理局协调联合举办贺兰县2023年危险化学品政企、企企联合应急演练。宁夏泰益欣生物科技有限公司罐区举行“贺兰县2023年政企联合应急演练”，邀请各重点行业企业观摩，锤炼政府、企业应急救援队伍实战能力，检验安全生产应急救援预案实操性，优化应急抢险救援流程，全面提升应急救援处置水平。督促各危险化学品企业在安全生产月期间自行组织开展应急演练，并审核演练材料。

【执法检查】2023年，贺兰县应急管理局严格执行“四个一律”“五个一批”执法措施，安排部署执法人员，聘请专家在全县危化、工贸、非煤矿山、烟花爆竹领域开展安全生产执法检查192家次，立案处罚企业7家，行政处罚罚款72.3万元。

【综合治理】2023年，贺兰县应急管理局积极开展贺兰县危险化学品领域、工矿商贸领域、非煤矿山领域重大隐患专项整治工作。做好精细化工企业四清零典型问题、液化烃储罐区安全风险专项治理、装置设备带病运行整治、老旧装置排查整治、设计诊断问题整改销号5大危化企业专项整治工作，进行全面核查指导整改销号。对全县14家化工企业、1家烟花爆竹零售店、29家加油加气站、15家涉氨涉尘企业、1家非煤矿山安全监管进行安全生产执法检查。

【管理服务】2023年，贺兰县应急管理局完善危化专家库人员组成结构，聘请专家开展执法检查，帮助企业高质量完成问题隐患整改。推动企业完善安全生产责任和管理制度、风险分级管控和隐患排查治理、安全生产标准化建设工作。扎实做好“互联网＋执法”系统工贸专项执法工作，2023年上报典型执法案例6例。

【细化措施】2023年，贺兰县应急管理局修订完善《贺兰县防汛抗旱应急预案》，将“干什么、怎么干、谁来干”全部进行了明确，确保全县防汛抗旱工作有章可循。督促住建、综合执法等部门将2022年汛期出现的隐患点（特别是2022年城市17处内涝积水点、进水车库、地下室）作为重点，逐点建立台账，明确工作措施，一点一案、逐点改造，针对短期内不能整改的，提前落实排涝队伍、技术和设备，有针对性地加强防范。修订完善《贺兰县县城内涝应急预案》，对县城排水管网、县城周边水系、地下商场、低洼易涝小区、地下车库、居民小区地下室、半地下室、低洼易涝企业、遇水易发生危险事故企业等薄弱环节和重点区域进行重点摸排统计；根据县城不同洪水淹没水深配备排涝设备，明确各单位责任分工，做好遇强降雨造成的城市内涝抢险的准备工作。

【森草防火】2023年，贺兰县应急管理局对金山林场、金山陵园、贺兰山岩画、苏峪口国家森林公园等4家重点防火单位、1家重点企业开展火灾隐患排查整治，对检查中发现的灭火机具保养记录不全、值班记录未及时更新等问题，督促责任单位立即整改。邀请安全生产专家深入9家文旅行业重点企业，逐一进行安全“体检”，对检查发现隐患建立台账、跟踪督办、闭环管理，持续推进火灾隐患“清零”行动。组织开展不打招呼、不设脚本的森林草原防灭火演练，从发生火情队伍快速集结反应到展开灭火行动、部门协同配合等方面全方位对各部门、各乡镇场进行了一次大“体检”，有效提升了各成员单位应对突发事件的能力。

【应急物资储备】 2023年，贺兰县应急管理局在乡镇应急物资储备仓库建设项目该项目选址于贺兰县金贵镇、洪广镇、金山林场，总建筑面积800平方米，该项目概算总投资603.96万元，全部为地方配套资金。项目于2023年6月开工建设，2023年已投入使用。

【救助受灾困难群众】 2023年，贺兰县应急管理局通过“自然灾害灾情报送系统”报送灾情4次，统计受灾人口24人，农作物受灾171.25公顷，倒塌房屋3间，严重损坏房屋10间，一般损坏房屋8间，直接经济损失491.4万元。灾情结束后，按照“自下而上、程序规范、全面深入、应统尽统”的原则，对救助对象进行统计，按照“户报、村评、乡审、县定”的程序，最终确定对常信乡翻建的5户严重损坏房屋、3间一般损坏房屋进行救助，合计自然灾害救助资金14.6万元，全部发放到位。

消　防

【概况】 2023年，贺兰县消防救援大队在总队、支队两级党委的正确领导下，坚持以习近平新时代中国特色社会主义思想为指导，忠诚践行训词精神，树立“正风气、强素质、保稳定、谋打赢”工作目标，围绕中心、服务大局、主动作为，实现了队伍内部和社会面火灾形势“双稳定”。

【党建引领“强底气”】 2023年，贺兰县消防救援大队严格执行民主集中制，共召开党委会33次，研究重要议题130余项，中心组学习27期，举办党的二十大精神讲座1次，积极参加星级党组织达标创建(德胜站党支部被总队评为“四星”级党支部)，拍摄党建展示片1部，策划开展共建党日活动3场，发展党员1名，组织党员思想汇报5次，开展民主评议党员1次，组建党员突击队3支。

【教育铸魂“提士气”】 2023年，贺兰县消防救援大队综合应用专题学习、研讨交流、考试测查、读书分享、重温总书记足迹、主题观影、学唱红歌、参观纪念馆、慰问困难群众等推进“牢记领袖训词、永做忠诚卫士”和学习贯彻习近平新时代中国特色社会主义思想主题教育，利用个人自查报告、支部谈心谈话、党委监督落实，切实推进干部教育整顿走深走实。

【暖心优待“聚人气”】 2023年，贺兰县消防救援大队积极协调辖区教育部门为6名指战员子女解决入学问题，借助“夏送清凉、冬送温暖”活动为指战员配发训练护具、防暑用品和防寒三件套；工会慰问会员5人次，邀请辖区单位来队开展联谊活动1次，组队参加县级工会篮球、足球赛3次。

【狠抓管理“严风气”】 2023年，贺兰县消防救援大队以“条令纲要学习”暨强化纪律作风活动和“依法从严管理守牢安全底线”暨安全“九无”创建活动为抓手，坚持每天安全宣誓和查铺查哨，每周2次队列训练、队容风纪检查、内务评比、隐患排查和饮酒测查，不定期开展队站督导检查46次，手机软件抽查90余人次，征信调查90余人次，私家车备案20份，电话家访60余人次，发送安全提示信息50余条。

【廉政建设“树正气”】 2023年，贺兰县消防救援大队扎实开展廉政教育和警示提醒，通过“以案促改”等工作不断巩固专项整治活动成果，承办《河清》杂志1期，开展廉政风险点排查3次、党风廉政建设形势分析 3 次，观看警示教育视频 10 余部，召开节前座谈会 7 次，印发廉洁过节提示 3 则，发送助廉倡议书 2 次，发送廉政提示 30 余条，办公场所物品点验 1 次，近亲属涉消排查 13 人次，聘请 2023—2025 届社会消防廉政监督员 10 名，发放廉政监督卡 265 份，无违规违纪问题发生。

【强化实战演练】2023 年，贺兰县消防救援大队各消防站共出警 852 起，开展辖区重点单位熟悉演练249 次，修订完善灭火救援预案 40 份，圆满完成了重要节日和重大活动期间消防安保任务，成功处置了“1·13”贺兰县宁夏治有工贸有限公司库房火灾、“7·22”贺兰县立岗镇惠农渠决口、“10·25”贺兰县洪广镇镇政府门口硫酸泄漏抢险救援等急难险重警情。

【提升练兵实效】2023 年，贺兰县消防救援大队针对水域救援短板组织人员开展游泳培训，扎实开展佩戴空气呼吸器穿越狭窄空间训练、沿拉梯紧急避险、救援三脚架等专项训练，对接辖区拆车厂进行实地交通道路救援处置训练等。德胜站和意湖站在 2023 年支队比武竞赛中分别取得团体第一名和第二名的优秀成绩，专职队员王斌斌在 2023 年自治区消防行业职业技能竞赛中获得“金头盔”。

【增强经费保障标准】2023 年，贺兰县消防救援大队全年预算批复 1100 万元，同比 2022 年增长 20%。另额外争取经费 660.35 万元，分别为危化企业消防安全评估专项经费 18 万元；公务员津补贴 412.3 万元；政府专职队员和消防人员经费 230.05 万元。

【提升基础设施建设】2023 年，贺兰县消防救援大队轻纺城站不动产产权证书办理完毕；暖泉消防站已全面建成；德胜战勤保障消防站已完成可行性研究报告审批及选址意见书办理，正在办理初步设计审批和土地报批事宜；先后完成大队停车棚、德胜站地下暖气管道改造、意湖站主战车车库门更换以及营区地面硬化等改造维护项目；辖区新增市政消火栓 27 座。

【提升资产使用效率】2023 年，贺兰县消防救援大队倒查历史账务中资产会计凭证，追溯年度资产情况并同步对账梳理，完善资产信息 263 条、处置各类资产 405 件，共计 247.32 万元，盘活办公家具等资产30 件套，共计 5.38 万元，全面夯实国有资产管理基础工作。

【加强装备建设】2023 年，贺兰县消防救援大队科学制订 2023 年全年车辆器材采购计划，消防装备配备结构得到进一步优化，并严格实施政府采购管理规定，规范采购行为。

【坚持高位推动】2023 年，贺兰县消防救援大队加强请示报告和定期研判，县委、县政府高度重视和支持消防工作，先后 18 次召开会议研究部署消防工作，县委书记丁炜、县长刘炳炳带队督导检查企业 300 余家，督促整改隐患 928 处，部门主要领导联合开展夜查 50 余次，并将检查内容纳入党委政府督查督办事项，推动消防安全责任有效落实。

【严格责任落实】2023 年，贺兰县消防救援大队由各分管县长负责，成立 10 个排查整治组和 1 个监督执纪组，按照属地负责、行业主管的原则，在督促社会单位自查自纠的基础上，以属地排查、部门联查、政府督查的方式，检查单位 11303 家，督促整改隐患 16977 处，停业整顿 225 家，拆除影响逃生的铁栅栏、户外广告牌 1871 处，办理行政处罚案件 95 起，提请挂牌重大火灾隐患单位 8 家。

【强化联勤联动】2023 年，贺兰县消防救援大队充分发挥县消委会议事协调作用，以各级督察督办为警示，以重点专项治理为抓手，通过文件部署、会议安排、联合整治、督查督办、风险预警等形式，推动构建单位主要领导亲自抓、分管领导具体抓、责任部门齐心抓的良好格局。

【优化多维宣传】2023 年，贺兰县消防救援大队坚持“约谈 + 培训 + 宣传”，大力提升全民消防安全意识的工作思路，以案示警，以点带面，先后分行业、分类别、分层次组织召开约谈会、培训会、火灾事故现场会 20 余次，扎实开展“千人万场”培训和科普馆开放活动，累计受教育群众约 5 万人次，发放各类宣传资料 2 万余份。

【深化智慧管控】2023 年，贺兰县消防救援大队为 11 家社会单位安装智慧消防物联网远程监控系统，运行维护 61 家社会单位智慧消防物联网系统、聘请专职法律顾问 1 名、消防指导专家 1 名、对辖区 9 家危化企业、17 家高层公共建筑及部分居民小区进行消防安全评估，为 220 名孤寡老人安装独立式感烟探测器。

【“政能量”充分释放】2023 年，贺兰县消防救援大队发挥工会凝心聚力纽带作用，组织开展了“巾帼心向党·奋进新征程”、“弘扬劳模精神，争当蓝色先锋”、五一劳动节文体活动，邀请地方乐器、声乐老师定期来队进行教学指导，组建了一支具有意湖特色的乐队。多措并举推动主题教育成功预热，开设2 期读书班，分别为指战员购置必读和选读书籍 230 余册，印制学习笔记本和应知应会口袋书，LED 显示屏每日播放 1 条“总书记语录”，开展“立足岗位做贡献”执勤标兵和执法能手评选活动。注重廉政文化润心，策划开展“猜廉洁灯谜 迎元宵佳节”趣味活动和“清风悦读·廉润心田”主题读书活动。

【“硬实力”不断提升】2023 年，贺兰县消防救援大队 2023 年预算批复经费同比上年增长 20%，额外争取专项经费和人员经费 663.35 万元。暖泉消防站完成建设，贺兰县科普教育体验馆被列为银川市科普升级改造项目，并划拨经费 6 万元。

【“联动性”持续加强】2023 年，贺兰县消防救援大队坚持每周四将干部和消防人员编组深入辖区开展沿街商铺消防安全大检查。大队安排跟班人员编入贺兰县政府成立的 10 个工作专班，跟班开展每日消防安全大检查和夜查行动，此项工作仍在持续开展中。通过提请政府专题会、常务会审议乡镇（街道）基层赋权事宜，大队先后 3 次组织相关人员召开培训会，分级明确责任、落实分工。制作电动自行车亚克力提示牌 600 张，张贴在高层居民楼栋每个单元醒目处。

【“规范化”成效明显】2023 年，贺兰县消防救援大队规范落实一日生活制度，实行公务车辆和人员出行随时群内报备，坚持开展每日文员早点名，每周队容风纪、内务卫生和营区安全大检查。圆满完成支队“第二届火焰蓝杯”比武竞赛活动，德胜站取得了单人挂钩梯成绩第一名，400 米物资疏散第二名，单人负重登 10 楼第三名，百米救助障碍操第二名，团体总分第一名。意湖站取得了负重登 10 楼第一名、百米障碍救助操第一名，60 米肩梯登楼第二名，并获团体总分第二名。三是组织消防救援人员 4 名开展驾驶员新训，2 名参加水域救援培训，2 名参加无人机操作培训，2 名参加潜水救援技术培训。

医疗卫生与健康

卫生健康

【概况】2023 年，贺兰县卫生健康局深入学习贯彻党的二十大精神，以习近平新时代中国特色社会主义思想为指导，按照县委、县政府的工作部署和要求，以推进健康贺兰建设为主线，以深化医药卫生体制改革为动力，以最大限度满足群众医疗卫生服务需求为目标，立足职能职责、主动担当作为、强化工作措施，紧盯医疗卫生资源发展不平衡不充分和群众急难愁盼问题，统筹全县卫生健康重点工作任务落实，推进各项工作稳步有序开展。

【健康贺兰建设】2023 年，贺兰县居民健康素养监测 28.14%，经常参加体育锻炼人数比例 39%，人均体育场地面积 2.25 平方米；老年人健康管理率 74.50%；高血压管理率 44%；糖尿病管理率 45.97%；新生儿遗传代谢疾病、听力筛查及耳聋基因筛查率均为 99.4%以上，产前筛查率 97.26%；农村妇女宫颈癌、乳腺癌完成率 100%，婚检率 93.6%，免费孕前优生完成率 97.29%，婴儿死亡率为 1.04‰；孕产妇死亡为 0，产妇系统管理率 97.89%，早孕建册率 99.37%，住院分娩率 100%；0~6 岁儿童健康管理率达75.24%、0~6 岁儿童眼保健及视力检查率 75.24%。

【基层医疗管理】2023 年，贺兰县中医药门急诊占比达 13.88%（自治区平均指标 12.03%），慢病患者基层医疗卫生机构管理率 99.74%（自治区平均指标 88.62%），贺兰县卫生健康局牵头医院帮助基层开展新技术、新项目的数量 15 项（自治区平均指标 11.83 项），基层医疗机构医师日均担负诊疗人次 19.91 人次（自治区平均指标 11.16 人次）。

【公共卫生服务】2023 年，贺兰县居民电子健康档案建档率达到了 88.6%，高血压和糖尿病管理率分别达到了 44%、45.97%；报告粗死亡率达到了 5.44‰；贺兰县在册严重精神障碍患者报告患病率 4.18‰；全县无甲类传染病报告，乙丙类传染病报告发病率为 1325.8/10 万；艾滋病患者及感染者随访管理率、抗病毒治疗率和病毒载量检测比例分别达到了 95.38%、93.07%和 92.30%；全县家庭医生签约率 50.03%，重点乡村振兴监测对象家庭医生签约服务率持续保持在 100%水平，老年人健康管理率 74.76%（健康宁夏考核要求达到 73%）；计划生育特殊家庭“三个全覆盖”达到 100%；全县已有 15 家托育机构登记备案成功，未备案机构 9 家，可以向 0~3 岁婴幼儿提供托位 1192 个，千人托位数达到 3.44。

【健康贺兰建设】2023 年，贺兰县卫生健康局健康扶贫工作持续推进。落实常态化“四查四补”，共排查致贫风险人员 146 人，严格落实“先诊疗后付费”“一站式结算”服务政策，完善三级诊疗体系建设，开展虹桥社区卫生服务站“家庭病床”服务试点，投入专项资金 155 万元用于提升县中医药康复服务能力，创建自治区级重点专科 1 个，强化县级薄弱专科建设1个，积极培育名医专科1个，盘活市、县、乡三级网格化医疗卫生优质资源，创成健康村细胞559个。社区戒烟综合干预试点项目取得成效。积极探索建立了“如意湖社区‘5+–’社区戒烟干预模式”受到国家卫健委领导肯定，为银川市全国社区戒烟干预试点城市建设提供了贺兰样本，被作为2023年全国无烟日现场会的观摩点。深入开展健康教育和健康促进活动。以健康教育“六进”等活动为抓手，开展健康知识科普活动186场，脱贫骨干培训25场，发放健康知识宣传品1.2万余份，制作《全民健康贺兰》电视栏目13期。健康贺兰行动稳步推进。创建无烟党政、企事业单位183家，人均体育面积2.25平方米，居民健康素养水平达到28.14%，经常参加体育锻炼人数比例39%。扎实开展健康“细胞”创建工作。全县累计创建健康机关45家、健康社区15家、健康促进学校25家、健康促进医院11家、健康促进企业10家，筛选出健康场所典型案例63个、健康家庭445户。

【医药卫生体制改革】2023年，贺兰县卫生健康局着力推进紧密型县域医共体建设，大力推广三明市医改经验，在自治区率先成立了医疗健康总院财务管理核算中心，规范县域医共体财务运行管理；洪广镇中心卫生院、洪广镇欣荣卫生院、宁夏回族自治区国营暖泉职工医院“三院合一”组建贺兰县洪广镇区域医疗健康中心；洪广镇120急救分中心医疗急救体系创建完善。

【信息化建设】2023年，贺兰县卫生健康局“互联网+医共体”信息化平台已覆盖到全县各级基层医疗卫生机构。远程心电诊断46331人次，远程影像诊断12928次，预约挂号率100%。

【项目建设】2023年，贺兰县卫生健康局完成洪广镇欣荣卫生院改扩建，南梁台子卫生院乡村振兴能力提升建设项目投入使用。

【队伍建设】2023年，贺兰县卫生健康局初中级卫生资格考试通过100余人，护士考试通过10余人。13名晋升高级职称医务人员通过评审；申报2023年卫生系列和计划生育系列高级职称业务能力考试57人；申报“基层之星”人才培养计划3人。赴上海进修人员4人；申报并获批2023年自治区级继续教育项目10项，市级继续教育项目41项。起草了《贺兰县公立医院人员编制备案制管理实施方案(征求意见稿)》，增核县级公立医院事业编制人员和备案人员数。

【对口帮扶】2023年，贺兰县卫生健康局共选派39名医护人员全脱产式1年下沉到贺兰县乡镇卫生院及社区卫生服务站参加“千名医师下基层”活动，2023年度新增6名乡镇卫生院医师下沉村卫生室开展逐级帮扶工作。

【疾控体系改革】2023年，贺兰县卫生健康局加挂贺兰县疾病预防控制局牌子，整合贺兰县疾控中心和卫生监督所职责，重新组建贺兰县疾病预防控制中心，负责辖区内疫情信息收集与上报、流行病学调查、隔离防控等疫情防控日常工作，统一承担公共卫生、医疗卫生等监督执法工作，强化对医疗机构传染病防控工作的巡查监督职能。

【优质服务】2023年，贺兰县8家乡镇卫生院中，金贵镇中心卫生院、立岗镇中心卫生院创建通过国家推荐标准，洪广镇中心卫生院、常信乡卫生院创建通过国家基本标准，2023年争取并整合400万元资金支持常信乡卫生院积极创建国家推荐标准、洪广镇欣荣卫生院、习岗镇卫生院创建国家基本标准。

【行业行风建设】2023年，贺兰县卫生健康局开展行业行风培训4次，覆盖各级各类医疗机构150余人；组织专家开展专项突击检查8次，查出7个模块106项问题进行整改；聘请第三方开展医务人员服务态度、药品价格公示及违反《医疗机构工作人员廉洁从业九项准则》行业行风监测调查工作，所有问题均已整改到位。

【村卫生室管理】2023年，贺兰县五星级村卫生室共计9家，新招聘乡村医生15人，新增村医5人，卫生院选派骨干临床医师6人每周不少于4天下沉村卫生室指导业务。

【信息化建设】2023年，贺兰县卫生健康局组织3家县级医院召开县域医共体信息化能力提升建设项目推进会4次。

【健康养老服务】2023年，贺兰县卫生健康局召开了全县老龄工作联席会议，对2022年全县老龄工作进行了总结讲评，对2023年老龄工作重点任务、重点指标进行了部署和要求。下发了县老龄办4个组织管理文件规范地指导各相关单位开展好老年人服务工作。养老机构与医疗卫生机构对口帮扶签约服务率100%，保障养老服务机构有紧急就医需求时能利用绿色就医通道方便在院老年人就医。在相应乡镇卫生院开展老年人常见病防治的宣传教育和健康促进，实施心血管病高危筛查项目、慢性病监测手环项目，建立安宁疗护病床，开展了阿尔茨海默病及帕金森综合征筛查项目，及时掌握贺兰县老年人常见病的分布特点。积极开展老年人友好医疗机构创建，以老年患者为中心，开展适老化改造和老年友善服务，从出入院门、挂号、看病、取药、转诊、上下楼梯、言语交流等环节通过明显标识提醒，或安排志愿者帮助指路，满足老年人就医需求。全县参加老年人友好医疗机构创建的单位有10家，9家通过市级复核，创建组织、培训、县级初评等工作受到了市级专家组的肯定。

【行业综合监管】2023年，贺兰县卫生健康局加强安全生产监管。深入学习贯彻习近平总书记关于安全生产的重要论述和重要指示批示精神，多次召开安全生产工作部署会、推进会，全面加强学习宣传贯彻落实自治区党委十三届四次全会及“1+37+8”系列文件精神，深刻汲取北京长峰医院和银川市兴庆区富洋事故教训，党委定期听取安全生产工作汇报，对卫健系统安全生产工作进行全面部署。修订完善各项职责任务清单，邀请安全生产专家采取“线下＋线上”的模式对全系统开展安全生产技能培训，坚决落实安全生产主体责任，全面开展安全生产大排查大整治专项行动、“九小”场所消防安全专项治理、人员密集场所疏散通道和外窗问题隐患排查治理工作及燃气安全重大事故隐患排查治理工作，排查治理隐患677处，劝导停用醇基燃料4家。全面推动“平安医院”建设工作，按照“1+37+8”系列文件要求，建立健全医疗机构安防设施，实现卫健系统“一键报警”全覆盖，县级医疗机构警务室达标建设，有效保障群众就医安全。加强生态环境污水整治。组织召开卫健系统生态环境违法行为专项督查工作培训会，对4家县级医院污水处理系统反馈的40个问题多次督导检查，强抓整改并全部销号。

疾病预防控制

【概况】2023年，贺兰县疾控中心始终围绕县委、县政府及县卫生健康局党委总体工作部署，坚持党建引领业务发展，积极推进疾控体系改革，着力提升突发公共卫生事件应急处置和重点传染病、慢性非传染性疾病及地方病防控能力，获2022年度全国肿瘤登记工作进步奖、全国心血管病早期高危筛查与综合干预项目先进单位称号，为加强健康贺兰建设、维护社会安定、保障人民身体健康夯实基础。

【规范免疫规划管理】2023年，贺兰县共接种国家免疫规划疫苗11种71791剂次，报告接种率96.42%；顺利通过“健康宁夏”“基本公共卫生服务”“国家卫生县城复审”等接种率考核指标要求。

【推进死因和肿瘤监测】2023年，贺兰县疾控中心共报告贺兰县区死亡病例1409例，报告粗死亡率为5.32‰；共报告恶性肿瘤及中枢神经系统良性或良恶不明肿瘤774例（补报既往发病病例）其中新发485例，肿瘤死亡病例289例，新发死亡报告率4‰。

【**精神障碍患者服务**】2023 年，贺兰县累计确诊 1608 例精神障碍患者，在册患者 1431 例，患者报告率4.2‰。患者服务率 94.87%、规范服务率 94.03%、总服药率 90.1%、规律服药率 83.5%、精神分裂症服药率 97.17%、精分规律服药率 79.58%，均达到国家指标要求。

【**公共卫生事件报告管理**】2023 年，贺兰县未发生传染病突发公共卫生事件，传染病报告率、及时处置率均为 100%。针对学校等集体单位，加强传染病预警监测，贯彻落实早发现、早处置，学校的多起聚集性疫情得到有效控制。完成全县学校、托幼机构、养老机构和建筑工地多轮次防控督导和培训；完成全县医疗卫生机构传染病管理及疫情防控等现场督察。

【**扎实结核病管理**】2023 年，贺兰县网络报告肺结核患者及疑似患者共 225 例，转诊总体到位率 98.22%，患者规范管理率 96.87%；登记治疗满一年肺结核患者 84 例，成功治疗率 98.8%；以上指标均达到“规划”要求。对 3807 名寄宿高中及大中专院校入校新生开展结核病健康筛查，筛查率 98.14%，对结核菌素试验强阳性学生按照自治区要求进行了预防性治疗，1 例确诊病例现在宁夏第四人民医院住院治疗。

【**传染病报告管理**】2023 年，贺兰县无甲类传染病报告，报告乙丙类传染病 18 种 4506 例，报告发病率1322.28/10 万，与 2022 年同期（327.19/10 万）比上升了 304.13%；其中乙类传染病 13 种 3568 例，发病率 1047.03/10 万，较 2022 年同期（219.49/10 万）上升了 377%；丙类传染病 5 种 938 例，发病率 275.25/10 万，较 2022 年同期（107.69/10 万）上升了 155.58%。

【**慢性病综合防控示范区建设**】2023 年，贺兰疾控中心组织卫生、教育体育等 8 个系统 33 支队伍 365 名队员积极参加全国第八届“万步有约”职工健走激励大赛和健康体重大赛活动，已圆满结束。持续推进慢性病综合防控示范区建设，累计建立健康档案 307686 份，建档率 89.44%，高血压患者规范管理率92.6%，糖尿病患者规范管理率 91.2%，老年人健康管理率 75.22%，均达到国家及自治区考核要求。

【**癫痫项目管理**】2023 年，贺兰县疾控中心累计筛查疑似癫痫患者 806 人，初筛疑似患者 83 人，疑似患者筛查率 2.37‰；入组治疗患者 280 人，入组治疗率 0.82‰。

【**心血管病高危人群早期筛查**】2023 年，贺兰县疾控中心初复筛完成人数 1341 人，调查完成率 100%，高危干预率 100%，长期随访干预完成率 99%，长期随访面访率 71%，各项任务指标均已完成。

【**健康问题监测**】2023 年，贺兰县疾控中心完成 1919 人健康问题调查问卷，431 人血红蛋白检测，24 人尿样检测，完成率 100%。

【**慢性非传染性疾病筛查**】2023 年，贺兰县疾控中心共完成重大慢病机会性筛查高危人群 3054 人，完成率 113%。

【**公共卫生安全监测**】2023 年，贺兰县疾控中心完成枯水期、丰水期水质监测；共监测生活饮用水 106 份，监测覆盖率以乡为单位达到 100%。完成 11 家医疗机构 35 名放射诊疗人员个人剂量监测 4 次。完成贺兰县 1 例职业病病例、2 例疑似职业病病例个案调查；对 10 家企业开展工作场所职业病危害因素调查。完成 2335 名学生常见病和健康影响因素监测现场调查；对 5 所监测学校的教室环境卫生开展监测；积极指导全县各学校学生视力健康电子档案建档，系统建档率 100%，2022 年学生裸眼视力和屈光度检查数据录入率 100%。开展全县病媒生物防制培训班 1 次，完成病媒生物监测 25 次，指导监测点开展病媒生物消杀，及时分析报送监测结果。完成饮水型地方性氟、砷中毒病区监测及病情流行病学调查；开展布病三年攻坚工作专项技术培训，完成布病高危人群检测 5374 人，筛检率 93.23%；完成 8~10 岁儿童及孕妇尿碘、盐碘含量监测工作，共采集盐样 300 份、尿样 300 份。完成人群包虫病 B 超筛查 5221 人，学生 B 超筛查 2210 人，均未查出阳性患者。管理包虫病病人 10 人，进行规范化随访。完成犬驱虫治疗10 轮次，驱虫家犬 6639 只，驱虫治疗率 92.79%，完成犬粪棘球绦虫抗原检测 560 份。对全县 5 家医疗卫生单位医疗消毒用品采样监测，任务完成率 100%；共采样 160 份，总合格率为 99.38%。全县报告食源性疾病病例 113 例，完成食源性疾病事件调查处置 1 起。

【免费接种民生项目】 2023 年，贺兰县疾控中心完成贺兰县户籍 65 岁以上老年人流感疫苗免费接种民生项目，共接种 24000 人，接种率 97.38%，有效预防了季节性流感在老年人群体的发生。

【科学防控疫情】 2023 年，自治区疾控中心联合贺兰县疾控中心开展健康人群脑膜炎奈瑟菌带菌情况调查，圆满完成贺兰县 180 人问卷调查和样本采集任务（未检出脑膜炎奈瑟菌带菌者），为了解全区流脑流行菌群分布、人群带菌状况及免疫抗体水平，科学防控流脑提供了科学依据。贺兰县疾控中心在天鹅湖社区和雄英村如期完成 1~2 岁、3~17 岁、18~59 岁及 60 岁以上共计 500 人问卷调查和样本采集任务，为评价不同地区、不同人群新冠病毒感染情况及免疫水平，及时调整防控策略提供依据。

【疾控工作】 贺兰县自从 2016 年被确定为心血管病高危人群早期筛查与综合干预项目点之一以来，项目工作数量和质量指标全部达到国家要求。国家心血管病高危人群定制化干预项目在全国 5 省 13 个县启动，贺兰县为宁夏唯一一个县级心血管病定制化干预研究项目点。国家心血管中心、中国医学科学院阜外医院、国家定制化干预项目官员、自治区疾控中心一行分别于 2 月 22 日、5 月 25 日、10 月 9 日到贺兰县召开心血管病定制化干预研究项目面对面培训、现场技术指导督导和调研，确保抓好各环节工作质量，如期保质完成。

【肌肉骨骼疾病调查项目】 2023 年，肌肉骨骼疾病调查项目在全国 15 个省 60 个调查点开展，贺兰县为自治区 4 个项目县之一参与国家项目工作，旨在通过调查掌握中国居民肌肉骨骼疾病及其危险因素的流行现状，为肌肉骨骼疾病的预防控制，管理策略及资源配置提供数据支持；为评估不同特征人群发生肌肉骨骼疾病的风险提供依据，从而早期识别肌肉骨骼疾病高危人群，为肌肉骨骼疾病的早期发现和早期干预提供依据，推进“三减三健”等行动走深走实，全方位、全周期保障人民健康。9 月，贺兰县疾控中心选派业务骨干分别参加国家、自治区级项目工作培训班，并开展项目仪器设备采购招标，为今后506 名 20 岁以上人群问卷调查、身体测量、骨密度和肌肉质量检测、骨关节 X 线检测，实验室检测五部分内容的调查和免费检测，提供坚实保障。

卫生监督

【概况】 2023 年，贺兰县卫生监督所在县委、县政府和县卫生健康局的正确领导下，在上级业务部门的精心指导下，忠实履行卫生监督职责，严厉打击各类卫生违法行为，全面完成了各项工作任务。

【畅通“主动脉”】 2023 年，贺兰县卫生监督所严格落实“三会一课”制度。召开党员大会 10 次，支委会 12 次、讲党课 3 次。完成每月党费收缴工作。支部 11 名党员按时、足额缴纳每月党费，共缴纳党费 3166.1 元。开展主题党日活动。组织党员开展“迎新春送祝福 谋新篇开新局”“增强保密意识 筑牢安全防线”“守护碧水清流 共建美好家园”“追寻红色记忆 传承革命精神”等 12 次主题党日活动，增强了支部凝聚力，提高了党组织生活质量。

【筑牢“主阵地”】2023 年，贺兰县卫生监督所以“三会一课”、主题党日活动等为载体，定期开展政治理论集中学习和交流研讨，读原著、学原文、悟原理，用党的创新理论武装头脑、指导工作。组织党员干部参观贺兰县廉政警示教育基地、中卫市全面从严治党教育基地、宁夏博物馆和盐池县革命历史纪念园等，教育党员干部践行红色使命，筑牢信仰之基。加强意识形态工作，坚持利用“学习强国”学习平台进行学习，每月通报党员学习情况，加快学习进度。组织党员干部学习网络意识形态相关文件精神，切实加强和改进网络意识形态工作。通过腾讯会议线上学习、微信自学和集中学习的方式，组织党员干部 4 次深入学习自治区党委十三届四次全会精神，撰写 1 次心得体会，印发《学习资料汇编》5 本、《安全生产口袋书》500 本，方便党员干部随时随处学习，促使党员干部牢固树立安全生产红线意识和底线思维。通过微信自学、职工大会和党员大会集中学习的方式，组织党员干部3 次深入学习自治区党委十三届五次全会精神，撰写 1 次心得体会，促使党员干部加强对全会精神的学习贯彻落实。

【把牢“主动权”】2023 年，贺兰县卫生监督所组织党员干部学习党的二十大报告、反面典型案例和中央、自治区、市、县纪委全会精神等内容，教育党员干部知敬畏、守戒矩，练就清正廉洁政治本色。开展“强素质强服务强担当强斗志”能力作风建设年活动。组织党员干部填写每季度问题清单，深刻查摆自身在作风建设上存在的突出问题。开展纠治形式主义、官僚主义专项整治。组织党员干部开展交流研讨，查找自身在各项工作中存在的问题，建立问题清单，制定整改方案。开展乡村振兴领域腐败和作风问题专项治理。紧密结合工作实际开展自查自纠工作，每月填报问题清单，把专项治理作为全面推进乡村振兴战略和规范党员干部履职尽责的重要政治任务。开展医药领域腐败问题集中整治工作。成立领导小组，召开启动会，传达学习《关于印发〈贺兰县卫生健康局医药领域腐败问题集中整治工作实施方案〉的通知》《关于公布贺兰县医药领域腐败问题集中整治问题线索受理举报平台的通知》等，为集中整治工作打牢思想基础。同时，开展自查自纠工作，填报问题整改清单，并组织班子成员对分管领域干部开展全覆盖谈话，教育引导党员干部把集中整治工作作为强化医德医风、规范党员干部履职尽责的重要政治任务。

【传染病防控监督】2023 年，贺兰县卫生监督所认真落实《学校卫生工作条例》，开展了春季和秋季学校及托幼机构学校卫生和学校传染病防控及饮用水安全专项监督检查，共检查学校、托幼机构（托育机构）100 余家 150 余户次，针对个别学校出现的水痘等散发传染病病例及时进行处置。与县卫健委联合开展了托育机构卫生安全专项检查。

【职业卫生监督】2023 年，贺兰县卫生监督所开展用人单位职业危害因素申报及职业病危害专项治理工作。完成职业病危害专项整改并在系统申报信息的企业达到 42 家，完成全部任务数量的 89%（年内要求完成任务量为达到 60%）。开展职业危害用人单位及职业卫生技术服务机构日常监督工作，年内共对80 余家单位进行了检查，对两家存在问题较严重的单位给予了警告的行政处罚，并完成了监督信息的上报和录入。开展《中华人民共和国职业病防治法》宣传周活动，共协助企业培训一线职工 900 余人次，开展主题宣讲活动 11 次、宣传咨询活动 15 次，印发毛巾、购物袋等宣传品和各种宣传手册共 1 万余份。举办全县第三期用人单位职业健康主管培训班，对 80 余名企业负责人进行了专题培训。开展企业防止职业性中暑及热射病专项检查和专项检查，并实地检查企业 10 余家，为环卫工人发放宣传水杯 500 个。开展职业卫生技术服务机构及放射卫生国家随机监督抽查工作，完成了放射诊疗及职业卫生技术服务机构监督任务。根据区市文件精神，开展了疑似职业病未进入诊断程序企业专项检查及非医用放射性危害因素监测问题专项治理等工作。开展用人单位职业卫生管理分类监督试点工作，召开启动动员会，聘请河南省专家到会授课开展了职业健康达人评选及《宁夏回族自治区职业病防治规划（2021—2025 年）》中期评估工作。

【母婴保健监督】2023 年，贺兰县卫生监督所对母婴保健及计划生育服务单位进行日常监督，对各单位是否依法开展母婴保健、计划生育服务及办理出生医学证明工作进行检测，开展了严厉打击非法应用人类辅助生殖技术专项监督工作，完成了国家母婴保健与计划生育双随机监督任务共 7 家单位，任务完成率和完结率均为 100%。

【生活饮用水卫生监督】2023 年，贺兰县卫生监督所监管的市政、农村集中供水单位共 13 家，二次供水单位 82 家，涉水产品生产经营单位 5 家，直饮水经营单位 10 家。2023 年共检查饮用水单位 113 家，使用水质快速检测设备检测单位 91 家。直饮水经营单位共备案 10 家，检查了 8 家单位的 38 台直饮水机，下达卫生监督意见书 8 份。开展了农村集中供水单位专项监督检查，共检查农村集中供水单位 10 家，开展了农村集中供水单位摸底，并进行了农村集中供水单位水质卫生检测。水质检测合格率 98%。开展了辖区二次供水单位专项监督检查，共检查二次供水单位 82 家。下达卫生监督意见书 105 份，保障了群众饮水安全。

【公共场所卫生监督】2023 年，贺兰县卫生监督所监管的公共场所共 920 家，其中住宿业 72 家，足浴、洗浴店 58 家，理发店 455 家，美容店 249 家，电影院 3 家，游艺厅 2 家，游泳馆 8 家，超市 33 家。2023 年按照工作要求开展了日常监督 902 户次，下达卫生监督意见书及整改意见书 480 份。主要开展了公共场所卫生日常监督及国家“双随机”监督抽检工作。联合县疾控中心开展公共场所物品采样检测，用品检测合格率 89%。国家“双随机”监督完成率 100%，完结率 100%。开展了公共场所健康证专项监督检查。抽查的 90 家公共场所，从业人员共 135 人均持有有效健康证。

【日常监督检查】2023 年，贺兰县卫生监督所本年度共对 199 家医疗机构、200 家医疗机构传染病防治、34 家放射卫生诊疗单位、7 家消毒产品生产企业、1 家餐饮具集中消毒单位开展至少一轮监督检查，各专业监督检查覆盖率达到 100%。对各专业监督检查中发现的违法违规行为进行了立案查处。2023 年，共对 27 家医疗机构进行不良执业行为积分，累计积分 109 分，对 1 名医务人员进行积分，共计积 6 分。协助卫生健康局开展乡镇卫生院、社区卫生服务站、诊所的年度校验工作。

【重点专项监督】2023 年，贺兰县卫生监督所对辖区内 4 家二级医疗机构、1 家疾控中心、21 家其他医疗机构进行了传染病疫情信息报告专项检查，对 1 家医疗机构传染病迟报缓报的违法行为，给予警告的行政处罚。

【中医监督执法】2023 年，贺兰县卫生监督所加强中医服务规范化管理，对辖区 1 家二级中医医院以及35 家中医诊所，下发卫生监督意见书 36 份，对 2 家机构医疗废物未及时收集、1 家机构未严格执行医疗质量相关核心制度的违法行为给予了行政处罚。

【养老机构专项检查】2023 年，贺兰县卫生监督所联合县民政局，对辖区内 2 家养老机构开展专项检查，规范养老机构内设医疗机构执业行为，依法打击违法违规行为，切实维护老年人群的健康权益。

【放射卫生监督检查】2023 年，贺兰县卫生监督所对 34 家放射诊疗机构，从建设项目的许可、放射诊疗各项制度的建立、放射诊疗工作场所及放射诊疗设备的监测、放射工作人员开展职业健康检查等进行监督检查，对 1 家机构放射工作人员未按照要求开展职业健康检查的违法行为给予警告的行政处罚。

【医疗美容行业监督】2023 年，贺兰县卫生监督所加大集贸市场监督检查力度，不定期组织监督员在人群流动性大的农贸市场进行检查，查处坑害群众的假医和游医。严厉打击非法开展医疗美容项目的行为。结合日常监督检查掌握的情况，采取“回头看”的方式加大生活美容场所的监督检查力度，在协助公安调查一起美容美发店涉嫌采购“假肉毒素”的案件中，对机构内放置一激光脱毛仪的行为进行了调查取证，在核实该店非法为顾客开展激光脱毛行为后进行了立案处罚。以医疗机构为重点，查处使用非卫生技术人员及超范围开展诊疗活动的行为。共检查各类医疗机构 68 家，对 1 家医院未经登记注册超范围开展互联网诊疗活动、1 家诊所执业人员从事本专业以外的诊疗活动、1 家诊所超出核准的诊疗科目开展诊疗活动、3 家机构使用非卫生技术人员从事诊疗活动、1 家美容医疗机构外科执业人员不符合美容外科主诊医师资格独立从事诊疗活动、1 名执业医师未在注册的执业地点执业等违法违规行为均进行了立案查处。

【接种监督执法】2023 年，贺兰县卫生监督所组织监督人员对 3 家医院、8 家乡镇卫生院、10 家社区卫生服务站、1 家开展预防接种的个体诊所进行监督检查。22 家机构均持有预防接种资质证书，抽查35 名接种人员均持接种人员培训考核合格证书；接种的疫苗均从疾控中心购进，疫苗运输温度记录、冰箱温度记录，出入库记录齐全；接种时能执行“三查七对一验证”，接种机构能出示预防接种知情同意书，并按照疫苗种类装订成册。22 家机构中，除 3 家医院外，19 家机构均设置了接种留观室或留观区域，建立了预防接种异常记录登记本。

【抗（抑）菌制剂监督检查】2023 年，贺兰县卫生监督所检查辖区内消毒剂生产企业 3 家，3 家企业卫生许可证均在有效期内，其中 2 家企业未生产抗（抑）菌制剂。1 家生产中企业生产项目、类别与其卫生许可证一致；检查生产记录、原料进出货记录、产品批次检验记录、产品标识、禁用物质等内容均符合要求；生产的 14 种抑菌制剂均进行卫生安全评价并进行了备案。现场检查 2 家未生产企业，企业自称因销路原因，仅生产了样品进行了备案，产品未在宁夏销售过。检查医疗机构 6 家，共采购抗（抑）菌制剂 6 个种，机构能出示其产品卫生安全评价报告，产品名称、标签说明书、包装均符合要求，未发现有违法违规宣传疗效的情况，未发现说明书中标注违法添加禁用物质等情况。

【随机监督抽检】2023 年，贺兰县卫生监督所配合国家卫生监督双随机任务数共 8 个专业 142 家。其中：公共场所任务数 95 家，生活饮用水任务数 9 家，职业卫生任务数 1 家，放射卫生任务数 3 家，医疗卫生任务数 12 家，消毒产品任务数 4 家，传染病防治 13 家，妇幼健康任务数 5 家。142 家监督完成 142 家，监督完成率 100%；关闭任务 2 家，任务完成 140 家，完成率 98.59%；案件数 2 件（公共场所 1 件，传染病防治 1 件），任务完结率 100%。制定了 2023 年部门双随机监督抽检方案，确定了抽查比例，并按照计划在宁夏“双随机、一公开”综合监管平台发起双随机抽查任务 9 项，其中：学校卫生监督抽查4 家，公共场所卫生监督抽查 41 家，生活饮用水卫生监督抽查 2 家，职业健康检查机构和职业病诊断机构监督检查 1 家，传染病防控监督抽查 5 家，放射诊疗机构（含中医医疗机构）监督检查 4 家，餐具饮具集中消毒服务单位监督抽查 1 家，母婴保健、计划生育技术服务机构监督检查 4 家，医疗机构监督抽查 17 家，共计 79 家均已完成。跨部门联合抽查任务数 6 项，生活美容场所经营行为检查 3 项共 36 家，无烟学校第一轮督导 62 家，各类宾馆、旅店抽查 1 家，各类影剧院、录像厅（室）、游艺厅（室）、舞厅 1 家，共计 100 家均已完成，并对检查结果进行公示。

【提高卫生监督质量】 2023 年，贺兰县卫生监督所将卫生健康监督协管工作列入工作日程。全年对卫生监督协管工作共督导 3 次、考核 2 次，覆盖率 100%。各社区和各乡镇卫生院均成立卫生监督协管领导小组，制定工作人员的绩效考核方案，并根据考核结果实行工作动态考核，全面落实责任制，负责协管及相关信息报告工作，由两人负责开展卫生健康监督日常巡查工作。针对公共场所、医疗机构、职业卫生等实际问题各单位均制定实施方案，对存在的问题及薄弱环节加强整治。

【加大行政执法力度】 2023 年，贺兰县卫生监督所继续加大行政执法力度，严厉打击各类违法行为，共立案处罚 44 起，简易程序 31 起，一般程序 13 起。另有 2 起 2022 年未交罚款的案件，2023 年按照程序已提交申请转人民法院强制执行。

【调查处理投诉举报】 2023 年，针对广大群众通过电话或微博反映的医疗机构、公共场所等存在问题，贺兰县卫生监督所高度重视，迅速指派监督员到现场核查处理，并及时将核查处理结果反馈当事人。

【开展安全生产】 2023 年，贺兰县卫生监督所开展消防培训讲座 3 次，防火逃生演练 1 次，灭火器使用方法培训 1 次。在广场进行消防安全宣传 3 次，利用安全生产月向干部职工开展网络知识测评 1 次，线下考试 1 次。在微博推送安全生产、消防安全相关信息 36 条，微信工作群推送安全生产、消防安全相关信息 22 条。

医疗保障

【概况】 2023 年，贺兰县医疗保障局认真学习贯彻党的二十大、习近平总书记视察宁夏重要讲话和重要指示批示精神，贯彻落实自治区党委十三届二次、三次、四次、五次全会精神，银川市委十五届六次、七次、八次全会及县委十五届四次、五次全会精神，按照全国全区医疗保障工作会议要求，坚持精准服务工作理念，以基本医疗保险参保扩面和待遇保障为核心，以强化医保基金监管、提升经办服务能力为重点，以学习贯彻习近平新时代中国特色社会主义思想主题教育和“四强”能力作风建设为抓手，稳步推进贺兰县医疗保障工作平稳运行。

【参保扩面完成】 2023 年自治区下达城乡居民职工基本医疗保险参保指标任务 238432 人，实际征缴 243275 人，完成自治区给贺兰县下达的参保目标任务的 102.02%，其中，2023 年贺兰县居民参保任务为191950 人次，实际征缴 191677 人次，完成率为 99.85%；职工参保任务为 46482 人次，实际征缴 51598 人，完成率为 111.00%。

【基金运行稳定】 2023 年，贺兰县职工住院 5751 人次，与 2022 年同期相比增长 1571 人次，增长率37.58%；居民住院 25015 人次，与 2022 年同期相比增长 6210 人次，增长率 33.02%；全年支付各类医保基金 3.27 亿元与 2022 年相比增加 17.2%。其中，城乡居民基本医疗保险 0.955 亿元，与 2022 年相比增加11.92%；医疗救助 0.1089 亿元，与 2022 年相比降低 41.66%。

【参保扩面】 2023 年，贺兰县医疗保障局投入经费 23 万元，制作宣传栏 77 块，印制发放参保宣传彩页、公告、政策指南等共 14 万余份，在各村、居民小区及医疗机构累计制作悬挂标语 560 余条，切实提高广大城乡居民政策知识知晓率和参保积极性。利用电子屏、微信公众号、融媒体中心等载体广泛宣传城乡居民基本医疗保险相关政策，营造浓厚的宣传氛围，积极引导城乡居民参保续保，做到广动员、广宣传、全覆盖。同时与老干部、民政、退役军人事务管理、残联、乡村振兴等部门联合，精心部署，分解工作任务，明确了相关责任，确保起步扎实、有序推进、按时完成。

【医保政策宣传】 2023 年，贺兰县医疗保障局投入 13 万元设计制作医保政策三折页、海报、软文、办事指南等向群众宣传；举办了6期政府开放日向群众宣传医保政策；借助全县干部职工群、社区居民微信群等宣传医保政策。

【异地就医直接结算】2023年，贺兰县医疗保障局取消区内异地备案，参保人员区内就医不再办理转诊转院手续。区内所有医保定点医疗机构均实现城乡居民基本医疗保险、大病保险、大病财政补助、医疗救助“一站式”结算。深入推进国家异地就医结算系统业务协同管理模块和国家医保异地就医备案小程序的应用，规范跨省异地就医备案资料、程序，提高备案效率，实现跨省异地就医基本医疗保险、大病保险院端“一站式”结算。

【跨省异地就医门诊费用直接结算】2023年，贺兰县所有定点医疗机构均按照国家跨省门诊接口改造规范要求完成HIS系统改造并测试通过，实现普通门诊费用直接报销；贺兰县人民医院、宁夏国良医院实现高血压、糖尿病等5个门诊慢特病病种跨省异地就医直接结算。

【医药招标采购】2023年，贺兰县医疗保障局对7家定点医疗机构预付国家组织第七批药品、广东联盟慢性病药品、陕西联盟药品招采等13批次集采预付款83.46万元；督促定点公立医疗机构落实国家、自治区药品医用耗材集中采购政策。

【医疗保障乡村振兴】2023年，贺兰县医疗保障局持续排查做好特殊困难人群参保缴费工作，确保全覆盖。2023年重点人群应参保21647人，实际参保21647人，实现了“应保尽保”。

【严监管看病钱、救命钱】2023年，贺兰县医疗保障局开展了2022年现场检查“回头看”及自治区飞检“清零行动”、打击欺诈骗保专项整治、打击虚构门诊大病病情套取医保基金“百日专项整治行动”、医药领域腐败问题集中整治等，累计追回医保基金381.213万元，罚款344.02万元。

【医保码激活与应用】2023年，贺兰县医疗保障局借助贺兰电视台、微信公众号、微信群等多媒介宣传报道，推送医保码激活链接；召开全县定点医药机构医保码推广使用工作会；充分发挥全县机关事业单位干部职工示范带头作用，引导全县参保人员激活使用医保码，真正实现“一码在手，医保无忧”。制作医保码宣传彩页45000份，宣传海报5000张，投放定点医药机构、乡镇、村、社区进行宣传。全县医保码整体激活人数为180196人，激活率为75.49%，结算率49.582%。

【医疗保险政务服务】2023年，贺兰县医疗保障局按照文件要求，规范贺兰县医疗保险政务服务事项的办理材料、办理时限、办理环节等内容，着力解决当前医疗保障经办政务服务领域存在的办事流程不够简化规范、参保转移接续和手工报销手续烦琐且时间周期长、经办服务体验不够理想等医疗保障领域的“难点、堵点、痛点”问题，进一步推进医保经办政务服务“四减一优”。

乡镇（场）与街道

习岗镇

【思想建设】2023 年，贺兰县习岗镇坚持把学习党的二十大精神和习近平新时代中国特色社会主义思想作为首要政治任务，扎实开展学习贯彻习近平新时代中国特色社会主义思想主题教育和“四强”能力作风建设年活动，为党员干部“增肌补钙”，为党组织“强筋壮骨”，切实学懂弄通自治区党委第十三届四次、五次全会和银川市委第十五届八次全会及配套系列文件精神，帮助镇村干部补短板、提能力、拓思路，提升推动高质量发展的工作能力。认真落实“第一议题”学习制度，探索集中领学、个人自学、宣讲导学、云端补学“四学”模式，累计召开党委理论学习中心组会议 18 次，开展晨会 15 分钟课堂80 次，镇村共开展专题学习培训 60 场，各村创新开展“板凳课堂”“凉亭课堂”“田间讲堂”等特色品牌宣讲 40 余次，推动党的科学理论贴近群众、贴近生活，落到最基层、飞入百姓家。

【基层党建】2023 年，贺兰县习岗镇紧盯“两抓两增”工程，激励基层党组织对标晋位、互促共进，经济桥村成功晋升五星级党组织，共争创五星级党支部 2 个，三星级及以上党组织占比达 85%，从严开展集体经济发展滞后村整顿工作，制定沙渠、新胜村“一村一策”方案，整改措施有条不紊落到实处。扎实开展特色党建创建活动，德胜村打造“1+X 红色物业”新模式，新平村打造农业科技人才服务站，黎明、新平、新胜、五星村成立壮大村集体经济党建共同体，全镇基层党组织政治功能和服务功能全面提升。

【项目建设】2023 年，贺兰县习岗镇围绕“六新六特六优”产业思路，着力在“一总三区三点”产业延链补链强链上下功夫，谋划储备建设项目 18 个，累计开工建设 12 个，完成固投入库 1.5 亿元，完成全年投资任务的 75%。大力开展“双招双引”，引进了特色农旅科技产业融合发展示范园、京东（银川）小镇等项目落地习岗镇，推动 123 亩闲置集体经营建设用地入市交易，全镇产业投资活力显著增强。

【粮食安全】2023 年，贺兰县习岗镇把粮食安全作为最大政治责任和最大民生工程，实施有机肥替代化肥项目 1500 亩，发放种粮补贴 8.8 万元，全镇累计完成小麦种植 1539.68 亩、玉米种植 17152 亩、小麦套大豆 504.14 亩、玉米套大豆 1022.4 亩、麦后复种秋菜 1430 亩，均超额完成了县级下达的指标任务。发挥蔬菜公园优势，全年蔬菜播种 29053 亩，产量 6.3 万吨，其中设施蔬菜面积 10759 亩，产量 3.5 万吨，有力保障了全市重要农产品供给。

【产业建设】2023 年，贺兰县习岗镇依托农业资源禀赋，强企业、育龙头，累计培育农业龙头企业 8 家，实施了众和绿源、新平园区农产品销售市场等项目，打造绿色认证农产品企业 3 家，创建银川市预制菜和冷凉蔬菜产业园2个，形成了“一产往后延、二产两头连、三产走精端”的产业深度融合新局面。做好农业“特”字文章，积极打造“新平瓜菜园”“新平桃园”“新平樱桃园”“新平草莓园”等特色品牌，实施乡村旅游项目扩容改造，实施了宁夏农垦协同创新产业园等建设项目，推动宁夏儿童生态科普园建成开放，艺丰农场被命名为第二批宁夏中小学生研学实践教育基地，在全县率先启动“四季果飘香、采摘到习岗”采摘节文旅活动，成功召开了“农旅融合嘉年华”活动和自治区预制菜产业大会，通过以农办节、以节促旅、以旅促销，打造集“吃、住、行、游、购、娱”于一体的休闲采摘、观光旅游线路。

【壮大村集体经济】2023年，贺兰县习岗镇持续推进产业振兴、村集体资源盘活、村民增收致富工程，黎明村、新平村、新胜村联合体蔬菜初加工包装冷链配送项目和新平园区农资及农产品销售批发市场、沙渠村民生服务中心及大门建设工程等壮大村集体经济项目建成投运。

【乡村建设行动】2023年，贺兰县习岗镇投资5600万元，实施民生项目6个，沙渠村塞上名居小区居民用水增压工程、黎明村人居环境整治提升等项目建成投运，红旗村、五星村生活污水收集处理和经济桥村塞上新居人居环境整治项目开工建设，改造农村房屋清洁取暖400余户，新（改）建农村道路9公里，实施“一村一年一事”项目11个，自然村通硬化路率、自来水普及率达到100%，一批多年想办没办成的基础设施项目落实落地。

【生态环境治理】2023年，贺兰县习岗镇深入贯彻自治区党委十三届五次全会精神，对全镇生态环境开展“刮骨疗毒”式整治，累计清理固体废弃物10万立方米，积极开展村庄清洁行动，对残垣断壁、乱堆乱放，私搭乱建全面清理，农村人居环境显著改善。扎实落实河长制、林长制、路长制、田长制，完成林带抚育及退化林修复210余亩，累计巡林1752次、巡河3124次，清理河道水草、漂浮物224吨，整改违规占地卫星图斑65个，坚决防止耕地非粮化、非农化，健全农村垃圾治理管护长效机制和垃圾清运监督机制，实现农村生活垃圾日产日清，推进农村人居环境整治工作常态化。

【乡村振兴】2023年，贺兰县习岗镇每月开展防止返贫动态监测排查，录入全镇农户信息5926户，新增纳入监测对象7户15人，对全镇监测对象22户46人实施帮扶对象动态管理，按照一户一策采取针对性的帮扶措施，逐步形成稳定长效帮扶机制，全镇脱贫户和监测户2023年人均收入达到1万元以上。

【社会救助】2023年，贺兰县习岗镇落实社会救济扶贫政策，为全镇397户574名低保对象发放低保金258.84万元，开展临时救助58人，发放救助金16.8万元，为全镇25名特困供养人员发放资金27.7万元，积极做好创业扶优，办理灵活就业社保补贴354人，申请公益性岗位42个，办理优抚对象100人，在全县率先创建银川市就业创业服务站，千方百计提升居民收入，缩小城乡收入差距。

【民生实事】2023年，贺兰县习岗镇围绕“为民办实事”，以乡村振兴、基层治理、人大议案、政协提案办理、人居环境整治等工作为重点，每月梳理汇总并制定整改措施，形成镇村两级“民生事实”清单。

【安全生产】2023年，贺兰县习岗镇深刻吸取“6·21”富洋烧烤店燃气爆炸事故教训，学深悟透自治区党委第十三届四次全会精神，组织全会精神知识测试3次，开展森林防火、防汛领域应急抢险演练3次，牢牢绷紧防范安全生产这根弦，建立完善镇村干部四级网格包抓体系，细化责任网格77个，累计共检查企业（场所）460家，自查各类隐患685处，整改率98%，整改贺兰县第六检查组反馈问题1997个，整改率97.6%，全力开展小微企业安全生产专项整治，累计拆除防护窗648个，收缴气瓶360个，停用甲醇17家，拆除门头广告牌26个。

【基层治理】2023年，贺兰县习岗镇全面推广党建网格化治理模式，黎明村成功创建自治区乡村治理示范村，坚持和发展新时代“枫桥经验”，对全镇婚恋家庭、邻里纠纷、征拆补偿等进行调处。开展信访遗留问题集中攻坚化解行动，针对疑难复杂问题成立化解专班，积极采取措施，抽丝剥茧，对症下药，一些多年悬而未决的遗留问题得到实质性解决。积极开展文明城市创建，充分发挥“一约四会”作用，经济桥村连续两届获评自治区文明村，2023年创建县级文明村镇5个。

【融合示范镇】2023年，贺兰县习岗镇抓抱团发展促区域融合，探索“多村联合”“村企联动”“资源盘活”等模式，全面壮大村集体经济，2023年预计打造“百万村”4个以上。抓功能拓展促产业融合。加大项目招引力度，实施项目投资攻坚行动，做活“采摘经济”“体验经济”“赛事经济”，激活产业经济发展新动能。抓乡村建设促城乡融合，投资5600余万元，实施民生项目6个，全面补齐基础设施短板，着力改善城乡面貌。抓示范引领促高效融合，突出基层党建、人才引领、生态宜居、乡村治理示范引领，总结提炼可推广的经验做法，以点带面为乡村全面振兴注入强劲动能。

【治理示范村】2023年，贺兰县习岗镇黎明村探索创新“1+5+X+100”党建网格治理模式，充分发挥村党支部在乡村振兴和基层治理中的战斗堡垒作用，成立产业项目、群众服务、乡风文明、基础建设、环境治理5个专班，科学设置10个党建网格，制定一套百分制考核制度，党建“百分制”考核成为解锁村级治理的“密码”，实现了村集体经济从2021年租金收入30余万元到2022年130余万元收入的“大跨越”。

【振兴特色村】2023年，贺兰县习岗镇五星村发挥“导师帮带制”互学互帮互促优势，探索创新乡村振兴“318”党建网格治理模式，打造“党建＋乡村振兴＋网格化三级管理”模式，与辖区内龙头企业开展村企合作，引进人才大力发展樱桃、草莓采摘休闲农业，年增收20万元。引进众和绿源投资4600万元，在五星废弃砖厂建设了占地130亩的“众和绿源优质农产品集采集配与精深加工中心”，建设乡村振兴蔬菜冷链存储分拣中心项目，发展村集体肉羊养殖场产业，村集体经济收入突破百万元大关。

【人才建设】2023年，贺兰县习岗镇新平村与西北农林科技大学合作共建有机肥试验基地，引进辽宁农科院专家张勤景等人才6人，培育董洪才、于德江等樱桃、葡萄技术型创业人才6人，为果蔬产业发展把脉问诊，实现红颜、妙奇等草莓品种本土化。建立由专家、种植“能人”等组成的26人导师库，设立技术技能帮带“储备库”，通过导师“亮单”、帮带对象“点单”开展技术帮扶。搭建农民夜校技能培训平台，创设“洋专家—土专家—种植户”三级帮带模式，开展各类帮带25人次，带动周边15名劳动力增收20万元。新平村成功申报银川市产业融合示范村和人才小高地项目，经验做法被《中国组织人事报》《光明日报》等媒体相继报道。

【五星级党组织建设】2023年，贺兰县习岗镇经济桥村以建强支部战斗堡垒为核心，2023年成功创建五星级党组织。探索出了“支部＋企业＋致富带头人”发展模式，建设“党员创业就业”示范基地，为致富能手提供创业平台，解决周边失地农民就业100余人，增加村集体经济收入9万元。立足实际，提高棚改后闲置宅基地利用率，建设农家乐增加村级集体经济收入4万元，建设大型停车场增加村集体经济收入10万元；以投改股的形式与贺兰县德林果蔬产销专业合作社合作，村集体每年获利10万元稳定分红。探索建立“党建＋乡村治理＋农村人居环境整治”新模式，通过划片包抓工作落实，宣传与整治同步开展，擦亮乡村振兴新底色。

【试点项目】 2023 年，贺兰县习岗镇按照“兴一个产业、富一村百姓”的工作思路，争取银川市旧棚改造试点项目资金 100 万元，按照三种方案改造旧棚 7 栋，通过示范引领以点带面推动老旧温棚提档升级，打造高技术含量、高标准管理的蔬菜生产标准化示范园。

【农业产业园】 2023 年，贺兰县习岗镇创建习岗镇预制菜产业园，包含安创蓓康、振宁渔业、宁夏园艺产业园、宁夏伊家仁食品有限公司 4 家企业；习岗镇冷凉蔬菜产业园，包含天缘种业、和平村村集体、瑞信农业、峻松樱桃 4 家企业及合作社。天缘种业与和平村初步达成合作实施协议，在和平村温棚区推广示范种植 40 栋博柿后番茄产销模式。

【教学示范项目】 2023 年，贺兰县习岗镇积极与万辉生物科技有限公司合作，邀请银川市农业技术推广服务中心、西北农林科技大学农业标准化研究所、陕西厚地生物科技有限公司专业技术人员，现场为新平园区的种植户及肥料生产企业进行畜禽粪污堆制生物有机肥教学示范，共选取 50 亩的示范田，进行示范，推进有机肥还田进地，减少化肥用量，提高耕地质量和土壤生产力，促进初级农产品提质增效。

【安全监管站】 2023 年，贺兰县习岗镇统筹产业发展和质量安全，构建县、镇、村三级检测网络，高标准建设习岗镇农残检测室，突出抓好农产品质量安全监管，确保抽检合格率达 98%以上，顺利迎接国家农产品质量安全县创建评估验收工作组检查，并成功创建自治区五星级乡镇农产品质量安全监管站。

【创业服务站】 2023 年，贺兰县习岗镇就业创业服务站阵地面积 200 平方米，服务全镇 11 个村、良繁场及周边 500 米内社区居民，服务对象 3.1 万人，2023 年以来，在全县率先创建银川市就业创业服务站。

金贵镇

【概况】 金贵镇位于贺兰县东南部，东临黄河，南、西分别接壤兴庆区通贵乡、掌政镇和大新镇，北靠贺兰县习岗镇。镇域南北长 17 公里，东西宽 16.5 公里，镇域总面积 124.69 平方公里。全镇下辖 12 个行政村（银河村、保南村、银光村、联星村、金贵村、汉佐村、雄英村、江南村、潘昶村、红星村、关渠村、通昌村），有 160 个自然村，户籍人口 15041 户 40499 人，常住人口 11670 户 28413 人。金贵镇区位优势显著，金河大道、丰庆路、贺兰山路、银通公路横穿镇域东西，京藏高速公路复线、金京路、沿黄公路、滨河大道纵贯镇域南北，北京路紧邻镇域南侧穿过，规划建设中的国道 109 复线从镇域中部南北向贯通，已全面融入银川市“半小时经济圈”。2019 年金贵镇入选“2019 年度全国综合实力千强镇”。2022 年农村居民人均可支配收入达到 20571 元，同比增长 6%。

【项目建设】 2023 年，贺兰县金贵镇坚持发展为要，项目为王，实干为先，把发展着力点放在实体经济上。实施银河村集采集配中心等 3 个自治区扶持壮大村集体经济项目，建成江南村综合批发市场、银光村仓储物流中心等一批延链补链项目，江南村、银光村温棚园区投产达效。对接贺兰红、雨果融创等 4 家企业落户投资发展，推动建设九禾庄园、潘昶农业特色产业融合发展示范园等 6 个社会投资项目，全年建成 32 个重点项目，完成固定资产投资 2.3 亿元，招商引资 1.5 亿元。

【农业产业】 2023 年，贺兰县金贵镇坚持农业农村优先发展地位，着力培育优势产业，稳定农业生产底盘，拓展休闲农业功能，加快推进农业农村现代化。完成春小麦及玉米大豆带状复合种植 1.9 万亩，打造玉米绿色高质高效行动项目万亩方示范基地 1 个，千亩方示范基地 2 个，投资 930 余万元实施红星、雄英村秋季农田水利建设2.3万亩，实施农机三项作业3.2万亩。落实“长牙齿”的耕地保护政策，高质量整改违规占地卫星图斑30个，坚决防止耕地非粮化、非农化。促进瓜菜产业提质增效。稳定瓜菜3.5万余亩，设施瓜菜达1.6万亩，新建关渠村麒麟瓜基地2200亩，改造提升老旧温棚264栋，新建银光村、江南村、联星村三代日光温棚51栋；实施有机肥堆肥项目2000亩，打造全区蔬菜绿色高质高效基地580亩，抓好蔬菜稳产保供。持续培育壮大黄河玉米村、兰健欢乐谷、金银滩云成农耕文化体验园等文旅基地。投资400万元建设乡村民宿15栋，体验乡村生活游客络绎不绝。牡丹花乡一二三产融合基地成功举办银川市第三届乡村文化旅游节、第六届农业嘉年华、田园风光赏花节等系列文化活动，五一、端午等重大节假日人气爆棚，累计客流量突破20万人次。培育壮大农业专业合作社186家，发展家庭农场11家，培育社会化服务组织34家，股份合作、土地托管、订单种植等经营模式引领小农户融入大市场。

【乡村振兴】2023年，贺兰县金贵镇扎实开展防返贫监测帮扶。排查一般农户13512户，“八必访”1886户，纳入监测48户146人，发放务工补贴、产业分红等补助资金148万元，让移民共享产业红利。争取中央和区市乡村振兴衔接资金2755万元、地方债券资金2455万元，全面完成江南新村移民安置区基础设施提升工程，规划停车位400个，安装路灯199盏，硬化内部通行道路3公里，门头改造提升让小区换新颜。高标准建成银光村和江南村日间照料中心，保障老人老有所养、老有所乐。精准掌握全镇移民劳动力1482人，组织举办大型现场招聘会2次，提供就业岗位1100余个，开展各类技能培训6期，点单式培训走“新”更暖心，组织转移就业316人，公益性岗位托底安置84人，实现就业率90%以上，脱贫户人均纯收入12900元，增速超18%，位居全县第一。

【城镇建设】2023年，贺兰县金贵镇推动小城镇蓬勃发展。实施高标准重点小城镇建设项目二期工程，扩建镇区团结路、银通公路9.2公里，整修绿化带3000余平方米，新增小微公园2个，安装路灯220余盏，镇街面貌更加明亮整洁；实施污水管网建设1.6公里，配套污水泵站5座。增设停车位500余个，光缆入地4.2公里，5G网络实现街区全覆盖，镇区供热锅炉煤改气维修让群众温暖过冬。配套设施日趋完善，镇区公共服务能力明显提升，塞上宜居名镇更具魅力。改造提升集贸市场，美化装修沿街商铺外立面4300余平方米，新修路面14000平方米，改造电路2000平方米，新修排水管网550米，建成标准化公厕1座，完善集市基础配套设施。

【生态保护】2023年，贺兰县金贵镇坚决扛起生态保护的政治责任。完成中央环保督察转办潘昶水泥厂粉尘噪声污染等问题整改11件。重点整治“散乱污”小作坊，定期开展排查工作，重点整顿重大安全隐患、突出环保问题、死灰复燃小作坊，完善动态整治管理机制，关停取缔12家，限期整改22家。加大“四禁”督查力度，坚持教育和处罚并重，全年行政处罚10起，罚没款35万元。全年巡河6000余次，清理河湖垃圾230吨，整治河道沟渠491公里，清理畜禽粪污等农业废弃物211吨，植树造林137.2亩。推广使用新型高效低毒农药防治病虫害，实现农药化肥减量5%以上、提高农药化肥利用率达41%。开展农药残留检测500余份。集中清运处理农业废弃物回收点回收废旧农残膜189余吨。投入900余万元实施汉佐村人居环境整治和产业提升工程，铺设污水管网1.3公里、硬化道路1.4公里，植绿补绿5000余平方米，改造提升银河村、联星村、雄英村、潘昶村基础设施，推进整治一般村7个，整治成效得到市委、市政府主要领导现场认可。

【民生保障】2023年，贺兰县金贵镇织牢民生兜底保障，新增城乡低保24户29人，发放临时救助33.19万元帮助79户123人渡过生活难关，发放高龄津贴429.35万元，保障764人安度晚年；发放残疾补助152万元，让1096名群众感受政府的关怀，更有尊严的生活。向特殊困难群众对象发放生活物资1461份，发放大病救助资金19万元，引导群众缴纳医保，确保大病治疗保障兜底。

【社会治理】2023年，贺兰县金贵镇调解各类矛盾纠纷100余起，“百日攻坚”行动成功化解17件突出信访案件，矛盾纠纷在家门口解决。坚持工作力量下沉一线，采取疏堵结合策略，小城镇征地拆迁、长河新村房屋核算、东郊水源地等一批历史遗留问题得到有效化解。

【基层党建】2023年，贺兰县金贵镇党建引领推进乡村振兴。深入实施“两个带头人”工程和“乡里精英”回归行动，培育党员致富带头人164名，“乡里精英”59名，后备干部63名，发展党员19名；落实导师帮带制工作，择优确定11名镇村领导结对帮带干部24名，建成联星村、金贵村、银河村导师帮带乡村振兴人才基地，帮带1200多人次学技术，让党员群众真正学得上、用得好。做大做强村级集体经济，银河集采集配中心等四个自治扶持壮大村级集体经济项目投产达效，百万元村达到7个，200万元村1个，总收入超过1200万元，位居全县第一，支部统一经营现代农业、乡村旅游、仓储冷链产业，带动2000多名群众家门口务工就业，人均务工收入2.2万元，自主经营方式成为凝聚党员群众的有效手段。

立岗镇

【概况】2023年，贺兰县立岗镇在县委、县政府的正确领导下，坚决贯彻落实党中央决策部署和自治区、市、县党委政府工作要求，凝心聚力，团结带领全镇党员干部群众，统筹发展和安全，奋力推动立岗各项事业高质量发展。

【思想建设】2023年，贺兰县立岗镇学习贯彻党的二十大精神、自治区十三届四次、五次全会精神等，累计开展集中培训950人，送学上门263人；党委理论学习中心组开展集中学习11次，学习文件会议精神47个，开展专题研讨2次，收集研讨材料40份，开展纠治形式主义、官僚主义典型案例学习8次，专题研讨5期。

【宣传教育】2023年，贺兰县立岗镇成立镇村两级新时代文明实践志愿宣讲队，宣讲党的二十大精神、移风易俗、身边好人好事等89次，受众3300余人，邀请县镇两级包村领导、党校老师开展自治区党委十三届四次全会精神等专题宣讲47次。

【队伍建设】2023年，贺兰县立岗镇建立村党组织书记后备人才“育苗档案”，培养后备干部64名，搭建帮带对子36对，农村致富带头人236名，发展党员17名，组织驻村第一书记及工作队员参加自治区、市、县培训3次。

【基层党建】2023年，贺兰县立岗镇开展“一乡镇一品牌、一乡镇多示范”特色党建创建活动，如星光村围绕“党建红点亮乡村美”，挖掘“党建+农旅”特色发展模式，通伏村突出多村联合、抱团发展，作为典型案例在自治区壮大村集体经济会议上作交流分享，兰光村坚持以党建领航定标、聚力强能，依托优质特色产业，实现产业升级、村强民富，作为典型案例在《人民日报》上刊登。

【全面从严治党】2023年，贺兰县立岗镇压紧压实全面从严治党政治责任，坚持把党风廉政建设工作与全镇经济社会发展、中心工作同谋划、同推进、同考核，围绕重点工作开展各类督查60余次，下发督查通报10期，督办函6期，提醒函11期，约谈镇村干部60余人次，作出书面检查6人，召开警示教育大会7次，推动全面从严治党向基层延伸、向一线延伸、向群众延伸。

【经济发展】2023年，贺兰县立岗镇共实施项目14个，总投资2.3亿元，实现固定投资入库2亿元，招商引资到位资金入库1.2亿元。争取乡村振兴衔接资金2700万元，实施8个产业扶贫项目，利用产业造血激发内生动力。争取公益事业和其他财政资金 1070 万元，改善提升乡村基础设施建设。

【粮食生产】2023 年，贺兰县立岗镇落实粮食安全党政同责制，与各村签订粮食安全生产目标责任书，全年粮食生产面积达 10.06 万亩，其中，小麦 1.36 万亩，大豆 2 万亩，玉米 6 万亩，水稻 0.7 万亩，农业保险投保 4.8 万亩；助推“菜篮子”工程建设，全年蔬菜播种面积 5.89 万亩，总产量 9.7 万吨，较上年同期增长分别达到 3%、0.4%。

【乡村振兴】2023 年，贺兰县立岗镇制定《立岗镇乡村振兴产业项目利益联结实施方案》，谋划乡村振兴项目 8 个，摸底确权 2021—2022 年衔接帮扶项目 10 个，衔接帮扶资产 15 个、衔接帮扶资金 2847.6 万元，争取乡村公益性岗位 49 个，发放小额贷款 21 户 105 万元，及时申报产业分红、雨露计划、务工补贴等各项转移性补贴 94.5 万元，促进农民增收。

【招商引资】2023 年，贺兰县立岗镇把招商引资作为头号工程来抓，先后四次赴广东、江苏、贵州等地进行考察招商活动，学习水产养殖、设施园艺智慧化种植等好经验好做法，促成贺兰县大宗固废循环经济产业园项目、“湖八仙”大闸蟹西北养殖基地项目落户立岗镇，投资额度达 2.2 亿元，为全镇产业高质量发展注入强劲动能。

【环境整治】2023 年，贺兰县立岗镇制定《立岗镇创建自治区卫生乡镇责任分工实施方案》，开展自治区卫生乡镇创建培训宣传 4 次，清理占道经营 130 次、店外经营 65 次、沿街乱堆乱放 210 处，清理墙体、橱窗广告 220 处，打扫道路 120 次，排查垃圾倾倒点 24 处，清理河道垃圾及漂浮物 45 吨。

【基础设施建设】2023 年，贺兰县立岗镇硬化乡村道路 1300 米，砌护各类农渠 11700 米，新修排水渠 3400 米，新建生产桥 3 座，安装太阳能路灯 237 盏，实施兰光村、通伏村上下水改造工程，群众满意度和幸福感进一步提升，村容村貌大为改观。

【厕所整改】2023 年，贺兰县立岗镇统筹协调推进农村户厕问题摸排整改工作，细化任务，压实责任，优化措施，2023 年共摸排农村户厕 3580 户，排查出问题厕所 758 户，整改完成 657 户，整改率达86.7%。

【自建房屋摸排】2023 年，贺兰县立岗镇成立工作小组，下沉一线，排查全镇农村危旧房住房 4029 户，邀请专业测绘公司对初步判断存在安全隐患的 11 户房屋进行检测，制定整改方案。

【保护耕地红线】2023 年，贺兰县立岗镇实地核查上级部门下发图斑 172 个，整改率达 90%，完成 13 宗设施农业用地备案设施农业，加强宅基地审批管理，审核通过农户宅基地翻建申请 12 宗，调解土地纠纷 4 起，压实耕地保护责任，确保全镇耕地面积只增不减。

【污染防治】2023 年，贺兰县立岗镇督促各农业生产企业和种植大户开展农残膜回收 89.67 吨，实施病虫害防治项目 4 个，防治农作物 6.4 万亩次，带动农户统防统治 16 万亩次，指导全镇 5 家主体开展堆肥项目 2700 亩，有效减轻作物病虫害发生，维护农业生产环境稳定。

【安全生产】2023 年，贺兰县立岗镇累计召开安全生产专题会 6 次、集体约谈 3 次、专题党委会 2 次、党委会研究安全生产 6 次，制定《立岗镇 2023 年综合执法（应急管理）重点工作任务分解及责任分工方案》《立岗镇 2023 年安全生产“一岗双责、党政同责”职责任务分工》，编制印发《立岗镇应急预案汇编》，与各村签订消防安全生产责任书 15 份。镇村开展检查、复查各类场所、农户共计11517 处，整改上级部门反馈问题 485 个，全镇安装燃气“三件套”1585 套，暂扣不合格液化气瓶308个，拆除防护栏29个，拆除门头广告牌3个，张贴商铺二层警示标语128条，放置逃生绳、破窗锤128套，督促沿街店铺购买灭火器150余个，疏散逃生通道8处，确保人民群众生命财产安全。

【平安建设】 2023年，贺兰县立岗镇办结中央信联办交办信访事件3件，重复信访事件6件。化解矛盾纠纷63起，化解率90%以上。强化“一村一居一法律顾问”作用，驻村律师开展法治讲座17次、坐班解答法律咨询审核合同49次、开展法治宣传10次，培养“法律明白人”150人，自撰普法案例、普法宣传等相关稿件16篇，引导群众运用法律手段维护自身合法权益。

【意识形态工作】 2023年，贺兰县立岗镇加强意识形态、政务新媒体平台管理工作，严格落实信息发布“三审三校”制度，悬挂各类横幅约150条，电子屏播放宣传标语300余条，回复群众诉求3条。

【社会救助】 2023年，贺兰县立岗镇共有城乡低保对象675户904人，低保边缘家庭74户114人，分散特困供养人员20人，走访摸排7091户，新纳入监测帮扶13户27人，临时救助123户216人，发放临时救助资金58.08万元。按照“不漏一户、不落一人”的工作标准，建立镇、村、社三级包抓，责任到户的机制，摸排困境儿童21人、孤儿1人、事实无人抚养儿童11人，为辖区内5所学校送去慰问金1万元，发放困难儿童“微心愿”书包10个、困难学生学习礼包60个。摸排75岁以上高龄老人938户941人，发放高龄补贴397.49万元。摸排享受残疾人护理补贴人员494人，发放补助资金52.4万元，生活补贴人员465人，发放补助资金41.5万元，申请残疾人就业补贴1.6万元，发放残疾人残疾辅具50人，让幼有所爱、老有所养。

【行政事项】 2023年，贺兰县立岗镇继续推行“前台综合受理、后台分类审批、窗口统一出件”工作模式，线上线下办理各项服务1896件，委托事项52件，服务群众3000余人次，不断提升政务服务满意度。

【惠民活动】 2023年，贺兰县立岗镇开展“送戏下乡”“文化惠民送戏下乡”文艺会演27场，组织群众参加“中国体育杯”贺兰县第六届新农民篮球争霸赛、贺兰县广播体操比赛，举办立岗镇庆五一趣味运动会、“迎国庆·庆丰收和美乡村杯”篮球联赛（村BA），不断激发干部群众参与文化体育事业的热情。

洪广镇

【概况】 2023年，贺兰县洪广镇坚持以习近平新时代中国特色社会主义思想为指导，认真学习宣传贯彻党的二十大精神，全面贯彻落实自治区党委第十三届四次、五次全会精神，在县委、县政府的坚强领导下，经济社会实现健康平稳发展，推进乡村全面振兴。

【抓好第二批主题教育】 2023年，贺兰县洪广镇通过集中学习会、支部党员大会等及时全面传达学习党中央及自治区、市、县主题教育会议精神，制定主题教育工作计划和任务清单，印发主题教育工作提示3期，发放学习读本1300余套，开展主题教育集中学习会5次，党委理论学习中心组学习2次。梳理干事创业项目50余个，引导党员干部在推动发展、基层治理、服务群众中主动担当、担当有为。

【筑牢党组织战斗堡垒】 2023年，贺兰县洪广镇严格落实“三会一课”、主题党日、“党群中心活动预告制”等工作制度。发展入党积极分子9人，上半年发展党员7名，转正党员7名，取消预备党员资格1名，下半年发展预备党员5名。加强流动党员管理，设立流动党员服务站（点）14个，摸排流出党员2名。常态化开展党内关怀，为7名临终前党员、8名患重病党员申请党内关怀资金

94817元。搭建党建云信息化平台，打造数字化党员教育培训中心，完善洪广镇党校功能，开展“乡村产业振兴领头雁”系列课程8场。征集书记领办项目56个，申报壮大村集体经济项目1个，“导师帮带”项目3个。

【落实意识形态责任】2023年，贺兰县洪广镇以“深化理论学习+强化学习成果”为目标，开展集中学习230余场，对各党建阵地国旗、党徽、华表等使用情况进行检查，对使用不规范的宣传内容进行清理。严格落实“三审三校”制度，规范新闻推送流程。累计审核发布微信公众号899篇，视频号10篇。

【强化作风建设】2023年，贺兰县洪广镇扎实开展纠治形式主义官僚主义专项整治，镇党委查找问题10个，制定22条整改措施，完成整改销号7个。推进乡村振兴领域腐败和作风问题专项治理，共梳理出问题35个，完成整改29个。多形式开展廉洁从政警示教育，开展谈心谈话50余次、集体廉政谈话2次，打造党风廉政宣传阵地4个，创新廉洁文化建设路径。小微权力“监督一点通”平台受理并办结投诉7件，群众满意度较2022年提高2个百分点。持续推动“四强”能力作风建设年活动，领导班子查摆问题13个，整改销号8个；班子成员查摆问题97个，整改销号70个。加强干部作风建设，处置问题线索3件，立案1件，给予党内警告处分1人，直接了结2件，对民生服务中心5名工作作风不扎实人员进行集体约谈，对16名镇村（社区）干部进行了约谈，下发通报8期。

【推进产业融合发展】2023年，贺兰县洪广镇加快推进葡萄酒、牛奶、文旅、枸杞、绿色食品等特色产业发展，带动群众增收致富能力不断增强。图兰朵葡萄酒小镇一期项目建成试运营，百瑞源殷红子熟枸杞庄园正式开园。建设洪广镇欣荣村小番茄种植基地，种植小番茄140亩，绿色世纪农业科技有限公司新增牛羊肉加工生产线3条，一面香传食品加工有限公司建设预包装生产线3条，配套生产仪器15台，每日产量达10万余盒方便食品，带动周边群众务工就业500余人，户均年增收5万元以上。

【抓好项目建设】2023年，贺兰县洪广镇谋划项目23个，总投资2.54亿元，开工建设20个，总投资1.37亿元。制定《洪广镇领导包抓重点项目工作实施方案》，项目包抓领导每周至少深入项目建设现场一次，及时掌握项目建设情况，协调解决制约项目建设的前期手续办理和用地、用水、用电等实际困难。

【落实粮食安全责任】2023年，贺兰县洪广镇做好农作物田间管护及夏收、秋收工作，2023年粮食种植面积73793.93亩，大豆玉米带状复合种植2420亩。完成2023年有机肥替代化肥实施面积3200亩，盐碱地改良4600亩。开展小麦“一喷三防”病虫害防治面积3227亩，农作物病虫害防控项目面积13026.61亩，玉米大豆“一喷多促”病虫害防治面积8348.9亩，玉米病虫害统防统治面积11196.61亩，强化农业技术示范带动。实施秋冬季农田水利基本建设6000亩，争取高标准农田建设项目资金2000余万元，建设高标准农田13100亩。抓好耕地流出图斑整改，2022耕地流出图斑总面积396.42亩，其中耕地保有量277.16亩，永久基本农田150.41亩，全部完成举证销号及整改。

【乡村振兴】2023年，贺兰县洪广镇争取资金2270.35万元实施巩固拓展脱贫攻坚成果和乡村振兴产业项目7个，全面落实防止返贫动态监测工作要求，2023年新纳入监测户28户124人。扎实开展“四查四补”，共摸排出69个问题，已完成整改。压实整改责任，有序推进各级督查反馈问题完成整改。抓好特色产业发展，带动群众就业增收，全镇2023年农民人均可支配收入19736元，增长8%；移民群众收入达13710元，增长15%；脱贫户收入16783.11元，增长13.07%。

【基础设施建设】2023年，贺兰县洪广镇有序推进洪广镇暖泉农场社区场部加工厂片区、二队及十三队基础设施建设项目、洪广镇芙蓉鑫苑一期人居环境整治工程等项目16个，加快补齐农村道路、污水管网等基础设施建设短板。大力推进问题户厕再摸排、再整改工作，拨付各村（社区）问题户厕整改资金8.4万元，建立“一户一档”摸排整改台账，分类施策紧盯整改，发现问题厕所741个，已整改完成443个。实施抗震宜居农房改造12户，危房改造3户，进一步改善群众居住条件。

【村庄清洁行动】2023年，贺兰县洪广镇常态化开展人居环境整治工作，结合农田水利建设，重点对金沙村1、2、12社，高荣村1、2、3社等12个庄点进行整治，全面提升乡村宜居水平。充分发挥垃圾分类示范村的示范辐射作用，新建洪广村2队、洪西村2队等四分类点位5处。以暖泉农场社区小微公园建设及周边装点绿化、洪广镇及欣荣村主干道路绿化改造提升为主，开展国土绿化工作，春季绿化面积129.5亩，秋季整修林带94亩，新植、补植树木13250棵。充分发挥积分超市、新时代文明实践站引领作用，评选贺兰县“美丽庭院”50户、市级“美丽庭院”40户、自治区级“美丽庭院”10户。

【生态环境保护】2023年，贺兰县洪广镇深入学习贯彻落实自治区党委十三届五次全会精神，推进贺兰县2022年黄河流域生态警示片披露突出问题整改，对辖区沟道泵站、断头沟、机井全面开展排查，建立台账，扎实推进整改。对贺兰山沿线自然资源开展夜巡夜查，阻断2起疑似偷挖砂石料行为。进一步压实河长制责任，对典农河（洪广段）、三二支沟、三排等岸边垃圾、河沟道水草进行清理。争取实施贺兰县第三排水沟（洪广段）沿线渔业排污口尾水利用项目，完成典农河（洪广段）100米保护范围内12家鱼池清退整改工作，加大水质保护力度。深入推进林长制工作，建立森林草原防灭火工作队伍4支，对欢乐谷等重点防灭火区域安排专人值守，强化隐患防范。做好农残膜回收工作，加大秸秆禁烧巡查力度，狠抓封育禁牧工作，共发现火点19起，放牧22起，罚款5起。

【化解重大风险】2023年，贺兰县洪广镇全面落实自治区党委十三届四次全会、市委十五届八次全会精神，深刻汲取富洋烧烤爆炸事故教训，牢固树立底线思维，强化风险意识，切实扛起防范化解重大风险的政治责任。

【安全生产】2023年，贺兰县洪广镇依托“1+N”宣讲体系，广泛开展安全生产进企业、进农村等“十四进”活动，提升干群安全生产意识。开展燃气及消防安全专项整治，累计出动170组568人次开展自查，共排查出问题隐患1740余条，均已整改完成；整改商户门头牌匾、防护栏120家。有序推进燃气“三件套”安装工作，商户安装“三件套”169户，安装率100%，农户已安装923户。深入开展道路交通安全、消防安全、食品药品安全等专项整治行动，扎实推进隐患排查整治，全面消除安全隐患。定期开展铁路沿线安全隐患排查，消除隐患3处。做好防汛应急响应期间人员摸排、物资储备工作，确保平稳度汛。

【安全责任】2023年，贺兰县洪广镇围绕政治安全、社会安全等11个方面梳理重大风险隐患2项，分级分类建立台账，制定防范化解措施。扎实开展民族团结进步月活动，常态化开展党的民族宗教理论政策下基层“百场万人”大宣讲活动，铸牢中华民族共同体意识，指导辖区内6所宗教活动场所建立安全台账和应急预案，对辖区内6所宗教活动场所、19个民间信仰活动场所、3个宗教临时活动点进行安全隐患排查整治，翻建附属用房1座。

【社会治理】2023年，贺兰县洪广镇成功化解纠纷25起，无因调解不及时而引起的民转刑案件。圆满完成“中阿博览会”期间安保工作。采取“线上＋线下”相结合的方式加强电信网络诈骗宣传，全镇共发生电信网络诈骗犯罪案件28起，同比下降 28%；群众受骗金额为 60.5 万元，同比下降 73%。开展“平安巡防 +”系列活动，构建“巡防处一体化”模式，深入推进数字化乡村治理工作，全力推进平安乡村建设。

【信访突出问题化解】2023 年，贺兰县洪广镇洪鑫苑项目遗留问题基本化解到位；积极推进锦瑩湖畔小区、洪鑫苑小区不动产证办理。2023 年共化解信访问题 2 起。

【提升社会保障水平】2023 年，贺兰县洪广镇大力提升全民健康水平，开展健康讲座和培训 15 次，举行肝炎等专项义诊 18 次。综合运用儿童之家等阵地资源，开展亲子阅读、家园共育、红色教育等特色主题活动 6 场，做好疑似辍学学生劝学工作，确保全镇义务教育入学率达到 100%。组织洪广镇 2023 年三八国际劳动妇女节文艺演出活动，配合组织文艺演出 3 场，群众文化生活不断丰富。加大文化旅游信息普查，对全镇涉及的 70 余处点位进行实地踏查。

【落实惠民政策】2023 年，贺兰县洪广镇实施煤改电项目、北方清洁取暖项目，保障群众温暖过冬。严格低保审批程序，新增低保 98 户 132 人，提标 264 户。强化社会救助核查力度，临时救助共救助 108 户 125 人 36.15 万元。不定期走访 19 名困境儿童、10 名事实无人抚养的儿童、8 名留守儿童，及时掌握16 户 16 名散居特困人员居住和生活状况。发挥日间照料中心兜底作用，为 84 人提供两餐。审核 2023 年春季“雨露计划”266 人 39.9 万元，办理小额信贷业务累计 260 人 1286 万元。全面落实产业补助政策，发放企业补助 5 家，共 127.6689 万元；个人种植补助 73 户，共 256.135 万元；务工创业补助 1507 人，补助资金 2071.7 万元；养殖补助 44 户 56 万元；劳务经纪人和劳务输出组织补助 3 个，共 6 万元。

【打造数字化党员教育培训中心】2023 年，贺兰县洪广镇与自治区委党校经济学教研部建立课程师资库共享、现场教学点实践共学、互学互派互访共治、支部主题党日共联、外出观摩学习共鉴五大制度，合作挂牌设立“自治区委党校经济学教研部基层联系点”。探索建立授课“四单模式”，即学员点单—党支部接单—党校派单—学员评单，借助党建云平台打通线上线下培训双向模式。

【推进党建云平台信息化建设】2023 年，贺兰县洪广镇依托中共贺兰县洪广镇委员会党校，推进洪广镇党校“三库一中心四平台”建设，打造洪广镇智慧党建云平台。打造洪西村党员教育实训基地，阵地建设已经完成，承接并举办贺兰县村党组织书记乡村振兴擂台赛。

【民族团结进步工作】2023 年，贺兰县洪广镇完善洪西村民族团结进步广场建设，打造广荣村“铸牢中华民族共同体意识——富脑袋与富口袋宣传专栏”，加强宗教场所安全生产管理。欣荣村成功创建为自治区民族团结进步示范村，欣荣村党支部书记高定成被推荐为自治区民族团结进步模范个人。

【创新乡村治理模式】2023 年，贺兰县洪广镇创新“1+5+N”乡村治理新模式，建设标准化乡村治理中心，整合综治中心、派出所、派驻法庭、司法所等基层资源力量，提升治理水平，通过综治例会、平台事件处理等方式，建设协作配合、精干高效、便民利民的乡村治理体系。洪广镇成功创建为自治区乡村治理示范镇，欣荣村成功创建为自治区乡村治理示范村。

【推进宅基地制度改革】2023 年，贺兰县洪广镇在充分尊重农户意愿的基础上，严格按照《贺兰县宅基地退出暂行办法》，稳慎推进宅基地制度改革工作，探索盘活土地有效利用及盘活闲置资产高效使用，利用洪广村二社（原洪广营旧址）西北角近 20 亩闲置宅基地，规划建设标准化肉羊养殖场 1 处，发展壮大村集体经济；盘活闲置多年的北庙村明德小学校舍，建设“幸福大院”，第一批

7 户 10 人已入住，确保群众老有所居。

常信乡

【概况】2023 年，贺兰县常信乡深入学习贯彻党的二十大精神，深入贯彻落实党中央关于“三农”工作的各项决策部署和自治区、市、县工作安排，较好地完成全年任务目标。

【思想建设】2023 年，贺兰县常信乡把学习宣传贯彻党的二十大精神作为政治必修课、学习“第一议题”，深入开展学习贯彻习近平新时代中国特色社会主义思想主题教育，依托“我是党课主讲人”“学习党的二十大精神‘百千万’”等活动组织开展各类微宣讲 658 次，受众 13210 人次。

【队伍建设】2023 年，贺兰县常信乡谋划设施蓝湾高质量水产养殖人才导师帮带、于祥村农机操作技能人才项目等市级导师帮带人才项目 12 个，成功创建广银米业和天荣农业等“人才小高地”项目 2 个。打造悦海农牧科技人才驿站，组织开展各类农业科技人才沙龙 3 次，科技型人才已成为推动现代农业产业发展的核心力量。

【品牌建设】2023 年，贺兰县常信乡打造常信乡新华村党建引领产业人才融合发展示范基地，谋划“于祥村党支部领办农机之家”“王田村基层治理新‘枫’貌”等 2023 年党建项目 6 个。持续巩固深化“我为群众办实事”实践活动，结合常信乡“书记领办”项目办成一批民心所向的实事 145 件，全乡 14 个村党支部战斗堡垒作用日益增强。

【壮大村集体经济】2023 年，贺兰县常信乡探索“订单式”有偿农机服务和“抱团发展”新模式，巩固四十里店村“党支部 + 企业 + 农户”的利益联结机制，实现集体经济和农民增收双增双赢局面。2023 年全乡村集体经济收入 1082.45 万元，较 2022 年增长 71%。

【项目建设】2023 年，贺兰县常信乡全年围绕现代农业增产增收、特色产业提质增效、基础设施提标扩域、集体经济稳步提升，谋划实施明翔粮油有限公司二期扩建、蓝湾大黄鱼育苗温棚、北方清洁能源改造提升等项目 21 个，全年固定资产投资 1.93 亿元，招商引资到位资金 1.29 亿元。

【产业建设】2023 年，贺兰县常信乡实施“科海种质资源场 +5G 智慧渔业展示中心”、正鋆田园静心民宿及运动基地、绿色农产品产业示范园、天荣韩式风情园等项目，大力推动全乡三产进一步延伸，传统蔬菜分拣迈上预制菜产业外销台阶，黄河鱼类产业链繁育效益明显，新兴体育运动和特色餐饮等城市引流能力加强。四十里店村成功申报国家级美丽宜居示范村庄荣誉称号，广银米业成功获批自治区第一家全国绿色食品（大米）一二三产业融合发展园区。

【乡村旅游】2023 年，贺兰县常信乡依托稻渔产业小镇乡村休闲旅游业发展成效，实施稻渔空间改造提升、四十里店村 1 社乡村休闲民宿建设等项目，进一步完善城边“半日经济”功能配套，将塞上江南特色的“稻浪千翻、鱼肥水美”稻渔文旅元素与稻田大地景观、亲子农旅采摘、农耕文化研学、网红民宿打卡等有机融合。新华村唐徕渔村休闲民宿和唐徕花园休闲垂钓中心、旭光村千卓生态园、张亮村共享农庄、团结村正鋆休闲民宿等业态不断填充“全域旅游乡”IP，全年累计接待自治区内外游客 100 万人次，年收入超 1000 万元。

【乡村振兴】2023 年，贺兰县常信乡争取乡村振兴有效衔接资金 1050 万元，实施蓝湾大黄鱼育苗温棚、南美白对虾中式养殖大棚项目，累计带动 30 余人稳定务工，年均务工收入达 2.8 万元以上，产业发展带动农民增收致富效果日益明显。

【粮食安全】2023 年，贺兰县常信乡突出“守底线、优结构、提质量”，坚持中国人的饭碗紧紧端在自己手中，饭碗主装中国粮，全年小麦种植

8134.19 亩、玉米大豆带状复合种植 4280.07 亩、麦套大豆种植 3804.13 亩，麦后复种大豆 679.5 亩，均高于县委、县政府下达常信乡种植任务。扎实整治违法占用基本农田即耕地流出图斑 14 处，恢复耕地 20.4 亩。

【基础设施建设】2023 年，贺兰县常信乡在全县各乡镇率先推动北方清洁能源配套项目实施改造，实施煤改电 2054 户、外门窗改造 1840 户，争取自治区重点小城镇、财政部门农村公益事业等资金 3000 余万元，实施集镇区及四十里店、桂南等 9 个村基础设施提升，累计整修硬化农田道路 3.2 公里，乡村公路亮化13.1 公里，维修集贸市场场地和地下雨水污水管网，延伸市场商户天然气供暖管道，不仅解决群众行路难等民生问题，更让全乡群众生产生活条件更加便捷、更加安全。

【人居环境整治】2023 年，贺兰县常信乡以日常保洁为主，以宣传动员为辅，结合新时代文明实践活动，全年动员志愿者 1000 余人次，投入财政专用资金 12.6 万元，累计清理沟渠 630 余公里，清理村内公路524 公里，清理乱堆乱放 648 处，清理生活垃圾 1500 余吨，拆除残垣断壁 8 处。排查整改问题厕所 341 户，整改率 82%。

【巩固脱贫攻坚成果】2023 年，贺兰县常信乡制定《关于建立常信乡巩固拓展脱贫攻坚成果有效衔接乡村振兴“四查四补”常态化机制的实施方案》，2023 年共纳入突发严重困难户 35 户 83 人（其中绿色通道紧急纳入 1 户 2 人），拟风险消除 27 户 72 人。制定《关于建立常信乡巩固拓展脱贫攻坚成果有效衔接乡村振兴“四查四补”常态化机制的实施方案》，每月对“四查四补”24 项内容进行全面排查，认真查找问题，建立台账，确保查摆问题全部整改。按照《关于印发〈贺兰县 2023 年防止返贫监测帮扶集中排查工作方案〉的通知》（贺乡振领办〔2023〕12 号）文件要求，累计发放防止返贫监测对象申报政策“明白纸”2913 份，排查全乡常住户 4557 户，对 147 户可能存在致贫返贫风险的农户进行预警，解除一键预警146 户，纳入突发严重困难户 1 户。申报 2022 年度脱贫户、边缘易致贫户、突发严重困难户就业务工补助 18 人次，补助资金 4.5 万元。

【打好蓝天保卫战】2023 年，贺兰县常信乡成立四个乡级秸秆禁烧巡防组，构建乡级巡防组包抓片区、村“两委”干部包抓到社、网格员包抓到田间地头的网格化禁烧巡防网格化管理体系，训诫、处罚焚烧秸秆当事人 4 人次，罚款 2000 元。

【打好污水阻击战】2023 年，贺兰县常信乡认真落实河湖长制工作任务，全年完成有效巡河 5725 次，投入机械 18 台、打草船 1 台，清理四二干沟、第三排水沟内浮萍及漂浮物、沟摆垃圾 244.8 吨，清淤43.65 公里。组织干部职工配合农业农村、生态环境、水务等部门开展第三排水沟养殖尾水偷排联合巡查执法 60 余次，第三排水沟区控断面水质稳定达标。

【打好污染攻坚战】2023 年，贺兰县常信乡采取强有力措施，切实加强农业面源污染治理及农残膜回收工作。积极引导农民科学使用地膜，提高覆膜标准和质量，降低农用残膜回收难度。全年累计回收农残膜 75.4 吨超额完成农膜应收测算率 20.4%。全年 593 个农产品农残速测合格率达 97%。

【风险化解】2023 年，贺兰县常信乡坚持和发展新时代“枫桥经验”，贯彻落实矛盾纠纷定期分析研判制度，筑牢矛盾纠纷化解堤坝。巩固充实乡村两级人民调解委员会，加强人民调解员队伍建设，组织村级调解员参加相关培训 3 场，出现矛盾纠纷 71 件，已化解 70 件，化解率达 98%以上。

【信访工作】2023 年，贺兰县常信乡认真落实领导干部接访下访和包案化解工作责任，落实领导干部接访共计 70 余次，有效提高群众满意度。深化治理重复信访、化解信访积案专项行动，充分发挥信访工作联席会议机制作用，整合各方资源力量，形成强大工作合力，累计化解重复信访案件6件。

【**安全隐患**】2023年，贺兰县常信乡深入汲取“6·21”兴庆区富阳烧烤爆炸事故教训，认真落实自治区党委十三届四次全会精神，扎实开展安全隐患排查整治，累计共排查企业及商户各类安全隐患共252家647处，整改销号246家639处。组织开展各类安全隐患排查治理和防灾减灾培训5次，乡村两级干部职工和全乡广大群众安全防范、防灾减灾意识不断增强。

南梁台子农牧场

【**概况**】2023年，贺兰县南梁台子农牧场坚持以习近平新时代中国特色社会主义思想为指导，深入学习党的二十大和习近平总书记视察宁夏重要讲话和重要指示批示精神，学习贯彻自治区十三届四次全会、五次全会精神，认真落实县委、县政府决策部署，聚焦产业发展、综合治理、民生保障等方面统筹推进工作，完成固定资产投资1300万元。

【**理论学习**】2023年，贺兰县南梁台子农牧场通过党委会、晨会、党员大会、培训会、农业领域安全生产部署会等集中学习自治区党委十三届四次、五次全会公报、习近平总书记重要指示精神、统筹发展和安全提高安全生产工作水平切实保障人民群众生命财产安全的意见和37个安全生产专项文件及8个配套文件，紧抓全场党员干部、村两委、网格员理论学习。组织全场党员干部集中学习30余次，各村党支部集中学习40余次，交流研讨10次，形成心得体会、学习笔记、研讨材料200余篇。

【**意识形态**】2023年，贺兰县南梁台子农牧场深入学习贯彻落实习近平总书记关于意识形态工作的重要讲话精神，召开党委会议研究、安排意识形态工作6次，将意识形态工作考核纳入场党委工作重要议事日程、党建工作责任制、党风廉政建设责任制、领导班子和领导干部目标管理、全场的年终考核当中。

【**落实“三会一课”制度**】2023年，贺兰县南梁台子农牧场组织场党委下辖的4个党支部开展2023年度农村党建工作互观互检，发现的4个问题已认真完成整改。督促各党支部定期开展支委会、党员大会、主题党日、党建例会、党组织书记讲党课等工作，完成各党支部党员评星定格。2名预备党员、2名发展对象、3名入党积极分子参加培训并顺利结业，吸收入党积极分子1人。完成党费收缴、清算工作，申请村级党组织建设经费6万元、农村党员经费7.26万元。组织慰问党员7次，七一前慰问困难党员和优秀村党组织书记4人，颁发“光荣在党50年”纪念章2枚，发放慰问金47500元。

【**党风廉政建设**】2023年，贺兰县南梁台子农牧场制定《南梁台子全面从严治党、党风廉政建设和反腐败工作主要任务分工》和全面从严治党“三个清单”，梳理完善“三个清单”，细化党组织领导班子责任清单27条，党委书记第一责任人责任清单14条、问题清单16条、问责清单19条、监督清单19条。组织全场干部职工定期召开党风廉政建设工作例会，召开党风廉政建设工作相关会议10次，对各村安全生产、乡村振兴、市域社会治理、人居环境整治等重点工作督导8次，出通报6期，约谈17人。

【**廉政警示教育**】2023年，贺兰县南梁台子农牧场组织全场干部职工观看《永远在路上》《永远吹冲锋号》等廉政教育警示片，组织全场领导干部职工及各村村两委、第一书记、驻村工作队参观廉政教育警示基地，开展“颂党章　忆初心”廉洁从政主题党日活动，参加家风家训廉政文化主题书法作品展。

【**专项整治**】2023年，贺兰县南梁台子农牧场安排部署开展纠治形式主义、官僚主义专项整治，制定纠治形式主义官僚主义专项整治工作实施方案，组织集中学习 4 次、集中讨论 1 次，开展谈心谈话、征求意见，召开专题会等，场党委自查问题 13 个，党委书记 9 个，其他班子成员 16 个，形成了问题清单。全面开展乡村振兴领域腐败和作风问题整治工作，聚焦乡村振兴责任落实、资金项目、资产管理等重点内容和关键环节，对照乡村振兴领域 6 大类 30 项自查问题 11 个，全部完成整改。开展小微权力监督一点通平台推广工作，定期对全场群众关心事项公示公开，组织各村网格员对小微权力监督平台进行入户宣传，结合安全生产知识、人居环境整治等宣传工作，2023 年收到的平台投诉 4 个问题全部完成办理。积极落实巡视反馈问题整改，关于《关于对 2022 年贺兰县南梁台子农牧场党委党风廉政建设责任制考核、“一把手”述责述廉评议及政治生态综合分析研判发现问题进行整改的通知》反馈的 6 个问题，完成整改 4 个。

【乡村振兴组织领导工作】 2023 年，贺兰县南梁台子农牧场制定《南梁台子 2023 年移民致富提升行动工作实施方案》《南梁台子 2023 年巩固拓展脱贫攻坚成果同乡村振兴有效衔接重点工作实施方案》，明确重点任务，压实场村两级齐抓乡村振兴工作职责，实行管委会干部包村包队责任制，实现场村两级干部“包队帮扶”常态化。针对各级反馈产业发展、务工就业、环境整治、兜底保障、乡村治理、乡村建设等方面的问题，举一反三，制定整改方案，建立问题台账，紧盯销号整改。召开党委会 11 次，传达学习中央农村工作会议精神，自治区党委农村工作会议精神和《中华人民共和国乡村振兴促进法》等，安排部署防返贫监测、产业项目、就业创业、移民增收等乡村振兴工作。

【务工就业】 2023 年，贺兰县南梁台子农牧场隆源村设施蔬菜园区、铁东村优质蔬菜种植园区、梅花鹿养殖园区带动 300 余人在家门口务工就业。6 个劳务经纪人带动 200 余人在贺兰山东麓葡萄长廊、银川周边绿化队、贺兰县各大蔬菜基地等稳定务工。争取“乡村振兴公益性岗位”41 个，保障就业困难的脱贫户和监测对象家中劳动力务工就业。组织“专家服务基层助推乡村振兴”隆源村大棚蔬菜种植技术培训 32 人、全区移民安置区农村实用人才培训 19 人，举办“春风行动”移民村专场招聘会，提供行政、电工、纺织、销售等岗位 313 个，脱贫劳动力 435 人就业率 100%。

【项目建设】 2023 年，贺兰县南梁台子农牧场完成固定资产投资 706 万元，新建项目 4 个，总投资 1330.34 万元，2023 年已全部完工。2024 年围绕“六新六特六优”重点特色产业、基础设施建设、人居环境整治、高标准农田、现代节水农业等方面谋划项目 8 个，分别是南梁台子铁东村乡村振兴车间项目、南梁台子蓝湾生态旅游产业园建设项目、贺兰县鹿文化产业园乡村产业融合项目、南梁台子铁西村蔬菜产业项目、南梁台子高效节水灌溉建设项目、南梁台子铁东村庭院经济建设项目、南梁台子铁西村庭院经济建设项目、南梁台子阅海农文旅乡村生活部落项目，概算总投资 8690 万元。

【农业生产任务推进】 2023 年，贺兰县南梁台子农牧场粮食种植面积 16000 亩，全场籽粒玉米种植 14664 亩，完成率 100%，玉米大豆复合种植 1387 亩，完成率 139%。与 2022 年同期相比，牛整体存栏量同比增长21.5%，2022 年同期存栏量为 6736 头；羊整体存栏量同比增长了 34%，2022 年同期存栏量为 12275 只，与 2022 年同期相比，牛出栏量增加了 3360 头，羊出栏量增加了 8020 只，探索建立了“庭院 + 小种植”“庭院+ 小养殖”模式，引导农民整合房前屋后的空余土地、空闲资源，养殖鸡鸭，种植果蔬，以点带面发展多种经营模式的庭院经济，实现群众稳定、持续增收。同时完善联农带农机制。在村党支部的引领下，采取“党支部 + 企业 + 合作社 + 致富带头人 + 农户”方式，实施产业发展“五连模式”，由 10 名致富带头人承包日光温棚发展设施蔬菜种植，带动村民务工。

【防止返贫监测帮扶】2023 年，贺兰县南梁台子农牧场开展防止返贫监测帮扶大排查工作，提高监测帮扶的针对性、有效性。着重开展重点人群和特殊群体防返贫监测“八必访”工作，组织网格员实地入户核查“八必访”对象 714 户 2604 人，分类建立台账，确保应访尽访、应纳尽纳，切实堵住返贫漏洞、补齐短板。2023 年以来新纳入“三类人口”监测对象 20 户 89 人，全部制订帮扶计划和帮扶措施，落实帮扶任务。同时加强防止返贫监测帮扶政策宣传，在 154 户脱贫户 45 户监测对象家中张贴“政策明白墙”，每季度召开一次政策解读会，印制 1800 余份宣传单、口袋书、明白卡并组织网格员逐户发放，切实提高政策知晓率。及时更新完善全国防返贫监测信息系统中脱贫人口和监测对象、项目库、收入监测、务工就业等模块数据，确保账账相符、账实相符。

【民生保障】2023 年，贺兰县南梁台子农牧场积极对接县医保中心，开展巩固拓展医疗保障脱贫攻坚成果有效衔接乡村振兴战略医保政策专题培训班，提高村社干部对医保政策知晓率，2023 年缴纳医保8253 人，完成全场 154 户脱贫户、45 户监测对象“乡村振兴健康保”的缴纳工作。认真落实乡村振兴产业扶持政策及各项兜底保障政策，及时兑付牛羊养殖补助和就业务工补助政策，按照农户申报，村级验收，乡镇核验，县级复验的程序，对新增的 521 户农户的 1709 头牛、10587 只羊进行核验，补贴金额336.53 万元。为脱贫户、监测对象申请就业创业补助资金 47.4 万元，为 25 名学生发放春季“雨露计划”资金 3.75 万元。

【安全生产】2023 年，贺兰县南梁台子农牧场召开安全生产专题会、推进会 18 次，制定《南梁台子重大事故隐患专项排查整治 2023 年行动实施方案》《南梁台子消防安全重大风险隐患专项排查整治方案》《南梁台子城镇燃气领域重大风险隐患专项排查整治方案》等，对重点任务进行责任划分，做到任务到岗、责任到人。开展大排查大整治专项行动，由包村领导负责，开展横到边、纵到底的安全隐患排查工作，组织包队干部、村干部、网格员“四级”开展全面摸排工作，针对宗教场所、“九小”场所、农业设施园区、家庭农场、使用燃气农户、大型养殖户等进行全面排查，三个村共排查非农户 141 家，排查使用燃气农户共计 600 余户。同时分解任务、责任到人，将 141 家非农户整治工作按照包村、包队进行任务分解，做到每名干部都有任务，紧盯隐患整改、紧抓台账更新，发现问题均已完成整改。针对辖区重点场所及重点领域共完成隐患排查 64 家，积极落实属地责任，形成排查整治合力，经过多轮回头看排查整治，已全部完成隐患整改。组织相关人员开展操作培训 3 次，确保设备拿得出、启得动、能使用。对铁东小学、铁西小学两个应急避难场所组织排查，确保贺兰山沿线其他地区一旦发生洪灾等防汛意外，可立即作为安全转移场地投入使用。

【综合治理】2023 年，贺兰县南梁台子农牧场发挥“石榴籽”调解室的作用，将村居法律顾问、综治专干、司法所调解员、派出所民警、法律明白人等各方力量团结融合起来，积极推进矛盾纠纷化解工作，多渠道倾听群众诉求，切实增强矛盾纠纷隐患和涉稳苗头的发现能力，实行矛盾纠纷预警防范工作制度。处理“全区 12345 政务便民服务平台”投诉件 307 件，协助处理“宁夏信访业务智能辅助平台”信访件 21 件，共成功化解 27 件，协助申请法律援助 1 件，接待群众法律咨询 52 人次，代书诉状 5 份。

【普法宣传】2023 年，贺兰县南梁台子农牧场深化场村公共法律服务体系建设，充分发挥村居法律顾问、公共法律服务自助终端、“12348”公共法律服务平台等的作用，村居法律顾问开展法治讲座 4 场、法律进宗教场所宣传 2 场、法治进校园宣传 1 场、法治宣传活动 4 次，协助村委会审查合同4份。通过集中宣传、走村入户、联动村居法律顾问现场解答咨询等方式，用村民听得懂的话，近距离地向群众宣传常用法律知识，开展“民法典宣传月”等普法宣传活动6次，发放《中华人民共和国民法典》《信访工作条例》等与农民群众生产生活密切相关的法律知识手册1470余份，发放法治围裙124余条、手提袋等各类宣传品600余个。

【落实“河长制”】2023年，贺兰县南梁台子农牧场定期开展典农河垃圾清理整治，督促场村两级河长认真履行职责，及时劝返垂钓人员，减少河岸两边环境污染，实现辖区河畅水清。动员志愿者220余人，以辖区内典农河、铁东大渠、铁西大渠、唐徕渠、排水沟等为重点，逐一排查，逐一清理底部淤泥和岸边杂物，清除沟渠杂物和水面漂浮物，清理沟渠80余公里。坚持场级林长每月巡林不少于3次、村级林长不少于3次、生态护林员不少于10次，落实一级抓一级、层层抓落实的林长常态化巡林制度。“林长制智慧管理系统”App各林长累计巡林244次，巡林距离2040公里，巡林时长569小时。春秋季植树造林，累计栽植各类苗木12695棵，新增林木面积19亩，统筹安排护林员、公益性岗位对苗木开展除虫、修剪、浇水等日常管护工作，有效确保苗木成活率。做好“路长制”日常工作，按照县农村公路保养清单，乡道、村道每周开展公路巡查，对辖区39.2公里的22条公路累计巡查200余次，监管村级路管专员做好路肩、路基、路面的养护保养工作。建立大车情况摸排表、面包车登记表，统计从事交通运输业相关人员256人，登记联系人、车牌号、身份证号、日常运输路线等基本信息。督促指导辖区内“两站两员”发挥职责，组织交通劝导员开展交通劝导工作，将照片、视频等开展内容及时上报“县农村交通安全信息群”，月均报送量100次以上。

【人居环境整治】2023年，贺兰县南梁台子农牧场召开人居环境整治推进会20余次，实施改厕95户，摸排户厕2323户，整改198户。组建4支志愿者队伍，动员志愿者80余人，开展村庄清洁行动，排查整治卫生死角，清理乱堆乱放137处、“牛皮癣”315处、破损牌匾6处。聚焦“五改四化四美”任务目标，组织各村动用挖机、铲车等机械对村庄内外、巷道两侧、房前屋后的生活杂物、生产垃圾、建筑垃圾等乱堆乱放现象进行彻底的清理整治。累计动用机械4970余台次，参与人数5080人次，清理各类垃圾2667.6吨。

【精神文明建设】2023年，贺兰县南梁台子农牧场深入实施文明素养提升工程，广泛开展文明村创建和最美庭院等群众性精神文明评选活动，培育良好家风、淳朴民风、文明乡风，获评“最美庭院”56户，其中自治区级1户、市级8户、县级47户，完成妇女创业贷款127笔1658万元。通过会议宣传、入户走访等形式，推动环境整治政策家喻户晓。落实“积分制”37631分、巷长制53人、红黑榜25次，让村民切身感受到整治的变化和好处，有效激发广大村民内生动力。

【污染防治】2023年，贺兰县南梁台子农牧场加强水源地保护，巩固水源保护地环境问题清理整治成效，有序实施隔离防护、警示宣传等水源保护工程，加大水源地监督检查力度。优化农村生活污水治理，隆源村污水处理站和铁东村污水处理厂正常运行，对接二泉公司，对辖区各村垃圾分类开展工作进行指导，加大生活垃圾分类治理工作的力度。完成升级改造垃圾分类回收分拣中心1个，积极开展垃圾分类积分兑换活动，通过微信公众号、乡村大喇叭、村务宣传栏及网格员入户走访，提高群众对垃圾分类的知晓率及参与率，2023年共完成入户走访40余次，1500余户。开展固体废物非法倾倒、乱堆乱放问题专项清查整治，对生活垃圾、工业固废、农业生产废弃物以及耕地、林地、草地、湿地等重点区域进行清查整治，集中整治铁东十队水厂及银泰山庄建筑垃圾、生活垃圾乱堆乱放约13.3亩，将堆放垃圾分类筛选，完成清运。

【**保障自建房安全**】2023年，贺兰县南梁台子农牧场开展“经营性自建房安全排查回头看”专项整治工作，入户走访住建厅抽查的100户经营性自建房住户，完成建筑面积、产权人信息、隐患类别、整治措施等信息上报。对接第三方公司进行自建房安全抽查，完成100余户房屋信息核查、排查情况统计、整治措施登记。推进审计署西安特派办抗震宜居房审计反馈问题核查工作，对涉及的19户农户建立“一户一档”档案，建立抗震宜居房“一户一档”档案37份，补充完善基本情况调查表、抗震性能评估表、房屋调查评估现状照片汇总表等资料，建立115户自建房安全检查排查台账并不断补充，有序推进各村房屋安全隐患排查整治工作，切实保障群众住房安全。对铁东村19户、铁西村5户、隆源村2户总计26户房屋进行抗震宜居房政策补贴资金申报。

【**清洁能源工作**】2023年，贺兰县南梁台子农牧场完成农户热源清洁化项目摸底及改造情况统计，全场摸底3503户，2023年完成1300户，2024年计划完成1462户，其中2023年已完成900余户，建立清洁能源“一户一档”档案250份，“煤改电”工作上半年完成验收250户，铁东村、铁西村清洁取暖项目改造申报更换节能门窗、室内吊顶770户，保障群众安稳度过暖冬。

【**项目建设**】2023年，贺兰县南梁台子农牧场不断丰富产业类型，多措并举抓好蔬菜、菌菇产业提质增效。因地制宜发展“庭院经济”，以铁东村馨悦农家院、铁东村十队民宿为示范，探索建立了“庭院＋小种植”“庭院＋小养殖”模式，以点带面发展多种经营模式的庭院经济，实现群众稳定、持续增收。

【**村容村貌改善**】2023年，贺兰县南梁台子农牧场聚焦“五改四化四美”任务目标，实施了铁西村人居环境提升改造工程、铁东村人居环境整治工程、隆源村宜居宜业和美乡村建设项目，通过以点带面实现整体推进、全面提升，有效改善村容村貌。

【**移风易俗**】2023年，贺兰县南梁台子农牧场先后开展“拒绝高额彩礼 推进移风易俗”“移风易俗除陋习 文明创建树新风”等宣传活动，深化美丽庭院、文明村镇、文明家庭创建活动，评选县级最美家庭2户、健康家庭3户、文明家庭2户、好媳妇8人、好婆婆7人，充分发挥模范评选示范带动作用，进一步指导规范各村红白理事会运行管理，形成文明婚嫁新风尚，不断扩大“高价彩礼”治理效果。

【**乡村治理**】2023年，贺兰县南梁台子农牧场在探索村级民主治理中成立的基层治理、产业项目、纠纷调解、乡风文明、环境整治五个党小组，充分发挥了基层党组织的战斗堡垒作用，班子成员分工更加精细明确，实现了治理能力的高效运转，扩大了基层治理的参与范围，产业发展、乡村治理、人居环境整治等工作取得了显著成效。

京星农牧场

【**概况**】2023年，贺兰县京星农牧场以政治建设为总抓手，严格落实政治责任，坚持涵养政治生态，不断加强农村基层党组织阵地建设，完善农村基础设施，推进农村产权制度改革，在专项整治、产业项目、农业基础、民生实事、安全生产等方面取得一定实效。

【**政治理论学习**】2023年，贺兰县京星农牧场加强党的二十大精神、全国“两会”、自治区党委十三届四次、五次全会及银川市十五届八次全会等会议精神的学习，通过每周二、周五集中学习与个人学习相结合，提高党员干部政治理论水平；以开展“四强”能力作风建设年活动为契机，围绕习近平总书记重要讲话和重要指示批示精神，进行专题理论学习。广泛组织开展群众性主题宣传教育活动，推动新时代党的创新理论实践走深走实。

【**提升基层组织力量**】2023年，贺兰县京星农牧场严肃党内政治生活，严格落实“三会一课”、主题党日等制度，定期召开支部党员大会、支委会议和党小组会议，各党支部书记定期上专题党课，确保党内组织生活规范化。深入开展学习贯彻习近平新时代中国特色社会主义思想主题教育，场党总支结合实际制订工作计划、任务清单和学习计划，指导各党支部制订学习计划，党员、干部制订个人学习计划，以学为先，贯穿始终，并将理论学习、干事创业、检视整改一体推进。严格落实党员发展的各项规定，2023 年完成预备党员转正 2 名，动态选拔村级后备干部 2 人，培养村级致富带头人 16 人，根据规范党费收缴的要求，每月按时向立岗镇党委缴纳党费。

【党风廉政建设】2023 年，贺兰县京星农牧场制定党风廉政建设和反腐败分工方案，签订 2023 年党风廉政建设责任书，建立健全全面从严治党“三个清单”，进一步明确和坚持好党总支主体责任、“一把手”第一责任、班子成员“一岗双责”。认真贯彻执行民主集中制原则，带头执行请示报告制度和重大事项报告制度，自觉接受党内监督和群众监督，自觉维护班子团结。加强对重要讲话精神及党风廉政警示教育典型案例的学习。结合“廉洁从政警示教育月”活动，组织场村两级党员干部参观廉政警示教育基地与廉洁文化书画展，发放“清风常伴 廉洁致远”家庭助廉倡议书，观看警示教育片、学习忏悔警示录，开展党纪法规知识测试，组织“颂党章，忆初心”廉洁从政主题党日活动。

【意识形态责任落实】2023 年，贺兰县京星农牧场认真学习关于意识形态工作重要论述，加强对单位微信、微博等意识形态阵地的建设和管理。依托新时代文明实践站，广泛组织开展群众性主题宣传教育活动，推动铸牢中华民族共同体意识示范创建。

【工作作风问题专项治理】2023 年，贺兰县京星农牧场制定实施方案，开展专题学习，查找问题 19 项，建立工作台账，每月进行动态更新，确保专项治理工作取得成效。

【纠治形式主义官僚主义】2023 年，贺兰县京星农牧场召开工作部署会，制定实施方案，开展典型案例专题学习 2 次，开展案例专题研讨 2 次。通过征求意见、个人自查等方式，党总支自查问题 9 方面 12 个，班子成员自查问题 30 个，全场干部自查问题 16 个，并逐一制定整改措施，全面落实整改工作。

【能力作风建设】2023 年，贺兰县京星农牧场建立问题清单，结合全场实际，制定“四强”能力作风建设年重点项目作战图与重点工作作战图，将全场 2023 年度承担的年度重点工作任务落实到岗位、细化到个人、具体到项目，形成清晰明确的责任体系，抓好全场各项工作的责任落实。

【产业项目建设】2023 年，贺兰县京星农牧场聚焦基础设施、民生及基层党组织阵地建设，共谋划实施京宁村党群服务站建设项目、京宁村附属用房建设项目、农村人居环境整治项目、人饮管道改造提升工程项目等 5 个项目，均已完工。

【推进乡村振兴】2023 年，贺兰县京星农牧场坚持农业农村优先发展，推动农村提档、农业增效、农民增收。2023 年种植面积为 5606.2 亩，其中小麦套种大豆种植面积 501 亩，推广玉米大豆带状复合种植522 亩，玉米种植面积 4583.2 亩（其中青贮玉米 1500 亩）。广泛开展爱国卫生运动，扎实开展村庄清洁提升行动，全面提升村容村貌整治水平。共拆除清理 304 省道边违建大型公益广告牌四个，清理乡村道路边废旧道旗 40 块，维修扶正路灯杆 5 个，开展清洁卫生宣传教育活动 10 次，参加活动人数 80 人。认真落实各项强农惠农政策和帮扶措施，2023 年京星农牧场农民收入来源主要为种养殖业收入、土地流转费及工资性收入，人均月薪酬 2400 元左右。

【农民收入监测预警】2023年，贺兰县京星农牧场加强监测帮扶政策宣传，开展常态化“四查四补”日常问题查补，加强与农村低收入、申报临时救助人口衔接，及时将符合条件的农户纳入监测范围。

【社会救助】2023年，贺兰县京星农牧场共为低保、残疾、困境儿童、高龄等特殊群体发放各类民政资金16.03万元，发放临时救助1.6万元。加大对“三留守”工作的督查指导，加强动态管理，共入户排查未成年146人，其中困境儿童2人。抓好全民创业就业，建立外出务工人员台账，完成“40”“50”人员社保补贴信息录入11人，失业人员登记录入11人，为5户家庭办理妇女创业担保贷款71万元。

【推进户厕整改】2023年，贺兰县京星农牧场三格式化粪池水冲式厕所中2户因土质松软或地下水位过高无法正常使用，经整改问题已解决。

【综合治理】2023年，贺兰县京星农牧场深入开展安全生产大排查大整治，开展“九小”场所等重点区域隐患排查，起底问题隐患，建立台账，更换液化气瓶75个，安装液化气“三件套”75套。加强对区域范围内农田、林地、坟地等重点区域防火工作日常巡查。进一步修改完善防汛抗旱应急预案，开展汛前隐患排查工作。加强农村公路交通安全隐患，扎实推动食品安全包保责任工作落实。成立法治宣传教育志愿队，开展普法教育进场、进村庄、进家庭等活动，积极开展矛盾纠纷排查调处，全力做好信访工作，收到群众信访件1件，均已得到有效解决。全力推进打击传销、反电信网络诈骗、反邪教、禁毒等工作。

【党组织阵地建设】2023年，贺兰县京星农牧场在县委、县政府的支持下，争取项目资金建设京宁村党群活动服务站，总投资概算450.77万元，设有民生服务中心、文化展示馆、农家书屋、志愿者活动服务室等，配套所需办公设备和远程教育设备。

【项目建设】2023年，贺兰县京星农牧场加快推进2023年谋划项目及往年在建项目，总投资600余万元。已竣工完成人饮管道改造提升工程、京宁村附属用房建设项目，京宁村1、2、6队扬水斗渠砌护改造及整村煤改电项目等基础设施建设项目。解决了京星农牧场村民农业灌溉困难，冬季清洁取暖，保障了人畜饮水安全，也为京宁村群众提供初级医疗服务，农村高龄、孤寡等老年群体提供膳食供应、休闲娱乐等日间照料，使得群众安全感、幸福感得到大幅提升。

【产权制度改革】2023年，贺兰县京星农牧场成立农村集体资产产权制度改革领导小组，制定农村集体产权改革实施方案，按程序成立京宁村村集体经济合作社，认定村集体经济成员353户764人。以此次改革为契机，争取通过实施土地入股、农村闲置资源入股等多种举措，全面推进以“资源变资产、资金变股金、农民变股东”为主要内容的农村集体产权制度改革，有效激发产业发展内生动力，实现农业现代化建设提质增效。

富兴街街道办事处

【概况】2023年，贺兰县富兴街街道办事处坚持以习近平新时代中国特色社会主义思想为指导，认真学习贯彻落实党的二十大精神，紧紧围绕自治区、市、县重点工作任务，扎实推进街道办各项工作，取得较为显著的成效。

【理论学习】2023年，贺兰县富兴街街道办事处街道党工委聚焦党的二十大的新部署，围绕学习贯彻习近平新时代中国特色社会主义思想主题教育，结合贯彻落实自治区第十三次党代会、市第十五次党代会和县第十五次党代会报告的新要求，通过理论学习中心组、“周五学习日”、“三会一课”等形式，组织干部职工认真学习习近平新时代中国特色社会主义思想、党的二十大精神以及自治区十三届四次、五次全会精神等内容82次，交流分享心得感悟176次、组织知识测试7次，撰写心得体会200余篇。创新打造“聆听富兴·红色直播间”“码上学”“掌中课堂”等载体，开展学习269场次，推进思想宣传走深走实。

【服务水平提升】2023年，贺兰县富兴街街道办事处规范化建设天鹅湖社区兴庆府二号院“城事客厅”、银都蓝湾小区“楼栋连心 Hui 空间”等多功能“小区党群服务驿站”37个，持续提升街道办民生中心和各个社区服务站审批服务标准化建设水平，不断提高“一件事、一次办”服务水平，坚持做到“一站式”办理、“一门式”便民服务。2023年来，通过综窗平台系统及“我的宁夏”App为辖区居民办理民生服务事项13419件，完成养老保险待遇资格认证200人，办理“40”“50”社保补贴625人、医疗保险参保登记120余人，办理失业登记371人、灵活就业309人、个体经营人员就业登记210人，为退役军人办理优待证，报送符合条件享受公共租赁住房保障人员2期30户，用贴心服务提升群众的幸福感、满意度。

【人才队伍建设】2023年，贺兰县富兴街街道办事处深入贯彻落实中央和自治区、市、县党委人才工作安排部署，专题研究社区工作者绩效考核、学习培训、薪资调整等会议5次，有效推动街道办人才工作落地落实。激励社区工作人员参加社会工作者职业水平考试，街道办持助理社会工作师证97人、社会工作师证9人，其中45%人员为2023年考取。定期开展“社工大比武”“互观互学互检”活动，切实把学习成效转化为推动工作落实的动力，提升社区工作者处理社区事务的能力。同时，继续强化导师帮带，形成帮带关系46对，开展帮带活动120余次。

【环境卫生整治】2023年，贺兰县富兴街街道办事处发挥生态环保基层主力军作用，积极开展环境卫生整治工作，联合相关部门全面排查整治辖区“散乱污”商户5家，组织“爱环保”志愿者队伍15支，吸收志愿者100余人，健全“街道级林长—社区级林长—护林员”三级护林防火责任链条，开展爱国卫生运动、护林防火巡查、垃圾分类宣传等生态环保志愿服务270余次，助力营造美好宜居的生态环境。以“共建清洁美丽家园”为主题开展节水节能宣传活动30余次，创建天鹅湖小镇东区节水型小区示范点1处。

【平安建设】2023年，贺兰县富兴街街道办事处畅通“两代表一委员”、民主议事通道，开展“民主协商月”“社区安全大家议”活动，组织民主协商会议180次，解决关乎民生、公共设施等问题165件。开展“我为群众办实事”实践活动，征集居民微心愿363条，圆梦微心愿273条，由社区书记、支部书记领办各类民生实事项目148项，解决居民群众问题300余个。打造集矛盾纠纷调处室、全科网格管理室、公共法律服务室、心理咨询疏导室、社会工作室、信访接待室、“一站式”服务大厅“六室一厅”于一体的全新街道综治中心，按照标准打造社区综治中心15个，实现了社区综治中心建设的全覆盖。组织开展国家安全、扫黑除恶、反诈等各类法治宣传活动共800余次、法治讲座45次。

【基层统战工作】2023年，贺兰县富兴街街道办事处扎实推进民族工作创新发展，推荐创建第十三批自治区民族团结进步示范单位2个，打造“五进”宗教活动场所示范点1个。开展“民族团结进步月”专题文艺巡演活动15场，覆盖2600人次。扎实推进党建带群建，申报2023年“提升基层妇女参政议政能力和妇联组织力”项目点1个、社区青春行动试点2个，成立贺兰县首个“小个专”妇女联合会。为辖区15名困难妇女成功申请“两癌”救助金共计15万元。认领“小树苗”困境儿童“微心愿”171个。扎实推进武装双拥，组织开展各类巡查救援及演练7场，150余人次参与。

【保障和改善民生】2023年，贺兰县富兴街街道办事处强化需求导向，激发就业创业活力，组织下岗失业人员参加电工中级、家政服务等各类职业技能培训、创业培训15期，受众700余人，实现城镇新增就业2980人。组织残疾人参加现场招聘会3场，并为退役军人军属提供优先就业服务。激发全民健康向心力，推送健康知识400余次，开展戒烟控烟等知识讲座及各类宣传活动800余场、健康义诊活动70余场，申报银川市级健康社区8个，发放2022年严重精神障碍患者看护补贴22人49000元。激发多维救助模式，随访鳏寡孤独人员102人，发放“三色暖心包”194份。救助困难家庭58户110人，发放临时救助资金381000元、帮助申报“两项”补贴共计90余人。

【全面从严治党】2023年，贺兰县富兴街街道办事处抓实党风廉政建设，传达学习自治区、市、县纪委全会精神、违纪违法、形式主义、官僚主义典型问题案例70余次，观看警示教育片39场，进行各类督查50余次，街道纪工委查办案件7起，约谈、批评教育责任落实不到位40人次。开展小微权力平台宣传130余次，发放宣传册1110份，平台上传数据1440条，推动基层小微权力监督直达群众“指尖”。抓实意识形态和网络安全工作责任制，专题研究部署意识形态工作3次，召开分析研判会议2次，梳理“网上信访”、“微博投诉”、“12345”平台热线反映诉求210余件。抓实网格化管理、党建和物业联建等工作，成立红色业委会3个，指导组建业委会12个，协调解决业主、业委会、物业服务企业管理纠纷20余次，召开选聘物业服务机构协商会议12次，完成选聘、续聘物业机构12家。

【安全生产】2023年，贺兰县富兴街街道办事处常态化推动安全生产宣传教育，确保自治区党委十三届四次、五次全会及市委十五届八次全会精神落实落地。围绕燃气、消防等重点领域，开展安全知识讲座、集中宣讲等各类宣传活动260余次、防灾减灾演练16场，张贴和发放燃气宣传资料共28500余份，利用电子屏30处滚动播放宣传标语100条，切实增强群众的安全意识和防范能力。常态化开展安全隐患排查整治工作，共入户摸排检测辖区居民小区、九小场所、三合一场所等燃气用户110000余户，排查一般隐患70000余处，整改一般隐患26000余处，排查重大隐患2000余处，整改重大隐患1200余处，完成“三件套”安装的天然气用户30000余户、液化气用户约800户。经常性开展自建房屋排查巡查工作，对辖区13栋经营性自建房和140栋非经营性自建房，采取发放告知书、张贴警示牌、劝导修缮或搬离等多种措施，确保危房不住人。

【健康社区创建】2023年，贺兰县富兴街街道办事处以打造服务型社区为主线，以完善居民服务、提高生活水平为目标，注重实践、大胆创新，全面开展创建健康型社区活动。2023年2月，天鹅湖、和平、太阳城3个社区获评“2022年度自治区健康社区示范点”。如意湖社区探索“3+-”全要素戒烟社群干预模式，开发“贺兰县如意湖社区戒烟干预”系统，被评为全国社区戒烟综合项目试点单位，先后迎接国家卫健委、自治区卫健委等各级领导调研及全国40多个省市观摩交流，得到国家卫健委的高度评价，被《宁夏日报》、《银川晚报》、贺兰县融媒体等媒体多次报道推广。

【民族团结】2023年，贺兰县富兴街街道办事处始终把铸牢中华民族共同体意识融入各项服务群众工作中，积极构筑中华民族共有精神家园。金河社区积极打造“‘红色纽带’心连心 金河邻里亲更亲”民族团结进步品牌，多次被《中国日报》《光明日报》等媒体宣传推广，并获得2023年“全区民族团结进步示范社区”称号。天鹅湖社区立足实际，充分发挥阵地作用，凝聚侨心发挥侨力，开展各项具有侨界特色的活动，拉近与侨胞的距离，做到爱侨、护侨、为侨、助侨，获评“三星级侨胞之家”，多次被自治区、市、县各级媒体报道。

【基层治理】2023年，贺兰县富兴街街道办事处积极探索基层治理新路径新举措，满足居民多样化需求。利民社区创新“利民先锋”党建品牌，构建多元主体共商共建共治共享新格局，实现社区组织自治化，被贺兰县精神文明建设工作委员会评为“2023—2025 年度文明单位”称号被中共银川市民大厅联合委员会、银川市审批服务管理局评为“2023 年度政务服务最美服务窗口”等。花园社区“流动办公桌”特色品牌、“一小区一文化”“e 邻里一花园”党旗下的幸福花园特色邻里节文化品牌，被“学习强国”学习平台、《人民日报》等多家媒体采访报道 9 次。虹桥社区红色物业党支部——宁夏泰和嘉翔物业党支部的领办项目“红地标照亮回家的路”成为标志性示范项目，自 4 月开工建设以来，被各级媒体报道累计 9 次，极大地调动各小区党支部落实书记领办项目的积极性。

【便民服务体系】2023 年，贺兰县富兴街街道办事处富兴街街道办深挖社区各方优势力量，着力推动社区服务供给精准化精细化。朔方社区完善社区红十字会基层组织建设工作，探索“12345”工作机制，努力打造“暖心家园·博爱万家”特色品牌，为社区居民提供项目化、菜单化服务，多次被区市县各级红十字会调研学习，并于 2023 年获“宁夏红十字会人道博爱奉献奖”。街道办事处及各社区退役军人服务站做好退役军人教育管理、信息登记、政策解读等方面创新工作模式，形成了一站一特色、一品牌，如居安社区“党建 + 五心”工作法、利民社区“三小工作法”、友爱社区多彩音符“五线谱”、金河社区“三亮三单”等特色服务模式，获得上级业务部门的一致肯定和好评。2023 年先后迎接自治区政协、自治区退役军人事务厅、银川市退役军人事务局等各级领导调研及区市县单位观摩交流。12 个社区已成功创建全国百人以上示范型退役军人服务站，街道办事处退役军人服务站获评全国标杆型退役军人服务站。

荣　誉

一、人物名录

自治区 2023 年“健康家庭”表扬名单

王兴国家庭　银川市贺兰县金贵镇关渠新村
闫丽萍家庭　银川市贺兰县金贵镇银河村
李占宁家庭　银川市贺兰县金贵镇潘昶村
李建文家庭　银川市贺兰县金贵镇银河村
王燕红家庭　银川市贺兰县金贵镇保南村四社
郭平家庭　银川市贺兰县三鑫如意苑
柴娟娟家庭　银川市贺兰县太阳城 F 区
李宗厚家庭　银川市贺兰县宁原雅居
李红利家庭　银川市贺兰县太阳城 E 西区
盖金家庭　银川市贺兰县洪广镇洪广村一社
李俊莲家庭　银川市贺兰县洪广镇洪广社区
鲍德荣家庭　银川市贺兰县暖泉农场场部 A 区

全区民族团结进步模范个人名单

王冬梅（女，回族）
贺兰县富兴街街道花园社区党委书记、居委会主任
陶志成（满族）
宁夏京星智能节水科技有限公司总经理
高定成　贺兰县洪广镇欣荣村党支部书记

银川市 2023 年度“最美家庭”名单

马建华家庭　银川市贺兰县习岗镇经济桥村 8 社
包桂兰家庭　银川市贺兰县利民社区御景世家
汪磊家庭　银川市贺兰县居安社区地质小区
靳太安家庭　银川市贺兰县长城惠兰园 C 区
戴嘉炜家庭　银川市贺兰县海亮国际社区
林晓娟家庭　银川市贺兰县骏景雅苑
刘宁生家庭　银川市贺兰县暖泉农场场部 B 区
郑利荣家庭　银川市贺兰县富荣花园
任秀兰家庭　银川市贺兰县金贵镇汉佐七社
时楠家庭　银川市贺兰县海亮国际六号地
王绍鸿家庭　银川市贺兰县太阳城 E 东区
方月琴家庭　银川市贺兰县月湖一号
贾锟家庭　银川市贺兰县洪广镇高荣村十社
张梅叶家庭　银川市贺兰县金贵镇金贵村一社
张晓龙家庭　银川市贺兰县长城惠兰园 B 区

2023年度贺兰县获县级以上表彰奖励先进个人一览表

表 1

序号	奖　　项	获奖（申报）单位	授奖单位	获奖日期
1	自治区五一劳动奖章	贺兰县产业工人 赵丽娟 (贺兰县总工会申报)	自治区总工会	2023 年 4 月
2	第六批全国农村创业优秀带头人典型案例	廖燕红 宁夏祁源生态科技发展有限公司 (贺兰县农业农村局申报)	农业农村部	2023 年 10 月
3	全区文化和旅游工作先进个人	高学东　左钢强 (贺兰县文旅局国家森林公园申报)	自治区人社厅 自治区文旅厅	2023 年 9 月
4	第三届城市工会集体协商全国决赛第三名	贺兰县总工会干部 赵建荣 (贺兰县总工会申报)	中华全国总工会	2023 年 7 月

（来源：贺兰县考评中心）

二、集体名录

全区民族团结进步模范集体名单

贺兰县委统战部
宁夏厚生记食品有限公司

2023年贺兰县武装工作先进单位名单

一、党管武装先进单位
贺兰县立岗镇
贺兰县富兴街街道办
二、基层建设先进单位
贺兰县习岗镇武装部
贺兰县金贵镇武装部
三、民兵工作先进单位
贺兰县洪广镇武装部
贺兰县常信乡武装部
四、征兵工作先进单位
贺兰县公安局
贺兰县退役军人事务局
贺兰县人民医院
五、国防动员先进单位
贺兰工业园区
贺兰县教育体育局
贺兰县逆行者救援促进中心

2023年度贺兰县获县级以上表彰奖励先进集体一览表

表2

序号	奖 项	获奖（申报）单位	授奖单位	获奖日期
一、国家级（20个）				
1	全国平安渔业示范县	贺兰县 （贺兰县农业农村局申报）	农业农村部	2023年11月
2	国家农产品安全县	贺兰县 （贺兰县农业农村局申报）	农业农村部	2023年11月
3	第一批农业高质量发展标准化示范基地（国家现代农业全产业链标准化示范基地）	贺兰县 （贺兰县农业农村局申报）	农业农村部	2023年8月
4	全国维护妇女儿童权益先进集体	贺兰县妇联	全国妇联	2023年11月
5	贺兰县入选2022年度妇女宣传舆论阵地建设优秀榜	贺兰县妇联	中国妇女报社 （全国妇联网络信息传播中心）	2022年11月
6	节约型机关	贺兰县党校 宁夏贺兰工业园区	国家机关事务管理局 中共中央直属机关事务管理局 国家发展和改革委员会 财政部	2023年9月
7	全国五一劳动奖状	百瑞源股份有限公司 （贺兰县总工会申报）	中华全国总工会	2023年4月
8	全国双爱双评先进企业工会	百瑞源枸杞股份有限公司工会委员会 （贺兰县总工会申报）	全国工商联 人力资源和社会保障部 全国总工会	2023年2月
9	宁夏凯晨电气集团电力系统远程服务创新平台荣获国家级服务型制造示范平台称号	宁夏凯晨电气集团有限公司（宁夏贺兰工业园区申报）	工业和信息化部	2022年12月5日
10	全国第三届反刍料大会“十大创新企业”	宁夏大北农科技实业有限公司 （宁夏贺兰工业园区申报）	全国第三届反刍料大会	2023年8月
11	贺兰县新闻出版局顺利通过全国青少年权益岗复核	贺兰县新闻出版局	共青团中央办公厅	2023年9月
12	黄河泥塑·山里娃荣获“2023年中国特色旅游商品大赛”银奖	贺兰县文化馆	中国旅游协会	2023年9月

续表 2

序号	奖　项	获奖（申报）单位	授奖单位	获奖日期
13	银川贺兰山文化旅游投资开发有限公司接待服务部（岩画）被授予二星级全国青年文明号	贺兰山岩画	文化和旅游部	2023 年 9 月
14	十六届中国健康教育与健康促进大会优秀实践案例（宁夏贺兰社区戒烟综合干预优秀实践案例）	贺兰县卫健局	中国健康教育中心	2023 年 11 月
15	十六届中国健康教育与健康促进大会优秀实践案例（宁夏回族自治区贺兰县人民医院案例：强化健康教育全面推进健康促进医院建设）	贺兰县卫健局	中国健康教育中心	2023 年 11 月
16	第一批国家现代农业全产业链标准化示范基地	宁夏广银米业有限公司（贺兰县常信乡申报）	农业农村部	2023 年 8 月
17	全国绿色食品（大米）一二三产业融合发展园区	宁夏广银米业有限公司（贺兰县常信乡申报）	中国绿色食品发展中心	2022 年 12 月
18	贺兰县申报的“全要素打造服务清单全方位建设‘书香贺兰’”荣获全国“基层公共文化服务高质量发展典型案例”	贺兰县委宣传部	中央宣传部 文化和旅游部 国家发展改革委	2023 年 2 月
19	心脑血管病高危人群早期筛查与综合干预项目 2021 年度先进单位	贺兰县疾病预防控制中心	国家心血管病中心心血管病高危人群早期筛查与综合干预项目管理办公室	2023 年 4 月
20	全国 2022 年度肿瘤登记工作进步奖	贺兰县疾病预防控制中心	国家癌症中心	2023 年 3 月

二、自治区级（55 个）

1	2022 年度退役军人事务工作先进单位	贺兰县退役军人事务局	自治区退役军人事务厅	2023 年 2 月
2	2022 年度退役军人事务系统工作突出单位	贺兰县退役军人服务中心	自治区退役军人事务厅	2023 年 2 月
3	习岗镇黎明村获评第二批自治区级乡村治理示范村	习岗镇黎明村	自治区党委农村工作领导小组	2023 年 2 月
4	习岗镇创建自治区五星级乡镇农产品质量安全监管站	习岗镇	自治区党委农村工作领导小组	2023 年 10 月
5	2022 年度全区工业稳增长突出贡献单位	贺兰县发改局	宁夏回族自治区制造强区建设领导小组	2023 年 1 月

续表 2

序号	奖　　项	获奖（申报）单位	授奖单位	获奖日期
6	2022 年度全区工业降能耗突出贡献单位	贺兰县发改局	宁夏回族自治区制造强区建设领导小组	2023 年 1 月
7	2022 年度实施乡村振兴战略先进集体一等奖	贺兰县乡村振兴服务中心	自治区党委农村工作领导小组	2023 年 2 月
8	2022 年度自治区农田水利基本建设“黄河杯”竞赛二等奖	贺兰县乡村振兴服务中心	自治区农田水利基本建设指挥部	2023 年 2 月
9	贺兰县立岗镇获评全区五星级乡镇农产品质量安全监管站	贺兰县立岗镇	自治区农业农村厅	2023 年 10 月
10	贺兰县立岗镇获评“第二批自治区级乡村治理示范村”	贺兰县立岗镇星光村	自治区党委农村工作领导小组	2023 年 2 月
11	全区优秀审计项目分获一等奖、三等奖	贺兰县审计局	自治区审计厅	2023 年 1 月 31 日
12	全区未成年人保护工作先进集体	贺兰县民政局	宁夏回族自治区未成年人保护工作委员会	2023 年 11 月
13	自治区“最美工会户外劳动者服务站点”	贺兰县总工会（饿了么工会户外劳动者服务站、习岗市场监管所工会户外劳动者服务站）	自治区总工会	2023 年 11 月
14	自治区五一劳动奖状	宁夏厚生记食品有限公司 宁夏凯晨电气集团有限公司 （贺兰县总工会申报）	自治区总工会	2023 年 4 月
15	自治区乡村治理示范镇	洪广镇	宁夏回族自治区党委农村工作领导小组	2023 年 2 月 16 日
16	2022 年度市、县（区）残联业务绩效评价工作二等奖	贺兰县残联	自治区残疾人联合会	2023 年 1 月
17	自治区级数字经济示范园区	宁夏贺兰工业园区	自治区发改委	2023 年 11 月
18	第十二届中国创新创业大赛（宁夏赛区）暨第八届“中国银行杯”宁夏创新创业大赛三等奖	宁夏北伏科技有限公司（宁夏贺兰工业园区）	自治区科学技术厅	2023 年 8 月
19	在 2022 年度预算绩效管理工作综合考评中被自治区财政厅评为“优”等次	贺兰县财政局	自治区财政厅	2023 年 8 月

续表 2

序号	奖　　项	获奖（申报）单位	授奖单位	获奖日期
20	2022—2023 年度社会保险基金预算管理工作成效明显被自治区财政厅给予通报表扬	贺兰县财政局	自治区财政厅	2023 年 11 月
21	自治区政协 2022 年社情民意信息考核县（市）区第一名	贺兰县政协	自治区政协办公厅	2023 年 2 月 9 日
22	数字政府工作在全区效能目标管理考核中荣获二等奖	贺兰县网信办	自治区推进数字政府建设领导小组	2022 年 8 月
23	全区民族团结进步示范集体	贺兰县委统战部	中共宁夏回族自治区委员会 宁夏回族自治区人民政府	2023 年 9 月
24	全区青少年普法教育工作突出集体	贺兰县关工委	宁夏回族自治区关心下一代工作委员会	2023 年 10 月 10 日
25	全区关心下一代工作先进集体	贺兰县关工委	宁夏回族自治区关心下一代工作委员会	2023 年 10 月 5 日
26	全区青少年普法教育工作突出集体	贺兰县司法局	宁夏回族自治区关心下一代工作委员会 中国共产党宁夏回族自治区委员会宣传部 中国共产党宁夏回族自治区委员会政法委员会 宁夏回族自治区高级人民法院 宁夏回族自治区人民检察院 宁夏回族自治区教育厅 宁夏回族自治区公安厅 宁夏回族自治区司法厅 宁夏回族自治区民政厅 宁夏回族自治区文化和旅游厅 宁夏回族自治区生态环境厅 共青团宁夏回族自治区委员会 宁夏回族自治区禁毒委员会办公室 宁夏回族自治区法学会 宁夏回族自治区文史研究馆 宁夏回族自治区青少年普法教育活动办公室	2023 年 10 月 10 日
27	全区文化和旅游工作先进集体	贺兰县图书馆	自治区人社厅 自治区文旅厅	2023 年 9 月 13 日

附　录

一、统计公报

2023年贺兰县国民经济和社会发展统计公报

贺兰县统计局　贺兰县社会经济调查队

2023年，面对艰巨繁重的改革发展稳定任务，在县委、县政府的坚强领导下，全县上下坚持以习近平新时代中国特色社会主义思想为指导，全面贯彻落实党的二十大精神和习近平总书记视察宁夏重要讲话指示批示精神，坚持稳中求进工作总基调，完整、准确、全面贯彻新发展理念，锚定“五个示范县”建设目标，全力推动县域经济承压恢复。[1]

一、综合

初步核算，全年实现地区生产总值（GDP）172.44亿元[2]，同比增长2.6%，低于上年（2.9%）0.3个百分点，低于全区（6.6%）4.0个百分点，低于全市（7.2%）4.6个百分点。其中：第一产业增加值24.32亿元，同比增长5.3%；第二产业增加值49.14亿元，同比下降2.6%；第三产业增加值98.98亿元，同比增长4.3%。三次产业结构比由上年同期14.3∶31.9∶53.8调整为14.1；28.5；57.4，一产、三产分别拉动地区生产总值增加0.8、2.5个百分点，二产下拉地区生产总值0.7个百分点，三次产业对地区生产总值增长的贡献率分别是30.0%、–28.3%、98.3%。

表3　2023年贺兰县国民经济主要指标完成情况表

指标名称	单位	1—12月累计	比去年同期增减
地区生产总值	亿元	172.44	2.6%
第一产业	亿元	24.32	5.3%
第二产业	亿元	49.14	–2.6%
工业	亿元	38.86	–0.1%
建筑业	亿元	10.56	–9.7%
第三产业	亿元	98.98	4.3%
批发和零售业	亿元	16.75	6.5%
交通运输、仓储和邮政业	亿元	9.43	2.9%
住宿和餐饮业	亿元	1.86	2.1%
金融业	亿元	11.02	9.3%
房地产业	亿元	13.72	–0.2%
其他服务业	亿元	44.88	4.3%
农林牧渔业服务业	亿元	1.05	6.2%

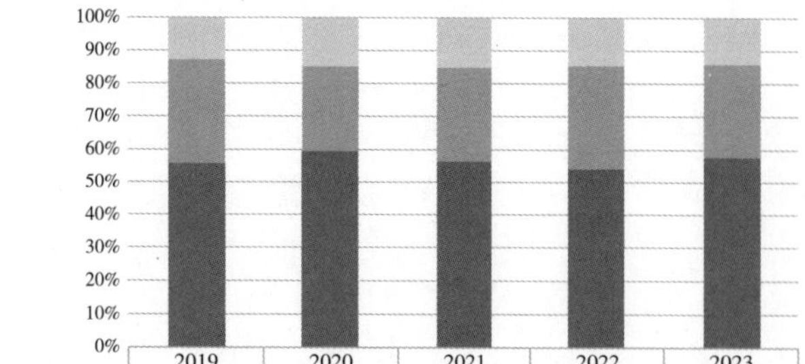

	2019	2020	2021	2022	2023
第一产业	12.60%	14.30%	14.80%	14.30%	14.10%
第二产业	32.10%	26.20%	28.40%	31.90%	28.50%
第三产业	55.30%	59.50%	56.70%	53.80%	57.40%

图 1　2019—2023 年贺兰县地区生产总值三次产业结构变化示意图

年末常住人口 35.04 万人，常住户数 13.48 万户，平均家庭人口数 2.60 人 / 户。按性别分，男性 17.70 万人，女性 17.34 万人；按居住地分，城镇人口 23.60 万人，乡村人口 11.44 万人，城镇化率为 67.35%；按民族分，汉族 26.32 万人，占总人口 75.12%，回族 8.49 万人，占总人口的 24.23%，其他少数民族 0.23 万人，占总人口的 0.65%。出生人口 0.38 万人，出生率为 10.91‰，死亡人口 0.18 万人，死亡率为 5.17‰，自然增长人口 0.20 万人，自然增长率为 5.74‰。

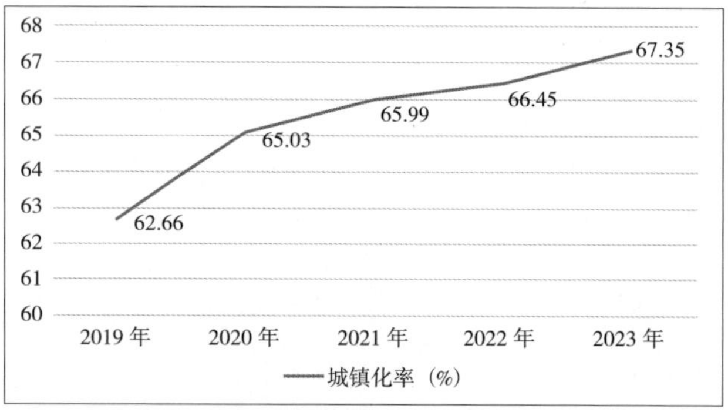

图 2　2019—2023 年贺兰县常住人口城镇化率示意图

二、农业和农村

全年实现农林牧渔业总产值 51.38 亿元，同比增长 5.3%，增速较上年同期加快 1.6 个百分点；实现农林牧渔业增加值 25.37 亿元，同比增长 5.3%，其中一产 24.32 亿元，同比增长 5.3%。分行业看：农业产值27.54 亿元，同比增长 4.7%；林业产值 0.26 亿元，同比增长 82.3%；牧业产值 13.78 亿元，同比增长7.3%；渔业产值 8.17 亿元，同比增长 3.7%；农林牧渔服务业产值 1.63 亿元，同比增长 5.5%。

全年粮食种植面积 31.30 万亩，同比增长 0.1%，产量 16.72 万吨，同比增长 0.2%。其中，小麦面积 5.60 万亩，同比下降 21.8%，产量 2.09 万吨，同比下降 21.6%；水稻面积 3.80 万亩，同比下降 37.8%，产量2.04 万吨，同比下降 37.9%；玉米面积 19.30 万亩，同比增长 14.9%，产量 12.29 万吨，同比增长 16.2%；大豆 2.60 万亩，同比增长 118.5%，产量 0.29 万吨，同比增长 103.9%。

全年冷凉蔬菜播种面积 25.57 万亩，同比增长 7.0%，产量 61.86 万吨，同比增长 9.9%；其中蔬菜及食用菌播种面积 22.11 万亩，同比增长 5.1%，产量 47.38 万吨，同比增长 6.0%；瓜果播种面积 3.45 万亩，同比增长 21.1%，产量 14.48 万吨，同比增长 25.0%。园林水果播种面积 2.22 万亩，同比下降 24.0%，产量 1.70 万吨，同比下降 24.8%。青饲料及牧草播种面积 14.09 万亩，同比下降 11.4%，产量 48.81 万吨，同比下降 22.1%。鲜切花出售量 13.28 万只，同比下降 48.9%，盆栽观赏植物出售量为 724.35 万盆，同比增长 10.0%。

全年生猪、牛、羊、家禽存栏分别为 17415 头、81111 头、122557 只、402691 只，同比分别增长 −13.5%、9.4%、−18.6%、−32.1%；出栏分别为 21024 头、23242 头、154024 只、59.35 万只，同比分别增长−16.7%、12.1%、26.2%、−25.5%；肉产量 9940 吨，同比增长 4.0%，其中猪肉产量 1751 吨，同比下降14.0%；牛肉产量 3993 吨，同比增长 11.5%；羊肉产量 2915 吨，同比增长 26.0%；禽肉产量 1281 吨，同比下降 21.3%。奶产量 27.7 万吨，同比增长 5.6%；蛋产量 3773 吨，同比下降 49.3%。

全年水产品产量 6.35 万吨，同比增长 2.1%。其中鲤鱼产量 2.81 万吨，同比增长 3.9%；草鱼产量 1.75 万吨，同比下降 2.6%；鲢鱼产量 0.41 万吨，同比增长 2.1%；鲫鱼产量 0.59 万吨，同比增长 3.0%；鲈鱼产量 544 吨，同比下降 18.5%；虾蟹类 790 吨，同比增长 25.4%。

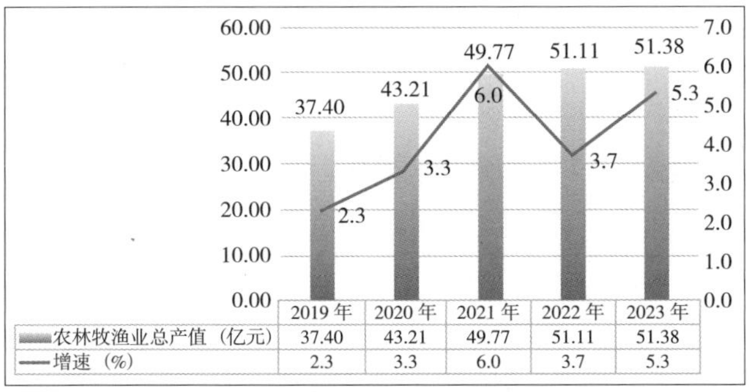

图 3 2019—2023 年贺兰县农林牧渔业总产值及其增长速度示意图

三、工业和建筑业

全年实现工业增加值 38.86 亿元，比上年下降 0.1%，其中，规模以上工业增加值下降 2.5%。在规模以上工业中，分轻重工业看，轻工业增加值下降 3.2%，重工业增加值下降 0.9%。分经济类型看，国有企业增加值同比下降 1.5%，外商及港澳台商投资企业增加值同比增长 19.6%，股份制企业同比下降 3.6%。非公有工业企业增加值同比下降 2.6%。

全年规模以上工业，18 个行业大类中，13 个行业增加值实现增长，增长面为 72.2%，拉动全县规模以上工业增加值增长 6.5 个百分点，5 个下降行业下拉规模以上工业增加值 9.0 个百分点。纺织业增加值占比为 6.5%，同比增长 48.4%，拉动规模以上工业增加值增长 2.2 个百分点；食品制造业增加值占比为 10.0%，同比增长 26.6%，拉动增长 2.1 个百分点；医药制造业增加值占比为 25.6%，同比下降 21.1%，下拉规模以上工业增加值 6.9 个百分点；化学原料和化学制品制造业增加值占比为 8.9%，同比下降 13.3%，下拉规上工业增加值 1.4 个百分点。从产品产量看，规上工业 29 种监测产品中 17 种产品产量同比呈增长态势，12 种产品产量呈下降态势。六大高耗能行业增加值占规模以上工业增加值比重为 19.9%，同比下降 2.7%；高技术企业增加值占比为 41.5%，同比下降 11.5%；消费品行业增加值占比为 66.7%，同比下降 3.4%。

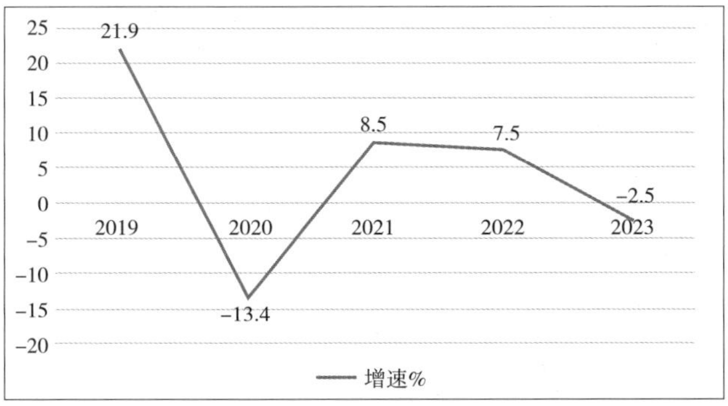

图 4 2019—2023 年贺兰县规模以上工业增加值增速示意图

全年规模以上工业企业实现销售产值 121.53 亿元，比上年增长 0.1%，出口交货值为 11.08 亿元，同比下降 22.4%，工业产销率为 97.7%。规模以上工业企业营业收入 128.59 亿元，比上年下降

表 4 2023 年贺兰县规模以上工业分行业增加值及其增长速度一览表

行业名称	占比	比上年增长	拉动力（百分点）
合计	—	−2.5%	—
农副食品加工业	10.8%	0.8%	0.1
食品制造业	10.0%	26.6%	2.1
酒、饮料和精制茶制造业	13.0%	1.4%	0.1
纺织业	6.5%	48.4%	2.2
家具制造业	0.7%	23.4%	0.1
石油、煤炭及其他燃料加工业	1.8%	3.2%	0.1
化学原料和化学制品制造业	8.9%	−13.3%	−1.4
医药制造业	25.6%	−21.1%	−6.9
橡胶和塑料制品业	0.4%	−14.2%	−0.1
非金属矿物制品业	5.5%	16.7%	0.8
有色金属冶炼和压延加工业	0.1%	56.2%	0.0
金属制品业	4.7%	−9.4%	−0.5
通用设备制造业	0.7%	16.2%	0.1
电气机械和器材制造业	1.7%	27.6%	0.4
仪器仪表制造业	0.4%	1.9%	0
电力、热力生产和供应业	5.4%	1.2%	0.1
燃气生产和供应业	2.5%	20.2%	0.4
水的生产和供应业	1.3%	−8.8%	−0.1

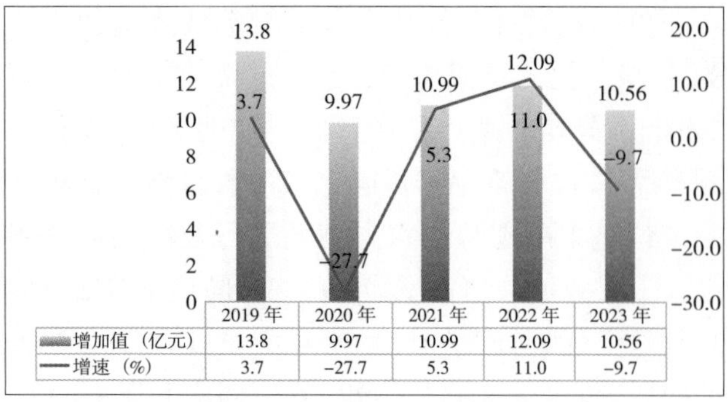

图 5　2019—2023 年贺兰县建筑业增加值及增长速度示意图

0.6%；营业成本106.89 亿元，增长 1.5%；四项费用共 17.82 亿元，比上年增长 3.8%；实现利润总额 3.88 亿元，比上年下降 42.2%。规模以上工业企业资产负债率 78.8%，比上年末提高 2.1 个百分点；亏损企业共 20 家，亏损面为 25.3%，亏损企业亏损额 3.90 亿元。全年规模以上非公有工业企业实现营业收入 124.47 亿元，下降 0.7%。

全县资质以上建筑企业 32 家，实现建筑业总产值 55.66 亿元，同比下降 0.3%。其中：建筑工程产值49.54 亿元，同比下降 3.1%；安装工程产值 2.54 亿元，同比上升 30.3%;其他产值 3.58 亿元，上升 27.4 %。全年建筑业增加值完成 10.56 亿元，同比下降 9.7%。全年新签订建筑合同额 89.94 亿元，同比增长1.5%。房屋建筑施工面积 17.46 万平方米，同比增长 69.8%。实现营业利润 3043 万元，同比增长 1.91 倍。

四、服务业

全年服务业实现增加值 98.98 亿元，同比增长 4.3%。其中，交通运输、仓储和邮政业实现增加值 9.43 亿元，同比增长 2.9%，批发零售业实现增加值 16.75 亿元，同比增长 6.5%，住宿餐饮业实现增加值 1.86 亿元，同比增长 2.1%，房地产业实现增加值 13.72 亿元，同比下降 0.2%，金融业实现增加值 11.02 亿元，同比增长 9.3%，农林牧渔业服务业实现增加值 1.05 亿元，同比增长 6.2%，其他服务业实现增加值44.88 亿元，同比增长 4.3%（营利性服务业实现增加值 16.16 亿元，同比增长 9.6%，非营利性服务业实现增加值 28.72 亿元，同比增长 1.1%）。

全年规模以上服务业企业营业收入 51.56 亿元，同比下降 11.6%，利润总额 2639 万元。

表 5　2023 年贺兰县规模以上服务业主要行业营业收入及其增长速度一览表

行业	营业收入（万元）	比上年增长	利润总额（万元）
总计	515635	-11.60%	2639
交通运输、仓储和邮政业	164145	-7.66%	6404
房地产业	61209	-1.90%	7564
租赁和商务服务业	65558	4.40%	317
水利、环境和公共设施管理业	22869	202.82%	-2898
居民服务、修理和其他服务业	39361	-0.34%	1607
教育	25172	11.53%	2763
卫生和社会工作	122713	-37.03%	-12892
科学研究和技术服务业	14608	-7.88%	-226

五、固定资产投资和房地产业

全年全县固定资产投资[3]同比下降 16.0%，其中，第一产业投资同比下降 53.0%，占全社会固定资产投资的比重为 2.6%；第二产业投资同比下降 19.4%，占全社会固定资产投资的比重为 15.2%；第三产业投资同比下降 13.1%，占全社会固定资产投资的比重为 82.2%。

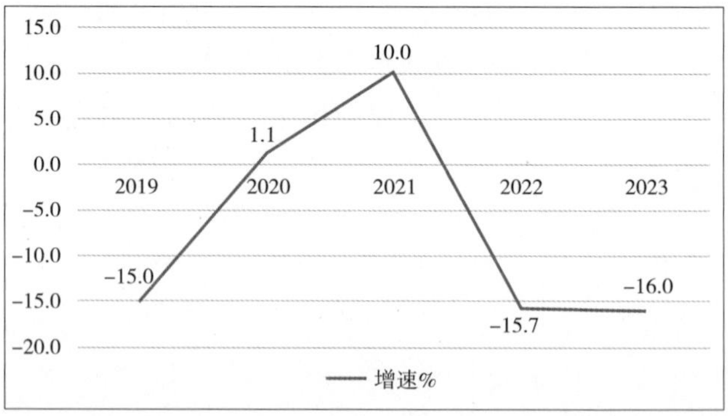

图 6　2019—2023 年贺兰县固定资产投资增长速度示意图

全年完成房地产开发投资 30.41 亿元，同比下降 17.8%，其中，住宅开发投资 25.03 亿元，同比下降18.3%。商品房施工面积 369.38 万平方米，同比下降 9.5%，其中，住宅施工面积 271.53 万平方米，同比下降 10.2%。商品房销售面积 55.78 万平方米，同比下降 4.6%，其中，住宅销售面积 52.99 万平方米，同比增长 0.8%。商品房待售面积 88.53 万平方米，同比增长 19.0%，其中，住宅待售面积为 45.07 万平方米，同比上升 25.3%。全年商品房销售额 38.74 亿元，同比下降 12.8%，其中，住宅销售额 35.66 亿元，同比下降 7.6%。

六、国内贸易

全年实现社会消费品零售总额 147.95 亿元，同比增长 3.0%。分城乡看，城镇实现消费品零售额 141.33 亿元，同比增长 4.2%；乡村实现消费品零售额 6.62 亿元，同比下降 17.4%。分行业看，批发业实现消费品零售额 20.91 亿元，同比下降 5.7%，零售业实现消费品零售额 117.54 亿元，同比增长 4.2%，住宿业实现消费品零售额 0.44 亿元，同比增长 7.2%，餐饮业实现消费品零售额 9.06 亿元，同比增长 9.8%。分登记注册类型看，国有经济、私营经济和其他各种经济实现消费品零售额分别同比增长 6.6%、17.7%和 13.4%，集体经济、个体经济和股份制经济实现消费品零售额分别同比下降 12.9%、17.3%和 3.2%。

从全县限额以上批发和零售业商品分类零售情况来看，粮油食品类、饮料类、烟酒类、日用品类、中西药品类和汽车类同比分别增长 46.4%、110.3%、95.7%、1074.5%、12.0%和 18.3%;服装鞋帽类、化妆品类、书报杂志类和石油及制品类同比分别下降 98.1%、38.9%、1.3%和 33.3%。

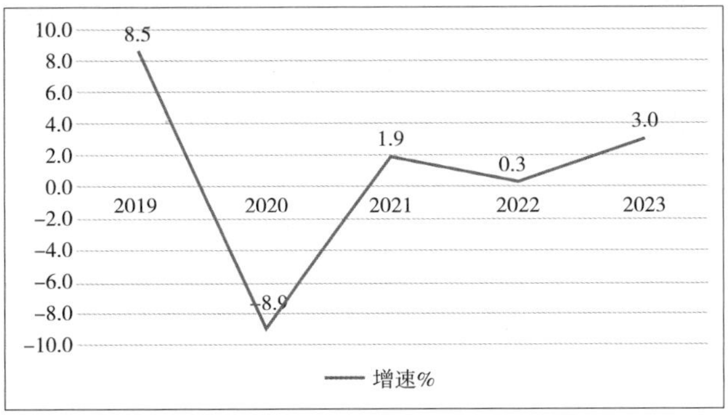

图 7 2019—2023 年贺兰县社会消费品零售总额增长速度[4]示意图

全年限额以上单位通过公共网络实现商品零售额 9.73 亿元，同比增长 64.7%。

七、交通运输和邮政

全县拥有公路客运车辆 153 辆，4732 个客位；公路货运车辆 3966 辆，可载重 57187.20 吨位。全县公交运营线路 19 条，其中，通往银川的 8 条，县域内 3 条，通往乡村的 5 条，专线 3 条；共有公交运营车辆 164 台，日发 584 班次，日客运量约 4.78 万人次。

全年邮政业务收入累计完成 4242.43 万元，同比增长 10.5%。快递业务收入累计完成 1036.51 万元，同比增长 1.7%。全年定销报纸业务累计完成 209.69 万份，同比上升 7.5%；杂志业务累计完成 6.56 万份，同比下降 29.6%；邮政函件业务量累计完成 0.52 万件，同比下降 55.8%。

八、财政金融

全年财政收入 16.81 亿元，同比增长 1.3%。一般公共预算收入完成 13.05 亿元，同比增长 7.3%，占全县财政收入的 77.6%，其中税收收入完成 9.80 亿元，同比增长 28.3%；全年全县财政支出 42.39 亿元，同比增长 6.1%。一般公共预算支出完成 39.74 亿元，同比增长 12.9%，占全县财政支出的 93.7%。

年末金融机构人民币各项存款余额 305.90 亿元，比上年末增长 17.2%，其中，储蓄存款 218.77 亿元，增长 14.9%。年末全县金融机构人民币各项贷款余额 230.99 亿元，比上年末增长 16.5%。

九、教育和科学技术

年末全县有普通高中 3 所（含银川市景博中学），招生 2327 人，增长 1.7%；在校生 6679 人，增长6.92%；毕业生 1907 人，下降 0.16%。初中学校 6 所，招生 3593 人，增长 6.49%；在校生 10362 人，增长 3.49%；毕业生 3337 人，增长 0.97%。普通小学 26 所（含银川西夏德胜小学），招生 5073 人，增长13.06%；在校生 27449 人，增长 5%；毕业生 3979 人，增长 5.1%。学前三年毛入园率达到 109.02%，增长 0.75%；小学六年巩固率达到 103.44%；初中三年巩固率达到 102.63%。资助困难学生 8624 人次。

全县有效发明专利拥有量 48 件，万人发明专利拥有量 1.36 件。

十、文化旅游、卫生健康和体育

年末全县拥有艺术表演团体 41 个，公共文化艺术馆和文化馆 1 个，公共图书馆 1 个，博物馆 6 个，全国重点文物保护单位 4 处。广播电台 1 座，电视台 1 座，有线广播电视覆盖用户近 13.2 万户。

全年共接待国内游客 513.11 万人次，同比增长 189.53%，实现旅游收入 28.12 亿元，同比增长 249.32%。全县共有旅行社 9 家，其中，国内社 9 家。全县共有旅游星级饭店 3 家，其中，四星级 2 家，三星级 1 家。

年末全县拥有卫生机构 205 个，其中，医院和卫生院 13 个（医院 5 个）。卫生机构床位 921 张，其中，医院、卫生院床位 921 张。卫生技术人员 2157 人，其中，执业医师及执业助理医师 779 人，注册护士1084 人。疾病预防控制中心 1 个，卫生技术人员 19 人，国家免疫规划疫苗基础免疫接种率及加强免疫接种率均达到 90%以上；妇幼保健机构 1 个，卫生技术人员 129 人；乡镇卫生院 8 个，床位数 114 张，卫生技术人员 259 人。卫生监督所 1 个，卫生技术人员 13 人。

全年获得自治区第十六届运动会金牌 11 枚、银牌 13 枚、铜牌 10 枚，获自治区锦标赛第一名 31 个、第二名 27 个、第三名 28 个，获银川市锦标赛第一名 13 个、第二名 3 个、第三名 2 个。

十一、居民收入、消费和社会保障

全年城镇居民人均可支配收入 41157 元，比上年增加 1960 元，同比增长 5.0%。城镇居民人均消费性支出 25792.0 元，同比增长 9.4%。

全年农村居民人均可支配收入 21494 元，比上年增加 1482 元，同比增长 7.4%。农村居民人均生活消费支出 18039.99 元，同比增长 11.6%。

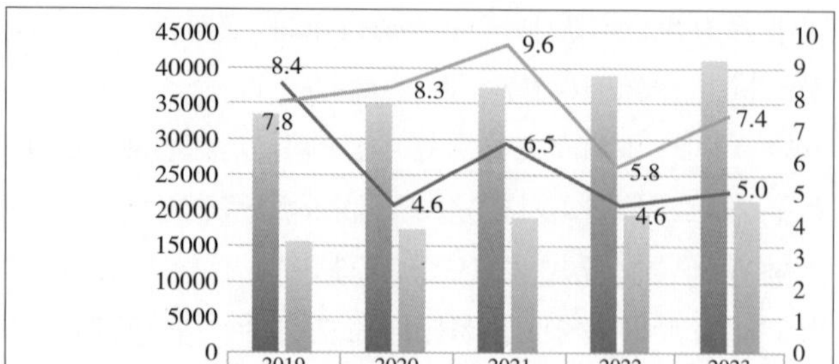

	2019	2020	2021	2022	2023
城镇收入（元）	33660	35195	37473.5	39197	41157
农村收入（元）	15927	17249	18909.7	20012	21494
城镇增速（%）	8.4	4.6	6.5	4.6	5.0
农村增速（%）	7.8	8.3	9.6	5.8	7.4

图 8　2019—2023 年贺兰县城乡居民可支配收入及其增长速度示意图

全年居民消费价格指数（CPI）同比上涨 0.6%[5]，从调查的八大类商品和服务价格来看，食品烟酒类上涨 0.5%，衣着类上涨 1.0%，居住类上涨 0.5%，生活用品及服务上涨 0.2%，交通和通信类下降 0.9%，教育文化和娱乐类上涨 1.8%，医疗保健类上涨 0.8%，其他用品和服务上涨 5.3%。商品零售价格总指数为 102.2%。

全年参加基本养老保险 17.87 万人，比上年增长 1.47%，其中参加城镇职工基本养老保险 8.46 万人，参加城乡居民基本养老保险 8.64 万人，参加机关事业单位养老保险 0.77 万人。

年末养老机构 5 家（包括公建民营 3 家，民办 2 家），14 个日间照料中心、15 个居家养老服务站、46 个农村幸福院、21 个老饭桌，共有床位 741 张，其中护理型床位 445 张。

全年享受城镇居民最低生活保障人数为 1905 人，全年发放城镇居民最低生活保障金万 1121.63 万元；农村享受最低保障人数 5499 人，发放农村最低生活保障金 2476.08 万元。城镇建立社区服务站 20 个。贺兰县慈善总会全年接受社会捐款 23.19 万元，接收实物捐赠价值 100.73 万元。

全年城镇新增就业 5212 人，农业转移就业 24780 人，失业人员实现再就业 2780 人，就业困难人员实现就业 632 人，分别完成全年目标的 119%、101%、111%和 132%。

十二、城市建设、能源、环境与应急管理

年末国土面积 1204.715 平方公里，城市建成

区面积 35.01 平方公里。城市道路长度 164.54 公里，道路面积 529.25 万平方米。污水年排放量 222.34 万立方米，污水处理率 100%。年末建成区绿化覆盖面积 1402.52 公顷；年末建成区绿地面积 1352.17 公顷，建成区公园绿地面积 413.19 公顷。

全年规模以上工业综合能源消费量为 55.2 万吨标准煤，同比下降 5.9%，单位工业增加值能耗 1.92 吨标准煤 / 万元，同比下降 3.5%。分轻重工业看，轻工业能源消费量为 42.4 万吨标准煤，同比下降 9.2%，重工业能源消费量为 12.8 万吨标准煤，同比增长 7.0%。分行业大类看，医药制造业下降 17.6%、纺织业增长 44.2%、化学原料和化学制品制造业增长 0.6%、电力热力生产和供应业增长 10.7%、非金属矿物制品业增长 68.3%、石油煤炭及其他燃料加工业下降 34.4%。六大高耗能行业能耗同比增长 7.3%，占规模以上工业能耗比重为 21.4%。

全年空气质量优良天数（实况）289 天，优良天数比例（实况）80.1%。城市饮用水源水质达标率100%，黄河银川段水质达到二类。

全年共发生生产安全事故 9 起，死亡 5 人，受伤 4 人（其中工贸领域 1 起，死亡 1 人；交通运输领域 6 起，死亡 3 人，受伤 4 人；建筑施工领域 1 起，死亡 1 人；危化领域 1 起，未有人员伤亡），事故起数与去年持平，死亡人数同比下降 37.5%，受伤人数同比持平。2023 年亿元 GDP 生产安全事故死亡率0.0290，在自治区下达的 0.0469 控制指标范围内。

注：

[1] 本公报中数据均为初步统计数。

[2] 地区生产总值、各产业增加值和人均地区生产总值绝对数按现行价格计算，增长速度按不变价格计算。

[3] 固定资产投资增速为不含农户数据。

[4] 根据第四次全国经济普查结果及有关制度规定，对 1992—2019 年社会消费品零售总额数据进行了修订。

[5] 消费价格指数数据来源于银川市调查队，为全市数据。

[6] 所有部门数据均来源于各部门（单位），由数据提供单位予以解释。

二、重要文献选编

贺兰县人民政府关于印发《贺兰县全面建立社区卫生服务工作保障机制实施方案》的通知（节选）

（贺政发〔2023〕2号）

各相关单位：

《贺兰县全面建立社区卫生服务工作保障机制实施方案》已经县人民政府第32次常务会议通过，现印发给你们，请抓好贯彻落实。

贺兰县人民政府

2023年1月29日

贺兰县全面建立社区卫生服务工作保障机制实施方案

为加快贺兰县社区卫生事业发展，处置各种突发公共卫生事件，保障城镇居民基本医疗和基本公共卫生服务需要，建立良好的社区卫生服务运行和政府保障机制，特制定本方案如下。

一、指导思想

全面贯彻落实党的二十大精神，按照“保基本、强基层、建机制”的要求，坚持政府主导的原则，保障社区卫生服务的公益性质，建立全县统一规范的社区卫生服务管理体制机制，指导社区卫生服务机构合理配置人力资源，保证功能发挥，提高运行效率，加快发展社区卫生服务，为居民提供安全、有效、方便的基本医疗和基本公共卫生服务，从而改善居民健康状况。

二、实施原则

（一）统一规范。建立全县社区卫生服务机构基本医疗和基本公共卫生服务项目技术操作规范、执行标准和绩效考核评价方案等内容，向社会公示接受监督，让全县居民均能享受到平等的基本医疗和基本公共卫生服务。

（二）科学合理。全县社区卫生服务机构评审考核校验、绩效考核及第三方居民满意度评估方案均符合卫生经济学和卫生统计学标准，充分征求卫生管理学专家、基层卫生服务机构工作人员和居民代表等相关人员的意见和建议，建立科学、公平、合理的管理运行机制。

（三）权责一致。明晰政府、服务机构、居民三方在经费核拨、提供和享受社区卫生服务过程中的责任和权利，确保基本医疗和基本公共卫生服务的有效开展。

（四）强化监管。建立社区居民参与服务监管的长效机制，保障社区居民的知情权和监督权。建立政府与服务供需双方间以及社会各方的有效监督机制，保障居民切实受益。

（五）激励发展。提高社区卫生服务机构工作人员的工资待遇，落实职称晋升和职业发展等保障机制，吸引优秀人才到社区卫生服务机构工作，推动基层卫生工作的良性发展。

三、目标任务

（一）建立政府对社区卫生服务投入的长效机制，总结开展基本医疗和基本公共卫生服务项目工作的方法、路径、标准及模式。

（二）规范全县社区卫生服务机构的管理体制和运行机制，建立全县统一规范的机构建设、准入退出、项目规范和绩效考核标准，推进社区卫生服务机构标准化建设。

（三）建立以政府和公立医院托管为主体的社区卫生服务体系，政府和公立医院举办的社区卫生服务机构不得低于总数的80%。

（四）加强社区卫生服务机构人才培养，在专业技术人员职称上适当放宽评聘条件。到2025年，达到每所社区卫生服务机构均有经过规范化培训合格的全科医师、健康管理师、中医医师和公共卫生医师。

四、实施范围

县城辖区内所有社区卫生服务机构。乡镇卫生院、村卫生室均可参照执行。

五、保障机制及标准

（一）队伍保障。按照每万人口8~10名配备工作人员，社区卫生服务站按至少8名人员配备，其中至少2名专职全科医师，1名健康管理师，1名专职中医医师和1名公卫医师；社区卫生服务中心至少40名人员配备，其中至少5名专职全科医师，2名健康管理师，3名专职中医医师和3名公共卫生医师。新增社区卫生服务工作人员统一纳入财政保障范围。

（二）经费保障。一是运行经费由县财政予以保障，主要用于保障社区卫生服务机构日常运转所需费用，包括水费、电费、暖气费、物业费、网络服务等经费支出，根据实际运行情况测算，按照社区卫生服务中心每年30万元、社区卫生服务站每年5万元进行预算安排，年初一次性下拨。二是在编人员待遇执行编制所在医疗机构的标准。非在编人员人力成本经费主要用于稳定基层队伍，确保基层卫生可持续发展，人力成本经费保障标准按照上一年度县级公立医疗机构的平均工资上浮15%为标准进行预算安排（不含基本公共卫生补偿经费）。年初预算，60%作为基本工资，包括基本工资、五险一金等基础性待遇，按月发放，县财政根据财政实际情况予以保障，不足部分自行解决；40%作为绩效奖励性工资，根据考核情况由基本公共卫生经费保障。

（三）阵地保障。社区卫生服务站每1万~2万人配置1所，面积不低于340平方米；每3万~10万人配置社区卫生服务中心1所，面积不低于3000平方米。社区卫生服务站要与社区居委会配套设置，同安排、同部署。社区卫生服务机构用地、基础设施建设、装饰装修、维修改造、设备配置均由县财政保障。

六、社区卫生工作内容

（一）基本医疗服务。按照卫生部、国家中医药管理局《关于印发〈城市社区卫生服务机构管理办法（试行）〉的通知》（卫妇社发〔2006〕239号）要求，为辖区居民（含流动人口）提供基本医疗服务，包括一般常见病、多发病诊疗、护理和诊断明确的慢性病治疗，社区现场应急救护，家庭出诊、家庭护理、家庭病床等家庭医疗服务，转诊服务，康复医疗服务及中医适宜技术等政府卫生行政部门批准的适宜医疗服务。

（二）基本公共卫生服务。按照银川市卫健委年度基本公共卫生服务项目实施方案的要求，为辖区居民（含流动人口）免费提供12大类52项基本公共卫生服务及划转服务项目，主要包括：城乡居民健康档案管理、健康教育、预防接种、0~6岁儿童健康管理、孕产妇健康管理、老年人健康管理、高血压和2型糖尿病患者健康管理、重性精神疾病患者管理、结核病患者健康管理、传染病及突发公共卫生事件报告和处理、卫生监督协管和中医药服务，地方病、职业卫生、结核病、艾滋病等项目。

（三）上级主管部门和辖区党委政府交办的其他工作任务。

七、实施步骤

（一）政策制定阶段（2023 年 1—3 月）

卫健局牵头制定相关工作实施方案，各相关部门根据职责做好前期准备工作，保障此项工作的顺利进行。

（二）贯彻落实阶段（2023 年 4—12 月）

全面落实财政保障社区卫生工作，2023 年落实现有社区卫生服务人员的经费及工作运行经费，迁建或改造马家寨社区卫生服务站，新建朔方、和平、迎宾、天鹅湖社区卫生服务站。自本方案印发之日起，社区卫生服务站和社区同步规划、同步建设、同步验收、同步运行，并不断总结优化方案，确保社区卫生有合适的阵地、稳定的人才队伍，服务水平和能力不断提升。

（三）总结评估阶段（2023 年 12 月）

卫健局、财政局、人社局、自然资源局、住建局等部门要定期对社区卫生服务用地、用房、人才队伍、经费保障及使用等方面进行全面督查。定期召开贺兰县全面建立社区卫生服务保障机制工作会议，总结工作经验，解决存在问题，推进社区卫生工作水平不断提升。

八、实施要求

（一）组织管理与职责分工。成立政府全面建立社区卫生服务保障机制工作领导小组（详见附件）和考评专家组，领导小组负责此项工作的组织协调，制定财政保障社区卫生服务的操作程序，具体组织实施各项工作；考评专家组由卫健局、财政局相关专业人员评估组组成，必要时可以邀请第三方参与评估，负责对社区卫生服务机构提供的基本医疗和公共卫生服务进行考核、技术指导和第三方测评。卫健局负责牵头组织制定保障社区卫生服务的技术规范和绩效考核标准并组织实施，负责城市社区卫生服务机构的日常监管。自然资源局负责保障社区卫生服务机构用地、规划等事宜。人社局负责社区卫生服务机构的人员核定、工资核定、编制备案、人员招聘的指导等相关工作。财政局负责将社区卫生服务机构工作经费、人员经费纳入财政预算，联合卫健局做好社区卫生服务机构的绩效考核和评估，指导基层卫生服务机构财务管理。医保局负责对医疗保险政策的调整和优化，联合卫健局推进分级诊疗工作的实施。

（二）建立完善的监控机制。完善财政保障社区卫生服务契约制度，对服务的全过程，要建立事前、事中、事后以及服务供需方、经费支付方相互制约的监督机制，形成内部监督、财政监督以及社会监督相结合的社区公共卫生服务监督体系。必须遵循专款专用、专账核算的原则。财政局、卫健局要成立内审机构，严格按照现行财经制度的要求进行管理。对资金的监管要坚持事后监督与事前防范并重，做到程序规范透明、资金安全高效。依照服务合同，加强对社区卫生服务机构医疗服务数量、质量和效果及成本进行监管，对第三方评估机构的评估结果及社区居民满意度等情况定期公示。

（三）创新运行模式，提升社区卫生服务能力。社区卫生服务机构通过与医疗机构建立“一体化”管理、医疗技术联合体（医共体）和对口支援机制，形成转诊绿色通道，切实提高医疗资源总体配置效率和利用效率，提升城市社区卫生服务机构服务能力。从文件下发之日起，凡是新建、购买、租赁场地的城市社区卫生服务机构以及以前由公立医院举办的城市社区卫生服务机构原则上由健康总院统一管理，建立“医院—中心—站”一体化管理模式，实行行政、业务、财务、药械人员和绩效“六统一”管理。专科医师、医技实行上下轮岗交流，社区卫生服务机构与举办医院工作人员执行同级别同待遇，社区卫生服务机构工作人员到上级进修、培训，实行计划、业务、实施、信息、检查、考核的“六统一”管理。

（四）实施现代管理，规范社区卫生机构运行。一是完善制度。根据国家、自治区、银川市的有关规定，按照管理精细化、规范化、科学化的要求，建立财政保障社区卫生服务工作的实施、管理、监督、考核等管理制度，并定期向社会公布，确保各项工作有序运行。二是实行合同备案制管理。社区卫生管理机构与公立医院及社区卫生服务机构签订《政府委托开展社区卫生服务工作合同》后建立服务协议关系，明确服务范围和内容、验收标准和方式、资金支付、违约责任等。服务合同一般每三年签订一次，根据协议内容每年组织绩效考核。社区卫生服务机构聘用人员实行备案制管理，建立动态调整机制，在岗位设置、收入分配、职称评定、管理使用等方面，对所有人员待遇统筹考虑，稳定社区卫生人员队伍。三是建立综合考核评价体系。对城市社区卫生服务机构按规定向社区居民提供的基本医疗和基本公共卫生服务任务的数量、质量和居民满意度情况进行考核。加大第三方考核力度，考核结果作为确定核拨经费的主要依据。对未完成约定任务的机构，尤其公共卫生工作弄虚作假，终止其服务合同并责令其退出；社区卫生管理中心直管或医院举办的，更换负责人。对违反财经纪律等违规、违法行为者，一经查实，随时终止合同，取消其服务资格，并根据相关法律法规进行处理。

（五）扩展业务范围，解决“最后一公里”问题。加强慢性病管理。将高血压、糖尿病、冠心病等慢性病管理下沉至社区卫生服务机构，执行取消药品加成政策，适当拉开二级医院与社区卫生服务机构的门诊和住院报销比例，让慢性病患者在社区卫生服务机构得到健康指导，方便群众看病就医。

中共贺兰县委办公室　贺兰县人民政府办公室关于印发《贺兰县农村人居环境整治提升五年行动实施方案(2021—2025年)》的通知

（贺党办〔2023〕15号）

各乡镇场、相关单位：

现将《贺兰县农村人居环境整治提升五年行动实施方案（2021—2025年)》印发给你们，请各相关部门认真抓好贯彻落实。文件印发后，《贺兰县农村人居环境整治提升行动五年实施方案（2021—2025年)》（贺农居发〔2022〕7号）废止，执行新文件要求。

中共贺兰县委办公室
贺兰县人民政府办公室
2023年2月17日

贺兰县农村人居环境整治提升五年行动实施方案(2021—2025年)

为巩固拓展农村人居环境整治三年行动成果，推动全县农村人居环境质量全域向好，根据中共中央办公厅、国务院办公厅《农村人居环境整治提升五年行动方案（2021—2025年)》（厅字〔2021〕44号），自治区《宁夏农村人居环境整治提升五年行动实施方案（2021—2025年)》（宁党办〔2022〕41号），银川市《银川市农村人居环境整治提升五年行动实施方案（2021—2025年)》（银党办〔2022〕138号）精神，结合我县实际，制定本方案。

一、指导思想

以习近平新时代中国特色社会主义思想为指导，深入贯彻党的二十大精神，认真落实自治区第十三次党代会、银川市第十五次党代会决策部署，深入学习浙江“千村示范、万村整治”工程经验，坚持以人民为中心的发展思想，践行绿水青山就是金山银山的理念，以推进乡村振兴战略为统领，以实施城乡面貌提升行动为抓手，以农村厕所革命、生活污水和垃圾治理、村容村貌整治提升等为重点，加快补齐农村基础设施短板，持续提升农民群众生活品质，为建设“五个示范县”提供有力支撑。

二、基本原则

——坚持因地制宜，突出分类施策。坚持数

量服从质量、进度服从实效、求好不求快，准确把握乡村振兴战略要求，顺应我县农业农村发展形势需要，综合考虑乡村差异、经济水平、民俗文化和群众期盼，科学确定目标任务，汇聚力量集中整治，既尽力而为，又量力而行。

——坚持规划先行，突出统筹推进。树立系统观念，先规划后建设。整县统筹生产生活生态、城乡融合发展，强化村庄规划设计，优化镇村功能布局，合理安排建设时序，协调推进农村基础设施、公共服务、乡村产业、生态保护、社会治理一体化发展。

——坚持立足乡村，突出乡村特色。遵循乡村发展规律，体现贺兰山下、黄河岸边等乡村特色，注重乡土味道，保留乡村风貌，传承历史文脉，留住田园乡愁。坚持农业农村联动、生产生活生态融合，推进农村生活污水垃圾减量化、资源化、循环利用。

——坚持农民主体，突出多方参与。充分尊重农民意愿，激发群众内生动力，保障群众知情权、参与权、表达权、监督权。强化基层党委和政府责任，鼓励社会力量积极参与，构建政府、市场、村集体、农民等多方共建共管共享格局。

——坚持建管并重，突出健全机制。注重与农村人居环境整治三年行动相衔接，持续发力，质量优先，推进农村人居环境服务向城乡一体化迈进。创新投融资和建设管护机制，探索规模化、专业化、社会化运营模式，形成系统化、规范化、长效化的政策制度体系。

三、行动目标

坚持以农村环境美、田园美、村庄美、庭院美的“四美”为目标，全域提升农村人居环境质量，推动生态宜居美丽乡村建设取得新进步，农村人居环境显著改善。到 2025 年，全县完成村庄绿化和庭院经济林建设 2000 亩（村庄绿化面积新增 1000 亩），村庄绿化率达到 80%；厕所粪污基本得到有效处理，农村卫生厕所普及率达到 93% 以上；农村生活污水治理率达到 75%以上；农村生活垃圾治理实现全覆盖；力争每年度创建银川市级农村人居环境整治示范样板村 2 个以上，争创自治区农村人居环境整治提升示范乡、示范村；加快数字乡村建设，大力推广“互联网 + 公共服务”，长效管护机制基本建立，农民群众生活品质持续改善。

四、重点任务

（一）扎实推动农村厕所革命提标提质

1. 全力推进农村厕所革命。全面落实《“十四五”宁夏农村厕所革命提升行动实施方案》，按照卫生厕所应改尽改原则，合理确定年度改厕目标，加快普及农村卫生厕所。积极推动户厕入室，坚持实事求是、因地制宜，科学选择改厕技术模式，大力推广钢筋混凝土三格化粪池和节水防冻型改厕技术。不具备条件的、列入撤并拆迁计划的村庄，可通过建设公厕满足群众需要。合理布局建设公共卫生厕所，重点推进乡镇政府、村部、乡村综合服务中心、文化广场、中小学、集贸市场等人口密集、流动较大的场所建设公共卫生厕所，支持对现有公共旱厕进行提升改造。确保到 2025 年，我县农村卫生厕所普及率达到93%。（农业农村局牵头，各乡镇场落实）

2. 强化农村改厕质量管控。落实农村改厕“4+4+4”全过程管控体系，严格把控改厕选型、建设施工、产品质量、竣工验收“四个关口”，严格落实改厕产品备案、随机抽检、黑名单、第三方监理“四制管理”制度，严格执行乡镇初验、县级自验、市级核验、区级抽验“四级验收”程序，保证农村改厕质量。定期开展农村厕所革命“回头看”，常态化开展问题排查整改。到 2025 年，全面完成户厕问题分类整改工作，做到整改不到位不放过、农民不满意不放过。（农业农村局牵头，各乡镇场落实）

3. 加强厕所粪污无害化处理与资源化利用。强化农村厕所革命与生活污水治理有效衔接，突出抓好改厕后长效运行管护、粪污处理，通过市场化运维的模式，因地制宜配备必要管护设备，不断完善农村生活污水治理工程信息化管护平台建设，实现粪污无害化处理和资源化利用。（农

业农村局牵头，各乡镇场落实）

（二）全面提升农村生活污水治理水平

1. 加快推进农村生活污水治理。坚持分类有序治理、梯次推进，“十四五”期间在全县新建改造农村生活污水集中处理设施 8 个。有条件的纳入城镇污水管网统一处理、联村联户建设污水处理站集中处理、单户分散的分户处理。加强对已有农村生活污水处理设施的运维管理和定期检测，确保污水处理设施正常运行、稳定达标排放。到 2025 年，城镇近郊农村生活污水治理实现全覆盖，农村生活污水治理率达到 75%以上。（银川市生态环境局贺兰分局牵头，综合执法局、各乡镇场落实）

2. 加强黑臭水体治理。常态化开展全县农村黑臭水体摸排，建立治理台账，识别污染成因，结合农村河塘沟渠清淤疏浚、生态修复、水体净化等措施进行综合治理，消除较大面积农村黑臭水体。实施农村水系整治，严格落实河长制、湖长制，统筹农村河湖管控与水生态治理保护，持续做好河湖监督检查，深入开展农村示范河湖和清洁小流域治理试点。到 2025 年，整治完成已排查出的农村黑臭水体。（银川市生态环境局贺兰分局牵头，各乡镇场落实）

（三）持续提升农村垃圾治理水平

1. 优化完善生活垃圾收运处置体系。根据我县实际，统筹完善县乡村三级设施建设和服务。城郊农村生活垃圾纳入城镇垃圾处理体系；乡镇政府驻地及中心村实现生活垃圾日产日清、及时处置。根据服务半径、人口密度，配套完善农村生活垃圾收集、转运、处置设施，因地制宜采用小型化、分散化等无害化处理方式，降低收集、转运、处置设施建设和运行成本。到 2025 年，实现农村生活垃圾处置体系全覆盖，生活垃圾得到治理的村庄达到 100%，生活垃圾治理全覆盖。（农业农村局牵头，各乡镇场落实）

2. 推进农村垃圾分类减量与利用。积极推进农村生活垃圾源头分类减量，在“户分类、村收集、乡转运、县处理”基础上，落实“两次六分、四级联动”垃圾治理模式，规范垃圾处理，统一技术要求。全面落实农村生活垃圾“四分四定”制度，即分类投放、分类收集、分类运输、分类处理；定点投放、定时收集、定车运输、定位处理，并将其纳入村规民约。支持有条件的行政村利用村内商店、闲置农房等开展可再生资源垃圾、有毒有害垃圾、有机垃圾等分类治理。建立垃圾分类激励引导制度，使垃圾分类成为村民自觉行动。加快建立以村回收站点为基础，乡镇分拣中心为支撑的农村生活垃圾和资源回收利用体系。到 2025 年，农村生活垃圾分类和资源化利用覆盖面达到 50%以上，创建农村生活垃圾分类示范村 35 个。（综合执法局、农业农村局牵头，各乡镇场落实）

（四）加快推进农业生产废弃物资源化利用

1. 推进畜禽养殖废弃物资源化利用。坚持源头减量、过程控制、末端利用治理路径，建立完善畜禽粪污资源化利用体系。加快现有规模养殖场改造提升，配套完善粪污无害化处理和资源化利用设施，提升畜禽粪便综合利用水平，鼓励发展种养结合模式。2025 年全县规模养殖场畜禽粪污综合利用率达到 99%以上。（农业农村局牵头，各乡镇场落实）

2. 加强农作物秸秆综合利用。深入推进秸秆饲料化、肥料化、能源化、原料化利用，探索秸秆还田离田利用有效模式，提高农作物秸秆利用率，从源头上杜绝秸秆焚烧。集成推广一批秸秆“收、储、运、用”的贺兰模式，建立可持续的秸秆综合利用长效机制。2025 年全县农作物秸秆利用率达到 90%以上。（农业农村局牵头，各乡镇场落实）

3. 推进农业包装废弃物和废弃农膜回收利用。积极探索农业包装废弃物、废弃农膜回收模式，培育回收处理市场主体，重点扶持以旧换新、网点建设、技术推广、机械化回收作业、积分制、资源化利用等环节，加大回收利用力度。按照谁使用谁收集、谁销售谁回收、谁生产谁处置的原则，逐步完善农业包装废弃物（农药、鱼药、兽药）、废弃农膜全面回收处理机制。2025 年全县农用残膜回收率达到 90%以上，农药包装废弃物回

收率和处置率分别达到85%、100%。（农业农村局牵头，各乡镇场落实）

（五）全面提升村容村貌整治水平

1. 持续抓好村庄规划编制。结合国土空间规划、“十四五”规划和《银川市黄河流域生态保护和高质量发展规划》编制，依照村庄功能布局、建筑特色和人口实际，扎实做好村庄调查和分类，把握好村庄布局、产业和风貌定位、基础和公共设施建设。坚持因地制宜分类指导，根据中心村、一般村的规模和经济发展条件，对不同类型村庄制定相应的基础设施和公共服务配套标准，制定通俗易懂的标准图解。到2025年底，全面完成我县保留的53个行政村的“多规合一”实用性村庄规划编制工作。（自然资源局牵头，各乡镇场落实）

2. 改善村庄公共环境。统筹农村水、电、路、气、房等基础设施建设，整治私搭乱建、乱堆乱放、残垣断壁，通过集约利用村庄内部闲置土地等方式扩大村庄公共空间。积极推进农村电力线、通信线、广播电视线“三线”维护梳理工作，整治线路违规搭挂。健全村庄应急管理体系，合理布局应急避难场所，配齐防汛、消防等救灾设施设备，畅通安全通道。整治农村户外广告，规范发布内容和设置行为。关注特殊人群需求，积极开展农村无障碍环境建设。（农业农村局牵头，发改局、民政局、自然资源局、住建局、水务局、综合执法局、应急管理局、广播电视局、通信管理局、国网宁夏电力公司等按职责分工负责，各乡镇场落实）

3. 推进乡村绿化美化。深入开展全民义务植树活动，引导组织农民群众开展巷道植绿、道路护绿、房前屋后插绿，广泛调动社会各界参与国土绿化。实施乡村绿化美化行动，加强环村林网、农田林网和沿路沿河林带建设，利用闲置土地规划建绿、见缝插绿、闲地补绿，不断提升乡村绿化率。全面开展村庄绿化覆盖率调查，启动乡村绿化美化示范创建活动，支持发展庭院经果林。引导村民在房前屋后种植果蔬、栽植花木，巩固深化“美丽庭院”示范户创建成果。全县完成村庄绿化和庭院经济林建设2000亩（村庄绿化面积新增1000亩），村庄绿化率达到80%。（自然资源局牵头，农业农村局、妇联等按职责分工负责，各乡镇场落实）

4. 接续开展村庄清洁提升行动。紧紧围绕“四季战役”主题开展村庄清洁行动，以“五改四化四美”为目标，巩固深化村庄清洁行动成果，重点对农村生活垃圾、沟渠杂物、农业生产废弃物等开展清理整治，持续加大村庄环境整治力度。结合爱国卫生运动、重要节日、主题活动、风俗习惯等，引导农民群众自觉打扫卫生，明确村民主体责任，落实“门前三包”制度，保持村庄和庭院干净整洁，推动村庄清洁行动常态化、制度化、长效化。（农业农村局牵头，各乡镇场落实）

（六）持续提升长效管护水平

1. 建立运维管护制度。各乡镇要履行属地管理责任，要根据经济社会发展水平，在明确财政事权和支出责任的基础上，编制农村人居环境整治公共基础设施管护责任清单，建立农村厕所、生活垃圾、污水处理、绿化保洁等建设、运营、管护、使用制度。编制责任清单，明确责任主体，规范服务、考核标准，公开服务电话，接受群众监督，合理确定管护主体，明确管护对象和标准，建立公示制度，保障管护经费，做到有制度管护、有资金维护、有人员看护。（农业农村局牵头，财政局、银川市生态环境局贺兰分局、自然资源局等按职责分工负责，各乡镇场落实）

2. 健全长效管护机制。鼓励将农村人居环境项目整体打包一体化建设；支持农村厕所、污水、垃圾、保洁、绿化等农村人居环境委托专业化运维服务；推广“互联网＋智慧运维”、农村户厕信息平台等信息化管理。探索农村厕所粪污清掏、生活污水及垃圾处理农户付费制度，逐步建立“政府拿一点、集体出一点、群众掏一点、社会担一点”的付费机制。（农业农村局牵头，财政局、银川市生态环境局贺兰分局、自然资源局等按职责分工落实）

（七）持续提升村民自治水平

1. 发挥农民主体作用。充分发动农民群众，加强村规民约激励约束作用，建立完善积分制、巷长制、义务工制、志愿者服务制等农民广泛参与制度，落实门前“三包”，通过一事一议、事后奖补等方式，引导农民投资投劳，积极参与后续运维管护。将村庄环境卫生保洁等要求纳入村规民约，引导农民群众自我管理、自我教育、自我服务、自我监督。大力开展美丽庭院和星级文明户评选、卫生红黑榜评比、积分兑换等活动，提高村民维护村庄环境卫生的主人翁意识。（宣传部〔文明办〕、民政局、农业农村局、妇联等按职责分工负责，各乡镇场落实）

2. 普及文明健康理念。把转变农民思想观念、提倡文明健康生活方式作为农村精神文明建设的重要内容，大力实施全民健康水平提升行动，提高农民群众健康水平。深入实施健康素养提升工程，开展健康科普进村镇、进农户活动，引导群众使用卫生厕所、做好垃圾分类，普及卫生健康、疾病防控等知识，引导群众养成节约适度、绿色低碳、文明健康的生产生活方式。深入实施健康细胞创建工程，合理布局乡村健身设施，完善乡村健康公约和居民健康守则，加强城乡居民健康监测评估，创建一批示范健康乡村。（卫生健康局、农业农村局、教体局等按职责分工负责，各乡镇场落实）

3. 多元参与齐抓共建。充分发挥农村基层党组织领导作用和党员先锋模范作用，在农村人居环境建设和整治中深入开展美好环境与幸福生活共同缔造活动；切实发挥共青团、妇联、少先队等群团组织以及驻村工作队、第一书记作用，组织动员村民自觉改善农村人居环境。通过政府购买服务、“一村一年一事”、以奖代补、以工代赈等方式，引导农民合作社、集体经济组织、农民群众投工投劳参与项目建设，吸纳农民工匠、乡贤能人承接本地农村人居环境改善和后续管护工作。鼓励以乡情乡愁为纽带吸引个人、企业、社会组织等，通过捐资捐物、结对帮扶等形式支持改善农村人居环境。（组织部、民政局、农业农村局牵头，教体局、财政局、团委、妇联等按职责分工负责，各乡镇场落实）

五、保障措施

（一）强化组织保障。全面落实“五级书记”抓乡村振兴要求，坚持把农村人居环境整治村庄清洁提升行动作为“一把手”工程，各乡镇（场）要落实主体责任，对照方案目标任务，细化实化工作措施，完善农村人居环境长效管护运维机制，主要领导一线谋划，分管领导一线指挥，乡镇党组织书记要担负起第一责任人职责，确保农村人居环境整治工作层层有人抓，层层抓落实。由农业农村局履行好牵头抓总职责，总体抓好农村改厕、村庄清洁行动和农业生产废弃物资源化利用等工作，住建部门抓好私搭乱建、农房建设等村庄公共空间环境提升；自然资源部门抓好村庄规划、村庄造林绿化提升；卫健部门抓好健康教育进村宣传；水务部门抓好农村人饮安全；交通部门抓好农村道路进村入巷；文明办、民政、团委、妇联等部门结合工作职能抓好村规民约、志愿服务、文明村镇和美丽庭院创建等工作，形成工作合力。

（二）强化政策支持。一是积极争取自治区、银川市级奖补资金，对完成创建的农村人居环境整治示范乡镇、示范村给予奖补。二是大力推进项目资金整合支持，明确项目资金统筹整合的主体责任，精准把握资金投向、投序、投位，确保投效。三是调动社会力量积极参与，鼓励采取政府购买服务和引导社会资本参与投资、建设、运营和管理等模式，筹措更多的资金推动项目建设。四是积极发动、引导农民和村集体经济组织全程参与农村环境整治规划、建设、管理、运营，鼓励农村集体经济组织通过依法盘活集体经营性建设用地、空闲农房及宅基地等途径筹措资金用于农村人居环境整治。要明确农民维护公共环境责任，庭院内部、房前屋后环境整治由农户自己负责，村内公共空间整治以村民自治组织或村集体经济组织为主，主要由农民投工投劳解决。把政府支持、社会参与和农民自主投入结合起来，建立完善自治区财政一般性转移支付补助、县财政兜底、社会投资、农户适当缴费的建设和运营维护资金筹集机制。

（三）强化示范引领。认真学习借鉴浙江“千村示范万村整治”等经验做法，对标自治区、银川市示范县、示范村创建标准，打造一批示范乡村，通过试点示范不断探索、不断积累经验，总结并提炼出一系列符合当地实际的环境整治技术、方法，以及可复制、易推广的建设和运行管护机制。充分利用报纸、广播、电视等传统媒体和微信、微博、公众号、客户端等网络新媒体，广泛宣传推广各地好典型、好经验、好做法，努力营造全社会关心、支持农村人居环境整治的良好氛围。各成员单位积极上报各类宣传信息至农村人居环境领导小组办公室，并将信息报送情况纳入月度考核。

（四）强化考核验收。将农村人居环境整治工作纳入效能管理考核范围，作为县、乡、村干部政绩考核的重要内容。县改善农村人居环境整治领导小组要会同有关部门，根据农村人居环境整治提升五年行动的目标任务，定期组织和开展专项检查，压实责任、强化问责。对整治内容不达标，工作不力、推进缓慢、群众不满意的乡镇及村庄予以批评，并在全县通报，追究有关责任，要求其进行有针对性的自查自纠。县改善农村人居环境工作领导小组各成员单位要坚持在一线检视问题，组织开展半年、全年农村人居环境分组督查，将结果作为乡村振兴战略考核的重要内容应用到年终考核指标中，对真抓实干、成效显著的单位和个人进行表彰，对改善农村人居环境突出的乡镇、村予以通报表扬，对考核排名靠后乡镇、村进行通报约谈。

（五）强化宣传引导。将改善农村人居环境纳入公益性宣传范围，深入开展“建设美丽宜居乡村”“乡村环境改善我们在行动”等系列主题宣传活动，总结宣传一批农村人居环境改善的经验做法和典型范例。以改善农村人居环境为主题，在爱国卫生月、五一劳动节、农民丰收节等重要节日节点开展文化演出活动，引导农民群众讲卫生、除陋习、树新风。充分借助广播电视、报纸杂志等传统媒体开展重点新闻报道，创新利用“学习强国”学习平台、网络短视频等新媒体平台广泛开展宣传。加强正面宣传和舆论引导，编制创作群众喜闻乐见的解读材料和文艺作品，增强社会公众认知，及时回应社会关切。持续开展农村改厕“明白人”培训、垃圾分类入户宣讲、卫生健康知识进乡村等宣传教育培训，形成人人参与、户户联动、齐抓共管的环境整治新格局。

中共贺兰县委办公室　贺兰县人民政府办公室
关于印发《贺兰县乡村建设行动实施方案》的通知

（贺党办〔2023〕17 号）

宁夏贺兰工业园区党工委、县委各部委、政府各部门、各人民团体，各乡镇场、街道，县属各企事业单位、驻县区市属各单位党（工）委（党组、总支、支部）：

《贺兰县乡村建设行动实施方案》已经县委农村工作领导小组 2023 年第一次会议审议通过，现印发给你们，请结合实际认真抓好贯彻落实。

中共贺兰县委办公室
贺兰县人民政府办公室
2023 年 2 月 17 日

贺兰县乡村建设行动实施方案

为全面提升乡村宜居宜业水平，根据《中共中央办公厅国务院办公厅关于印发〈乡村建设行动实施方案〉的通知》（中办发〔2022〕22 号）、《自治区党委办公厅人民政府办公厅关于印发〈宁夏乡村建设行动实施方案〉的通知》（宁党办发〔2022〕42 号）、《银川市委办公室　人民政府办公室关于印发〈银川市乡村建设行动实施方案〉的通知》（银党办〔2023〕7 号）精神，结合贺兰实际，制定本实施方案。

一、总体要求

（一）指导思想。以习近平新时代中国特色社会主义思想为指导，深入学习贯彻党的二十大精神，坚决落实习近平总书记视察宁夏重要讲话和重要指示批示精神，认真贯彻落实自治区第十三次党代会、市第十五次党代会精神，坚持农业现代化和农村现代化一体设计、一并推进，坚持乡村振兴为农民而兴、乡村建设为农民而建，以建设国家乡村振兴示范县为目标，以实施城乡面貌提升行动为抓手，以普惠性、基础性、兜底性民生建设为重点，突出规划引领，整合资源要素，推进乡村基础设施和公共服务体系建设，建立自下而上、村民自治、农民参与的实施机制，坚持既尽力而为又量力而行，让农村具备更好生活条件，打造塞上乡村乐园。

（二）行动目标。到 2025 年，乡村建设取得实质性进展，城乡融合发展走在全区前列，农村公共基础设施向村覆盖、往户延伸取得实质性进展，农村基本公共服务水平稳步提升，农村人居环境持续改善，农村精神文明建设显著加强，农民获得感、幸福感、安全感进一步增强，绘就塞上“富春山居图”。

二、重点任务

（一）实施基层党组织建设能力提升工程。全面落实在乡村振兴中强化农村基层党组织建设的实施意见，充分发挥农村基层党组织战斗堡垒作用和党员先锋模范作用。大力开展乡村振兴主题培训，乡镇（场）党委每年至少对村党组织书记培训 1 次。选优配强乡镇领导班子。全面落实“一村一名大学生”计划，开展吸引一批大学生、发现一批致富带头人、挖掘一批外出能人“三个一批”进班子计划，推动“两个带头人”工程提质增效。派强用好驻村第一书记和工作队，健全常态化驻村工作机制，确保到村到岗发挥作用。强化县级党委统筹，乡镇、村党组织引领作用，推动发展壮大村级集体经济。常态化整顿软弱涣散村党组织，每年按照村党组织数量的 4%开展整顿。开展乡村治理示范县创建，高标准创建一批示范村镇，完善党组织领导的乡村治理体系，建设更高水平的善治乡村和平安乡村。常态化开展扫黑除恶工作，依法严厉打击农村黄赌毒、侵害农村妇女儿童人身权利等各种违法犯罪行为，维护农村社会平安稳定。到 2025 年，所有村集体经营性收入超过 20 万元，百万元以上占比达 70%。[牵头单位：县委农办、组织部，责任单位：县委政法委，县公安局、财政局、农业农村局、乡村振兴服务中心、妇联，各乡镇（场）]

（二）实施乡村规划提升工程。结合国土空间总体规划，统筹县域产业发展、基础设施、公共服务、资源能源、生态环境保护等布局，以资源环境承载能力评价和国土空间开发适宜性为基础，开展村庄现状调查摸底，优化布局集聚提升、城郊融合、特色保护、整治改善、搬迁撤并五类村庄。在规划保留村、中心村合理确定基础设施用地范围、布局、规模和建设标准，合理配置公共服务设施，引导生活空间尺度适宜、布局协调、功能齐全。对搬迁撤并类和“空心化”程度较高的村庄，原则上不再投入基础设施和公共服务建设。坚持乡村建设为农民而建，按照《宁夏回族自治区搬迁撤并类村庄认定标准（试行）》，严格界定搬迁撤并类村庄标准和范围，从严掌控搬迁撤并类村庄规模。严禁随意撤并村庄搞大社区、违背农民意愿的大拆大建。在永久基本农田、生态保护红线、城镇开发边界三条控制线框架下，推进有条件有需求的村庄编制“多规合一”实用性规划，集聚提升类村庄加快编制综合性规划。城郊融合类村庄统筹纳入城镇控制性详细规划，注重公共服务基础设施共享，与城区融合发展。特色保护类村庄重点加强历史文化保护和村庄设计、强化风貌引导和管控。整治改善类村庄规划可只规定国土空间用途管制、建设管控和人居环境整治的要求。搬迁撤并类村庄原则上不单独编制村庄规划，确需编制的应注重生态修复，严格限制新建、扩建项目。强化村庄规划激励约束作用，实行乡村建设规划许可制度，做到不规划不建设、不合规不建设。确保村庄建设符合农村实际、体现农民意愿。[牵头单位：县自然资源局，责任单位：县住建局、农业农村局，各乡镇（场）]

（三）实施农村道路畅通工程。持续开展国家级“四好农村路”示范创建，结合全县经济发展现状，加大财政投入，推动公路网通达深度和覆盖广度不断扩大，层次结构显著优化、技术等级稳步提升、运输服务水平日益提高。围绕葡萄酒、枸杞、牛奶、肉牛、冷凉蔬菜、文化旅游等产业，建设一批乡村产业路、旅游路、资源路，推动“交通 + 产业”融合发展。全面提升县乡道路技术等级，实现县级三级及以上公路标准，重要乡道达到双车道四级及以上公路标准，一般乡村道达到四级及以上标准，推动有条件的建制村实施单车道改双车道工程。推进“城市公交下乡”，实现城市公交线路深入农村，推进城乡客运一体化发展，构建以中心城区为核心的放射性公交线网结构，实现乡镇直达、建制村一次换乘可达的出行目标。深入推进农村公路安全生命防护工程和危桥改造建设，强化消防车道建设管理，推进林区牧区防火隔离带、应急道路建设，提高安全水平和抗灾能力。持续深化农村公路养护体制改革，完善优化“网格化、信息化、常态化、最优化”的“路长制”养护体制，逐步建立“精干高效、专兼结合、以专为主”的农村公路养护模式，形成

"县道县管、乡村道乡村管"的工作格局，进一步打造良好的路域环境。到 2025 年，县乡级农村公路管理机构设置率达到 100%，农村公路管理和养护经费足额纳入财政预算并建立稳定增长机制，所有乡镇通三级以上等级公路，20 户以上自然村（组）巷道全部硬化，农村公路列养率保持 100%，优良中等路的比例大于 85%。［牵头单位：县交通局，责任单位：县发改局、财政局、农业农村局、文旅局、应急管理局、自然资源局、住建局，各乡镇（场）］

（四）实施农村饮水安全工程。加快推进"互联网 + 城乡供水"建设，改造提升老旧供水管网，实现县域内农村与城市供水"同源、同网、同质、同服务"。强化水源保护和水质保障，实施农村标准化供水设施建设和水质提标工程，完善水质监测监控设施、保护区围栏和警示标志，提高水源地和农村偏远、薄弱地区饮水常态化监测和预警能力，确保群众饮水安全。按照"补偿成本、公平负担"的原则，健全农村集中供水合理水价形成机制。到 2025 年，城乡供水一体化率达到 100%，城乡供水工程保证率达到95%，规模化供水工程覆盖人口达到 99%以上，农村自来水普及率达到 99%以上。［牵头单位：县水务局，责任单位：银川市生态环境局贺兰分局、住建局、卫健局，各乡镇（场）］

（五）实施防汛抗旱基础设施建设工程。加快黄河堤防安全标准区建设，加强沟渠疏浚及水库、泵站建设和管护，加大典农河、第二排水沟、四二干沟、红旗沟等中小河流和泄洪沟道综合治理，实施全域山洪灾害防治，持续推进病险水库、淤地坝除险加固，完成金山拦洪库提升改造工程。加快现代化生态灌区建设，深化农业水价综合改革，规范终端用水管理。加强高标准农田建设，加快推进高效节水灌溉项目建设，着力提升农业综合生产能力。到 2025 年，新增高标准农田面积 3 万亩，高效节水灌溉面积达24 万亩，农田灌溉水利用系数达到 0.57 以上。［牵头单位：县水务局，责任单位：县农业农村局、乡村振兴服务中心，各乡镇（场）］

（六）实施农村清洁能源建设工程。持续开展农村电网巩固提升行动，增强供电可靠性和电压稳定性。鼓励利用农房、水塘、农村闲置低效用地等发展太阳能、风能、地热能、生物质能等清洁能源产业，建设多能互补的低碳综合能源网络。积极争取国家"千乡万村驭风沐光"政策，实施整县屋顶分布式光伏开发试点项目。在具备条件的村加快推进天然气进村入户，按照先立后破、农民可承受、发展可持续的要求，推进各乡镇（场）冬季清洁取暖试点建设，实施农村清洁能源暖气房计划，大力推广先进适用清洁能源技术。加强煤炭清洁化利用，推进散煤替代，逐步扩大试点范围。到 2025 年县城及镇区基本实现清洁取暖。［牵头单位：县发改局，责任单位：县财政局、住建局、生态环境局贺兰分局、市场监管局、供电局，国网宁夏电力公司贺兰分公司，各乡镇（场）］

（七）实施农村物流体系建设工程。围绕葡萄酒、枸杞、牛奶、肉牛、冷凉蔬菜等产业，加大高标准产地预冷保鲜、低温分拣集配、冷链加工仓储配送、冷链物流集散等设施建设。加大对村集体经济合作社、农民合作社等新型经营主体建设产地冷藏保鲜设施的支持力度。支持冷链物流企业提升农产品外销干线运输能力和末端配送能力，推动冷链物流基地建设，引导海吉星农产品物流园区集散发展，完善农产品物流骨干网络和冷链物流体系。支持冷链物流基础设施项目建设，完善农村商业体系，补齐农村商业设施短板，鼓励大型商贸流通企业向农村下沉供应链，争取每年改造提升一批县城商贸物流配送中心、乡镇商贸中心、乡镇超市和乡镇集贸市场。整合交通、商贸、供销、邮政快递等资源，在有条件的地区建设一批"多站合一"的乡村客货邮商综合服务站、"一点多能"的村级综合服务点。鼓励快递公司在网点设置、设备配置、投递费用结算、时效考核等方面适当向农村倾斜，扩大"快递进村"覆盖范围。到 2025 年，乡镇场寄递物流站全面运行，农产品物流骨干网络和冷链物流体系基本构建，鲜活农产品产地仓储保鲜冷链能力明显提升，与全国统一大市场联结更为紧密通畅。［牵头单位：县商投局，责任单位：县发改局、交通局、农业农村局、乡村振兴服务中心、供销社、邮政分公司，各乡镇（场）］

（八）实施农房质量安全提升工程。全面开展农村房屋安全隐患及自然灾害风险排查，对存在安全隐患的房屋及时进行安全鉴定，对不安全住房、暂时不具备改造条件的，指导督促产权人（使用人）通过原址翻建、异地迁建、加固改造、房屋置换、周转安置、公共租赁等方式，消除安全隐患。建立健全农村低收入群体住房安全保障长效机制，及时将“六类低收入群体”唯一住房是危房的，纳入农村危房或抗震宜居农房改造，保障农村居民住房安全。新建农房统一按抗震设防和质量安全要求施工，推动配置水暖厨卫等设施。建设农村房屋综合信息管理平台。加强传统村落保护传承发展，落实传统村落保护名录制度，实施文化遗产保护、基础设施配套、资源活化利用等工程。［牵头单位：县住建局，责任单位：县农业农村局、文旅局、乡村振兴服务中心，各乡镇（场）］

（九）实施数字乡村建设发展工程。持续开展数字乡村建设，加强农村信息基础设施建设，提升农村通信网络质量和覆盖水平。深入实施“互联网+”农产品出村进城工程和“数商兴农”行动，推动物联网、大数据、区块链、人工智能、智慧气象等现代信息技术与乡村产业、乡村治理深度融合，加强对农业生产墒情、苗情、灾情和气象预测预报，实现专家在线指导和涉农事项在线办理。加快乡村管理数字化，推进农村集体经济、集体资产、农村产权流转交易数字化管理。推动“雪亮工程”视频点位向乡镇、村延伸，逐步覆盖农村道路沿线及人员聚集场所。到2025年，数字乡村建设取得明显成效，建设农村电商服务点31个，实现千兆光纤网络重点村全覆盖，行政村通5G覆盖比例达到90%以上。［牵头单位：县委网信办，责任单位：县委政法委，县科技局、商投局、公安局、农业农村局、供销社、气象局，各乡镇（场）］

（十）实施村级综合服务设施提升工程。整合利用现有村级组织活动场所、文化室、卫生室、农民体育健身工程等场地、设施和资源，推进农村综合服务设施利用和发展。统筹党建、新时代文明实践、基本公共服务等阵地建设经费，在人口居住密度大的村建设村级治理服务中心，进一步提高村级综合服务设施覆盖面。全面推行“一站式”便民服务和线上服务。完善农村文体广场设施建设，实现每个行政村至少有1个综合文体广场，打造一批乡村大舞台。实施体育“康乐角”建设工程。推进公共照明设施与村内道路、公共场所一体规划建设，加强行政村村内主干道路灯建设。推进“乡村大喇叭”农村应急广播体系建设，因地制宜建设农村应急避难场所。开展农村公共服务设施无障碍建设和改造。［牵头单位：县委组织部，责任单位：县委农办、宣传部，县民政局、住建局、文旅局、应急管理局、教体局、残联，各乡镇（场）］

（十一）实施农村人居环境整治提升工程。合理确定年度改厕任务，因地制宜进行改造，选择农民用得好、后续管得好的技术模式，常态化开展问题厕所排查整改。合理布局公共厕所，稳步提高卫生厕所普及率。统筹推进农村改厕和生活污水、黑臭水体治理，因地制宜推进粪污集中处理、分散处理和纳入城镇污水管网统一处理，鼓励联户、联村、村镇一体处理。立足区域实际推进城乡环卫一体化，统筹县、乡、村三级设施建设和服务，完善农村生活垃圾收集、转运、处置设施，持续提升农村生活垃圾减量化、资源化、无害化处理水平。持续开展村庄清洁行动，加强农村电力线、通信线、广播电视线“三线”维护梳理工作，整治线路违规搭挂。深入推进乡村绿化美化行动，开展铁路沿线、城市入口节点等重点区域和部位清脏治乱专项行动，提升地域形象。建设一批村庄小微公园和公共绿地，打造一批“美丽庭院”。到2025年，农村厕所普及率达到93%以上，农村生活污水和生活垃圾治理率分别达到74%和95%以上，创建一批人居环境整治示范乡、示范村。［牵头单位：县委农办、县农业农村局，责任单位：县发改局、住建局、水务局、乡村振兴服务中心、妇联、供电局、网信办、政法委、生态环境局贺兰分局，各乡镇（场）]

（十二）实施农村基本公共服务提升工程。继续实施义务教育薄弱环节改善与能力提升项目，加大乡镇寄宿制学校办学条件建设，保留并办好必要的乡村小规模学校。推进教育数字化转型，实施乡村小规模学校教师走教支持计划，采取委托托管、线上结对、联动教研等方式，推动城乡集团化办学全覆盖。巩固和提高农村学前教育普及普惠水平。加强乡镇卫生院专业科室和村卫生室标准化建设，保障所有村卫生室用房面积不低于 80 平方米。力争建设国家推荐标准乡镇卫生院达 1~2 个，打造县级医疗分中心 1~2 个。加大互联网便民服务体系、远程门诊体系、远程诊断体系、健康管理体系等建设力度，发挥医共（联）体内各级医疗机构作用，促进优质医疗资源扩容下沉。鼓励乡村医生参加执业（助理）医师资格考试，逐步实现乡村医生向执业（助理）医师转变。完善养老助残服务设施。发展农村幸福院等互助型养老，支持卫生院利用现有资源开展农村重度残疾人托养照护服务。推动乡镇建立未成年人保护工作站，到2025 年底实现乡镇全覆盖。[牵头单位：县教体局、卫健局、民政局、残联，责任单位：各乡镇（场）]

（十三）实施农村精神文明建设提升工程。深入开展习近平新时代中国特色社会主义思想学习教育、习近平总书记视察宁夏重要讲话和重要指示批示精神“大学习、大宣传、大实践、大讨论”活动和中国梦宣传教育，依托新时代文明实践中心（所、站）、县级融媒体中心等平台创新开展“听党话、感党恩、跟党走”宣传教育活动，牢牢占领农村思想文化阵地。加快完善乡村公共文化服务体系，精准推进三级公共文化设施网络建设。深入推进“四送六进·文化惠民”工程，支持发展形式多样的农民文化大院、乡村舞台，广泛开展“乡村文化体育节”“科普进乡村”等群众性科技文化体育活动，大力推广文化大篷车、科普大篷车等宣传展演，每年完成送戏下乡、广场文艺演出各 200 场（次），举办“美丽乡村·文化大集”20 场（次）。深入开展农村精神文明创建活动，持续推进农村移风易俗，健全道德评议会、红白理事会、村规民约等机制，加大对高价彩礼、厚葬薄养、封建迷信、铺张浪费等不良风气常态治理，推广乡风文明“积分制”“清单制”、数字化等典型做法。[牵头单位：县委宣传部，责任单位：县委农办，县民政局、文旅局、教体局、科协，各乡镇（场）]

三、创新完善乡村建设推进机制

（一）激发农民参与乡村建设活力。健全党组织领导的村民自治机制，充分发挥村民委员会、村务监督委员会、集体经济组织作用，坚持和完善“四议两公开”“一事一议”等制度，严格履行村民代表会议“55124”决策流程，引导农民群众全程参与乡村建设，健全完善农民群众参与乡村建设利益联结机制。在项目谋划环节，组织农民议事，激发农民主动参与意愿，保障农民参与决策。在项目建设环节，鼓励村民投工投劳、就地取材开展建设，积极推广以工代赈方式，吸纳更多农村低收入群体就地就近就业。在项目管护环节，推行“门前三包”、积分制等农民自管方式，完善农民参与乡村建设程序和方法。对适宜市场化运作的设施设备，交由农村集体经济组织、农民自治组织和受益农户认领管护。在乡村建设中不断激发群众用双手创造美好生活的信心决心。[牵头单位：县委农办，责任单位：县委组织部，县农业农村局、乡村振兴服务中心、发改局、民政局、住建局、农业农村局，各乡镇（场）]

（二）建立专项任务责任制清单制。建立乡村建设行动重点任务分工负责制，按照一项任务、一个推进方案和近细远粗、分步建设的要求，由牵头单位负责统筹，制定专项推进方案，确定年度建设任务。方案要细化目标任务、实化政策措施、明确责任人和完成时限，建立台账、清单管理、完成销号。各部门要充分考虑县域实际和群众意愿，强化政策衔接协调，形成工作合力，确保工作成效。[牵头单位：县农业农村局，责任

单位：乡村振兴服务中心，各乡镇（场）]

（三）建立项目库管理制度。建立全县乡村振兴项目库，优先纳入一批群众需求强烈、短板突出、兼顾农业生产和农民生活条件改善的项目，重点谋划一批打基础、利长远、增后劲的基建、产业、民生等项目。按照村申报、乡审核、县审定原则，建立乡村建设相关项目库。县财政安排乡村建设项目资金，原则优先支持项目库中项目建设。加强项目资金监督管理，建立健全入库项目审核和绩效评估机制，制定“负面清单”，严把入库项目质量，防止造成资金和资源浪费。[牵头单位：县农业农村局、乡村振兴服务中心，责任单位：发改局、财政局，各乡镇（场）]

（四）完善乡村公共基础设施管护机制。明晰乡村建设项目产权，各乡镇（场）要建立村庄公共基础设施管护主体、管护责任、管护方式、管护经费清单等，建立公示制度，向社会全面公开。供水、供电、供气、环保、通信、邮政等基础设施运营企业落实普遍服务要求，全面加强对所属农村公共基础设施的管护。积极推进供水、垃圾污水处理等公共基础设施城乡一体化管护。农村生活污水处理设施用电按规定执行居民生活用电价格。鼓励社会资本参与农村公共基础设施管护，构建乡村管护服务体系，支持农民合作社、农业社会化服务组织等向乡村卫生保洁、绿化美化、设施维护等农村生活类服务领域拓展，实行有偿服务，到 2025 年实现乡镇全覆盖。[牵头单位：县委农办，责任单位：县委网信办，县农业农村局、乡村振兴服务中心、发改局、财政局、交通局、住建局、自然资源局、水务局、邮政公司、国网宁夏电力公司贺兰分公司，各乡镇（场）]

四、加大乡村建设政策要素保障

(一) 加强财政投入。将乡村建设作为支出的重点领域，积极予以支持。落实自治区赋予县级充分的自主权，实行责任、权力、资金、任务“四到县”，按规定统筹整合使用相关资金用于乡村建设。土地出让收入用于农业农村部分可按规定统筹安排支持乡村建设。在防控政府债务风险的前提下，将符合条件的公益性乡村建设项目纳入政府债券支持范围。[牵头单位：县财政局，责任单位：县发改局、农业农村局、乡村服务振兴中心，各乡镇（场）]

（二）完善用地政策。按照“应保尽保”原则，合理安排新增建设用地计划指标，规范开展城乡建设用地增减挂钩，保障乡村建设重点工程用地需求。优化用地审批流程，在符合经依法批准的相关规划前提下，可对依法登记的宅基地等农村建设用地进行复合利用，重点保障乡村公共基础设施用地。深入推进农村宅基地制度改革试点，总结改革试点经验，有序推进农村集体经营性建设用地入市，盘活农村存量建设用地用于支持乡村建设。[牵头单位：县自然资源局，责任单位：县农业农村局、各乡镇（场）]

（三）调动社会力量。扎实开展“万企兴万村”行动，优化县（区）结对关系，推动闽宁协助双向互动、全面合作转变，吸引更多闽籍企业来贺投资兴业。充分挖掘经营性建设项目商业价值，规范有序推广政府和社会资本合作模式，引导鼓励社会资本广泛参与乡村建设。鼓励区内外国有企业和有条件有实力的民营企业参与承接乡村项目建设。[牵头单位：县农业农村局，责任单位：县人社局、乡村振兴服务中心、发改局、财政局、科技局、商投局、供销社，工商联、各乡镇（场）]

（四）加强人才技术标准支撑。鼓励乡村规划、建筑、设计人才参与村庄规划设计和乡村建设。实施乡村振兴“六大人才”培育工程，培育壮大乡村建设专业人才队伍。鼓励支持企业、科研机构等开展乡村建设领域新技术新产品研发。分类制定乡村基础设施建设和运行维护技术指南，编制技术导则。健全乡村基础设施和基本公共服务设施等标准体系，完善建设、运行维护、监管、服务等标准。（牵头单位：县农业农村局，责任单位：县乡村振兴服务中心、科技局、人社局、文旅局、市场监管局）

（五）优化金融服务。鼓励银行金融机构扩大贷款投放，支持乡村建设。运用支农支小再贷款、再贴现等政策工具，引导金融机构在依法合规的前提下创新农村金融产品和服务方式，稳妥拓宽农业农村抵质押物范围，持续提升金融服务乡村振兴能力。探索银行、保险、担保、基金、企业合作模式，拓宽乡村建设融资渠道。协同宁夏银保监局加强涉农金融创新服务监管和风险防范，防止金融资本无序扩张。[牵头单位：县财政局，责任单位：人行贺兰营管部、各乡镇（场）]

五、加强组织领导

（一）强化统筹协调。县委农村工作领导小组统筹组织实施全县乡村建设行动，建立专项推进机制，定期调度专项任务进展情况，及时研究解决新情况新问题。把乡村建设行动作为实施乡村振兴战略的重要内容，细化具体措施，确保乡村建设各项任务落到实处。结合“百县千乡万村”乡村振兴示范创建，开展乡村建设示范县、示范乡镇、示范村创建。[牵头单位：县委农办，责任单位：县发改局、财政局、住建局、农业农村局、乡村振兴服务中心，各乡镇（场）]

（二）注重评估考核。将乡村建设行动实施情况纳入县效能目标管理考核和乡村振兴战略综合考评，作为各单位、乡镇场领导班子和领导干部推进乡村振兴战略实绩考核的重要内容，综合利用第三方评估、交叉考核、群众满意度调查等方式进行考评，强化乡村建设跟踪问效，及时纠偏和补齐短板，确保乡村建设项目质量和实际效果。充分运用“两榜四机制”激励干部担当作为，对工作力度大、推进快、效果好的单位（部门）、乡镇场给予奖励，表现突出的干部优先提拔使用，对工作推动不力、迟迟打不开局面、完不成任务目标的单位（部门）、乡镇（场）通报批评，主要领导约谈提醒，列入干部黄榜。（牵头单位：县委农办，责任单位：县委组织部、县考评中心，农业农村局、财政局、乡村振兴服务中心）

（三）加强宣传引导。利用各类媒介平台，广泛宣传乡村建设取得的新进展新成效。坚持学习借鉴其他县（区）乡村建设好经验好做法与总结推广我县典型相结合，发挥示范带动作用。加强舆论引导，及时回应社会关切。编排创作群众喜闻乐见的乡村建设题材文艺作品，提升乡村建设的社会认知度，推动形成全社会关心支持乡村建设的浓厚氛围。[牵头单位：县委宣传部，责任单位：县委农办，县文旅局、农业农村局、乡村振兴服务中心，各乡镇（场）]

中共贺兰县委员会 贺兰县人民政府 关于印发《关于深入打好污染防治攻坚战的实施方案》的通知

（贺党发〔2023〕8号）

宁夏贺兰工业园区党工委、县委各部委、政府各部门、各人民团体、各乡镇场（街道）、县属各企事业单位、驻县区市属各单位党委（党组、党工委、总支、支部）：

《关于深入打好污染防治攻坚战的实施方案》已经十五届县委2023年第9次常委会会议、十九届县人民政府第35次常务会议审议通过，现印发给你们，请认真抓好落实。

中共贺兰县委员会
贺兰县人民政府
2023年3月14日

关于深入打好污染防治攻坚战的实施方案

为深入贯彻落实《中共中央、国务院关于深入打好污染防治攻坚战的意见》（中发〔2021〕40号）、《自治区党委、人民政府关于深入打好污染防治攻坚战的实施意见》（宁党发〔2022〕9号）和《中共银川市委员会、银川市人民政府关于深入打好污染防治攻坚战的实施意见》（银党发〔2022〕26号）精神，进一步加强生态环境保护，深入打好污染防治攻坚战，结合贺兰县实际，制定本实施方案。

一、总体要求

（一）指导思想。以习近平新时代中国特色社会主义思想为指导，全面学习贯彻党的二十大精神，忠实践行习近平生态文明思想，深入贯彻落实习近平总书记视察宁夏重要讲话和重要指示批示精神，全面落实区市党委、政府关于深入打好污染防治攻坚战的各项决策部署，坚持以人民为中心的发展思想，完整、准确、全面贯彻新发展理念，融入新发展格局，以实现减污降碳协同增效为总抓手，以改善生态环境质量为核心，以精准治污、科学治污、依法治污为工作方针，统筹污染治理、生态保护、应对气候变化，着力解决突出生态环境问题，深入打好蓝天、碧水、净土保卫战，推动黄河流域生态保护和高质量发展先行区示范县、绿色宜居示范县建设取得新突破。

（二）工作原则

1. 坚持方向不变、力度不减。坚定不移走生态优先、绿色发展之路，践行“绿水青山就是金山银山”理念，深入贯彻落实黄河流域生态保护和高质量发展重大战略，接续攻坚、久久为功。

2. 坚持以人为本、环保为民。全力解决人民群众反映强烈的突出生态环境问题，不断改善全县生态环境质量，增强人民群众的获得感、幸福感、安全感，以生态环境保护实际成效取信于民。

3. 坚持精准科学、依法治污。遵循客观规律，抓住生态环保主要矛盾和矛盾的主要方面，提高污染治理的针对性、科学性、有效性，落实最严格制度，加强全过程监管，以督查促落实、以整改促建设。

4. 坚持系统治理、协同增效。统筹推进山水林田湖草沙一体化治理，强化多污染物协同控制和区域协同治理，着力构建综合治理、系统治理、源头治理的全方位治理体系。

（三）主要目标

到 2025 年，生态环境持续改善，主要污染物排放总量持续下降，细颗粒物（$PM_{2.5}$）年均浓度、可吸入颗粒物（PM_{10}）年均浓度分别控制在 34 微克 / 立方米、69 微克 / 立方米以内，环境空气质量优良天数比率达到 80%；全面消除劣Ⅴ类水体，城镇集中式饮用水水质达标率 100%，重点入黄排水沟达到自治区考核要求；土壤污染风险得到有效管控，固体废物和新污染物治理能力明显增强，生物多样性得到有效保护，生态系统质量和稳定性持续提升，生态环境治理体系更加完善，生态文明建设实现新进步。

到 2035 年，主要污染物排放达到国家、自治区及银川市要求，碳排放达峰后稳中有降，绿色生产生活方式广泛形成，黄河流域生态保护和高质量发展先行区示范县、绿色宜居示范县建设取得显著成果。

二、加快推动绿色低碳发展

（四）深入推进碳达峰行动

1. 统筹处理好减污降碳和能源安全、产业链供应链安全、粮食安全、群众正常生活的关系，制定贺兰县二氧化碳排放达峰实施方案，明确碳排放达峰的主要目标、重点任务、配套措施。深入开展能源、工业、城乡建设、交通运输等重点领域和建材、化工等重点行业碳达峰行动，突出碳排放强度和总量“双控”，推动重点行业率先达峰。严格控制二氧化碳排放强度，逐步建立二氧化碳排放总量控制制度。

牵头单位：发改局

责任单位：科学技术和工业信息化局、财政局、自然资源局、住建局、交通运输局、农业农村局、贺兰工业园区管委会、银川市生态环境局贺兰分局

2. 主动融入全国碳排放交易市场，逐步扩大参与全国碳排放权交易行业范围，推动企业入场交易。加强甲烷等非二氧化碳温室气体排放管控。推进低碳和适应气候变化试点工作，加强低碳技术应用研究，加快低碳生产生活基础设施改造，打造低碳城市试点示范标杆。建立健全温室气体排放源统计调查、核算核查和评估监管体系，将温室气体管控纳入规划环评、项目环评管理。

牵头单位：银川市生态环境局贺兰分局

责任单位：发改局、财政局、自然资源局、住建局、交通运输局、农业农村局、审批服务管理局、贺兰工业园区管委会

（五）坚决遏制高耗能高排放项目盲目发展。严把高耗能高排放项目准入关口，严格落实污染物排放区域削减要求，对不符合规定的项目坚决停批停建。严格节能审查把关，加强事中事后监管，依法查处能评未批先建项目，探索建立遏制“两高”项目发展长效机制。依法依规淘汰落后产能和化解过剩产能。将碳排放评价纳入园区规划环评，推动园区减污降碳协同增效。探索开展建材、化工等重点行业碳排放环境影响评价。严格执行行业相关产业政策和投资管理规定，推进装置改造、生产线升级、产品结构调整，降低污染物排放。

牵头单位：发改局

责任单位：审批服务管理局、科学技术和工业信息化局、贺兰工业园区管委会、银川市生态环境局贺兰分局

（六）推进清洁生产和能源资源节约高效利用

1. 引导建材、化工等重点行业深入实施清洁生产改造，依法开展自愿性清洁生产评价认证，

在重点行业企业依法推行强制性清洁生产审核。大力推行绿色制造，构建资源循环利用体系。推动煤炭等化石能源清洁高效利用。

牵头单位：科学技术和工业信息化局

责任单位：水务局、贺兰工业园区管委会

2. 强化水资源刚性约束，推进节水型社会建设，强化农业节水增效、工业节水减排、城镇节水降损。严格取水许可，规范企业取用水行为，大力推进再生水循环利用。

牵头单位：水务局

责任单位：住建局、农业农村局、贺兰工业园区管委会、银川市生态环境局贺兰分局、各乡镇（场）

（七）推动能源清洁低碳转型。大力推进绿能开发、绿氢生产、绿色发展，在保障能源安全的前提下，实施可再生能源替代行动，加快构建清洁低碳安全高效的能源体系。持续加强用能总量和能耗强度“双控”，深入推进工业、建筑、交通等领域节能。推动传统产业生态化改造，严格高耗能、高排放项目审批，促进绿色制造和产品供给。推行政府绿色采购。严格合理控制煤炭消费增长，到2025年，非化石能源消费比重达到14%左右。加强燃煤自备电厂规范管理，支持自备燃煤机组实施清洁能源替代，鼓励自备电厂转为公用电厂。加快天然气开发利用，扩大天然气利用规模，推进天然气分布式发展，有序引导天然气消费，新增天然气优先保障居民生活和清洁取暖需求。深化散煤污染治理，持续压减散煤消费，合理划定禁止散烧区域，在集中供热管网确实无法覆盖的区域有序推进“煤改气”“煤改电”清洁供暖工程。

牵头单位：发改局

责任单位：住建局、农业农村局、市场监督管理局、贺兰工业园区管委会、银川市生态环境局贺兰分局、各乡镇（场）

（八）加强生态环境分区管控

1. 衔接国土空间规划分区和用途管制要求，将生态保护红线、环境质量底线、资源利用上线的硬约束落实到环境管控单元，建立差别化的生态环境准入清单，加强“三线一单”成果在政策制定、环境准入、园区管理、执法监管等方面的应用。建立动态更新机制，对“三线一单”成果进行跟踪评估和动态更新。

牵头单位：银川市生态环境局贺兰分局

责任单位：发改局、自然资源局、水务局、农业农村局、贺兰工业园区管委会、各乡镇（场）

2. 健全以环评制度为主体的源头预防体系，依法依规开展规划环评，严格建设项目环评准入，开展重大经济技术政策的生态环境影响分析和重大生态环境政策的社会经济影响评估。

牵头单位：审批服务管理局

责任单位：贺兰工业园区管委会、发改局、银川市生态环境局贺兰分局、各乡镇（场）

（九）加快形成绿色低碳生活方式

1. 把生态文明教育纳入学校教育教学活动，培养青少年生态文明行为习惯。

责任单位：教体局

2. 严格落实《银川市生活垃圾分类管理条例》，因地制宜推行垃圾分类制度，健全垃圾分类投放、收集、运输、处理设施网络，提高垃圾无害化处理和资源化利用水平。到2025年，城市生活垃圾回收利用率达到50%以上。

牵头单位：综合执法局（爱卫办）

责任单位：发改局、富兴街街道办

3. 加强塑料污染全链条防治，加快快递包装绿色转型。

牵头单位：科学技术和工业信息化局

责任单位：县邮政分公司

4. 深入开展绿色生活创建行动，探索建立绿色消费激励机制，鼓励采取补贴、积分奖励等方式促进绿色消费，推进绿色产品认证、标识体系建设，营造绿色低碳生活新时尚。

牵头单位：银川市生态环境局贺兰分局

责任单位：县委宣传部、商务和投资促进局、富兴街街道办

三、深入打好蓝天保卫战

（十）着力抓好重污染天气治理。聚焦冬春季

颗粒物污染，加大重点区域、重点领域、重点行业结构调整和污染治理力度。持续开展冬春季大气污染防治攻坚专项行动，加强工业企业、机动车、建筑工地等污染治理和采暖燃煤、秸秆焚烧管控，最大程度减少大气污染物排放。规范企业绩效分级申报、审核、调整流程，实施重点行业企业绩效分级差异化管控。按照统一管理、统筹协调、联防联控的原则，构建县级重污染天气应急预案体系，加强重点区域、重点时段应急响应联防联控，重点行业执行重污染天气应急减排措施。到2025年，重污染天气基本消除。

牵头单位：银川市生态环境局贺兰分局

责任单位：科学技术和工业信息化局、公安局、交通运输局、农业农村局、综合执法局、气象局、贺兰工业园区管委会

（十一）着力抓好臭氧污染防治。聚焦夏秋季臭氧污染，大力推进挥发性有机物和氮氧化物协同减排。以化工、农药、制药及油品储运销等行业领域为重点，实施重点行业VOCs综合治理“一企一策”行动。鼓励生产和使用环节低VOCs含量原辅材料替代，从源头减少VOCs产生。落实VOCs产品标准体系和低VOCs含量产品标识制度。落实氮氧化物、挥发性有机物重点工程减排。开展涉气产业集群排查及分类治理，推进企业升级改造和区域环境综合整治，重点推进贺兰县重点管控企业挥发性有机物排放情况更新与综合整治提升项目。臭氧浓度稳中有降，实现细颗粒物和臭氧协同控制。

牵头单位：银川市生态环境局贺兰分局

责任单位：科学技术和工业信息化局、市场监督管理局、贺兰工业园区管委会

（十二）持续抓好柴油货车污染治理。深入实施清洁柴油车（机）行动，持续淘汰达到报废标准的国三及以下排放标准汽车和其他高排放车辆。推动氢燃料电池汽车示范应用，提高新能源公交车占比，新增或更新公交车新能源比例达到100%以上。提高新能源市政园林机械占比。根据国家统一安排，实施更加严格的车用汽油质量标准。

牵头单位：银川市生态环境局贺兰分局

责任单位：公安局、交通运输局、商务和投资促进局、市场监督管理局、贺兰工业园区管委会

（十三）加强大气面源和噪声污染治理。强化施工、道路、堆场、裸露地面等扬尘管控，加大环卫机械设备投入力度，到2025年建成区机械化清扫率稳定达到90%以上，工业企业堆场实行规范化全封闭管理。深入推进餐饮油烟污染治理，城市建成区餐饮服务单位全部安装油烟净化装置。强化秸秆综合利用和禁烧管控，提高秸秆综合利用水平，到2025年，秸秆综合利用率达到90%以上。加强化工、污水处理等行业恶臭、异味监测预警和综合治理，开展规模化养殖场氨排放综合治理，着力解决群众身边的突出大气环境问题。深化消耗臭氧层物质和氢氟碳化物环境管理。实施噪声污染防治行动，加快解决群众关心的工业、建筑施工、交通运输以及社会生活噪声污染问题，建设完善噪声污染防治设施和措施，优化声环境监测点位。到2025年，全面实现功能区声环境质量自动监测，声环境功能区夜间达标率达到85%以上。

牵头单位：银川市生态环境局贺兰分局

责任单位：公安局、住建局、交通运输局、农业农村局、综合执法局、贺兰工业园区管委会、各乡镇(场)

四、深入打好碧水保卫战

（十四）保持城市黑臭水体治理成效

1. 统筹好上下游、左右岸、干支流、城市和乡村，加强农业农村和工业企业污染防治，有效控制入河(湖、沟) 污染物排放。因地制宜开展水体内源污染治理和生态修复，增强河湖自净功能。

牵头单位：水务局、银川市生态环境局贺兰分局

责任单位：科学技术和工业信息化局、自然资源局、住建局、农业农村局、贺兰工业园区管委会

2. 巩固城市黑臭水体治理成果。开展县级城市建成区水体排查整治，强化溯源整治，杜绝污水直接排入雨水管网。推进城镇污水管网全覆盖，

对进水情况出现明显异常的污水处理厂，开展片区管网系统化整治。明确河湖养护管理责任、强化日常管护、夯实河湖长责任、引导公众参与监督，建立防止水体返黑返臭的长效机制。到2025年，建成区水体实现长治久清。

牵头单位：住建局、银川市生态环境局贺兰分局

责任单位：综合执法局、科学技术和工业信息化局、自然资源局、水务局、农业农村局、各乡镇（场）

（十五）着力抓好黄河银川段生态保护治理

1. 全面落实以水定城、以水定地、以水定人、以水定产要求，实施深度节水控水行动，严控高耗水行业发展。重点推进典农河银川段综合治理及水生态修复项目建设。

牵头单位：自然资源局、水务局

责任单位：科学技术和工业信息化局、住建局、农业农村局、综合执法局、贺兰工业园区管委会

2. 加强黄河生态经济带污染治理，以黄河干流银川段为主轴，实施主要排水沟和农田退水污染综合治理。加强城镇和工业园区污水处理设施及配套管网建设。到2025年，黄河干流及主要支流生态流量得到有效保障，化学需氧量、氨氮重点工程减排量达到考核要求。

牵头单位：银川市生态环境局贺兰分局

责任单位：科学技术和工业信息化局、自然资源局、住建局、水务局、农业农村局、贺兰工业园区管委会

（十六）巩固提升饮用水安全保障水平。统筹开展地方供水水源替代与互补，依法调整需要变更的水源地保护区。全面排查城市集中式饮用水水源保护区保护设施并及时修复。按照“一源一案”原则，开展不达标水源地专项治理行动。到2025年，集中式饮用水水源水质全部达到或优于Ⅲ类。在“千吨万人”农村水源地保护区划定的基础上，构建全县饮用水水源保护区“一张图”，同步完成标志标识、宣传牌和隔离防护设施设置，加强农村水源地保护，完成“千吨万人”农村水源地保护区突出环境问题整治。建立健全饮用水水源地日常监管制度，强化生态环境、水务、住建、交通运输等部门合作，完善饮用水水源地环境保护协调联动机制，切实提高水源地环境安全保障水平。

牵头单位：银川市生态环境局贺兰分局

责任单位：水务局、住建局、交通运输局、银川中铁水务有限公司、各乡镇（场）

（十七）强化陆域污染协同治理

1. 按照“依法取缔一批、清理合并一批、规范整治一批”的要求，持续开展入河排污口“查、测、溯、治”，探索建立排污口整治销号制度。完善黄河流域银川段上下游县级水污染防治流域协同机制，探索建立黄河流域银川段主要排水沟上下游横向生态补偿机制。

牵头单位：银川市生态环境局贺兰分局

责任单位：财政局、自然资源局、农业农村局、各乡镇（场）

2. 积极谋划实施一批流域水环境治理和水生态保护重大项目。建立美丽河湖、示范河湖政府财政投入、项目资金统筹机制，持续推进河湖生态环境治理。

牵头单位：自然资源局、水务局

责任单位：财政局、农业农村局、银川市生态环境局贺兰分局、各乡镇（场）

五、深入打好净土保卫战

（十八）强化固体废物污染防治

1. 持续推进黄河流域“清废行动”，推动工业固体废物纳入排污许可。全力推进“无废城市”建设。到2025年，一般工业固体废物综合利用率达到自治区考核要求。

牵头单位：银川市生态环境局贺兰分局

责任单位：科学技术和工业信息化局、自然资源局、农业农村局、卫健局、贺兰工业园区管委会、各乡镇（场）

2. 开展固体废物源头减量和资源化利用，将固体废物环境影响降至最低。强化白色污染治理，加强塑料污染全链条防治，禁止以医疗废物为原

料制造塑料制品，依法查处生产、销售厚度小于要求的超薄塑料购物袋，鼓励使用可再利用、可再生、可降解产品。

牵头单位：银川市生态环境局贺兰分局

责任单位：科学技术和工业信息化局、农业农村局、商务和投资促进局、市场监督管理局、各乡镇(场)、富兴街街道办

（十九）有效管控建设用地土壤污染风险

1. 强化土壤环境污染重点监管单位环境监管，严格落实土壤环境污染优先管控地块和高风险地块环境监管措施，严格涉重金属重点行业污染物排放。

牵头单位：银川市生态环境局贺兰分局

责任单位：贺兰工业园区管委会、各乡镇（场）

2. 强化建设用地用途管制，严控收储、供应、开发土地土壤环境质量，确保重点建设用地安全利用。严格土壤污染风险管控和修复名录内地块准入管理，未依法完成土壤污染状况调查和风险评估的地块，不得建设与风险管控和修复无关的项目。到2025年，重点建设用地安全利用率达到国家考核要求。

牵头单位：自然资源局

责任单位：贺兰工业园区管委会、银川市生态环境局贺兰分局、各乡镇（场）

（二十）深入推进农用地土壤污染防治和安全利用。坚持最严格的耕地保护制度，提升耕地分类管理水平，实施农用地土壤镉等重金属污染源头防治行动。建立优先保护类耕地土壤环境长期定位监测制度和灌溉水源水质监测评价系统，定期开展耕地土壤与农产品质量协同监测，及时掌握农作物和耕地土壤环境质量动态变化情况，动态调整耕地土壤环境质量类别，加强安全利用类耕地风险管控。到2025年，污染地块安全利用率达100%以上。

牵头单位：自然资源局、农业农村局

责任单位：水务局、银川市生态环境局贺兰分局、各乡镇（场）

（二十一）持续抓好农业农村污染治理

分类分区治理农村生活污水。健全完善农村卫生厕所管护机制，抓好农村生活垃圾、污水治理及村容村貌提升等重点工作。实施化肥农药减量增效和农膜回收行动，推动种养结合和畜禽粪污综合利用，强化水产养殖业污染防治，持续加大农业面源污染治理力度。到2025年，完成自治区下达的行政村农村环境整治任务，农村生活污水治理率达到69%，农村生活垃圾分类和资源化利用覆盖面达到50%以上，化肥农药利用率达到43%以上，农用残膜回收率达到90%以上，畜禽粪污综合利用率达到90%以上，水产养殖尾水实现达标排放。

牵头单位：农业农村局、银川市生态环境局贺兰分局

责任单位：各乡镇（场）

（二十二）强化地下水污染协同防治

1. 开展地下水环境状况调查评估，推进重点区域地下水污染风险管控，分类实施地下水水质巩固提升行动，统筹推进水土环境风险管控和修复。

牵头单位：银川市生态环境局贺兰分局

责任单位：自然资源局

2. 配合区、市开展地下水型饮用水水源保护区及补给区地下水环境状况调查，建立优先管控污染源清单，强化不达标水源地治理。配合区、市进一步完善地下水环境监测评价体系，探索建设地下水污染监测与预警应急系统，持续开展重要湿地水质监测。到2025年，全面依法关停贺兰山和农业灌溉地下水开采井，依托自治区地下水环境监测信息平台，实现地下水型饮用水水源保护区、重点污染源、水文地质分区等信息共享。

牵头单位：银川市生态环境局贺兰分局

责任单位：自然资源局、农业农村局、水务局、贺兰工业园区管委会、各乡镇（场）

六、切实维护生态环境安全

（二十三）持续提升生态系统质量。坚持自然恢复为主、人工修复为辅、综合康复为基的原则，统筹开展生态保护与修复，推进山水林田湖草沙一体化保护和修复。实施黄河银川段生态系统保护修复。科学推进荒漠化、水土流失综合治理和

历史遗留矿山生态修复。开展国土绿化行动，推进草原森林河流湖泊休养生息，推进城市生态修复。落实湿地分级管理和总量管控制度，确保增补湿地质量，维护湿地生态功能。加强生态保护修复监督评估。到 2025 年，森林覆盖率达到 12.74%、绿地率 38%、绿化覆盖率42%。

牵头单位：自然资源局

责任单位：水务局、住建局

（二十四）实施生物多样性保护重大工程。落实国家生物多样性保护优先区域和国家重大战略区域相关调查、观测、评估工作，完善生物多样性监测网络。根据自治区相关要求，推进以贺兰山为主体的自然保护地体系建设，构筑生物多样性保护网络。加大珍稀濒危野生动植物保护拯救力度。加强生物多样性保护，严格外来入侵物种防控。

牵头单位：自然资源局

责任单位：银川市生态环境局贺兰分局

（二十五）强化生态保护监管。用好第三次全国国土调查成果，按照国家、自治区要求开展生态状况评估工作，加强重点区域流域、生态保护红线、自然保护地、县域重点生态功能区等生态状况监测评估。持续开展“绿盾”专项行动，加强自然保护地和生态保护红线监管，依法加大生态破坏问题查处力度。深入推动“绿水青山就是金山银山”实践创新基地实践。

牵头单位：银川市生态环境局贺兰分局

责任单位：自然资源局、综合执法局、各乡镇（场）

七、有效防范生态环境风险

（二十六）加强危险废物环境监管。强化危险废物源头管控，建立健全危险废物环境重点监管单位清单，严控危险废物贮存环节环境风险。严格危险废物跨区域转移审批，具备危险废物利用处置能力的原则上不批准跨省转移，严禁从县外转入单纯以焚烧、填埋方式处置的危险废物以及利用价值低、危害性大、环境风险大、次生固废产生量大的危险废物。严厉打击危险废物非法转移、倾倒及以副产品名义逃避监管等违法犯罪行为。规范管理垃圾填埋场所，确保污染处理设施安全正常运行，消除环境风险隐患。到2025 年，建立健全源头严防、过程严管、后果严惩的危险废物监管体系。

牵头单位：银川市生态环境局贺兰分局

责任单位：公安局、贺兰工业园区管委会、各乡镇（场）

（二十七）强化新污染物污染治理。落实国家新污染物治理行动方案，开展新污染物调查监测和环境风险评估。建立健全有毒有害化学物质环境风险管理制度，动态发布重点管控新污染物清单及禁止、限制、限排等环境风险管控措施。严格涉新污染物建设项目准入，强化环境影响评价管理，不符合禁止生产或限制使用化学物质管理要求的建设项目，依法不予批准环评手续。

牵头单位：银川市生态环境局贺兰分局

责任单位：发改局、审批服务管理局、卫健局、农业农村局、贺兰工业园区管委会、各乡镇(场)

（二十八）加强重金属污染防控。持续推进涉重金属重点行业企业排查，动态更新、补充完善全口径涉重金属重点行业企业清单，依法依规纳入并公开重点排污单位名录。严格涉重金属企业环境准入管理，在环境重金属超标、排放量大的重点区域，涉重金属重点行业新建、改建、扩建建设项目实施减量替代。推动实施一批重金属减排工程，持续减少重金属污染物排放。到 2025 年，重点行业重点重金属污染物减排量达到考核目标。强化生态环境与健康管理，探索开展区域环境健康风险评估，推进环境健康风险管理与环境准入衔接，提升公众生态环境与健康素养水平。

牵头单位：银川市生态环境局贺兰分局

责任单位：发改局、科学技术和工业信息化局、贺兰工业园区管委会、各乡镇（场）

（二十九）有效防范辐射安全风险。加强放射源全生命周期的监管，强化辐射安全许可证管理，落实属地监管，实行放射源跟踪监管。加强核技术利用单位辐射安全日常监督检查，督促重点监管单位制定应急预案、配齐应急物资。

牵头单位：银川市生态环境局贺兰分局

责任单位：卫健局、审批服务管理局、应急管理局

（三十）加强环境应急管理。开展涉危险废物涉重金属企业、水源地等重点领域环境风险调查评估，实施环境风险分级管控，推动全县涉危险化学品、重金属、危险废物重点监管企业突发环境事件应急预案电子备案。积极推进“南阳实践”实施工作，编制重点河流（河段）突发水污染事件“一河一策一图”。加强环境应急物资储备体系建设和储备能力建设，通过自储、代储、协议储备等方式完善环境应急物资库建设。

牵头单位：银川市生态环境局贺兰分局

责任单位：科学技术和工业信息化局、应急管理局、贺兰工业园区管委会、各乡镇（场）

八、提高生态环境治理现代化水平

（三十一）强化生态环境法治保障

健全生态环境损害赔偿制度，落实环境信息依法披露制度改革要求。加强生态环境保护法治宣传教育，开展多层次多领域普法宣传活动。强化行政执法与刑事司法衔接，建立健全生态环境、公安、检察院等部门联席会议制度，完善信息共享、案情通报、证据衔接、案件移送等机制，联合开展专项行动，形成严厉打击环境污染犯罪行为的合力。

牵头单位：银川市生态环境局贺兰分局

责任单位：县人民法院、检察院、公安局、司法局

（三十二）健全生态环境经济政策

1. 落实国家环境保护、节能节水等企业所得税优惠政策和阶梯电价政策。加快推进用水权、土地权、排污权、山林权、用能权、碳排放权市场化交易。

牵头单位：水务局、农业农村局、自然资源局、银川市生态环境局贺兰分局、发改局

责任单位：六权办、国家税务总局贺兰县税务局、国网贺兰县供电公司

2. 积极促进绿色金融发展，鼓励和支持生态环境部门与金融机构建立合作机制，共享融资需求信息，加大直接融资对生态环境保护项目的投入力度。在环境高风险领域探索建立环境污染强制责任保险制度。全面实施企业环保信用评价制度，发挥环境保护综合名录的引导作用。落实财政投入与环境质量和污染物排放总量挂钩政策，落实黄河银川段干支流及入黄排水沟上下游横向生态环境保护补偿机制，探索建立森林、草原、湿地、沙化土地、水流、耕地等领域生态保护补偿制度。

牵头单位：财政局、银川市生态环境局贺兰分局

责任单位：自然资源局、水务局、各乡镇（场）

（三十三）完善生态环境保护资金投入机制。把生态环境保护作为财政支出的重点领域，把生态环境保护资金投入作为基础性、战略性投入予以重点保障，确保与污染防治攻坚任务相匹配。全面落实自治区生态环境领域财政事权和支出责任划分改革任务要求，逐步构建各级财政资金对生态环保的稳定投入机制。鼓励和支持各地采取PPP、EOD等模式引入社会资本，加大对生态环保项目的投入力度，推动形成多元化资金投入生态环保的良好局面。

牵头单位：银川市生态环境局贺兰分局

责任单位：发改局、财政局

（三十四）实施环境基础设施补短板行动。构建集污水、垃圾、固体废物、危险废物、医疗废物处理处置设施和监测监管能力于一体的环境基础设施体系。开展污水处理厂差别化精准提标。优先推广运行费用低、管护简便的农村生活污水治理技术，加强农村生活污水处理设施长效化运行维护。加强危废集中利用处置能力建设，实行危险废物处置能力区域总量控制，形成产出平衡、适度超前的处置能力。提升医疗废物处置能力，医疗废物无害化处置率达到100%。

牵头单位：银川市生态环境局贺兰分局

责任单位：住建局、卫健局、各乡镇（场）

（三十五）提升生态环境监管执法效能。全面

落实排污许可“一证式”管理，强化排污许可常态化执法检查，建立完善固定污染源执法监测联动机制，构建以排污许可制度为主要依据的日常监督执法体系。拓展非现场监管的手段及应用，建立健全以污染源自动监控为主的非现场监管执法体系。推进“银川生态环境智能监管平台”项目建设，着力提升移动源监管能力。加大生态环境执法力度，严厉打击危险废物非法转移、倾倒、处置等环境违法犯罪，严肃查处环评、监测等领域弄虚作假行为。

牵头单位：银川市生态环境局贺兰分局

责任单位：公安局

（三十六）建立完善生态环境监测体系。健全完善大气、地表水、地下水、土壤、生态、农村等环境质量监测体系，构建政府主导、部门协同、企业履职、社会参与、公众监督的生态环境监测格局。建立健全体制机制运行顺畅、质量管理严格规范、智慧监测初步实现的生态环境监测网络，实现环境质量、生态质量、污染源监测全覆盖。不断提升生态环境监测基础能力，配合银川市推进交通污染专项监测项目、空气治理预警预报能力提升项目等大气污染防治项目建设，补齐细颗粒物和臭氧协同控制、碳排放、城市声环境、生态遥感、应急能力等监测短板。逐步拓展黄河流域银川段水生态监测，启动新污染物监测与评估。加强监测质量监督检查，确保数据真实、准确、全面。

牵头单位：银川市生态环境局贺兰分局

责任单位：贺兰工业园区管委会

（三十七）推动服务型生态环境科技创新。围绕生态保护修复、环境污染治理、资源高效利用、“双碳”目标实现等重点任务，支持实施一批重点技术攻关项目，突破关键核心技术，加大科技成果转化力度。加快生态环境领域科技创新平台建设。加快发展节能环保产业，加大对工业园区和重点企业循环化改造力度，提高环保产业技术装备水平。支持开展垃圾处理、污水处理等科技创新。构建智慧高效的生态环境管理信息化体系。

牵头单位：科学技术和工业信息化局

责任单位：贺兰工业园区管委会、银川市生态环境局贺兰分局

九、加强组织实施

（三十八）加强组织领导。全面加强党对生态环境保护工作的领导，进一步完善县委、县政府负总责，各相关单位抓落实，运用好县生态环境保护议事协调机制作用，研究推动解决我县生态环境保护重要问题，加强统筹协调，形成工作合力，确保日常工作机构有场所、有人员、有经费。加快构建减污降碳一体谋划、一体部署、一体推进、一体考核的制度机制。

牵头单位：县委办公室

责任单位：县委组织部、政府办公室、财政局、银川市生态环境局贺兰分局

（三十九）强化责任落实。各乡镇（场）、各责任部门要坚决扛起生态文明建设政治责任，深入打好污染防治攻坚战，把解决群众身边的生态环境问题作为“我为群众办实事”实践活动的重要内容，列出清单、建立台账，长期坚持、确保实效。各单位主要负责人是本行业（辖区）生态环境保护第一责任人，要加强组织领导、调查研究、决策部署，定期研究生态环境保护工作，其他分管领导要全面落实“管发展必须管环保、管生产必须管环保、管行业必须管环保”的要求，坚决做到守土有责、守土负责、守土尽责。各有关部门（单位）要全面落实生态环境保护责任，细化实化污染防治攻坚战政策措施，分工协作、共同发力。县人大及其常委会加强生态环境保护监督；政协要加大生态环境保护专题协商和民主监督力度；法院和检察院要加强环境司法。贺兰县生态环境保护领导小组办公室要做好任务分解，加强调度评估，重大情况及时向县委、县政府报告。

牵头单位：银川市生态环境局贺兰分局

责任单位：县生态环境保护领导小组各成员单位

（四十）强化宣传引导。创新生态环境宣传方式方法，广泛传播生态文明理念。深入推进“银川市黄河流域生态保护主题宣传实践月”，着力构

建生态环境治理全民行动体系，发展壮大生态环境志愿服务力量，深入推动环保设施向公众开放，完善生态环境信息公开和有奖举报机制，积极引导并支持新闻媒体开展宣传报道。

牵头单位：银川市生态环境局贺兰分局

责任单位：县生态环境保护领导小组各成员单位

（四十一）强化队伍建设。推进生态环境监测监察执法机构能力标准化建设。统一保障生态环境保护执法用车和装备。持续加强生态环境保护铁军队伍建设，锤炼过硬作风，塑造良好形象，严格对监督者的监督管理。

牵头单位：银川市生态环境局贺兰分局

责任单位：县委组织部、编办、财政局、人社局

（四十二）强化监督考核。坚决整改中央、自治区生态环境保护督察反馈问题。完善生态环境保护督察制度，定期对整改任务开展督察。深入开展重点区域、重点领域、重点行业监督帮扶。继续开展污染防治攻坚战成效考核，完善相关考核措施，强化考核结果运用。各有关部门（单位）要将深入打好污染防治攻坚战年度目标任务落实情况及下一年度工作计划纳入生态环境保护工作情况，于每年 12 月底前向县委和县政府报告，并抄送贺兰县生态环境保护领导小组办公室。

牵头单位：银川市生态环境局贺兰分局

责任单位：县纪委监委、县委组织部、县委督查室、政府督查室、县生态环境保护领导小组各成员单位

中共贺兰县委员会　贺兰县人民政府关于印发《贺兰县贯彻落实自治区党委　人民政府关于全方位优化营商环境推动民营经济高质量发展的若干意见》的通知

（贺党发〔2023〕12 号）

宁夏贺兰工业园区党工委，县委各部委，政府各部门、各人民团体、各乡镇场（街道）、县属各企事业单位驻县区市属各单位党委（党组、党工委、总支、支部）：

《贺兰县贯彻落实〈自治区党委人民政府关于全方位优化营商环境动民营经济高质量发展的若干意见〉的分工方案》已经县委、县政府同意，现印发给你们，请认真抓好落实。

中共贺兰县委员会
贺兰县人民政府
2023 年 4 月 13 日

贺兰县贯彻落实《自治区党委　人民政府关于全方位优化营商环境推动民营经济高质量发展的若干意见》的分工方案

民营经济是实施扩大内需战略、深化供给侧结构性改革的重要载体。是建设现代化经济体系、推动高质量发展的重要主体，是建设黄河流域生态保护和高质量发展先行区、社会主义现代化美丽新宁夏的重要力量，为全面落实党的二十大精神，深入贯彻习近平总书记关于民营经济发展的重要论述和视察宁夏重要讲话重要指示批示精神，坚持“两个毫不动摇”，促进“两个健康”，全方位优化提升有利于民营经济创业创新创造的政策制度和发展环境，推动形成民营经济总量规模更大、质量效益更高、创新能力更强，产业结构更优、发展活力更足的良好发展生态，开启民营企业加速度壮大新征程，开创民营经济高质量发展新局面、按照自治区党委、政府《关于全方位优化营商环境推动民营经济高质量发展的若干意见》和《银川市关于全力打造更好更优服务环境助力企业高质量发展的若干措施》要求，结合贺兰县实际提出如下方案。

一、优化公平竞争的市场环境

1. 全面放宽市场准入。严格落实市场准入负面清单制度，持续清理各类市场准入显性和隐性壁垒，深入开展市场准入效能评估，推动“非禁即入”普遍落实。鼓励民营企业参与电力、天然气、水利、园区基建等重点行业领域相关业务，以及养老、医疗教育，文体等事业，引导民间投资用好基础设施领域政策性开发性金融工具等，积极参与数据中心、人工智能等新型基础设施及相关领域投资建设和运营。选择一批“十四五”规划重大工程示范项目吸引民间资本参与，建立完善社会资本投融合作对接机制，提高民间资本投资信心和收益预期。

牵头单位：发改局

责任单位：审批服务局、商务和投资促进局、财政局、人行永宁支行贺兰营管部

2. 全面实施公平竞争审查制度。进一步深化公平竞争审查制度的实施，加强与现行法律体系和行政管理体制的衔接，建立健全公平竞争审查工作机制、投诉举报机制，坚持自我审查与专门机构指导监督相结合，在完善制度规则、优化审查流程、强化考核监督、提升审查能力上下功夫，充分发挥公平竞争审查作用，推动有为政府和有效市场更好结合。严格审查涉及市场主体经济活动的增量政策措施，开展与企业性质挂钩的行业准入、资质标准产业补贴等专项清理工作，保障各类市场主体平等使用生产要素，公平参与市场竞争。

牵头单位：市场监管局

责任单位：县公平竞争审查联席会议成员单位

3. 破除招投标隐性壁垒。推进公共资源交易数字化、智慧化改革，全面推广电子招投标，扩大公共资源交易“区块链”平台共享应用，努力破解企业投标经济和时间成本问题。进一步推动“互联网 + 公共资源”，依托互联网信息技术，推动更多项目采取跨区域远程异地评标方式，杜绝交易活动的人为干扰。严格审查招标文件的合法性，严禁设定限制和排斥潜在投标人的资质和条件加大政采购支持中小企业力度，提高中小企业在政府采购中的份额，向中小企业预留的采购份额应当占本部门年度政府采购项目预算总额的40%以上，其中，预留给小型微型企业的比例不低于 60%。持续完招投标领域标前、标中、标后监管，严肃处理违法违规行为，进一步规范交易流程，提升进场交易服务标准和服务质量。

牵头单位：审批服务局、财政局

责任单位：贺兰工业园区管委会、住建局、交通局、水务局、农业农村局、各乡镇（场）

4. 规范市场监管制度。建立健全以污染源自动监控为主的非现场监管执法体系，推动生态环境领域包容审慎监管和首违免罚制度落实。大力推动部门联合、重点领域和信用风险分级的“双随机、一公开”监管，公布随机抽查事项清单；推行信用监管和“互联网 + 监管”改革，对创新型企业行包容审慎监管；实行行政自由裁量基准制度切实规范行政执法行为。按照国家统一标准规范失信联合惩戒对象纳入和退出程序，规范信用核查和联合惩戒。

牵头单位：司法局、市场监管局

责任单位：发改局、市生态环境局贺兰分局应急管理局

二、完善保障有效的政策环境

5. 切实减轻企业税费负担。严格落实增值税留抵退税、小规模纳税人增值税减免、研发费用加计扣除、小微企业普惠性政策等各项“减免缓退”税收优惠政策。全面落实国家及自治区关于失业、工伤保险、稳岗返还、房产税和城镇土地使用税困难性减免等政策。对部分截止时间为 2022 年 12 月 31 日的政策条款，所需申报要件（证明材料）已在 2023 年 3 月 31 日前提供齐全的，相关补助、奖励等按照程序尽快兑现到位。对入驻各类孵化基地创业园区的小微企业，提供低成本场地支持。推以银行保函、保证保险替代现金缴纳保证金模式切实减轻企业缴费负担。制定减税降费政策清单涉企收费目录清单，加强政策辅导和监督检查，力促各类惠企资金精准、及时直达企业。

牵头单位：财政局、税务局

责任单位：贺兰工业园区管委会、科技和工信局、农业农村局、商务和投资促进局、人社局、市场监管局、人行永宁支行贺兰营管部、各驻县金融机构、各乡镇（场）、富兴街街道办

6. 加大信贷支持力度。用好用足再贷款再贴现设备更新改造再贷款等货币政策工具，引导金融机构扩大民营企业中长期贷款投放。鼓励金融机构针对企业特点推出差异化金融产品，发展票据订单、应收账款、政府采购合同、收费权、知识产权以及设备、原材料、活体牲畜等抵押、浮动抵押、质押融资，拓宽轻资产企业融资渠道。指导企业申报自治区“信易贷”“专精特新贷”“宁科贷”“宁岗贷”等专项贷款，支持实体经济和劳动密集型小微企业发展，解决民营企业特别是小散企业融资难、融资贵的问题。引导商业银行健全尽职免责机制，依法依规放宽对普惠型小微企业贷款不良率的容忍度。依托贺兰县金融服务共享平台开展常态化银企对接。完善信贷风险担保补偿机制。充分发挥7000万元县乡村振兴基金等金融工具撬动作用，切实解决企业短期资金困难，缓解企业资金流动性压力。支持银行机构通过大数据精准画像，扩大小微企业信用贷款比重。鼓励政府性融资担保机构积极开展“见贷即担”“见担即贷”批量担保业务，在可持续经营的前提下逐步将平均担保费率降至1%以下。

牵头单位：财政局

责任单位：贺兰工业园区管委会、各驻县金融机构、人行永宁支行贺兰营管部、发改局、科技和工信局、农业农村局、各乡镇（场）、富兴街街道办

7. 完善直接融资支持制度。落实自治区企业上市“明珠计划”，积极争取自治区和银川市分阶段奖励政策。及时兑现县级挂牌上市奖。对当年在全国证券交易场所挂牌上市的企业，完成股份制改造及上市申报的奖励50万元，成功上市后再奖励150万元。对当年在全国中小企业股份转让系统（新三板）挂牌的企业，完成股份制改造及挂牌申报的奖励20万元，成功挂牌的再奖励60万元对参与母公司股改，母公司在全国证券交易场所挂牌上市的，奖励子公司20万元；母公司在全国中小企业股份转让系统（新三板）挂牌的，奖励子公司10万元。新迁入我县企业3年内在全国证券交易场所挂牌上市的，另奖励100万元。励和引导符合条件的民营企业发行公司债、企业债集合债、非金融企业债务融资工具等债券，指导成功发债的民营企业享受自治区贴息政策。鼓励民营企业通过债务重组等方式合力化解股票质押风险。

牵头单位：财政局、科技和工信局

责任单位：贺兰工业园区管委会、各乡镇（场）、富兴街街道办

8. 强化用地供给。产业用地可依照规定采取长期租赁、先租后让、租让结合、弹性年期方式供应优化调整全县工业用地出让工作流程，年内安排不少于200亩产业用地，用于全县重点招商引资项目存量优质企业产业用地需求保障。在符合国土空间规划、不改变用途、不影响安全的前提下，企业依照规定在现有工业用地上通过厂房加层、厂区改造内部用地整理等途径提高土地利用率和增加容积率的，不再增收土地价款。加快解决企业用地产权历史遗留问题，依法履行与企业签署的用地协议，保障企业用地权益。鼓励园区出清“僵户”企业，加快“腾笼换鸟”，淘汰落后产能，满足“三新”业用地需求。2023年，处置批而未供土地800亩，盘活闲置土地300亩，园区新增工业项目用地宗数20%以上采取“标准地”供应。

牵头单位：自然资源局

责任单位：贺兰工业园区管委会、科技和工信局、各乡镇（场）、富兴街街道办

9. 加强用能保障。坚持“要素跟着项目走”建立新上项目能耗强度标杆引导机制，严格新建项目能耗管控和水资源论证，合理保障低能耗强度优质项目用能需求，对重点项目开辟绿色通道，加快办理能评手续，引导能耗要素向符合生态优先、绿色低碳发展要求的高质量项目流动。加大重点耗能行业节能改造力度，确保单位产品能耗达到清洁生产标准的先进水平。全面落实自治区用电容量160千瓦及以下的小微企业低压用电实施“零投资”报装政策。着力降低企业用能成本，严禁对未列入有序用电、负荷管理、轮休轮停方案的重点产业重点企业拉闸限电。

牵头部门：发改局

配合部门：贺兰工业园区管委会、科技和工信局、水务局、供电公司

10. 加强民营企业引才和用工服务。深入实施新时代人才强县战略，加大人才引育力度，以市场化手段集聚“高精尖缺”人才，促进人才链与产业链创新链深度融合。支持民营企业通过技术研发，成果转化、带培带教等方式，柔性引进一批学术技术水平高、急需紧缺的高层次人才。支持企业建设院士专家工作站、博士后科研工作站，支持企业建设人才小高地，每年支持建设人才小高地 2 个。对认定为自治区级创新团队的且在企业参与实施自治区重大、重点研发项目的，一次性补助 5 万元。大实施职业技能提升行动，开展“订单式”“靶向式”“平快”教育培训。构建“校企联动、学做结合、学工交替”培育高技能人才新模式。引导公共人力资源服务机构为民营企业提供专项服务、精准服务，提高“空岗”供需对接效率。鼓励经营性人力资源服务机构和职业中介机构与民营企业深化合作，强化跨区域、点对点劳务输送。2023 年，力争引进急需紧缺人才 200 名。

牵头单位：人社局

责任单位：贺兰工业园区管委会、人才办、教体局、科技和工信局、农业农村局、各乡镇(场)、富兴街街道办

三、构建改革引领的创新环境

11. 支持民营企业科技创新。支持企业创新平台建设，鼓励由企业牵头，在电子信息、生物医药、新材料等科技前沿，组建国家级重点实验室自治区级工程技术研究中心、技术创新中心。截至 2023 年 12 月，对当年新认定的国家级重点实验室、自治区级工程技术研究中心、自治区技术创中心的，分别给予50 万元、30 万元、20 万元的补助支持民营企业独立或联合开展科研攻关、产业创重点任务揭榜挂帅，着力提升民营企业自主创新能力。对认定为国家级、自治区级科技企业孵化器的分别给予 30 万元、10 万元一次性补助。认定为国家级、自治区级众创空间的，分别给予 10 万元、5 万元一次性补助。企业通过自主创新研发的新产品当年实现销售收入 1000 万元以上（含 1000 万元）且被认定为国家级、自治区级新产品的分别一次性补助 15 万元、5 万元。积极引导民营企业向科技型企业转型发展，对当年新认定的国家高新技术企业、自治区“小巨人”企业或自治区农业高新技术企业、科技型中小企业分别给予 50 万元、30 万元、5 万元的一次性补助。对当年主导制定国家标准或行业标准（排名前五位）的制造业企业和对当年主导制定自治区标准或团体标准（排名前三位）的制造业企业，经认定，分别给予 30 万元和 10 万元的一次性奖励。以上所有补助资金原则上企业应用作下一年度科技研发投入。2023 年，力争新增国家、自治区级创新平台 8 家以上，确保全社会 R&D 投入强度增长 10%以上。

牵头单位：科技和工信局

责任单位：贺兰工业园区管委会、发改局、财政局、人社局、市场监管局、各乡镇（场）、富兴街街道办

12. 引导民营企业改革创新和转型升级。鼓励有条件的民营企业加快建立治理结构合理、股东行为规范、内部约束有效、运行高效灵活的现代企业制度。鼓励民营企业引入职业经理人，健全内部管理制度，完善激励约束机制。支持民营企业和民间资本通过出资入股、收购股权、股权置换等方式参与国有企业混合所有制改革。支持民营企业聚焦技术更新、设备更新、系统更新、节能降碳等关键环节加快转型升级。对规模以上工业企业技改设备投入当年不低于 500 万元的，按照实际入库额的 59 给予奖励，单个技改项目当年奖励资金额度不超过 200 万元。支持企业绿色低碳循环发展，对当年获评国家级、自治区级绿色工厂的企业，分别给 20 万元、10 万元的一次性奖励。对当年新获评自治区级资源综合利用示范企业的，给予 10 万元的一次性奖励。对当年新获评自治区、银川市节水型企业的，分别给予 10 万元、5 万元的一次性奖励实施大企业培育、中小企

业跃升、小微企业入规计划，对当年纳规入库的工业企业执行《银川市关于进一步促进工业经济平稳增长的若干措施》，给予15万元奖励；对首次升规纳入核算的服务业企业给予10万元一次性奖补，对当年新增入库的批发零售、住宿餐饮业企业、个体给予10万元的一次性奖补。2023年，力争新增规模以上工业企业10家，确保技改投资增长10%。

牵头单位：科技和工信局

责任单位：贺兰工业园区管委会、发改局、财政局、市生态环境局贺兰分局、市场监管局、各乡镇（场）、富兴街街道办

13. 支持民营企业抢跑产业新赛道。围绕产业链布局创新链，加快产业迭代升级步伐，在元宇宙、预制菜、人工智能、绿色低碳、数字经济、创意文旅等领域协同推进新载体、新生态、新体系发展。支持民营企业参与“东数西算”示范、信息技术应用创新、国家级数据供应链培育“三大基地”建设。鼓励民营企业应用互联网、云计算、大数据、人工智能等现代技术手段，推进生产方式、组织与管理、服务与商业模式创新，加快数字化转型支持中小企业提升敏捷制造、柔性制造和精益生产能力，培育一批“小灯塔”企业。对当年新获评国家级、自治区级“互联网+制造业”试点示范项目或工业互联网发展试点项目的企业，分别给予20万元、10万元的一次性奖励。对当年新入选国家智能制造试点示范工厂揭榜单位或国家智能制造优秀场景的企业，给予30万元的一次性奖励。对于新获评自治区智能工厂、自治区数字化车间的企业、分别给予10万元的一次性奖励。当年新获评国家专精特新“小巨人”企业、全国制造业单项冠军示范企业（产品）的，各给予30万元的一次性奖励。2023年，力争新培育自治区专精特新中小企业和“小巨人”企业4家，新培育智能工厂和数字化车间4家。

牵头单位：发改局、科技和工信局

责任单位：贺兰工业园区管委会、农业农村局商务和投资促进局、文旅局、财政局、各乡镇（场）、富兴街街道办

14. 支持民营企业融入产业链建设。围绕“新六特六优”产业细分领域，加快引进上下游配套企业，促进产业链供应链协同联动，推动创新链产业链资金链人才链深度融合。深入实施国家扩大、二、三产业融合发展，鼓励民间需战略，推动资本积极投向乡村产业振兴领域，支持农产品加工企业实施技术装备改造升级项目，不断扩大特色优势产品高端供给。支持“链主”培育，引导中小企业“卡链补位”，构建链式产业发展生态。指导嵌入国内外知名企业产业链的企业、具有产业生态主导力的自治区链主企业、成功配套区内链主企业并建立长期供货机制的专精特新中小企业以及新认定的国家级和自治区级农业产业化重点龙头企业争取自治区资金扶持。

牵头单位：科技和工信局

责任单位：贺兰工业园区管委会、农业农村局商务和投资促进局、文旅局、市场监管局、各乡镇（场）、富兴街街道办

四、打造高效便利的政务环境

15. 进一步深化“放管服”改革。全面推行政务服务事项“一网通办”，推动政务服务下村社进园区。完善基层政务服务站点信息化基础设施、全面实施“综合窗口”，梳理发布“一窗综办”事项清单。持续便利市场主体登记，推进“一业一证”“一址多照”改革，推行企业年度报告“多报合一”。深化企业开办“一网通办”，持续推进电子营业执照跨区域、跨行业、跨层级互认互信，新设立企业100%发放电子营业执照和电子印章，巩固企业开办3小时办理质效。推行“一件事一次办”政务服务事项网办率达到90%以上。进一步优化完善工程建设项目“分类定制审批”，推行“告知承诺”“容缺办理”“绿色通道”“帮办代办”“N+1极简审批服务模式，全力做好项目建设要素保障。提供企业开立、注销，项目立项、验收等代办、领办服务，企业生产运营、投资扩能、市政接入等帮办服务，不动产转移登记即来即办，简易低风险项目审批时限减至1~2个工作日办结，社会投资项目全流程审批50个工作日。

牵头单位：审批服务局

责任单位：市场监管局、自然资源局、住建局等相关部门

16. 规范行政审批中介服务行为。实行中介服务事项清单管理，全面清理无法定依据的行政审批中介服务事项，对确需保留的强制性中介服务事项建立清单并向社会公布。各行业主管部门负责加强对本行业中介服务的规范管理，推动中介服务机构公开服务指南，明确服务条件、服务流程、服务时限、收费标准等。

牵头单位：审批服务局、市场监管局

责任单位：自然资源局、住建局、农业农村局科技和工信局、商务和投资促进局等相关行业部门

17. 完善惠企政策直达机制。用好“政企通”政策平台，加强涉企信息归集共享，创新服务机制，简化办理程序，通过直达快享、免申即享等方式，推动助企纾困政策快速落地。完善惠企政策清单，强化数字化运用，实现企业轻松找政策、政策精准找企业，助力市场主体享受优惠政策“一键直达”。实施减税退税降费政策，降低实体经济成本。

牵头单位：发改局

责任单位：审批服务局、财政局、税务局、人社局、科技和工信局、商务和投资促进局

18. 健全服务企业常态长效机制。深入推进县处级领导包抓企业机制，各级领导干部承担企业服务专员职责，在落实中央八项规定及其实施细则和遵守廉洁自律准则的条件下，做好企业服务，增强企业发展的信心和底气。优化强化稳就业一揽子政策，创建政府与企业联动、就业与创业互补等机制，着力缓解“用工难” “就业难”。打好援企稳岗、助企扩岗等“组合拳”，支持城市灵活就业人员从事电商、快递、送餐等行业。畅通营商环境投诉“直通车”，用好营商环境投诉督办室，实现投诉处理环节全过程“闭环”管理，让“无事不扰、有事找我”成为服务企业“第一准则”。

牵头单位：科技和工信局、发改局

责任单位：审批服务局、商务和投资促进局人社局、农业农村局

19. 无事不扰企业。减轻企业负担，保证企业集中精力生产经营，每月 6—25 日为“企业安静日”原则上不得入企开展行政执法检查；对其他企业实行“清单之外无检查”，除法律规定或国家、自治区要求必须进行的安全生产等检查，不得自行安排检查。建立跨部门、跨区域联合执法备案制度，严禁多头执法、重复执法，杜绝“以罚代管”，不得实施大面积停工停业停产。严查行政执法部门（单位）及其工作人员强迫、暗示、介绍购买指定商品和接受指定服务，向企业强制摊派费用和变相收费等行为，严肃追究党纪政务责任；构成犯罪的，移送司法机关。

牵头单位：科技和工信局

责任单位：市场监管局、应急管理局、市生态环境局贺兰分局、综合执法局、公安局、人社局

五、健全平等保护的法治环境

20. 健全执法司法对民营企业的平等保护机制。依法区分经济纠纷、行政违法与刑事犯罪，加大对民营企业的刑事保护力度，依法惩治侵犯民营企业投资者、管理者和从业人员合法权益的违法犯罪行为。提高司法审判和执行效率，结合具体案件情况适用繁简分流，有效维护企业正常生产经营活动秩序。建立公益性法律组织，对确有困难的民营企业提供法律援助。对首次发生并及时纠正，危害后果轻微的违法行为依法从轻、减轻、不予处罚。准确区分合同纠纷与合同诈骗、个人犯罪与企业违规等界限，坚决防止将民事纠纷变为刑事案件。依法宽容企业特别是在新技术新产业新业态新模式发展壮大、改革创新中出现的偏差失误。

牵头单位：政法委

责任单位：司法局、法院、检察院、公安局市场监管局

21. 保护民营企业和企业家合法权益。依法准确审慎适用强制措施，不得查封、扣押、冻结与案件无关的财产。依法严格区分违法所得、其他涉案财产与合法财产，严格区分企业法人财产与

股东个人财产，严格区分涉案人员个人财产与家庭成员财。持续甄别纠正侵犯民营企业和企业家人身财产权的冤错案件。深入推进涉案企业合规改革，促进企业守法合规经营。推行涉税事项说服教育、约谈警示、风险提醒、自查辅导等非强制性执法方式推广社会律师、公职律师参与涉税争议咨询调解机制，切实维护民营企业合法权益。加强涉政府产权历史遗留问题梳理排查，建立问题清单，开展专项治理，建立产权保护长效机制。

牵头单位：政法委

责任单位：各行政执法部门

22. 加大民营企业知识产权保护力度。提升知识产权服务水平，持续深化知识产权领域“放管服”改革，重点加强对市场主体商标注册、运用、管理保护与推广的指导和服务。落实自治区知识产权保护条例，完善知识产权保护综合管理体制。严厉打击知识产权重复侵权、群体侵权、恶意侵权等行为强化驰名商标保护工作。

牵头单位：市场监管局

责任单位：司法局、法院、科技和工信局、文广局

23. 完善市场退出机制。全力深化简易注销春记改革，大力推广企业注销“一网通办”，最大限度畅通市场主体退出渠道。设立企业破产专项资金支持管理人在破产案件中依法履职，缩短破产处置时间，提高破产案件办理效率。在符合税法规定的条件下，企业在破产清算重整中可享受相关税收优惠政策。坚持市场化、法治化原则，通过兼并重组、破产清算等方式，推动“僵尸企业”有序退出。

牵头单位：审批服务局、法院

责任单位：市场监管局、财政局、税务局

六、创建诚信友善的社会环境

24. 健全政府守信践诺机制。贯彻民营经济统战工作“信任、团结、服务、引导、教育”的方针打造诚信投资环境，依法推进政务公开规范化标准化，加强法治政府、诚信政府建设，在政府和社会资本合作、招商引资等活动中依法诚信履约，增强投资者信心。开展政府机构失信问题专项治理活动，对易发失信行为重点领域进行拉网式排查，对确需改变政府承诺和合同约定的，依法依规进行并依法补偿企业和投资人损失，坚决杜绝“新官不理旧账”情况发生，不断提高政府公信力。常态长效开展中小企业民营企业账款清欠行动，健全长效机制，严防新增账款，多方筹措资金、推动遗留账款化解对涉及纠纷的，加快司法审理程序，确保无分歧账款实现“动态清零”。

牵头单位：发改局

责任单位：商务和投资促进局、司法局、人社局、财政局、科技和工信局、法院、各乡镇场

25. 引导市场主体诚信经营。依法推进社会信用体系建设，建立健全覆盖各类信用主体、重点领域、关键环节的信用法规体系和信用标准体系。加大信用信息归集力度，全面提高信息归集质量，推动执法监管、处置信息、失信联合惩戒信息等与相关部门业务系统按需共享，依法依规对失信行为实施惩戒。大力推行信用承诺制，提升企业和群众诚信守约意识，着力构建以信用为基础的极简审批服务工作机制。畅通信用修复渠道，靠前服务，引导帮助有关企业及时修正失信行为，自主、便捷、快速修复企业信用，重塑诚信守法企业名片。利用线上线下各种平台，开展系列宣传活动，大力弘扬诚信文化，营造守信践诺良好氛围。

牵头单位：宣传部、网信办

责任单位：贺兰工业园区管委会、公安局、科技和工信局、信访局、商务和投资促进局、工商联

七、营造风清气正的政治环境

26. 加强党的领导。县委、县政府要深刻认识民营经济的重要贡献、重要地位、重要作用，高度重视支持民营经济发展工作。切实加强民营经济统战工作，把广大民营经济人士更加紧密地团结在党的周围。各单位、各乡镇场要坚持党政“把手”统筹主抓，最大限度拓展民营经济发展空

间：最大力度优化民营经济发展环境，最大程度激发民营经济发展活力。要进一步增强党对民营经济的领导力凝聚力，汇聚万众一心、团结奋斗的磅礴力量。

牵头单位：发改局

责任单位：贺兰工业园区管委会、司法局、市场监管局、工商联、法院、人行永宁支行贺兰营管部、各乡镇（场）、富兴街街道办

27. 大力弘扬企业家精神。广泛组织企业参加宁商大会、优秀中国特色社会主义建设者、“宁夏百强”民营企业评选等活动，争取更多贺兰企业入围、引领带动更多企业争先创优。讲好企业家故事，融媒体中心开设专栏，广泛宣传优秀企业和企业家事迹，在全社会形成尊重企业家、支持企业家、关心企业家的浓厚氛围。制定更多支持企业发展的政策措施，建立政银企信息共享和沟通对接机制、广泛倾听企业家意见，扎实办理企业投诉，邀请企业参与部门评价，提振企业家精气神，解决企业家烦心事，激发企业家事业心。维护企业家声誉。建立企业负面信息澄清机制，对涉及企业家及企业的信访、举报、网络舆情，实行快查快结，查无问题的快速澄清，严查诬告、诽谤、造谣等行为，查处结果经企业家或企业同意可依法向社会公开，帮助企业家及企业及时消除负面影响。

牵头单位：宣传部、网信办

责任单位：贺兰工业园区管委会、公安局、科技和工信局、信访局、商务和投资促进局、工商联

八、营造风清气正的政治环境

28. 加强党的领导。县委、县政府要深刻认识民营经济的重要贡献、重要地位、重要作用，高度重视支持民营经济发展工作。切实加强民营经济统战工作，把广大民营经济人士更加紧密地团结在党的周围。各单位、各乡镇场要坚持党政“把手”统筹主抓，最大限度拓展民营经济发展空间：最大力度优化民营经济发展环境，最大程度激发民营经济发展活力。要进一步增强党对民营经济的领导力凝聚力，汇聚万众一心、团结奋斗的磅礴力量。

牵头单位：县委办、政府办

责任单位：贺兰工业园区管委会、县委组织部统战部、工商联、各乡镇（场）、富兴街街道办

29. 健全组织体系。成立贺兰县促进民营经济和中小企业发展工作领导小组，成员为县委组织部统战部、工商联、科技和工信局、财政局、发改局商务和投资促进局、司法局、市场监管局、审批局、税务局、各乡镇场主要负责同志、办公室设在科技和工信局。领导小组建立工作联席会议机制和协调机制，定期召开工作联席会议，加强民营经济研判调度、协调解决存在的问题。同时积极调动社会力量，利用法律维权服务机构、企业服务工作机构，形成纵向联动、横向协同的促进民营经济高质量发展的工作网络。

牵头单位：宣传部、科技和工信局

责任单位：贺兰工业园区管委会、财政局、商务和投资促进局、工商联展的工作网络。

30. 规范政商交往。全面推行政商交往正面清单和负面清单，明晰政商交往界限、规范政商交往行为，推动政商交往“亲”而有度、“清”而有为。加强对政商交往行为的容错纠错和常态化监督检查，及时受理和处置相关投诉举报，对在政商交往中存在违规违纪问题的单位和人员要依规依纪严肃处理充分发挥工商联及商会、协会桥梁纽带作用，充分了解企业诉求，畅通双向交流。支持优秀民营企业家担任县人大代表、政协委员，在群团组织中兼任相关职务。研究涉企政策措施、产业布局发展重大项目建设时，邀请企业家代表参加，充分听取企业家意见建议。

责任单位：贺兰工业园区管委会、纪委监委县委组织部、统战部、发改局、财政局、工商联

31. 完善工作机制。健全民营企业评价政府服务机制，坚持“日常评议＋集中测评”，邀请民营企业对全县各职能部门落实营商环境更好服务市场主体情况进行满意度评价，推动提升政务服务效能。优化民营经济统计报告工作制度，加强对三次产业领域民营企业运行的统计监测、分析研

究，为政策执行和调整提供决策依据。

牵头单位：发改局

责任单位：贺兰工业园区管委会、县委考评中心、统计局、科技和工信局、商务和投资促进局农业农村局、各乡镇（场）、富兴街街道办

32. 加强民营企业党的建设。坚持应建尽建优化设置，深入开展非公党建夯基扩面行动，探索建立民营企业党组织与企业管理层沟通协调机制党组织书记参加或列席企业管理层重要会议制度进一步增强政治功能和组织功能。深化“红色车间”“创岗建区”“党员技术攻关小组”等经验做法切实发挥党员先锋模范作用，推动党员在企业生产技术创新等方面破解发展瓶颈和难题，促进民营企业党组织领导力凝聚力不断提升，以高质量党建引领民营经济高质量发展。

牵头单位：县委组织部

责任单位：贺兰工业园区管委会、工商联、工会、团委、各乡镇（场）、富兴街街道办

33. 强化督查问责。将全方位优化提升营商环境和推动民营经济高质量发展工作纳入县委、县政府重点督查督办事项，把政务履约和守诺情况纳入效能目标管理考核。进一步建立完善“三察（查）一体”常态化工作推进机制，重点聚焦重点项目落地推进、政策措施落实兑现等，持续督导各部门（单位）担当履职尽责，推动涉企部门主体责任落实和干部作风转变。对营商环境建设中的不正当政商交往、政策落实“中梗阻”和“慵懒散慢推拖”等问题依纪依规严肃追责问责。

责任单位：纪委监委、县委组织部、县委督查室、政府督查室

中共贺兰县委办公室　贺兰县人民政府办公室关于印发《贺兰县“就业创业促进年”活动实施方案》的通知

（贺党办〔2023〕54号）

宁夏贺兰工业园区党工委，县委各部委，政府各部门、各人民团体、各乡镇场（街道）、县属各企事业单位、驻县区市属各单位党委（党组、党工委、总支、支部）：

《贺兰县“就业创业促进年”活动实施方案》已经十五届县委2023年第12次常委会会议和十九届人民政府第38次常务会议同意，现印发给你们，请结合实际认真贯彻落实。

中共贺兰县委办公室
贺兰县人民政府办公室
2023年5月5日

贺兰县“就业创业促进年”活动实施方案

就业是最基本的民生，是城乡居民增收之源、社会和谐之基。为深入贯彻党的二十大精神，认真贯彻党中央、国务院关于稳就业的决策和部署，全面落实区、市、县党委和政府关于开展“就业创业促进年”活动的安排部署，进一步落实落细就业优先政策，促进高质量充分就业，结合我县实际，制定如下实施方案。

一、总体要求

（一）指导思想。以习近平新时代中国特色社会主义思想为指导，坚持以人民为中心的发展思想，坚决扛牢稳就业促就业重大政治责任，实施就业优先战略，强化就业优先政策，以实施“就业容量扩增行动”“就业岗位拓展行动”“重点群体就业促进行动”“创业带动就业助力行动”“职业技能培训提质行动”“就业服务质量提升行动”“劳动权益保护行动”七大行动为主线，建立健全政府与企业联动、发展与就业统筹、就业与用工融通、培训与输出一体、援助与自强互励、就业与创业互补、数量与质量并重“七项机制”，进一步扩大就业容量，提升就业质量，缓解结构性就业矛盾，加快提升劳动者技术技能素质，有效防范化解失业风险，推动实现更高质量充分就业。

（二）主要目标。2023年实现城镇新增就业4400人，就业困难人员实现就业480人，农村劳动力转移就业2.5万人以上。高校毕业生就业去向落实率90%以上，新培育创业实体430个，创造新岗位820个。城镇调查失业率控制在5.5%以内。确保每个家庭至少有1人稳定就业。

二、主要任务

（一）实施就业容量扩增行动。进一步突出经济发展的就业导向，聚焦重大项目和产业发展，挖掘内需潜力，增加就业岗位供给，稳定岗位存量，扩大就业容量。

1. 发挥项目带动就业作用。积极落实有利于促进就业的宏观经济、投资、产业等方面的政策，支持多渠道增加就业岗位，对劳动密集型产业、服务业、中小企业加大支持力度，为稳定就业岗位和促进就业提供支撑。发挥重大项目的就业“增容器”作用，优先投资创造岗位多的项目，抓紧实施吸纳就业量大的项目，培育就业增长极。建立项目带动就业数据库，落实以工代赈项目吸纳农民工占比15%和劳务报酬占比30%的要求。政府投资建设的基础设施项目，优先使用项目所在地居民，促进劳动力就近就地就业。全年重点项目带动就业2万人次以上。［牵头单位：县发展和改革局。责任单位：县财政局、人力资源和社会保障局、住房和城乡建设局、交通运输局、水务局、农业农村局、乡村振兴服务中心、贺兰工业园区管委会，各乡镇（场）、富兴街街道办］

2. 发挥中小企业吸纳就业作用。积极落实国家和区、市、县扶持中小企业发展的政策措施，完善中小企业服务体系，协调解决好中小企业培育、融资、政策咨询和信息服务等问题，梯度培育优质中小企业，年内促进中小企业带动就业500人以上，对吸纳就业成效显著的民营企业在评先评优、项目建设、融资担保等方面给予倾斜支持。年度开发和落实适合高校毕业生等青年就业岗位不少于200个。对招用高校毕业生并签订1年以上劳动合同、依法缴纳社会保险的，3年内按实际招用人数每人每年7800元的定额标准，依法依次扣减相关税费。［牵头单位：县科学技术和工业信息化局。责任单位：县发展和改革局、财政局、人力资源和社会保障局、商务和投资促进局、国家税务总局贺兰县税务局、贺兰工业园区管委会，各乡镇（场）、富兴街街道办］

3. 大力发展各行业扩大就业。充分发挥服务业吸纳就业作用，推进服务业标准化建设，增强服务业带动就业能力。积极支持劳动密集型企业、中小企业、非公有制经济组织、各种服务业加快发展。做好人力资源市场秩序、零工市场的规范和管理工作。各部门要统计我县餐饮、零售、快递及商贸流通等服务行业带动就业情况，建立数据台账，及时对接人社部门，有针对性开展技能培训工作，提升行业人员技能水平，并打造1~2个劳务品牌，加大行业部门服务力度。严格落实区、市、县关于促进就业的经济贸易政策，对当前经济贸易形势变化对就业的影响进行分析、提出建议。加强城乡市场体系建设，促进商贸流通和社区服务业发展，支持中小企业和劳动密集型企业产品出口。［牵头单位：县发展和改革局。责任单位：县商务和投资促进局、科学技术和工业信息化局、市场监督管理局、民政局、财政局、人力资源和社会保障局、住房和城乡建设局、文化旅游广电局、教育体育局，各乡镇（场）、富兴街街道办］

4. 着力推进乡村振兴增加就业。大力实施农村居民和移民收入提升行动，持续落实区市促进农民增收13条和农民工就业创业等政策措施。强化各项稳岗纾困政策，引导园区、帮扶车间、中小微企业等就业载体吸纳就业。推进有组织有计划转移就业，完成农村劳动力转移就业2万人次以上。支持发展龙头企业带动、农民合作社和家庭农场跟进、小农户参与的产业化联合体，完善联农带农机制，让小农户更多分享产业增值效益，力争农村居民人均可支配收入增长7.5%以上。发展适度规模经营，支持发展家庭农场、农民合作社等新型经营主体，培育新增示范合作社15家、示范家庭农场10家。年内带动就业不少于5000人，促进农民就业增收。立足我县农业产业实际，充分发挥产业带动就业优势，培育“贺兰稻渔人”等劳务品牌。引导园区、帮扶车间、中小微企业等就业载体吸纳就业，对吸纳一定数量就业的给予资金奖补。组织部深入实施高素质农民培育计划，每年选送800名农村实用人才到区内外高校或示范性农民培育基地进行培训，培育乡村工匠500人、乡村振兴人才100人，扩大农民就业规模。努力培养一批具备牵头组织相关工种工匠组成施工班组，签订施工合同，承接农村工程项目能力的“带头工匠”，逐步实现“一个乡镇至少有一个乡村建设带头工匠”。［牵头单位：县农业农村局。责任单位：县人力资源和社会保障局、乡村振兴服务中心、科学技术和工业信息化局、财政局、生态环境局（贺兰分局）、住房和城乡建设局、退役军人事务局、贺兰工业园区管委会，各乡镇（场）、富兴街街道办］

（二）实施就业岗位拓展行动。落实落细各项助企纾困政策，稳定就业岗位存量，扩大就业岗位增量，鼓励引导多渠道灵活就业。

5. 支持市场主体稳定岗位。落实区市人社部门要求，全面简化失业保险申领流程、取消申领时限、捆绑条件和附加义务，不断巩固畅通现有网上申领渠道，鼓励参保失业人员线上办理，提升失业保险业务办理时效。鼓励企业不裁员、少裁员，按规定落实税收优惠政策，对稳岗效果好的企业给予金融支持、稳岗返还、社会保险补贴、职业技能培训补贴、创业担保贷款及贴息、创业补贴等优惠政策。继续开展援企稳岗“护航行动”，积极推进稳岗返还“免申即享”工作，让符合条件的企业都能享受政策红利，维护就业局势总体稳定。继续开展技术技能提升“展翅行动”，激励和引导参保职工提高职业技能，对当年取得职业资格证书或职业技能等级证书且可在指定网站查询到，自取证之日起12个月内到失业保险参保地经办机构办理技术技能提升补贴，从源头上稳定就业，减少失业。［牵头单位：县人力资源和社会保障局。责任单位：县科学技术和工业信息化局、财政局、交通运输局、商务和投资促进局、文化旅游广电局、国家税务总局贺兰县税务局，各乡镇（场）、富兴街街道办，贺兰工业园区管委会］

6. 激发企业扩岗潜能。对新招用就业困难人员、应届高校毕业生、化解过剩产能企业职工、脱贫人口（监测对象）、农村低收入人口、搬迁群众等六类人员，并签订6个月以上劳动合同、缴纳社会保险的中小微企业、民办非企业单位和社会团体，按规定给予社会保险补贴。［牵头单位：县人力资源和社会保障局。责任单位：县科学技术和工业信息化局、财政局、乡村振兴服务中心、贺兰工业园区管委会，各乡镇（场）、富兴街街道办］

7. 鼓励支持新业态发展促进灵活就业。统筹落实国家、区、市、县关于促进新就业形态健康发展有关政策措施，做到应享尽享。摸清县域内个体经营、网络约车、快递送餐、电子商务等领域的劳动者底数，结合我县实际，建立各类特色小店、夜市经济、电（微）商经营区域（场所），并积极吸纳重点就业群体创办投资小、见效快、易转型、风险小的小规模经济实体。宣传引导鼓励互联网平台企业、中介服务机构等降低服务费、加盟管理费等费用，增加商业资源供给，创造更多灵活就业岗位，吸纳更多劳动者就业。［牵头单位：县商务和投资促进局。责任单位：县市场监督管理局、科学技术和工业信息化局、住房和城乡建设局、交通运输局、人力资源和社会保障局，各乡镇（场）、富兴街街道办］

8. 着力解决困难群体就近就业。围绕我县产业发展方向，做好招商引资增量工作，立足全县产业定位和发展优势，拉长产业链，形成集群发展，增强产业带动稳定就业的能力，招商项目有针对性地向因照顾孩子、照顾老人在家的留守妇女、贫困群众提供适合“订单式”就业岗位的企业倾斜，把引进工业、企业作为实现留守妇女、困难群众就近就业、增收致富的主要载体和有力抓手，加大引进力度，不断拓宽就业渠道，让留守妇女、困难群众不出家门就能有工作，有收入，着力解决留守妇女等困难群体就业难问题。年内针对留守妇女、困难群众、残疾人、困难退役军人等群体提供“订单式”就业岗位不少于500个。［牵头单位：县商务和投资促进局。责任单位：县财政局、人力资源和社会保障局、住房和城乡建设局、交通运输局、市场监督管理局、退役军人事务局、贺兰工业园区管委会，各乡镇（场）、富兴街街道办］

（三）实施重点群体就业促进行动。着眼创造就业机会、增强就业持续性稳定性，统筹做好以高校毕业生为重点的青年就业和农民工、失业人员、就业困难人员、脱贫人口（监测对象）、退役军人等重点群体就业。

9. 大力促进青年群体就业。引导和鼓励高校毕业生报考基层公务员岗位。充分发挥人才资源的引领和支撑作用，做好我县“六新六优六特”产业的人才配置和人才需求保障工作，指导、协调人才工作平台和公共服务体系建设，吸引各类人才来贺留银就业创业。年内解决人才需求 100 个，募集机关事业单位实习和企业见习岗位 100 个以上。积极拓展公共就业服务渠道，全方位保障青年劳动力就业，落实“十万大学生留银专项行动”，组织开展企业进校园活动，深化校企合作促就业，加强高校毕业生职业规划指导，提升择业精准性、增强就业稳定性。开展离校未就业高校毕业生服务攻坚行动，确保 2023 年底前离校未就业高校毕业生帮扶就业率、困难毕业生帮扶就业率不低于 90%。[牵头单位：县人力资源和社会保障局。责任单位：县委组织部、团委、教育体育局、编办、科学技术和工业信息化局、民政局、司法局、财政局、卫生健康局、乡村振兴服务中心、贺兰工业园区管委会、各乡镇（场）、富兴街街道办]

10. 扎实推进农村劳动力转移就业。提升劳务工作站服务水平，充分发挥就业服务专班、劳务经纪人的带头作用，大力宣传区、市、县有关劳务输出的政策，全面落实《贺兰县关于培育扶持劳务经纪人 劳务中介机构的实施办法》，有效调动农村劳务经纪人、劳务中介机构、劳务组织等参与农村劳动力转移就业的积极性和主动性。同时，由各乡镇场牵头，加强劳务经纪人队伍建设，加大有组织劳务输出力度，发挥劳务派遣协会（公司）作用，促进农村劳动力及时就近就业创业。依托贺兰工业园区管委会、高标准精准扶贫设施农业园区等用工密集型企业，通过村“两委”、乡镇政府引导，劳务经纪人带动，鼓励移民群众外出务工。大力挖掘现有的劳务协会、劳务派遣公司和劳务经济带头人潜力，积极适应市场的行业需求，引导村民获得稳定收入。争取年内组织转移就业 2.5 万人以上。大力培育和发挥特色劳务品牌示范作用，鼓励引导家政服务、交通物流等服务业企业开发更多就业岗位，带动更多农村劳动力转移就业。各乡镇（场）建立健全返乡回流农民工跟踪服务机制，落实“一对一”帮扶责任，强化就业服务，推动返乡回流农民工再就业。[牵头单位：县人力资源和社会保障局。责任单位：县农业农村局、乡村振兴服务中心、科学技术和工业信息化局、财政局、住房和城乡建设局、交通运输局、商务和投资促进局、文化旅游广电局、贺兰工业园区管委会、各乡镇（场）、富兴街街道办]

11. 持续加强失业人员就业帮扶。按照《贺兰县就业工作领导小组办公室关于进一步做好登记失业人员就业服务有关工作的通知》要求，各乡镇（场）、富兴街街道办需要实时掌握本辖区失业人员（人社部门反馈）服务情况，组织人员及时深入失业人员家中，了解其就业创业和职业技能培训意愿，提供就业指导、职业介绍、职业培训等服务，帮助其尽快实现就业创业或参加到就业准备活动中。要鼓励失业人员主动报告求职经历和就业状态，及时更新相关信息，建立失业人员、就业困难人员等重点群体定期联系制度，每月提供“1311”服务（即 1 次就业指导、3 次就业岗位推荐、1 次合适的职业培训项目推荐，1 次就业见习机会推荐），及时了解掌握失业人员就业情况，并及时反馈至人社部门。[牵头单位：各乡镇（场）、富兴街街道办。责任单位：县人力资源和社会保障局、民政局、财政局、贺兰工业园区管委会]

12. 加强困难群体就业援助。对有就业意愿和就业能力的大龄失业人员、长期失业青年、零就业家庭成员、低收入困难家庭成员、残疾人和社区矫正、刑满释放、戒毒康复等人员，持续开展“1311”就业服务，以政策服务为着力点，把就业帮扶工作扎实做到位，争取就业困难人员能够就业。民政局、司法局、公安局、妇联、残联、各乡镇（场）、富兴街街道办等相关部门要落实

“1311”服务，并建立台账，每月更新，实行多次推荐更新退出机制，对长期失业人员建立台账，制订“一人一策”援助计划，提供岗位推荐、创业服务、培训信息、职业体验等服务，逐步实现就业。同时每季度以上行业主管部门组织开展专场招聘活动不少于 2 次。全年开发城乡公益性岗位 100 个以上，托底安置通过市场渠道难以就业的困难群体，确保零就业家庭至少 1 人就业，就业困难人员实现就业不少于 480 人。[牵头单位：县人力资源和社会保障局。责任单位：县民政局、残联、公安局、司法局、发展和改革局、总工会、财政局、退役军人事务局、贺兰工业园区管委会、乡村振兴服务中心，各乡镇（场）、富兴街街道办]

13. 促进脱贫人口（监测对象）稳定就业。乡村振兴项目吸纳就业人数中脱贫人口（监测对象）不少于 15%。促进脱贫人口（监测对象）等就近就地就业。落实乡村振兴各项补贴政策，统筹衔接补助资金、行业部门资金及县（区）配套资金等各类资金，年内衔接资金开发购买公益性岗位 230 个，就业补助资金开发购买公益性岗位 80 个，并严格按照选聘条件，认真对照乡村公益性岗位政策规定和要求严把审核关，严禁出现设空岗、“轮流坐庄”“吃空饷”等情况。落实“雨露计划”政策，2023 年新增雨露计划人数达到63 人，雨露计划毕业生就业人数达到 50 人。年内组织脱贫人口（监测对象）转移就业 3800 人，其中易地搬迁就业不少于 620 人，帮扶车间就业不少于 70 人，稳定就业人员不少于 50%，不定期对各重点移民村稳定就业台账进行督查，确保就业统计数据真实有效。每季度开展不少于 2 场乡村振兴专场招聘会，并针对未就业人员建立“1311”台账，开展精准就业帮扶。[牵头单位：县乡村振兴服务中心。责任单位：县人力资源和社会保障局、财政局、农业农村局，各乡镇（场）、富兴街街道办]

14. 加强退役军人就业支持。积极促进退役军人就业创业工作开展，扎实推进退役军人公共就业服务，建立退役军人就失业动态更新数据库，积极搭建退役军人就业创业服务平台。对符合条件的灵活就业退役士兵，按规定给予社会保险补贴。年内解决退役军人就业 300 人，组织开展招聘活动 2 场次以上，开展职业技能培训 100 人，并在各乡镇（场）街道退役军人服务站增加就业创业工作内容，在全县打造退役军人“就业驿站”不少 8 个，于每季度末将退役军人就失业情况的相关数据、总结、招聘活动等档案资料报领导小组办公室。[牵头单位：县退役军人事务局。责任单位：县科学技术和工业信息化局、财政局、人力资源和社会保障局，各乡镇（场）、富兴街街道办]

（四）实施创业带动就业助力行动。加大对自主创业支持力度，激发全社会创业热情和活力，放大创业带动就业倍增效应。

15. 优化创业环境。大力宣传一次性创业补贴政策，对城镇就业困难人员、农村返乡入乡人员、农村低收入人口、脱贫人口、移民搬迁群众等首次创办小微企业或从事个体经营带动就业的，连续正常经营 1 年以上，可一次性给予 1 万元创业补贴。毕业 2 年内初次创业并连续正常经营 6 个月以上的大学生，给予5000 元一次性创业补贴；1 年以上的给予 12000 元补贴（两次申领最高不超过 12000 元）。县市场监督管理局、审批服务管理局每月对符合政策条件的企业向人社部门进行推送，对符合条件人员予以补贴。大力发展“互联网创业”，鼓励科技人才创业，支持高校毕业生、城乡就业困难人员、退役军人等各类人员创业带动就业。[牵头单位：县人力资源和社会保障局。责任单位：县审批服务管理局、市场监督管理局、发展和改革局、科学技术和工业信息化局、退役军人事务局、贺兰工业园区管委会，各乡镇(场)、富兴街街道办]

16. 加大创业担保贷款支持力度。健全完善“创业培训 + 创业担保贷款 + 创业服务 + 创业指导”一体化帮扶机制。对自主创业的高校毕业生、返乡入乡农民工、就业困难人员、退役军人、农村妇女等重点群体，给予创业担保贷款、税费减免、创业培训补贴、创业房租补贴、一次性求职创业补贴等政策扶持，为符合条件的入驻（孵）创业实体提供最高 300 万元创业担保贷款、最高

12000 元一次性创业补贴，免除10 万元以下的个人创业担保贷款反担保要求，全年发放创业担保贷款 1.17 亿元以上，培育创业实体 430 个，创造新岗位 820 个，创业带动就业 2200 人。［牵头单位：县财政局（融信公司）。责任单位：县人力资源和社会保障局、妇联、发展和改革局、农业农村局、退役军人事务局、团委、乡村振兴服务中心，各乡镇（场）、富兴街街道办］

17. 搭建扶持创新创业平台。加强全县科技创新基地和各类科技创新平台建设，推动企业科技创新能力建设，以高新技术产业发展促进就业，提高创新创业带动就业能力。建立健全全县科技人才评价和激励机制，推动科技创新人才队伍建设，吸引科技创新人才留贺就业创业。着力推进小微企业创新发展，推动众创空间、科技企业孵化器等创新创业平台建设，为中小企业提供公共服务。年内打造创业孵化平台 2 个，开展创新创业大赛。规范已有创业（孵化）基地高质量发展，加强各类载体交流合作，共享发布创业项目、孵化场所等信息，为创业者提供多样化、全周期的创业服务，提高创业载体孵化率。年内申请打造国家级及自治区级创业孵化基地 1~2 个。［牵头单位：县发展和改革局。责任单位：县科学技术和工业信息化局、人力资源和社会保障局、财政局、农业农村局、退役军人事务局、残联、乡村振兴服务中心，各乡镇（场）、富兴街街道办］

18. 提升创业服务水平。各乡镇（场）、富兴街街道办积极开展群众创业培训需求调查，定期将有培训需求的创业者名单反馈至县就业创业和人才服务中心，大力开展创业培训，提升移民创业热情，以创业带动就业。深入实施创业孵化提升行动，更大力度扶持高校毕业生、返乡农民工等群体自主创业，大力培育市场经营主体，带动更多农村劳动力就业。全面推行创业服务“一网办”，依托专业社会机构，以市场化运作方式，提供创业辅导、项目孵化培育、技术创新、融资服务、人才培养、市场拓展等创业服务。深入实施“马兰花”创业就业行动，鼓励高校、培训机构、社会组织开发适合青年大学生的创业培训项目，积极开展初创入门培训、创业训练营、求职能力实训营等培训，提高大学生就业创业能力。全年开展创业（网络创业）能力培训 370 人，按规定分别给予 400~1600 元培训补贴。［牵头单位：县人力资源和社会保障局。责任单位：县发展和改革局、教育体育局、财政局、农业农村局、退役军人事务局、残联、乡村振兴服务中心、各乡镇（场）、富兴街街道办］

（五）实施职业技能培训提质行动。坚持培训就业导向，健全完善职业技能培训体系，加快急需紧缺技术技能人才培养，提升劳动者技能素质，缓解“就业难”“用工难”结构性矛盾。

19. 推进“金蓝领”培育计划。以行业企业为主体、职业（技工）学校为基础、政府推动与社会支持相结合，围绕新型材料、清洁能源、装备制造、数字信息、现代化工、轻工纺织“六新”产业，开展名师带徒、技能研修、岗位练兵、技能竞赛、技术交流等项目式、精准化培训。组织辖区内企业不少于2000 名员工开展企业岗位技能提升培训，其中高级工培训 550 人，企业组织培训期间由园区组织不少于两名工作人员对培训过程进行监管，并要求企业录制培训视频，培训结束后由园区会同发展和改革局、财政局进行联审，对培训资料进行验收后上报就业工作领导小组。各行业主管部门年内选拔推荐“塞上技能大师”1 名、“自治区技术能手”4 名。加强高技能人才载体建设，年内积极打造国家级及自治区级高技能人才培训基地或技能大师工作室 1 个。［牵头单位：县人力资源和社会保障局。责任单位：县委组织部、贺兰工业园区管委会、县教育体育局、科学技术和工业信息化局、财政局，各乡镇（场）、富兴街街道办］

20. 纵深推进企业职业技能培训。创新校中厂、厂中校等方式，推广“招工即招生、入企即入校、企校双师联合培养”模式，积极开展企业新型学徒制培训，根据产业急需程度、职业类型、培养等级和实施效果，按每人每年 6000 元的标准给予企业补贴。鼓励企业自行组织或委托职业（技工）院校、职业培训机构和高技能人才培训基地、技能大师工作室等开展岗位技能提升培训，全年培训 2500 人，培训后取得证书的，按规定每人给予 800~5000 元培训补贴。加大“塞上工匠”“大国工匠”培育力度，对企业培养评聘的特级技师、首席技师，建立政府补贴机制。［牵头单位：县人力资源和社会保障局。责任单位：贺兰工业园区管委会、县科学技术和工业信息化局、财政局，各乡镇（场）、富兴街街道办］

21. 推进重点群体技能培训。各行业部门开展新职业工种、新业态从业人员技能培训，持续面向失业人员、农村转移就业劳动力、高校毕业生等重点群体开展“订单式、定岗式、定向式”职业技能培训，取得证书的每人给予 800~3000 元的培训补贴。人社部门全年开展就业重点群体培训 380 人、帮扶家庭劳动力培训 50 人。农业农村局培育农村实用人才 50 人、致富带头人 20 人、乡村工匠名师 10 人、乡村工匠大师 1 人。残联开展残疾人培训 40 人。县妇联开展妇女劳动力职业技能培训 200 人，其中高级工培训50 人。应急管理局开展高级工培训 150 人。各行业部门做好培训监督监管工作定期对培训情况进行督查回访，提升培训质量。［牵头单位：县人力资源和社会保障局。责任单位：县农业农村局、残联、妇联、应急管理局、财政局、各乡镇（场）、富兴街街道办］

22. 推进终身职业技能培训。健全覆盖城乡全体劳动者、满足就业创业和人才成长需要、适应高质量发展要求的终身职业技能培训制度。推进职业教育转型发展，优化职业教育类型、院校布局和专业设置，支持职业（技工）院校与龙头企业联合培养技能人才。支持劳动者凭技能提升待遇。用人单位在聘的高技能人才，在学习进修、岗位聘任、职务晋升、工资福利等方面，分别比照相应层级专业技术人员享受同等待遇。对取得高级工、预备技师职业资格的高级技工学校、技师学院毕业生，可分别比照大专、本科学历报考我县公务员、事业单位工作人员及“三支一扶”，初次就业时工资可比照同岗位大专、本科学历人员确定。［牵头单位：县人力资源和社会保障局。责任单位：县教育体育局、县委组织部、科学技术和工业信息化局、财政局、农业农村局、贺兰工业园区管委会，各乡镇（场）、富兴街街道办］

（六）实施就业服务质量提升行动。健全完善公共就业服务体系，持续推进统一规范的人力资源市场体系建设，提升服务标准，提高人力资源供需匹配效益。

23. 打造“10+N”就业服务品牌。深入开展就业援助月、春风行动、大中城市联合招聘、民营企业招聘月、残疾人就业帮扶、百日千万网络招聘、离校未就业高校毕业生服务攻坚、就业帮扶行动周、金秋招聘月、人力资源市场高校毕业生就业服务周等 10 个专项就业服务活动。深化政企联动、校企联动和区市县三级联动，创新开展直播带岗、云端招聘、远程面试等服务模式，全年举办线上线下招聘会 100 场次以上。［牵头单位：县人力资源和社会保障局。责任单位：县残联、妇联、退役军人事务局、教育体育局、民政局、农业农村局、总工会、团县委、商务和投资促进局、贺兰工业园区管委会、各乡镇（场）、富兴街街道办］

24. 加强重点企业用工服务保障。建立企业岗位需求库，健全完善重点企业包抓机制，对接制定“一企一策”用工指导服务，在员工招聘、用工余缺调剂、技能培训等方面，为企业搭建人力资源与劳动力供需服务平台，定期将岗位需求情况反馈至人社部门。人社局利用宁夏公共招聘网、微信公众号等云端和掌上平台，加大重点企业招聘信息动态归集力度多渠道支持重点企业发布用工信息，联合开展现场专场招聘。加强跨地区劳动用工余缺调剂，通过“点对点”输送共享用工等方式，引导劳动者到急需用工的企业就业。［牵头单位：贺兰工业园区管委会。责任单位：县人力资源和社会保障局、农业农村局、商务和投资促进局、发展和改革局、各乡镇（场）、富兴街街道办］

25. 健全完善信息共享机制。依托自治区政务数据共享交换平台，按需共享就业等相关数据，提升人力资源社会保障领域数字化水平。加强就业总量、失业人员、企业用工和市场供求变化等情况的信息共享和统计分析，提高就业工作的针对性和可操作性。建立健全城镇职工养老保险、失业保险、就业补助等审核预警和信息共享机制，切实防止就业补贴、社会保险补贴、稳岗返还等政策应享未享问题发生。［牵头单位：县人力资源和社会保障局。责任单位：县科学技术和工业信息化局、公安局、民政局、司法局、财政局，各乡镇（场）、富兴街街道办］

26. 强化队伍建设提升基层服务能力。按照《健全完善村级综合服务功能的实施意见》（宁民发〔2023〕3号）要求，依托乡镇（街道）便民服务中心、村（社区）便民服务站，建设一批“家门口”“楼门口”就业服务工作站所，打通就业服务“最后一公里”，组建“就业增收服务队”，通过基层服务项目、公益性岗位招募等方式为每个行政村（社区）安排至少1名专（兼）职工作人员，负责就业促进工作，加大对基层就业服务工作人员的业务培训和带教培养力度，建设一支政策咨询一口清、业务办理一门清、人员相对稳定的基层就业创业服务队伍。［牵头单位：县人力资源和社会保障局。责任单位：县教育体育局、民政局、财政局、团委、贺兰工业园区管委会，各乡镇（场）、富兴街街道办］

（七）*实施劳动权益保护行动*。构建稳定和谐劳动关系完善劳动者权益保障制度，加强灵活就业和新就业形态劳动者权益保障，让广大劳动者实现体面就业、高质量就业。

27. 加强劳动用工指导协调。更好发挥协调劳动关系三方机制作用，深化黄河流域和谐劳动关系联盟交流合作。加强劳动关系双方协商沟通，积极引导生产经营出现暂时性困难的企业，通过轮岗轮休、协商薪酬、灵活安排工作时间、优先使用各类假期、共享用工调剂余缺等方式，不裁员少裁员，稳定工作岗位。推广使用线上电子劳动合同和简易劳动合同，规范企业用工。［牵头单位：县人力资源和社会保障局。责任单位：县科学技术和工业信息化局、司法局、住房和城乡建设局、交通运输局、水务局、商务和投资促进局、文化旅游广电局、贺兰工业园区管委会，各乡镇（场）、富兴街街道办］

28. 依法妥处劳动用工风险。指导确需裁员的企业，通过内部分流、行业内推荐、与市场化人力资源服务机构对接等方式做好员工安置，跟进提供就业、培训、社保关系转移接续等服务。打造国家级及自治区级劳动人事争议“金牌调解组织”，完善“互联网＋调解”平台服务功能，建立青年仲裁员志愿者联系企业常态化长效化工作机制，依法做好劳动人事争议调解仲裁工作，助力稳岗位、稳就业。密切关注网络舆情，妥善处置因就业用工引发恶意炒作事件，坚决守住不发生影响社会稳定的群体性事件底线。［牵头单位：县人力资源和社会保障局。责任单位：县委网信办、司法局、总工会、工商业联合会、贺兰工业园区管委会，各乡镇（场）、富兴街街道办］

29. 强化劳动保障监察执法。加强远程监管、非现场监管、大数据共享动态联动监管和“双随机、一公开”监管依法处置重大劳动保障违法案件。对违法行为轻微并及时改正，没有造成危害后果的企业不予行政处罚。对初次违法且危害后果轻微并及时改正的，可以不予行政处罚。对严重侵害劳动者合法权益的企业依法进行查处。规范劳务派遣用工行为，保障劳动者同工同酬。开展人力资源市场秩序专项治理，及时查处黑中介、就业歧视、虚假招聘等违法违规行为。持续开展根治拖欠农民工工资问题专项行动和劳动者权益维护专项执法检查，依法维护劳动者合法权益。［牵头单位：县人力资源和社会保障局。责任单位：县科学技术和工业信息化局、司法局、住房和城乡建设局、交通运输局、商务和投资促进局、总工会、贺兰工业园区管委会，各乡镇（场）、富兴街街道办］

三、保障措施

30. 加强组织领导，形成齐心协力抓就业的共识和合力。县就业工作领导小组成员单位要强化就业是第一民生意识，把稳就业促就业工作摆在更加突出的位置，加强对就业工作的领导，推动实现更加充分更高质量就业。各单位每季度至少研究推进一次，及时向县就业工作领导小组办公室报送进展情况。县就业工作领导小组办公室按季度通报各乡镇（场）“就业创业促进年”活动开展情况和相关部门（单位）支持情况，并作为年度效能目标管理考核的重点内容，坚持“月调度、季通报、半年看进度、全年比成效”分解目标任务，明确时序进度，压实各方责任，推动“就业创业促进年”活动取得实效。（责任单位：县就业工作领导小组成员单位）

31. 加大财力投入，增强就业资金引领带动效应。要加大就业资金投入，确保资金规模不低于上年，创新优化资金使用方式和方向，提升就业资金使用效益，全力兜牢就业底线。要强化各类就业资金的监督管理和风险防范，加强绩效评估，确保资金高效使用。《实施方案》中存在的规范性要求随国家、自治区、市政策调整而适时进行调整。（牵头单位：县财政局。责任单位：县就业工作领导小组成员单位）

32. 加强监测预警，强化就业风险防范和化解。建立就业监测分析和预警处置机制，加强就业形势分析研判，做好城镇调查失业率统计监测，定期开展各类就业状况调查，跟踪重点行业、重点企业、重点群体就业状况及社保数据变化等情况。强化重点企业舆情分析、信访跟踪、裁员报告、联动处置，及时防范化解就业领域风险隐患。（牵头单位：县人力资源和社会保障局。责任单位：县委网信办、县就业工作领导小组成员单位）

33. 加强宣传引导，动员社会各界力量广泛参与支持就业创业工作。统筹利用传统媒体和新兴媒体，加大就业创业政策宣传解读，讲好创业故事，增强就业自信，稳定就业预期。就业工作领导小组办公室建立信息通报机制，每月、每季将对工作推进情况进行通报，加强工作亮点提炼，加大先进典型宣传，推动形成全社会关心、支持、重视就业创业工作的良好舆论环境和社会氛围。（牵头单位：县人力资源和社会保障局。责任单位：县融媒体中心、县就业工作领导小组各成员单位）

中共贺兰县委办公室 贺兰县人民政府办公室关于印发《关于进一步深化“六权”改革的实施方案》的通知

（贺党办〔2023〕78 号）

宁夏贺兰工业园区党工委，县委各部委，政府各部门、各人民团体、各乡镇场（街道）、县属各企事业单位、驻县区市属各单位党委（党组、党工委、总支、支部）：

《关于进一步深化“六权”改革的实施方案》已经县委全面深化改革委员会第 15 次会议研究审议通过，现印发给你们，请结合实际认真抓好贯彻落实。

中共贺兰县委办公室
贺兰县人民政府办公室
2023 年 7 月 24 日

关于进一步深化“六权”改革的实施方案

按照区、市党委关于深化“六权”改革工作安排部署，进一步激活资源要素市场，提高要素配置效率，推进我县用水权、土地权、排污权、山林权、碳排放权、用能权（以下简称“六权”）改革走深走实、攻坚突破、示范引领，结合我县实际，制定本实施方案。

一、总体要求

（一）指导思想。以习近平新时代中国特色社会主义思想为指导，全面贯彻党的二十大和习近平总书记视察宁夏重要讲话指示批示精神，认真落实自治区第十三次党代会、银川市第十五次党代会、县第十五次党代会部署要求，完整、准确、全面贯彻新发展理念，主动服务和融入新发展格局，围绕“节水增效、盘活增值、降污增益、植绿增绿、减碳增汇、控能增产”目标，聚焦确权、赋能、定价、入市、履约、监管等关键环节，发挥政策引导和市场机制作用，加快推动改革扩容、平台系统和政策机制完善等工作，基本建立起确权到位、权能有效、定价合理、入市有序的市场体系，实现要素价格市场确定、流动自主有序、配置高效公平，奋力开创黄河流域生态保护和高质量发展先行区示范县建设新局面，为实施“强首府”战略作出贺兰贡献。

（二）主要目标。2023 年，全面建立起水、地、污、林、碳、能权属基础数据库，打造“多权”改革融合示范点 2 个。2024 年，打造“多权”改革融合示范点 3 个；“六权”资源要素市场化配置改革取得标志性成果，为完善全区要素市场制度作出重要示范，建成交易规范有序、监管严格高效、要素流通便捷的市场体系。

二、重点任务

（一）深化用水权改革

1. 落实自治区水资源税改革试点实施办法，探索建立用水权交易激励机制，水资源税交易分配机制，全面完成水资源税征收水量核定年度工作任务。

2. 完善取水计量设施监测。加快推进取用水计量监测体系建设，到2025年确保用水权确权单元计量全覆盖。

3. 总结推广“合同节水＋水权交易”模式。加大农业高效节水力度，提高水资源利用效率，降低万元GDP用水量。积极引进社会资本参与节水改造工程建设及运行维护，充分调动社会资本参与后续管理运营维护积极性，实现水资源向“水资产”的转变。

4. 推进用水权收储，制定《贺兰县用水权市场交易规则》《贺兰县用水权收储交易管理办法》《贺兰县用水权抵押贷款管理办法（试行）》等配套制度，规范用水权收储、交易、质押等行为。启动建立用水权收储调控机制，采取用水权回购和储备等方式，引导用水户将有偿取得“富余”的闲置用水权交易出售，鼓励新改扩建工业项目通过用水权交易市场购买用水权，解决用水权市场供给侧不足问题，激发用水权交易市场活力。

5. 推动用水权质押贷款。落实《金融支持用水权改革的指导意见》《“四权”抵押贷款贴息资金管理办法》《贺兰县金融支持用水权改革的实施方案》，建立用水权收储交易投融资机制，支持金融机构开展用水权抵押、质押、担保、租赁等金融产品，拓展用水权多元化融资渠道，鼓励开发符合用水权特点的金融产品，探索金融支持用水权改革有效路径积极引导国有企业和金融机构参与用水权收储交易活动，优化完善市场化收储交易平台，加快建立开发用水权抵押贷款等金融产品开发应用。

6. 制定出台节水奖补政策，探索再生水（中水回用）利用，核定再生水（中水回用）水价补贴标准，完善再生水（中水回用）利用的运行机制，制定《再生水利用实施方案（2023—2025）》，逐步打通再生水—黄河水—产业用水新通道。

7. 争取自治区下放县级行政区域间水权交易、用水权跨用途交易、年取地下用水300万立方米（含300万立方米）以上、年取地表水500万立方米（含500万立方米）以上的水权交易等权限，释放水资源市场活力。

（二）深化土地权改革

8. 研究制定国有农用地基准地价，按照银川市国有农用地和未利用地使用权配置办法，有序开展国有农用地和未利用地使用权出让、出租等。有序推进批而未供土地、闲置土地、低效用地再开发，对未完成开发投资总额25%的产业用地，实行“预告登记”先行转让盘活利用。

9. 制定2023年国有建设用地供应计划，对新增工业项目用地宗数20%以上采取“标准地”供应，实现“拿地即开工”。依法合规完善产业用地政策，推动不同产业用地类型合理转换，探索增加混合产业用地供给。

10. 推动农村土地“三权分置”，土地承包经营权纳入不动产统一登记，加快完善土地经营权转移、抵押等不动产登记制度，放活土地经营权。

11. 开展全县农村集体经营性建设用地入市摸底调查，探索建立入市用地数据库，同步纳入国土空间规划“一张图”监督信息系统，定期更新。

12. 构建城乡统一的建设用地市场，落实农村集体经营性建设用地权能，激活农村土地资源要素，实施农村集体经营性建设用地入市试点，从入市规则、路径和机制等方面建立农村集体经营性建设用地入市制度、分配办法和措施保障。健全农村存量建设用地盘活机制，深入推进农村集体土地整理。以银川市探索地票制度为基础，探索采用“增减挂钩＋市场化”的“地票”交易模式。

13. 深入探索创新宅基地信息平台数字化管理有效实现形式和途径，逐步形成宅基地信息“一张图”，实现宅基地的全流程数字化管理应用和资源共享整合，逐步融入“贺兰智慧城市大脑”，为全国宅基地制度改革提供“贺兰数字经验”。

14. 积极探索多元化投融资机制，鼓励金融机构支持宅基地改革及盘活利用融资，引入社会资本参与农村宅基地制度改革。设立农村宅基地贷款担保基金，最大限度支持宅基地制度改革试点工作的融资需求。

15. 在全县范围推广星光村、关渠村等宅基地改革经验，打造更多宅基地自愿有偿退出、有偿使用、流转租赁等可复制、可推广、利修法的改革模式，盘活农村低效、闲置土地。

（三）深化排污权改革

16. 配合银川市制定《银川市关于深化生态保护补偿制度改革的实施意见》，加快构建有效市场和有为政府更好结合、分类补偿与综合补偿统筹兼顾、纵向补偿和横向补偿协调推进的生态保护补偿制度，促进经济社会绿色低碳发展。

17. 拓宽政府排污权储备渠道，将关停淘汰、停止建设、退出市场等项目全面纳入政府储备排污权范畴，确保政府储备“应储尽储”。

18. 摸排全县挥发性有机物（VOCs）污染排放企业基础数据并建立台账，力争 2023 年内实现 VOCs 排污权交易。

19. 严格执行排污权交易激励政策和有偿使用费征收鼓励措施，激发排污权二级市场活力。推动排污权交易与排污许可制度深度衔接。

20. 推广排污权抵押融资服务，指导县域主要商业银行开展排污权抵押贷款业务。引导企业对“富余量”排污权探索开展租赁试点，盘活排污单位闲置排污权。

（四）深化山林权改革

21. 按照银川市山林地“三权分置”实施方案要求，规范集体林地和林木资源流转和交易行为。

22. 按照《银川市国有山林地林下空间经营实施意见》，推进国有山林地“林下空间”承包经营和经营权登记。积极组织符合区市奖励政策的新型绿化经营主体、优质特色果林、林下经济企业参与评选，申报奖补资金，鼓励国有林场探索多种森林复合经营模式，吸引社会资本发展林下经济和林产品深加工，促进林下经济高质量发展扶持政策落地。

23. 研究编制山林地分等定级基准价和山林资源价格分布图，指导全县山林资源有偿使用和流转交易。开展政府保护价格回购，对经营不善的林权进行收储和处置。探索建立林权抵押贷款收储基金制度，鼓励将依法可以抵押的森林、林木所有权、使用权和林地使用权纳入抵押物范围。推进“以林养林”新模式、“以地换林”新路径，推动绿水青山向“金山银山”的转化。

24. 探索建立林票交易制度，先行试点用于集体林地收储和城市绿地占补平衡，倡导社会主体自愿购买林票履行植树义务、抵消碳排放。

25. 加快推进市场化、规模化经营，加强工业园区、科技工信、发改等部门协作，探索实施我县工业园区重点企业能耗指标和碳排放指标与森林碳汇量交换，推动林业碳汇产品交易，创新林业碳汇价值实现渠道。谋划推进参与中国绿色碳基金下的碳汇营造林项目，推进公益林碳汇交易。

（五）深化碳排放权改革

26. 按照《银川市碳排放权交易管理规定》，指导企业规范参与全国碳排放权交易。根据国家、自治区、银川市有关要求适时引入有偿分配，探索建立碳排放配额“免费 + 有偿”分配模式。

27. 配合自治区、银川市开展年用煤量 5000 吨以上 10000 吨以下标准煤企业二氧化碳排放量核查核算工作。

28. 积极争取全区碳普惠试点，按照《银川市碳普惠自愿减排管理办法》，在新能源替代、绿色出行、资源节约等领域开发碳普惠方法学和减排项目，探索开展农业碳汇、林业碳汇项目研究论证，尝试开展论坛展会、大型会议等优先使用碳普惠减排量抵消碳排放，试点开展农田碳排放权交易。

29. 指导企业和个人运用“碳普惠”平台建立碳账户，配合实现碳普惠减排量的核算、备案等功能，为全社会参与碳减排活动提供信息化平台。

（六）开展用能权改革

30. 制定出台《贺兰县用能权有偿使用和交易改革实施方案》，健全完善用能权有偿使用和交易制度体系。

31. 配合区、市科学合理确定用能权，将新建、改扩建“两高”项目和能耗强度高于4.48吨标准煤/万元项目的新增能耗指标纳入有偿交易范围。

32. 配合区、市探索开展单位规模以上工业增加值能耗高于自治区“十四五”单位工业增加值能耗激励目标值(1.67吨标准煤/万元)且低于自治区“十四五”单位工业增加值能耗控制目标值(4.48吨标准煤/万元)的新改扩建项目用能权交易。

33. 鼓励存量企业关停退出、节能改造腾出的能耗指标通过交易平台转出交易，引导能源要素优先向战略性新兴产业和能效标杆示范企业倾斜。

三、健全机制

34. 制定完善“六权”改革一体化服务平台交易制度、工作流程以及服务标准，实现交易进场、信息发布、程序规范、监督实施相统一。推动平台与自治区公共资源交易网、银川市“六权”改革一体化服务平台衔接，与全国水权交易系统平台等链接。

35. 设立国有运营公司，以企业化方式运营“六权”改革一体化服务平台，推动构建资源共享、要素增值的市场化运行机制。

36. 鼓励金融机构积极创新金融产品和服务，开展以水、地、林、污、碳、能权属作为抵（质）押担保物开展金融贷款。大力发展信贷、保险、担保等金融产品和服务，对创新产品贡献突出的保险、融资担保等其他金融机构，给予一定奖励。

37. 设立以“政府回购、风险补偿”为主的基金，支持“六权”改革向纵深推进。研究实施贷款贴息、减免征收有偿使用费、优先安排生态补偿资金等优惠政策，对积极开展节水、节能、减排并入市交易的企业进行奖励。

38. 加强对参与“六权”交易企业、交易机构和第三方审核机构的监管，依法查处弄虚作假行为，将其违法失信行为纳入全县信用信息共享平台，实行联合惩戒。

四、保障措施

（一）加强组织领导。“六权”改革各专项小组要提高政治站位，强化责任担当，高度重视“六权”改革工作，各专项小组组长和牵头单位“一把手”负总责，建立相应工作机制，专人专班推进改革工作，做到政策一体谋划、改革一体发力、工作一体推进。各改革牵头单位每月向“六权”改革办上报进展情况，每两个月召开调度推进会梳理重点任务完成情况。

（二）强化责任落实。各责任部门要坚持目标导向和效果导向相统一，进一步细化工作措施，明确路线图、任务书、时间表，一件一件推进落实。相关部门要主动对接，通力配合，协同推进，共同抓好改革任务落实，有关重大工作进展情况要及时向县委改革办报送。

（三）坚持督察问效。县委改革办要建立工作台账，实行销号制度，完成一件销号一件，直到“规定动作”全部完成。各单位要加强与县委改革办衔接沟通，及时协调解决改革工作中存在的问题。县委改革办将各项改革任务列入年度改革绩效考评内容，会同县委督查室、县政府督查室，定期不定期对各项改革任务进展情况进行督察，并及时向县委深改委报告。

（四）加大宣传引导。“六权”改革各专项小组要充分利用党报、党刊、电视台、广播电台及新媒体等，采取多种多样的宣传形式和手段，大力宣传报道“六权”改革中探索出的好经验、好做法，扩大社会知晓度和参与度。要及时发布改革政策、提高决策政策透明度，强化“六权”舆论引导，营造浓厚氛围。“六权”改革中探索出的好经验、好做法被区市宣传报道采用的年底考核予以加分。

贺兰县人民政府办公室
关于印发《贺兰县美丽河湖建设实施方案（2023—2025年）》的通知

（贺政办发〔2023〕102号）

各相关单位：

《贺兰县美丽河湖建设实施方案（2023—2025年）》已经县人民政府专题会议审议通过，现印发给你们，请结合实际，认真抓好落实。

贺兰县人民政府办公室
2023年12月15日

贺兰县美丽河湖建设实施方案（2023—2025年）

为深入贯彻习近平生态文明思想，全面落实党的二十大精神，着力改善和提升河湖水生态环境质量，实现“河更畅、水更清、岸更绿、景更美、人更和”，不断提高县城生态宜居度，满足人民群众对优美生态环境和美好城市生活的需要。根据《银川市人民政府办公室关于印发〈银川市美丽河湖建设实施方案（2023—2025年）〉的通知》（银政办发〔2023〕33号）文件，结合我县实际，制定以下实施方案。

一、总体要求

（一）指导思想

以习近平生态文明思想为指导，自觉践行“节水优先、空间均衡、系统治理、两手发力”治水思路，紧扣银川市“四个示范引领”，围绕“两纵八横多湖”水网布局，系统实施水系连通、水生态修复、水环境治理等项目，提档升级园林绿化景观效果，打造“一湖一景、一河一韵”，切实将优质河湖生态资源转化为绿色发展新动能，奋力开创黄河流域生态保护和高质量发展先行区新局面。

（二）基本原则

——坚持安全为本。深刻认识水利工程在基础设施网络建设的突出地位，强化水旱灾害防治，将提高河湖防洪排涝能力、保护人民生命财产安全、促进人水和谐发展放在美丽河湖建设的首要位置，进一步完善河湖防洪排涝体系，全面提升河湖水域安全管理能力，守住安全底线。

——坚持生态优先。牢固树立尊重自然、顺应自然、保护自然的生态文明理念，注重河湖生态修复与管理保护，保障河湖生态基流，完善河湖生态体系，加强河湖岸线生态化建设，还生态空间于河湖，全面构建自然连通的河湖水网格局，确保“清水 绿岸、鱼翔浅底”生态景象处处可见。

——坚持系统治理。坚持山水林田湖草沙一体化保护和系统治理，将美丽河湖建设与全球湿地城市、全国文明城市、国家园林城市、旅游休闲示范城市相统一，与海绵城市示范市建设和再生水循环利用试点城市建设相结合，统筹谋划、综合施策、协同推进，营造人与自然和谐共生的水生态环境。

——坚持文化引领。以保护传承黄河文化为目标，结合水利风景区、湿地公园建设，充分挖掘河湖水文化，将美丽河湖建成传承黄河文化、治水文化的新节点、彰显地方历史文化的新载体。

——坚持共享共管。以现代化、智慧化河湖建设运行管理为导向，提升河湖管理信息化水平，探索建立灵活多样的管护形式，强化上下联动管理和公众参与社会化管理，形成"智慧管水""智慧治水"的河湖管理保护新格局。

——坚持严格审批。践行"节水优先、空间均衡、系统治理、两手发力"的治水方针，严格项目审批管理，强化涉水项目水资源论证和用水审批，严禁耗用黄河水挖湖造景，全面加强耕地和永久基本农田保护力度，强化生态空间管控，坚决遏制"挖湖造景"冲动。

二、组织领导

为确保美丽河湖建设顺利开展、有效推进，成立贺兰县美丽河湖建设领导小组。

组　长：唐　健　县委常委、县人民政府副县长

副组长：许　晖　县水务局局长

成员单位：贺兰工业园区管委会、县检察院、发改局、教体局、公安局、司法局、财政局、自然资源局、住建局、交通局、水务局、农业农村局、应急管理局、审批局、综合执法局、银川市生态环境局贺兰分局、各乡镇（场）。

领导小组办公室设在县水务局，县水务局分管负责同志担任办公室主任，承担领导小组交办的日常工作；做好与自治区、银川市有关厅局对接沟通工作，组织、协调各有关部门、各乡镇（场）按照各自职责做好相关工作落实，完成领导小组交办的其他工作。

三、建设目标

坚持水岸同治、区域联治，到2025年，全县湖库沟渠连通的生态水网体系更加完善，河湖岸线监管率达到100%，生态用水保障能力进一步提升；国控断面水质优良比例保持在100%，黄河干流贺兰段水质保持Ⅱ类进Ⅱ类出，全县主要河流及排水沟道水质全面达标，河湖生态系统健康稳定；将典农河、银新干沟、第四排水沟、第五排水沟等一批河湖打造成美丽河湖新高地。

四、重点建设任务及分工

（一）补齐防洪安全短板，着力建设"安澜静美"河湖

1. 提标建设湖库沟道防洪工程。全面落实重点河流沟道度汛责任，强化水旱灾害防御预报、预警、预演、预案"四预"措施，数字孪生防洪预警监管平台得到高效应用。加大典农河、第二排水沟、四二干沟、第四排水沟等泄洪能力建设，重点实施贺兰山东麓防洪体系金山拦洪库提标改造工程、黄河贺兰段治理等一批防洪工程，切实提高城市核心区防洪能力，保障人民生命财产安全。到2025年，将贺兰山东麓打造为安全可靠的防洪屏障，黄河贺兰段防洪标准提高到100年一遇。

牵头部门：水务局

责任部门：应急管理局、各乡镇（场）

2. 全域推进海绵城市建设示范。加快推进海绵城市建设，深刻把握海绵城市建设内涵，将海绵城市建设纳入到城市规划建设管理全过程，通过下沉式绿地、雨水花园、植草沟、透水铺装等绿色措施，充分发挥建筑、道路、绿地和水系等对雨水的吸纳、蓄渗和缓释作用，提高雨水收集和利用水平，全面提升城市防洪排涝能力，增强城市韧性。到2025年，力争建成区40%以上的面积达到海绵城市建设要求，河湖和地下含水层对雨水径流的"吐纳"和"储存"能力进一步增强，加快构建生态、安全、可持续的城市水系统。

牵头单位：住建局

责任单位：贺兰工业园区管委会、发改局、财政局、自然资源局、水务局、综合执法局、审批服务局、习岗镇

3. 持续深化河湖“四乱”专项整治。全面落实“河湖长 + 检察长 + 警长”机制，把妨碍河道行洪突出问题整治与河湖“清四乱”行动有机结合，坚决取缔非法缩窄、挤占、填埋河道等影响行洪及侵占河湖沟道管理范围的“四乱”问题；列入自治区河湖名录库的河道管理范围划定工作和界桩埋设工作实现全覆盖；常态化开展河道采砂监管，对贺兰山山洪沟等禁采区加强管理巡查、执法打击和突发事件处置，切实维护山洪沟行洪安全。到 2025 年，全县河湖“四乱”及妨碍河道行洪突出问题得到有效遏制，河湖“四乱”实现动态清零。

牵头部门：水务局

配合部门：检察院、公安局、综合执法局、自然资源局，各乡镇（场）

（二）加强生态修复保护，着力建设“水丰草美”河湖

4. 一体推进水生态修复和治理。按照尊重自然、顺应自然、保护自然的要求，以健全连通水网体系、修复水生态、治理水环境为重点，谋划实施重点河湖湿地水生态修复项目，重点入黄排水沟水环境综合治理项目，进一步提升湖泊湿地水质，削减湖泊水系内源污染，同时控制面源污染进入水体，有效提高水环境质量，构建丰富水生生物种群，形成有河有水、有鱼有草的人水和谐环境。到 2025 年，重点完成贺兰县水美乡村建设，加快构建全县水系连通、引排顺畅、利用高效、美丽健康的生态水网新格局。

牵头部门：水务局、自然资源局

责任部门：农业农村局、银川市生态环境局贺兰分局、各乡镇（场）

5. 有力保障河湖生态水量调度。统筹全县生活、生态、生产用水需求，合理制订河湖生态补水计划，重点解决枯水期生态补水不足、水体流动性差等问题，达到生态补水“丰存枯补、多源补水”的调度效果。健全典农河多点补水体系，推动再生水补给河湖生态用水。到 2025 年，再生水利用率达到 40%，典农河等重要河湖生态水量得到有效保障，全县重点河湖沟道实现碧水长流。

牵头部门：水务局、住建局

责任部门：贺兰工业园区管委会、自然资源局、农业农村局、各乡镇（场）

6. 切实保障水域岸线生态功能完好。坚决守好“水域面积只增不减、只扩不缩；水质只能更好、不能变差；岸线两侧景观带只能添景不能减绿”的三条底线，积极开展重要河湖水质监测，大力推进水土保持工作，科学实施增殖放流和以渔控藻，防范鳄雀鳝等外来入侵物种，严厉打击电鱼、毒鱼等非法捕鱼行为。到 2025 年，水土保持率达到 80.2%，切实维护河湖生态系统多样性、稳定性。

牵头部门：水务局、自然资源局、农业农村局

配合部门：综合执法局、各乡镇（场）

（三）打造绿水宜居环境，着力建设“岸带秀美”河湖

7. 加大滨水公园品质建设和功能提升。将美丽河湖与生态园林城市建设有机结合，融合城、水、林、园、湖等要素，构建滨水绿带、林水共生的高品质绿色生态空间。

牵头部门：自然资源局

责任部门：水务局、金贵镇、京星农牧场、立岗镇

8. 加快建成丰富多彩、移步换景的河湖岸带“样板”区。紧紧围绕典农河、银新干沟、第二排水沟、四二干沟等重点河湖沟道，高标准实施公共休闲生态水系驳岸，开展添绿添彩、立体绿化等项目，实施高品质岸线改造提升工程，加大湖体水草及湖岸杂草清理力度，以如意湖等湖泊沟道为片区，实施水动力循环、水环境治理和湖岸绿带提升工程。

牵头部门：水务局、自然资源局

责任部门：各乡镇（场）

9. 全面深入开展排污口整治。以城市建成区及重要水体为重点，摸清新增市政提升泵站溢流

口、农村污水处理设施尾水排放口和雨污分流雨水排放口数量、位置、排放形式等情况，动态更新入河（湖、沟）排污口名录，全面开展入河（湖）排污口监测、溯源工作，实施排污口规范化建设。规范排污口审批备案流程，督促排污企业在进行环境影响评价的同时提交排污口审批备案申请，组织论证排污口设置合理性。

牵头部门：银川市生态环境局贺兰分局

责任部门：水务局、住建局、综合执法局、农业农村局、审批局、各乡镇（场）

10. 不断强化城乡生活污水治理。加快补齐城乡污水收集和处理设施短板，完善污水收集配套管网建设和污水提升泵站的管护运维，推进城镇污水处置设施提标改造。加强污水处理设施监测监管，确保出水水质不低于一级 A 排放标准，到2025 年城市污水集中处理率达到 95%。巩固提升城市建成区黑臭水体治理成效，加强农村黑臭水体治理，到 2025 年全县县级城市建成区黑臭水体基本消除，农村黑臭水体实现动态清零。

牵头部门：银川市生态环境局贺兰分局、住建局

责任部门：贺兰工业园区管委会、农业农村局、水务局、综合执法局、各乡镇（场）

（四）落实责任精细管护，着力建设“治水慧美”河湖

11. 细化实化河湖长责任。充分发挥总河长牵头抓总、各级河长协调共振作用，将美丽河湖建设作为河湖长履职担当的重要抓手并纳入河湖长制工作进行考核。及时更新各级河湖长公示牌接受社会监督，落实专业化队伍进行河湖管护和巡查，促进河湖长高效开展巡河、护河、管河，建立健全责任更加明确、协调更加有序、监管更加严格、保护更加有力的河湖管理保护机制。到2025 年，各级河湖长有效巡河率达到 100%，河湖长履职水平全面提升。

牵头部门：水务局

责任部门：各乡镇（场）

12. 严格落实水域岸线空间管控。规范涉河湖、沟道项目建设审查工作，不符合岸线管控要求的坚决不予审批，切实提升河湖监管效能。科学确定河湖岸线保护利用与管理分区，加强河湖水域岸线管控，保障河湖水域岸线生态功能。到2025 年，河湖岸线管控率达到 100%。

牵头部门：水务局

责任部门：自然资源局、审批局，各乡镇（场）

13. 全面推进智慧化河湖监管体系建设。加快智慧河湖建设，综合运用卫星遥感、无人机巡查和视频监控捕捉等技术，实现贺兰县地下水位、生态补水等水资源动态监测，做到防汛信息化监测预警，形成“天上看、空中探、地面查”的立体化河湖监管模式。到 2025 年，全县重要河湖水域信息化布控实现全覆盖、无死角，推进河湖管护向系统化、规范化、数字化、智慧化、高效化转型。

牵头部门：水务局

责任部门：各乡镇（场）

14. 科学评价美丽河湖健康水平。开展河湖保护名录中非季节性河湖健康评价，建立完善河湖健康档案，健全水环境风险评估排查、预警预报与响应机制。到 2025 年，完成第二排水沟、银新干沟、四二干沟等自治区河湖名录库中河湖健康评价工作，全县 85%的河湖达到健康水平。

牵头部门：水务局、银川市生态环境局贺兰分局

责任部门：各乡镇（场）

（五）健全运动休闲功能，着力建设“人文弘美”河湖

15. 充分挖掘展示治水文化。加强黄河文化挖掘、保护和弘扬，讲好河湖故事，打造有文化气息、有持久生命力的河湖。立足水利行业特色，找准行业切入点，充分利用水利优势，将治水精神、地域人文、特色风貌等融入河湖生态保护，丰富提升河湖文化内涵。到 2025 年，建成贺兰县水文化展示长廊，切实满足人民群众日益增长的文化生活需求。

牵头单位：水务局

责任部门：财政局、发改局

16. 开拓水上运动旅游项目建设。选择典农河

水面开阔、水流平稳地段开展游船等水上运动项目，丰富群众业余生活，打造我县群众体育品牌活动。充分利用河道资源拓宽市民的休闲运动空间，提升亲水、观水、玩水、乐水的体验感和愉悦感。

牵头部门：教体局、文旅局

责任部门：各乡镇（场）

17. 大力开展美丽河湖建设宣传。精心策划安排，积极对接县属媒体报、网、台、端、微等媒体平台，向群众宣传贺兰县美丽河湖建设、最美河湖卫士和河湖长制等工作，引导群众关爱、保护河湖；确保公众对河湖建设、管理和保护等方面的满意度大于90%。

牵头部门：水务局

责任部门：各乡镇（场）

五、实施步骤

（一）全面启动阶段（2023年6月）。制定贺兰县美丽河湖建设实施方案，明确建设目标和任务，组织召开贺兰县美丽河湖建设领导小组协调会进行安排部署，正式启动美丽河湖建设。各乡镇（场）、各相关部门对照目标任务和各自职责分工，制订本区、本部门工作推进具体实施计划，确保美丽河湖建设启动有力。

（二）典型打造阶段（2023年7月至2024年9月）。围绕美丽河湖建设目标和任务进行科学谋划和布局，建立年度工作台账，明确责任领导、时间节点和落实措施，整合资金有力推动各类项目建设，重点打造有看点、有亮点、有特点的美丽河湖，在示范引领、亲水便民等方面取得阶段性进展和突破，赢得广大公众的大力支持和充分认可。

（三）全域建设阶段（2024年10月至2025年9月）。按照美丽河湖评价标准，加大投资和项目建设，全域、全力、全方位推动美丽河湖建设。各乡镇（场）、各相关部门结合地域特点和河湖资源，按照美丽河湖建设名录逐条开展水生态修复、水环境治理、园林小品和健身休闲建设等，不断提升全县的绿色宜居环境，增强公众的休闲生活品质。

（四）评估验收阶段（2025年10月至12月）。定期开展专项督查，并将年度工作落实情况纳入河湖长制工作目标管理考核。到2025年年底，按照防洪安全、生态健康、水清景美、科学管护、亲水便民的评价办法，对全县美丽河湖建设进行总体综合评价和验收。

六、保障措施

（一）提高站位，加强领导。各乡镇（场）、各相关部门要切实提高政治站位，结合实际情况，制订计划、明确目标，把美丽河湖建设作为推进生态文明建设的重要举措，高标准谋划、高质量推进。各相关部门要各司其职、密切配合、系统推进、形成合力，全面落实工作责任，高效推动美丽河湖建设工作。

（二）强化督导，狠抓落实。县政府督查室将美丽河湖创建进展情况纳入年度督查计划，由河长办牵头、政府督查室配合，定期对美丽河湖建设进展情况开展督促检查，并对推诿扯皮、工作落实不力、建设任务未按时完成的单位进行通报。

（三）加大投入，保障经费。县财政部门要加大公共财政投入力度，主要对水生态修复治理、美丽河湖建设等项目要给予重点支持。各部门要从发改、财政、住建、水利、生态环境等多渠道争取国家、自治区资金支持，探索涉河湖治理投、建、管、服一体化投融资改革，拓展融资渠道，鼓励、引导和吸引社会资金参与美丽河湖建设。

（四）大力宣传，营造氛围。充分发挥传统媒体和新媒体的舆论导向作用，大力宣传河湖治理保护的重要意义，积极营造全社会共同关心、支持、参与和监督的浓厚氛围；加大对美丽河湖建设典型示范、经验做法和创新成果的宣传力度，强化人水和谐理念，提高美丽河湖创建的社会关注度，提升人民群众获得感、幸福感，为实现河湖健康发展提供良好的舆论环境。

三、组织机构及其负责人

（2023 年 1—12月）

中国共产党贺兰县委员会

书　记　　丁　炜
副书记　　刘炳炳
　　　　　王　川
　　　　　王　涛
常　委　　安为民
　　　　　王　芳
　　　　　周立成
　　　　　张　靓
　　　　　蒋恒斌（12 月免）
　　　　　白景晶
　　　　　赵元学
　　　　　段建宏
　　　　　唐　健（12 月任）

贺兰县人大常委会

党组书记、主任
　　　　　田晓波
党组副书记、副主任
　　　　　保旭锋
副主任　　朱　敏
　　　　　王岩弘
　　　　　常雪峰（11 月免）

贺兰县人民政府

党组书记、县长
　　　　　刘炳炳
党组副书记、副县长
　　　　　段建宏
副县长　　蒋恒斌（12 月免）
　　　　　唐　健（12 月任）
　　　　　苏万君
　　　　　杜　钧
　　　　　李宗怀
　　　　　王继斌（12 月免）
　　　　　马　皓（挂职，12 月任）
　　　　　常雪峰（12 月任）

中国人民政治协商会议贺兰县委员会

党组书记、主席
　　　　　张　魁
党组副书记、副主席
　　　　　叶　宏
副主席　　钱　瑞
　　　　　蔡　霞

中国共产党贺兰县纪律检查委员会 贺兰县监察委员会

纪委书记、监委主任
　　　　　周立成
纪委副书记、监委副主任
　　　　　李　妍
　　　　　史学科
纪委常委　陶精华
　　　　　高　峰
　　　　　马玉龙
　　　　　马　婷
监察委员会委员
　　　　　高　峰
　　　　　马玉龙

马　婷
何艳伟（4月免）
马曌垄（4月任）

贺兰县人民法院

党组书记、院长
马　龙（7月免）
高向荣（7月任）
副院长　李宁涛
齐美超（3月任）
纪委监委派驻第六纪检监察组组长
樊　旭

贺兰县人民检察院

党组书记、检察长
李　薇
副书记、副检察长
郭　晨（8月任）
副检察长　杨　涛（9月免）
纪委监委派驻第七纪检监察组组长
梁春艳

贺兰县委工作部门

贺兰县委办公室
主　任　李世赟
副主任　柳彦龙
刘君泽
苏建河（兼）
王丽雅（8月任）
贾　昊（8月免）
贺兰县委组织部
部　长　张　靓
副部长　黄菊兰
苏益亨
王天登（兼，12月免）
贺兰县委宣传部
部　长　王　芳
副部长　张占林
杨　君
贺兰县委统战部
部　长　安为民
副部长　王彩宁（8月任）
徐　华（8月免）
贺兰县委政法委员会
书　记　白景晶
副书记　朱建新
吕爱玲
贺兰县委政策研究室
主　任　徐彦宁
副主任　马　萍
贺兰县委网络安全和信息化委员会办公室
主　任　祁玉芬
副主任　唐　爽
杨　岩（2月任）
贺兰县委机构编制委员会办公室
主　任　李正忠
副主任　段　婷
贺兰县委巡察工作领导小组办公室
主　任　陶精华
副主任　张建军
贺兰县委党校
校　长
常务副校长　陈晓伟
副校长　杨桂梅
贺兰县档案馆
馆　长　彭　虎
贺兰县融媒体中心（县广播电视台）
主任、台长　马小龙
副主任、副台长
马　贤（11月免）
吴　丽（11月任）

贺兰县人大常委会工作部门

贺兰县人大常委会办公室
主　任　　傅　龙
副主任　　吴　波（2 月任）
贺兰县人大常委会财经工作委员会
主　任　　刘国荣
贺兰县人大常委会代表联络信访工作委员会
主　任　　达秀梅
贺兰县人大常委会科教文卫工作委员会
主　任　　吴勇锋
贺兰县人大常委会法制工作委员会
主　任　　郝建新（11 月免）
　　　　　刘德彬（11 月任）

贺兰县政府工作部门

贺兰县人民政府办公室
主　任　　周　勇
副主任　　王　军
　　　　　郭　君（8 月免）
　　　　　蒋小东（8 月任）
　　　　　马　军（2 月任）
贺兰县发展和改革局
局　长　　哈霜莹
党委书记、副局长
　　　　　徐铁农（2 月免）
　　　　　陈学鹏（2 月任）
副局长　　范　芮（11 月免）
　　　　　魏丽霞（11 月任）
　　　　　全　磊（挂职，10 月任）
贺兰县教育体育局
党组书记、局长
　　　　　蔡　霞（8 月免）
　　　　　陈保家（8 月任）
党组副书记、副局长
　　　　　马永芬
副局长　　张少忠
　　　　　王　庆（11 月免）
　　　　　朱雪艳（11 月任）
纪委监委派驻第五纪检监察组组长
　　　　　李晓英
贺兰县科学技术和工业信息化局
党组书记、局长
　　　　　夏巧燕（11 月免）
局　长　　许亚伟（11 月任）
党组书记、副局长
　　　　　马咪娜（11 月任）
副局长　　张军杰（11 月免）
　　　　　张莹杰（11 月任）
贺兰县公安局
党委书记、局长
　　　　　苏万君
党委副书记、政委
　　　　　陈　清（5 月免）
　　　　　马　荣（5 月任）
常务副局长　宋永明（2 月免）
　　　　　胡继升（2 月任）
副局长　　谢立志
　　　　　蒋振坤（2 月任）
纪委监委派驻第八纪检监察组组长
　　　　　段　誉
指挥中心（警务保障室）主任
　　　　　李　翔
贺兰县民政局
党组书记、局长
　　　　　张新林
副局长　　李　丽
　　　　　张喻花
　　　　　纪　茹（挂职，5 月任）
贺兰县司法局
党组书记、局长
　　　　　窦建立
副局长　　哈　莉（10 月免）
　　　　　万如意（10 月任）
　　　　　马小梅

贺兰县财政局

党组书记、局长

桂韶华

副局长　李　菲（8月免）

朱银涛（8月任）

曹　英

徐倩琳

纪委监委派驻第一纪检监察组组长

马文瑞（11月任）

贺兰县人力资源和社会保障局

党组书记、局长

池海霞（11月免）

夏巧燕（11月任）

副局长　张家伟

顾绍军

贺兰县自然资源局

党组书记、局长

吴静波（11月免）

汪　洋（11月任）

副局长　张孝平

万　佳

胡克军

杨　浩（挂职，5月任）

贺兰县住房和城乡建设局

党组书记、局长

刘德彬（11月免）

梁宇鲲（11月任）

副局长　李嘉伟

韩　倩（挂职，10月任）

贺兰县交通运输局

党组书记、局长

樊利宁

副局长　任　吉（4月免）

杨爱玲（5月任）

贺兰县水务局

党组书记、局长

许　晖

副局长　朱佳利

杨丽华（11月免）

吴建军（11月任）

贺兰县农业农村局

党组书记、局长

丁书涛（11月免）

陈　瑛（11月任）

副局长　禹　芳

张晓龙

张锋锋（挂职，5月任）

黄　丹（挂职，5月任）

纪委监委派驻第三纪检监察组组长

陆建光

贺兰县乡村振兴服务中心

主　任　张　鑫

副主任　马进军

李勇亮

贺兰县商务和投资促进局

党组书记、局长

张　翠（8月免）

李　菲（8月任）

副局长　何　鑫

霍文娟（6月免）

尤佳丽（6月任）

贺兰县投资促进服务中心

主　任　马续超（11月免）

张军杰（11月任）

副主任　阎军磊

王永利（5月免）

林夏欢（5月任）

贺兰县文化旅游广电局

党组书记、局长

高学东

副局长　马　洁

邓　晴

贺兰县卫生健康局

党委书记、局长

辛利华

副局长　杨艳军

杨晓辉（11月任）

谢灵冬（兼，9月任）

纪委监委派驻第四纪检监察组组长
唐菲菲（11 月任）

贺兰县退役军人事务局

党组书记、局长
钱忠军

副局长　王宁利
李同丰（兼，10 月免）
孙玉东（兼，10 月任）

贺兰县应急管理局

局　长　闻国涛

党委书记、副局长
王　娟

副局长　张海龙

贺兰县审计局

党组书记、局长
李海升

副局长　徐文忠
张建宁（11 月免）
吴　双（11 月任）

贺兰县市场监督管理局

党组书记、局长
孙　明

副局长　武晓莉
周建军
邓　靖

贺兰县统计局

党组书记、局长
梁宇鲲（11 月任）
胡　洁（11 月任）

副局长　叶安祥
常利平

贺兰县医疗保障局

党组书记、局长
朱　莹

副局长　马　丽
李晓忠

贺兰县审批服务管理局

党组书记、局长
王国兵

副局长　董振华
杨红霞（8 月任）

纪委监委派驻第二纪检监察组组长
李　诺（5 月任）

贺兰县综合执法局

党组书记、局长
陈　锋

副局长　王兴华
王建军

贺兰县政协工作部门

贺兰县政协办公室

主　任　马立中

副主任　马江丽

贺兰县政协社会治理委员会

主　任　邓晓明

贺兰县政协经济委员会

主　任　孙富忠

贺兰县政协提案和委员联络委员会

主　任　蒋正春

贺兰县政协教科文卫委员会

主　任　任　娜

贺兰县政协专委会办公室

主　任　韩　雪（2 月任）

贺兰县群众团体

贺兰县总工会

党组副书记、副主席
吴士忠

副主席　王学文
马宏文

共青团贺兰县委员会

书　记　吕　超

副书记　马文珊

贺兰县妇女联合会

主　席　徐晓庆

副主席　　　杨雪霞

贺兰县残疾人联合会

理事长　　　张学军

副理事长　　韩玉峰

贺兰县科学技术协会

主　席　　　王海峰

副主席　　　吴建军（11月免）

　　　　　　殷学锋（11月任）

贺兰县文学艺术界联合会

党组书记、主席

　　　　　　张宏荣

副主席　　　王志明

贺兰县工商业联合会

党组书记、主席

　　　　　　王彩宁（11月免）

　　　　　　丁书涛（11月任）

副主席　　　刘　忠

乡镇（场）街道

习岗镇

党委书记　　陈保家（8月免）

　　　　　　李鹏飞（8月任）

党委副书记、镇长

　　　　　　李鹏飞（8月免）

　　　　　　潘建熙（8月任）

党委委员、人大主席团主席

　　　　　　保学东

党委副书记、统战委员、政法委员

　　　　　　刘统玺

党委委员、副书记

　　　　　　丁兆江（挂职，5月任）

党委委员、纪委书记、县监察委员会派出习岗镇监察办公室主任

　　　　　　高　伟

党委委员、组织委员、宣传委员

　　　　　　盖　婷

党委委员、副镇长

　　　　　　邢　磊

　　　　　　李亚男（11月免）

　　　　　　王　庆（11月任）

　　　　　　保　静

党委委员、武装部长

　　　　　　杨　超

金贵镇

党委书记　强玉梅

党委副书记、镇长

　　　　　　汪　洋（11月免）

　　　　　　王天登（11月任）

党委委员、人大主席团主席

　　　　　　孙建军

党委副书记、统战委员、政法委员

　　　　　　秦文博

党委委员、副书记

　　　　　　马　杨（挂职，5月任）

党委委员、纪委书记、县监察委员会派出金贵镇监察办公室主任

　　　　　　杜阳若琰

党委委员、组织委员、宣传委员

　　　　　　秦　强

党委委员、副镇长

　　　　　　石学文

　　　　　　陈学忠

党委委员、武装部长

　　　　　　徐　瑞

立岗镇

党委书记　　谢庆福

党委副书记、镇长

　　　　　　朱燕华

党委委员、人大主席团主席

　　　　　　屠志刚

党委副书记、统战委员、政法委员

　　　　　　刘彦龙

党委委员、副书记

　　　　　　黎　伟（挂职，5月任）

党委委员、纪委书记、县监察委员会派出立岗镇监察办公室主任

　　　　　　叶　娜

党委委员、组织委员、宣传委员
马丽亚娜
党委委员、副镇长
王建明
宋艳莎
党委委员、武装部长
樊　城

洪广镇

党委书记　岳建平
党委副书记、镇长
仇国磊
党委委员、人大主席团主席
张树军
党委副书记、统战委员、政法委员
强艳飞
党委委员、副书记
蒙智明（挂职，5月任）
党委委员、纪委书记、县监察委员会派出洪广镇监察办公室主任
周平奉
党委委员、组织委员、宣传委员
马佳丽
党委委员、副镇长
张　鲲
马　鑫
王　涛（5月任）
党委委员、武装部长
顾　斐

常信乡

党委书记　王　川
党委副书记、乡长
宋　瑞
党委委员、人大主席团主席
陈　瑛（11月免）
郝建新（11月任）
党委副书记、统战委员、政法委员
金　波
党委委员、副书记
朱海婷（挂职，5月任）
党委委员、纪委书记、县监察委员会派出常信乡监察办公室主任
苏泽涛（5月免）
刘清斌（5月任）
党委委员、组织委员、宣传委员
唐　婧
党委委员、副乡长
桂　华
白　雪
党委委员、武装部长
杨　勇

南梁台子农牧场

党委书记、管委会主任
白文贤
党委副书记、纪委书记（兼）
李生红
党委委员、管委会副主任
杨文军
王巍巍（11月免）
马晓成（11月任）

京星农牧场

党总支书记、场长
王　虎
党总支委员、副场长
王　锋
程芳媛

富兴街街道办事处

党工委书记
哈晓康
党工委副书记、办事处主任
马晓东
党工委副书记、纪工委书记、县监察委员会派出富兴街街道监察办公室主任、武装部长
李　洁（5月免）
马玉虎（5月任）
党工委委员、统战委员、办事处副主任
田佩林
党工委委员、组织委员、宣传委员
宿明敏（11月免）

党工委委员、组织委员、宣传委员、政法委员
姜安娜（11 月任）

党工委委员、办事处副主任
姜安娜（11 月免）
王旭升（11 月任）

民生服务中心（退役军人事务站）主任（站长）
殷海燕

综治中心主任
李慧荣

公用事业服务中心主任
马建宝

（来源：贺兰县委组织部）